Globale Gesellschaft und internationale Beziehungen

Herausgegeben von

Th. Jäger, Köln, Deutschland

Alexander Höse

Die Bedeutung Europas in der Außenpolitik der USA

Salienz und Europabilder in der Exekutive und im Kongress

Springer VS

Alexander Höse
Köln, Deutschland

ISBN 978-3-531-18561-3 ISBN 978-3-531-94207-0 (eBook)
DOI 10.1007/978-3-531-94207-0

Die Deutsche Nationalbibliothek verzeichnet diese Publikation in der Deutschen Nationalbibliografie; detaillierte bibliografische Daten sind im Internet über http://dnb.d-nb.de abrufbar.

Springer VS

Einbandentwurf: KünkelLopka GmbH, Heidelberg

Gedruckt auf säurefreiem und chlorfrei gebleichtem Papier

Springer VS ist eine Marke von Springer DE. Springer DE ist Teil der Fachverlagsgruppe Springer Science+Business Media
www.springer-vs.de

Inhalt

Abbildungsverzeichnis

Tabellenverzeichnis

Vorwort

Die vorliegende Schrift wurde 2011 als Inauguraldissertation zur Erlangung des Doktorgrades der Wirtschafts- und Sozialwissenschaftlichen Fakultät der Universität zu Köln angenommen. Es ist guter akademischer Brauch, an dieser Stelle jenen zu danken, die zum Erfolg des Promotionsvorhabens wesentlich beigetragen haben. Mein erster Dank gilt meinem Betreuer Thomas Jäger, der die Arbeit stets mit viel Wohlwollen und wertvollen Hinweisen unterstützt hat und mir zugleich die Freiräume ließ, in denen ich meine Ideen umsetzen konnte. Ebenso danke ich meinem Zweitgutachter Wolfgang Wessels für die freundliche Begleitung und die hilfreichen Anregungen zur Verbesserung dieser Arbeit. Auch meinen Kolleginnen und Kollegen am Lehrstuhl für Internationale Politik bin ich für die freundschaftliche Zusammenarbeit und die zahlreichen Denkanstöße und Tipps, die sie mir im Laufe der Jahre gegeben haben, sehr dankbar: allen voran Kai Oppermann, Rasmus Beckmann, Anna Daun, Mischa Hansel und Henrike Viehrig.

Die Forschungsarbeiten für diese Dissertation durfte ich von Februar bis April 2010 auch als Gastwissenschaftler an der Johns Hopkins University in Washington, D.C. durchführen. Dort gilt mein besonderer Dank Daniel Hamilton, dem Direktor des Center for Transatlantic Relations an der School of Advanced International Studies, für die Gastfreundschaft an seinem Institut, für die Einblicke in den politischen Betrieb in Washington, D.C., die er mir verschafft hat, und für seine Hilfe bei der Vermittlung der zahlreichen Interviews. Meinen Interviewpartnern danke ich dafür, dass sie mir ihre Zeit geschenkt und diese Arbeit mit ihren Informationen wesentlich bereichert haben.

Der meiste Dank gebührt schließlich meiner Familie – meinen Eltern, meiner Schwester Vanessa und vor allem meiner Frau Gabi und unseren Kindern Laura und Paul, für die ich diese Arbeit vollendet habe.

Köln, im Sommer 2011

Alexander Höse

I Einleitung

I. A Einführung in den Problembereich

Die Außenpolitik der USA ist seit Jahrzehnten Gegenstand unzähliger journalistischer und wissenschaftlicher Betrachtungen. Das liegt natürlich vor allem an der überragenden Bedeutung, welche die Vereinigten Staaten im 20. Jahrhundert – dem „amerikanischen Jahrhundert“[1] – für den Fortgang der Weltgeschichte hatten. Das Bündnis zwischen den USA und den europäischen Staaten – zunächst nur denen des „westlichen“ Blocks, dann auch solchen des ehemaligen „Ostblocks“ – stellt bis heute einen tragenden Pfeiler der internationalen Ordnung dar. Die USA haben einen prägenden Einfluss auf die politische Entwicklung Europas ausgeübt und ziehen in besonderer Weise immer noch die Aufmerksamkeit der Europäer auf sich.

Obgleich man mit Fug und Recht den Standpunkt vertreten kann, dass für die „reine“ Wissenschaft kein Gegenstand *per se* wichtiger, interessanter oder lohnenswerter ist als jeder andere, scheinen die Politik der USA und die transatlantischen Beziehungen stets naheliegende Themen der wissenschaftlichen Analyse zu sein. Wer sich mit amerikanischer Außenpolitik beschäftigt, muss sich selten nach der grundsätzlichen Relevanz seines Themas fragen lassen; eher schon taucht diese Frage auf, wenn es um die europäisch-amerikanischen Beziehungen nach dem Ost-West-Konflikt geht, denn die weltpolitischen Gewichte scheinen sich seither von dieser Achse wegzuverlagern. Andererseits mag natürlich die Beschäftigung mit der Außenpolitik der USA als besonders begründungsbedürftig gelten, wenn man sich die erwähnte Fülle der Arbeiten zu diesem Thema vor Augen führt. Wissenschaft ist stets bestrebt, „Forschungslücken“ zu finden, die es zu füllen gilt. Worin diese Lücke beim Thema „Die Bedeutung Europas in der Außenpolitik der USA seit dem Ende des Ost-West-Konflikts“ bestehen und wie sich die Arbeit in die existierende Forschungsliteratur einfügen kann, soll im weiteren Verlauf dieses ersten Kapitels der Arbeit erläutert werden.

Das Ende des Ost-West-Konflikts stellt bis heute die signifikanteste Zäsur in der internationalen Politik und der Außenpolitik der USA nach dem Ende des Zweiten Weltkrieges und dem anschließenden Beginn des „ersten Kalten Krieges“ dar.[2] Aus heutiger Sicht erscheinen

1 Der Begriff des „amerikanischen Jahrhunderts“ wurde – quasi im Vorgriff auf die Rolle und das Selbstverständnis der USA in den folgenden Jahrzehnten – vom amerikanischen Verleger Henry Luce geprägt, der am 17. Februar 1941 in der Zeitschrift *Life* einen Beitrag mit dem Titel „The American Century“ veröffentlichte. Darin beschrieb er seine Vision von den Vereinigten Staaten als eine Weltmacht, die es sich zur Aufgabe macht, als universell verstandene Werte zu verteidigen (vgl. Brinkley 2010).

2 Der Ost-West-Konflikt als internationale Konfliktkonfiguration zwischen den Großmächten begann mit der Eroberung der Staatsgewalt in Russland durch die Bolschewiki im Jahr 1917, obgleich der Konfliktcharakter in den folgenden drei Jahrzehnten zunächst schwach ausgeprägt war (Link 1988: 61–63). Innerhalb des Ost-West-Konflikts lassen sich drei Phasen identifizieren, in denen die Spannungen zwischen den USA und der Sowjetunion so groß waren, dass sie als „Kalter Krieg“ bezeichnet werden können: Der „erste Kalte Krieg“ begann etwa 1946/47 und flaute nach dem Koreakrieg ab. Der „zweite Kalte Krieg“ wurde durch die Berlin-

zwar vielen die Terroranschläge vom 11. September 2001 als das letzte prägende Ereignis der Weltpolitik, und sie waren in der Tat weltpolitisch bedeutsam, nicht zuletzt weil die USA als Reaktion auf die Anschläge einen außenpolitischen Kurswechsel in vielen Handlungsbereichen, vor allem in der Sicherheitspolitik, vornahmen. Der 11. September führte jedoch nicht zu einer grundlegenden Änderung der internationalen Ordnung, wie sie das Ende des Ost-West-Konflikts mit dem Wechsel von der Bipolarität zur Unipolarität mit sich gebracht hatte (Jäger 2005: 10).

Zwar ist es möglich, dass die politischen Antworten der USA auf den 11. September zu dem Machtverlust, der ihnen in den letzten Jahren bescheinigt wurde, beigetragen haben. So gilt die Politik des billigen Geldes, die nach den Terroranschlägen einen wirtschaftlichen Abschwung verhindern sollte, als eine der wichtigsten Ursachen der schweren Wirtschafts- und Finanzkrise der Jahre 2008 und 2009, die die USA härter und wahrscheinlich nachhaltiger traf als die meisten anderen Großmächte, allen voran den wichtigsten weltpolitischen Konkurrenten der USA, die Volksrepublik China (Altman 2009; Overholt 2010). Der Irakkrieg des Jahres 2003, der ohne die Ereignisse des 11. September wohl nicht geführt worden wäre, schwächte die USA ebenfalls wirtschaftlich, weil er den Ölpreis, die Staatsverschuldung, die Inflation und die Zinsen in die Höhe trieb und die Abhängigkeit der USA von ausländischem Kapital noch vergrößerte (Bilmes/Stiglitz 2006). Zudem kostete der Irakkrieg die USA das „politische Kapital", das sie durch die Anschläge am 11. September ohne eigenes Zutun erworben hatten – versinnbildlicht durch die massenhaften Solidaritätsbekundungen der Öffentlichkeiten in den Tagen nach den Anschlägen, vor allem in Europa. Der Irakkrieg sowie die Anwendung menschen- und völkerrechtswidriger Methoden im weiteren „Krieg gegen den Terror", die in den Folgejahren ans Licht kamen und die vor allem unter den Schlagworten „Guantánamo" und „Abu Ghraib" im Gedächtnis blieben, untergruben schließlich die Glaubwürdigkeit der USA und die Akzeptanz ihrer internationalen Führungsrolle und schwächten die einzige Weltmacht auch politisch.

Ungeachtet der möglichen Langzeitwirkung des 11. September reichen die Anschläge aber in ihrer Bedeutung für das internationale System und die Außenpolitik der USA nicht an das Ende des Ost-West-Konflikts heran. Das mögliche Ende dieses Konflikts hatte sich schon zu Beginn der 1980er Jahre mit den Machtverschiebungen zu Lasten der Sowjetunion und dem Abflauen des „dritten Kalten Krieges" angedeutet.[3] Die zweite Hälfte der 1980er Jahre war von der Entspannungspolitik zwischen den USA und der UdSSR gekennzeichnet, doch war die US-Regierung auch 1989 noch keineswegs von der Unumkehrbarkeit des Entspannungsprozesses überzeugt (Zelikow/Rice 1997: 19–20). Der völlige Zusammenbruch des sowjetischen Imperiums in den Jahren 1989 bis 1991 überwältigte die meisten Beteiligten und Beobachter[4], einschließlich der amerikanischen Regierung (Bush/Scowcroft 1998:

krise 1958 ausgelöst, erlebte mit der Kubakrise 1962 seinen Höhepunkt und endete in etwa mit den Rüstungsbegrenzungsabkommen der frühen 1970er Jahre. Mit dem Einmarsch der Sowjetunion in Afghanistan 1979 lässt sich der Beginn des „dritten Kalten Krieges" markieren, der mit der Entspannungspolitik in der Mitte der 1980er Jahre aufgelöst wurde (Link 1988; Dülffer 2004).

3 Analysen der Transformation des Ost-West-Konflikts in den 1980er Jahren legten zeitnah bereits Bühl (1986) und Link (1988) vor.

4 Hier und im weiteren Verlauf der Arbeit werden nur dann die männliche *und* die weibliche Form gewählt, wenn dies aus inhaltlichen Gründen besonders geboten scheint. Ansonsten wird, schlicht zum Zwecke der besseren Lesbarkeit, nur die männliche Form verwendet.

300, 563; Laqueur 1995: 66); er wirkte als „globaler systemischer Schock“, der nahezu alle Akteure in den internationalen Beziehungen traf und die USA als einzige Supermacht zurückließ (Mastanduno/Kapstein 1999: 1–2).

Auf die Frage, inwiefern die internationale Ordnung mit dem Ende des Ost-West-Konflikts tatsächlich „unipolar“ wurde, lassen sich unterschiedliche Antworten finden – auch innerhalb der Realistischen Schule der Internationalen Beziehungen, die als einzige Großtheorie die Machtverteilung zwischen den Großmächten als das wichtigste Strukturmerkmal der internationalen Beziehungen begreift.[5] Die Artikel von Realisten wie Krauthammer (1991) und Wohlforth (1999) in der Fachzeitschrift *International Security* stehen exemplarisch für jene, die das internationale System unzweifelhaft als unipolar ansehen, weil die USA allen anderen Staaten deutlich überlegen sei und ihre Sicherheit von niemandem ernsthaft gefährdet werden könne. Andere, ebenfalls dem Realismus nahestehende Autoren haben argumentiert, dass die Vorherrschaft der USA im militärischen Bereich zwar einzigartig sei, in anderen Sachbereichen und Politikfeldern jedoch die Macht zunehmend breiter gestreut würde (Krasner 1993); die Polarität des internationalen Systems sei schwerlich zu bestimmen, die Machtverteilung sei zugleich uni- und multipolar (Jervis 1992: 5–6; Joffe 1992: 123; Huntington 1999: 35–37; Nye 2010).[6] Layne (2009) diskutiert die These, dass die amerikanische Vorherrschaft im Schwinden begriffen sei, und kommt zu dem Schluss, dass es (noch) zu früh ist, um von der Entstehung eines „multipolaren“ internationalen Systems zu sprechen. Ikenberry, Mastanduno und Wohlforth (2009: 1) stellen im einleitenden Artikel zu einem Themenheft der Fachzeitschrift *World Politics,* in dessen Titel die Unipolarität schon festgestellt wird („International Relations Theory and the Consequences of Unipolarity“), heraus:

> The end of the Cold War did not return the world to multipolarity ... We currently live in a one superpower world ... Other states rival the United States in one area or another, but the multifaceted character of American power places it in a category of its own.

Link (2010: 5) hingegen weist die These von der unipolaren Dominanz der USA ausdrücklich zurück und meint, dass inzwischen die Ansicht vorherrsche, „dass die USA nicht mehr die dominante Macht im internationalen System sind ... Die Welt ist multipolar geworden.“ Die Antwort auf die Frage nach der Polarität hängt natürlich wesentlich von der Operationalisierung des Machtbegriffs ab: zum einen hinsichtlich der Frage, ob Macht als Einfluss, d. h. als

---

5 Genau genommen stellt die Machtverteilung nur das oberflächlichste von drei Strukturmerkmalen des internationalen Systems dar, die der Strukturelle Realismus identifiziert. Während sich die Machtverteilung im Laufe der Geschichte des Staatensystems immer wieder geändert hat, bleibt die *Tiefenstruktur* des Systems, die gekennzeichnet ist durch das Ordnungsprinzip der Anarchie und die funktionale Gleichheit der Akteure, konstant (vgl. Waltz 1979: 79–101; Buzan/Jones/Little 1993: 29–65).

6 Solchen Analysen liegt die Vorstellung zugrunde, dass sich das internationale System in verschiedene Sachbereiche – wie das politische oder das wirtschaftliche System – aufteilen lässt und dass es analytisch fruchtbar ist, auch die Fähigkeiten der Akteure sachbereichsspezifisch zu erfassen (vgl. Buzan/Jones/Little 1993: 30–65). Einige Autoren, darunter der „Begründer“ des Strukturellen Realismus Kenneth Waltz, lehnen dies ab. Nach ihrer Auffassung kann es im internationalen System nicht mehrere „Polaritäten“, sondern nur eine Polarität geben, und zur Messung dieser Polarität sind die spezifischen Fähigkeiten der jeweiligen Akteure zu bündeln, d. h. in einer Messgröße zusammenzufassen (Waltz 1979: 130).

die effektive Fähigkeit, bestimmte Ziele zu erreichen, oder schlicht als die Verfügungsgewalt über Ressourcen verstanden wird; zum anderen hinsichtlich der Frage, welche Indikatoren zur Machtmessung herangezogen werden und wie sie gegebenenfalls gewichtet werden (Baldwin 1989; Brooks/Wohlforth 2008: 11–35; Nye 2002: 1–40; Schweller 1999: 37–40).[7]

Auch in den ersten Jahren nach dem Zusammenbruch der Sowjetunion konnte man noch von einer bipolaren Ordnung sprechen, jedenfalls insofern, als Russland aufgrund seines Militärpotenzials immer noch aus der Gruppe der Großmächte herausragte und in der Lage war, sich gegen jeden Gegner – auch die USA – effektiv zu verteidigen (Jervis 1992: 5). Andererseits waren weder Russland noch andere Akteure in der Lage, die USA in ihrer Handlungsfreiheit ernsthaft einzuschränken (Waltz 1993: 50). Ihr Status als einzig verbliebene Weltmacht eröffnete den Vereinigten Staaten eine neue, erheblich größere Bandbreite an Handlungsmöglichkeiten in der internationalen Umwelt (Hyland 1990: 1–2; Jervis 1992: 25–37; Joffe 1992; Rudolf/Wilzewski 1994: 442) und insbesondere hinsichtlich der Frage, „wo und wie sie sich in dieser neuen Welt engagieren wollen" (Hamilton 1994: 59). Dieser Punkt muss im Zusammenhang der vorliegenden Arbeit besonders betont werden: Entscheidend ist hier letztlich nicht die Polarität an sich, sondern die Frage nach der relativen Macht und der außenpolitischen Handlungsfreiheit der USA. Diese können für den Kernuntersuchungszeitraum dieser Arbeit, also für die Jahre 1990 bis 2010, insgesamt als sehr groß angesehen werden. Dieser grundlegende Befund gilt trotz der Tatsache, dass erstens der Einfluss der USA auf bestimmte Staaten und Regionen gesunken ist, weil diese nicht mehr des Schutzes durch die USA bedürfen (Schwarz 1992: 91; Williams 1995: 230–231), und zweitens die Macht und der internationale Einfluss der USA gegen Ende des Untersuchungszeitraums aufgrund der bereits genannten Entwicklungen insgesamt etwas abgenommen haben.

I. B Fragestellung und Erkenntnisinteresse

Zu den neuen Handlungsmöglichkeiten der USA nach dem Ende des Ost-West-Konflikts zählte auch eine Abkehr von Europa. Diese Option war durchaus schon vor dem Ende des Ost-West-Konflikts von einigen Europäern für möglich gehalten und gefürchtet worden, und auch in der amerikanischen Wissenschaft und Publizistik wurden die Bedeutung Europas für die USA und das amerikanische Engagement in Europa von einigen Beobachtern schon in den 1980er Jahren in Frage gestellt – vor allem, aber nicht ausschließlich von konservativer Seite (Steel 1982; Layne 1983, 1988; Brzezinski 1986: 168–210; Cohen 1986; Chace 1988; Safire 1988). Eine breitere Rezeption auf publizistischer und wissenschaftlicher Ebene, die auch stärker analytisch und weniger normativ ausgerichtet war, erfuhren diese Thesen aber erst mit dem Beginn der 1990er Jahre (vgl. zu dieser Einschätzung Serfaty 1997: 35–37; Dumbrell 2009: 22). Seltener wurde explizit eine Gegenposition bezogen, wie es etwa Van Evera (1990) tat, was auch daran liegen mag, dass die Gruppe jener, die einen raschen und

7 Einen breiteren Überblick über Machtkonzepte und ihre Operationalisierung in den Internationalen Beziehungen bieten der Artikel von Barnett/Duvall (2005) und der Band von Berenskoetter/Williams (2007).

vollständigen Rückzug der USA aus den europäischen Angelegenheiten vorhersagten und auch politisch forderten, stets klar in der Minderheit blieb (vgl. Conetta 1997).

Die These eines zwangsläufigen strategischen Bedeutungswandels Europas in der US-Außenpolitik wurde vor allem von Analytikern vorgetragen, die sich der Realistischen Schule der Internationalen Beziehungen im weiteren Sinne zuordnen lassen. In klassischer realistischer Sicht waren es der Machtverlust der Sowjetunion und die Auflösung der von ihr ausgehenden Bedrohung der vitalen Sicherheitsinteressen der USA, die Europa als weltpolitischen Schauplatz unwichtiger und als sicherheitspolitischen Partner entbehrlich machten (vgl. Mearsheimer 1990, 1998, 2001: 400; Walt 1990, 1998, 2002; Clemens 1991; Joffe 1993; Gilpin 1994; Lieber 1997; Calleo 1999; Schwarz 2000; Daalder 2001; Klare 2001; Hirsh 2002; Kagan 2002; Barnett 2004; Donnelly 2004; Harper 2004; Van Evera 2008; Burns 2009; Cantalapiedra 2009; Kissinger 2009; Rühl 2010). Aus der Perspektive der realistisch inspirierten Internationalen Politischen Ökonomie verlor Europa für die USA an Bedeutung, weil es – vor allem relativ zu den aufstrebenden Mächten Asiens – wirtschaftlich und demographisch schwächer wurde. Zunächst waren es Japan, später China und Indien, die als wichtigste „strategische Herausforderer" und potenzielle „strategische Partner" der USA Europa in den Hintergrund zu drängen drohten (vgl. Straubhaar 1989; Friedman/Lebard 1990; Huntington 1991: 8–11; Gutjahr 1992; Frank 1998; Brown et al. 2000; Bierling 2004: 73–74; Hoge 2005; Prestowitz 2005: 12–15; Serfaty 2005a: 4). Schließlich wurde aus einer liberalen Perspektive argumentiert, dass sich die USA von Europa abwenden würden, weil demographische, soziale und wirtschaftliche Entwicklungen in den USA die hergebrachten Bindungen an Europa schwächten und die Orientierung in Richtung des asiatisch-pazifischen Raums verstärkten (vgl. Lösche 1991; Gordon 1996; Haass 1997; Junker 2005: 253; Lind 2005: 35–40; Lundestad 2005: 291–292; Cohen-Tanugi 2008: 218).

In diesen Arbeiten wird ein Bedeutungsverlust Europas teils prognostiziert und teils als bereits eingetretene Entwicklung festgestellt. Je später die Arbeiten erstellt wurden, umso schwächer wird tendenziell ihr prognostischer Charakter und umso stärker wird eine tatsächliche Bedeutungsveränderung Europas konstatiert. Allerdings gibt es auch vergleichsweise frühe Arbeiten, die einen Bedeutungsverlust Europas schon als gegeben ansehen (vgl. Clemens 1991; Joffe 1993). Zudem werden in der Literatur mindestens zwei Phasen nach dem Ende des Ost-West-Konflikts identifiziert, in denen die (angebliche) Irrelevanz Europas besonderen Vorschub erhielt: zum einen der Beginn des „Krieges gegen den Terror" nach den Anschlägen des 11. September 2001 (vgl. Ryan 2003; Junker 2005), zum anderen der Beginn der Präsidentschaft Barack Obamas (vgl. Shapiro/Witney 2009; Janes 2010).

Unter diesen vielfältigen Werken existiert jedoch keine Arbeit, die die Bedeutung Europas in der Außenpolitik der USA nach dem Ost-West-Konflikt zum zentralen Gegenstand nimmt und systematisch prüft. Trotz der umfangreichen politikwissenschaftlichen Literatur zu den transatlantischen Beziehungen seit den 1990er Jahren[8] ist die These vom Bedeutungsverlust Europas letztlich immer nur knapp theoretisch plausibilisiert und mit anekdotischen Evidenzen versehen worden. Auf der anderen Seite finden sich in der Literatur – jedoch

8 Vgl. etwa die umfangreichen Bände von Knapp (1990), Kubbig (1991), Meier-Walser (1997), Dembinski/Gerke (1998), Burwell/Daalder (1999), Meier-Walser/Luther (2002), Peterson/Pollack (2003), Jäger/Höse/Oppermann (2005), Anderson/Ikenberry/Risse (2008) und Lundestad (2008).

ebenso nur knapp und anekdotisch – Hinweise auf eine Widerlegung der These, etwa wenn Nye (2000: 52) feststellt: „[P]redictions of US-EU relations since the end of the Cold War have been notoriously off-target", und Rosenberger (2005: 194) schreibt, dass die „relative Indifferenz gegenüber Europa … von der US-Administration eher demonstrativ betont wird als ‚wirklich' vorhanden ist."

Die vorliegende Arbeit setzt sich deshalb zum Ziel, systematisch zu überprüfen, wie sich die Bedeutung Europas nach dem Ende des Ost-West-Konflikts in der amerikanischen Außenpolitik entwickelt hat. Zu diesem Zweck zieht die Arbeit kognitive Konzepte aus der Außenpolitikforschung heran, mit deren Hilfe die Bedeutung Europas in zweierlei Dimensionen erfasst wird. Sie wird zunächst mit dem Konzept der *Salienz* beschrieben, das auf die Wichtigkeit oder Dringlichkeit eines Themas auf der politischen Agenda verweist. Zur weiteren Differenzierung der Analyse wird dieser „quantitativen" Dimension eine stärker „qualitative" Dimension hinzugefügt. Diese soll erfassen, was Europa für die USA darstellt, d. h. welches *Bild* sich die USA von Europa und ihrer Rolle in der US-Außenpolitik machen. Dabei werden die amerikanischen Europabilder allerdings nicht in ihrer Gesamtheit herausgearbeitet, sondern vor allem in Hinblick auf die Frage, *inwiefern* oder *in welcher Hinsicht* Europa für die USA mehr oder weniger salient wurde. Anders ausgedrückt: Es wird untersucht, welche Elemente der Europabilder im Laufe des Untersuchungszeitraums besonders in den Vordergrund getreten oder in den Hintergrund gerückt sind.

Es existieren durchaus einige Werke zu den transatlantischen Beziehungen und der Europapolitik der USA, die sich mit der politischen Salienz Europas und den Bildern, die sich die Partner voneinander machen, befassen. Doch nur wenige Arbeiten benennen diese Konzepte explizit, und noch weniger nehmen sie theoretisch ernst und wenden sie systematisch an. Insbesondere wird die Salienz Europas kaum ausdrücklich benannt und gemessen. Ein gutes Beispiel hierfür ist die empirisch reichhaltige Studie von Weisbrode (2009), welche die Geschichte der Europaabteilung des US-Außenministeriums im 20. Jahrhundert nachzeichnet: De facto behandelt der Autor im Laufe der Arbeit immer wieder sowohl die Salienz Europas wie auch die Europabilder in der US-Außenpolitik, doch er definiert diese Konzepte an keiner Stelle und reflektiert nicht ihre theoretische Relevanz für die Außenpolitikanalyse im Allgemeinen oder die US-Außenpolitik im Besonderen. Die Bände von Adams und Krakau (1985) sowie Barclay und Glaser-Schmidt (1997) untersuchen transatlantische Perzeptionen und Bilder mit Bezug auf *Deutschland* und Amerika; sie sind analytisch sehr heterogen, da sie eine Vielzahl von historischen Phasen, Akteuren und Gegenstandsbereichen abdecken. Die Aufsätze von Harper (1994, 2004), Gehrig (2008) und einige Beiträge im Band von Fernández Sola und Smith (2009) bemühen sich um eine theoriegeleitete und ordnende Analyse von Europabildern in der US-Außenpolitik, bleiben aber letztlich sehr eklektisch und ohne einen klaren analytischen Fokus. Der Beitrag von Schwabe (2000) bietet einen Abriss über „Europabilder der Weltmacht Amerika", der angesichts des langen Untersuchungszeitraums – er geht bis zu den Anfängen der amerikanischen Republik zurück – recht oberflächlich bleiben muss. Die Bände von Balis/Serfaty (2004) und Serfaty (2005b) behandeln transatlantische „Visionen" und liegen nicht nur semantisch, sondern auch inhaltlich näher am Konzept des „Leitbildes" als an dem des Bildes (zu diesem Unterschied vgl. die Ausführungen weiter unten).

Der vorliegenden Arbeit am nächsten kommen wahrscheinlich die Untersuchungen von David/Ramel (2003), in der einige Europabilder zu Beginn der George W. Bush-Administration qualitativ herausgearbeitet werden, und von Sperling (2009, 2010), der die Wahrnehmung der EU in den Augen zahlreicher US-amerikanischer Akteure analysiert und sich dabei vor allem mit der Salienz Europas befasst. Allerdings wählt er für jeden Akteur nur einen Indikator, er hat keinen klaren Untersuchungszeitraum, und er richtet seine Fragestellung – gemäß der thematischen Ausrichtung des Forschungsprojekts, in das seine Arbeit eingebunden war (vgl. Lucarelli/Fioramonti 2010) – vor allem auf die Wahrnehmung Europas als Europäische Union und als globaler Akteur aus.

Neben dem Untersuchungszeitraum sowie dem theoriegleiteten Fokus auf die Salienz und die Bilder Europas unterscheidet die vorliegende Arbeit von anderen, dass hier nicht die Öffentlichkeit, die Medien oder eine breit konzipierte Elite, sondern die für einen ausgewählten Bereich der Außenpolitik relevanten politischen Akteure als Träger der Salienz und der Bilder untersucht werden. Durch die Herausarbeitung eines möglichen Wandels der Salienz und der Bilder Europas im historischen Längsschnitt schließlich soll ein Desiderat erfüllt werden, das Niedhardt (2000: 148) so beschreibt:

> Ein möglicher Einwand gegen viele Untersuchungen, die sich mit Images befassen, läuft darauf hinaus, daß sie im Deskriptiven verharren und zu statisch angelegt sind [...] Ziel muss es jedoch sein, den Prozeßcharakter von Perzeptionen zu erfassen; einerseits nach durchgängigen Elementen der – möglicherweise tatsächlich statischen – Wahrnehmung zu fragen, andererseits auf Akzentverschiebungen und Perzeptionswandel zu achten.

Zu Beginn einer Arbeit, welche die Bedeutung Europas in der Außenpolitik der USA behandelt, stellt sich natürlich auch die Frage, was mit dem Begriff „Europa" gemeint ist. Entgegen der – meist wohlbegründeten – wissenschaftlichen Konvention, alle Schlüsselbegriffe einer Arbeit vorab klar zu definieren, soll der genaue Gehalt des Begriffs „Europa" hier zunächst offen bleiben. Dies hat mehrere Gründe: Erstens lässt sich Europa weder politisch noch geographisch eindeutig beschreiben, und eine Festlegung in dieser Arbeit würde die Gefahr in sich bergen, dass für die Forschungsfrage wichtige Aspekte außer Acht bleiben. Denn – zweitens – sind die in der Forschungsliteratur zu findenden Thesen vom Bedeutungswandel Europas meist sehr allgemein gehalten; selten stellen die Autoren klar, wen oder was sie mit „Europa" genau meinen. Da die Ausgangsthesen derart offen formuliert sind, können sie nicht ohne die Beibehaltung einer angemessenen begrifflichen Flexibilität überprüft werden. Drittens ist es gerade ein Teil der Forschungsfrage herauszufinden, was die untersuchten US-Akteure unter dem Begriff „Europa" verstehen: Wie verwenden sie den Begriff? Was sehen sie primär in Europa? Der Europabegriff ist in dieser Arbeit also nicht exogen vorgegeben, sondern er bildet sich im Laufe des Forschungsprozesses endogen heraus und wird im Laufe der Arbeit sukzessive präzisiert.

Zum besseren Verständnis dessen, welche Fragen eine Arbeit beantworten will, ist es manchmal auch hilfreich, sie gegen andere, möglicherweise naheliegende Fragestellungen und Themen abzugrenzen. Im Falle der vorliegenden Arbeit könnte man zunächst die Frage stellen, warum sie die „Bedeutung" Europas in der US-Außenpolitik behandelt und nicht etwa die „Rolle“ Europas. Im alltagssprachlichen Verständnis des Begriffs „Rolle“ würde er sich zur Beschreibung des Themas wohl ähnlich gut anbieten wie jener der „Bedeutung“. Im Kontext der Politikwissenschaft jedoch würde er Assoziationen hervorrufen, die in die Irre führten. Denn der Begriff „Rolle“ ist eng mit der Rollentheorie der sozialkonstruktivistischen Schule der Internationalen Beziehungen verbunden, die nicht den theoretischen Rahmen dieser Arbeit bildet.[9] Wenn in den folgenden Ausführungen also der Begriff „Rolle“ verwendet wird, so geschieht dies nicht im Sinne des sehr spezifischen Begriffsverständnisses der rollentheoretischen Tradition der Außenpolitikforschung, sondern eher im alltagssprachlichen Verständnis des Begriffs.

Neben dem Rollenbegriff könnte auch der Begriff des „Bildes“ falsche Assoziationen wecken, indem er an den Begriff des „Leitbildes“ erinnert, der in den Sozialwissenschaften seit der Mitte der 1990er Jahre Hochkonjunktur hat (Giesel 2007: 32). Ein wesentlicher Unterschied zwischen Bildern und Leitbildern liegt darin, dass Letztere wesentlich normativer und handlungsleitender sind als die hier untersuchten Bilder, die in ihrer Eigenschaft als mentale Repräsentationen der Wirklichkeit lediglich als kognitive Hilfskonstrukte dienen.[10] Gerade im Zusammenhang einer Arbeit, die sich mit dem Thema „Europa“ befasst, sollte dieser Unterschied zwischen Bildern und Leitbildern deutlich werden, weil letztere in der Europapolitik und in der wissenschaftlichen Analyse derselben eine wichtige Rolle spielen (Schneider 1977; Janning 1995; Wessels 1995: 488–489, 2008: 32–33, 390–391).

Desweiteren soll an dieser Stelle der Erwartung vorgebeugt werden, dass die Arbeit eine umfassende Analyse der Bedeutung Europas in der US-Außenpolitik nach dem Ost-West-Konflikt bietet. Wie bereits angedeutet, erfasst die Arbeit nur einen eng begrenzten Ausschnitt der Bedeutung Europas in der Außenpolitik der USA: Es geht um die quasi „subjektive“ Bedeutung, die bestimmte amerikanische Regierungsakteure Europa zuschreiben, und nicht um die „tatsächliche“ Bedeutung Europas in der operativen US-Außenpolitik, wie sie sich beispielsweise an Handelsstatistiken oder an Daten über die Beiträge europäischer Staaten zu amerikanisch geführten Militäreinsätzen quasi „objektiv“ ablesen ließe. Diese Art von Indikatoren und „Fakten“, die man vielleicht in einer Arbeit über die Bedeutung Europas in der US-Außenpolitik erwarten würde, werden hier nur dann herangezogen, wenn sie dazu geeignet sind, die Salienz oder die Bilder Europas für die ausgewählten amerikanischen Regierungsakteure zu erfassen.

Das Erkenntnisinteresse der vorliegenden Arbeit ist mehrschichtig.[11] Erstens soll natürlich die empirische Frage nach der Bedeutung Europas in der Außenpolitik der USA beantwortet werden (mit den soeben erwähnten Einschränkungen), um einen Beitrag zur substanziellen Forschungsliteratur zur US-Außenpolitik und den transatlantischen Beziehungen zu leisten. Zweitens kann die Arbeit mittels der Überprüfung der Thesen zum Be-

9 Zur Rollentheorie in der Außenpolitikforschung vgl. grundlegend Holsti (1970) und Walker (1979, 1987) sowie weiterführend Kirste/Maull (1996) und Kirste (1998). Als Ansatz für die Analyse der Rolle der EU in der internationalen Politik wird die Rollentheorie beispielsweise im Band von Elgström/Smith (2006) genutzt.

10 Der normative Charakter von Leitbildern bedeutet nicht, dass diese „idealistisch“ oder „unrealistisch“ wären. Vielmehr beschreiben Leitbilder Vorstellungen von einer Zukunft, die prinzipiell auch erreichbar ist (Giesel 2007: 245).

11 Zur Unterscheidung erkenntnisleitender Interessen in den Sozialwissenschaften vgl. Habermas (1965) und Mayntz (2009).

deutungswandel Europas Erkenntnisse über die Aussagekraft der diesen Thesen zugrunde liegenden Theorien liefern (was selbstverständlich nicht einem umfassenden Theorietest gleichkommt). Drittens folgt die Arbeit einem methodischen Erkenntnisinteresse, indem sie Schritte zur Operationalisierung von Salienz erarbeitet, die in dieser Form noch nicht angewendet wurden. Viertens schließlich verfolgt die Arbeit neben dem wissenschaftlichen auch ein praktisches Erkenntnisinteresse. Wie Glenn Snyder (1997: 307–308) herausgearbeitet hat, laufen Staaten, die in einer Allianz verbündet sind, Gefahr, von dem oder den Verbündeten entweder in einen Konflikt mit Dritten hineingezogen zu werden *(entrapment)* oder im Stich gelassen zu werden *(abandonment)*. Insbesondere ist es der schwächere Allianzpartner, der fürchten muss, allein gelassen zu werden, und dies aus mindestens zwei Gründen: Zum einen ist die Wahrscheinlichkeit, dass der stärkere Partner die Zusammenarbeit beendet, größer, weil er tendenziell weniger auf die Unterstützung durch den kleineren Partner angewiesen ist. Zum anderen sind die Konsequenzen eines Ausscherens des Verbündeten aus der Allianz für den schwächeren Partner im Allgemeinen gravierender, weil er in dem Falle wahrscheinlich einen ungleich größeren Verlust an Sicherheit hinnehmen müsste.

In der atlantischen Allianz sind natürlich die USA der – vor allem militärisch – stärkere und die Europäer der schwächere Partner. Seit der Gründung der Nato war die Furcht auf Seiten der (west-)europäischen Staaten, die USA könnten sich aus Europa zurückziehen und im Ernstfall darauf verzichten, ihre Sicherheitsgarantie für Europa einzulösen, stets latent und häufig manifest vorhanden (vgl. Hanrieder 1995; Lundestad 2005). Auch in einem veränderten Sicherheitsumfeld ist bis heute in Europa das Interesse an einer engen Zusammenarbeit mit den USA und an einem amerikanischen Engagement auf dem europäischen Kontinent vorherrschend, und die europäischen Verbündeten der USA fürchten nach wie vor, in Konflikte ihres amerikanischen Verbündeten hineingezogen zu werden, viel mehr aber noch, von diesem allein gelassen zu werden (Jervis 2009a: 13).

Die in der internationalen Politik stets vorhandene Problematik der Unsicherheit über die Wahrnehmungen, die Absichten und das Verhalten anderer Staaten ist in einem Bündnis von Demokratien, wie es die atlantische Allianz darstellt, zwar grundsätzlich abgeschwächt – zum einen wegen der vielfältigen, institutionalisierten Formen der Zusammenarbeit zwischen den Bündnispartnern, zum anderen aufgrund der Offenheit und Transparenz der politischen Entscheidungsprozesse, die Demokratien üblicherweise kennzeichnen. Dennoch haben Amerikaner wie Europäer Schwierigkeiten, stabile und konsistente Bilder vom jeweiligen Gegenüber zu formen: So unterschätzen nach Smith (2009: 66–67) die USA häufig die Fähigkeit der europäischen Staaten zu kollektivem Handeln, während die Europäer die inneramerikanischen Spaltungen und Widersprüche bei der Formulierung der Außenpolitik unterschätzen. Es fällt den europäischen Verbündeten schwer, richtig einzuschätzen, welche Entwicklungen – und Wendungen – die amerikanische Außenpolitik nehmen kann (Jervis 2009a: 13).

Die Erklärung hierfür liegt erstens in der bereits erwähnten einzigartigen Machtposition der USA, aufgrund der sie vergleichsweise wenigen Restriktionen aus der internationalen Umwelt unterliegt und dementsprechend über eine größere Handlungsfreiheit und mehr Optionen verfügt als andere Staaten. Zweitens ist das politische System der USA nicht nur transparent und offen für eine Reihe von Einflüssen aus dem In- und Ausland, sondern es ist auch komplex und schwer berechenbar hinsichtlich der Frage, welche Kräfte sich zu einem gegebenen Zeitpunkt und zu einer gegebenen Frage durchsetzen werden. Vor diesem Hintergrund kann es aus europäischer Sicht hilfreich sein, Hinweise darauf zu erhalten, welche Bedeutung die USA Europa grundsätzlich beimessen. In der Begrifflichkeit Glenn Snyders könnte die vorliegende Arbeit also unter anderem dazu beitragen, die Wahrscheinlichkeit eines *abandonment* Europas durch die USA besser einschätzen zu können.

I. C Einordnung der Arbeit in die Forschungsdisziplin

Die vorliegende Arbeit ist in das Forschungsfeld der Außenpolitikanalyse *(Foreign Policy Analysis, FPA)* einzuordnen, die eine Subdisziplin des Feldes der Internationalen Beziehungen (IB) darstellt. Diese Zuordnung der Außenpolitikanalyse war lange Zeit nicht unumstritten: Noch in den 1970er Jahren wurde die Analyse staatlicher Außenpolitik häufig in eine Reihe mit der Analyse anderer Politikfelder gestellt und somit eher dem Forschungsbereich der „Politikfeldanalysen" als jenem der Internationalen Beziehungen zugerechnet (vgl. Carlsnaes 2002).[12] Heute hat sich die Außenpolitikanalyse als ein fester Bestandteil der Internationalen Beziehungen weitgehend etabliert. Zwar wird sie weiterhin von einigen Vertretern des Fachs nicht dem Kern der IB zugerechnet, doch ist die Theorie- und Profilbildung der Außenpolitikanalyse insgesamt weit genug vorangeschritten, um sie als eine wichtige Subdisziplin der IB zu begreifen.[13]

Die Außenpolitikanalyse unterscheidet sich von der „Analyse internationaler Politik", dem klassischen Teil der IB, sowohl hinsichtlich des zu erklärenden Gegenstandes (Explanandum) wie hinsichtlich der Ursachen oder Gründe, die zur Erklärung herangezogen werden (Explanans).[14] In diesem Zusammenhang wird häufig das Bild der „Analyseebenen" herangezogen, wobei nicht immer ganz klar ist, ob dies zur Ordnung des Explanans oder des Explanandums geschieht. Wenigstens zwei Analyseebenen lassen sich unterscheiden: die des Staates und die des internationalen Systems (Singer 1961). Waltz (2001 [1954]) nennt zudem das Individuum („man") als zusätzliche Ebene (in Waltz' Terminologie: als erstes „image"). Rosenau (1966) teilt die staatliche Ebene zusätzlich in eine Regierungsebene und eine gesellschaftliche Ebene auf, und Janis (1982) sowie t'Hart (1990) identifizieren die Kleingruppe als eigenständige Analyseeinheit.

Hinsichtlich des Explanandums bewegt sich die Außenpolitikanalyse auf der Ebene des Staates, die Analyse internationaler Politik auf der Ebene des Systems. Das Explanans ist in

---

12 Dies galt vor allem für die US-amerikanische Literatur und stellte auch eine Reaktion auf das in Europa lange vorherrschenden Postulat vom „Primat der Außenpolitik" gegenüber der Innenpolitik dar, das aber eher politischer denn wissenschaftlicher Natur war.

13 Zur Geschichte und Theorienentwicklung der Außenpolitikanalyse im englischsprachigen Raum vgl. Carlsnaes (2002) und Hudson (2007). Harnisch (2003) nimmt auch die Disziplinentwicklung im deutschsprachigen Raum in den Blick. Er argumentiert unter anderem, dass die theorieorientierte Außenpolitikforschung mittlerweile ihren eigenständigen Charakter innerhalb der IB schon wieder verloren habe, weil sie zunehmend über disziplinäre Grenzen innerhalb der gesamten Politikwissenschaft hinweg arbeite (Harnisch 2003: 316–317).

14 Die Begriffe *explanandum* und *explanans* werden hier zum Zwecke der besseren Verständlichkeit der Argumentation in vereinfachter Form verwendet und nicht im strikten Sinne des deduktiv-nomologischen Modells der wissenschaftlichen Erklärung von Kausalzusammenhängen.

beiden Fällen nicht nur auf der jeweiligen Analyseebene, sondern auch auf anderen Ebenen zu suchen. Veränderungen des internationalen Systems lassen sich häufig nur mit Rückgriff auf subsystemische Faktoren erklären. Staatliche Außenpolitik kann von einer Reihe von Faktoren beeinflusst werden, die sich sowohl „oberhalb" des Staates, also im internationalen System, wie auch „unterhalb" (oder: im „Innern") des Staates finden, also auf den Ebenen der Regierung, der Gesellschaft, der Gruppen oder des Individuums (vgl. Peters 2007: 816–830).

Jene Außenpolitikanalysen, die systemischen Faktoren die größte Bedeutung beimessen, stehen meist in der Tradition der Realistischen Schule der Internationalen Beziehungen. Ansätze und Analysen, die hingegen innerstaatlichen Faktoren das größte Gewicht einräumen, werden im englischen Sprachgebrauch unter dem Begriff *Foreign Policy Decision Making (FPDM)* zusammengefasst; im Deutschen werden hierfür die Begriffe „Analyse außenpolitischer Entscheidungen" und „Außenpolitische Entscheidungstheorie" verwendet. Diese Perspektive ist gegenüber den systemischen Ansätzen in der Außenpolitikanalyse derart dominant, dass die Begriffe *Foreign Policy Analysis* und *Foreign Policy Decision Making* (bzw. „Außenpolitikanalyse" und „Außenpolitische Entscheidungstheorie") oft synonym gebraucht werden (vgl. Carlsnaes 2002: 332–335; Hudson 2007: 14–15; Mintz/DeRouen 2010: 3–10).

Obwohl die vorliegende Arbeit einen wichtigen Aspekt der transatlantischen Beziehungen untersucht – die Rolle Europas in der Außenpolitik der USA – sind die bilateralen Beziehungen zwischen Europa und den USA nicht der zentrale Gegenstand der Arbeit.[15] Der analytische Fokus liegt vielmehr auf der Außenpolitik der USA; das Explanandum der Arbeit lässt sich somit auf der Analyseebene des Staates einordnen. Eine Grundannahme der außenpolitischen Entscheidungstheorie lautet jedoch, dass „der Staat" kein Akteur sein kann, da er nur eine metaphysische Abstraktion darstellt. Seine Handlungen lassen sich aber als die Handlungen jener Regierungsakteure operationalisieren, die im Namen des Staates handeln. Richard C. Snyder, H.W. Bruck und Burton Sapin drückten es in ihrem für die Außenpolitikanalyse wegweisenden Werk „Decision-Making as an Approach to the Study of International Politics", das erstmals 1954 erschien, so aus: „*State action is the action taken by those acting in the name of the state.* Hence, the state is its decision-makers. State X as *actor* is translated into its decision-makers as actors" (Snyder/Bruck/Sapin 2002 [1954]: 59; Hervorh. im Original).

Dies bedeutet nicht automatisch, dass sich die Analyseebene hin zu jener des Individuums verschiebt, denn die Individuen stehen hier zunächst nur stellvertretend für den Staat. Indem die vorliegende Arbeit jedoch psychologische Ansätze der Außenpolitikanalyse nutzt, mit deren Hilfe die Politik der USA gegenüber Europa erklärt werden kann, bewegt sie sich tatsächlich auf der individuellen Analyseebene. Insofern stellt diese Ebene den Schwerpunkt der Analyse dar, wenngleich wichtige Faktoren für eine mögliche Veränderung der Rolle

---

15 Ob sich die Beziehungen und Interaktionen zwischen Staaten der Analyseebene des Akteurs (d.h. des Staates) zuordnen lassen oder ob sie eine eigene Analyseebene darstellen, darüber herrscht in der Forschungsliteratur keine Einigkeit. Waltz (1979: 18) widmet der Ebene der Interaktionen keine große Aufmerksamkeit und schlägt sie einfach der Analyseebene des Staates zu. Buzan, Jones und Little (1993: 29–50) unterscheiden klar zwischen Akteur und Interaktion, lokalisieren aber beide auf der Analyseebene des Staates. Goldmann (1979: 1–2) und Wendt (1999: 145–150) erkennen in der Ebene der Interaktionen eine eigenständige Analyseebene, da von ihr unabhängige kausale Effekte auf das Verhalten von Staaten ausgingen.

Europas in der US-Außenpolitik auch auf der Ebene des internationalen Systems sowie auf der innerstaatlichen Ebene verortet werden.

Unter den psychologischen Ansätzen der Außenpolitikanalyse lassen sich kognitive Ansätze von solchen Ansätzen unterscheiden, die stärker psycho- und persönlichkeitsanalytisch ausgerichtet sind (McDermott 2004: 49–50; Schafer/Crichlow 2010: 36–41). Die letzteren Ansätze wurden zwar früher als die kognitiven mit der Analyse von Außenpolitik und internationaler Politik verknüpft, doch sind die kognitiven Ansätze seit der „kognitiven Revolution“ in der Psychologie und der Einführung des kognitiven Paradigmas in die Außenpolitikanalyse, vor allem durch Robert Jervis (1970, 1976), dominant (vgl. Rosati 1995; Levy 2003; Stein 2008). Daneben existiert aber weiterhin der psychoanalytische Forschungsstrang, der individuelle Persönlichkeitsmerkmale und psychologische Prozesse wie Affekte und Emotionen von Entscheidungsträgern in den Mittelpunkt der Analyse rückt. Abbildung 1 gibt einen zusammenfassenden Überblick über die Einordnung der vorliegenden Arbeit in die Disziplin der Politikwissenschaft.

Abbildung 1 Einordnung der Arbeit in die Forschungsdisziplin

I. D Der weitere Aufbau der Arbeit

Das grundlegende Forschungsdesign dieser Arbeit ist Gegenstand von Kapitel II. Dabei wird zunächst herausgearbeitet, dass sich die Arbeit als „qualitative Fallstudie“ charakterisieren lässt, sie aber sowohl hinsichtlich ihrer methodologischen Grundlagen wie im Hinblick auf die konkrete Erfassung des Forschungsgegenstandes auch „quantitative“ Elemente aufweist. Auch die Eigenschaft der Arbeit als Längsschnitt- wie als Querschnittstudie wird hier besprochen. Anschließend werden die verschiedenen theoretischen Argumente, die in dieser Arbeit zusammengeführt werden, und ihre Umsetzung in ein konkretes Forschungsprogramm dargelegt. Zuletzt wird in diesem Kapitel erläutert, welche Quellen für die Arbeit herangezogen und mit welchen Methoden sie ausgewertet wurden.

Kapitel III legt die Grundzüge der kognitiven Ansätze der Außenpolitikanalyse dar und stellt die für diese Arbeit zentralen theoretischen Konzepte der „Salienz“ und der „Bilder“ vor. Damit liefert das Kapitel eine eingehendere theoretische Begründung für die zuvor dargelegte Operationalisierung der Frage nach der Bedeutung Europas in der US-Außenpolitik nach dem Ost-West-Konflikt.

Kapitel IV beschreibt ausführlich die Akteure und Institutionen der US-Regierung, die im Mittelpunkt der empirischen Untersuchung stehen. Dabei handelt es sich um die wichtigsten Akteure im außenpolitischen Entscheidungsprozess der USA, wenngleich einschränkend hinzugefügt werden muss, dass je nach Sachbereich und Entscheidungstyp auch andere als die hier behandelten Akteure ins Zentrum der Entscheidungsfindung rücken können. Die Arbeit nimmt die klassischen außenpolitischen Institutionen in den Blick, weil die Entscheidungen, die hier untersucht werden sollen, grundlegender strategischer und struktureller Natur sind und in den Bereich der klassischen Außen- und Sicherheitspolitik fallen (mithin in den Bereich, der lange Zeit als „high politics“ bezeichnet wurde).[16] Dies soll nicht heißen, dass etwa die Außenwirtschaftspolitik grundsätzlich weniger wichtig wäre – ganz im Gegenteil wird diesem Bereich eine immer größere Bedeutung für das Wohlergehen von Nationen zugeschrieben. Weil aber diese Arbeit, wie jede andere, ihren Untersuchungsgegenstand begrenzen muss, bietet sich die Konzentration auf die klassischen Bereiche der Diplomatie und der Sicherheitspolitik an – nicht zuletzt aufgrund der häufig besseren Verfügbarkeit von Daten und Zugänglichkeit von Quellen.

Kapitel V untersucht schließlich Schritt für Schritt die Salienz Europas in den ausgewählten Institutionen sowie die Europabilder, die dort vorherrschten. Soweit es die Eigenschaften der Institutionen und die Quellenlage zuließen, wurden die Unterkapitel parallel aufgebaut, um eine Vergleichbarkeit zwischen den Institutionen herzustellen. Kapitel VI bemüht sich um eine Zusammenfassung und Interpretation der wichtigsten Ergebnisse. Hier sollen nicht zuletzt auch die verwendeten Theorien und Methoden reflektiert und Forschungsperspektiven aufgezeigt werden.

16 Zur Abgrenzung von strategischen, strukturellen, Routine- und Krisenentscheidungen vgl. Huntington (1961: 3–4), Lowi (1967: 324–325) sowie Davidson, Olseszk und Lee (2010: 452–468).

II Forschungsdesign

II. A Das Konzept der qualitativen Fallstudie

In der empirischen Sozialforschung wird häufig zwischen einem „qualitativen“ und einem „quantitativen“ Paradigma unterschieden, die sich jeweils durch bestimmte und miteinander zusammenhängende ontologische, epistemologische und methodologische Annahmen auszeichnen (vgl. hierzu und zum Folgenden: Alemann/Tönnesmann 1995: 56–64; Dreier 1997: 59–78; Kelle 2007: 25–55). Über die Vereinbarkeit beider Paradigmen gibt es unterschiedliche Urteile, die häufig davon abhängen, wie umfassend die Begriffe „qualitativ“ und „quantitativ“ verstanden werden: Werden mit ihnen unterschiedliche ontologische und erkenntnistheoretische Grundpositionen verbunden, wird man leicht zu dem Schluss kommen, dass die Paradigmen inkommensurabel sind – in dem Sinne, dass sich die Forschungsergebnisse nicht vergleichen lassen und keine sinnvolle Ergänzung zueinander darstellen können. Beispielsweise ist die quantitative Forschung in der Regel dadurch gekennzeichnet, dass sie die Aufdeckung allgemeiner Gesetzmäßigkeiten, mit der sich soziale Phänomene erklären lassen, anstrebt. Ein solches Bestreben setzt natürlich die Annahme voraus, dass diese Gesetzmäßigkeiten existieren und offen gelegt werden können. Wird diese Annahme nicht geteilt, so richtet sich das erkenntnisleitende Forschungsinteresse eher auf das tiefgehende Verständnis von Einzelfällen – eine Position, die oft als konstitutives Merkmal der qualitativen Forschung verstanden wird (Read/Marsh 2002: 232).

Häufig werden die Begriffe „qualitativ“ und „quantitativ“ aber auch nur zur Beschreibung unterschiedlicher Methoden verwandt, die auf ein und derselben ontologischen und erkenntnistheoretischen Basis beruhen können. Vor diesem Hintergrund hat sich in der Sozialforschung mehr und mehr die Ansicht durchgesetzt, dass qualitative und quantitative Methoden sich nicht gegenseitig ausschließen, sondern einander ergänzende Erkenntnisse über soziale Phänomene hervorbringen können (Read/Marsh 2002; Tarrow 2004; Box-Steffensmeier/Brady/Collier 2008). Mehr noch: Sie können sogar innerhalb ein und desselben Forschungsdesigns zur Anwendung kommen. Unter den methodenkombinatorischen Ansätzen haben sich der *Mixed Methods*-Ansatz, bei dem qualitative und quantitative Untersuchungen parallel durchgeführt und die Daten am Ende gemeinsam analysiert werden, und der Triangulationsansatz, bei dem verschiedene Theorien, Methoden und/oder Datenquellen von Beginn an in einem Design zusammengeführt werden, als dominante Ansätze etabliert (vgl. Kelle 2004: 46–52; Kuckartz 2009a).[17]

---

17 Unter den Beiträgen zur sozialwissenschaftlichen Methodologie hat in den vergangenen zwei Jahrzehnten kaum ein Werk eine so breite Rezeption erfahren wie „Desiging Social Inquiry: Scientific Inference in Qualitative Research“ von Gary King, Robert Keohane und Sidney Verba (1994; vgl. auch Brady/Collier 2004). Ihr Ansatz läuft letztlich darauf hinaus, die statistische „Logik“ der quantitativen Forschung auf Studien mit kleinen Fallzahlen zu übertragen. Er beruht somit auf einem Verständnis von „qualitativer“ Forschung, das viele bewusste erkenntnistheoretische und methodologische Entscheidungen qualitativ arbeitender Forscher

Die vorliegende Arbeit ist weder dem qualitativen noch dem quantitativen Forschungsparadigma eindeutig zuzuordnen. Hinsichtlich des grundlegenden Wissenschaftsverständnisses und Forschungsmodells steht sie einigen Positionen nahe, die als kennzeichnend für das *quantitative* Paradigma gelten (vgl. Blatter/Janning/Wagemann 2007: 22–32; Dreier 1997: 330–360): Sie ist theoriegeleitet, identifiziert zu Beginn des Forschungsprozesses die relevanten Variablen und Kausalzusammenhänge, enthält hypothesenprüfende Elemente und benennt die zu beobachtenden Sachverhalte (Indikatoren) vor Beginn der Datenerhebung. Auf der anderen Seite teilt sie mit dem *qualitativen* Paradigma das starke Interesse am Einzelfall und strebt nicht primär die Generalisierbarkeit der Ergebnisse an. Daraus folgt die gezielte, aus der Kenntnis des Untersuchungsgegenstandes erwachsende Fallauswahl, bei der es nicht um die statistische „Repräsentativität" der Fälle geht, sondern um ihre substanzielle Bedeutung (Ragin 2004: 127). Ebenfalls typisch für qualitative Forschung ist der Umstand, dass die Operationalisierung im Laufe des Forschungsprozesses zu dieser Arbeit stetig fortgeführt würde – anders ausgedrückt: Durch die vertiefte Kenntnis des Gegenstandes und der verfügbaren Datenquellen kamen zu den bereits identifizierten Indikatoren neue hinzu. Nicht zuletzt sind die verwendeten Forschungstechniken, also die Methoden der Datenerhebung und -analyse, vorwiegend solche, die üblicherweise der qualitativen Forschung zugeordnet werden; dies gilt vor allem für die Interviews und die Dokumentenanalysen. Daneben werden aber auch quasi-statistische Verfahren eingesetzt, so dass am Ende nicht nur qualitative, sondern auch quantitative, numerische Daten vorliegen.[18]

Durch die Kombination verschiedener Elemente, die auf den folgenden Seiten noch näher erläutert werden, lässt sich die Arbeit letztlich dem Triangulationsansatz zuordnen, der aufgrund seiner Anwendung bei Studien mit eher geringen Fallzahlen meist als Strategie der qualitativen Sozialforschung diskutiert wird, aber erkenntnistheoretisch in der quantitativen Forschung verwurzelt ist (vgl. Kelle 2004: 49–50; Kuckartz 2009a: 354–356; Flick 2008). Die Arbeit nimmt eine *Theorietriangulation* vor, indem sie verschiedene theoretische Ansätze in das Forschungsdesign einbezieht; sie betreibt eine *Methodentriangulation,* indem sie das gleiche Phänomen mit unterschiedlichen Methoden zu erfassen versucht; und sie bedient sich der *Datentriangulation,* indem sie unterschiedliche Datenquellen und Datentypen berücksichtigt. Die Kombination verschiedener theoretischer Ansätze führt zu einem komplexeren Forschungsdesign und macht es nahezu unmöglich, dem in der quantitativen Forschung weit verbreiteten Ideal der rigiden Überprüfung einer bestimmten Theorie nachzukommen. Doch ebenso lässt sich, wie etwa Scharpf (2000: 66) es tut, argumentieren,

> daß die komplexen Erklärungen, nach denen wir nach wie vor suchen müssen, nur modulare Konstrukte sein können, die verschiedene theoretische „Module" miteinander kombinieren und verbinden, um komplexe und möglicherweise einzigartige empirisch beobachtete Phänomene und Ereignisse verständlich zu machen.

ignoriert, so dass das Werk nur sehr bedingt einen „Brückenschlag" zwischen qualitativer und quantitativer Forschung leisten kann.

18 Die bis hierher beschriebenen Charakteristika qualitativer Forschung lassen deutlich ihre Nähe zur „Historischen Methode" erkennen (vgl. z. B. Gaddis 2002).

Die Triangulation von Methoden und Daten dient dazu, das Vertrauen in die Validität der Ergebnisse zu erhöhen, auch wenn direkt einschränkend hinzugefügt werden muss, dass die Triangulation alleine weder als notwendige noch als hinreichende Bedingung für eine hohe Validität von Forschungsergebnissen gelten kann (vgl. Kelle 2004: 49–50; Flick 2008: 52).

Obwohl die vorliegende Arbeit keine sehr große Zahl von Fällen behandelt, wie es in der quantitativen Forschung üblich ist, wäre es doch falsch, sie als klassische qualitative Fallstudie oder gar „Einzelfallstudie" zu beschreiben. Denn genau genommen handelt es sich bei der vorliegenden Arbeit nicht nur um *eine* Fallstudie, sondern um die Studie eines Falls mit einer Vielzahl von Unterfällen. Die Arbeit ist zugleich als Längsschnittstudie, bei der ein Fall zu verschiedenen Zeitpunkten untersucht wird, und als Querschnittstudie, bei der Informationen über eine Reihe von Fällen zu einem einzigen Zeitpunkt gesammelt werden, konzipiert (vgl. Burnham et al. 2004: 48–55).

Im *historischen Längsschnitt* untersucht die Arbeit die Bedeutung Europas in der Außenpolitik der USA im Zeitraum von 1990 bis 2010. An jenen Stellen, an denen es forschungspraktisch zu bewältigen war und die Quellenlage es zuließ, geht die Analyse zudem in die Jahre und Jahrzehnte vor 1990 zurück. Jedoch kann selbst der Kernzeitraum der Untersuchung natürlich nicht lückenlos abgedeckt werden in dem Sinne, dass für jeden Indikator Werte für jedes einzelne Jahr (oder gar jeden Monat oder noch kürzere Einheiten) zwischen 1990 und 2010 ermittelt werden. Vielmehr muss es darum gehen, sehr gezielt – d. h. in Abhängigkeit vom empirischen Gegenstand und von der Quellenlage – gerade so viele Zeitpunkte zu erfassen, dass wichtige Entwicklungen in einer Weise nachgezeichnet werden können, die plausibel erscheint und das Bild einer schlüssigen Analyse hinterlässt. Neben der hinreichenden Anzahl und der möglichst gleichmäßigen Verteilung von Erhebungszeitpunkten ist auch die besondere Bedeutung zu berücksichtigen, die bestimmte Zeitpunkte haben können, etwa jene im Umfeld eines Regierungswechsels oder eines einschneidenden außenpolitischen Ereignisses.

Im *institutionellen Querschnitt* analysiert die Arbeit die Bedeutung Europas für ausgewählte Regierungsakteure in der Exekutive und Legislative der USA. Der Begriff „institutionell" (bzw. „Institution") wird hierbei nicht im weiteren Sinne von „Regelsystemen" verwendet, sondern er beschreibt politische Organisationseinheiten, die als individuelle, kollektive und korporative Akteure auftreten können (vgl. Scharpf 2000: 76–106). Die hier behandelten Akteure sind der Präsident und die Präsidialbürokratie, das Außenministerium, das Verteidigungsministerium und beide Kammern des Kongresses, also Repräsentantenhaus und Senat. Innerhalb dieser Institutionen wiederum werden auch jene untergeordneten Organisationseinheiten in den Blick genommen, die auf die strategische Ausrichtung der US-Außenpolitik und die Europapolitik der USA einen besonders großen Einfluss ausüben.

II. B Theoretisches Argument, Arbeitshypothesen und Operationalisierung

Das Erkenntnisinteresse wissenschaftlicher Arbeiten kann sich sowohl auf die Beschaffenheit sozialer Phänomene als auch auf Wirkungszusammenhänge richten (Mayntz 2009: 11). Die dieser Arbeit zugrunde liegende These vom Bedeutungswandel Europas in der US-Außenpolitik wird hier in erster Linie als *Existenzhypothese* überprüft, d. h. als Hypothese, welche die Existenz eines bestimmten Sachverhaltes behauptet (vgl. Alemann/Forndran 2002: 93–94). Die Hypothese ist in dieser Form natürlich sehr vage. Sie geht in der Literatur aber häufig mit der konkreteren und besser zu überprüfenden Behauptung einher, Europa habe einen Bedeutungs*verlust* in der US-Außenpolitik erlitten.

Über die Behauptung des Sachverhaltes hinaus haben viele Autoren auch Ursachen benannt, die den Bedeutungswandel und -verlust Europas erklären können. Diese Ursachen werden, wie in der Einleitung bereits erwähnt, vor allem im Ende des Ost-West-Konflikts, in der Verschiebung der weltwirtschaftlichen Gewichte und in den sozio-demographischen Veränderungen in den USA festgemacht. Es existieren also auch verschiedene Kausalhypothesen, die sich grundsätzlich für eine Überprüfung anbieten. Eine umfassende Überprüfung dieser Kausalhypothesen kann in der vorliegenden Arbeit allerdings nicht erbracht werden, denn die methodischen und forschungspraktischen Anforderungen hierfür wären immens: Sie reichen von der grundsätzlichen Problematik eines Forschungsdesigns mit mehreren unabhängigen und einer abhängigen Variablen, die in nur einer Ausprägung vorliegt, über die Identifizierung und Erfassung einer Vielzahl von Variablen und Kausalketten bis hin zur Operationalisierung und Messung von komplexen Makrophänomenen, noch dazu, wenn es sich um einen längeren Untersuchungszeitraum handelt (vgl. King/Keohane/Verba 1994: 115–149; Scharpf 2000: 52–72; George/Bennett 2005: 73–108).

Um die Bedeutung Europas *für die USA* zu erfassen, nimmt die Arbeit *die außenpolitischen Entscheidungsträger der USA* in den Blick. Dieses Vorgehen basiert auf der bereits erwähnten Prämisse der außenpolitischen Entscheidungstheorie, dass der Staat zu bestimmten analytischen Zwecken mit seinen politischen Entscheidungsträgern gleichgesetzt werden kann, und es entspricht einem ersten Schritt der Operationalisierung der abhängigen Variable. Um die *Bedeutung* Europas für diese Akteure zu erfassen, nutzt die Arbeit das theoretische Instrumentarium kognitiver Ansätze der Außenpolitikanalyse, mit dessen Hilfe sich der Begriff der „Bedeutung“ eines Gegenstandes für einen Akteur näher bestimmen und operationalisieren lässt. Konkret bieten sich hierfür die Konzepte der *Salienz* und der *Bilder* an, die in Kapitel III näher ausgeführt werden. Die kognitiven Ansätze der Außenpolitikanalyse dienen hier also als Hilfsmittel zur Erfassung der Bedeutung Europas für die USA. Die Ansätze selbst sind nicht Gegenstand der Untersuchung; ihre Erklärungskraft soll hier nicht überprüft werden, sondern wird theoretisch vorausgesetzt, d. h. als gegeben angenommen.

Da Salienz und Bilder psychologische Phänomene sind, sich also „in den Köpfen“ der Akteure abspielen, lassen sie sich natürlich nicht direkt beobachten, sondern sie bedürfen wiederum einer Operationalisierung, um sie „messbar“ zu machen. Unter der Annahme, dass sich Salienz und Bilder auf das Verhalten von Akteuren auswirken, ist die Grundlage für eine solche empirische Bestimmung von Salienz und Bildern das beobachtbare Akteursverhalten. Wenn das Verhalten nicht direkt beobachtbar ist, muss sich die empirische Forschung auf die Produkte der Akteurshandlungen stützen, auf die Spuren, die die Akteure durch ihr Handeln hinterlassen haben.

Dabei sind die Handlungen, die hier als Indikatoren dienen sollen, vielfältig, und sie variieren von Akteur zu Akteur. Diese Varianz ergibt sich zum einen durch die unterschiedlichen Funktionen und daraus resultierenden Tätigkeiten der Akteure, zum anderen durch die Quellenlage. Denn viele Handlungen, die man für die vorliegende Forschungsfrage im Idealfall erfassen könnte, lassen sich praktisch gar nicht mehr nachvollziehen, und andere wären nur mit einem unverhältnismäßig hohen Forschungsaufwand zu rekonstruieren. Tabelle 1 bietet einen Überblick über die wichtigsten Handlungen, die als Indikatoren gewählt wurden. Eine präzise, mathematische Gewichtung der Indikatoren ist hier natürlich nicht möglich; stattdessen wird im empirischen Teil der Arbeit argumentativ begründet, welchen Indikatoren ein besonders großes analytisches Gewicht zugesprochen werden kann.

Tabelle 1 Als Indikatoren dienende Handlungen der US-Regierungsakteure

Akteur/Institution	**Handlungen**
Präsident/Weißes Haus	▪ Reden und Stellungnahmen des Präsidenten und des Vizepräsidenten ▪ Außenpolitische Entscheidungen (v. a. jene, die sich in Grundsatzpapieren und anderen relevanten Veröffentlichungen des Präsidialamtes niedergeschlagen haben) ▪ Auslandsreisen
Außenministerium	▪ Reden und Stellungnahmen des Ministers/der Ministerin, des Staatssekretärs für Politische Angelegenheiten sowie von Leitern der Europaabteilung ▪ Außenpolitische Entscheidungen (v. a. jene, die sich in Grundsatzpapieren und Tätigkeitsberichten des Ministeriums niedergeschlagen haben) ▪ Auslandsreisen des Ministers/der Ministerin ▪ Entscheidungen über Strukturen und Ressourcenallokation im Ministerium
Verteidigungsministerium	▪ Reden und Stellungnahmen des Ministers, des Staatssekretärs für Verteidigungspolitik sowie von Leitern der Nato-/Europaabteilung ▪ Außenpolitische Entscheidungen (v. a. jene, die sich in Grundsatzpapieren und Tätigkeitsberichten des Ministeriums niedergeschlagen haben) ▪ Entscheidungen über Strukturen und Ressourcenallokation im Ministerium
Kongress	▪ Gesetzgeberische Tätigkeiten (einschl. Anhörungen) ▪ Reden und Stellungnahmen von Kongressmitgliedern ▪ Entscheidungen über Strukturen und Ressourcenallokation im Kongress

An dieser Stelle soll betont werden, dass öffentliche Reden und Stellungnahmen von Politikern keine „leeren Worte" darstellen, die sich von „echten" Handlungen abgrenzen ließen. Vielmehr sind die Vorbereitung und anschließende Verbreitung von Reden und Stellungnahmen ein integraler Bestandteil des außenpolitischen Entscheidungsprozesses, dem die Akteure selbst eine große Bedeutung zuschreiben und dem sie entsprechend viel Zeit widmen (vgl. Christopher 1998: 7–11; Chollet/Goldgeier 2002: 169–172). Öffentliche Reden und Stellungnahmen sind ein wichtiges Instrument im Handlungsrepertoire außenpolitischer Akteure und eignen sich deshalb sehr gut als Indikatoren für die Herausarbeitung von Wahrnehmungen und Einstellungen dieser Akteure.

Die Entscheidungen über Strukturen und Ressourcenallokationen in der Exekutive und der Legislative können auch im Sinne des „second image reversed" verstanden werden, das, in Umkehrung des „second image" von Kenneth Waltz, eine Wirkung von Entwicklungen auf der internationalen Ebene auf innerstaatliche politische Strukturen postuliert (Gourevitch 1978; s. auch Keohane 2008 und Krasner 2010). Zwar nehmen Gourevitch und andere Autoren, die diese Wirkungen untersuchen, vor allem sehr grundlegende Elemente innerstaatlicher Strukturen in den Blick, also beispielsweise das Verhältnis von Gesellschaft und Staat sowie die zentralen Charakteristika des Regierungssystems. Doch lässt sich die grundsätzliche Logik des Ansatzes auch auf die vorliegende Arbeit übertragen, und Gourevitch selbst weist darauf hin, dass auch kleinteiligere oder sehr isolierte Effekte als Ausdruck eines „second image reversed" untersucht werden können (Gourevitch 1978: 883). Zudem entsprechen die beiden „internationalen" unabhängigen Variablen, die in der vorliegenden Arbeit identifiziert wurden – also das Ende des Ost-West-Konflikts und die Verschiebung der weltwirtschaftlichen Kräfteverhältnisse – jenen internationalen Faktoren, denen Gourevitch innerhalb seines Modells die größte Wirkung auf innerstaatliche Strukturen zuspricht:

> Two aspects of the international system have powerful effects upon the character of domestic regimes: the distribution of power among states, or the international state system; and the distribution of economic activity and wealth, or the international political economy. (Gourevitch 1978: 882–883)

Vor diesem Hintergrund kann die Arbeit auch einen Beitrag zur Beantwortung der Frage leisten, über welche Mechanismen das „second image reversed" funktioniert, denn sie untersucht sehr konkret, aus welchen Gründen bestimmte Akteure Entscheidungen über die Veränderung oder Bewahrung von Strukturen im amerikanischen Regierungssystem getroffen haben.

Ein zentrales Element von Regierungsstrukturen sind Institutionen, die im Allgemeinen über ein großes Beharrungsvermögen verfügen, d. h. schwer reformierbar oder gar abzuschaffen sind (March/Olsen 1989: 54–61). Dies gilt selbst dann, „wenn die Umstände, die für ihre Schaffung verantwortlich waren und die sie ursprünglich auch gerechtfertigt haben mögen, gar nicht mehr existieren" (Scharpf 2000: 82). Für die in diesem Sinne verstandene „Trägheit" von Institutionen lassen sich mehrere Erklärungen anführen. So verweist beispielsweise der Ansatz des Historischen Institutionalismus auf das in politischen und anderen sozialen Systemen weit verbreitete Phänomen der Pfadabhängigkeit, also die Dynamik positiver, sich selbst verstärkender Rückkopplungseffekte, die dazu führen, dass ein eingeschlagener Entwicklungspfad nur selten verlassen wird (vgl. Pierson/Skocpol 2002: 699–700). Stärker ökonomisch orientierte Ansätze betonen die vielfältigen Kosten, die mit der Veränderung von Institutionen einhergehen und diesbezüglich prohibitiv wirken können – seien es die kalkulierbaren Kosten, die beim Umbau einer Institution unmittelbar anfallen, oder mögliche Langzeitkosten, die als Spätfolge der Veränderung auftreten können und genau deshalb gefürchtet werden, weil sie schwer abzuschätzen sind (vgl. Rothstein 1996: 152–153).

Aufgrund der Trägheit von Institutionen ist es also eher unwahrscheinlich, dass Veränderungen in der politischen Umwelt in kürzester Zeit institutionelle Veränderungen in Regierungssystemen nach sich ziehen. Überträgt man diese Annahme auf die vorliegende Arbeit, sollte man vermuten können, dass Veränderungen in der internationalen Umwelt – auch solche wie das Ende des Ost-West-Konflikts, durch das sich die Struktur des internationalen Systems beinahe schlagartig änderte – nur mit einiger Verzögerung zu institutionellen Anpassungen im amerikanischen Regierungsapparat führen.

Aus diesem Grund mag es auch gerechtfertigt sein, den Untersuchungszeitraum dieser Arbeit im Jahr 1990 beginnen zu lassen. Nach der grundlegenden Logik der Forschungsfrage müsste die Untersuchung natürlich idealerweise auch jene historische Phase erfassen, die *vor* dem Eintreten der Veränderungen der unabhängigen Variablen liegt. Denn durch einen solchen Vergleichszeitraum ließen sich die Thesen erhärten, dass sich die Salienz und die Bilder Europas tatsächlich gewandelt haben und dass es die Veränderungen im internationalen System und in der amerikanischen Gesellschaft waren, die diesen Wandel bewirkten. Gegen die systematische Einbeziehung dieses Vergleichszeitraums spricht jedoch, dass der gesamte Untersuchungszeitraum dann so breit ausfallen würde, dass die Arbeit in der angestrebten analytischen Tiefe kaum mehr zu bewältigen wäre. Deshalb wurde der Untersuchungszeitraum nur dort weiter in die Vergangenheit ausgedehnt, wo es forschungspraktisch zu leisten war, also beispielsweise bei der Zusammenstellung und Auswertung quantitativer Datenreihen.

Dennoch kann auch eine Untersuchung, die erst im Jahr 1990 ansetzt, wertvolle Erkenntnisse in Bezug auf die der Arbeit zugrunde liegende Kausalhypothese bringen. Denn es ist zu erwarten, dass sich die Salienz und die Bilder Europas nicht schlagartig, sondern nur langsam und schrittweise wandeln. Die Veränderungen der unabhängigen Variablen sollten ihre Wirkung also erst über einen längeren Zeitraum, der sich über die 1990er Jahre und vielleicht sogar darüber hinaus erstreckt, entfalten. Diese Erwartung leitet sich zum einen aus der oben diskutierten Trägheit von Regierungsinstitutionen ab, zum anderen aus der Trägheit kognitiver Orientierungen, die in der Forschung ebenfalls schon theoretisch begründet und empirisch beobachtet wurde (vgl. Kap. III in dieser Arbeit). Dass auch die US-Außenpolitik von solchen Effekten nicht ausgenommen ist, stellte konkret beispielsweise John Dumbrell 1998 fest: „The habits and inertia of the Cold War continue to affect US foreign policy“ (Dumbrell 1998: 271).

Abschließend soll in diesem Unterkapitel noch einmal die Frage nach dem Verhältnis von individuellem Akteur und Institution aufgegriffen werden. Denn diese berührt – grundlegend – den Einwand des methodologischen Individualismus, dass letztlich nur einzelne Menschen zu intentionalem Handeln fähig sind, und – konkret – die Tatsache, dass die vorliegende Arbeit zum großen Teil die Handlungen von Einzelpersonen und nicht von Kollektiven untersucht, diese Handlungen letztlich aber den Kollektiven (und auf der höchsten Ebene dem Kollektiv „Staat“) zugeschrieben werden. Zu diesem in der Politikforschung verbreiteten Problem bemerkt Scharpf (2000: 111):

> Dieser scheinbare Widerspruch löst sich auf, wenn man die Tatsache bedenkt, daß Individuen nicht immer für sich selbst handeln, sondern in repräsentativer Funktion agieren können, und daß sie in der Lage sind, sich mit größeren Einheiten ... zu identifizieren und aus deren Perspektive zu handeln.

Nicht nur sind politische Akteure zur Identifikation mit größeren Einheiten in der Lage, sondern wir können annehmen, dass sie sich in aller Regel auch tatsächlich mit diesen identifizieren:

> Im politischen Prozess handeln die wichtigsten individuellen Akteure typischerweise im Interesse und aus der Perspektive größerer Einheiten und nicht für sich selbst... [D]iese größeren

> Einheiten … sind selbst zumeist durch institutionelle Normen konstituiert, die nicht nur ihre Kompetenzen und andere Handlungsressourcen definieren, sondern auch bestimmte Ziele vorgeben und die gemeinsamen kognitiven Orientierungen prägen. (Scharpf 2000: 35)

Dies bedeutet nicht, dass individuelle Faktoren überhaupt keine Rolle in politischen Entscheidungsprozessen spielen, wohl aber, dass es theoretisch und empirisch gerechtfertigt ist, sich auf die Institutionen zu konzentrieren und idiosynkratische Faktoren weitgehend auszublenden. So ist es natürlich denkbar, dass ein wichtiger außenpolitischer Akteur der USA aufgrund persönlicher Erfahrungen eine besondere Vorliebe für (oder auch Abneigung gegen) Europa und die Europäer hat. Dies könnte im vorliegenden Forschungsdesign als intervenierende Variable begriffen werden, die den Zusammenhang zwischen unabhängiger und abhängiger Variable beeinflusst. Die Wirkung dieser intervenierenden Variablen systematisch zu erfassen, würde jedoch den Rahmen dieser Arbeit sprengen, und der analytische Nutzen eines solchen Vorgehens wäre ohnehin fraglich – zum einen aufgrund der soeben genannten institutionellen Einbettung aller politischen Akteure, zum anderen aufgrund der breiten Anlage dieser Arbeit im Längs- und Querschnitt, durch die der Einfluss idiosynkratischer Faktoren auf das analytische Gesamtbild zusätzlich ausgeglichen werden sollte.

II. C Quellen und Methoden

Die als Indikatoren für Salienz und Bilder dienenden Handlungen der Akteure haben sich in einer Reihe von Zeugnissen niedergeschlagen, die als Quellen (im Sinne von „Primärquellen") für diese Arbeit herangezogen werden können. Dies sind zum einen Texte, die sich mit substanziellen Fragen der amerikanischen Außenpolitik beschäftigen und programmatischen Charakter haben. Sie wurden entweder von vornherein als schriftliche Dokumente konzipiert oder stellen das Resultat von Verschriftlichungen mündlicher Äußerungen dar. Dabei dienen in dieser Analyse auch solche Texte als Primärquellen, die in anderen Zusammenhängen als Sekundärliteratur behandelt werden können – etwa Bücher und Artikel, die von Entscheidungsträgern während ihrer Amtszeit geschrieben und veröffentlicht wurden.

Diese Texte werden mittels qualitativer und quantitativer Inhaltsanalyse ausgewertet (zur Methode vgl. Blatter/Janning/Wagemann 2007: 74–84; Kuckartz 2009b) und können grundsätzlich Informationen sowohl über die Salienz Europas wie über die vorherrschenden Europabilder liefern. Allerdings sind jene Texte, die Europa zum Thema haben, weniger dazu geeignet, die Salienz Europas zu belegen, denn ihre Entstehung setzt die Wichtigkeit Europas in der Regel schon voraus und sie wird in den Texten selbst kaum in Abrede gestellt oder relativiert werden. Umso besser lassen sich anhand dieser Texte jedoch Europabilder herausarbeiten, da sie sich Europa intensiver widmen als themen- oder regionenübergreifende Dokumente. Tabelle 2 gibt einen Überblick über die wichtigsten Textquellen dieser Art.

Neben der detaillerten Analyse programmatischer Texte zur Außen- und Sicherheitspolitik stellt die quantitative Auswertung ganzer Dokumentenreihen ein vielversprechendes Instrument für die Erfassung der Salienz Europas dar. Die Grundlage für diesen Analyseschritt bilden Volltextdatenbanken und codierte Datensätze, die zum Teil von amerikanischen Regierungsbehörden, zum Teil von nichtstaatlichen Forschungsinstitutionen erstellt und der Öffentlichkeit zugänglich gemacht wurden. Diese „Rohdaten“ wurden im Hinblick auf die vorliegende Fragestellung aufbereitet und ausgewertet. Daraus ergaben sich die in Tabelle 3 aufgeführten 23 Indikatoren, die hauptsächlich den Präsidenten und den Kongress abdecken, weil für diese beiden Institutionen die breiteste für unsere Zwecke nutzbare Datenbasis zur Verfügung steht.

Tabelle 2 Textquellen für die Erfassung von Salienz und Bildern per Inhaltsanalyse

Akteur	**Dokumente (Jahr der Veröffentlichung*)**
Präsident	▪ Nationale Sicherheitsstrategien (1990, 1991, 1995, 1997, 1999, 2002, 2006, 2010) ▪ Reden zur Lage der Nation (jährlich) ▪ Grundsatzreden der Präsidenten auf ihren Europareisen ▪ Weitere außenpolitische Reden und Stellungnahmen
Außenministerium	▪ International Affairs Strategic Plan (1999), Department of State Strategic Plan (2000, 2003, 2007) und Quadrennial Diplomacy and Development Review (2010) ▪ Haushaltsanträge und Tätigkeitsberichte (1998–2010, jährlich) ▪ Programmatische Reden und Stellungnahmen der Minister/innen und anderer Ministeriumsvertreter/innen
Verteidigungsministerium	▪ Bottom-Up Review (1993) und Quadrennial Defense Reviews (1997, 2001, 2006, 2010) ▪ Annual Defense Reports (1995–2005) ▪ National Defense Strategies (2005, 2008) ▪ Europastrategien (1995, 2000) ▪ Reden und Stellungnahmen der Minister und anderer Ministeriumsvertreter/innen
Kongress	▪ Außenpolitische Reden und Stellungnahmen führender Kongressmitglieder

* Die Jahreszahlen hinter den Dokumenten bezeichnen die Jahre, in denen die jeweiligen Dokumente veröffentlicht wurden. Die vorliegende Analyse ist insofern erschöpfend, als für die Jahre, die hier nicht genannt werden, auch keine einschlägigen Dokumente vorliegen.

Wie der vierten Spalte in Tabelle 3 zu entnehmen ist, wurden die europabezogenen Handlungen nicht nur in absoluten Zahlen erfasst, sondern, wann immer es die Datenlage zuließ, als prozentualer Anteil an einer Grundgesamtheit berechnet, um die *relative* Salienz Europas zu erfassen und so die Aussagekraft der Daten zu erhöhen. Die Grundgesamtheit wurde in vielen Fällen durch die auf alle Politikbereiche bezogenen Handlungen gebildet. Wo es aufgrund der Datenlage möglich war, wurden die Werte für Europa aber auch in Relation zu allen *außenpolitischen* Werten gesetzt. Die daraus resultierenden Werte dürften die höchste Aussagekraft in Bezug auf die Fragestellung haben, denn die Ausgangsthese dieser Arbeit postuliert ja eine abnehmende Bedeutung Europas im Vergleich zu anderen Weltregionen. Es geht hier also um Gewichtsverlagerungen innerhalb des außenpolitischen Portfolios und nicht um die Frage, ob außenpolitische Themen insgesamt auf der politischen Agenda nach oben oder nach unten gerückt sind.

Tabelle 3 Indikatoren und Instrumente für die quantitative Messung von Salienz

Nr.	Akteur	Aktivität	Indikator	Art der verfügbaren Datengrundlage	Abgedeckter Zeitraum, Erfassungsintervall	Quelle
1	Präsident	Auslandsreisen	Anteil der Reisen in europäische Länder	Chronologische Listen aller Auslandsreisen	1946–2009, jährlich	Aufstellung „Travels of the President" des *U.S. Department of State*
2	Präsident	Empfang ausländischer Staats- und Regierungschefs	Anteil der Europäer unter allen empfangenen Staats- und Regierungchefs	Chronologische Listen aller Besuche	1946–2009, jährlich	Aufstellung „Visits by Foreign Heads of State" des *U.S. Department of State*[3]
3	Präsident	Veröffentlichung der Nationalen Sicherheitsstrategie (NSS)	Anteil der Sätze zu Europa unter allen Sätzen der NSS[1]	Volltexte der NSS	1991–2010, unregelmäßig	Zusammenstellung aller öffentlich zugänglichen NSS auf der Website des Lehrstuhls für Internationale Politik der Universität zu Köln
4	Präsident	Veröffentlichungen	Anteil der Texte mit Europabezug unter allen Veröffentlichungen[2]	Volltextdatenbank der *Public Papers of the President*	1946–2010, jährlich	Datenbank „Public Papers of the President" des *American Presidency Project*
5	Präsident	Verordnungen	Anteil der Verordnungen zu Europa unter allen Verordnungen	Codierte Datensätze aller Verordnungen (1945–2003); Volltexte der Verordnungen (2004–2010)	1945–2010, jährlich	Datenbank „Executive Orders" des *Policy Agendas Project* (1946–2003), „Executive Orders Disposition Tables" der *U.S. National Archives* (2004–2010)
6	Präsident	Reden zur Lage der Nation	Anteil der Sätze zur Europapolitik an allen Sätzen zur Außenpolitik	Codierte Datensätze aller Reden (1946–2005); Volltexte der Reden (2006–2010)	1946–2010, jährlich	Datenbank „State of the Union Speeches" des *Policy Agendas Project* (1946–2005); „Weekly Compilation of Presidential Documents" des *U.S. Government Printing Office* (2006–2010)
7	Außenminister/in	Auslandsreisen	Anteil der Reisen in europäische Länder	Chronologische Listen aller Auslandsreisen	1946–2009, jährlich	Aufstellung „Travels of the Secretary" des *U.S. Department of State*
8	Außenministerium	Ressourcenverteilung	Anteil der personellen und finanziellen Mittel der Europaabteilung an allen Mitteln der Regionalabteilungen	Absolute Zahlen, z. T. nach Regionen aufgeschlüsselt	2006–2010: jährlich, davor sporadische Daten	Haushaltsberichte (*Congressional Budget Justifications*) des *U.S. Department of State*; weitere Quellen

Nr.	Akteur	Aktivität	Indikator	Art der verfügbaren Datengrundlage	Abgedeckter Zeitraum, Erfassungsintervall	Quelle
9	Außenministerium	Ressourcenverteilung	Anteil der finanziellen Auslandshilfe für Europa an gesamter Auslandshilfe	Absolute Zahlen in US-Dollar, nach Regionen aufgeschlüsselt	1999–2010: jährlich, davor sporadische Daten	Haushaltsberichte (*Congressional Budget Justifications*) des *U.S. Department of State*; weitere Quellen
10	Verteidigungsministerium	Entsendung von Soldaten	Anteil der in Europa stationierten Soldaten unter allen aktiven Soldaten	Absolute Zahlen der aktiven Soldaten, nach Regionen aufgeschlüsselt	1953–2010, jährlich	Statistiken des *U.S. Department of Defense*
11	Verteidigungsministerium	Jahresberichte	Häufigkeit der Erwähnung Europas	Volltexte der Jahresberichte	1995–2005, jährlich	Website des *U.S. Department of Defense*
12	Kongress (beide Kammern)	Einbringen von Gesetzesvorlagen	Anteil der Vorlagen mit Europabezug unter allen Vorlagen[4]	Volltextdatenbank aller Vorlagen	1989–2010, zweijährlich	Datenbank „THOMAS" der *Library of Congress*
13	Repräsentantenhaus	Einbringen von Gesetzesvorlagen	Anteil der Vorlagen mit Europabezug unter allen Vorlagen[5]	Volltextdatenbank aller Vorlagen	1989–2010, zweijährlich	Datenbank „THOMAS" der *Library of Congress*
14	Senat	Einbringen von Gesetzesvorlagen	Anteil der Vorlagen mit Europabezug unter allen Vorlagen[5]	Volltextdatenbank aller Vorlagen	1989–2010, zweijährlich	Datenbank „THOMAS" der *Library of Congress*
15	Repräsentantenhaus	Einbringen von Gesetzesvorlagen	Anteil der Vorlagen mit dem Schwerpunkt Europa unter allen außenpolitischen Vorlagen	Codierte Datensätze aller Vorlagen	1947–2006, zweijährlich	Datenbank „Congressional Bills" des *Congressional Bills Project*
16	Senat	Einbringen von Gesetzesvorlagen	Anteil der Vorlagen mit dem Schwerpunkt Europa unter allen außenpolitischen Vorlagen	Codierte Datensätze aller Vorlagen	1947–2006, zweijährlich	Datenbank „Congressional Bills" des *Congressional Bills Project*
17	Kongress (beide Kammern)	Anhörungen	Anteil der Anhörungen mit dem Schwerpunkt Europa unter allen außenpolitischen Anhörungen	Codierte Datensätze aller Anhörungen	1946–2005, jährlich	Datenbank „Congressional Hearings" des *Policy Agendas Project*

Nr.	Akteur	Aktivität	Indikator	Art der verfügbaren Datengrundlage	Abgedeckter Zeitraum, Erfassungsintervall	Quelle
18	Repräsentantenhaus	Ausschussberichte	Anteil der Berichte mit Europabezug unter allen Berichten[5]	Volltextdatenbank der Ausschussberichte	1995–2010, zweijährlich	Datenbank „THOMAS“ der *Library of Congress*
19	Senat	Ausschussberichte	Anteil der Berichte mit Europabezug unter allen Berichten[5]	Volltextdatenbank der Ausschussberichte	1995–2010, zweijährlich	Datenbank „THOMAS“ der *Library of Congress*
20	Kongress (beide Kammern)	Abstimmungen	Anteil der Abstimmungen mit dem Schwerpunkt Europa unter allen außenpolitischen Abstimmungen	Thematische Sortierung aller Abstimmungen	1975–2007, jährlich	Datenbank „Policy Analysis by Topic“ der *Congressional Quarterly Press Congress Collection*
21	Kongress (beide Kammern)	Verabschiedung von Gesetzen	Anteil der Gesetze mit Europabezug unter allen verabschiedeten Gesetzen[5]	Volltextdatenbank aller Gesetze	1989–2010, zweijährlich	Datenbank „THOMAS“ der *Library of Congress*
22	Repräsentantenhaus	Ressourcenverteilung	Zahl der Mitglieder und Mitarbeiter von Kongressausschüssen	Namentliche und/oder numerische Aufzählungen	1989–2010, zweijährlich	Amtliche Handbücher des US-Kongresses (*Congressional Directories*)
23	Senat	Ressourcenverteilung	Zahl der Mitglieder und Mitarbeiter von Kongressausschüssen	Namentliche und/oder numerische Aufzählungen	1989–2010, zweijährlich	Amtliche Handbücher des US-Kongresses (*Congressional Directories*)

[1] Die Nationalen Sicherheitsstrategien wurden vom Autor dieser Arbeit codiert und ausgewertet.

[2] Die Texte mit Europabezug wurden durch eine systematische Suche nach allen Texten, die das Wort „Europe“ enthalten, herausgefiltert. Eine komplexere Suche ließ die verfügbare Suchmaske nicht zu.

[3] Die Liste des *Department of State* umfasst die Besuche von Staats- und Regierungschefs, obwohl sie nur die Staatschefs *(Heads of State)* im Titel führt.

[4] Der Europabezug wurde durch eine systematische Suche nach allen Gesetzesvorlagen erfasst, die eines oder mehrere der Wörter „Europe“, „European“ oder „Atlantic“ oder Bezüge zu einem von sechs europäischen Einzelstaaten enthalten. Eine präzisere Suche, etwa in den Titeln oder Zusammenfassungen der Gesetze, ließ die Suchmaske nicht zu. Näheres siehe Kap. V. D.

[5] Der Europabezug wurde durch eine systematische Suche nach allen Gesetzen bzw. Berichten erfasst, die eines oder mehrere der Wörter „Europe“, „European“ oder „Atlantic“ enthalten.

Anm.: Genauere Angaben zu den Datenbanken finden sich im Verzeichnis der Datenbanken am Ende dieser Arbeit.

In Tabelle 3 wird außerdem ersichtlich, dass nach Möglichkeit separate Daten für beide Kammern des Kongresses erhoben wurden, um eventuell vorhandene Unterschiede zwischen den Institutionen aufzudecken. Nur in den Fällen, in denen die verwendeten Datenbanken nicht erkennen ließen, auf welche Kammer sich bestimmte Werte beziehen, wurden aggregierte Daten für den gesamten Kongress verwendet.

Jeder einzelne dieser Indikatoren ist, betrachtet man ihn isoliert, natürlich „angreifbar" in dem Sinne, dass sich seine Validität als Instrument zur Messung der Salienz Europas anzweifeln lässt. Jedoch lässt sich ebenso argumentieren, dass die Indikatoren *in der Gesamtschau* plausible Rückschlüsse auf die Salienz Europas zulassen – und dies sollte erst recht gelten, wenn die Analyse der quantitativen Datenreihen mit den Ergebnissen der qualitativen Inhaltsanalysen verbunden werden. Mit den in dieser Arbeit genutzten Indikatoren und ihrer Kombination wird ein Weg zur Messung der Salienz politischer Themen beschritten, der eine sinnvolle Ergänzung zu den bereits erprobten Methoden der Salienzmessung darstellen kann. In der Vergangenheit wurde die Salienz politischer Themen vor allem mittels Umfragen unter der Bevölkerung bzw. den politischen Eliten ermittelt (vgl. Wlezien 2005; Johns 2010; Jäger et al. 2009) sowie durch Medieninhaltsanalysen (vgl. Epstein/Segal 2000; Oppermann/Viehrig 2009) und die Auswertung von Parteiprogrammen (vgl. Budge et al. 2001; Klingemann et al. 2006). Black, Bryan und Johnson (2011) kritisieren, dass die Salienz politischer Themen für bestimmte Akteure dabei oft nur indirekt erfasst wurde und schlagen vor, zur Salienzmessung immer die Handlungen exakt jener Akteure heranzuziehen, welche die Träger oder Inhaber der Salienz sein sollen. Ein eben solcher akteurs- und handlungszentrierter Ansatz wird in der vorliegenden Arbeit auch gewählt.

Zur Beantwortung der Frage, *inwiefern* oder *in welcher Hinsicht* Europa mehr oder weniger salient wurde, konnte unter anderem untersucht werden, ob die US-Akteure Europa eher mit sicherheitspolitischen oder eher mit wirtschaftspolitischen Themen in Verbindung brachten. Hierzu wurden für einige der in Tabelle 3 genannten Indikatoren zusätzliche Suchläufe durchgeführt, in der die Begriffe „Europe/European" oder „Atlantic" mit den Begriffen „security" bzw. „economy/economic" verbunden wurden.[19] Dies war allerdings nur in der Datenbank *THOMAS,* d. h. bei den Indikatoren mit den Nummern 12, 13, 14, 18, 19 und 21, möglich, weil hier eine Volltextsuche durchgeführt werden konnte. Die codierten Datensätze ließen dies nicht zu.

Neben den erwähnten Dokumenten und Datenbanken wurden für die vorliegende Analyse schließlich drei weitere Arten von Quellen ausgewertet: erstens Sekundärliteratur, sofern sie konkrete Informationen über die Salienz oder die Bilder Europas in Bezug auf die außenpolitischen Akteure liefern konnte;[20] zweitens zwanzig Interviews, die der Autor

19 Die Verwendung des Suchbegriffs „Atlantic" rechtfertigt sich dadurch, dass aus Sicht der USA viele europäische Themen als atlantische Themen verstanden werden und der Begriff häufig genutzt wird – etwa in „North Atlantic Treaty Organization", „Atlantic Alliance" oder auch, weiter gefasst, in „Atlantic Community" (vgl. Mariano 2007).

20 Die Literatur zu den transatlantischen Beziehungen und zur amerikanischen Außenpolitik kann in dieser Arbeit also zwei verschiedene Funktionen erfüllen: Sie dient entweder als Grundlage für die Herausarbeitung der These vom Bedeutungswandel Europas in der US-Außenpolitik (vgl. Kapitel I dieser Arbeit) oder als Quelle für Hinweise auf die Bestätigung oder Widerlegung der These (vgl. Kapitel V). Um keine Tautologien entstehen zu lassen, muss auf der Grundlage der Operationalisierung in dieser Arbeit eine klare Unterscheidung getroffen werden, die hier noch einmal betont werden soll: Als Quelle für die Bestätigung oder Wider-

dieser Arbeit selbst durchgeführt hat; und drittens Memoirenliteratur der an den außenpolitischen Entscheidungsprozessen beteiligten Akteure. Diese Quellentypen unterscheiden sich von den zuvor erläuterten Quellen dadurch, dass sie rückblickend erzeugt wurden und deshalb – zumindest in Hinsicht auf die vorliegende Forschungsfrage – eine tendenziell geringere Validität aufweisen als die zum Zeitpunkt des Geschehens entstandenen Zeugnisse. Dennoch eignen sie sich dazu, die übrigen Quellen zu ergänzen und ein vollständigeres Gesamtbild zu zeichnen.

Die Interviews fanden während eines Forschungsaufenthaltes des Autors am *Center for Transatlantic Relations* der *Johns Hopkins University* von Februar bis April 2010 in Washington, D.C. statt. Die Gesprächspartner wurden so ausgewählt, dass sie die in dieser Arbeit untersuchten Institutionen und Zeiträume möglichst breit abdeckten, d.h. sie haben in der Zeit zwischen 1990 und 2010, meist über viele Jahre, in einer oder mehrerer der untersuchten Regierungsinstitutionen zu außen-, sicherheits- oder europapolitischen Themen gearbeitet.[21] Alle Interviews waren „on the record", d.h. die Gespräche wurden aufgezeichnet und die Gesprächspartner erklärten sich damit einverstanden, in dieser Arbeit zitiert zu werden.[22]

Die Interviews wurden als „halbstandardisierte" (oder „teilstrukturierte") Leitfadeninterviews geführt und anschließend mittels qualitativer Inhaltsanalyse ausgewertet (vgl. Helfferich 2005; Gläser/Laudel 2009). Sie erfüllten einen doppelten Zweck: Zum einen sollten sie helfen, die Sichtweisen der Befragten zu ergründen. Die Interviewpartner dienten in diesem Sinne als „Objekte" der Untersuchung oder als „Probanden", deren spezifische Sicht auf Europa während ihrer Tätigkeit in der US-Regierung es zu rekonstruieren galt. Zum anderen dienten die Interviewpartner aufgrund ihres Spezialwissens und ihrer Eigenschaft als „Zeugen" des historischen Prozesses auch als Experten, die nicht nur über ihre eigene Arbeit in der Regierung berichten sollten, sondern deren Einschätzungen zur Bedeutung Europas auch darüber hinaus zur Beantwortung der Forschungsfrage beitragen konnten.[23]

---

legung der These können nur solche Texte oder Textpassagen dienen, die *konkrete* Informationen über die Salienz oder die Bilder Europas für *bestimmte außenpolitische Akteure* der USA liefern.

21 Zudem wurde bei der Auswahl der Interviewpartner auf parteipolitische Ausgewogenheit geachtet, d.h. es fanden sich unter den Gesprächspartnern in etwa gleich viele Personen, die der Republikanischen bzw. der Demokratischen Partei nahestehen. Eine Liste der Interviewpartner mit ausführlichen Informationen zu ihrer Tätigkeit findet sich im Anhang dieser Arbeit.

22 Zwar ließe sich einerseits argumentieren, dass die Gesprächspartner vielleicht mehr Informationen preisgegeben hätten, wenn sie anonym geblieben und die Gespräche nicht aufgezeichnet worden wären. Andererseits jedoch sprach das wissenschaftliche Gebot der Belegbarkeit und Nachvollziehbarkeit aller Aussagen dafür, die Interviews „on the record" zu führen.

23 Der Autor hat zudem beim US-Außenministerium und beim US-Verteidigungsministerium die Freigabe relevanter, aber nicht veröffentlichter Dokumente nach Maßgabe des *Freedom of Information Act* beantragt. Die Anfragen blieben jedoch erfolglos. Die Anfragen bei Außenministerium bezogen sich beispielsweise auf Daten zur Ressourcenausstattung der Europaabteilung, die Anfragen beim Verteidigungsministerium auf Daten zu den Auslandsreisen der Verteidigungsminister.

III Die kognitiven Ansätze der Außenpolitikanalyse

III.A Wahrnehmung und Informationsverarbeitung

Kognitive Ansätze der Außenpolitikanalyse beschäftigen sich mit der Rolle der menschlichen Wahrnehmung und Informationsverarbeitung im außenpolitischen Entscheidungsprozess. Innerhalb der kognitiven Ansätze lassen sich grob zwei Richtungen unterscheiden (vgl. Frey 1997: 58–59; Levy 2003: 263–269): Auf der einen Seite gibt es die Schule, die eher motivational ausgerichtet ist und davon ausgeht, dass menschliche Urteilsprozesse – d. h. Prozesse, in denen Menschen zu einem Urteil über ihre Umwelt gelangen – der Erfüllung zentraler menschlicher Bedürfnisse dienen (z. B. der Vermeidung von Inkonsistenzen, die Stress auslösen). Soweit Menschen ihre Umwelt verzerrt wahrnehmen, handelt es sich bei dabei um *motivated biases,* also um Verzerrungen, die auf die motivationale Ebene zurückzuführen sind (Levy 2003: 268). Auf der anderen Seite steht die Schule, die davon ausgeht, dass menschliche Urteilsprozesse vor allem das Ziel haben, zu einer solchen Abbildung der Wirklichkeit zu gelangen, die das Fällen „guter", der Realität angemessener Entscheidungen ermöglicht. Bei diesen Ansätzen rücken Prozesse der Informationsverarbeitung in den Mittelpunkt, und Fehlwahrnehmungen sind *unmotivated* in dem Sinne, dass sie nicht auf menschliche Bedürfnisse, sondern auf Defizite in der Informationsverarbeitung zurückgehen. Der Schwerpunkt dieser Arbeit liegt auf den letztgenannten Ansätzen, weil in ihnen die Konzepte der Salienz und der Bilder, die für diese Arbeit zentral sind, eine wichtigere Rolle spielen und klarer herausgearbeitet wurden, als es in den erstgenannten Ansätzen der Fall ist.

Alle kognitiven Ansätze gehen davon aus, dass Menschen ihre Umwelt nicht exakt so wahrnehmen können, wie sie wirklich ist. Dennoch benötigen alle Akteure natürlich eine Grundlage, auf der sie ihre Entscheidungen treffen und handeln können. Daraus ergibt sich die Unterscheidung zwischen einem *operational milieu,* also der tatsächlichen Umwelt, in der sich die Akteure befinden, und einem *psychomilieu,* also der Umwelt, wie die Akteure sie sehen (Sprout/Sprout 1956, 1965). Während sich die Akteure im *operational milieu* bewegen müssen, den Einflüssen und Beschränkungen durch dieses Milieu unterliegen und ihre Handlungen dort Wirkung entfalten, können sie ihre Entscheidungen nur auf der Grundlage ihres *psychomilieu* treffen: „What decision makers ‚see' is what they act upon" (Snyder/Bruck/Sapin 2002 [1954]: 88). Das *psychomilieu* wird von Sprout und Sprout (1965: 28) definiert als

> ... images or ideas which the individual derives from interaction between what he selectively receives from his milieu, by means of his sensory apparatus, and his scheme of values, conscious memories, and subconsciously stored experience.

Das *psychomilieu* bildet sich also im stetigen Zusammenspiel zwischen dem, was die Akteure selektiv aus ihrer Umwelt wahrnehmen, und bereits vorhandenen Vorstellungen über die

Umwelt heraus. Es besteht aus mentalen Abbildungen der Wirklichkeit, und menschliches Verhalten stellt eine Reaktion auf diese Abbildungen dar, nicht etwa auf die direkten Anreize aus der Umwelt: „The behaviour is response to an image, not a response to a stimulus" (Boulding 1956: 43). Diese Erkenntnis überträgt Boulding, der als erster das Konzept des „Bildes" für die Internationalen Beziehungen nutzbar gemacht hat, auch direkt auf die außenpolitischen Entscheidungsträger eines Staates: „The people whose decisions determine the policies and actions of nations do not respond to the ‚objective' facts of the situation, but to their ‚image' of the situation" (Boulding 1959: 120).

Da die reale und die perzipierte Umwelt nicht deckungsgleich sind, kann es zu Fehlwahrnehmungen kommen, welche wiederum Handlungen nach sich ziehen können, die – wie im Rückblick oder aus der Perspektive eines „allwissenden" Beobachters zu erkennen wäre – den Interessen und Absichten des Akteurs zuwiderlaufen (vgl. Jervis 1976). In der strategischen Interaktion mit anderen Akteuren gilt es, die Handlungen dieser Akteure richtig zu deuten:

> In determining how we will behave, an actor must try to predict how others will act and how their actions will affect his values. The actor must therefore develop an image of others and of their intentions. This image may, however, turn out to be an inaccurate one; the actor may for a number of reasons misperceive both others' actions and their intentions (Jervis 2002: 466).

Das Ausmaß solcher Fehlwahrnehmungen, d. h. die Diskrepanz zwischen realer und wahrgenommer Umwelt sowie die Folgen dieser Diskrepanz, können je nach Akteur und Entscheidungssituation unterschiedlich groß sein. Gerade in der internationalen Politik sind Fehlwahrnehmungen besonders häufig, unter anderem weil die relevanten Akteure in dieser Arena in besonderer Weise versuchen, die Informationen, die anderen Akteuren zur Verfügung stehen, zu manipulieren (Jervis 1970; Vertzberger 1990: 22–31). Und obwohl die meisten Akteure in der internationalen Politik natürlich um die Gefahren von Fehlwahrnehmungen wissen, stellt Jervis fest, dass diese Gefahren von den Akteuren erstaunlich häufig beiseite geschoben oder ignoriert werden. Ironischerweise fallen Fehlwahrnehmungen und ihre negativen Konsequenzen gerade zwischen Verbündeten oft besonders groß aus, weil die Partner der Meinung sind, sich besonders gut zu kennen und deshalb vor Fehlwahrnehmungen gefeit zu sein (Jervis 2009a: 7). Allerdings müssen Fehlwahrnehmungen nicht zwangsläufig nur negative Konsequenzen haben. Sie können auch zur Vermeidung von Konflikten beitragen und Kooperation erleichtern, beispielsweise in Fällen, in denen Akteure die „tatsächlichen" Interessenunterschiede, die zwischen ihnen herrschen, nicht erkennen und deshalb keinen Anlass für eine Konfrontation sehen (Vertzberger 1990: 36) oder in Fällen, in denen Akteure die Fähigkeiten eines anderen überschätzen und deshalb einer Auseinandersetzung mit ihm aus dem Weg gehen (Levy 2003: 261).

Ganz vermeiden lassen sich Fehlwahrnehmungen nie – weder seitens individueller Akteure, selbst wenn sie es sich zum Ziel setzen, besonders „aufmerksam" zu sein, noch in Organisationen, die bewusst so gestaltet sind, dass sie Fehlwahrnehmungen auf der Ebene des kollektiven Akteurs möglichst ausschließen sollen (Vertzberger 1990: 40). Denn Akteure können sich angesichts der Komplexität ihrer realen Umwelt und des Überflusses an Informationen aus dieser Umwelt gar nicht „rational" verhalten in dem Sinne, dass sie alle verfügbaren Informationen analysieren, all ihre Handlungsoptionen gegeneinander abwägen und sich dann für die Option entscheiden, die ihnen den größten Nutzen bringt. Könnten sie es, wären sie „objektiv rational" *(objectively rational);* tatsächlich aber können sie sich höchstens „begrenzt rational" *(boundedly rational)* verhalten (Simon 1985: 294–297). Die Begrenzung der Rationalität ergibt sich aus dem Maß, in dem die reale Welt von den Akteuren erfasst werden kann: „Policy makers may act rationally, but only within the context of their simplified subjective representations of reality" (Tetlock 1998: 876). Begrenzte Rationalität ist also nicht dasselbe wie Irrationalität; sie bedeutet vielmehr, dass Akteure angesichts der Informationen, die ihnen zur Verfügung stehen und die sie verarbeiten können, diejenige Entscheidung treffen, mit der sie der Erreichung ihres Ziels möglichst nahe kommen. Dabei kann es durchaus „rational" sein, sich mit einer Lösung zufriedenzugeben, die möglicherweise nicht optimal ist, aber als ausreichend empfunden wird.[24]

Zwischen der realen Welt und der „Welt in den Köpfen" („The world in their minds"; Vertzberger 1990) liegen mehrere Filter, die die Flut der Informationen, die die reale Welt bietet, erheblich reduzieren: Zunächst können Menschen immer nur einen geringen Ausschnitt dessen, was in ihrer Umwelt geschieht, überhaupt mit ihren Sinnen erfassen; dann können sie nur einen Teil der Informationen, die sie erfasst haben, auch mental verarbeiten. Damit dies geschieht und die Information zu einem „kognitiven Stimulus" wird, muss sie das kognitive System des Akteurs erreichen und durchdringen, und dies ist nur möglich, wenn der Akteur der Information eine gewisse Aufmerksamkeit schenkt und der Information eine Bedeutung gibt (Vertzberger 1990: 24). Dieser Vorgang kann auch als ein erster Schritt der Kodierung *(encoding)* verstanden werden, durch den ein externer Stimulus eine mentale Abbildung erfährt und der praktisch unbewusst vollzogen wird (vgl. Fiske/Taylor 2010: 51). Er erfolgt aber nur dann, wenn es für die Information einen mentalen Anknüpfungspunkt gibt. Ruf (1973: 56) stellt hierzu fest, dass

> Selektion und Perzeption gleichzeitig stattfinden. Voraussetzung einer Informationsaufnahme bzw. Perzeption eines Zeichens ist also vermutlich ein bereits bestehendes ‚Interesse'. Dieses ‚Interesse' ist … nur dann vorhanden, wenn im Speicher ein Bild oder ein Lagerplatz für Bilder vorhanden ist, mit dem die einkommende Information eine Assoziation wachruft. Nur in diesem Falle geht das Zeichen nicht verloren.

Politische Akteure, und insbesondere jene im außenpolitischen Entscheidungsprozess, erhalten oft nicht diejenigen Informationen, die sie gerne hätten; zudem gibt es Informationen, die für die Akteure nützlich sein könnten, deren Existenz ihnen aber nicht einmal bewusst ist.[25] Der Zugang zu bestimmten Informationen kann also sehr beschränkt sein, und politi-

24 Herbert Simon hat das Verb *satisfice* als Beschreibung für eine Handlung erfunden, in der sich ein Akteur für eine Lösung entscheidet, die für ihn „gut genug" ist (Simon 1956). Simon hat nicht erläutert, aus welchen Verben er seine Wortschöpfung zusammengesetzt hat, so dass nur darüber Konsens herrscht, dass das Verb *satisfy* (befriedigen) in die Wortschöpfung Eingang gefunden hat. Unklar ist, ob die zweite Worthälfte von satisfice auf das Verb *suffice* (ausreichen) oder *sacrifice* (opfern) zurückzuführen ist – beides wäre denkbar.

25 An dieser Stelle drängt sich das Diktum von den „unknown unknowns", also den „unbekannten Unbekannten", auf, das der damalige US-Verteidigungsminister Donald Rumsfeld bei einer Pressekonferenz 2002 bekannt machte, das aber – auch mit Bezug auf die Außen- und Sicherheitspolitik – schon früher verwendet wurde (z. B. Furlong 1984).

sche Akteure beauftragen oft Mitarbeiter und Experten mit der Suche nach Informationen. Allerdings ist Information *per se* für die Akteure kein knappes Gut; vielmehr sehen sie sich, insgesamt betrachtet, einem Überfluss an politisch relevanten Informationen gegenüber (Jones/Baumgartner 2005: 9). Angesichts dessen wird die *Aufmerksamkeit,* die die Akteure den Informationen widmen können, zu einer knappen Ressource, die nur selektiv eingesetzt werden kann, und es besteht immer die Gefahr, dass Akteure auch solche Informationen, die für sie wichtig sind, nicht berücksichtigen können (Simon 1973: 270–274).

Wohlstetter (1962: 3) hat zur Unterscheidung von wichtigen und unwichtigen Informationen die Begriffe *noise* und *signals* verwendet. Jeder Akteur, gleich ob individueller oder kollektiver, steht vor der Herausforderung, aus der Unmenge an „Geräuschen“, die ihn umgeben und die er wahrnimmt, genau jene „Signale“ oder „Zeichen“ herauszufiltern, die für ihn relevant sind. Welche dies sind, erschließt sich nicht automatisch, sondern erfordert die Prüfung und das Urteil des wahrnehmenden Akteurs. Zugespitzt formuliert Wohlstetter (1962: 70): „Perception is an activity. Data are not given; they are taken“. Die *Aufmerksamkeit,* die Akteure Objekten widmen können, wird in der Regel als ein Konzept beschrieben, das zwei Komponenten enthält: zum einen die *Richtung,* in der die Aufmerksamkeit gelenkt wird, zum anderen die *Intensität,* mit der sich ein Akteur einer Sache widmet. Selbst wenn ein Objekt Aufmerksamkeit auf sich gezogen hat, ist damit noch nicht entschieden, wieviel mentale Energie letztlich auf dieses Objekt verwendet wird: „Attention is the amount of selective cognitive work you do“ (Fiske/Taylor 2010: 52).

III.B Das Konzept der Salienz

Hat ein Akteur eine Information aufgenommen, muss er also darüber entscheiden, wieviel Aufmerksamkeit er der Information schenken will, und diese Entscheidung hängt von seinem Urteil darüber ab, wie wichtig oder dringlich – oder: wie *salient* – die Information ist. Um dieses Urteil fällen zu können, wird die Information nicht in ihrer Gesamtheit, sondern nur anhand einiger Merkmale erfasst. Eine Erfassung des gesamten „Informationspakets“ ist angesichts der begrenzten menschlichen Verarbeitungskapazitäten nicht ratsam, so dass sich Menschen auch als „kognitive Geizkragen“ *(cognitive misers)* charakterisieren lassen, die „kognitive Abkürzungen“ *(cognitive shortcuts)* nehmen müssen, um der Fülle an Informationen, die ihnen zur Verfügung stehen, Herr zu werden (Taylor 1981). Die neue Information wird anhand einiger weniger herausragender Merkmale mit bereits vorhandenem Wissen verknüpft, indem sie einer bestimmten, bereits existierenden Kategorie zugewiesen wird. Diese oberflächliche Informationsverarbeitung („shallow processing“, Vertzberger 1990: 71) erfordert einen relativ geringen kognitiven Aufwand und hilft dem Akteur zugleich, der Information eine Bedeutung zuzuweisen, die aus der Bedeutung der entsprechenden Kategorien abgeleitet wird.

Nach Vertzberger (1990: 70–73) erfolgt die Kategorisierung von Informationen in zwei Dimensionen: zum einen hinsichtlich der Frage, wer der Hauptgegenstand oder der Hauptakteur der Information ist, also über wen eine Information geliefert wird (z. B. einen Freund oder einen Feind). Zum anderen werden Informationen nach Sachbereichen geordnet (z. B. Sicherheit oder Wohlfahrt). Aus der Kombination beider Kategorisierungen kann sich der

Akteur, der die Information zu verarbeiten hat, rasch ein Urteil über ihre Bedeutung bilden: So ist beispielsweise anzunehmen, dass eine Information, bei der die Merkmalsausprägungen „Feind" und „Sicherheit" festgestellt werden, eine hohe Priorität erhält und ihr im Folgenden eine höhere Aufmerksamkeit zuteil wird als anderen Informationen. Durch diese Priorisierung wird eine notwendige Selektion von Informationen und Handlungsmöglichkeiten vorgenommen. In der logischen Umkehrung des soeben geschilderten Prozesses lässt sich aus der Aufmerksamkeit, die ein Akteur einem Thema widmet, auf die Salienz dieses Themas für den Akteur schließen.

Zur Beantwortung der Frage, welche Informationen eine hohe Salienz erlangen und viel Aufmerksamkeit auf sich ziehen, lässt sich zum einen auf die inhärenten Eigenschaften der Information selbst verweisen. So ist anzunehmen, dass Informationen salient werden, wenn sie einen besonders intensiven, anschaulichen, lebhaften oder bewegenden Stimulus bieten. Dieser Effekt wird auch durch den Kontext beeinflusst, in dem eine Information auftaucht; Fiske und Taylor (2010: 57–59) nennen als Beispiel die Information über einen Flugzeugabsturz, die in Friedenszeiten wahrscheinlich eine höhere Salienz gewinnt als in Zeiten des Krieges, in denen Tod und Verwüstung zum Alltag gehören. Vertzberger (1990: 54) argumentiert zudem, dass bruchstückhafte oder widersprüchliche Informationen, die viele Fragen über den betreffenden Gegenstand offen lassen, weniger Berücksichtigung finden als solche Informationen, die vollständig und eindeutig erscheinen. Der Zusammenhang zwischen Salienz und Aufmerksamkeit kann also in beide Richtungen weisen: Ist eine Information für einen Akteur salient, so wird er ihr viel Aufmerksamkeit widmen (Taylor/Fiske 1978: 253); zieht eine Information Aufmerksamkeit auf sich, so wird der Akteur sie für salient halten (Taylor/Fiske 1978: 256).

Insofern es dem Akteur selbst obliegt, einer Information eine gewisse Salienz zuzuschreiben, ließe sich argumentieren, dass er die Information aus wenigstens zwei Gründen für salient halten kann: erstens aufgrund ihrer *Wichtigkeit,* zweitens aufgrund ihrer *Dringlichkeit.* Die Unterscheidung dieser beiden Dimensionen wird dem ehemaligen US-Präsidenten Dwight D. Eisenhower zugeschrieben, der hinsichtlich der vielen Entscheidungen, die politische Akteure fällen müssen, bemerkte, dass dringende Angelegenheit selten wichtig und wichtige Angelegenheiten selten dringend seien (vgl. Odeen 1987: 56). Die *Wichtigkeit* eines Gegenstandes lässt sich etwa daran bemessen, wie relevant er für die Erreichung grundlegender Ziele eines Akteurs ist. Die *Dringlichkeit* eines Gegenstandes bemisst sich daran, wie schnell er eine Handlung seitens des Akteurs erfordert.

Der Unterschied lässt sich anhand eines Beispiels aus der Amtszeit von US-Präsident Barack Obama illustrieren: Im März 2010 sagte Obama kurzfristig eine seit langem geplante Reise nach Australien und Indonesien ab, weil im US-Kongress die Abstimmung über die Gesundheitsreform anstand und der Präsident die Notwendigkeit sah, bis zum Tag der Abstimmung für die Annahme seiner Reformpläne zu werben (vgl. New York Times 2010). Die Absage der Auslandsreise sollte nicht als Indiz dafür genommen werden, dass die Beziehungen zu Australien und Indonesien als vergleichsweise unwichtig empfunden wurden; die Tatsache, dass sich die Obama-Administration mit der Absage augenscheinlich sehr schwer tat, deutet auf das Gegenteil hin. So schwierig es also zu entscheiden ist, welcher der beiden Gegenstände – die Beziehungen zu Australien und Indonesien oder das Gesundheitssystem – für die US-Regierung wichtiger war, so deutlich zeigte das Beispiel, dass die

Gesundheitsreform schlichtweg *dringender* war. Denn die anstehende Abstimmung im Kongress erlaubte der Administration hinsichtlich ihrer Reformbemühungen keinen Aufschub mehr; es war praktisch die letzte Gelegenheit, die Reform zu verabschieden (und dies gelang ja letztlich auch). Der diplomatische Schaden in den Beziehungen zu Australien und Indonesien hingegen würde zu einem späteren Zeitpunkt wahrscheinlich wieder ausgeglichen werden können, etwa durch das Nachholen der Reise und einen längeren Verbleib des Präsidenten in beiden Ländern. Auch in Bezug auf das Thema der vorliegenden Arbeit scheint die Unterscheidung zwischen Wichtigkeit und Dringlichkeit analytisch fruchtbar zu sein. So hat Kupchan (2002: 93) argumentiert, dass die USA Asien den Vorrang vor Europa einräumen müssten, weil die US-Interessen in Asien zwar nicht größer, aber akuter bedroht seien:

> The implications of dimishing American internationalism are less immediate for East Asia than for Europe. Unlike in Europe, the end of the Cold War has not resolved the region's main geopolitical cleavages. As a result, the United States is likely to continue its role as East Asia's extraregional balancer. From this perspective, the United States will effectively gravitate to an Asia-first posture in the years ahead – *not because America's interests in Asia are any greater than those in Europe, but because the threats to U.S. interests are far more pressing in Asia than they are in Europe.* (Hervorh. A. H.)

Die Unterscheidung zwischen Wichtigkeit und Dringlichkeit weist Parallelen zur Unterscheidung zwischen den in Meinungsumfragen verwendeten Fragen nach dem *wichtigsten Thema* und dem *wichtigsten Problem* auf der politischen Agenda auf. Während die erste Frage auf die allgemeine Bedeutung eines Themas rekurriert, erfasst die zweite Frage vor allem den Problemstatus eines Themas. Wlezien (2005: 559) beschreibt den Unterschied zwischen einem Thema und einem Problem so: „An issue is a problem if we are not getting the policy we want." Die Politik muss in diesem Fall geändert werden, es besteht also ein akuter Handlungsbedarf, und in diesem Sinne ließe sich das Thema als *dringlich* bezeichnen.

Eine Information kann, wie oben gesehen, entweder wichtig oder dringend oder beides sein – und ebenso kann ein politisches Thema entweder wichtig oder problematisch oder beides sein:

> It is possible for something to be a problem but of little importance. It is also possible for something to be important but not a problem. Whether something is an „important problem" reflects the combined effects of the two (Wlezien 2005: 559).

In diesem Sinne stellt das „wichtige Problem" in Wleziens Ausführungen das Äquivalent zur oben erwähnten Gesundheitsreform dar: Erstens war das Gesundheitswesen Präsident Obama definitiv sehr wichtig, und zweitens lief er akut Gefahr, nicht die Politik zu bekommen, die er wollte. Der Unterschied der Überlegungen, die hier angestellt werden, zu denen Wleziens besteht natürlich darin, dass Wlezien die Frage nach dem wichtigsten *Problem* letztlich nicht als sinnvollen Indikator für Salienz erachtet, dass also in seinem Verständnis *Dringlichkeit* nicht zu Salienz führt.

Die bisherigen Ausführungen zur Salienz legten nahe, dass sich das Konzept auf Informationen bezieht, die quasi „von außen" auf den Akteur treffen und die dieser dann einordnen muss. Tatsächlich aber können auch solche Informationen salient sein, die vollständig dem Gedächtnis entnommen werden. Wenn sich eine Person an etwas erinnert und über etwas Vergangenes nachdenkt, nimmt diese Information Aufmerksamkeit in Anspruch und ist, jedenfalls vorübergehend, salienter als andere Informationen (Fiske/Taylor 2010: 52). Dieser Umstand verweist schließlich auch darauf, dass Salienz ein *relationales* Konzept ist (Höse 2011: 411). Nicht alle Themen können gleich wichtig oder dringend sein, und die Aufmerksamkeit, die einem Thema geschenkt wird, kann nicht gleichzeitig einem anderen Thema gewidmet werden. Erhöht sich die Salienz eines Themas, muss sich *ceterus paribus* die Salienz eines anderen Themas verringern. Vor diesem Dilemma stehen nicht nur individuelle Akteure, sondern auch große Organisationen. Ihnen dürfte es zwar theoretisch leichter fallen, ihre für die Informationsverarbeitung eingesetzten Ressourcen insgesamt zu vergrößern, um einen möglichen Aufmerksamkeitsverlust aufzufangen. Doch können sie dies nicht unbegrenzt tun, so dass üblicherweise Salienzgewinne eines Themas auf Kosten eines oder mehrerer anderer Themen gehen.

III.C Das Konzept des Bildes

Die Konzepte der Salienz und der Bilder lassen sich analytisch gut miteinander verknüpfen, weil Bilder auch Aussagen über die Salienz von Objekten machen bzw. enthalten. Bilder sind, wie bereits angedeutet, mentale Konstrukte, mit deren Hilfe Menschen versuchen, ihre Umwelt zu erfassen und zu verstehen. Neben dem Begriff des „Bildes“ existiert eine Reihe weiterer Konzepte, mit denen Wissenschaftler versucht haben, die kognitiven Elemente und Strukturen, die als vereinfachte Abbildungen der Realität dienen, zu beschreiben. Darunter finden sich die Konzepte des Schemas, des Stereotyps, des Skripts, des *operational code* und der *cognitive map* (vgl. Voss/Dorsey 1992; Young/Schafer 1998; Walker 2003; Schafer/Crichlow 2010: 36–52). Diese unterschiedlichen Konzepte stehen oft in einem unklaren Verhältnis zueinander, ihre Erklärungsansprüche überschneiden sich teilweise, und sie inkorporieren Elemente verwandter oder benachbarter Konzepte. Insbesondere die Begriffe des Bildes, des Schemas und des Stereotyps werden häufig synonym gebraucht, und sofern dies nicht der Fall ist, variiert die Bedeutung, mit der sie jeweils verwendet werden. Der Versuch, diese Begriffe im Folgenden auf einen Nenner zu bringen und sie gemäß ihrer vorherrschenden Bedeutung zu verwenden, steht also unter dem Vorbehalt, dass auch andere Begriffsverständnisse verbreitet und sinnvoll sein können.

Das „Bild“ gehört zu den ältesten und bis heute am häufigsten verwendeten Konzepten und beschreibt nach der Definition von Werner Ruf (1973: 53) „die Gesamtvorstellungen eines Bildinhabers betreffend ein bestimmtes Objekt“. Dieses Objekt kann sehr vielfältig und sehr breit gefasst sein, wie es beispielsweise beim „Weltbild“ der Fall ist. Im Zusammenhang der Analyse der internationalen Beziehungen hat sich die Bedeutung des Begriffes jedoch zunehmend auf die Bilder von Akteuren – und das heißt vor allem: die „Bilder, die sich Nationen von sich und anderen machen“ (Krakau 1985) – verengt. Herrmann und Fischerkeller, die wesentlich zur Erforschung der Rolle von Bildern in den internationalen Beziehungen beigetragen haben, verwenden die Bezeichnung „strategische Bilder“: „We define strategic images as a subject's cognitive construction or mental representation of another actor in the political world“ (Herrmann/Fischerkeller 1995: 415). In Jervis Verständnis besteht das Bild eines anderen Akteurs vor allem aus solchen Informationen und Überzeugungen, die es erlauben, Annahmen über das Verhalten dieses Akteurs zu machen: „A decision maker's image of another actor can be defined as those beliefs about the other that affect his predictions of how the other will behave under various circumstances“ (Jervis 1970: 5).

Bilder können sich auf einzelne Akteure oder Objekte beziehen – beispielsweise auf die USA oder auf Europa, so dass man von „Amerikabildern“ oder „Europabildern“ spricht. Wir könnten diese Bilder als „Individualbilder“ bezeichnen, weil sie jeweils einen ganz bestimmten Akteur beschreiben (auch wenn dieser natürlich aus vielen untergeordneten Akteuren bestehen kann). Bilder können sich aber auch auf Gruppen von Akteuren oder Objekten beziehen, die bestimmte, herausragende Merkmale oder Eigenschaften teilen. Diese könnten wir als „Gruppenbilder“ bezeichnen. Die Tatsache, dass eine solche Unterscheidung in der Forschungsliteratur nicht explizit vorgenommen wird, könnte ein Grund für die Schwierigkeiten sein, die bei der wissenschaftlichen Bestimmung und Anwendung des Bildkonzeptes häufig aufzutreten scheinen.

In der Literatur wurden mehrere Dimensionen identifiziert, entlang derer internationale Akteure oder Objekte von anderen charakterisiert werden. Bilder ergeben sich insofern immer aus einer Kombination bestimmter Eigenschaften oder Merkmalsausprägungen (Deutsch/Merritt 1965). Vor allem drei Dimensionen scheinen hierbei relevant zu sein (vgl. Richard Cottam 1977; Herrmann 1984, 1985; Martha Cottam 1986, 1994): (1) die Frage, ob der andere Akteur hinsichtlich seines Machtpotentials als überlegen, ebenbürtig oder unterlegen eingeschätzt wird, (2) die Frage, ob der andere Akteur hinsichtlich seines kulturellen Status als überlegen, ebenbürtig oder unterlegen eingeschätzt wird, (3) die Frage, ob der andere Akteur eher als Bedrohung oder eher als Hilfe bei der Realisierung eigener (und möglicherweise auch gemeinsamer) Gewinne angesehen wird.

Die Aufzählung macht deutlich, dass ein Bild den Anderen immer in Relation zum Selbst setzt; das Bild wird gezeichnet, um die Beziehungen zum anderen zu erfassen (Herrmann 2003: 288). Von den zahlreichen Kombinationsmöglichkeiten, die sich durch die verschiedenen Dimensionen und Ausprägungen ergeben können, scheinen einige besonders häufig aufzutreten. Auf dieser Grundlage wurden einige idealtypische Bilder herausgearbeitet, etwa das in der Literatur häufig behandelte Bild des „Feindes“, der als Bedrohung wahrgenommen wird und dem ein Machtpotential und ein kultureller Status zugeschrieben werden, die den eigenen in etwa ebenbürtig sind (Herrmann/Fischerkeller 1995).

Eng verwandt mit dem Begriff des Bildes ist der des Schemas. Ein Schema ist „eine kognitive Struktur oder mentale Repräsentation, die vorverarbeitete Informationen über Objekte oder Menschen bestimmter Kategorien umfasst“ (Pendry 2007: 114). Schemata erfüllen eine Reihe kognitiver Funktionen. Durch ihre Anwendung lässt sich die Zeit, die für die Verarbeitung von Informationen benötigt wird, reduzieren, und Schemata reichern die erhaltene Information mit zusätzlichen Informationen an, ohne dass Ressourcen für die Suche nach diesen zusätzlichen Informationen aufgewendet werden müssten (Vertzberger 1990: 156–157). Unter bestimmten Voraussetzungen können auch Bilder als Schemata fungieren – und zwar dann, wenn bestimmte Eigenschaften, die zur Beschreibung eines Objekts herangezogen werden, systematisch miteinander zusammenhängen. Die Eigenschaften dürfen also nicht bloß zufällig miteinander auftreten und austauschbar sein, sondern sie müssen in bestimmten Mustern oder *clustern* auftreten. So vereinen sich im Bild des „Verbündeten“ die Vorstellungen, dass dieser an gegenseitigen Gewinnen interessiert ist, dass er defensive Absichten hat und dass er einen komplexen innenpolitischen Entscheidungsprozess zu meistern hat (Herrmann et al. 1997: 410–411).

Anhand dieser Ausführungen wird auch deutlich, dass es vor allem Gruppenbilder sind, die die Qualität eines Schemas annehmen können. Diese schematischen Bilder sind insofern „stereotypisch“, als sie dazu verleiten, bestimmte Eigenschaften, die der Gruppe zugeschrieben werden, auf alle Mitglieder und auf alle Handlungen der Gruppe zu übertragen. Es findet keine „Einzelfallprüfung“ mehr statt, und die Gefahr von Fehlwahrnehmungen steigt erheblich (Vertzberger 1990: 125–127). Allerdings sind nicht alle Schemata mit Stereotypen gleichzusetzen, denn unter einem Stereotyp wird in der Regel eine extrem starre und simplifizierende Sichtweise auf ein Objekt verstanden, die sich auf eine ganz bestimmte Eigenschaft (z. B. friedliebend oder aggressiv) verengt, während Schemata wesentlich komplexer sind (Herrmann 2003: 292; Hill 2003: 112).

Das Verhältnis von Bildern und Schemata lässt sich auch so verstehen, dass Bilder mit bestimmten Schemata verknüpft sein können. Das Bild vom „Anderen“ kann als „zentrales Schema“ dienen, das wiederum die Aktivierung anderer Schemata beeinflusst (Walker 2003: 255–256). Dabei ist es möglich, dass als Reaktion auf einen Stimulus mehrere Schemata „passen“. Sind unterschiedliche Schemata auf einen Sachverhalt anwendbar, so wird das jeweils am leichtesten und schnellsten zugängliche zum Zwecke der Interpretation herangezogen (Frey 1997). Manche Schemata scheinen aus der Vielzahl möglicher Schemata herauszuragen und uns mit hoher Wahrscheinlichkeit als erstes in den Sinn zu kommen. In diesem Phänomen, das Taylor und Fiske (1978: 252) als „Top-of-the-head“-Phänomen bezeichnet haben, liegt eine analytische Verknüpfung zwischen den Konzepten des Bildes bzw. Schemas und der Salienz:

> Instead of reviewing all the evidence that bears upon a particular problem, people frequently use the information which is most salient or available to them, that is, that which is most easily brought to mind (Taylor/Fiske 1978: 251).

In dieser Logik muss sich das „Top-of-the-head“-Phänomen keineswegs darauf beschränken, dass durch bestimmte Bilder bestimmte Schemata aktiviert werden. Denn umgekehrt können bestimmte Schemata auch die Individualbilder bestimmter Objekte oder Akteure hervorrufen. So ist es denkbar, dass das Stichwort „Verbündeter“ bei einem Politiker sofort Assoziationen an Europa weckt, ebenso wie es möglich ist, dass das Stichwort „Europa“ bei ihm oder ihr die Aktivierung des Schemas „Verbündeter“ bewirkt. Die Vorstellung einer solchen assoziativen Verbindung zwischen Europabildern und bestimmten, salienten Schemata lässt sich auch als theoretische Grundlage für die in dieser Arbeit behandelte Frage verstehen, *inwiefern* oder *in welcher Hinsicht* Europas für die USA an Salienz gewonnen oder verloren hat.

Eine Diskussion des Bildkonzeptes muss schließlich auch auf die Fragen eingehen, wie Bilder entstehen und wie sie sich entwickeln können. Bilder sind immer ein Produkt der Informationen, die ein Akteur in der Vergangenheit aufgenommen hat (Boulding 1959: 121). Diese Informationen können aus einer Vielzahl unterschiedlicher Quellen stammen, die sich in drei Gruppen einteilen lassen (vgl. Ruf 1973: 40–42): Erstens werden die Bilder jedes Akteurs durch die Bilder beeinflusst, die in der Gesellschaft insgesamt vorherrschen. Zweitens entstehen Bilder durch die Informationen, die der Bildinhaber aus seiner Umgebung erhält; der Begriff der Umgebung ist hierbei weit gefasst und bezeichnet beispielsweise diejenigen Medien, für deren Konsum sich ein Akteur entscheidet, oder das soziale Milieu und die *peer group,* in denen sich ein Akteur bewegt. Drittens tragen persönliche Erfahrungen, die im direkten Kontakt mit anderen Akteuren oder Objekten gewonnen werden, zur Ausformung der Bilder von diesem Akteur oder Objekt bei. Dabei neigen Menschen dazu, Informationen, die sie „aus erster Hand" oder durch direkte Anschauung gewinnen, überzubewerten, d. h. sie bewerten diese Informationen höher, als es angesichts der Glaubwürdigkeit oder Bedeutung der Information objektiv gerechtfertigt wäre.

Bilder haben grundsätzlich eine gewisse Beständigkeit und sind nicht leicht zu ändern: „It is clear that images, once formed, are hard to change" (Herrmann 2003: 307). Allerdings variieren innerhalb der kognitiven Ansätze die Urteile darüber, wie weit die Beständigkeit bzw. Veränderlichkeit von Bildern reicht (vgl. Rosati 2001: 64–67). Die eher motivational orientierte Schule geht davon aus, dass sich Bilder nur sehr schwer verändern lassen, weil sich die Verarbeitung neuer Informationen sehr stark an den bereits existierenden Überzeugungen und Bildern orientiert; die Informationsverarbeitung wird in erster Linie als ein „top-down-Prozess" verstanden, bei dem der Erhalt des existierenden Weltbildes und Überzeugungssystems im Vordergrund steht. In dieser Perspektive gehen die Notwendigkeit und der Wunsch, Komplexität und Unsicherheit zu reduzieren, einher mit einem menschlichen Bedürfnis nach Konsistenz und Beständigkeit, welches das gesamte kognitive System und seine einzelnen Elemente stabilisiert und fortschreibt (Vertzberger 1990: 137–138).

Hingegen schätzen jene Ansätze, die Informationsverarbeitung eher als „bottom-up-Prozess" verstehen, die Veränderlichkeit von Bildern als höher ein. Bilder und Überzeugungen werden hier nicht in erster Linie als Teil eines kohärenten Weltbildes verstanden, sondern als eigenständige Komponenten, die recht isoliert voneinander und auch inkonsistent sein können. Es gilt deshalb als wahrscheinlicher, dass neue Informationen zumindest stück- und schrittweise zum Wandel von Bildern beitragen können. Die Veränderung von Bildern wird notwendig, wenn sie sich in ihrer bestehenden Form als nicht mehr nützlich oder gar als kontraproduktiv hinsichtlich der Erreichung der eigenen Ziele erweisen (Cottam/McCoy 1998). Dabei lassen sich aber nicht alle Bilder gleichermaßen leicht verändern, und als besonders wandlungsresistent erweisen sich solche Bilder, die einem Akteur besonders wichtig sind, weil sie grundlegende Werte des Akteurs widerspiegeln oder unterstützen (Cottam/McCoy 1998: 117–118). In diesem Sinne können schließlich auch ganze Bilder mehr oder weniger salient sein.

IV Die Akteure im außenpolitischen Entscheidungsprozess der USA

IV.A Der Präsident

IV.A.1 Die Stellung des Präsidenten im Regierungssystem der USA

Der amerikanische Präsident wird häufig als der „mächtigste Mann der Welt“ bezeichnet.[26] Bei einer solchen Einschätzung muss jedoch deutlich gemacht werden, in welcher Eigenschaft der Präsident agiert und wer der Adressat seines Einflusses ist. Hierzu können in einem ersten Schritt drei Dimensionen analytisch unterschieden werden: In der internationalen Politik kann der amerikanische Präsident als machtvoll gelten, da er an der Spitze des mächtigsten Staates steht. Aus dieser Perspektive wäre die Macht des Präsidenten identisch mit der Macht der USA, und sein Einfluss auf andere Akteure in den internationalen Beziehungen würde mit dem Machtgewinn oder Machtverlust der Vereinigten Staaten im internationalen System schwanken. Die zweite Dimension beschreibt das Verhältnis von Staat und Gesellschaft. Wird der Präsident als Vertreter des amerikanischen Staates gegenüber der Gesellschaft verstanden, so kann man festhalten, dass er keineswegs das mächtigste Amt der Welt bekleidet, denn die USA gelten als vergleichsweise „schwacher Staat“, in dem die gesellschaftlichen Akteure über ein hohes Maß an Autonomie und einen relativ großen Einfluss auf innen- wie außenpolitische Entscheidungen verfügen (vgl. Krasner 1978). Schließlich – drittens – lässt sich bei der Beurteilung der Macht des Präsidenten dessen Stellung innerhalb des amerikanischen Regierungssystems zugrunde legen. Auch hier gilt, dass der Präsident erheblichen Beschränkungen unterliegt – vor allem durch den Kongress, der einen mächtigeren Gegenpol zum Regierungschef bildet als die Parlamente in den meisten anderen Staaten.[27]

Eine Einschätzung der Macht des Präsidenten, die nur auf eine der genannten Dimensionen rekurriert, ist wenig aussagekräftig. Die Dimensionen stehen auch nicht unverbunden nebeneinander, da Machtverschiebungen in einer Dimension die Macht des Präsidenten in anderen Handlungszusammenhängen beeinflussen können. Angesichts der scheinbaren Machtfülle des Präsidenten werden hohe Erwartungen an seine Person gestellt, die oft enttäuscht werden. In der Regel ist dies weniger auf ein persönliches „Versagen“ des Präsidenten zurückzuführen als vielmehr auf die strukturellen Beschränkungen, denen der Präsident unterliegt. Aufgrund der Stärke gesellschaftlicher Akteure und der Struktur des amerikanischen Regierungssystems genießt der Präsident bei der Gestaltung der Innen- wie der

26 Diesen Titel verlieh im beispielsweise das US-Magazin *Forbes* im Jahr 2009; im Jahr 2010 steigerte das Magazin die Aufmerksamkeit für sein Ranking noch, indem es den Präsidenten der Volksrepublik China an die Spitze setzte und den US-Präsidenten auf Rang zwei verwies.

27 Einen guten Überblick über das Verhältnis von Präsident und Kongress bieten die Werke von Leloup und Shull (2002) sowie Thurber (2009).

Außenpolitik oft weniger Spielraum als beispielsweise der französische Präsident oder der britische Premierminister (King 1993). Dennoch ist bei einer Analyse der Akteure in der amerikanischen Außenpolitik der Blick zuerst auf den Präsidenten zu richten, denn dieser ist – trotz aller Einschränkungen – der wichtigste Akteur im außenpolitischen Entscheidungsprozess der USA. Keine Person und keine Institution haben einen größeren individuellen Einfluss auf die amerikanische Außenpolitik als der Präsident.

Das amerikanische Regierungssystem beruht auf dem Grundsatz der Gewaltenteilung, der sich in zwei Strukturprinzipien niederschlägt: der horizontalen Gewaltenteilung auf Bundesebene und der vertikalen Gewaltenteilung in der Grundform eines dualen Föderalismus.[28] Die auswärtige Gewalt liegt ausschließlich beim Bund; die Einzelstaaten spielen in der Außenpolitik nur eine marginale Rolle. Zwar sind sie seit den 1970er Jahren verstärkt „paradiplomatisch", also parallel zum Bund, aktiv geworden (vgl. Michelmann 2004), vor allem in jenen Bereichen, die als *intermestic* bezeichnet werden, die also außen- wie innenpolitische Bezüge aufweisen. So verfügen die US-Staaten mittlerweile im Schnitt über drei Auslandsvertretungen, und es existieren hunderte von Abkommen mit nationalen oder subnationalen Regierungen des Auslands. Diese Aktivitäten sollen vor allem der Förderung von Handel, Investitionen und Tourismus dienen und konzentrieren sich großenteils auf Partner aus Kanada und Mexiko (Fry 1990, 2004; McMillan 2008). Doch tangieren diese Interaktionen kaum die außenpolitischen Interessen der amerikanischen Bundesregierung, und der oberste Gerichtshof der USA, der *Supreme Court,* hat wiederholt den Vorrang des Bundes in der Außenpolitik bestätigt. Zudem hat der Oberste Gerichtshof verschiedentlich Fragen der Kompetenzverteilung zwischen Exekutive und Legislative in der Außenpolitik behandelt und dabei meist zu Gunsten des Präsidenten entschieden. Hingegen hat es das Gericht wiederholt abgelehnt, zu inhaltlichen Fragen der Außenpolitik Stellung zu nehmen, da diese nicht nach rechtlichen Kriterien, sondern nur im politischen Prozess entschieden werden könnten (*political question*-Doktrin) (vgl. Wittkopf/Kegley/Scott 2003: 325–326; Fisher 2007a).

Auf der horizontalen Ebene wird die Gewaltenteilung ergänzt durch das Konzept der *checks and balances.* Eine strikte institutionelle Gewaltentrennung geht einher mit einer funktionalen Teilung und Verschränkung der Gewalten: „a government of separated institutions sharing powers" (Neustadt 1990 [1960]: 29). Im Gegensatz zum parlamentarischen Regierungssystem, in dem die Regierung aus dem Parlament hervorgeht, werden im präsidentiellen System der Vereinigten Staaten der Präsident und die beiden Häuser des Kongresses in getrennten Wahlakten vom Volk bestimmt. Der Präsident kann den Kongress nicht auflösen, und umgekehrt kann der Kongress dem Präsidenten nicht das Vertrauen entziehen und ihn aus politischen Gründen zum Rücktritt zwingen. Die Möglichkeit der Amtsenthebung des Präsidenten durch den Kongress im Rahmen des *impeachment*-Verfahrens ist auf

28 Im Modell des dualen Föderalismus gibt es, anders als im kooperativen Föderalismus, keine Trennung zwischen Gesetzgebungs- und Verwaltungskompetenzen, sondern eine einheitliche Zuweisung von Materien an den Bund bzw. die Einzelstaaten. In der Praxis weist die amerikanische bundesstaatliche Struktur heute starke Elemente eines kooperativen, vom Bund dominierten Föderalismus auf (vgl. Welz 2007).

einige schwere Straftatbestände beschränkt. Zudem schreibt die amerikanische Verfassung ausdrücklich vor, dass Kongressabgeordnete kein Regierungsamt ausüben dürfen.[29]

Das amerikanische Regierungssystem ist, wie der Richter am Obersten Gerichtshof Louis Brandeis 1926 festgestellt hat, nicht auf Effizienz, sondern auf die Verhinderung willkürlicher Machtausübung ausgelegt.[30] Dies gilt auch für den Bereich der auswärtigen Politik. Die außenpolitischen Kompetenzen werden in der Verfassung dem Präsidenten, dem Kongress oder beiden gemeinsam zugewiesen, so dass beide Organe kooperieren und gleichzeitig miteinander konkurrieren müssen. Deshalb, so der Historiker Edward Corwin, sei die Verfassung „eine Einladung zum Kampf um das Privileg, die amerikanische Außenpolitik zu führen".[31] Die meisten Experten teilen Corwins Einschätzung, dass die amerikanischen Verfassungsväter, unter denen der spätere Präsident James Madison federführend war, weder dem Präsidenten noch dem Kongress eine klare Führungsrolle bei der Gestaltung der auswärtigen Angelegenheiten zugedacht hatten. In diesem Punkt waren sie von ihren Vordenkern Blackstone, Locke und Montesquieu abgewichen, die alle angenommen hatten, dass Außenpolitik die Domäne der Exekutive sein musste. Heute scheint es, als hätten die Letztgenannten Recht behalten, denn die tatsächliche Macht des Präsidenten geht vor allem im Bereich der Außenpolitik deutlich über das von den Verfassungsvätern vorgesehene Maß hinaus.

Bei der Analyse der Rolle des amerikanischen Präsidenten im außenpolitischen Prozess lässt sich zwischen dem Präsidenten als Person und der Präsidentschaft als Amt oder Institution unterscheiden (vgl. Burke 2000; Shapiro/Kumar/Jacobs 2000). Wie in Kapitel II dieser Arbeit bereits erläutert, liegt der analytische Schwerpunkt hier auf der Institution, d. h. es werden vor allem jene Faktoren herausgearbeitet, welche die Rolle des Präsidenten im Entscheidungsprozess unabhängig von den individuellen Persönlichkeitsmerkmalen des Amtsinhabers erklären. Dies bedeutet selbstverständlich nicht, dass es unwichtig wäre, wer im Weißen Haus sitzt. Angesichts der herausgehobenen Stellung des Präsidenten im politischen System und insbesondere im außenpolitischen Entscheidungsprozess können die Persönlichkeit und die politischen Präferenzen des Amtsinhabers ausschlaggebend dafür sein, welchen Kurs die amerikanische Außenpolitik – im Rahmen der innenpolitischen und internationalen Restriktionen – einschlägt. Besonders wichtig wird der individuelle Faktor, wenn ein neues Problem auf der außenpolitischen Agenda auftaucht; wenn der Präsident einem Thema große Bedeutung zumisst und sich persönlich stark engagiert (besonders zu Beginn seiner Präsidentschaft); und schließlich in Situationen eines „prekären Gleichgewichts" (Hastedt 2010: 183), in denen unterschiedliche innenpolitische und internationale Kräfte zwar stark wirken können, aber in verschiedene Richtungen weisen (Byman/Pollack 2001: 140–146; Greenstein 1969: 50–61). Verschiedene Präsidenten können teils identische, teils divergierende außenpolitische Ziele verfolgen und durchsetzen, und nicht jeder Präsident ist dabei

29 Dieser Grundsatz der *Inkompatibilität* erstreckt sich auch auf die Judikative, so dass eine Person nicht gleichzeitig ein Amt in mehr als einer der drei Regierungszweige ausüben darf. Die einzige Ausnahme bildet der Vizepräsident, der zugleich Vorsitzender des Senats ist.

30 „The doctrine of the separation of powers was adopted ... not to promote efficiency but to preclude the exercise of arbitrary power. The purpose was not to avoid friction, but ... to save the people from autocracy" – aus der abweichenden Meinung von Louis Brandeis im Fall Myers v. United States, 272 U.S. 52 (1926).

31 „An invitation to struggle for the privilege of directing American foreign policy" (Corwin 1984 [1957]: 201).

in gleichem Maße erfolgreich. Die Persönlichkeit des Präsidenten ist mitentscheidend für seinen außenpolitischen Erfolg, weil sein Einfluss auf die zahlreichen anderen Akteure im außenpolitischen Prozess, auf deren Kooperation er häufig angewiesen ist, auch von seiner persönlichen Überzeugungskraft abhängt: „Presidential power is the power to persuade" (Neustadt 1990 [1960]: 11).

Andererseits ist es auch hinsichtlich einer so hoch personalisierten Institution wie der des amerikanischen Präsidenten möglich, allgemeine Aussagen über diese Institution und ihre Rolle im politischen Prozess zu machen. Denn die Anforderungen an den Präsidenten, die Ressourcen, die ihm zur Verfügung stehen, und die Beschränkungen, denen er unterliegt, sind nicht in erster Linie an die Person, sondern an das Amt gebunden. Obwohl häufig sehr unterschiedliche Persönlichkeiten in unmittelbarer Folge das Präsidentenamt bekleiden, schwankt die Rolle des Präsidenten im außenpolitischen Prozess nicht so stark, wie es Darstellungen, die sich auf Herkunft, Werdegang oder Charakter des Amtsinhabers konzentrieren, vermuten lassen. Zudem verfügt der Präsident qua Amt über ein breites Set von unilateralen Instrumenten, die er zur Gestaltung der Politik – auch der Außenpolitik – einsetzen kann, *ohne* andere Akteure erst davon überzeugen zu müssen, dass es in ihrem Interesse sei, ihn zu unterstützen. Dies ist die andere Facette der Macht des Präsidenten: „Power *without* persuasion" (Howell 2003, 2005; vgl. auch Cooper 2002; Mayer 2001).

Nicht nur die Inhalte oder die Substanz der Außenpolitik, sondern auch die Institutionen, Strukturen und Prozesse, durch welche die Politikinhalte generiert werden, werden vom Präsidenten mitgestaltet (vgl. Greenstein 2004). Der Präsident übt einen großen Einfluss auf die Organisation der Exekutive aus und genießt weitgehend freie Hand bei der Organisation seines eigenen bürokratischen Apparates im Weißen Haus. Präsidenten pflegen unterschiedliche Management- und Führungsstile und organisieren ihr unmittelbares politisches Umfeld gemäß ihren persönlichen Präferenzen. Die daraus resultierenden Organisationsformen der außenpolitischen Beratungs- und Entscheidungsprozesse sind in zahlreichen Studien analysiert und modelliert worden (vgl. Haney 2002). Doch auch hier gilt, dass der Einfluss des Faktors Persönlichkeit nicht überschätzt werden sollte, denn die Beratungs- und Entscheidungsstrukturen weichen tatsächlich nicht sehr stark voneinander ab.

Sowohl durch Entscheidungen über Politikinhalte als auch durch institutionelle Veränderungen kann ein Präsident einen individuellen Beitrag zur Entwicklung der Präsidentschaft leisten, indem er das Rollenverständnis und die Ressourcen des Amtes nachhaltig prägt oder verändert. Zu den Bedingungen der Möglichkeit solcher Veränderungen zählt jedoch nicht nur die entsprechende Persönlichkeit des Amtsinhabers, sondern auch ein Wandel des politischen Kontextes, der eine Modifikation oder Transformation des Amtes ermöglicht oder sogar erfordert – etwa in Zeiten wirtschaftlicher oder sicherheitspolitischer Krisen. Haben sich die von einem Präsidenten initiierten Veränderungen der Institution als dauerhaft erwiesen, d. h. reichen sie über das Ende seiner Amtszeit hinaus, so können sie als Attribute des Amtes gelten und ohne Rekurs auf die Persönlichkeit des Präsidenten in die Analyse einbezogen werden.

Der Erfolg des Präsidenten bei der Durchsetzung seiner außenpolitische Agenda hängt also von seiner persönlichen Fähigkeit ab, im Rahmen der vom innenpolitischen und internationalen Kontext gegebenen Möglichkeiten die institutionellen Ressourcen des Amtes zur Steuerung, Koordinierung und Beeinflussung jener Akteure zu nutzen, die direkt oder indirekt an der Formulierung und Durchsetzung der amerikanischen Außenpolitik beteiligt sind. Zu den institutionellen Ressourcen zählen die Funktionen und Kompetenzen des Amtsinhabers sowie der bürokratische Apparat, der den Präsidenten bei der Formulierung und Implementierung seiner Politik unterstützen soll.

Die Funktionen und Kompetenzen des Präsidenten in der Außenpolitik speisen sich aus verschiedenen Quellen: der Verfassung, Gesetzen, Urteilen des Obersten Gerichtshofs, Präzedenzfällen und eingeübter Praxis. In der Verfassung sind die Bestimmungen zum Präsidenten v. a. in Artikel II sowie in verschiedenen Verfassungszusätzen *(constitutional amendments)* festgehalten.[32] Darüber hinaus haben Befürworter einer „starken" Präsidentschaft wiederholt die Auffassung vertreten, die Macht des Präsidenten beruhe auch auf Grundlagen, die außerhalb der Verfassung liegen bzw. dieser vorgelagert sind (Fisher 2009). Hierzu ist das Konzept der Prärogative *(prerogative)* zu zählen, das auf John Locke zurückgeht und das Recht des Präsidenten begründet, zur Förderung des öffentlichen Wohls *(public good)* auch solche Maßnahmen zu ergreifen, die gegen die Verfassung und Gesetze verstoßen. Darüber hinaus gibt es das Konzept der inhärenten Gewalten *(inherent powers)*, demgemäß dem Präsidenten als Oberhaupt eines souveränen Staates automatisch die auswärtige Gewalt zufällt. Die außenpolitischen Befugnisse des Kongresses bleiben demnach auf jene wenigen Ausnahmen beschränkt, die ihm in der Verfassung explizit zugestanden werden. Alle übrigen Vollmachten verbleiben nach dieser Lesart beim Präsidenten und können ihm nicht per Gesetz entzogen werden. Die Vollmachten müssen weder in der Verfassung erwähnt sein noch sich aus bestimmten Verfassungsklauseln ableiten lassen (Fisher 2007b).

Beide Konzepte – das der Prärogative und das der inhärenten Gewalten – haben der Rechtfertigung umstrittener unilateraler Machtausübung verschiedener Präsidenten gedient. Die Präsidenten selbst jedoch verweisen in solchen Fällen meist nicht auf die Prärogative oder auf inhärente Gewalten, sondern auf Klauseln in der Verfassung oder auf gesetzliche Ermächtigungen, aus denen sich jeweils auch Kompetenzen ableiten lassen, die dort nicht ausdrücklich erwähnt sind (*implied powers;* Fisher 2010: 240–241).[33] Gelegentlich berufen sich Präsidenten auch auf ein Mandat durch internationale Organisationen wie die Nato oder die Vereinten Nationen, v. a. wenn es um den Einsatz der amerikanischen Streitkräfte geht. Verschiedene Urteile des Obersten Gerichtshofs deuten darauf hin, dass der Präsident tatsächlich über gewisse inhärente Gewalten verfügt, die jedoch unter dem Vorbehalt gesetzlicher Regelungen stehen. Über die Prärogative verfügt der Präsident nur insoweit, als er den Notstand ausrufen kann. In diesem Moment fällt ihm eine Vielzahl von Kompetenzen zu, über die er im Normalfall nicht verfügt. Der Kongress kann jedoch den Notstand sechs Monate nach der Ausrufung beenden. Neben der Verfassung, gesetzlichen Regelungen und Urteilen des Obersten Gerichtshofs dienen auch historische Präzedenzfälle sowie eingeübte Praxis als Grundlagen präsidentieller Machtausübung. Häufig sind Präzedenzfälle und

32 Das Recht des Präsidenten, gegen Beschlüsse des Kongresses ein Veto einzulegen (welches der Kongress nur mit einer Zweidrittelmehrheit im Senat und im Repräsentantenhaus überstimmen kann), geht aus Artikel I der Verfassung hervor, in dem u. a. die Gesetzgebungskompetenz des Kongresses behandelt wird.

33 Bemerkenswerte Ausnahmen waren Theodore Roosevelt (Präsident 1901–1909), der sich als „Anwalt des Volkes" *(steward of the people)* verstand und das Recht beanspruchte, in dieser Funktion alles zu tun, was nicht ausdrücklich verboten war, und Richard M. Nixon (1969–1974), der – allerdings erst nach seiner Amtszeit – öffentlich sagte: „When the president does it, that means it is not illegal".

eingeübte Praxis auch in gesetzliche Regelungen und in Urteile des Obersten Gerichtshofs eingeflossen.

Der tatsächliche Einfluss des Präsidenten im außenpolitischen Entscheidungsprozess ist schließlich von verschiedenen Parametern abhängig, die zwar nicht für jeden Einzelfall, aber in der Tendenz vorgeben, unter welchen Umständen der Einfluss des Präsidenten steigt oder fällt. Die Variablen werden im weiteren Verlauf dieses Kapitels an den einschlägigen Stellen aufgegriffen und lassen sich wie folgt zusammenfassen:

- Autorisierung: Grundsätzlich ist die Stellung des Präsidenten dann am stärksten, wenn er sich auf ausdrückliche Befugnisse oder Ermächtigungen durch die Verfassung oder den Kongress stützen kann. Seine Stellung wird schwächer, wenn eine solche Autorisierung fehlt, und sie ist an ihrem Tiefpunkt, wenn er dem ausdrücklichen Willen des Kongresses zuwider handeln will.
- Mittel: In vielen Fällen kann der Präsident auf Sach- oder Geldmittel zurückgreifen, die der Kongress bereits genehmigt hat. Je dringender der Präsident allerdings die Bewilligung von Mitteln durch den Kongress benötigt, bevor er zur Tat schreiten kann, und je größer die benötigten Mittel sind, umso mehr muss er seine Zielvorstellungen denen des Kongresses anpassen.
- Öffentliche Meinung: Je besser die Meinungsumfragen für den Präsidenten sind, umso eher kann er die Kooperation anderer Akteure bei der Durchsetzung seiner Politik erwirken. Dies gilt sowohl für die allgemeine öffentliche Zustimmung zur Amtsführung des Präsidenten *(approval rating)* wie auch für die Haltung der Öffentlichkeit in bestimmten Sachfragen.
- Politikfeld: In der Außenpolitik verfügt der Präsident über den größten Handlungsspielraum. Je mehr innenpolitische Implikationen eine Sachfrage hat, umso mehr wird der Präsident durch die Interessen und Zuständigkeiten anderer Akteure eingeschränkt.
- Sachbereich: Geht es um die Sicherheit der Nation, trägt der Präsident den größten Teil der Verantwortung. Im Bereich der Wohlfahrt ist sein Einfluss wesentlich beschränkter.
- Außenpolitischer Entscheidungstyp: In Krisensituationen steht der Präsident im Zentrum des Entscheidungsprozesses. Bei strategischen Entscheidungen ist er ein einflussreicher, aber nicht der einzige wichtige Akteur. Routineentscheidungen bleiben meist anderen Akteuren als dem Präsidenten überlassen.

IV.A.2 Außenpolitische Funktionen und Kompetenzen

Die Funktionen, Kompetenzen und Instrumente, die dem Präsidenten im außenpolitischen Entscheidungsprozess zur Verfügung stehen, lassen sich treffend anhand von fünf Rollen beschreiben und ordnen, die der Präsident einnimmt: Chef der Exekutive, Staatsoberhaupt, höchster Diplomat, Oberbefehlshaber der Streitkräfte und Gesetzgeber.

Chef der Exekutive

Die Verfassung weist dem Präsidenten zunächst ganz allgemein die exekutive Gewalt zu: „The executive power shall be vested in a President of the United States of America“ (Art. II,

Abschn. 1 der US-Verfassung).[34] Der Präsident trägt letztlich die alleinige Verantwortung für die Durchführung der Gesetze und die Handlungen der Exekutive: „[H]e shall take care that the laws be faithfully executed" (Art. II, Abschn. 3). Die Verfassung kennt, anders als etwa das deutsche Grundgesetz, kein Kabinett, das als „Kollegialorgan" kollektive Entscheidungen trifft, und keine Minister, die ihren Fachbereich unter eigener Verantwortung leiten. Entsprechend kann sich der Präsident über den Willen aller Minister hinwegsetzen und wichtige innen- wie außenpolitische Entscheidungen für die Exekutive alleine fällen. In der Praxis verfügen die Minister natürlich über ein gewisses Maß an Handlungsfreiheit, und sie tragen einen großen Teil der Verantwortung gegenüber dem Präsidenten, dem Kongress und der Öffentlichkeit für die Vorgänge in ihren Ministerien *(departments)*. Dennoch ist die Position der Minister vergleichsweise schwach; stärker als in anderen Regierungen ist ihr Verhältnis zum Regierungschef von persönlicher Loyalität geprägt, und öffentlich sprechen sie nicht im Namen der Administration, sondern beschränken sich bewusst auf ihren Zuständigkeitsbereich (vgl. Jones 2005: 59 ff.). Formelle Kabinettssitzungen, die nur unregelmäßig alle paar Monate stattfinden, dienen kaum der politischen Entscheidungsfindung – am wenigsten in außenpolitischen Fragen. Angehende Präsidenten beteuern regelmäßig, sie wollten sich mehr als ihre Vorgänger auf ihr Kabinett und die Arbeit der Ministerien verlassen; tatsächlich jedoch war Dwight D. Eisenhower (1953–1961) der letzte Präsident, der regelmäßig Kabinettssitzungen einberufen und zu ernsthaften Beratungszwecken genutzt hat.

Im Präsidialamt *(Executive Office of the President, EOP)* und im Weißen Haus verfügt der Präsident über einen Apparat mit mehreren tausend Mitarbeitern, der ihn u. a. bei der Koordinierung, Steuerung und Kontrolle der Bundesverwaltung unterstützen soll. Angesichts der Größe und Komplexität der gesamten Bürokratie ist eine wirkliche Kontrolle jedoch unmöglich: Die Exekutive des Bundes umfasst rund fünf Millionen Angestellte und Beamte, die sich auf fünfzehn Ministerien und hunderte zusätzlicher Behörden verteilen und ein Budget verwalten, das im Haushaltsjahr 2009 erstmals die Grenze von drei Billionen US-Dollar überschritt (Stout/Pear 2008). Dem Präsidenten unterstehen das Präsidialamt, die Ministerien und einige andere Behörden; viele unabhängige Behörden sind jedoch dem direkten Zugriff des Präsidenten entzogen. Gerade in der Außenpolitik wird eine Steuerung und Koordination der Bürokratie immer schwieriger, da neben den klassischen außenpolitischen Bürokratien, die fast alle dem Präsidenten unterstehen, immer mehr Behörden „internationalisiert" werden, d. h. sie gewinnen an außenpolitischer Relevanz und ihre Zuständigkeiten überschneiden sich zusehends (vgl. Tabelle 4, S. 56).

Der wichtigste Gegenspieler des Präsidenten bei der Kontrolle der Bürokratie ist der Kongress, der über die Budgethoheit und die Organisationsgewalt verfügt sowie über Mechanismen zur permanenten wie ad-hoc-Kontrolle der Behörden. Die Bürokratie ist also Diener zweier Herren: des Präsidenten und des Kongresses. Kurt Shell (2004: 241) stellt hierzu fest: „Die Aufsplitterung in viele Behörden reduziert die Reichweite ministerialer Autorität und belässt viele kleine Behörden außerhalb des politischen Einflusses der Exekutivspitze, so

34 Seine Funktion als Leiter der Exekutive lässt sich mit der Bezeichnung „Regierungschef" nur unzureichend übersetzen, da sich seine Kompetenzen bei der Leitung der Bürokratie von denen eines Regierungschefs in parlamentarischen oder semi-präsidentiellen Systemen unterscheiden. In der amerikanischen Literatur lautet die Bezeichnung für diese Rolle des Präsidenten deshalb auch nicht *head of government,* sondern *chief executive* oder – seltener – *chief administrator.*

Tabelle 4 Übersicht über die wichtigsten außenpolitischen Behörden

	Behörden mit primär außenpolitischen Zuständigkeiten	**Behörden mit primär innenpolitischen Zuständigkeiten**
Präsidialamt	▪ National Security Council ▪ National Economic Council ▪ Office of the U.S. Trade Representative	▪ White House Office ▪ Office of the Vice President ▪ Office of Management and Budget ▪ Office of Science and Technology Policy ▪ Office of National Drug Control Policy
Ministerien und Behörden	▪ Department of State ▪ Department of Defense ▪ Department of Energy ▪ Department of Homeland Security ▪ Office of the Director of National Intelligence ▪ Central Intelligence Agency ▪ Agency for International Development ▪ Peace Corps	▪ Department of the Treasury ▪ Department of Agriculture ▪ Department of Commerce ▪ Department of Labor ▪ Department of Justice ▪ Department of Veterans Affairs ▪ Department of Transportation
Unabhängige Behörden	▪ International Trade Commission ▪ Export-Import Bank ▪ Overseas Private Investment Corporation ▪ Trade and Development Agency ▪ National Endowment for Democracy ▪ Broadcasting Board of Governors ▪ African Development Foundation ▪ Inter-American Foundation ▪ U.S. Institute for Peace	▪ Federal Reserve Board ▪ National Aeronautics and Space Administration ▪ Environmental Protection Agency ▪ Federal Maritime Commission

Quelle: U.S. Government Printing Office (2009).

dass ihr natürlicher Verbündeter oder ihr eigentliches Aufsichtsorgan der zuständige Kongressausschuss ist“ (Shell 2004: 241). Dennoch übt auch der Präsident einen großen Einfluss auf die Bürokratie aus, denn er befindet sich in einer strategisch günstigeren Position, um die Bürokratie zu steuern und nach seinen Vorstellungen zu gestalten (Moe 2003; Moe und Howell 1999).[35] Er kann – auf weit reichender gesetzlicher Grundlage – eigenmächtig neue Institutionen in der Exekutive schaffen und Strukturen, Arbeitsabläufe und Aufgaben von Behörden ändern. Die Mehrzahl der im offiziellen Handbuch der Bundesregierung *(U.S. Government Manual)* aufgeführten Behörden wurde nicht vom Kongress, sondern vom Präsidenten errichtet. Der Kongress kann häufig nur reagieren und tut sich dann schwer, die Entscheidungen des Präsidenten rückgängig zu machen, da es schwierig ist, unter 535 Kongressabgeordneten Mehrheiten zu organisieren – noch dazu, wenn sich diese Mehrheiten gegen bereits getroffene Entscheidungen des Präsidenten richten sollen. Der Kongress wie auch die Bundesgerichte gestehen dem Präsidenten in der Regel zu, dass er gewisse Freiheiten und Vorrechte bei der Kontrolle und Steuerung der Behörden benötigt, um seiner Aufgabe als Leiter der Exekutive nachzukommen.

35 Zur Debatte über die Kontrolle der Bürokratie durch Präsident und Kongress und über den Grad der bürokratischen Autonomie vgl. auch Hammond/Knott 1996.

Eines der wichtigsten Instrumente, das dem Präsidenten in dieser Rolle zur Verfügung steht, sind Verordnungen *(executive orders).* Diese Verordnungen dienen nicht nur der Regelung administrativer Angelegenheiten, sondern auch der substanziellen Gestaltung der Innen- wie der Außenpolitik. Dabei übernimmt der Präsident entweder die Funktion der Rechtsetzung zu einem Sachverhalt, der bis dato keiner Regelung unterliegt; er nimmt an ihn delegierte Befugnisse wahr; oder er nutzt den Spielraum, den der Kongress bei der Interpretation von Gesetzen gewollt oder ungewollt zulässt. Außenpolitisch relevante Verordnungen betreffen vor allem die Bereiche Handel, Entwicklungshilfe und Verteidigungspolitik. So kann der Präsident zum Beispiel per Verordnung Strafzölle, Sanktionen und Embargos verhängen und über die Verteilung der Entwicklungshilfe entscheiden (jeweils auf gesetzlicher Grundlage) oder er kann Gebiete als „Kampfzonen" deklarieren und die Reservestreitkräfte in den aktiven Dienst berufen (aufgrund seiner Eigenschaft als Oberkommandierender der Streitkräfte).

Von 1991 bis 2010 haben die Präsidenten über 800 Verordnungen ausgestellt, also durchschnittlich etwa 40 pro Jahr.[36] Dies ist etwas weniger als während des Ost-West-Konfliktes und deutlich weniger als in der ersten Hälfte des 20. Jahrhunderts, als die Nutzung von Verordnungen ihre Blütezeit erlebte und alle Präsidenten weit über 100 solcher Dokumente pro Jahr ausfertigten. Allerdings haben mehrere Studien gezeigt, dass die Quantität der Verordnungen in keinem Zusammenhang mit ihrer Qualität steht: Trotz des selteneren Gebrauchs dieses Instruments ist die Anzahl solcher Verordnungen, die gravierende politische Folgen nach sich zogen, in den letzten Jahrzehnten gestiegen (vgl. Nelson 2008: 522).

Etwa ein Drittel der Verordnungen von George H. W. Bush, Bill Clinton und George W. Bush dienten gänzlich oder teils der Regelung außenpolitischer Angelegenheiten. Seit 1937 müssen Verordnungen im täglich erscheinenden Bundesgesetzblatt *(Federal Register)* publiziert werden, in dem teilweise auch andere Formate, die der Präsident zur politischen Kommunikation und Steuerung nutzt, katalogisiert und veröffentlicht werden. Hierzu gehören u. a. Memoranda *(executive memoranda),* Direktiven *(administrative directives),* Bestimmungen *(determinations)* und Proklamationen *(proclamations)* (Relyea 2008). Häufig greifen Präsidenten zur Durchsetzung einer Politik auch auf eine Kombination mehrerer dieser Instrumente zurück, und nicht immer wird ihre Nutzung öffentlich gemacht.

Anweisungen des Präsidenten an seine Mitarbeiter und die Behörden können schriftlich wie mündlich erfolgen. Die schriftliche Fixierung bietet jedoch mehrere Vorteile: Präsidenten können – wenn das Dokument entsprechend klar formuliert ist – ihre Entscheidungen unmissverständlich kommunizieren und die Gefahr reduzieren, dass ihre Anweisungen bei der Weitergabe und Implementierung bewusst oder unbewusst verzerrt werden. Zudem kann die Direktive als Referenz dienen, wenn im Zuge der Umsetzung Unklarheiten oder Dispute zwischen Behörden und Abteilungen hinsichtlich der Absichten des Präsidenten entstehen. Schriftliche Direktiven sind jedoch bei weitem keine Gewähr dafür, dass alle beteiligten Akteure tatsächlich an einem Strang ziehen; sie stellen lediglich eines der Instrumente dar, mit denen der Präsident versucht, den außenpolitischen Prozess konsistent zu gestalten.

---

36 Vgl. *Executive Orders Disposition Tables* der *National Archives* (http://www.archives.gov/federal-register/executive-orders/disposition.html, Zugriff 15.02.2011).

Wollen Präsidenten eine Entscheidung zwar schriftlich fixieren, aber zugleich vermeiden, dass der Kongress, die Gerichte oder die Öffentlichkeit davon erfahren, so können sie Nationale Sicherheitsdirektiven *(National Security Directives, NSD)* verfassen.[37] Diese Direktiven können unter Verweis auf die nationale Sicherheit der Vereinigten Staaten geheim gehalten werden. Sie werden vom Nationalen Sicherheitsrat erarbeitet und vom Präsidenten unterzeichnet. Verlässliche Angaben über die genaue Anzahl der Direktiven liegen nicht vor; nach Schätzungen wurden seit 1945 deutlich mehr als eintausend solcher geheimen Direktiven ausgestellt, wobei die durchschnittliche Jahresrate verschiedener Administrationen zwischen ca. zwanzig und vierzig Direktiven schwankt (Howell 2003: 17–18; FAS 2004; Simendinger 2004). Anders als Verordnungen, die zur Regelung innen- wie außenpolitischer Fragen dienen, sind NSDs in erster Linie ein Instrument zur Gestaltung und Koordinierung der Außen- und Sicherheitspolitik. So werden in NSDs regionale und sachbereichspezifische Strategien der USA festgelegt, die Einsätze der amerikanischen Streitkräfte angeordnet, und auch die Organisation des außen- und sicherheitspolitischen Apparates wird zu einem großen Teil durch NSDs geregelt (Gordon 2007). NSDs werden aus Sicherheitsgründen nicht systematisch erfasst (jedenfalls nicht von Seiten der Regierung) – was unter anderem zur Folge hat, dass den Behörden nach dem Antritt einer neuen Administration häufig nicht klar ist, welche NSDs überhaupt noch in Kraft sind oder sein sollen. Grundsätzlich bleiben sie jedoch auch über einen Regierungswechsel hinaus wirksam. Die Direktiven werden zwar nicht veröffentlicht, im Laufe der Jahre sind jedoch die meisten nach ihrem Inhalt oder ihrem Wortlaut bekannt geworden – meist durch Indiskretionen oder aufgrund ordentlicher Anfragen, die von Medien und Forschungsinstitutionen auf der Grundlage des Gesetzes zur Informationsfreiheit *(Freedom of Information Act, FOIA)* an die Behörden gerichtet wurden.

Keines der hier genannten unilateralen Instrumente findet seinen Ursprung unmittelbar in der Verfassung oder in gesetzlichen Ermächtigungen. Sie wurden im Laufe der Jahre von verschiedenen Präsidenten geschaffen und fanden schrittweise Akzeptanz beim Kongress und bei den Gerichten. Der Oberste Gerichtshof hat 1937 das Recht des Präsidenten zur Ausstellung von Verordnungen sogar ausdrücklich bestätigt und ihnen die Kraft von Bundesgesetzen verliehen.[38] Präsidenten können Verordnungen und sonstige Direktiven, die von ihren Vorgängern erlassen wurden, ändern oder für ungültig erklären. Teilweise heftig umstritten bleibt jedoch die Legitimität und die Rechtmäßigkeit der NSDs, da sie die demokratische Kontrolle der Regierung durch den Kongress, die Gerichte und die Öffentlichkeit erschweren.

Die Möglichkeiten zur Kontrolle der Exekutive werden weiter eingeschränkt durch das Exekutivprivileg (*executive privilege* oder *presidential privilege*), also das allgemeine Recht des Präsidenten und seiner Mitarbeiter (etwa des Nationalen Sicherheitsberaters), dem Kongress und den Gerichten Informationen vorzuenthalten. Das Exekutivprivileg wird dreifach

37 NSD dient als Sammelbegriff für diese Dokumente, die unter verschiedenen Präsidenten auch andere Bezeichnungen erhielten: NSC Policy Papers (Truman, Eisenhower), National Security Action Memorandum (NSAM – Kennedy, Johnson), National Security Decision Memorandum (NSDM – Nixon, Ford), Presidential Directive (PD – Carter), National Security Decision Directive (NSDD – Reagan), Presidential Decision Directive (PDD – Clinton), National Security Presidential Directive (NSPD – Bush jr.) und Presidential Policy Directive bzw. Presidential Study Directive (PPD bzw. PSD – Obama).

38 United States v. Belmont, 301 U.S. 324 (1937).

begründet: erstens mit dem Schutz der nationalen Sicherheit der Vereinigten Staaten; zweitens mit der Aufrechterhaltung der Gewaltentrennung; und drittens mit der Qualitätssicherung des Beratungs- und Entscheidungsprozesses im Weißen Haus. Das Argument in Bezug auf den letzten dieser Punkte lautet, dass die Informationen und Optionen, die dem Präsidenten vorgelegt werden, erheblich eingeschränkt würden, wenn zu befürchten steht, dass sie auch öffentlich bekannt und diskutiert werden. Unter dem Exekutivprivileg genießen der Präsident und seine Mitarbeiter einen weitgehenden Schutz vor parlamentarischer und richterlicher Kontrolle: Sie haben das Recht auf Aussageverweigerung vor dem Kongress und vor Gerichten *(executive immunity),* und die Unterlagen, die sie im Zuge der politischen Beratung und Entscheidungsfindung erstellen, müssen in der Regel nicht herausgegeben werden. Der Schutz ist jedoch nicht absolut: Es hat in den letzten Jahrzehnten immer wieder Gerichtsurteile gegeben, in denen zwar das Exekutivprivileg grundsätzlich bestätigt, aber auch die Herausgabe bestimmter Dokumente und die Aussagen von Personen erzwungen wurden.[39] Seit dem Zweiten Weltkrieg haben Mitarbeiter des Weißen Hauses 74 Mal vor Kongressausschüssen ausgesagt, entweder freiwillig oder erst aufgrund einer Vorladung (Chaddock 2007). Das Exekutivprivileg garantiert der Exekutive auch einen Informationsvorsprung im Bereich der geheimdienstlichen Erkenntnisse, die meist nur unvollständig an den Kongress und die Gerichte weitergeleitet werden.

Ein anschauliches und wegweisendes Beispiel für die Bedeutung des Exekutivprivilegs bot die Arbeit der „9/11-Kommission" (vgl. Kean/Hamilton 2006). Sie wurde Ende 2002 vom Kongress und vom Präsidenten eingesetzt, um herauszufinden, welche Informationen die Behörden unter Bill Clinton und George W. Bush vor dem 11. September über geplante Terroranschläge besessen hatten.[40] Die Kommission forderte Kopien der täglichen Lageberichte der CIA an den Präsidenten *(President's Daily Brief)* an; das Weiße Haus verweigerte die Herausgabe und berief sich dabei auf das Exekutivprivileg. Nach monatelangen Verhandlungen einigten sich die Parteien darauf, einer beschränkten Zahl von Kommissionsmitgliedern Einblick in die Unterlagen zu gewähren. Zwar blieb anschließend umstritten, ob diese Lösung eher dem Präsidenten oder eher dem Kongress zum Vorteil gereichte. Doch der Fall zeigte deutlich, dass das Weiße Haus eine Verhandlungslösung einem Gerichtsverfahren, mit dem die Untersuchungskommission gedroht hatte, vorzog. Das Weiße Haus befürchtete zum einen, mit einer Niederlage vor Gericht einen für die Exekutive nachteiligen Präzedenzfall zu schaffen, und zum anderen, dass ein langwieriges Gerichtsverfahren die politische Glaubwürdigkeit des Präsidenten beschädigen könnte. Aus demselben Grund erklärte sich die Administration auch kompromissbereit bei der Forderung, der Präsident selbst, sein Vizepräsident und die Nationale Sicherheitsberaterin sollten vor dem Untersuchungsausschuss aussagen. Während sich Sicherheitsberaterin Rice sogar öffentlich und unter Eid stehend vernehmen ließ, blieb die Befragung von Bush und Cheney allerdings nicht öffentlich und wurde nicht protokolliert.

39 Insgesamt zeigen sich die Bundesgerichte jedoch unter Verweis auf die *political-question*-Doktrin zögerlich, Dispute über Informationsaustausch und Geheimhaltung zwischen Exekutive und Legislative zu entscheiden. Die US-Verfassung enthält keine konkreten Bestimmungen zur Informationsfreiheit oder zum Informationsaustausch zwischen den Gewalten.

40 Die Kommission beendete ihre Arbeit im August 2004.

Ein weiteres Instrument, mit dem der Präsident in seiner Eigenschaft als Chef der Exekutive Einfluss auf die Behörden und ihre Politik ausüben kann, ist die Nominierung und Ernennung von Regierungspersonal *(appointment power)* (vgl. McCarty/Razaghian 2000). Durch die Besetzung wichtiger Positionen mit Personen, die ihm verbunden sind und seine politischen Ansichten und Absichten teilen, erhöht der Präsident die Wahrscheinlichkeit, dass seine außenpolitische Agenda auch an jenen Stellen verfolgt wird, die sich seiner Kontrolle entziehen können: „In einem Regierungssystem, in dem es keine zentrale Verantwortungsebene gibt, sondern Kongress wie Präsident Zugriff auf die Verwaltung haben, muss sich die Verwaltungsspitze auf breiter Basis politisieren, weil politische Besetzungen für den Präsidenten das einzige Mittel sind, im Verwaltungsapparat politische Loyalität zu verankern" (Shell 2004: 236–237).

Das Ernennungsrecht des Präsidenten beruht auf diesbezüglichen Klauseln in der Verfassung und auf gesetzlichen Regelungen, aus denen auch das weitgehende Recht des Präsidenten abgeleitet wird, das von ihm bestellte Exekutivpersonal wieder zu entlassen. Allerdings unterliegt der Präsident auch bei der Auswahl des Regierungspersonals einer Reihe von Beschränkungen. Für eine Vielzahl von Posten kann der Präsident lediglich Kandidaten nominieren, die anschließend vom Senat ausdrücklich bestätigt werden müssen.[41] Der Präsident muss nicht nur auf die fachliche Eignung der Kandidaten, sondern auch auf regionale, ethnische und geschlechtliche Ausgewogenheit achten. Er muss die Interessen und Forderungen jener Personen und Gruppen bedienen, die ihn im Wahlkampf unterstützt haben, und er muss sicherstellen, dass die Kandidaten nicht auf zu großen Widerstand in den Behörden und Abteilungen treffen, die sie leiten sollen. Gerade beim außenpolitischen Personal ist zudem die Kontinuität zwischen den Administrationen derselben Partei bemerkenswert: Die außenpolitischen Führungsriegen von Bill Clinton und George W. Bush setzten sich zum großen Teil aus Personen zusammen, die bereits unter dem Demokraten Jimmy Carter bzw. unter den Republikanern Reagan und Bush sr. gedient hatten, und in der Obama-Administration fanden sich wiederum viele Mitarbeiter der Clinton-Administration wieder.

Die Zahl der vom Präsidenten zu besetzenden Positionen hat sich in den vergangenen Jahrzehnten vervielfacht – zum einen durch das Anwachsen der Bürokratie in die Breite, d. h. durch die Schaffung neuer Behörden, zum anderen durch einen immer tieferen Eingriff des Präsidenten in die Bürokratie. Viele Positionen, die vormals von Laufbahnbeamten des öffentlichen Dienstes eingenommen wurden, werden heute mit so genannten politischen Beamten besetzt, so dass der Präsident in der Regel direkten Zugriff auf die oberen vier bis fünf Leitungsebenen der Bürokratie hat. Bei Amtsantritt eines Präsidenten müssen heute allein in der Exekutive 8 000 Stellen besetzt werden, davon über 1 000 mit Zustimmung des Senats (Committee on Homeland Security and Governmental Affairs 2008). Dies ist – auch in Relation zur Gesamtgröße der amerikanischen Bürokratie – mehr als in den meisten anderen Demokratien. Zu den wichtigen außenpolitischen Positionen, bei denen der Senat ein Einspruchsrecht besitzt, gehören unter anderem die Minister, ihre Stellvertreter und Staatssekretäre im Außen- und im Verteidigungsministerium, der Leiter der Geheimdienste sowie die Botschafter und Vertreter bei internationalen Organisationen. Die Zahl der Ernennungen

41 Laut Verfassung genügt zur Bestätigung die einfache Mehrheit im Senat. Aufgrund der senatsinternen Normen und Regeln ist jedoch de facto eine Mehrheit von drei Fünftel der Senatoren nötig.

steigt im Laufe einer Amtszeit noch deutlich an, da die Fluktuation recht hoch ist – politische Beamte scheiden durchschnittlich rund zweieinhalb Jahre nach der Übernahme ihres Postens wieder aus der Regierung aus (Shell 2004: 237).

Selbstverständlich kann sich der Präsident nicht persönlich um die Besetzung all dieser Stellen kümmern. Vor Amtsantritt verwendet er zwar viel Energie darauf, das Spitzenpersonal sowie seine engsten Mitarbeiter auszusuchen. Sobald er sein Amt angetreten hat, nehmen jedoch die Entwicklung und Implementierung seines politischen Programms den größten Teil seiner Aufmerksamkeit in Anspruch. Die Besetzung der Positionen im Weißen Haus delegiert der Präsident dann an seine engsten Mitarbeiter, die Ernennungen in den Ministerien und Behörden werden von den jeweiligen Führungsebenen übernommen – allerdings unter der Aufsicht und nicht ohne die Zustimmung des *White House Office of Presidential Personnel* (Patterson 2000: 219–239). Beim ersten Amtsantritt eines Präsidenten dauert es mehrere Monate, in manchen Fällen sogar ein Jahr und länger, bis alle Positionen besetzt sind. Durch die langen Vakanzen und die hohe Fluktuation leidet nach Ansicht vieler Beobachter die Qualität der Regierungsarbeit, weshalb es in den 1980er und 1990er Jahren immer wieder Vorschläge zur Reformierung des Besetzungsverfahrens gegeben hat, die unter anderem darauf abzielten, die Zahl der politischen Beamten zu reduzieren. Der Grund für die langen Vakanzen liegt allerdings nicht nur in der schieren Zahl der zu besetzenden Stellen, sondern auch im Verhalten des Senats, der dem Präsidenten lange Zeit bei der Stellenbesetzung kaum Steine in den Weg legte, sich aber in den letzten zwei bis drei Jahrzehnten zunehmend als gleichberechtigter Partner im Nominierungsprozess versteht.

Will der Präsident einen Kandidaten auch gegen den anhaltenden Widerstand des Senats durchsetzen, so kann er von seinem verfassungsmäßigen Recht Gebrauch machen, Ämter während einer Sitzungspause des Senats zu besetzen *(recess appointment)*. In diesem Falle ist die Zustimmung des Senates nicht nötig, allerdings gilt die Ernennung nur für den Rest der laufenden, zweijährigen Legislaturperiode des Kongresses (anschließend kann eine erneute Nominierung erfolgen, und der neu gewählte Senat kann den Kandidaten bestätigen). Die politischen Kosten einer solchen Umgehung des Senats sind jedoch hoch, denn die entsprechende Verfassungsklausel war nach allgemeiner Auffassung ursprünglich nur für jene Fälle gedacht, in denen der Senat aufgrund einer Sitzungspause seine Zustimmung nicht geben *kann* – und nicht für solche Fälle, in denen der Senat deutlich gemacht hat, dass er seine Zustimmung verweigert. George W. Bush nahm diese Kosten im August 2005 in Kauf, als er die Sommerpause des Senats nutzte, um den umstrittenen Kandidaten John R. Bolton nach fast fünfmonatiger Blockade durch die Demokraten zum Botschafter bei den Vereinten Nationen zu ernennen.[42] Auch Barack Obama nutzte das Mittel des *recess appointment:* So ernannte er in der Winterpause 2010/2011 in der Person von Robert Ford einen neuen US-Botschafter in Syrien. Dieser Posten war seit 2005 vakant gewesen, und eine Wiederbesetzung war stets am Widerstand der Republikaner im Senat gescheitert.

42 Bolton war der erste UN-Botschafter, der unter Umgehung des Senats eingesetzt wurde. Die Demokraten, obwohl sie in der Minderheit waren, konnten zuvor eine Abstimmung im Senat per *filibuster* blockieren.

Staatsoberhaupt

Im Gegensatz zu den meisten anderen Demokratien ist die Exekutive in den Vereinigten Staaten nicht dual, sondern unitarisch organisiert, d. h. es gibt keine Trennung zwischen dem Amt des Staatsoberhauptes und des Regierungschefs. Der Präsident steht nicht nur an der Spitze einer der drei Regierungsgewalten, er ist auch der oberste Repräsentant des gesamten Staates nach innen wie nach außen. Als solcher nimmt der Präsident eine Reihe zeremonieller Funktionen wahr, zum Beispiel beim Empfang von Staatsgästen und bei Gedenkveranstaltungen. Diese Rolle als eine „nur" zeremonielle abzutun, verkennt die Bedeutung symbolischer Politik, die der Präsident in Verbindung mit seinen übrigen Funktionen zur Steigerung auch seines außenpolitischen Einflusses nutzen kann.

Als einziger Politiker der USA (neben dem Vizepräsidenten, der allerdings nur auf dem „Ticket" des Präsidenten fährt und diesem klar nachgeordnet ist) kann er auf ein nationales Mandat verweisen, denn die Kongressmitglieder repräsentieren jeweils nur einen Wahlkreis oder Bundesstaat. Da der Präsident als lebendes Symbol der Nation, ihrer Geschichte und ihrer Einheit gilt, genießt er in der Regel einen besonderen Respekt, den er als „politisches Kapital" einsetzen kann. Weil er der einzige Politiker ist, der für sich reklamieren kann, *für* das gesamte amerikanische Volk zu sprechen, genießt er auch die größte Aufmerksamkeit, wenn er sich *an* die Bevölkerung wendet. Hierzu nutzt der Präsident noch immer in erster Linie das Fernsehen, in dem Ansprachen, Pressekonferenzen und andere Auftritte des Präsidenten gezeigt werden, sowie das Radio, das u. a. die wöchentlichen Ansprachen des Präsidenten überträgt. Diese Auftritte sind Bestandteil umfassender Medien- und Kommunikationsstrategien, die von den zuständigen Abteilungen des Weißen Hauses entwickelt und umgesetzt werden. Dadurch hat der Präsident einen größeren Einfluss auf die öffentliche Meinung als jeder andere Politiker. Allerdings sind die Möglichkeiten, breite Schichten der Bevölkerung zu erreichen, aufgrund der Diversifizierung des Medienangebots in den letzten zwei Jahrzehnten deutlich zurückgegangen.

In der Außenpolitik kann der Präsident in besonderem Maße von seiner Rolle als Staatsoberhaupt profitieren, um seine politischen Ziele zu verwirklichen. Außenpolitische Initiativen haben eine größere Aussicht auf Unterstützung im Kongress und in der Öffentlichkeit, wenn sie als nationale, überparteiliche Anliegen vermittelt werden können (Andres/Griffin/Thurber 2000). Zudem kann der Präsident durch direkte Ansprache der Öffentlichkeit ein Thema auf die politische Tagesordnung bringen *(agenda setting)* und damit den Behörden eine Richtschnur geben und den Kongress unter Druck setzen. Ein bis heute beispielhaftes Vorgehen dieser Art war Ronald Reagans Initiative zum Aufbau einer Raketenabwehr *(Strategic Defense Initiative, SDI),* die er 1983 in einer öffentlichen Ansprache startete, um zu vermeiden, dass sein Anliegen in den Mühlen der Bürokratie stecken bleibt oder der Kongress keine ausreichenden Finanzmittel zur Verfügung stellt. Der direkte Weg an die Öffentlichkeit *(going public)* ist zu einer bevorzugten politischen Strategie der Präsidenten geworden, um ihren seit den 1970er Jahren zu beobachtenden Kontrollverlust über die Parteien und den Kongress auszugleichen (Hils 2004).

Die Wirksamkeit dieser Strategie bleibt jedoch schwer zu beurteilen. So zeigte sich zwar in der Präsidentschaft von George W. Bush, der im Vergleich zu anderen Präsidenten nur wenige Pressekonferenzen und öffentliche Ansprachen hielt, dass seine Zustimmungsraten immer dann merklich anstiegen, wenn er in einer Reihe von Reden seine Außen- und Sicherheitspolitik vor einem breiten Publikum verteidigte. Doch solche Effekte halten in der Regel nicht lange an. Nicht nur die Außenpolitik von George W. Bush erhielt trotz aller Öffentlichkeitsarbeit letztlich ein vernichtendes Urteil in der Bevölkerung und im Kongress; auch Ronald Reagans verteidigungspolitische Initiativen wurden von Öffentlichkeit und Parlament am Ende abgelehnt. Die Nutzung der *bully pulpit,* der herausgehobenen Stellung des Präsidenten am Rednerpult der Nation, genügt allein nicht, um einen langfristigen Meinungs- und Politikwechsel im Land herbeizuführen (Edwards 2003a).

Oberster Diplomat

Edward Corwin, der die Verfassung als „Einladung zum Kampf" um die amerikanische Außenpolitik bezeichnete, stellte ebenfalls fest: „Kein Grundsatz der Verfassungspraxis steht unzweifelhafter fest als das exklusive Recht des Präsidenten, der Mittelsmann der Nation in ihren Beziehungen zu anderen Nationen zu sein."[43] Dieses Recht gründet sich auf jene Verfassungsklauseln, nach denen der Präsident Verträge schließen, Botschafter und anderes außenpolitisches Personal ernennen und ausländische Botschafter empfangen kann. Sowohl beim Abschluss von Verträgen wie auch bei der Ernennung des außenpolitischen Personals ist der Präsident auf die Kooperation des Kongresses angewiesen, doch haben die Präsidenten auch in diesen Bereichen unilaterale Instrumente entwickelt, um außenpolitischen Handlungsspielraum zu gewinnen.

Internationale Verträge *(treaties)* darf der Präsident laut Verfassung nur mit der Zustimmung einer Zweidrittelmehrheit im Senat abschließen. Seit dem Ende des Ost-West-Konflikts hat der Präsident pro Jahr durchschnittlich 16 Verträge unterzeichnet und dem Senat zur Ratifizierung vorgelegt (King 2010: 26). Die meisten internationalen Vereinbarungen werden jedoch per Regierungsabkommen *(executive agreements)* geschlossen, die ein unilaterales Instrument des Präsidenten *par excellence* darstellen, da der Senat sie nicht ratifizieren muss. Regierungsabkommen finden zwar keine Erwähnung in der Verfassung, doch hat der Oberste Gerichtshof 1936 das Recht des Präsidenten zur Unterzeichnung solcher Abkommen bestätigt.[44] Ebenso wie Verträge haben Regierungsabkommen die Kraft von Bundesgesetzen und binden auch nachfolgende Regierungen.[45] In der zweiten Hälfte des 20. Jahrhunderts haben die Vereinigten Staaten rund 14 000 internationale Vereinbarungen unterzeichnet, davon knapp 94 % in Form von Regierungsabkommen, und diese Gewichtung setzt sich bis in die Gegenwart fort (King 2010: 27).

Es gibt zwei Arten von Regierungsabkommen: jene, die auf gesetzlicher Grundlage, also mit vorheriger Ermächtigung durch den Kongress, geschlossen werden (bekannt als *statutory, legislative-executive* oder *congressional-executive agreements*) und solche, bei denen der Kongress völlig außen vor bleibt (*sole executive, pure executive, presidential-executive* oder nur *executive agreements*). Fast alle Regierungsabkommen der USA beruhen auf einer gesetzlichen Grundlage, doch selbst diese lösen häufig politische Kontroversen aus. Dabei geht es meist um die Frage, ob der Präsident den Kongress in ausreichender Weise konsul-

43 „[T]here is no more securely established principle of constitutional practice than the exclusive right of the President to be the nation's intermediary in its dealings with other nations" (Corwin 1984 [1957]: 214).

44 United States v. Curtis-Wright Export Corp., 299 U.S. 304 (1936).

45 Vgl. United States v. Pink, 315 U.S. 203 (1942).

tiert oder ob er seine Befugnisse überschritten hat. Auch wenn Ermächtigungen durch den Kongress oft Klauseln enthalten, die die Mitsprache des Parlaments in bestimmten Fragen sichern sollen, haben sie die nicht beabsichtigte Folge, dass sie im Nachhinein als „Blankoscheck" für den Präsidenten interpretiert werden können. *Sole executive agreements* sind grundsätzlich umstritten, weil sie von der Regierung oft geheim gehalten werden.

Die Entscheidung, ob eine Vereinbarung als Vertrag oder als Regierungsabkommen getroffen werden soll, bleibt der Regierung überlassen. Das US-Außenministerium selbst beantwortet die Frage, worin der Unterschied zwischen einem Vertrag und einem Regierungsabkommen bestehe, mit dem tautologischen Hinweis, dass ein Vertrag die Zustimmung des Senates benötige, ein Regierungsabkommen hingegen nicht.[46] Die Entscheidung für die eine oder die andere Form erfolgt also primär nach politischen, nicht nach rechtlichen Kriterien. Die Regierung wählt die Form des Vertrages vor allem dann, wenn sie dem Verhandlungspartner signalisieren möchte, dass sie trotz eventuell vorhandener innenpolitischer Widerstände fest entschlossen ist, die Vereinbarung dauerhaft zu einzuhalten (Martin 2005). Auf der anderen Seite bieten Regierungsabkommen nicht nur den Vorteil, dass die Regierung mögliche Widerstände im Senat ignorieren kann, sondern sie werden häufig auch gewählt, um schlicht den politischen Prozess zu beschleunigen und die Handlungsfähigkeit der USA auf der internationalen Bühne zu erhöhen (Krutz/Peake 2009: 187). Der Kongress hat mehrfach versucht, die Exekutive beim Eingehen internationaler Verpflichtungen einer stärkeren Kontrolle zu unterwerfen, jedoch ohne durchschlagenden Erfolg. So unterläuft die Regierung die gesetzliche Verpflichtung, den Kongress über alle Regierungsabkommen zu informieren, häufig dadurch, dass Vereinbarungen anders tituliert werden, etwa als politische Absichtserklärungen *(statements of political intent)*, mündliche Zusagen *(oral promises)* oder Einvernehmen *(understandings)*.

Die Kündigung von Verträgen und Regierungsabkommen ist in der Verfassung nicht geregelt. Spätestens seitdem der Oberste Gerichtshof Jimmy Carters Entscheidung, den 1955 begründeten Verteidigungspakt mit Taiwan mit Wirkung zum 1. Januar 1980 zu kündigen, aufrecht erhielt, steht jedoch fest, dass der Präsident Verträge auch gegen den Widerstand des Kongresses kündigen kann.[47] So setzte sich auch George W. Bush durch, als er im Dezember 2001 den ABM-Vertrag *(Anti-Ballistic Missile Treaty)* aus dem Jahr 1972, der den Aufbau einer nationalen Raketenabwehr behinderte, kündigte.

Aus der in der Verfassung festgeschriebenen Aufgabe, Botschafter zu empfangen, wird das Recht des Präsidenten zur Aufnahme und Beendigung diplomatischer Beziehungen und damit zur Anerkennung von Regierungen und Staaten abgeleitet. So begann der Prozess der Normalisierung der Beziehungen zur Volksrepublik China mit der Reise Richard Nixons nach Peking 1972, und Jimmy Carter erklärte im Dezember 1978 die Aufnahme voller diplomatischer Beziehungen mit der Volksrepublik gegen starken Widerstand im Kongress. Zuletzt wurde das Kosovo als unabhängiger Staat anerkannt, indem George W. Bush im Februar 2008 der Bitte des Kosovo um die Aufnahme diplomatischer Beziehungen nachkam.

46 Vgl. die Webseite „Treaty vs. Executive Agreements" des U.S. Department of State: http://www.state.gov/s/l/treaty/faqs/70133.htm (Zugriff 14.01.2011).

47 Vgl. Goldwater v. Carter, 444 U.S. 996 (1979).

Internationale Verhandlungen lässt der Präsident häufig nicht von den Beamten des Außenministeriums, sondern von persönlichen Sondergesandten durchführen (*special envoys, special emissaries* oder *special representatives*), die er ohne die Zustimmung des Kongresses ernennen kann (Grieb 2002; Fullilove 2005). Die Aufgabe dieser Sondergesandten ist meist auf einen begrenzten Zeitraum oder eine bestimmte Mission beschränkt. Diese Praxis, die besonders seit der zweiten Hälfte des 20. Jahrhunderts zugenommen hat, bietet eine Reihe von Vorteilen: Erstens signalisiert der Präsident mit der Ernennung eines Sondergesandten, dass er die Aufgabe oder das Problemfeld, vor die er den Gesandten stellt, für besonders wichtig hält. Zweitens kann der Präsident bei der Ernennung der Gesandten den Senat umgehen – in vielen Fällen geschieht dies jedoch nicht deshalb, weil der Senat etwas gegen die Mission einzuwenden hätte, sondern um die Zeit zu sparen, die der Ernennungsprozess in Anspruch nehmen würde. Drittens kann der Präsident auf diesem Wege die reguläre außenpolitische Bürokratie, v. a. das Außenministerium, aus dem Verhandlungsprozess ausschließen und seine Kontrolle über den Prozess erhöhen. (Allerdings kommt es auch vor, dass die Sondergesandten in die Strukturen des Außenministeriums eingebunden werden.) Viertens verspricht sich der Präsident dadurch bessere Verhandlungsergebnisse, denn zum einen können seine Gesandten auf den direkten Draht zum Präsidenten verweisen und ihre Glaubwürdigkeit durch die Zusage erhöhen, der Präsident persönlich bürge für die Einhaltung der getroffenen Vereinbarungen. Zum anderen verfügen sie meist über mehr sachbereichübergreifende Verhandlungsmasse als die Vertreter einzelner Ministerien, die den Beschränkungen sachlicher Zuständigkeiten unterliegen.

Auch wenn die USA als Dritte zwischen Konfliktparteien vermitteln sollen, entsendet der Präsident häufig persönliche Vertreter, um dann unter Umständen selbst in die Schlussphase der Verhandlungen einzugreifen (vgl. Schulzinger 2010). Das historische Vorbild hierfür ist Theodore Roosevelt, dessen Vermittlungsbemühungen den japanisch-russischen Krieg beenden halfen und der dafür 1906 den Friedensnobelpreis erhielt. Jimmy Carter übernahm die Schlussphase der Friedensverhandlungen zwischen Israel und Ägypten, als er 1978 in Camp David den israelischen Premierminister Menachem Begin und den ägyptischen Präsidenten Anwar al-Sadat zur Unterzeichnung des Friedensabkommens bewegte. Bill Clinton schaltete sich, mit gemischtem Erfolg, in die Friedensbemühungen im ehemaligen Jugoslawien, im Nahen Osten und in Nordirland ein. Das Abkommen von Dayton im US-Bundesstaat Ohio, das den Bosnienkrieg beendete, kam 1995 unter der Vermittlung des Sondergesandten Richard C. Holbrooke zu Stande. Das Karfreitagsabkommen, das 1998 auf Vermittlung des ehemaligen Senators George Mitchell geschlossen wurde, bedeutete zwar einen Fortschritt im Nordirland-Konflikt, konnte diesen aber nicht beenden. Die Vermittlungsbemühungen zwischen Israel und Palästina durch US-Emissär Dennis Ross und schließlich durch Präsident Clinton persönlich haben nicht zu einer Friedensvereinbarung geführt. Mit dem Verweis auf die durchwachsene Erfolgsbilanz der Diplomatie durch Sondergesandte, auf die Bill Clinton sehr stark gesetzt hatte, halbierte Präsident George W. Bush die Zahl der Emissäre und verzichtete auch auf die Ernennung eines Sondergesandten für den Nahost-Friedensprozess.

Unter Präsident Obama wurden die drei prominenten Sondergesandten der Clinton-Ära erneut berufen: George Mitchell als Gesandter für den Nahen Osten, Richard Holbrooke als Beauftragter für Afghanistan und Pakistan sowie Dennis Ross als Beauftragter für den

Iran. Außenministerin Hillary Clinton konnte letztlich nicht dafür sorgen, dass die drei nicht parallel zu ihrem Ministerium, sondern unter ihrer Kontrolle arbeiten würden. Während Mitchell eine klassische Vermittlertätigkeit zwischen Israelis und Arabern zufiel, dienten Holbrooke und Ross als Koordinatoren und Vertreter der US-Politik gegenüber Afghanistan und Pakistan bzw. Iran. Ein noch höheres internationales Ansehen als etwa Mitchell und Holbrooke genießt Ex-Präsident Carter, der auch nach seiner Amtszeit als Vermittler aktiv blieb: 1994 flog er sowohl nach Nordkorea wie nach Haiti, um jeweils eine Verhandlungslösung in den Konflikten zwischen diesen Staaten und den USA zu erleichtern, was in beiden Fällen auch gelang. Auf der anderen Seite versuchen Regierungen auch zu verhindern, dass bekannte Persönlichkeiten Auslandsreisen von hoher politischer Symbolkraft unternehmen, welche die Politik der Regierung konterkarieren könnten. So untersagte Präsident Bush im Sommer 2005 Jimmy Carters Reise nach Syrien, dessen Regime die USA isolieren wollten.

Oberbefehlshaber der Streitkräfte

Der Präsident ist laut Verfassung Oberbefehlshaber der Streitkräfte *(commander-in-chief)*, doch auch der Kongress verfügt in der Verteidigungspolitik über weitreichende verfassungsrechtliche Befugnisse – darunter das Recht zur Kriegserklärung und die Hoheit über den Verteidigungshaushalt. Tatsächlich jedoch nehmen alle Präsidenten die *war power*, also die Kriegsvollmacht, für sich in Anspruch, seit Präsident Abraham Lincoln (1861–1865) im amerikanischen Bürgerkrieg diesen Begriff prägte und sich dabei auf die *commander-in-chief*-Klausel und seine Rolle als Chef der Exekutive stützte. Der Präsident führt nicht nur den Oberbefehl in Friedens- wie in Kriegszeiten, und er hat nicht nur das weithin anerkannte Recht, ja die Pflicht, Angriffe auf die Vereinigten Staaten und ihre Angehörigen im Ausland in einem Akt der Selbstverteidigung abzuwehren. Er kann auch ohne Ermächtigung durch den Kongress Auslandseinsätze der Streitkräfte anordnen und auf diese Weise bewaffnete Konflikte, Interventionen und Kriege beginnen.

Seit Gründung der USA waren nur fünf Kriege durch Kriegserklärungen gedeckt (zuletzt der Zweite Weltkrieg), doch haben die Präsidenten die amerikanischen Streitkräfte in über 300 Einsätze entsandt, in denen es zu bewaffneten Auseinandersetzungen kam oder die das Potential für solche Konflikte bargen (vgl. Grimmett 2010). In den meisten Fällen fehlte jegliche Autorisierung durch den Kongress (etwa in Form einer Zustimmungsresolution), die gelegentlich das Äquivalent einer Kriegserklärung darstellt. Über 150 solcher Einsätze fanden nach dem Zweiten Weltkrieg statt, fünfzehn davon können als größere Interventionen gelten, in denen die amerikanischen Streitkräfte über einen Zeitraum von wenigstens 24 Stunden in Kampfhandlungen verwickelt waren und Todesopfer zu beklagen hatten.[48] Nach dem Ende des Ost-West-Konflikts wurde die Zahl der militärischen Interventionen nicht etwa geringer, sondern sie stieg deutlich an.

Das Ausmaß der Feindseligkeiten bei den Auslandseinsätzen der Streitkräfte variiert beträchtlich; sie können zu „unerklärten Kriegen“ *(undeclared wars)* oder „Kriegen des Präsidenten“ *(presidential wars)* auswachsen, in denen sich die Präsidenten auf unterschied-

48 Dies betraf folgende Interventionen: Korea 1950, Libanon 1958, Vietnam ab 1965, Dominikanische Republik 1965, die Rettung der „Mayaguez“ 1975, Iran 1980, Libanon 1982, Grenada 1983, Libyen 1986, Panama 1989, Irak 1991, Somalia 1993, Jugoslawien 1999, Afghanistan ab 2001, Irak ab 2003.

liche Legitimationsgrundlagen berufen haben. Im Koreakrieg (1950–1953) verwies Präsident Truman auf ein Mandat der Vereinten Nationen. Präsident Johnson stützte sich im Vietnamkrieg auf die *Gulf of Tonkin Resolution,* die der Kongress 1964 verabschiedet hatte, nachdem amerikanische Kriegsschiffe unter nordvietnamesisches Feuer geraten waren (ein Vorfall, der nach heutigem Kenntnisstand wahrscheinlich von den US-Streitkräften bewusst provoziert worden war). Die Resolution ermächtigte den Präsidenten, „alle nötigen Maßnahmen zur Abwehr bewaffneter Angriffe gegen US-Truppen zu ergreifen und zukünftige Aggressionen zu unterbinden." Als Reaktion auf den Vietnamkrieg, der von den Präsidenten Johnson und Nixon ständig ausgeweitet worden war, ohne den Kongress zu konsultieren, verabschiedeten Senat und Repräsentantenhaus 1973 die *War Powers Resolution,* um kriegerische Verwicklungen der Vereinigten Staaten nach dem Gutdünken der Präsidenten zu verhindern. Seither sind zwar die Präsidenten den Berichterstattungspflichten, die das Gesetz vorsieht, in den meisten Fällen nachgekommen, und es ist nicht auszuschließen (wenn auch schwer nachzuweisen), dass das Gesetz eine Abschreckungsfunktion erfüllt und die Präsidenten zu einem vorsichtigeren Umgang mit militärischer Gewalt veranlasst hat (Auerswald/Cowhey 1997). Doch der Primat des Präsidenten in der Frage von Militäreinsätzen wurde auch durch die *War Powers Resolution* nicht beendet, deren Bestimmungen zum Teil schlichtweg ignoriert und deren Verfassungskonformität von allen Präsidenten offen angezweifelt wurden.

George H. W. Bush erhielt kurz vor dem Irakkrieg 1991 – nachdem bereits hunderttausende US-Soldaten am Golf in Stellung gegangen waren – eine Autorisierung für den Militäreinsatz per Kongressresolution, doch der Präsident betonte, darauf nicht angewiesen zu sein. Er berief sich stattdessen auf seine „verfassungsmäßigen Rechte" und auf das Mandat der Vereinten Nationen. In den darauffolgenden Jahren setzte Präsident Clinton das US-Militär ohne die Zustimmung des Kongresses auf dem Balkan ein und führte dabei seine Rechte als Oberbefehlshaber und die Autorisierung durch Uno und Nato ins Feld (Haass 1999). Die Interventionen in Afghanistan 2001 und Irak 2003 waren durch entsprechende Resolutionen des Kongresses und die Zustimmung der Öffentlichkeit gedeckt. Während im ersten Fall die Verabschiedung einer solchen Resolution außer Frage stand – die Resolution wurde nur drei Tage nach den Terroranschlägen vom 11. September ohne Gegenstimmen im Senat und bei nur einer Gegenstimme im Repräsentantenhaus verabschiedet –, wollte die Administration von George W. Bush ursprünglich auf eine besondere Autorisierung für den Irakkrieg durch den Kongress verzichten. Sie verwies, wie ihre Vorgänger, auf die Rechte des Präsidenten als Oberbefehlshaber und argumentierte zudem, bereits im Rahmen der Resolution zum Golfkrieg von 1991 und dem *Iraq Liberation Act* (Gesetz zur Befreiung des Irak) von 1998 zu einem Einsatz im Irak ermächtigt zu sein (Fisher 2003). Erst nachdem die öffentliche Unterstützung für den Kriegskurs des Präsidenten zu schwinden begann, suchte dieser im Herbst 2002 die Bevollmächtigung durch den Kongress.

Diese Beispiele zeigen auch, dass der Präsident solche Militäreinsätze – sei es in Form einer Aggression, einer friedensschaffenden *(peacemaking)* oder friedenserhaltenden Maßnahme *(peacekeeping)* – natürlich nicht ohne eine sachliche Grundlage und ein Mindestmaß an Akzeptanz in der Öffentlichkeit und im Kongress anordnen kann. Insbesondere größere Militäreinsätze, bei denen eine hohe Zahl von Soldaten eingesetzt wird, werden umso häufiger initiiert, je größer die nominelle Mehrheit der Partei des Präsidenten im Kongress ist (Howell/Pevehouse 2007a, b). Dennoch ist der Handlungsspielraum des Präsidenten in seine Rolle als Oberkommandierender beträchtlich. Setzt er die Streitkräfte in Bewegung, kann er meist mit Erfolg reklamieren, dass dies der nationalen Sicherheit der Vereinigten Staaten diene. Bei größeren Einsätzen stellt sich oft das Gefühl einer akuten Krise ein, in der sich die Nation um den Präsidenten schart und ihre Unterstützung bekundet. Dies kann der Präsident auch nutzen, um innenpolitischen Schwierigkeiten zu begegnen oder um von diesen abzulenken. Tatsächlich beginnen die Präsidenten bewaffnete Auseinandersetzungen vor allem in solchen Phasen, in denen ihre politische Unterstützung in der Öffentlichkeit und im Kongress niedrig ist (Brulé 2008) und in denen sich die Wirtschaftslage nicht gut darstellt (Fordham 1998, 2002).

Selbst wenn der *Rally-round-the-flag*-Effekt, der die Popularität des Präsidenten und seine Zustimmungsraten in der Bevölkerung in die Höhe schnellen lässt, wieder verebbt, muss der Präsident kaum befürchten, dass ihm die „Heimatfront" in den Rücken fällt und ihn zwingt, die im Einsatz befindlichen Truppen zurückzuziehen. Konflikte, die über einen längeren Zeitraum amerikanische Todesopfer fordern, können den Präsidenten in politische Schwierigkeiten bringen und unter Umständen sogar seine Wiederwahl gefährden, doch nur äußerst selten versagt der Kongress dem Präsidenten tatsächlich die Mittel, um einen Konflikt fortzuführen. Unter den politischen Gegnern des Präsidenten gilt dann die Sprachregelung: „Wir unterstützen unsere Truppen, nicht den Präsidenten." Selbst im Vietnamkrieg dauerte es viele Jahre, bis der Kongress schließlich 1971 die Verwendung von Haushaltsmitteln für eine weitere Ausdehnung des Krieges auf das Gebiet angrenzender südostasiatischer Staaten untersagte, und zu einer Kürzung der Mittel konnte sich der Kongress erst 1973 durchringen, als der Krieg mit dem Pariser Friedensvertrag beendet und der Rückzug der USA schon eingeleitet war. Auch im Ringen zwischen Präsident und Kongress um die Finanzierung des Irakkrieges in den Jahren 2007 und 2008 musste der Kongress schließlich nachgeben, um sich nicht dem Vorwurf auszusetzen, die Sicherheit der eigenen Truppen aufs Spiel zu setzen.

Gesetzgeber

Obwohl der Präsident nicht Mitglied des Kongresses ist, spielt er eine wichtige Rolle im Gesetzgebungsprozess, in dem u. a. außenpolitische Befugnisse an den Präsidenten delegiert und die Mittel für die Außenpolitik festgelegt werden. Laut Verfassung hat der Präsident die Verpflichtung, dem Kongress über die Lage der Union Bericht zu erstatten und gesetzgeberische Maßnahmen zu empfehlen sowie das Recht, ein vom Kongress verabschiedetes Gesetz zurückzuweisen. Der Präsident ist jedoch nicht nur an der Initiierung und der schlussendlichen Inkraftsetzung von Gesetzen beteiligt, sondern er begleitet wichtige Gesetzesvorhaben kontinuierlich während des gesamten Gesetzgebungsprozesses. Zur Durchsetzung seiner Politik im Kongress kommt es für den Präsidenten vor allem darauf an, die Unterstützung der Öffentlichkeit zu gewinnen, um so Druck auf die Kongressmitglieder ausüben zu können (Edwards 2003b: 58). Das *lobbying* im Kongress bleibt in den meisten Fällen indes den Mitarbeitern des Präsidenten aus dem Weißen Haus oder den Ministerien überlassen. Der Präsident selbst sucht das Gespräch mit Kongressmitgliedern, wenn er ein Gesetz für besonders wichtig erachtet und eine Mehrheit im Kongress unsicher ist (wie etwa vor der Verabschiedung der Freihandelsabkommen NAFTA und CAFTA 1993 bzw. 2005). Häufig findet *lobbying* auch in umgekehrter Richtung statt, wenn Kongressabgeordnete den Präsidenten um Unterstützung für ein Gesetzesvorhaben bitten.

Die Rolle des Präsidenten als Gesetzesinitiator ist nicht auf den jährlichen Bericht zur Lage der Nation, den er im Januar den versammelten Mitgliedern des Kongresses vorträgt, beschränkt. Er kann auch bei außerordentlichen Anlässen eine Rede vor beiden Kammern des Kongresses halten, wie es etwa George W. Bush nach den Anschlägen des 11. September 2001 tat. Zudem kann der Präsident praktisch während der gesamten Sitzungsperiode Gesetzesvorschläge einbringen, die er entweder direkt dem Sprecher des Repräsentantenhauses und dem Präsidenten des Senats zustellt (formal schließt der Präsident dabei an den Bericht zur Lage der Nation an) oder über Kongressmitglieder seines Vertrauens einbringen lässt (formal stammen die Vorschläge dann von diesem Parlamentarier, nicht vom Präsidenten). In der Tat finden rund achtzig Prozent der im Kongress behandelten Gesetze ihren Ursprung in der Exekutive (Dye/Zeigler 2009: 223), ebenso wie die jährlichen Haushaltsgesetze, die vom *Office of Management and Budget (OMB)* vorbereitet werden. Auch jene Gesetzentwürfe der Administration, die nicht an das Haushaltsverfahren geknüpft sind, unterliegen der Genehmigung durch das OMB, das die Übereinstimmung der Entwürfe aus den Ministerien und Behörden mit dem politischen Programm des Präsidenten sicherstellen soll, bevor sie in den Kongress eingebracht werden. Zudem überprüft das OMB – neben den Rechtsberatern des Weißen Hauses und der betroffenen Ministerien – die vom Kongress verabschiedeten Gesetze, die dem Präsidenten zur Unterzeichnung vorliegen.

Der Präsident verfügt über ein suspensives Veto, mit dem er zwar Gesetze verhindern kann, die mit einfacher Mehrheit verabschiedet wurden, jedoch nicht solche, die anschließend eine Zweidrittelmehrheit in beiden Häusern des Kongresses finden. Der wohl spektakulärste Fall, in dem der Kongress ein außenpolitisches Gesetz trotz eines Vetos des Präsidenten in Kraft setzte, war die *War Powers Resolution* von 1973, die gegen das Veto Richard Nixons verabschiedet wurde. Dennoch ist das Veto – und bereits die Androhung desselben – ein überaus wirksames Instrument, um Gesetze zu verhindern oder zu ändern, denn eine Zwei-Drittel-Mehrheit gegen den Präsidenten in beiden Häusern des Kongresses kommt äußerst selten zu Stande. Bill Clinton hat in seinen acht Amtsjahren insgesamt 36 Vetos eingelegt – davon zehn gegen außenpolitische Gesetze – und wurde nur zwei Mal überstimmt.

George W. Bush hat fünfeinhalb Amtsjahre verstreichen lassen, ehe er im Juli 2006 erstmals von seinem Vetorecht Gebrauch machte – seit Thomas Jefferson (1801–1809) hatte kein Präsident länger mit einem Veto gewartet. Dies ist *per se* weder als ein Zeichen von Stärke noch von Schwäche auf Seiten des Präsidenten zu deuten. Von Januar 2001 bis Mai 2006 hatte Bush 135 Mal mit einem Veto gedroht und es letztlich nicht angewendet (Tenpas 2006: 4). In einigen Fällen ist es ihm gelungen, missliebige Gesetzesvorhaben zu verhindern oder nach seinen Vorstellungen zu ändern, doch insbesondere zu Beginn seiner zweiten Amtszeit zeigte sich auch, dass der Präsident eigene Vorgaben lieber fallen ließ, als durch ein Veto die Uneinigkeit seiner Partei, die bis 2006 über die Mehrheit im Kongress verfügte, zu demonstrieren. Im Mai 2007 sah sich Bush gezwungen, seine erstes Veto in einer außenpolitischen Angelegenheit (und seine zweites Veto überhaupt) einzulegen, nachdem der Kongress einen Nachtragshaushalt für die Kriege im Irak und in Afghanistan mit einem festen Abzugsdatum für die amerikanischen Truppen im Irak verknüpft hatte. Eine Zweidrittelmehrheit gegen den Präsidenten konnten die Demokraten im Kongress anschließend nicht aufbieten.

Die theoretische Möglichkeit des Kongresses, den Präsidenten zu überstimmen, entfällt völlig, wenn der Präsident das so genannte *pocket veto* anwendet: Nach Erhalt einer Gesetzesvorlage hat der Präsident zehn Tage Zeit, sein Veto einzulegen und die Vorlage an den Kongress zurückzusenden. Tut er dies nicht, tritt das Gesetz in Kraft – allerdings nicht, wenn der Kongress innerhalb dieser zehn Tage seine Sitzungsperiode für eine längere Zeit unterbricht. In diesem Fall kann der Präsident die Vorlage einfach einbehalten; das Gesetz tritt nicht in Kraft und wird dem Kongress nicht erneut vorgelegt. Sowohl Bill Clinton als auch George W. Bush haben von der Möglichkeit des *pocket veto* Gebrauch gemacht, um Einschränkungen ihrer außenpolitischen Handlungsfreiheit durch den Kongress abzuwehren. So nutzte Clinton ein *pocket veto* gegen den Entwurf eines Genehmigungsgesetzes für den Geheimdiensthaushalt *(intelligence authorization bill)* für das Haushaltsjahr 2001, und Bush verhinderte auf diese Weise ein Genehmigungsgesetz für den Verteidigungshaushalt *(defense authorization)* für 2008. In beiden Fällen verabschiedete der Kongress daraufhin neue Gesetze, welche die von den Präsidenten beanstandeten Passagen nicht mehr enthielten.

Der Präsident kann eine Gesetzesvorlage nur als Ganze billigen, zurückweisen oder einbehalten, da das *line-item veto,* das der Kongress dem Präsidenten 1996 per Gesetz zugestanden hatte, zwei Jahre später vom Obersten Gerichtshof für verfassungswidrig erklärt wurde. Mit dem *item veto* wollte der Kongress dem Präsidenten die Möglichkeit geben, einzelne Bestimmungen aus Steuer- und Ausgabengesetzen zu streichen, um den defizitären Bundeshaushalt zu entlasten. Allerdings verfügt der Präsident über die Möglichkeit, Gesetze bei ihrer Unterzeichnung mit einer eigenen Stellungnahme zu versehen *(signing statement).* Diese kommt häufig einem *line-item veto* gleich, wenn der Präsident in seiner Stellungnahme verfassungsrechtliche Bedenken gegen eines oder mehrere Teile des Gesetzes äußert und kundtut, in welcher Form er das Gesetz zu interpretieren und umzusetzen gedenkt (Cooper 2005).

Die regelmäßigen Einwände der Präsidenten, dass die Autorisierung eines Militäreinsatzes durch den Kongress keine Anerkennung der *War Powers Resolution* seitens des Präsidenten bedeute, ist nur ein Beispiel für die Verwendung der *signing statements.* Sie wurden unter Ronald Reagan zu einem wichtigen Instrument präsidentieller Machtbehauptung, und Präsident George W. Bush nutzte sie intensiver als jeder Präsident zuvor, um seine Stellung gegenüber dem Kongress, aber auch gegenüber anderen Exekutivbehörden zu behaupten (Halstead 2007). Allein in seiner ersten Amtszeit stellte Bush über 100 *signing statements* aus, in denen er mehr als 150 Einzelbestimmungen verschiedener Gesetze unter Berufung auf die besonderen Rechte des Präsidenten in der Außen- und Sicherheitspolitik in Frage stellte (Cooper 2005: 522). Insgesamt kam Bush auf über 150 *signing statements,* in denen er rund 1 000 rechtliche Bestimmungen in Frage stellte (U.S. House of Representatives 2009: 187).

Die Gesetzgebung gilt oft als der Bereich, in dem die Überzeugungskraft und das Verhandlungsgeschick des Präsidenten besonders zum Tragen kommen. Langfristige Trends zeigen jedoch, dass der Nutzen, den die Präsidenten aus ihren gesetzgeberischen Instrumenten ziehen können, weniger von den persönlichen Qualitäten der Amtsinhaber abhängt als vielmehr vom politischen Kontext und von institutionellen Faktoren, wie etwa der parteipolitischen und ideologischen Zusammensetzung des Kongresses. Die Zahl der Abstimmungserfolge der Präsidenten im Kongress ist seit den 1980er Jahren insgesamt deutlich zurückgegangen. Allerdings sind hinsichtlich der Kongressabstimmungen zu Gegenständen, die einen Bezug zur *Außenpolitik* aufweisen, einige Besonderheiten festzustellen: Zum einen ist der Präsident als Gesetzgeber in außenpolitischen Fragen noch immer erfolgreicher als in der Innenpolitik, auch wenn sich die Lücke etwas geschlossen hat.[49] Zum anderen sind seine Schwierigkeiten, außenpolitische Abstimmungen zu gewinnen, im Repräsentantenhaus meist größer als im Senat (vgl. Tabelle 5).

Tabelle 5 Außenpolitische Abstimmungserfolge der Präsidenten im Kongress

Präsident		**Repräsentantenhaus**	**Senat**
Harry S. Truman (1945–1953)		68%	77%
Dwight D. Eisenhower (1953–1961)		85	88
John F. Kennedy (1961–1963)		89	88
Lyndon B. Johnson (1963–1969)		86	81
Richard M. Nixon (1969–1974)		75	80
Gerald R. Ford (1974–1977)		59	76
Jimmy Carter (1977–1981)		75	85
Ronald Reagan (1981–1989)		64	84
George H. W. Bush (1989–1993)		48	77
Bill Clinton (1993–2001)		47	72
George W. Bush	2001/2002	77	85
	2003	75	69
	2004	50	100
	2005	73	67
	2006	100	100
	2007	28	61
	2008	43	71
Barack Obama	2009	86	94
	2010	75	100

Die Einträge geben den Prozentsatz der Abstimmungen mit außenpolitischem Bezug wieder, zu denen der Präsident eine Position bezogen hatte und die in seinem Sinne entschieden wurden. Eigene Zusammenstellung. Quellen: bis 2002: McCormick (2005: 277); 2003–2004: CQ Weekly, 11. Dezember 2004, 2946; 2005–2006: CQ Weekly, 1. Januar 2007, 49; 2007: CQ Weekly, 14. Januar 2008, 137; 2008: CQ Weekly, 15. Dezember 2008, 3327; 2009: CQ Weekly, 11. Januar 2010, 117; 2010: CQ Weekly, 3. Januar 2011, 25.

49 Der größere gesetzgeberische Erfolg des Präsidenten in der Außenpolitik relativ zur Innenpolitik diente als wichtigste empirische Grundlage für Wildavskys These von den „zwei Präsidentschaften" (Wildavsky 1969), die in späteren Studien jedoch erheblich eingeschränkt wurde (vgl. Edwards 1986, Shull 1991, Fleisher u. a. 2000).

IV.A.3 Der außenpolitische Apparat

Das Präsidialamt

„Der Präsident braucht Hilfe" – diese Schlussfolgerung der Brownlow-Kommission, die 1936 die Führungsstrukturen in der Exekutive untersuchte, führte ein Jahr später zur Errichtung des *Executive Office of the President* unter Franklin D. Roosevelt. Bis dato hatte der Präsident zur Koordinierung und Steuerung der Ministerien nur über einen rund 30 Mitarbeiter zählenden Stab im Weißen Haus verfügt. Mit dem *Executive Office* begann der Aufbau eines modernen Präsidialamtes und Verwaltungsapparates, der bis heute zu einer Präsidialbürokratie mit mehreren Tausend Beschäftigten angewachsen ist. Das Präsidialamt dient nicht nur zur Koordinierung der übrigen Behörden, sondern hat zum Teil deren Funktionen sowie neue Aufgaben übernommen und so zur Autonomie und zum Machtgewinn des Präsidenten beigetragen. Die Größe und die Rolle der Präsidialbürokratie haben in einem solchen Maße zugenommen, dass sie schon als „presidential branch" (Hart 1987), als eigenständiger Regierungszweig innerhalb – oder gar neben – der übrigen Exekutive bezeichnet wurde. Die Professionalisierung und Zentralisierung der Verwaltung in den USA lässt sich aus den besonderen Anforderungen der wirtschaftlichen Krise in den USA in den 1930er Jahren *(Great Depression)* und der amerikanischen Rolle im Zweiten Weltkrieg erklären, sie ist zugleich aber auch typisch für die Entwicklung vieler Präsidialsysteme im 20. Jahrhundert.

Das Präsidialamt umfasst heute etwa ein Dutzend separater Behörden, darunter das Büro des Handelsbeauftragten *(Office of the United States Trade Representative, USTR),* des zentralen Akteurs in der Handelspolitik, und das bereits erwähnte Haushaltsbüro *(Office of Management and Budget, OMB),* eines der wichtigsten Instrumente des Präsidenten zur Kontrolle und Steuerung der Bürokratie. Das Haushaltsbüro spielt eine zentrale Rolle im Haushaltsverfahren, da es die Ausgabenpläne aller Ministerien und Behörden sammelt, revidiert und zu einem Haushaltsentwurf vereint, der dann dem Kongress vorgelegt wird. Der Direktor des Haushaltsbüros hat in der Regel direkten Zugang zum Präsidenten, und das Büro steht in engem Kontakt mit allen administrativen Einheiten in der Exekutive. So kann der Präsident durch das Haushaltsbüro die Implementierung der Regierungspolitik und die Effizienz von Programmabläufen überwachen und mittels finanzieller Sanktionen und Anreize steuern. Allerdings ist seine Steuerungsfähigkeit so begrenzt wie die Zeit und Aufmerksamkeit, die der Präsident dieser Aufgabe widmen kann, und der Kongress hat die Möglichkeit, die Ausgabenpläne des Präsidenten zu ändern. Zudem muss die Ernennung des Handelsbeauftragten und des Direktors des Haushaltsbüros vom Senat bestätigt werden, und beide müssen zur Anhörung vor Kongressausschüssen erscheinen und können sich nicht auf das Exekutivprivileg berufen – was zur Folge hat, dass sie in der Regel nicht zu den engsten Vertrauten des Präsidenten zählen.

Das Weiße Haus

Das Herzstück des Präsidialamtes ist das Weiße Haus, zu dem – neben dem eigentlichen *White House Office (WHO)* – auch der Vizepräsident und der Nationale Sicherheitsberater samt ihrer Stäbe gezählt werden können (Patterson 2000). Hier arbeiten die persönlichen Mitarbeiter und engsten Berater des Präsidenten. Das Weiße Haus verfügt heute über alle Merkmale einer „komplexen Institution": eine immense Größe, spezialisierte Einheiten und eine zentrale Steuerung (Burke 2000, 2003). Der Stab des Weißen Hauses umfasst – einschließlich der Stäbe des Vizepräsidenten und des Nationalen Sicherheitsrates – zwischen 600 und 800 Personen.[50] Die Zahlen schwanken unter anderem deshalb, weil viele Präsidenten zu Beginn ihrer Amtszeit Kürzungen vornehmen, um ihre Sparsamkeit im Umgang mit Steuergeldern unter Beweis zu stellen, nur um im Laufe ihrer weiteren Amtszeit sukzessive neue Stellen zu schaffen (vgl. Hart 1995). Rund fünfzig spezialisierte Abteilungen und Unterabteilungen im Weißen Haus nehmen eine Vielzahl politischer und beratender Funktionen wahr. Eine Schlüsselrolle bei der Organisation und Steuerung aller Abteilungen nimmt der Stabschef *(chief of staff)* ein, der zudem als enger Berater des Präsidenten und als Mittler zwischen dem Präsidenten und dem Stab des Weißen Hauses sowie anderen Behörden fungiert. Er kontrolliert in der Regel den Zugang zum Präsidenten, seinen Terminplan und die Unterlagen, die dem Präsidenten vorgelegt werden. Er ist bei allen Sitzungen anwesend, fasst diese für den Präsidenten zusammen und gibt seine eigenen Empfehlungen ab.

Der wichtigste politische Berater des Präsidenten kann aber auch eine andere Figur als der Stabschef sein, wie etwa Karl Rove, der unter George W. Bush „nur" den Titel des stellvertretenden Stabschefs *(deputy chief of staff)* trug, der aber aufgrund seines großen Einflusses auf den Präsidenten auch als „Bush's Brain" und sogar als „Co-Präsident" bezeichnet wurde (Moore/Slater 2003). Rove beriet den Präsidenten bis zu seinem Ausscheiden im August 2007 vor allem hinsichtlich der innenpolitischen und wahlstrategischen Aspekte aller Entscheidungen des Weißen Hauses. Eine ähnliche Rolle spielt seit 2009 David Axelrod als politischer Berater von Präsident Obama. Zugleich allerdings galt der zweite wichtige Berater des Präsidenten, Rahm Emanuel, als äußerst mächtiger Stabschef, der von 2009 bis 2010 einen größeren Einfluss auf die Politik des Weißen Hauses ausübte als seine Vorgänger in den letzten 25 Jahren (Baker 2010).

Das Weiße Haus und seine Mitarbeiter unterscheiden sich in fünf wichtigen Punkten vom weiteren Präsidialamt: Erstens ist (außer dem Präsidenten) niemand im Weißen Haus gesetzlich befugt, irgendetwas zu entscheiden oder Handlungen vorzunehmen, die über die Beratung und Unterstützung des Präsidenten oder des Vizepräsidenten hinausreichen. Zweitens bleibt die Organisation des Weißen Hauses allein dem Präsidenten vorbehalten. Drittens entscheidet allein der Präsident, welche Personen für welchen Zeitraum im Weißen Haus arbeiten. Viertens fallen alle Unterlagen des Weißen Hauses unter die Vorgaben des *Presidential Records Act,* d.h. sie unterliegen einer besonderen Geheimhaltungsfrist, bevor sie gemäß dem *Freedom of Information Act* freigegeben werden müssen.[51] Fünftens genießen alle Mitarbeiter des Weißen Hauses den Schutz des Exekutivprivilegs. Diese fünf Merkmale stellen für den Präsidenten einen erheblichen Anreiz dar, sich bei der Steuerung der Außen-

---

50 Hinzu kommen rund 2200 Angehörige des *White House Military Office,* das seit der Präsidentschaft Harry Trumans keine politische Funktion mehr erfüllt, sondern der logistischen Unterstützung des Weißen Haus dient, und ca. 1200 Beamte des *Secret Service,* der die Sicherheit des Präsidenten gewährleisten soll (Patterson 2000).

51 Der *Presidential Records Act* von 1978 bestimmt, dass der Präsident seine politischen Tätigkeiten, Überlegungen und Entscheidungen dokumentieren muss. Diese Unterlagen können nach dem Ausscheiden des Präsidenten aus dem Amt bis zu zwölf Jahre lang zurückgehalten werden. Anschließend unterliegen sie den weniger permissiven Vorschriften des *Freedom of Information Act* von 1966 (zuletzt geändert 2002), der jedoch auch die Geheimhaltung von Unterlagen erlaubt, deren Veröffentlichung die nationale Sicherheit der USA gefährden würde. Persönliche Notizen, Tagebücher etc. verbleiben im Privatbesitz.

politik so weit wie möglich auf die Ressourcen innerhalb des Weißen Hauses zu stützen, da hier die Einflussnahme konkurrierender Akteure am geringsten ist.

Außenpolitische Beratungs- und Entscheidungsstrukturen

Die Struktur des außenpolitischen Apparates in der Exekutive, und damit der Ablauf der außenpolitischen Beratungs- und Entscheidungsprozesse, können in Abhängigkeit von den Präferenzen und Führungsstilen der Präsidenten variieren. Allerdings lassen sich über verschiedene Präsidentschaften hinweg zahlreiche konstante Elemente wie auch langfristige Entwicklungslinien erkennen. Die Organisation des Weißen Hauses weist etwa unter den Präsidenten Bush sr., Clinton, Bush jr. und Obama bei weitem mehr Gemeinsamkeiten als Unterschiede auf. So existierten von den insgesamt 130 Einheiten mit politischer oder administrativer Funktion, die sich im Weißen Haus unter George W. Bush im Herbst 2001 zählen ließen, 109 bereits vor dessen Amtsantritt; von den 125 Abteilungen, die Bill Clinton seinem Nachfolger überlassen hatte, waren nur 17 während der achtjährigen Präsidentschaft Clintons errichtet worden (Patterson 2000).

Außenpolitische Beratungs- und Entscheidungsstrukturen lassen sich grob entlang zweier Dimensionen charakterisieren: der Zentralisierung und der Formalisierung (Mitchell 2005). Der Grad der Zentralisierung beschreibt das Ausmaß, in dem der Präsident die Agenda und die politischen Ziele selbst vorgibt und die Entscheidungsprozesse hierarchisch steuert. Die Frage nach der Zentralisierung beim Präsidenten kann sich sowohl auf die Prozesse innerhalb des Weißen Hauses wie auch auf das Verhältnis zwischen Weißem Haus und anderen bürokratischen Akteuren beziehen. Seit dem Zweiten Weltkrieg zeichnet sich ein deutlicher Trend zur Zentralisierung der Außenpolitik im Weißen Haus ab, der v. a. auf Kosten des Außenministeriums ging und auch unter den Präsidenten Clinton, Bush jr. und Obama seine Fortsetzung fand. Selbst jene Präsidenten, die das Außenministerium ausdrücklich wieder stärker in die Verantwortung nehmen wollten, verließen sich im Laufe ihrer Präsidentschaft zunehmend auf die Mitarbeiter im Präsidialamt und im Weißen Haus, weil diese das größte Vertrauen des Präsidenten genießen und aufgeschlossener gegenüber seinen Ideen und Anweisungen sind. Auch solche Präsidenten, deren Priorität zu Beginn der Amtszeit erklärtermaßen auf der Innenpolitik liegt, entdecken die Außenpolitik meist sehr schnell als ein Politikfeld, das ihre intensive Aufmerksamkeit erfordert, auf dem sie sich aber auch zunehmend gerne bewegen, um den politischen „Niederungen" der Innenpolitik zu entfliehen.

Der Grad der Formalisierung betrifft vor allem die Beratungs- und Entscheidungsprozesse im Weißen Haus selbst, also die Frage, ob im engeren Umfeld des Präsidenten eher formelle oder informelle Strukturen vorherrschen (vgl. George 1980). Informelle Strukturen zeichnen sich unter anderem dadurch aus, dass sie den Informationsfluss über zuvor nicht festgelegte Kanäle und den freien Meinungsaustausch in ad-hoc-Gruppen begünstigen. Während unter Truman, Eisenhower und Nixon der außenpolitische Prozess stark formalisiert war, dominierten unter Kennedy informelle Strukturen. Reagan gilt als Präsident, der formelle Strukturen bevorzugte. Unter Clinton herrschten sehr informelle Arrangements; zu Beginn seiner Amtszeit brach er gar mit der seit Präsident Truman etablierten Tradition, regelmäßige Besprechungen mit seinem außenpolitischen Team anzusetzen (Chollet/Goldgeier 2008: 58). Die beiden Administrationen von Bush sr. und Bush jr. lassen sich zwischen diesen von Reagan und Clinton gebildeten Extremen ansiedeln (vgl. Preston 2001; Pfiffner 2003; Mitchell 2005; Brzezinski 2007: 86–87).

Jedoch sind solche Einschätzungen und daraus resultierende Typologien insgesamt mit Vorsicht zu genießen. Denn zum einen werden die Begriffe Zentralisierung und Formalisierung sehr unterschiedlich verwendet; zum anderen vertrauen alle Präsidenten auf einen Mix aus formellen und informellen Strukturen, und eine freundschaftliche oder joviale Umgangsform des Präsidenten kann leicht über die Bedeutung formaler oder hierarchischer Elemente hinwegtäuschen (vgl. Haney 2002).

Der Nationale Sicherheitsrat (NSC)

Der Nationale Sicherheitsrat *(National Security Council, NSC)* ist der zentrale Mechanismus zur Koordinierung und Steuerung der amerikanischen Außenpolitik. Er setzt sich aus zwei Komponenten zusammen: Die erste Komponente besteht aus einer Reihe von interministeriellen Gremien, d.h. Ausschüssen und Arbeitsgruppen, in denen die Vertreter zahlreicher Ministerien und Behörden zum Zwecke der Beratung und Koordinierung der Außenpolitik zusammentreffen. Das oberste dieser Gremien ist der NSC auf Kabinettsebene; unterhalb des NSC treten weitere Gremien auf verschiedenen administrativen Ebenen zusammen. Die zweite Komponente wird durch den NSC-Stab gebildet, der ein Teil des Weißen Hauses ist und vom Nationalen Sicherheitsberater des Präsidenten (*Assistant to the President for National Security Affairs* oder *National Security Advisor*) geleitet wird. Die Organisation und die Rolle des NSC waren seit seiner Gründung im Jahr 1947 erheblichen Schwankungen unterworfen, im langfristigen Trend ist jedoch die wachsende Bedeutung des Nationalen Sicherheitsberaters und seines Stabes deutlich erkennbar. Ende der 1980er Jahre nahm der NSC weitgehend seine heutige Struktur und Funktion an (vgl. Best 2010).

Die Gründung des NSC erfolgte im Rahmen des *National Security Act* von 1947, der die größte Restrukturierung der Sicherheitsbehörden in der amerikanischen Geschichte darstellte. Neben dem NSC wurden der Auslandsnachrichtendienst *Central Intelligence Agency* (CIA) und das Verteidigungsministerium gegründet (vgl. Zegart 1999). Das Ziel dieser Maßnahmen war es, die Effizienz der extrem fragmentierten und im Zweiten Weltkrieg erheblich angewachsenen außen- und sicherheitspolitischen Bürokratie zu steigern, um den Anforderungen des heraufziehenden Kalten Krieges gewachsen zu sein. Der NSC soll den Präsidenten bei der Integration aller Aspekte der Sicherheitspolitik, einschließlich der innen-, außen- und verteidigungspolitischen, geheimdienstlichen und wirtschaftlichen Aspekte, beraten und unterstützen. Diese Aufgabe war ursprünglich nur dem interministeriellen NSC-Ausschuss zugedacht, nicht dem NSC-Stab, der eine rein administrative Unterstützungsfunktion übernehmen sollte. Die gesetzlich festgelegten Mitglieder *(statutory members)* des NSC sind – neben dem Präsidenten – der Vizepräsident, der Außenminister und der Verteidigungsminister; als gesetzlich mandatierte Berater *(statutory advisors)* fungieren der CIA-Direktor und der Vorsitzende der Vereinten Stabschefs. Darüber hinaus steht es dem Präsidenten frei, zusätzliche Personen in den NSC zu berufen. Einen sehr umfassenden NSC hat Präsident Obama eingerichtet, der u.a. den Finanzminister, den Justizminister, den Energieminister, die Heimatschutzministerin und die amerikanische Botschafterin bei den Vereinten Nationen als „ständige Mitglieder" in den NSC aufnahm (DeYoung 2009).

Allerdings haben amerikanische Präsidenten die formellen Sitzungen des NSC nie tatsächlich zur Entscheidungsfindung genutzt, da sie keinen Zweifel an ihrer alleinigen außenpolitischen Entscheidungsgewalt aufkommen lassen wollten. Der Präsident und seine wichtigsten Berater konferieren regelmäßig in mehr oder weniger informellen Sitzungen, um sich ein höheres Maß an Flexibilität zu bewahren. So kann der Präsident selbst entscheiden, welche Personen er zu einem gegebenen Zeitpunkt in die Beratungen einbindet. Die wichtigsten außenpolitischen Berater, zu denen in der Regel (jedoch nicht ausschließlich) der Nationale Sicherheitsberater, der Außenminister, der Verteidigungsminister und zunehmend auch der Vizepräsident gehören, sind meist ohnehin Mitglieder des NSC, so dass oft vom „NSC" oder auch vom „National Security Team" die Rede ist, wenn dieser Beraterkreis gemeint ist.

Die Einrichtung interministerieller Gremien zum Zwecke der Koordinierung und der Entscheidungsvorbereitung unterhalb der Kabinettsebene begann 1966 unter Präsident Johnson. Seither hat jeder Präsident solche Ausschüsse und Arbeitsgruppen eingerichtet, wenn auch die Koordinierungsleistungen dieser Gremien und ihr Einfluss auf die außenpolitischen Entscheidungen der Administrationen variierten. Zunächst wurden diesen Gremien von Beamten des Außenministeriums geleitet; im Laufe der Jahre übernahmen Mitarbeiter des NSC-Stabes diese Aufgabe und verstärkten so die Kontrolle des Weißen Hauses über den Prozess. Das NSC-System unter Barack Obama gleicht in seinen Grundzügen den Systemen unter seinen Vorgängern George H. W. Bush, Bill Clinton und George W. Bush. Als der Demokrat Clinton das Amt vom Republikaner Bush übernahm, ließ er das System weitgehend unverändert, weil es sich nach Clintons Einschätzung bewährt hatte und die Außenpolitik, nach den Worten eines Clinton-Mitarbeiters, auf „Autopilot" gestellt werden sollte. Allerdings gründete Clinton zusätzlich den Nationalen Wirtschaftsrat *(National Economic Council),* der auch unter Bush jr. und Obama fortbestand. Während der Präsidentschaft von Bush jr. wurde zudem der Rat für Heimatschutz *(Homeland Security Council)* errichtet, dessen Stab unter Obama mit dem des NSC verschmolzen wurde (Whittaker/Smith/McKune 2010: 19).

Die interministeriellen Gremien des NSC sind auf drei Ebenen angeordnet: das *NSC Principals Committee (NSC/PC)* auf Kabinettsebene, aber ohne den Präsidenten; darunter das *NSC Deputies Committee (NSC/DC)* mit stellvertretenden Ministern *(deputy secretaries)* oder mit Staatssekretären *(under secretaries);* und schließlich die *NSC Interagency Policy Committees (NSC/IPC).*[52] Die zahlreichen *Interagency Policy Committees* spezialisieren sich auf eine Region (z. B. Europa, westliche Hemisphäre) oder auf ein Sachgebiet (z. B. Rüstungskontrolle, Geheimdienstarbeit) und werden bei Bedarf durch ad hoc eingerichtete Arbeitsgruppen ergänzt. Staatssekretäre oder Abteilungsleiter *(assistant secretaries)* vertreten die entsprechenden Abteilungen und Unterabteilungen der Exekutivbehörden und koordinieren nahezu täglich die Vorbereitung und Implementierung außenpolitischer Maßnahmen. Hier werden Strategie- und Positionspapiere eingebracht und diskutiert, bevor sie an das *Deputies Committee* weitergeleitet werden. Das *Deputies Committee* soll die Arbeit der spezialisierten Ausschüsse überwachen und sicherstellen, dass alle Optionen sorgsam abgewogen wurden, bevor sie den Ministern oder dem Präsidenten vorgelegt werden.

52 Unter Clinton hießen diese Arbeitsgruppen *Interagency Working Groups,* unter Bush jr. *Policy Coordination Committees;* ihre Funktion war aber dieselbe wie die der heutigen *Interagency Policy Committees.*

Tabelle 6 Außenpolitische Schlüsselpositionen in der Exekutive

Administration **Position**	**1989–1993** **George H. W. Bush**	**1993–2001** **Bill Clinton**	**2001–2009** **George W. Bush**	**2009–** **Barack Obama**
Vizepräsidenten	J. Dan Quayle	Al Gore	Richard B. Cheney	Joseph R. Biden
Außenminister	James A. Baker III (1989–1992) Lawrence S. Eagleburger (1992–1993)	Warren M. Christopher (1993–1997) Madeleine K. Albright (1997–2001)	Colin L. Powell (2001–2005) Condoleezza Rice (2005–2009)	Hillary Clinton
Verteidigungsminister	Richard B. Cheney (1989–1993)	Les Aspin (1993–1994) William J. Perry (1994–1997) William S. Cohen (1997–2001)	Donald H. Rumsfeld (2001–2006) Robert M. Gates (2006-)	Robert M. Gates
Nationale Sicherheitsberater	Brent Scowcroft (1989–1993)	W. Anthony Lake (1993–1997) Samuel R. Berger (1997–2001)	Condoleezza Rice (2001–2005) Stephen J. Hadley (2005–2009)	James L. Jones (2009–2010) Thomas E. Donilon
Director of Central Intelligence/ Director of National Intelligence*	William H. Webster (1987–1991) Robert M. Gates (1991–1993)	R. James Woolsey (1993–1995) John M. Deutch (1995–1997) George J. Tenet (1997–2004)	George J. Tenet (1997–2004) Porter J. Goss (2004–2005) John Negroponte (2005–2007) Michael McConnell (2007–2009)	Dennis C. Blair (2009–2010) James R. Clapper
Vorsitzende der Vereinten Stabschefs	Colin L. Powell (1989–1993)	John M. Shalikashvili (1993–1997) Henry Shelton (1997–2001)	Richard B. Myers (2001–2005) Peter Pace (2005–2007) Mike Mullen (2007–)	Mike Mullen
Finanzminister	Nicholas F. Brady (1988–1993)	Lloyd Bentsen (1993–1995) Robert Rubin (1995–2001)	John O'Neill (2001–2003) John W. Snow (2003–2006) Henry Paulson (2006–2009)	Timothy Geithner
Nationale Wirtschaftsberater	–	Robert Rubin (1993–1995) Laura D. Tyson (1995–1997) Gene Sperling (1997–2001)	Lawrence Lindsay (2001–2003) Stephen Friedman (2003–2005) Allan Hubbard (2005–2007) Keith Hennessey (2007–2009)	Lawrence H. Summers (2009–2010) Gene Sperling
Handelsbeauftragte	Carla A. Hills (1989–1993)	Michael Kantor (1993–1996) Charlene Barshefsky (1997–2000)	Robert B. Zoellick (2001–2005) Robert Portman (2005–2006) Susan Schwab (2006–2009)	Ron Kirk

* Der Director of Central Intelligence (DCI) wurde 2005 durch den neu errichteten Posten des Director of National Intelligence (DNI) ersetzt. Der bisherige DCI behält aber seine Funktion als Direktor der *Central Intelligence Agency* (CIA).

** kommissarisch.

Der Nationale Sicherheitsberater und der NSC-Stab

Der Aufstieg des Nationalen Sicherheitsberaters und seines Stabes begann unter John F. Kennedy (vgl. Daalder/Destler 2009a). Kennedys Sicherheitsberater McGeorge Bundy war der erste, der den Außenminister als wichtigsten außenpolitischen Ratgeber des Präsidenten ablöste. Vor seiner Tätigkeit im Weißen Haus war McGeorge Bundy Professor und Dekan an der Harvard University und verfügte über keine nennenswerte Erfahrung in einem Regierungsamt. Auch seine Nachfolger waren keine Laufbahnbeamten und keine Diplomaten, sie hatten allerdings die „Drehtür" zwischen Regierung auf der einen und Wissenschaft, Wirtschaft oder Militär auf der anderen Seite bereits mehrfach durchschritten, bevor sie zum Sicherheitsberater ernannt wurden. Entgegen einem verbreiteten Eindruck stoßen die Sicherheitsberater also keineswegs als „externe", politikferne Fachleute zur Regierung. Sie werden vielmehr aus einem relativ kleinen Netzwerk politischer Berater rekrutiert, die meist schon einmal im NSC-Stab gearbeitet haben (Rothkopf 2004: 14–21).

Seit McGeorge Bundy gehörte der Sicherheitsberater in den meisten Administrationen zu den außenpolitischen Schlüsselfiguren, und der NSC-Stab, der noch Anfang der 1960er Jahre lediglich ein Dutzend Personen zählte, wuchs zu einem „zweiten Außenministerium" heran. Unter Kennedy wurde auch das Lagezentrum im Weißen Haus, der *White House Situation Room,* eingerichtet, der vom NSC-Stab betrieben wird. Hier fließen rund um die Uhr wichtige Informationen aus der Korrespondenz des Außenministeriums, des Verteidigungsministeriums und der zahlreichen Geheimdienste zusammen. Die unmittelbare Verfügung über diese Informationen stellt eine wichtige Ressource bei der Steuerung der Außenpolitik dar.

Der Sicherheitsberater und sein Stab üben eine doppelte Funktion aus: Zum einen dienen sie dem Präsidenten direkt, indem sie ihn in außenpolitischen Fragen beraten und bei seinen außenpolitischen Tätigkeiten unterstützen (z. B. bei der persönlichen Vorbereitung auf internationale Verhandlungen). Zum anderen sollen sie den außenpolitischen Prozess zwischen den Behörden koordinieren und vorantreiben. Der Sicherheitsberater bzw. die Mitarbeiter des NSC-Stabes bestimmen meist die Agenda in den Gremien des NSC und übernehmen die Leitung und Moderation der Ausschusssitzungen. Sie sollen sicherstellen, dass alle relevanten Akteure in den Entscheidungsprozess eingebunden werden, und sie sollen die Implementierung der Entscheidungen des Präsidenten und seiner Berater überwachen.

Der Sicherheitsberater muss seine Rolle als enger Berater des Präsidenten in Einklang bringen mit seiner Funktion als „ehrlicher Makler" zwischen den wichtigsten außenpolitischen Akteuren. Keine der außenpolitischen Schlüsselfiguren verbringt mehr Zeit mit dem Präsidenten als der Sicherheitsberater, und nur dieser teilt weitestgehend die institutionellen Perspektiven und Interessen des Präsidenten. In der Vergangenheit führte dies oft zu einer Dominanz des Sicherheitsberaters in der Außenpolitik. Henry Kissinger diente nicht nur als Berater des Präsidenten, sondern war in dessen Auftrag in der Geheimdiplomatie aktiv (etwa in den Beziehungen zu China, Vietnam und der Sowjetunion), trat öffentlich als oberster Sprecher der Regierung in außenpolitischen Fragen in Erscheinung und übernahm de facto die Entscheidungsgewalt während der Yom-Kippur-Krise 1973, da Präsident Nixon mit dem Watergate-Skandal beschäftigt war. Zbigniew Brzezinski stach im Werben um die Gunst Präsident Carters Außenminister Cyrus Vance aus, der deshalb 1980 von seinem Amt zurücktrat. Unter Ronald Reagan dienten sechs verschiedene Sicherheitsberater, von denen keiner viel länger als ein Jahr blieb – ein Ausdruck der großen Probleme im außenpolitischen Prozessmanagement unter Präsident Reagan. Seine Sicherheitsberater waren entweder politisch einflussreich, vernachlässigten aber die Koordinierung des außenpolitischen Prozesses (William Clark, John Poindexter), oder sie beschränkten sich auf die Rolle des ehrlichen Maklers und Prozessmanagers, ohne die politischen Inhalte mitzuprägen (Frank Carlucci, Colin Powell).

Erst Brent Scowcroft fand als Sicherheitsberater unter Gerald Ford und später noch einmal unter George H. W. Bush nach allgemeiner Einschätzung die richtige Balance zwischen der Rolle des Ratgebers, der dem Präsidenten zur Seite steht, und des Koordinators, der die Integration aller wichtigen Akteure und ihrer Positionen in den Prozess sicherstellt (vgl. Daalder/Destler 2009b: 122–123). Er hatte ein „flacheres Profil" als Kissinger und Brzezinski, d. h. er vertrat seine Position weniger vehement und trat kaum öffentlich in Erscheinung. Scowcrofts Amtsführung gilt als Vorbild für all seine Nachfolger: Anthony Lake, Samuel Berger (beide Clinton), Condoleezza Rice und Stephen Hadley (beide Bush jr.) sowie James Jones und Thomas Donilon (Obama). Lake und Berger hinterließen den Eindruck effektiver und einflussreicher Manager des sicherheitspolitischen Entscheidungsprozesses (Best 2010: 20–22). Berger, und nach ihm Rice, gingen auch wieder stärker an die Öffentlichkeit, um die Position des Präsidenten nach außen zu vertreten.

Condoleezza Rice erschien aufgrund ihrer öffentlichen Präsenz und ihres engen persönlichen Verhältnisses zu George W. Bush als Schlüsselfigur im außenpolitischen Entscheidungsprozess während Bushs erster Amtszeit. Tatsächlich jedoch gelang ihr wohl keine effektive Steuerung des Entscheidungsprozesses, weil die Ämter des Vizepräsidenten, des Außen- und des Verteidigungsministers allesamt mit politischen Schwergewichten besetzt waren, die ihre eigenen Vorstellungen vom außenpolitischen Kurs der USA durchsetzen wollten (vgl. Mabry 2007). Verteidigungsminister Rumsfeld ließ Rice sogar deutlich spüren, dass er sie nicht als Gleichrangige akzeptierte, und verweigerte mehrfach die Teilnahme an von Rice einberufenen Besprechungen (Gellman 2008). Aus der Sicht von Rice stellte sich auch als Fehler heraus, dass sie zu Beginn ihrer Amtszeit auf den Kabinettsrang, den ihre Vorgänger inne gehabt hatten, verzichtete und sie den NSC-Stab zunächst verkleinerte (Campbell/Steinberg 2008: 97). Ihr Nachfolger, Stephen Hadley, hatte es in mehrerer Hinsicht leichter: Mit Condoleezza Rice, die Außenministerin wurde, hatte er nun eine enge Vertraute an der Spitze dieses wichtigen Ministeriums; zudem legten die Entwicklungen im Irak einen Kurswechsel nahe und schwächten die Positionen Cheneys und Rumsfelds; der Letztgenannte wurde schließlich 2006 von dem wesentlich pragmatischeren und kooperativeren Robert Gates abgelöst (Daalder/Destler 2009b: 126–127). Unter Präsident Obama stand mit James Jones erstmals seit Brent Scowcroft wieder ein ehemaliger hochrangiger Soldat an der Spitze des NSC-Stabes, und ebenso wie Scowcroft agierte Jones eher hinter den Kulissen (Cooper 2009), bevor er nach nicht einmal zwei Jahren das Weiße Haus wieder verließ – ein deutliches Zeichen dafür, dass sein Wirken nicht als erfolgreich eingeschätzt wurde (DeYoung 2010).

Der Sicherheitsberater und der NSC-Stab haben in den vergangenen zwei Jahrzehnten auch verstärkt diplomatische Funktionen übernommen, die früher allein dem Außenministerium vorbehalten waren. Der Sicherheitsberater steht in direkter Verbindung mit den Beratern anderer Staats- und Regierungschefs. Er geht auf Auslandsreisen und empfängt

Außenminister und Gesandte, die in Washington, D.C. zu Gast sind; ausländische Botschafter wenden sich mit wichtigen Anliegen häufig nicht mehr an die Staatssekretäre oder Abteilungsleiter im Außenministerium, sondern direkt an den NSC-Stab. Dies ist auch deshalb möglich, weil der NSC-Stab die Strukturen und die Fähigkeiten des Außenministeriums und anderer Behörden zum Teil dupliziert.

Dabei entspricht die Rolle des Sicherheitsberaters und seines Stellvertreters *(Deputy National Advisor)* etwa der des Außenministers und seines Stellvertreters. Die Staatssekretäre der Ministerien *(Under Secretaries)* spiegeln sich im NSC in einer Reihe weiterer Stellvertretender Sicherheitsberater wider, die – im Gegensatz zum „richtigen“ Stellvertreter – mit einem festen regionalen oder funktionalen Aufgabenbereich betraut sind. Das Äquivalent zu den Abteilungsleitern in den Ministerien *(Assistant Secretaries)* bilden im NSC die *Senior Directors,* und die stellvertretenden Abteilungsleiter *(Deputy Assistant Secretaries)* entsprechen im NSC den *Directors* (vgl. Tabelle 7). So lautet der Titel des Leiters der Europaabteilung im NSC-Stab *Senior Director for European Affairs;* sein Gegenstück im Außenministerium ist der *Assistant Secretary of State for European and Eurasian Affairs.* Im Verteidigungsministerium ist der Leiter der Europaabteilung auf der Ebene des *Deputy Assistant Secretary* angesiedelt *(Deputy Assistant Secretary of Defense for Europe & NATO).*[53] Die Bezeichnungen machen auch deutlich, dass die regionalen Zuschnitte in den verschiedenen Exekutivbehörden nicht immer deckungsgleich sind.

Tabelle 7 Hierarchieebenen in amerikanischen und deutschen Bundesbehörden

NSC-Stab	US-Ministerien	Auswärtiges Amt
National Security Advisor	Secretary	Minister
Deputy National Security Advisor (ohne Portfolio)	Deputy Secretary	–
Deputy National Security Advisor (mit Portfolio)	Under Secretary	Staatsminister/Staatssekretär
Senior Director	Assistant Secretary	Ministerialdirektor/Abteilungsleiter
Director	Deputy Assistant Secretary/ Director	Referatsleiter

Anm.: Aufgrund der unterschiedlichen Strukturen der Organisationen sind die Funktionen und Verantwortungsbereiche der hier auf jeweils einer Ebene angesiedelten Akteure nicht exakt gleichzusetzen, die Abbildung stellt jedoch zumindest eine Annäherung dar, die eine Vergleichbarkeit erleichtern soll.

Der NSC-Stab umfasst seit den 1980er Jahren in der Regel zwischen 150 und 200 Personen und ist damit der größte Politikstab im Weißen Haus. Die Zahl der Mitarbeiter, die an sub-

53 Die genaue Bezeichnung und die Zuschnitte der Abteilungen haben sich während des Untersuchungszeitraums dieser Arbeit mehrfach verändert. Die Regionalabteilungen für Europa und für Asien waren zeitweise getrennt, zeitweise wurden sie zusammengelegt. Entsprechende Änderungen im Außen- und Verteidigungsministerium werden in den Kapiteln zu den Ministerien in dieser Arbeit behandelt.

stanziellen politischen Themen arbeiten[54], belief sich unter Bush sr. auf rund 50 Personen, wuchs unter Clinton auf über 100 Personen an und wurde unter Bush jr. zunächst wieder gekürzt, dann wieder angehoben, so dass der NSC-Stab gegen Ende von Bushs Präsidentschaft fast 200 Mitarbeiter hatte. Präsident Obama verfügt mit mehr als 200 Mitarbeitern über den größten NSC-Stab aller Zeiten (Brzezinski 2010: 17). Die Europaabteilung im NSC-Stab *(Directorate for European Affairs)* umfasst seit den 1990er Jahren etwa sechs bis sieben Personen; in den 1970er Jahren waren es noch drei gewesen, allerdings ist nicht nur die Europaabteilung gewachsen, sondern auch der NSC-Stab als Ganzes.[55]

Die Struktur des NSC-Stabes wird in Abbildung 2 (S. 82) am Beispiel der George W. Bush-Administration deutlich; unter den Präsidenten George H. W. Bush, Bill Clinton und Barack Obama stellte sie sich sehr ähnlich dar. Die größte Änderung bestand darin, dass nach dem Amtsantritt Obamas einige zusätzliche Abteilungen im NSC-Stab für neue Politikfelder eingerichtet wurden, etwa für die Internetsicherheit *(Cyber Security)* und die Klimapolitik. Nur ein Teil des NSC-Personals läuft unter dem Haushaltstitel „NSC"; viele Mitarbeiter werden von anderen Behörden (v. a. vom Außenministerium, vom Verteidigungsministerium und von der CIA) abgestellt, und einige werden weiterhin von ihren Arbeitgebern außerhalb der Regierung bezahlt, z. B. von Universitäten. Ein neuer Präsident tauscht bei Amtsantritt in der Regel den größten Teil des NSC-Stabes aus.

Neben dem NSC haben sich der *National Economic Council* (NEC) und der *Homeland Security Council* (HSC) als feste Bestandteile des außenpolitischen Beratungssystems im Weißen Haus etabliert. Beide orientierten sich in Funktion und Aufbau am NSC und sollten diesen ergänzen, nicht ersetzen; ihre Bedeutung bleibt bis heute insgesamt hinter der des NSC deutlich zurück. Die Gründung des NEC war einer der Vorschläge zur Restrukturierung des außenpolitischen Entscheidungsprozesses, die zu Beginn der 1990er Jahre von einer unabhängigen Expertenkommission erarbeitet worden waren.[56] Sie war die organisatorische Antwort auf die sich verändernden weltwirtschaftlichen Rahmenbedingungen (Dolan/Rosati 2006: 106–107); das Weiße Haus wollte die Kontrolle über die Wirtschaftspolitik zurückgewinnen, die fortan „Chefsache" sein sollte, und die Funktionen des NEC in der Wirtschaftspolitik sind mit denen des NSC in der Sicherheitspolitik vergleichbar.

An der Spitze des NEC-Stabes, der weniger als halb so groß ist wie der NSC-Stab, steht der Nationale Wirtschaftsberater *(Assistant to the President for Economic Policy)*. Beide Institutionen – NSC und NEC – sind miteinander verknüpft: Der Nationale Wirtschaftsberater ist Mitglied des *NSC Principals Committee,* und der Nationale Sicherheitsberater sitzt im *Principals Committee* des NEC. Ein Teil des NEC-Stabes berichtet sowohl an den Wirtschaftsberater wie an den Sicherheitsberater. Der *Homeland Security Council* verfügt heute über gar keinen eigenen Stab mehr. Er war 2001 in Reaktion auf die Terroranschläge

---

54 D. h. die Mitarbeiter der regionalen und funktionalen Büros sowie Rechtsberater, Redenschreiber und PR-Personal. Nicht eingeschlossen sind Assistenten mit primär verwaltenden oder organisatorischen Aufgaben sowie das Personal des Lagezentrums.

55 Interview mit Hans Binnendijk.

56 Die von den beiden Think tanks *Carnegie Endowment for International Peace* und *Institute for International Economics* eingesetzte Kommission veröffentlichte die Ergebnisse ihrer Studien u. a. 1992 in einem Artikel in der Zeitschrift *Foreign Affairs* (Carnegie Endowment for International Peace/Institute for International Economics 1992); ihre Vorschläge wurden von der Clinton-Administration fast vollständig übernommen.

Abbildung 2 Die Struktur des NSC-Stabes

Quelle: Eigene Darstellung auf der Grundlage von Daten des *Miller Center of Public Affairs* (http://www.americanpresident.org, Stand 2006). Die Abbildung zeigt die Struktur unter George W. Bush.

des 11. Septembers gegründet worden, doch schon nach wenigen Jahren wurde klar, dass sich die Aufgaben des HSC-Stabes so sehr mit denen des NSC-Stabes überschnitten, dass ein eigenständiger HSC-Stab keinen Mehrwert ergab (Whittaker/Smith/McKune 2010: 19). Das erwähnte Anwachsen des NSC-Stabes unter Obama ist auch damit zu erklären, dass unter Obama die Fusion der beiden Stäbe vollzogen wurde; als interministerielles Beratergremium blieb der HSC aber bestehen.

Der Vizepräsident

Ebenso wie der Sicherheitsberater oder der Wirtschaftsberater spielt der Vizepräsident in der amerikanischen Außenpolitik immer jene Rolle, die ihm der Präsident zuweist. Zugleich gilt aber auch für den Vizepräsidenten, dass strukturelle Faktoren die zunehmende Bedeutung dieses Amtes im außenpolitischen Prozess begünstigen. Ein Präsidentschaftskandidat sucht seinen Vizepräsidenten in erster Linie unter Wahlgesichtspunkten aus: Er soll jene Wählergruppen ansprechen, unter denen der Präsidentschaftskandidat keine große Unterstützung genießt, oder er soll die wahrgenommenen Defizite des Spitzenkandidaten ausgleichen. Angesichts der geringen außenpolitischen Erfahrung der Präsidentschaftskandidaten der letzten drei Jahrzehnte werden die außenpolitischen Kenntnisse des Vizepräsidenten potenziell immer wichtiger. Aus diesem Grunde erkor Barack Obama 2008 den langjährigen Vorsitzenden des Auswärtigen Ausschusses im Senat Joseph Biden zu seinem *running mate*. Bereits unter Jimmy Carter hatte der Trend eingesetzt, dass der Vizepräsident – damals Walter Mondale – stärker in die Außenpolitik eingebunden wurde (Goldstein 2008). Zuvor war lediglich Richard Nixon als Vizepräsident unter Dwight D. Eisenhower außenpolitisch besonders in Erscheinung getreten.

Durch die Integration des Vizepräsidenten kann der Präsident seine Ressourcen zur Koordinierung und Steuerung der Außenpolitik in einem zunehmend komplexen politischen Umfeld erweitern. Neben dem Nationalen Sicherheitsberater ist der Vizepräsident die einzige politische Figur, die Kraft ihres Amtes zu einem wichtigen Akteur im außenpolitischen Entscheidungsprozess aufgebaut und gleichzeitig ins Weiße Haus integriert werden kann. Zudem genießt der Vizepräsident den Vorteil, dass er, im Gegensatz zu allen anderen Ministern und Mitarbeitern des Präsidenten, praktisch nicht entlassen werden kann. Denn ein solcher Schritt wäre für den Präsidenten mit erheblichen politischen Kosten verbunden, weil er ein schlechtes Licht auf das Urteilsvermögen des Präsidenten werfen würde. Dan Quayle, Vizepräsident unter George H. W. Bush, fungierte während des Golfkrieges 1991 als wichtiger Sprecher und Emissär des Präsidenten. Der Vizepräsident Bill Clintons, Al Gore, traf unter anderem in Moskau zum Gipfeltreffen mit Boris Jelzin zusammen und spielte eine wichtige Rolle bei der Verabschiedung des NAFTA-Abkommens durch den Kongress. Gore war der wichtigste außenpolitische Berater Clintons, und Gores außenpolitischer Stab war ein vollwertiger Teil des Weißen Hauses (Kengor 2000; Patterson 2000).

Der Vizepräsident George W. Bushs, Richard „Dick" Cheney, galt als der mächtigste Vizepräsident aller Zeiten, der vor allem während der ersten Amtszeit in der Sicherheitspolitik einen entscheidenden Einfluss ausübte (vgl. Gellman 2008; Mayer 2008). Cheney konnte dabei auf ähnliche Ressourcen zurückgreifen wie der Sicherheitsberater: außenpolitische Fachkenntnisse, ein enges Verhältnis zum Präsidenten und einen großen Stab, in dem nach Schätzungen rund 90 Mitarbeiter arbeiten (davon wenigstens ein Drittel nur zu außen- und sicherheitspolitischen Themen) und der als eigenständiger Akteur am Koordinierungs- und Steuerungsprozess zwischen den außenpolitischen Behörden partizipierte. Hinzu kamen die langjährige politische Erfahrung und die weitläufigen Kontakte Cheneys, der u. a. Stabschef von Präsident Ford, langjähriger Abgeordneter des Repräsentantenhauses und Verteidigungsminister unter George H. W. Bush war. Zugleich musste Präsident Bush nicht befürchten, dass der Vizepräsident seine Position nutzen würde, um sich gegen den Amtsinhaber zu profilieren, denn Cheney wurden – im Gegensatz zu vielen anderen Vizepräsidenten – aufgrund seines Alters und seines Gesundheitszustandes keine Ambitionen auf das Präsidentenamt nachgesagt. Bush vertraute Cheney in hohem Maße, doch anders als häufig behauptet wurde, war Cheney nicht der „heimliche Präsident", und Bush folgte keineswegs immer den Ratschlägen seines Vizepräsidenten (vgl. Gellman 2008; Zelizer 2010).

Obamas Vizepräsident Joseph Biden brachte aufgrund seiner außenpolitischen Expertise und seiner langjährigen politischen Erfahrung in Washington, D.C. gute Voraussetzungen mit, um eine ähnlich wichtige Rolle wie Cheney zu spielen. Allerdings interpretierte Biden seine Rolle anders als Cheney: Er hatte einen kleineren Stab und griff nicht in die operative Politik ein, sondern verstand sich als wichtiger Ratgeber des Präsidenten – nicht nur, aber vor allem in der Außenpolitik (Bailey/Thomas 2009). Dabei spielte er häufig die Rolle des *advocatus diaboli,* der unbequeme Fragen und noch nicht berücksichtigte Optionen aufwarf, und er konnte aufgrund seiner langen Erfahrung im Senat die Durchsetzbarkeit der Politik im Kongress gut einschätzen – etwa bezüglich der Aufstockung von Truppen an Kriegsschauplätzen, die letztlich vom Kongress finanziert werden muss.

IV.A.4 Die „zweite imperiale Präsidentschaft"

Die wichtigste und meistdiskutierte Entwicklung hinsichtlich der Struktur des außen- und sicherheitspolitischen Entscheidungsprozesses der USA nach dem Ost-West-Konflikt war der Machtzuwachs des Präsidenten nach den Anschlägen des 11. September 2001 – und dies vor dem Hintergrund einer bis dato „schwächelnden Präsidentschaft" in den 1990er Jahren (Neustadt 2001). Die Stärkung des Präsidenten im politischen System der USA ließ die Frage auftauchen, ob sich die Vereinigten Staaten in einer Phase der Erneuerung oder Intensivierung der „imperialen Präsidentschaft" befänden (vgl. Jäger 2002; Schlesinger 2004; Schreyer 2006; Lantis/Moskowitz 2008; Wilzewski 2010). Dieser Terminus wurde 1973 von dem Historiker Arthur M. Schlesinger (1973) geprägt und erregte unter anderem deshalb soviel Aufsehen, weil derselbe Autor, der den Präsidenten nun kritisierte, noch in den 1950er Jahren als Befürworter einer starken Präsidentschaft aufgetreten war. Schlesinger beschrieb die Stärkung des Präsidentenamtes im Zweiten Weltkrieg und im Ost-West-Konflikt: Die imperiale Präsidentschaft erhielt ihren Anstoß durch die Außenpolitik – vor allem durch die Kriegführung im Zweiten Weltkrieg, im Koreakrieg und Vietnamkrieg. Unter Richard Nixon erreichte diese imperiale Präsidentschaft ihren Höhepunkt, bevor sie in der Folge des Vietnamkrieges und der Watergate-Affäre von der Öffentlichkeit und vom Kongress gedrosselt wurde (vgl. Neustadt 2001).

Allerdings stellt Schlesinger heraus, dass zwar die Stärkung des Präsidenten in Zeiten, die als krisenhaft wahrgenommen werden, ebenso normal ist wie die anschließende Schwächung des Amtes und das Wiedererstarken des Kongresses; die Macht des Präsidenten kehrt jedoch niemals auf ihr Ausgangsniveau zurück, sondern verbleibt auf einem höheren Niveau als zuvor. Schlesinger nennt drei zentrale Charakteristika der „imperialen Präsidentschaft": die Ausnutzung und Anmaßung von Verfassungskompetenzen, vor allem der Kriegsvollmacht *(war power),* durch den Präsidenten; die systematische Geheimhaltung von Informationen vor dem Kongress und der Öffentlichkeit; und die Anwendung von Mitteln, die dem Schutz vor äußeren Feinden dienen sollen, gegen die eigene Bevölkerung (vor allem der

Einsatz der Auslandsnachrichtendienste gegen Dissidenten und Oppositionelle im Inland). Mit Hilfe dieser Maßnahmen erwirkt der Präsident eine Konzentration der Macht im Weißen Haus; sukzessive werden der Kongress, die Exekutivbehörden und die Öffentlichkeit von der Teilhabe an der Macht ausgeschlossen.

Die Stärkung des Präsidentenamtes war schon beim Amtsantritt im Januar 2001 ein erklärtes Ziel der Bush-Administration und wurde vor allem durch Vizepräsident Dick Cheney vorangetrieben (Milbank 2002, Rosen 2006). Cheney ging von der Vorstellung sehr weitgehender *inherent powers* des Präsidenten gegenüber den anderen Regierungsgewalten aus, und er war ein Anhänger der Idee der *unitary executive,* nach der sich alle Exekutivbehörden strikt an den Vorgaben des Weißen Hauses auszurichten und unabhängige Prüfungen der Rechtmäßigkeit von Anweisungen zu unterlassen haben (vgl. Savage 2007: 281–307; Waterman 2009). Der Kongress darf nach dieser Vorstellung nicht in die Vorgänge der Exekutive eingreifen, und das Exekutivprivileg soll auf die gesamte Exekutive ausgeweitet werden können – wodurch etwa Untersuchungen des Regierungshandelns durch den Kongress oder unabhängige Kommissionen erheblich erschwert würden.

Die Terroranschläge vom 11. September 2001 wurden von der Administration zur Ausweitung der Machtbefugnisse des Präsidenten genutzt (vgl. U.S. House of Representatives 2009; Fisher 2010). Sie erwirkte vom Kongress die Vollmachten für den Krieg gegen den Terror und gegen den Irak, und im Falle des Krieges gegen den Terror war die Resolution des Kongresses so weit gefasst, dass allein dem Präsidenten die weiteren Entscheidungen überlassen wurden, gegen wen und mit welchen Mitteln überhaupt gekämpft werden sollte. Die Irak-Resolution musste der Kongress auf der Grundlage von Informationen aus der Exekutive verabschieden, die nachweislich falsch und unvollständig waren. Die Bush-Administration legte von Beginn an das Exekutivprivileg sehr breit aus und demonstrierte ihren ausgeprägten Hang zur Geheimhaltung beispielsweise durch die restriktive Handhabung des *Presidential Records Act* und des *Freedom of Information Act* sowie durch eine Neuregelung der Klassifizierung von Regierungsdokumenten, durch die sich die Zahl der jährlichen Klassifizierungen allein von 2001 bis 2004 fast verdoppelte (Rozell 2002; Shane 2005). Außerdem enthielt die Regierung dem Kongress und der Öffentlichkeit zahlreiche Erkenntnisse vor, die die Rechtfertigung des Irakkrieges – vor allem die Behauptung, der Irak verfüge über Massenvernichtungswaffen – unterminiert hätten

Erinnerungen an die Präsidentschaft Nixons wurden besonders im Herbst 2005 wach, als die Öffentlichkeit von zahlreichen rechtswidrigen Aktionen der Sicherheitsbehörden in den USA erfuhr. Zum einen haben sowohl das Verteidigungsministerium als auch das *Federal Bureau of Investigation* (FBI), das zugleich eine Art Bundespolizei und Verfassungsschutz darstellt, systematisch Daten über innenpolitische Aktivisten gegen den Irakkrieg gesammelt und archiviert (Regan 2005). Zum anderen hat Präsident Bush nach dem 11. September 2001 geheime Abhöraktionen des Auslandsnachrichtendienstes *National Security Agency* (NSA) auch im Inland angeordnet, ohne zuvor die richterliche Genehmigung eingeholt zu haben, die der *Foreign Intelligence Surveillance Act* (FISA) von 1978 für solche Fälle vorsieht (Risen/Lichtblau 2005; Congressional Digest 2006; Risen 2006). Nach dem Bekanntwerden dieser Aktionen beharrte Bush darauf, als Oberkommandierender eines kriegführenden Landes und aufgrund der Kongressresolution vom 14. September 2001, in der die Gewaltanwendung gegen Terroristen genehmigt wird, das Recht zu einem solchen

Vorgehen zu haben, und er wies darauf hin, dass führende Kongressmitglieder über das Abhörprogramm informiert waren.

Wie die meisten Präsidenten vor ihm bekundete auch George W. Bush bei seinem Amtsantritt öffentlich die Absicht, einen größeren Teil der täglichen außenpolitischen Arbeit vom Weißen Haus auf die Ministerien zu verlagern. Tatsächlich jedoch setzte er sowohl durch institutionelle Veränderungen als auch durch die informelle Strukturierung der Entscheidungsprozesse in strategischen Fragen den langfristigen Trend zur Zentralisierung der Macht im Weißen Haus fort. Wichtige sicherheitspolitische Entscheidungen in Bushs erster Amtszeit, darunter jene zu den weltweiten Geheimoperationen von Militär und CIA im „Krieg gegen den Terror" sowie die Entscheidung zum Irakkrieg, wurden von einem engen Führungszirkel um den Präsidenten und Vizepräsidenten durchgesetzt, während die regulären Entscheidungskanäle umgangen und die Expertisen aus dem Außenministerium, aus Kreisen des Militärs und der Geheimdienste weitgehend ignoriert wurden (vgl. Fallows 2004; Lantis/Moskowitz 2008).

Der Ausbau des Nationalen Wirtschaftsrates im Weißen Haus unter George W. Bush diente der Beschneidung des Einflusses des Finanzministeriums, und mit dem *Office of Global Communications,* dass von 2002 bis 2005 existierte, griff das Weiße Haus verstärkt in die Kompetenzen des Außenministeriums im Bereich der *Public Diplomacy* ein. Der Versuch, dem Verteidigungsministerium die Führung in der Irakpolitik zu übertragen, wurde im Herbst 2003 mit der Errichtung einer Irakgruppe im Weißen Haus unter der Leitung der Sicherheitsberaterin rückgängig gemacht. Im Frühjahr 2007 richtete Bush im Weißen Haus den Posten eines Koordinators für die Kriege im Irak und in Afghanistan ein, der von einem General bekleidet wurde und vor allem die militärisch-zivile Zusammenarbeit auf den Kriegsschauplätzen verbessern sollte. Diese Maßnahmen stellten eine Reaktion auf die andauernden Konflikte zwischen Verteidigungsministerium und Außenministerium über die richtigen Stabilisierungs- und Wiederaufbaustrategien in diesen Ländern dar. Sie verdeutlichen zugleich die Schwierigkeiten einer zentralen Steuerung des außenpolitischen Entscheidungsprozesses, in dem zahlreiche bürokratische Akteure ihre Interessen mit Nachdruck vertreten.[57]

Nach dem 11. September 2001 haben die anderen Akteure im politischen System dem Präsidenten erwartungsgemäß mehr Handlungsfreiheit gewährt als in Situationen, in denen keine äußere Bedrohung wahrgenommen wird. Der Justizausschuss des Repräsentantenhauses bezeichnete Bushs Präsidentschaft am Ende seiner zweiten Amstzeit als eine „imperiale Präsidentschaft" nie gesehenen Ausmaßes, die nicht nur durch die Machtansprüche des Präsidenten, sondern auch durch die Nachgiebigkeit ihm gegenüber ermöglicht wurde (vgl. hierzu und zum Folgenden: U.S. House of Representatives 2009). Erst nach einigen Jahren wurde der Präsident wieder zunehmend in seine Schranken verwiesen. Dieser Prozess setzte im Jahr 2004 ein, als die Praktiken der Regierung und der Behörden bei der Terrorbekämpfung zunehmend einer öffentlichen Prüfung unterzogen wurden, sowohl informell durch Interessengruppen und Medien als auch formell durch die Gerichte und den Kongress. Dies

57 Richard Perle, prominentes Mitglied des Beratungsgremiums *Defense Policy Board* des Verteidigungsministeriums, beurteilt Bush im Rückblick sogar als äußerst schwachen Präsidenten, weil es ihm nicht gelang, seine außenpolitische Agenda von der Bürokratie umsetzen zu lassen (Perle 2009).

betrifft die erwähnten Telefonüberwachungen im Inland, aber auch den Umgang mit mutmaßlichen Terroristen, die außerhalb der USA festgehalten wurden. Die Anwendung von Folter durch das Militär und die Geheimdienste ist aufgrund des behördeninternen wie des öffentlichen Drucks, der gesetzlichen Einschränkungen durch den Kongress und die Rechtsprechung des Obersten Gerichtshofs beendet oder zumindest unwahrscheinlicher geworden. Der vom Kongress im Jahr 2005 verabschiedete *Detainee Treatment Act,* der die Anwendung von Folter verbietet, wurde vom Weißen Haus und dem Justizministerium so interpretiert, dass er zwar für das Militär, nicht aber für die CIA galt. Erst Präsident Obama verfügte im Januar 2009, dass niemand – auch nicht die CIA – Folter anwenden dürfe, zudem ließ er alle Geheimgefängnisse der CIA offiziell schließen. Die erwähnte Abhöraktion der NSA wurde im August 2006 von einem amerikanischen Bundesgericht für rechtswidrig erklärt. Zwischen 2004 und 2008 machte der Oberste Gerichtshof in mehreren Urteilen deutlich, dass die Terrorverdächtigen, die von der US-Regierung auf der Grundlage einer Präsidialverfügung aus dem Jahr 2001 als „illegale feindliche Kämpfer" *(unlawful enemy combatants)* auf dem US-Stützpunkt Guantánamo Bay in Kuba festgehaltenen wurden, unter dem Grundrechtsschutz der amerikanischen Verfassung stehen und deshalb zum Beispiel das Recht auf eine Haftprüfung vor einem zivilen Bundesgericht haben.

Der Präsident wurde also teilweise wieder in seine Schranken gewiesen, und der Kongress sowie der Oberste Gerichtshof präsentierten sich zunehmend aktiver und selbstbewusster. Damit einher ging auch ein massiver Ansehensverlust von George W. Bush in der Öffentlichkeit, der schon bald nach seiner Wiederwahl Ende 2004 einsetzte. Allerdings schwand die institutionelle Machtbasis des Präsidenten nicht so schnell und so umfassend wie sein persönliches Prestige. Die umstrittenen Maßnahmen der Exekutive bei der Terrorbekämpfung wurden in einigen Fällen zwar eingeschränkt, zum Teil aber auch einfach beibehalten oder sogar auf erweiterte rechtliche Grundlagen gestellt – etwa durch den *Protect America Act* von 2007, der den Behörden unter bestimmten Umständen das Abhören von Telefongesprächen zwischen den USA und dem Ausland auch ohne richterliche Einzelfallprüfung erlaubt. Der *Military Commissions Act* von 2006 sanktionierte de facto die Praxis der Bush-Administration, für die Verfahren gegen Terrorverdächtige militärische Sondertribunale einzurichten. Präsident Obama ordnete zu Beginn seiner Amtszeit zwar eine Revision dieser Praxis an und setzte die Verfahren zunächst aus, schaffte sie aber nicht ab.

Auch in anderen Bereichen zeigte Bushs Nachfolger wenig Neigung, die Macht der Exekutive im Allgemeinen und des Präsidentenamtes im Besonderen zu beschneiden (Rudalevige 2010). Im Gegenteil setzte er beispielsweise eine Reihe von Sonderbeauftragten für verschiedene Politikfelder im Weißen Haus ein, durch die die Autonomie der Ministerien weiter beschnitten wurde, und er sprach sich gegen eine Strafverfolgung von Mitarbeitern der Geheimdienste wegen der Foltervorwürfe im „Krieg gegen den Terror" aus. Während Obama ankündigte, das Gefangenenlager in Guantánamo Bay schließen zu wollen, ließ er das ebenso umstrittene US-Gefängnis im afghanischen Baghram unangetastet, und den klandestinen „Krieg gegen den Terror" intensivierte Obama teilweise sogar noch, etwa in der Form von Drohnenangriffen in Pakistan. Rückblickend wäre der Kompetenzgewinn des Präsidenten womöglich noch größer ausgefallen, wenn die Bush-Administration schon zu Beginn ihres „Krieges gegen den Terror" häufiger die gesetzgeberische Unterstützung durch den Kongress gesucht hätte, anstatt zu versuchen, die exekutive Handlungsfreiheit im

Geheimen auszubauen (vgl. McGinnis 2007). So spricht vieles für die Bestätigung der These Schlesingers, dass sich der Machtzuwachs des Präsidenten – wenn auch mit gelegentlichen Rückschlägen – alles in allem fortsetzt.

IV.B Das Außenministerium

IV.B.1 Die Rolle des Außenministeriums in der Außenpolitik

Das Außenministerium wurde 1789 als erstes Ministerium der USA unter der Bezeichnung „Department of Foreign Affairs" gegründet. Noch im selben Jahr wurde es in „Department of State" umbenannt, weil ihm neben den Auswärtigen Angelegenheiten weitere Aufgaben übertragen wurden, etwa die Ausfertigung der Bundesgesetze, die Münzprägung und die Durchführung des Zensus. Diese Aufgaben gingen jedoch sukzessive auf andere Ministerien und Behörden über. Die große politische Bedeutung des State Department in den Anfangsjahren der Republik lässt sich daran ablesen, dass führende Persönlichkeiten dieser Epoche, die auch vier der ersten sechs Präsidenten der USA stellen sollten, das Ministerium leiteten: Thomas Jefferson, James Madison, James Monroe und John Quincy Adams. Auch die späteren Präsidenten Martin van Buren und James Buchanan waren zuvor Außenminister gewesen. Seit nunmehr fast 150 Jahren hat es kein ehemaliger Außenminister mehr ins höchste Staatsamt geschafft. Der Außenminister blieb jedoch – neben dem Präsidenten – für lange Zeit der mit Abstand wichtigste Akteur in der amerikanischen Außenpolitik, und sein Ministerium stellte die wichtigsten Ressourcen für die Planung und Durchführung dieser Politik.

Die Kernaufgabe des Außenministeriums ist die Unterstützung des Präsidenten bei der Formulierung und Ausführung der amerikanischen Außenpolitik, die der langfristigen Sicherheit und Wohlfahrt der Vereinigten Staaten dienen soll (Office of the Federal Register 2008: 296). Daraus leiten sich eine Reihe von Funktionen ab (vgl. auch Wittkopf/Kegley/Scott 2003: 359–362):

1. die Vertretung der USA gegenüber anderen Staaten und internationalen Organisationen,
2. die Durchführung internationaler Verhandlungen,
3. die Sammlung, Analyse und Vermittlung von Informationen über die internationalen Bedingungen für amerikanische Außenpolitik, einschließlich der Standpunkte ausländischer Akteure, in die eigene Regierung,
4. die außenpolitische Beratung anderer Akteure, allen voran des Präsidenten, in der eigenen Regierung,
5. die Koordinierung der außenpolitischen Aktivitäten anderer Ministerien und Behörden der US-Regierung.

Der Einfluss des Außenministeriums auf die amerikanische Außenpolitik unterlag im Laufe der vergangenen Jahrzehnte erheblichen Schwankungen. Noch zu Beginn des Kalten Krieges stand das Außenministerium unter der Leitung der Minister George C. Marshall (1947–1949) und Dean Acheson (1949–1953) im Zentrum der US-Außenpolitik. Die wichtigsten strategischen Weichenstellungen dieser Zeit wurden maßgeblich im Außenministerium vorbereitet, etwa der Marshall-Plan, die Gründung der Nato und die Strategie der Eindämmung der Sowjetunion. Die Amtszeit von John Foster Dulles (1953–1959) stellte eine Übergangsphase dar: Dulles war zwar ein sehr einflussreicher Außenminister, der mit dem in außenpolitischen Fragen ebenfalls sehr erfahrenen Präsidenten Dwight Eisenhower einen regen Austausch pflegte; aber Dulles war nicht sonderlich bemüht, sein Ministerium zu führen und auch auf der Arbeitsebene im Zentrum des außenpolitischen Entscheidungsprozesses zu halten (Wittkopf/Kegley/Scott 2003: 364–365).

Seither stehen die Außenminister regelmäßig vor dem Dilemma, über die Prioritäten ihrer Amtsführung entscheiden zu müssen: Entweder sie bemühen sich um die Führung und Einbindung ihres Ministeriums – einschließlich seiner Laufbahnbeamten, die über viele Regierungswechsel hinaus im Ministerium verbleiben – und nehmen aufgrund der damit verbundenen bürokratischen Perspektive in Kauf, dass ihr Gehör beim Präsidenten in der Regel schwindet; oder sie dienen als loyale Ratgeber und Sprecher des Präsidenten und verlieren darüber ihren Einfluss und Rückhalt in der eigenen Bürokratie (Snow/Brown 2000: 147–149). Nur schwer lassen sich beide Rollen gleichermaßen ausfüllen; den meisten Außenministern wird insgesamt ein eher schlechtes Zeugnis ausgestellt, weil sie bei dem Versuch, die delikate Balance zwischen Präsident und Bürokratie zu wahren, auf beiden Seiten an Einfluss verloren. Dies galt beispielsweise für die Außenminister der Clinton-Administration, Warren Christopher (1993–1997) und Madeleine Albright (1997–2001), die Colin Powell ein dringend reformbedürftiges Außenministerium hinterließen, auch wenn Albright zumindest den politischen Einfluss des Außenministeriums etwas steigern konnte (vgl. Council on Foreign Relations 2001; U.S. Commission on National Security/21st Century 2001: 47–63; Dumbrell 2010). Unter den Außenministern der 1990er Jahre gilt James Baker (1989–1993) als der effektivste und einflussreichste, weil er sich an die Losung hielt, die er zu Beginn seiner Amtszeit ausgab: Er wolle der Mann des Präsidenten im Außenministerium sein und nicht der Mann des Außenministeriums im Weißen Haus (vgl. Hopkins 2010).

Der ehemalige Vier-Sterne-General und Vorsitzende der Vereinigten Stabschefs Colin Powell erwarb sich in seiner Zeit als Außenminister (2001–2005) ein hohes Ansehen als Fürsprecher, Manager und Reformer des Ministeriums, dessen finanzielle, technische und personelle Ressourcen er im Zuge der *Diplomatic Readiness Initiative* deutlich verbessern konnte (Foreign Affairs Council 2004; Jones 2006).[58] Er verbrachte weniger Zeit als seine Vorgänger auf Auslandsreisen, er verließ sich stärker auf die Laufbahnbeamten des Ministeriums denn auf externe politische Weggefährten, und er verbesserte die angeschlagenen Beziehungen des Ministeriums zum Kongress. Die politischen Präferenzen des Außenministeriums konnte Powell jedoch kaum in die Entscheidungsprozesse der Bush-Administration einbringen. Seine politische Autorität wurde nicht nur durch die Dominanz von Vizepräsident Dick Cheney und Verteidigungsminister Donald Rumsfeld an der Regierungsspitze untergraben, sondern auch aus seinem eigenen Ministerium heraus, da von 2001 bis 2005 mit John Bolton ein neokonservativer Hardliner den Posten des Staatssekretärs für Internationale Sicherheitsfragen im Außenministerium bekleidete (Berlind 2006). Der Einflussverlust des Außenministeriums zeigte sich nicht nur im internen Entscheidungsprozess, sondern

58 Powells Fürsorge für sein Ministerium und seine Mitarbeiter ging so weit, dass er ihnen untersagte, am Wochenende im Ministerium zu arbeiten, damit genug Zeit für ihr Privatleben bleibe (Gadzinski 2006).

auch im diplomatischen Geschäft nach außen; in den Verhandlungen im Vorfeld des Irakkriegs 2003 beispielsweise war nicht mehr das Außenministerium, sondern das Pentagon der erste Ansprechpartner für viele ausländische Diplomaten (Logoglu 2010: 216).

Nach ihrem Wechsel vom Posten der Nationalen Sicherheitsberaterin an die Spitze des Außenministeriums im Januar 2005 galt Condoleezza Rice als die mächtigste Außenministerin seit langem – mindestens seit James A. Baker, der unter George H. W. Bush diente, vielleicht sogar seit Henry Kissinger, der in den 1970er Jahren dem Amt des Außenministers die Statur zurückgab, die es bis in die 1950er Jahre besessen hatte. James Baker und Henry Kissinger hatten jeweils ein sehr enges Verhältnis zum Präsidenten; sie tauschten sich praktisch täglich mit ihm aus und hatten jederzeit Zugang zu ihm. Dasselbe galt für Rice, die als langjährige Vertraute von George W. Bush – sie beriet ihn schon während des Wahlkampfs 2000 und wurde dann zunächst seine Sicherheitsberaterin – stets das Ohr des Präsidenten hatte. Bei den Beamten des Ministeriums stieß sie zunächst auf größere Skepsis als ihr Vorgänger, dessen Managementreformen sie fortführte und weitertrieb (Foreign Affairs Council 2007). Im Zuge ihrer Agenda der *Transformational Diplomacy* (vgl. Nakamura/Epstein 2007; Vaïsse 2007), nach der auch der *Strategic Plan* des Ministeriums für die Jahre 2007 bis 2012 benannt wurde, setzte sie auf eine aktivere Diplomatie, die einen demokratischen Wandel in anderen Staaten und Regionen bewirken sollte. Zu diesem Zweck wurde Personal aus den USA und Europa in instabilere Weltregionen verlegt, wo die amerikanischen Diplomaten den Aufbau und die Stabilisierung demokratischer Institutionen vorantreiben sollten. Allerdings wurde ein großer Teil der zu diesem Zweck freigesetzten Ressourcen ausschließlich im Irak absorbiert. Die Aufstockung des diplomatischen Corps im Irak sorgte für Aufregung, weil die Pläne auch die zwangsweise Versetzung von Diplomaten in das Kriegsgebiet vorsahen. Dies widersprach der bis dato üblichen Praxis, nach der die Diplomaten nicht zum Dienst in Kriegsgebieten gezwungen wurden.[59] Letztlich fanden sich genug Freiwillige, um die 327 neuen Stellen im Irak zu füllen, da ihnen im Anschluss daran die attraktivsten Posten, etwa in Europa, in Aussicht gestellt wurden. Doch die Episode spiegelte die Besorgnis darüber wider, dass die Diplomaten die Suppe auslöffeln sollten, die das Militär den USA eingebrockt hatte (Holmes 2009: 148–156).

Nach der Stärkung unter Condoleezza Rice war das Bild von der Rolle des Außenministeriums unter Hillary Clinton uneinheitlich (vgl. Landler/Cooper 2010). Die prominente Gegenspielerin Obamas im Vorwahlkampf zur Präsidentschaft 2008 zeigte sich entgegen manchen Befürchtungen als loyale Mitspielerin des Präsidenten in der Regierungsverantwortung. Clinton erhielt regelmäßigen Zugang zum Präsidenten, und das Außenministerium erhielt mehr Verantwortung in einigen Bereichen: etwa in der Chinapolitik, die in der Vergangenheit mehr und mehr vom Finanzministerium dominiert worden war, und bei einer Reihe „weicher" Themen, die unter das Schlagwort „globale Zukunftsfragen" fallen – also Entwicklungspolitik, Menschenrechtspolitik usw. Auf der anderen Seite verlor das Außenministerium die Kontrolle über die strategisch wichtigen Regionen wie die des Nahen und Mittleren Ostens, weil hier die Sonderbeauftragten des Präsidenten ein größeres

59 Im Vergleich zu den Soldaten des amerikanischen Militärs erhalten die Diplomaten des Außenministeriums auch wesentlich weniger Auslands- und Gefahrenzuschläge und einen viel geringeren Versicherungsschutz in Krisengebieten (Holmes 2009: 156).

Gewicht erhielten, und auch der Präsident selbst zeigte sich in außenpolitischen Fragen so engagiert, dass Hillary Clinton eine weniger prominente Rolle blieb, als man ihr zugetraut hatte (Larres 2010a).

Die Außenpolitik des Präsidenten George W. Bush wurde von vielen Diplomaten im Außenministerium als zu unilateral eingeschätzt, so dass die Spannungen zwischen der Bürokratie des Ministeriums und dem Weißen Haus – die es stets gibt – in den ersten Jahren der Bush-Administration besonders groß waren. Doch viele internationale Fragen, die die USA beschäftigten, wurden nicht erst unter Obama, sondern schon in Bushs zweiter Amtszeit einer kooperativeren, auf bi- und multilaterale Verhandlungen gestützten Bearbeitung zugeführt. Dies war auch das Verdienst von Condoleezza Rice, die als Sicherheitsberaterin in Bushs erster Amtszeit zwar nicht als Fürsprecherin multilateraler Verhandlungslösungen hervorgetreten war, die aber nun die Perspektiven und Interessen des Außenministeriums ein Stück weit übernahm und in den Entscheidungsprozess einbringen konnte – sehr zum Missfallen der wenigen verbliebenen Hardliner in der Administration, die sich vor allem im Büro des Vizepräsidenten und in den mittleren Rängen des Verteidigungsministeriums fanden. Das Außenministerium ist traditionell ein Hort derer, die in multilateralen Verfahren und internationalen Institutionen einen positiven Nutzen für die USA sehen; entsprechend standen die Diplomaten während der ersten Jahre der Präsidentschaft von George W. Bush der Außenpolitik ihrer eigenen Regierung so kritisch gegenüber, wie es seit den ersten Jahren der Reagan-Präsidentschaft nicht mehr der Fall gewesen war (Abramowitz/Gelb 2005).

Trotz gelegentlicher Aufschwünge ist im langfristigen Trend ein Einflussverlust des Außenministeriums zu konstatieren. Die Gründe hierfür sind vielfältig (Rosati/Scott 2010: 128–130). Der Aufstieg der USA zur Weltmacht und die größere Bedeutung, welche internationale Angelegenheiten für die amerikanische Gesellschaft gewannen – durch den Zweiten Weltkrieg, den Kalten Krieg sowie die zunehmende ökonomische Interdependenz – führten zum Bestreben der Präsidenten, außenpolitische Entscheidungen vom Außenministerium ins Weiße Haus zu verlagern. Die militärische Bedrohung durch die Sowjetunion ließ die USA zu einem „Sicherheitsstaat" werden, in dem sicherheits- und militärpolitische Akteure, wie der Nationale Sicherheitsrat, die Nachrichtendienste und das Verteidigungsministerium, die Außenpolitik zunehmend dominierten. Die wachsende Komplexität der außenpolitischen Materie auch im außenwirtschaftlichen Bereich machte zudem eine Spezialisierung des außenpolitischen Apparates notwendig, die nicht mehr vom Außenministerium allein, sondern nur noch mit Hilfe anderer Fachministerien und Behörden geleistet werden konnte.

Schließlich haben die modernen Informations- und Kommunikationstechnologien dazu geführt, dass das Außenministerium sowohl bei der innerbürokratischen Koordinierung wie bei der internationalen Kommunikation kaum mehr als Vermittlungsinstanz benötigt wird. Den Anspruch, als zentrale Koordinationsstelle im außenpolitischen Entscheidungsprozess zu dienen, hat das Außenministerium bereits seit langem aufgegeben. Dies zeigte ein Bericht einer Arbeitsgruppe des Ministeriums aus dem Jahr 1992, in dem gefordert wird, der Nationale Sicherheitsrat solle diese Funktion übernehmen (U.S. Department of State Management Task Force 1992). Ein weiterer Bericht einer Arbeitsgruppe des Ministeriums stellte 2008 unmissverständlich fest, dass die interministerielle Koordinierung der Außenpolitik, die einmal zu den Kernaufgaben des Außenministeriums zählte, heute in der Verantwortung des Nationalen Sicherheitsrates liegt (Advisory Committee on Transformational Diplomacy

2008). Da dieser jedoch über sehr begrenzte Ressourcen verfügt, die er nur einer kleinen Zahl von Problemen widmen kann, die er als besonders wichtig erachtet, hat die Schwächung des Außenministeriums zu einer Dezentralisierung und Fragmentierung der Außenpolitik in vielen Sachbereichen geführt (Kennan 1997).

Als weitere Probleme, die das Außenministerium plagen und seinen Einfluss vis-à-vis den anderen Behörden mindern, werden häufig sein eigener Mangel an Ressourcen – sowohl in finanzieller und personeller Hinsicht wie auch hinsichtlich seines „politischen Kapitals“ – sowie seine spezifische Organisationskultur genannt (McCormick 2005: 349–358). Die Ausgaben für Auswärtige Angelegenheiten (Haushaltstitel 150: *International Affairs*) machten beispielsweise im Jahr 2008 etwa 30 Milliarden US-Dollar, d. h. etwas mehr als ein Prozent des Bundeshaushaltes, aus. Seit dem Ende des Ost-West-Konflikts unterlag der Anteil der Ausgaben für Auswärtiges am Gesamthaushalt einigen Schwankungen; in den Jahren 1998 und 1999 fiel er unter ein Prozent, 1993 und 2007 wiederum lag er über zwei Prozent (vgl. Abbildung 3).

Abbildung 3 Anteil der Ausgaben für Auswärtige Angelegenheiten am Bundeshaushalt

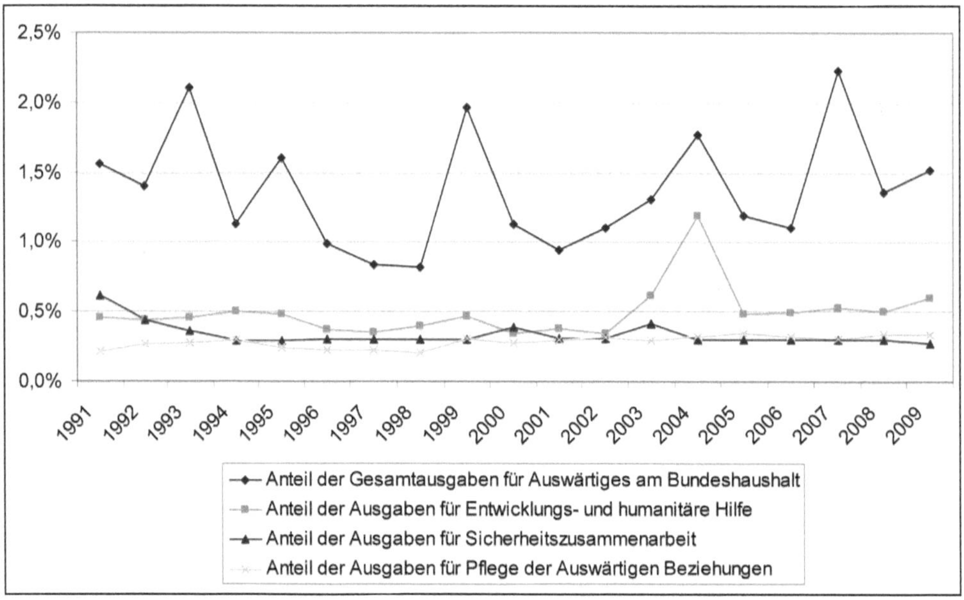

Anm.: Die Haushaltsjahre beginnen am 1. Oktober des jeweiligen Vorjahres. Bsp.: Das Haushaltsjahr 1991 begann am 1. Oktober 1990.

Datenquelle: Policy Agendas Project: Budget Trends (http://www.policyagendas.org/page/trend-analysis, Zugriff 27. 01. 2011); eigene Auswertung.

Von den Ausgaben für Auswärtige Angelegenheiten wird jedoch nur etwa die Hälfte vom Außenministerium verwaltet, das deshalb beispielsweise im Jahr 2008 rund zehn Milliarden US-Dollar für die Durchführung der Diplomatie und *Public Diplomacy* sowie ca. fünf Milliarden US-Dollar für Wirtschaftshilfe und die Aidsbekämpfung ausgeben konnte. Die andere Hälfte des Budgets für Auswärtige Angelegenheiten ist für die Entwicklungs- und Militärhilfe bestimmt und wird hauptsächlich von der *United States Agency for International Development* (USAID) bzw. dem Verteidigungsministerium verwaltet, das zudem über weitere 600 Milliarden US-Dollar aus dem Verteidigungshaushalt verfügt. Rechnet man die verteidigungsbezogenen Ausgaben anderer Ministerien und Behörden, etwa des Energieministeriums, der Raumfahrtorganisation NASA und der Geheimdienste, hinzu, so stellt sich heraus, dass die USA für Sicherheit und Verteidigung nahezu einhundert Mal soviel ausgeben wie für Diplomatie und Entwicklungshilfe. Dieses Missverhältnis wird selbst von Personen kritisiert, deren bürokratisches Eigeninteresse eigentlich eine Stärkung der militärischen Komponente gebietet: So rief Verteidigungsminister Robert Gates dazu auf, das Außenministerium besser auszustatten, damit es wieder mehr Verantwortung in der US-Außenpolitik übernehmen könne (vgl. Holmes 2009: 150–152).

Auch die Zahl der Mitarbeiter des Außenministeriums nimmt sich vergleichsweise bescheiden aus. Während im Verteidigungsministerium rund 700 000 zivile Bedienstete arbeiten, sind es im Außenministerium nur ca. 57 000, und nur etwa die Hälfte davon sind fest angestellte Vollzeitmitarbeiter. Unter diesen umfasst der Auswärtige Dienst *(Foreign Service)* im Jahr 2007 rund 12 000 Personen, unter denen sich aber nur knapp 7 000 voll ausgebildete Diplomaten *(Foreign Service Officers, FSOs)* befinden; die übrigen 5 000 Mitarbeiter leisten Unterstützungsarbeiten im Auswärtigen Dienst. Hinzu kamen im Außenministerium weitere 9 000 sonstige Mitarbeiter des öffentlichen Dienstes *(Civil Service Officers)* und 8 000 Mitarbeiter, die in den Gastländern angeworben wurden *(Foreign Service Nationals)* (U.S. Department of State 2007a: 5). Ein Diplomat hat vorgerechnet, dass das gesamte diplomatische Corps über *weniger* Personal verfügt als die Musikcorps des amerikanischen Militärs (Holmes 2009: 150). Die Mittelkürzungen in den 1990er Jahren führten zur Schließung von rund vierzig Botschaften und Konsulaten. Im ersten Jahrzehnt des neuen Jahrtausends wurde die Ausstattung des Außenministeriums und der Botschaften wieder verbessert; zuletzt wurden allein während der Amtszeit von Außenministerin Hillary Clinton über 1 100 zusätzliche Stellen für *Foreign Service* und *Civil Service Officers* geschaffen (Clinton 2010).

Im Gegensatz zum Verteidigungsministerium fehlt dem Außenministerium auch eine starke innenpolitische Klientel, die seinem Wort innerhalb der Exekutive und im Kongress Gewicht verleiht. Dieses Problem war in den 1990er Jahren besonders ausgeprägt, da die Außenpolitik in den Augen der Öffentlichkeit nach dem Ende des Ost-West-Konflikts an Relevanz verloren hatte. Das Außenministerium versuchte dem mit einem intensiven Public-Relations-Programm entgegenzuwirken, durch das den US-Bürgern die Bedeutung internationaler Entwicklungen für die amerikanische Wirtschaft und Gesellschaft vor Augen geführt werden sollte (Talbott 2004). Nach dem 11. September 2001 stiegen das Interesse an der Arbeit des Außenministeriums und die Zahl der Bewerber für den diplomatischen Dienst, so dass sich etwa 20 000 Männer und Frauen pro Jahr für einige Hundert offene Stellen bewarben. Aufgrund des traditionell eher schlechten Bildes des Außenministeriums in der Öffentlichkeit und der im Vergleich zur Privatwirtschaft geringen Bezahlung der Mitarbeiter hat das Ministerium aber nach wie vor Schwierigkeiten, hoch qualifiziertes Personal anzuwerben. Aus diesem Grund werden auch immer wieder pensionierte Diplomaten dazu aufgerufen, für bestimmte Missionen oder einen begrenzten Zeitraum noch einmal – auf freiwilliger Basis – in den diplomatischen Dienst zurückzukehren. Nicht zuletzt beeinträchtigte es die Arbeit und den Einfluss des Ministeriums, dass es den neuesten Entwicklungen im Bereich der Informations- und Kommunikationstechnologien oft hinterherhinkte, was nicht nur an der mangelnden Bereitschaft des Kongresses lag, Geld für die Modernisierung des Ministeriums bereitzustellen, sondern ebenso an der Zögerlichkeit der Diplomaten, diese Technologien zu fördern, weil sie fürchteten, dadurch überflüssig zu werden (Dizard 2001). Heute lässt sich feststellen, dass das Außenministerium den Sprung ins „digitale Zeitalter" geschafft hat, aber der Einführung neuer Technologien immer noch etwas ablehnender gegenübersteht – und weniger für diese Zwecke investiert – als etwa das Verteidigungsministerium (Bronk 2010).

IV.B.2 Die Organisation des Außenministeriums

Jede Organisation verfügt über eine spezifische Organisationskultur, d. h. langlebige Überzeugungen und Denkmuster innerhalb der Organisation über die Art und Weise, wie sie ihre zentralen Aufgaben erledigen und ihre intraorganisatorischen Beziehungen gestalten will. Die Organisationskultur des Außenministeriums gilt aufgrund seiner relativ geringen Größe sowie seiner spezifischen historischen Erfahrungen als besonders stark ausgeprägt (Hastedt 2010: 206–210). Als ihre traditionellen Kennzeichen gelten unter anderem das Selbstverständnis der Diplomaten als elitärer Zirkel, der bei der Gestaltung der US-Außenpolitik nicht auf die Ratschläge von Außenstehenden angewiesen ist; die Tendenz, großen Wert auf gute Beziehungen zu internationalen Partnern zu legen und sich mit den Standpunkten anderer Staaten und Akteure zu identifizieren, sowie die Neigung, die Verantwortung für politische Entscheidungen auf möglichst viele Schultern zu verteilen. Die äußerst komplexen Routineabläufe im Außenministerium dienen der Absicherung all derer, die an einer Entscheidung beteiligt sind. Ihre Etablierung war eine Reaktion auf die öffentlichen Vorwürfe, denen sich das Außenministerium im Zuge der Kommunistenhetze in der McCarthy-Ära Anfang der 1950er Jahre ausgesetzt sah. Damals vermuteten konservative Politiker, das Außenministerium sei von Kommunisten unterwandert, und nahezu das gesamte diplomatische Corps musste sich teilweise erniedrigenden Sicherheitsüberprüfungen unterziehen. Der Imageschaden, den das Außenministerium durch die Anschuldigungen erlitt, ist bis heute nicht ganz behoben, und die Diplomaten stehen gelegentlich noch immer unter dem Verdacht, nicht „patriotisch" genug zu sein und die nationalen Interessen der USA zu vernachlässigen.

Während sich die spezifische Organisationskultur das Außenministeriums von der anderer Ministerien und Behörden unterscheidet, zeigen die US-Diplomaten auf dem internationalen Parkett auch Verhaltensmuster, die sie mit den Repräsentanten anderer US-Regierungsstellen teilen, denn der außenpolitische Verhandlungsstil gilt auch als Ausdruck oder Folge einer breiteren nationalen Kultur (vgl. Druckman 1996; Salacuse 1998; Solomon/Quinney 2010). Als besondere Attribute amerikanischer Diplomaten und ihrer Verhandlungsführung gelten unter anderem:

- eine optimistische Sichtweise, nach der jedes Problem einer Verhandlungslösung zugeführt werden kann, von der alle Seiten profitieren;

- eine pragmatische Herangehensweise, die konkrete Verhandlungsfortschritte und -ergebnisse höher bewertet als das Festhalten an abstrakten Prinzipien und Idealen;
- eine hohe Risikobereitschaft, darunter die Bereitschaft, eigene Informationen preiszugeben und neue Lösungswege auszuprobieren;
- im Anschluss daran jedoch eine Präferenz für sehr detaillierte Vereinbarungen, die möglichst alle Eventualitäten abdecken sollen;
- eine hohe Zeitempfindlichkeit (Ungeduld), d.h. ein großes Bestreben, Terminpläne einzuhalten und möglichst schnell zu Ergebnissen zu kommen;
- und schließlich ein sehr informeller und direkter Gesprächsstil.

Zudem zeichnen sich amerikanische Delegationen im Positiven durch eine sorgfältige Vorbereitung und große Sach- und Detailkenntnis aus; im Negativen werden ihnen häufig mangelnde Fremdsprachenkenntnisse, wenig Einfühlungsvermögen und ein geringes Verständnis für andere Kulturen vorgeworfen. Die Verbesserung der Fremdsprachenkenntnisse amerikanischer Diplomaten wurde als ein Element der *Diplomatic Readiness Initiative* des Außenministeriums seit 2001 in Angriff genommen, allerdings waren noch Jahre später viele Posten, die eine besondere sprachliche oder interkulturelle Kompetenz erforderten, nicht adäquat besetzt (Ford 2007). So fand die vom Kongress 2006 eingesetzte *Iraq Study Group* heraus, dass es unter den mehr als eintausend Mitarbeitern der US-Botschaft in Bagdad nur 33 gab, die Arabisch sprachen, davon nur sechs fließend (Iraq Study Group 2006: 60).

Das Außenministerium ist im Ausland stärker vertreten als in den USA selbst: Nur 44 % der Mitarbeiter des Ministeriums arbeiten in der Zentrale in Washington, D.C. Mehr als die Hälfte der Mitarbeiter des Außenministeriums ist also auf die rund 290 Auslandsvertretungen der USA (Botschaften, Konsulate und sonstige Vertretungen) verteilt. Betrachtet man nur die Berufsdiplomaten, so arbeiten sogar über zwei Drittel von ihnen im Ausland. Dennoch sind die Vertreter des Außenministeriums in den amerikanischen Botschaften meist in der Unterzahl. Nur etwas mehr als ein Drittel des Botschaftspersonals sind Mitarbeiter des Außenministeriums, die übrigen Mitarbeiter werden von anderen Ministerien und Behörden entsandt – vor allem vom Verteidigungsministerium, das durchschnittlich ein knappes Drittel des Botschaftspersonals stellt, aber auch (in abnehmender Reihenfolge) von den Ministerien für Heimatschutz, für Justiz, für Handel, für Landwirtschaft und für Finanzen (Ford 2006a: 12). Etwa ein Viertel aller Botschaftsmitarbeiter arbeitet direkt für einen der Nachrichtendienste der USA.

Insgesamt sind unter den 14 000 Amerikanern, die an den Auslandsvertretungen arbeiten, mehr als dreißig verschiedene Behörden vertreten (Hamilton/Tama 2002: 38), und auch die Delegationen, die die US-Regierung für bestimmte internationale Verhandlungen zusammenstellt, umfassen in aller Regel Vertreter aus zahlreichen Ministerien und Behörden (Solomon/Quinnley 2010: 147–150). Der Missionsleiter *(Chief of Mission)* der US-Vertretung in einem anderen Land – in der Regel handelt es sich um einen Botschafter – soll nicht nur das „Gesicht" der USA im jeweiligen Gastland sein, er soll auch die Aktivitäten aller Behörden koordinieren, und er trägt offiziell die Verantwortung für ihre Handlungen im Gastland. Doch kann er die Tätigkeit der meisten Botschaftsangehörigen tatsächlich kaum steuern und kontrollieren, denn die Vertreter der verschiedenen Behörden sind de facto nicht gegenüber dem Außenministerium, sondern gegenüber ihren jeweiligen Behörden berichtspflichtig, von denen sie auch ihre Weisungen entgegennehmen.

Das Netz der amerikanischen Auslandsvertretungen befand sich schon in den 1990er Jahren in einer tiefen Krise. Ein Beratergremium des Ministeriums stellte 1999 in einer Auftragsstudie fest, dass die Botschaften und Konsulate ihren Aufgaben kaum gerecht werden könnten, weil ihre Ressourcenausstattung und -allokation nicht den Interessen und Notwendigkeiten der amerikanischen Außenpolitik entsprächen und die Qualifizierung der Diplomaten ebenso wie die technische Modernisierung der Auslandsvertretungen ungenügend seien (U.S. Department of State 1999a). Diese Probleme wurden durch die bereits erwähnten Reformen unter Colin Powell und Condoleezza Rice abgemildert, doch gegen den wachsenden Einfluss des Verteidigungsministeriums in der Außenpolitik, zuletzt im Zuge des „Krieges gegen den Terror", konnte sich das Außenministerium trotzdem häufig nicht zur Wehr setzen. Weitere Maßnahmen zur Verbesserung der „Schlagkraft" des Außenministeriums wurden von Fachleuten auch in der ersten Dekade des neuen Jahrtausends immer wieder angemahnt (vgl. v. a. CSIS 2007; Advisory Committee on Transformational Diplomacy 2008). Die Empfehlungen laufen in der Regel auf fünf Punkte hinaus, die auch tatsächlich – wenn vielleicht auch ungenügend – in Angriff genommen wurden (vgl. Chow/Weitz 2010):

- Verbesserung der Ressourcenausstattung,
- Bündelung und Ausrichtung der Ressourcen an klaren strategischen Zielen,
- Verbesserung der Diplomatenausbildung,
- Stärkere Einbindung von Akteuren jenseits der traditionellen diplomatischen Kanäle,
- Effektivere Nutzung moderner Technologien.

Die größte Botschaft der USA (und zugleich die größte Botschaft der Welt) wurde im Zuge des langjährigen Irakkrieges in Bagdad aufgebaut. Dort arbeiteten im Jahr 2010 rund 1 400 Personen, und die Botschaft wird sich wahrscheinlich noch vergrößern, je stärker die militärische US-Präsenz in dem Land zurückgeschraubt wird (Foreign Policy 2010). Die Botschaft ist aus Sicherheitsgründen hermetisch von der Außenwelt abgeriegelt und steht damit am deutlichsten für einen Trend, nach dem die US-Vertretungen zunehmend Festungen gleichen, die den Kontakt zur lokalen Bevölkerung erheblich erschweren. Die zweitgrößte US-Botschaft steht in London; sie beschäftigt etwa 300 Mitarbeiter, während die US-Botschaft in Berlin, die 2008 ihr neues Gebäude am Pariser Platz bezog, rund 250 Mitarbeiter hat.

Ein Drittel aller amerikanischen Botschafter sind keine Berufsdiplomaten, sondern Geschäftsleute oder Politiker, die von den Präsidenten aus den verschiedensten Gründen auf einen Botschafterposten berufen wurden. Häufig zeigt sich der Präsident auf diese Weise für politische oder finanzielle Unterstützung in seinen Wahlkämpfen erkenntlich. Zudem bieten diese Ernennungen aus Sicht des Präsidenten den Vorteil, dass der Botschafter in diesen Fällen einen besonders guten Draht zum Weißen Haus hat. Die daraus resultierenden Nachteile liegen auf der Hand: Wenn in diplomatischen und politischen Angelegenheiten unerfahrene Botschafter wichtige Entscheidungen treffen sollen und dabei die regulären Beratungs- und Entscheidungsprozesse im Außenministerium umgehen, kann die Qualität der Diplomatie erheblich leiden (McCormick 2005: 355–358). Um diese Schwächen auszugleichen, ist jedoch der Posten des stellvertretenden Botschafters *(Deputy Chief of Mission)* in aller Regel mit einem erfahrenen Diplomaten besetzt, der eine wichtige Rolle im diplomatischen Alltagsgeschäft und beim Management der Botschaft spielt.

Zu Spannungen zwischen den „politischen Ernennungen" und den Laufbahnbeamten kommt es auch in der Zentrale des Außenministeriums. Die oberen vier Leitungsebenen – der Außenminister *(Secretary of State)*, sein Stellvertreter *(Deputy Secretary of State)*, die Staatssekretäre *(Under Secretaries of State)* und Abteilungsleiter *(Assistant Secretaries of States)* – werden vom Präsidenten häufig nicht mit Diplomaten, sondern mit politischen Gefolgsleuten besetzt. Häufig gilt dies auch noch für die fünfte Ebene, jene der Referatsleiter *(Deputy Assistant Secretaries of State)*, für die der Präsident nicht einmal die Zustimmung des Senats einholen muss. Dadurch sehen sich viele Diplomaten ihrer Karrierechancen beraubt; zudem fühlen sie sich von den politischen Ideen und Vorgaben ihrer neuen Vorgesetzten häufig überrumpelt und glauben, dass ihre Erfahrung und ihr Weitblick nicht hinreichend gewürdigt werden (Wittkopf/Kegley/Scott 2003: 368–369). Präsident Obama und seine Außenministerin Hillary Clinton übernahmen allerdings im Januar 2009 zwei Staatssekretäre, die als Laufbahnbeamte auf diese Posten gekommen waren, von der Bush-Administration – darunter William Burns, als Staatssekretär für Politische Angelegenheiten *(Under Secretary of State for Political Affairs)* der dritthöchste Offizielle in der Hierarchie des Außenministeriums. Eine Neuerung unter Außenministerin Clinton war die Zweiteilung des Postens des stellvertretenden Außenministers: James B. Steinberg sollte als *Deputy Secretary of State for Policy* für die Politikinhalte zuständig sein, während Jacob Lew als *Deputy Secretary of State for Management and Budget* die Organisation des Ministeriums verbessern und seine Finanzierung durch den Kongress sicherstellen sollte.

Das Außenministerium gliedert sich in funktionale und regionale Büros. Diese zweidimensionale Aufteilung bringt das Problem mit sich, dass die Verantwortlichkeit für Fälle, die sowohl eine regionale wie ein funktionale Komponente aufweisen, zu oft unklar ist (U.S. Commission on National Security/21st Century 2001: 53). Die Regionalbüros können auf eine längere Tradition zurückblicken als die meisten funktionalen Büros, und sie haben in der Regel auch einen größeren Einfluss auf die Außenpolitik als die funktionalen Büros (Snow/Brown 2000: 149). Die ersten Regionalbüros wurden mit der Organisationsreform des Außenministeriums im Jahr 1909 geschaffen, und die meisten der heutigen Regionalbüros können auf unmittelbare Vorgänger aus dieser Zeit verweisen, während die meisten der funktionalen Büros neueren Datums sind.

Abbildung 4 (S. 98) zeigt den Aufbau des Außenministeriums, wie er sich – von geringfügigen Änderungen abgesehen – von 1999 bis 2009, also für den größten Teil des Untersuchungszeitraum dieser Arbeit, dargestellt hat. Der Zuschnitt der Regionalbüros deckt sich nicht mit den Zuständigkeitsbereichen der regionalen militärischen Oberbefehlshaber, was zu erheblichen Koordinationsproblemen zwischen dem Außen- und dem Verteidigungsministerium führt. So muss sich das für den Nahen Osten zuständige Büro des Außenministeriums in militärpolitischen Angelegenheiten mit drei verschiedenen regionalen Kommandozentren des Pentagon abstimmen. Etwas weniger kompliziert, aber dennoch nicht unproblematisch ist auch die mangelnde Deckungsgleichheit mit den Regionalabteilungen des Nationalen Sicherheitsrates und den regional ausgerichteten Unterausschüssen der außenpolitischen Ausschüsse im Kongress. Präsident Obama setzte sich bei seinem Amtsantritt das ehrgei-

Abbildung 4 Der organisatorische Aufbau des Außenministeriums

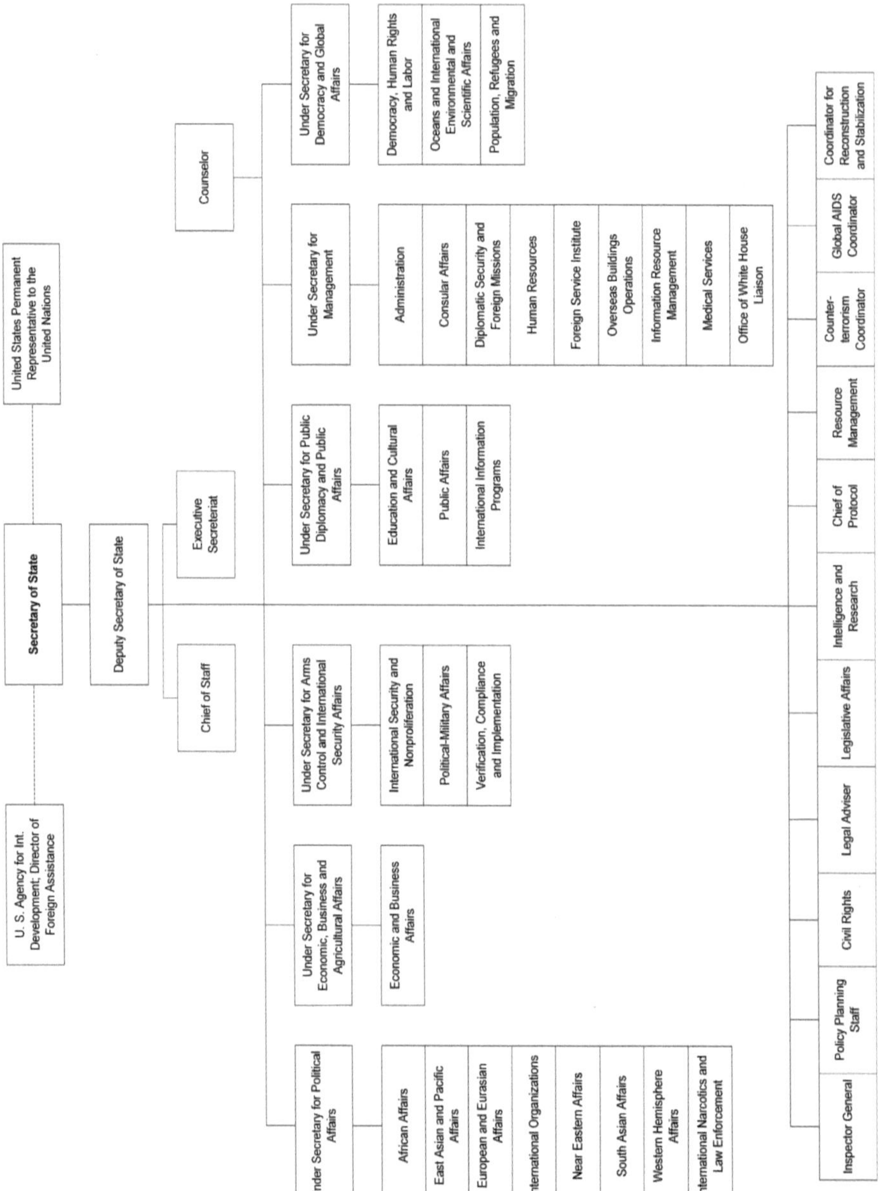

Quelle: U.S. Government Printing Office (2009).

zige Ziel, die regionalen Zuschnitte aller Ministerien und des Nationalen Sicherheitsrates zur Deckungsgleichheit zu bringen (DeYoung 2009). Die Zuständigkeiten der Kongressausschüsse und -unterausschüsse kann der Präsident hingegen nicht regulieren.

Jedes der sechs Regionalbüros wird von einem *Assistant Secretary* geleitet, die wiederum alle dem Staatssekretär für Politische Angelegenheiten unterstehen. Neben ihm gibt es fünf weitere Staatssekretäre, von denen zwei erst während der 1990er Jahre ins Leben gerufen wurden: 1994 schuf Präsident Clinton die Stelle des Staatssekretärs für *Global Affairs,* um Menschenrechtsfragen, der internationalen Flüchtlingsproblematik und der Umweltpolitik einen höheren Stellenwert zu verleihen. Diese Neugründung war von derselben Expertengruppe empfohlen worden, die auch die Errichtung des Nationalen Wirtschaftsrates im Weißen Haus vorgeschlagen hatte. Der jüngste Staatssekretärsposten ist jener für *Public Diplomacy and Public Affairs,* der 1999 in Folge des *Foreign Affairs Reform and Restructuring Act* eingerichtet wurde.

Public Diplomacy könnte man als staatliche Öffentlichkeitsarbeit nach außen bezeichnen, während *Public Affairs* oder *Public Relations* Öffentlichkeitsarbeit ist, die sich an die eigene Bevölkerung richtet. Etwas genauer gesagt ist Public Diplomacy außenpolitische, transnationale Kommunikation, die auf die Beeinflussung der Meinungen und Einstellungen der Bevölkerung in einem anderen Land oder einer anderen Region zielt. Ihr Zweck besteht darin, der eigenen Politik zuwiderlaufende Handlungen zu verhindern, die entweder aus den Gesellschaften direkt kommen – etwa Akte des transnationalen Terrorismus – oder von den Regierungen, die auf die Unterstützung ihrer Gesellschaften angewiesen sind (Höse 2008; Leonard/Stead/Smewing 2002). Die Notwendigkeit, Public Diplomacy als elementaren Bestandteil einer außenpolitischen Gesamtstrategie *(grand strategy)* zu begreifen (vgl. Mor 2006), hat sich in den vergangenen zwei Jahrzehnten deutlich erhöht. Hierfür sind vor allem zwei Entwicklungen verantwortlich: zum einen die zunehmende Liberalisierung und Demokratisierung in weiten Teil der Welt, zum anderen der rasante Fortschritt im Bereich der Kommunikations- und Informationstechnologien. Bis 1999 wurde die amerikanische Public Diplomacy von der *United States Information Agency* (USIA) durchgeführt, einer unabhängigen Bundesbehörde, die weitgehend frei von direkter politischer Einflussnahme durch die Administration war. Der Auftrag und das Selbstverständnis der USIA sahen vor, ausländische Öffentlichkeiten zu verstehen, zu informieren und zu beeinflussen („to understand, inform, and influence foreign publics") (U.S. Information Agency 1998: 5). Mit dem *Foreign Affairs Reform and Restructuring Act* wurde die USIA aufgelöst. Ihre Funktionen und ihr Personal wurden teils an die neue, unabhängige Bundesbehörde *Broadcasting Board of Governors* übertragen, welche die internationalen Rundfunkprogramme der USA betreibt, und teils in das Außenministerium in die Abteilung des neuen Staatssekretärs für Öffentlichkeitsarbeit eingegliedert.

Durch die Reform sollte die Public Diplomacy stärker in die Formulierung und Durchführung einer außenpolitischen Gesamtstrategie integriert werden (Foreign Affairs Council 2004: 15). Sie erfuhr so einerseits eine Aufwertung, da die Überlegungen zur öffentlichen Darstellung und Wirkung amerikanischer Außenpolitik nun zu einem zentralen Element der politischen Planung wurden (Foreign Affairs Council 2007: 21). Diese Aufwertung wurde durch die Verankerung der Public Diplomacy in einer höheren Hierarchieebene des Außenministeriums untermauert. Andererseits wurde die Public Diplomacy fortan einer stärkeren politischen Steuerung unterworfen und noch deutlicher in den Dienst der jeweils amtierenden Administration gestellt, als deren Fürsprecher sie auftreten sollte. Die Ebene der strategischen Kommunikation wurde auf Kosten der langfristigen Beziehungspflege gestärkt. Zudem ließ die Qualität der Public-Diplomacy-Arbeit nach: So wurde mit der Auflösung der USIA auch die Ausarbeitung der jährlichen, länderspezifischen Kommunikationspläne eingestellt (Ford 2006b: 26–27).

Der mit Abstand einflussreichste und prestigeträchtigste Abteilungsleiterposten im Außenministerium war für lange Zeit derjenige des Leiters der Europaabteilung *(Assistant Secretary of State for European Affairs)*. Zwar ist seine Stellung heute nicht mehr so herausragend wie über weite Strecken des 20. Jahrhunderts – des „atlantischen Jahrhunderts" –, doch gilt er manchen noch immer noch als *primus inter pares* unter den Abteilungsleitern im Außenministerium (vgl. Weisbrode 2009). Schon bald nach Schaffung der ersten Regionalbüros zu Beginn des 20. Jahrhunderts wurde die Europaabteilung zur mächtigsten Abteilung im Außenministerium, und mit der zunehmend wichtigen Rolle des Außenministeriums im außen- und sicherheitspolitischen Entscheidungsprozess der USA nach dem Zweiten Weltkrieg stieg die Europaabteilung zur wohl einflussreichsten Abteilung in der gesamten außenpolitischen Bürokratie der USA auf. Die Abteilung hob sich von anderen u. a. dadurch ab, dass sie einer relativ geringen politischen Einflussnahme ausgesetzt war: Im Gegensatz zu anderen Abteilungen erfuhr die Europaabteilung nie eine umfassende „Säuberung" im Zuge eines Wechsels an der Ministeriums- oder Regierungsspitze, und die politischen Beamten, welche zu den Karrierebeamten in der Abteilung stießen, wurden in der Regel leicht integriert und passten sich der Abteilung an. Die Europaabteilung konnte sich so zu einer Art „permanentem Außenministerium" entwickeln, das unabhängig von den politischen Gezeiten den Kern der außenpolitischen Bürokratie und die Hüterin des außenpolitischen Erbes der USA darstellte (Weisbrode 2009: 5–6).

Im Laufe der Jahrzehnte war auch die Europaabteilung internen Strukturveränderungen unterworfen, ein durchgängiges Merkmal war aber die zweidimensionale Gliederung in Länderbüros (*country desks*, z. B. eines für die deutschsprachigen Länder Deutschland, Österreich und Schweiz) und in funktionale Büros, etwa für Wirtschaftsfragen oder für die inter- und supranationale Organisation von Politik im europäischen Raum. Von 1983 bis 1999 deckte die Europaabteilung auch Kanada ab (unter der Bezeichnung *Bureau for European and Canadian Affairs*), seit 2001 umfasst sie auch die Staaten der ehemaligen Sowjetunion (deshalb nun die Bezeichnung *Bureau for European and Eurasian Affairs*). Von 1993 bis 2001 wurden diese Staaten vom Büro eines Sonderbeauftragten *(Office of the Special Adviser for the New Independent States)* abgedeckt, welches das funktionale Äquivalent zu einer Regionalabteilung darstellte. Das Außenministerium wollte bis zuletzt, d. h. bis zur Entscheidung über die Eingliederung in die Europaabteilung, eine vollwertige Regionalabteilung für die Staaten der ehemaligen Sowjetunion schaffen (vgl. U.S. Department of State 1999b). Dabei stieß es jedoch auf den Widerstand des Kongresses, der fürchtete, die Gründung einer eigenen Regionalabteilung für diese Staaten könnte dahingehend interpretiert werden, dass die USA die besondere Rolle oder gar den Hegemonialanspruch Russlands in Osteuropa akzeptierten.[60]

60 Interview mit Dan Fried, der von 1990 bis 2010 im Außenministerium und im NSC-Stab arbeitete.

Vom *Foreign Affairs Reform and Restructuring Act* waren auch die bis dato unabhängigen Behörden für Rüstungskontrolle und Abrüstung *(Arms Control and Disarmament Agency, ACDA)* sowie für Entwicklungshilfe *(Agency for International Development, USAID)* betroffen. Die ACDA wurde 1999 aufgelöst und ins Außenministerium – genauer: in den Verantwortungsbereich des Staatssekretärs für Internationale Sicherheitsfragen – integriert. Die USAID wurde zwar nicht ins Außenministerium eingegliedert, sie wurde jedoch dem Außenminister unterstellt, d. h. sie muss den Vorgaben des Ministers folgen und ist ihm gegenüber berichtspflichtig. Die weitreichende Neuordnung der außenpolitischen Behörden 1998/1999 stellte einen Kompromiss zwischen den Vorstellungen der Clinton-Administration und des republikanischen Kongresses dar (vgl. Hook 2003). Die Reformen wurden vom damaligen stellvertretenden Außenminister Strobe Talbott initiiert und anschließend vom Vorsitzenden des Auswärtigen Ausschusses im US-Senat Jesse Helms vorangetrieben, der alle drei Behörden (USIA, ACDA, USAID) auflösen wollte, sich aber bezüglich der USAID nicht durchsetzen konnte. Die Verschlankung des außenpolitischen Apparates sollte einerseits zu Kostenersparnissen führen und andererseits die Effizienz und Kohärenz der Außenpolitik zu erhöhen. Dass dies nur teilweise gelang, zeigen die weiteren Reformschritte, die in den folgenden Jahren im Außenministerium nötig wurden. So wurde im Bereich der Public Diplomacy 2007 die Schaffung eines neuen *Counterterrorism Communications Center* beschlossen, und im Bereich der Auslandshilfe gibt es seit 2006 einen *Director of Foreign Assistance,* der die Mängel bei der strategischen Abstimmung und Koordinierung aller Akteure der amerikanischen Auslandshilfe beheben soll (Brainard 2007).

Zu den jüngeren Posten im Außenministerium zählt auch der des Koordinators für Wiederaufbauhilfe und Stabilisierungsaufgaben *(Coordinator for Reconstruction and Stabilization),* der 2004 geschaffen wurde (Lee 2005). Im Dezember 2005 übertrug der Präsident mit der Direktive NSPD-44 dem Außenministerium die Verantwortung für die Planung und interministerielle Koordinierung von Stabilisierungs- und Wiederaufbaumaßnahmen in fragilen Staaten. Diese Entscheidung versinnbildlichte den Einflussgewinn, den das Außenministerium in der zweiten Amtszeit von Präsident Bush erzielen konnte, nachdem das Pentagon die Auseinandersetzungen mit dem Außenministerium um die Kontrolle der Irakpolitik zunächst gewonnen, dann die Post-Konflikt-Situationen im Irak und in Afghanistan jedoch nur unzureichend bewältigt hatte. Der Koordinator im Außenministerium verfügte jedoch nur über einen kleinen Stab von etwa zehn Mitarbeitern; hinzu kamen rund 50 Mitarbeiter, die ihm aus verschiedenen Ministerien und Behörden zugeordnet wurden (Nakamura/Epstein 2007: 8–9; Holmes 2009: 155). Unter Verteidigungsminister Robert Gates hat das Pentagon mehrere hundert Millionen Dollar aus dem Verteidigungsbudget an das Außenministerium transferiert, um mehr zivile Expertise beim Wiederaufbau in Krisenregionen in Anspruch nehmen zu können (Gilmore 2008). Die unterschiedlichen Ansätze von Vertretern der Ministerien, die in Krisen- und Wiederaufbauregionen vor Ort sind, können aber auch durch die neue Koordinierungsstelle und die verstärkten Bemühungen um Kooperation längst nicht immer in Übereinklang gebracht werden.

Die Hauptverbindungsstelle des Außenministeriums zum Verteidigungsministerium ist das *Bureau of Political-Military Affairs,* das für viele sicherheitspolitische Aspekte der Außenpolitik, etwa im Bereich der Militärhilfe oder der Exportkontrollen, zuständig ist. Die

Beziehungen zum Weißen Haus laufen über das *Executive Secretariat;* für die Beziehungen zum Kongress gibt es ein eigenes Büro *(Legislative Affairs).*

Eine besondere Rolle spielt schließlich der 1947 gegründete Planungsstab *(Policy Planning Staff),* der als „interner think tank" die amerikanische Außenpolitik analysieren und evaluieren soll; er dient als „institutionalisierte ‚zweite Meinung'" zu aktuellen politischen Fragen, die der Außenminister nach Belieben einholen kann (U.S. Department of State 2010a). Zwar soll der Planungsstab langfristige Entwürfe für die US-Außenpolitik jenseits des politischen Tagesgeschäfts ersinnen, und der Direktor kann grundsätzlich frei entscheiden, worauf sich die Arbeit seines Stabes konzentrieren soll. Tatsächlich muss die Abteilung jedoch dem Außenminister häufig als Krisenmanager und Redenschreiber kurzfristig zur Seite zu stehen (Deibel 2007: 10). Den Anspruch einer langfristigen, strategischen Anleitung der US-Außenpolitik kann der Planungsstab aufgrund der Zwänge des politischen Alltags selten einlösen (vgl. Drezner 2009). Dennoch bringt der Planungsstab immer wieder Ideen ein, die eine nachhaltige Wirkung entfalten, etwa jene zur Nato-Erweiterung in den 1990er Jahren.[61]

Die Zusammenarbeit zwischen dem Planungsstab und den Fachabteilungen gestaltet sich bisweilen recht schwierig. Der Planungsstab erweckt häufig den Argwohn der Fachabteilungen – nicht nur, weil der Stab den Außenminister in den drängendsten und wichtigsten Fragen der amerikanischen Außenpolitik direkt berät und damit in Konkurrenz zu den regionalen und funktionalen Referaten des Ministeriums treten kann, sondern auch, weil die etwa zwanzig Mitglieder des Stabes meist keine Laufbahnbeamten sind, sondern „Außenseiter", die nach durchschnittlich etwa zwei Jahren wieder in einen anderen Job innerhalb oder außerhalb der Regierung wechseln. Ihnen fehlen somit der „Stallgeruch" und der internalisierte Reflex, die Interessen des Ministeriums an erste Stelle zu setzen.

Da der Planungsstab in inhaltlicher Hinsicht über kein festes Portfolio verfügt, hängt die Schwerpunktsetzung seiner Arbeit auch stark von den persönlichen Interessen des Leiters des Planungsstabes und von seinem Urteil darüber ab, welche Themen für die US-Außenpolitik in den kommenden Jahren problematisch werden könnten. Der Anspruch, dass im Planungsstab systematische und konzeptionell anspruchsvolle Arbeit geleistet werden soll, lässt sich vielleicht auch daran ablesen, dass sich unter den letzten sieben Leitern des Stabes fünf befanden, die auch als Politikwissenschaftler gearbeitet haben: Morton H. Halperin (1998–2001), Richard N. Haass (2001–2003), Mitchell B. Reiss (2003–2005), Stephen D. Krasner (2005–2007) und Anne-Marie Slaughter (2009–2011).

Der Einfluss des Planungsstabes hängt letztlich vom Verhältnis des Stabsleiters zum Außenminister ab, denn der Stab verfügt über keine formellen Kompetenzen im außenpolitischen Alltagsgeschäft und in der Implementierung der Außenpolitik. In der Regel ist das Verhältnis zwischen Stabsleiter und Minister gut, denn der Minister wählt den Leiter des Planungsstabes selbst aus, und es ist nicht ungewöhnlich, dass sich der Minister oder die Ministerin praktisch täglich mit ihm berät, wie es zum Beispiel Außenministerin Madeleine Albright getan hat.[62] Im Falle einer solch konstanten und engen Zusammenarbeit mit dem Minister erhöht sich auch der Einfluss des Planungsstabes auf die Fachabteilungen.

61 Interview mit Hans Binnendijk, stellvertretender Leiter des Planungsstabes von 1993 bis 1994.
62 Interview mit Morton Halperin, Leiter des Planungsstabes von 1998 bis 2001.

Im Sinne eines Rückkopplungseffektes kann sich dieser Einfluss besonders in jenen Fällen, in denen der Planungsstab eine neue Idee oder einen politischen Kurswechsel lancieren will, bezahlt machen, denn die Akzeptanz solcher Initiativen auf Seiten des Ministers ist umso höher, je eingehender sie mit den Fachabteilungen abgestimmt sind. Auf diesem Weg haben zahlreiche Initiativen und Vorschläge des Planungsstabes schließlich auch Eingang in die interministeriellen Gremien und in die Regierungspolitik gefunden.

IV.C Das Verteidigungsministerium

IV.C.1 Die Rolle des Verteidigungsministeriums in der Außenpolitik

Das Verteidigungsministerium wurde durch den *National Security Act* von 1947 unter der Bezeichnung „National Military Establishment" gegründet. Bis dato waren die Streitkräfte in zwei verschiedenen Ministerien organisiert gewesen (das Heer im *Department of War* und die Marine im *Department of the Navy;* die Luftwaffe war keine eigene Teilstreitkraft). 1949 wurde für das National Military Establishment die heutige Bezeichnung „Department of Defense" eingeführt. Das Ministerium stieg, nicht zuletzt durch den Ost-West-Konflikt, rasch zu einem der wichtigsten Akteure der US-Außenpolitik auf, und auch in den vergangenen zwei Jahrzehnten ist der relative Einfluss des Verteidigungsministeriums insgesamt eher weiter gestiegen als gesunken (Rosati/Scott 2010: 158). Das Militär spielte in der amerikanischen Politik aber schon eine große Rolle, bevor die Vereinigten Staaten überhaupt gegründet wurden. Der Befehlshaber der Revolutionsarmee im Unabhängigkeitskrieg, General George Washington, stellte eine derart wichtige politische Führungsfigur dar, dass er später zum ersten Präsidenten der USA gewählt wurde. Auch in den folgenden zwei Jahrhunderten kamen einigen Kandidaten im Rennen um das Weiße Haus ihre militärischen Meriten zugute, wie im Falle der siegreichen Bewerber Andrew Jackson, Ulysses Grant und Dwight Eisenhower. Und obwohl noch kein ehemaliger Verteidigungsminister den Sprung ins Weiße Haus geschafft hat, konnten einige Kandidaten von ihrer Erfahrung in militärischen Angelegenheiten profitieren, wie etwa Teddy Roosevelt und Franklin Roosevelt, die beide hohe Posten im Marineministerium inne gehabt hatten.

Auch heute genießen Soldaten in der Regel ein hohes Ansehen in der amerikanischen Bevölkerung, und hochrangigen Militärs werden immer wieder gute Chancen auf das höchste Staatsamt eingeräumt – wie General Wesley Clark, der am Vorwahlkampf der Demokraten 2004 teilnahm, und General David Petraeus, der als Kandidat für die Präsidentschaftswahl 2012 gehandelt wurde. Schließlich versuchen auch Politiker, die nur eine relativ kurze Zeit in den Streitkräften verbracht haben, im politischen Wettbewerb mit ihrer militärischen Erfahrung zu punkten – zum Beispiel die Präsidentschaftskandidaten John Kerry (2004) und John McCain (2008).

Die grundlegende Aufgabe des Verteidigungsministeriums ist die Bereitstellung der Streitkräfte, um die Sicherheit der Vereinigten Staaten zu gewährleisten. Nach Auffassung des Verteidigungsministeriums bedeutet dies auch, dass die Streitkräfte eingesetzt werden, um die nationalen Politiken und Interessen voranzubringen und um die Sicherheit jener Regionen aufrechtzuerhalten, in denen die USA lebenswichtige Interessen ausmachen (U.S.

Department of Defense 2010a: 1). Obwohl der Begriff der Sicherheit sehr breit definiert werden kann und heute nahezu alle Akteure der amerikanischen Außenpolitik für sich in Anspruch nehmen, zur Sicherheit der Vereinigten Staaten beizutragen, bleiben doch die Verteidigungspolitik das „Herzstück" der Sicherheitspolitik und das Militär das wohl wichtigste Instrument dieser Politik. So erklärt sich die zentrale Rolle des Pentagons in der amerikanischen Außenpolitik durch den hohen Stellenwert, den die Sicherheitspolitik in den USA einimmt – auch wenn, wie Kahl und Wolf (2006) feststellen, die Amerikaner keineswegs einseitig auf den Wert der Sicherheit fixiert sind und sich die USA nicht als „Sicherheitsstaat" im engeren Sinne klassifizieren lassen.

Je mächtiger Staaten werden, desto expansiver wird die Definition ihrer Interessen und desto stärker fühlen sie sich in der Wahrnehmung ihrer Interessen bedroht. Machtzuwächse eines Staates führen so paradoxerweise nicht zu einer Erhöhung seiner Sicherheit, sondern zu einer erhöhten Unsicherheit – jedenfalls subjektiv, also zu einem erhöhten *Gefühl* der Unsicherheit (vgl. Deutsch 1968: 88). Nach einer Reihe von Kriterien, etwa der Zahl und Intensität zwischen- und innerstaatlicher Konflikte, ist die Welt gegenwärtig so friedlich wie kaum jemals zuvor in der Geschichte der Menschheit (Fettweis 2010: 64; Gurr/Marshall 2005), und die Vereinigten Staaten müssen kaum fürchten, von einer fremden Macht erobert oder vernichtet zu werden. Dennoch fühlen sich die USA häufig in hohem Maße bedroht: zuletzt durch den islamistischen Terrorismus, dessen Bekämpfung nach dem 11. September 2001 zur Richtschnur der US-Außenpolitik wurde; durch China, das noch lange nicht zu den USA aufgeschlossen hat, erst recht nicht im militärischen Bereich; und auch durch vergleichsweise kleine Konflikte wie jenen zwischen Russland und Georgien im August 2008, der von vielen in den USA als einschneidendes Ereignis in der internationalen Politik und als Beginn einer neuen Ära russischer Aggression gedeutet wurde.

Es besteht also offenbar, wie Fettweis (2010) argumentiert, ein eklatantes Missverhältnis zwischen der von den USA wahrgenommenen Bedrohung ihrer Sicherheit und ihrer tatsächlichen Sicherheitslage, die im historischen und im internationalen Vergleich recht komfortabel erscheint. Insbesondere die Bedrohung durch den islamistischen Terrorismus scheint in den Augen der USA heute größer zu sein, als sich durch eine objektive Analyse der Bedrohungslage rechtfertigen ließe, denn nach Einschätzung der meisten Experten geht von diesem Terrorismus tatsächlich keine existentielle Gefahr für die USA aus (vgl. Richardson 2006; Thrall/Cramer 2009).

Die Kluft zwischen wahrgenommener und tatsächlicher Bedrohung mag im Fall der USA aus mehreren Gründen besonders stark ausgeprägt sein (vgl. Fettweis 2010: 71 ff.): zum einen aufgrund der einzigartigen Stellung der USA im internationalen System: „Most countries are primarily concerned with what happens in their neighborhoods, but the world is the unipole's neighborhood" (Jervis 2009b: 200). Zum zweiten ist es möglich, dass die USA überraschter und sensibler als andere Staaten auf Angriffe und Sicherheitsbedrohungen reagieren, weil sie – nicht zuletzt aufgrund ihrer geographischen Isolation durch den Schutz zweier Ozeane – über lange Zeiträume keinen Angriff auf ihr Territorium erfahren mussten (Wolfers 1962: 147–165; Gaddis 2004). Zum dritten mag eine außerordentlich hohe Bedrohungswahrnehmung auf Seiten der USA in ihrer politischen Kultur begründet liegen – genauer: in der Vorstellung, dass die Vereinigten Staaten eine besondere Nation seien, deren Aufgabe es ist, den Fortschritt und das Gute in der Welt zu repräsentieren (vgl. Lipset 1997).

Aus diesem Selbstverständnis heraus liegt es zum einen nahe zu erwarten, dass die USA in besonderer Weise zur Zielscheibe rückwärtsgewandter und bösartiger Kräfte werden; zum anderen werden nicht nur physische Angriffe auf das eigene Territorium oder auf Leib und Leben, sondern auch Angriffe auf immaterielle Werte wie „Freiheit“ oder „Demokratie“ als Bedrohung der eigenen Identität und der eigenen Daseinsberechtigung angesehen (vgl. Desch 2007: 8).

Trotz der großen Rolle der Sicherheitspolitik und insbesondere des Militärs in der amerikanischen Politik steht das Prinzip der zivilen Führung des Militärs außer Frage. Der Verteidigungsminister ist stets ein Zivilist, und er ist nominell der wichtigste Berater des Präsidenten in verteidigungspolitischen Fragen. Ähnlich wie im Falle des Außenministers gilt auch hier, dass der tatsächliche Einfluss des Ministers in einem gewissen Maße von seiner Persönlichkeit und von seinem persönlichen Verhältnis zum Präsidenten abhängt; außerdem stellt sich auch dem Verteidigungsminister stets die Frage, ob er seine Arbeitskraft eher der Beeinflussung der Regierungspolitik oder der Leitung seines Ministeriums widmen will (Hastedt 2010: 213–214). Als besonders einflussreiche Verteidigungsminister, die in beiderlei Hinsicht bleibende Spuren hinterließen, galten Robert McNamara (1961–1968) und Donald Rumsfeld (2001–2006). Beiden ist gemein, dass sie die Verwicklung der Vereinigten Staaten in aufwändige Kriege maßgeblich prägten und schließlich zurücktreten mussten, weil ihre Strategien keinen Erfolg mehr versprachen. Die Verteidigungsminister der 1990er Jahre – Richard Cheney, Les Aspin, William Perry und William Cohen – zeigten ihre Stärken eher beim Management ihres Ministeriums als bei der Politikentwicklung (McCormick 2005: 398–402).

Allerdings schwankt die Rolle des Verteidigungsministers im außenpolitischen Entscheidungsprozess insgesamt weniger stark, als dies beim Außenminister der Fall ist. Die mächtige institutionelle Basis des Verteidigungsministers und das hohe Ansehen des Militärs verschaffen ihm einerseits stets Gehör, so dass er – anders als mancher Außenminister – kaum Gefahr läuft, praktisch aus dem Entscheidungsprozess ausgeschlossen zu werden. Andererseits ist es gerade die aus dieser Stärke resultierende Unabhängigkeit des Verteidigungsministers, die ihn selten zum engsten Vertrauten des Präsidenten werden lässt. Zudem wählen demokratische Präsidenten oft einen Republikaner für das Amt des Verteidigungsministers aus, weil die Republikaner in dem Ruf stehen, besonders gut für die nationale Sicherheit sorgen zu können. Etwa jeder dritte von einem demokratischen Präsidenten ernannte Verteidigungsminister ist ein Republikaner (zuletzt William Cohen und Robert Gates). Umgekehrt wählen republikanische Präsidenten praktisch nie einen Demokraten für dieses Amt aus (Schultz 2010).

Der wachsende Einfluss des Verteidigungsministeriums in der amerikanischen Außenpolitik in den vergangenen Jahrzehnten drückte sich in zwei Entwicklungen aus: zum einen in der immer wichtigeren Rolle militärischer Mittel bei der Durchsetzung amerikanischer Ziele und Interessen, zum anderen im steigenden Einfluss verteidigungspolitischer Akteure im Prozess der außenpolitischen Entscheidungsfindung sowie bei der Umsetzung der Entscheidungen – auch in Bereichen, die traditionell nicht in den Zuständigkeitsbereich des Militärs fallen. Ein wichtiger Indikator für die Rolle des Militärs sind die Verteidigungsausgaben, die – knapp hinter den Ausgaben für Gesundheit und Soziales – den zweitgrößten Etatposten der amerikanischen Bundesregierung ausmachen. In den 1990er Jahren sanken die Ausgaben für das Militär sowohl in absoluten Zahlen (vgl. Tabelle 8) wie auch in Relation zum gesamten Bundeshaushalt und zur Wirtschaftsleistung der USA (vgl. Abbildungen 5 und 6).

Etwa mit der Jahrtausendwende ließ sich bei allen drei Messgrößen wieder ein Aufwärtstrend verzeichnen, der trotz kleinerer Einbrüche bis heute praktisch ungebrochen ist. Trotz des immer größeren Budgets hat das Pentagon jedoch seit 2006 zahlreiche Entwicklungs- und Beschaffungsprogramme streichen oder kürzen müssen, weil die Kriege in Afghanistan und im Irak immense Mittel verschlangen und – auch unter Berücksichtigung der Inflation – zum zweitteuersten Krieg in der amerikanischen Geschichte wurden (nach dem Zweiten Weltkrieg). In den Debatten zum Haushalt des Jahres 2011 wurde das Verteidigungsministerium erstmals seit den Anschlägen des 11. September 2001 auf breiterer Front, v. a. aus dem Kongress, mit Forderungen nach Budgetkürzungen konfrontiert, während Verteidigungsminister Gates weitere, wenngleich sehr moderate Erhöhungen forderte (Shanker/Drew 2010).

Tabelle 8 Verteidigungsausgaben der USA

Haushaltsjahr	**Verteidigungsausgaben (in Milliarden US-Dollar)**
1991	443,1
1992	468,2
1993	443,6
1994	416,6
1995	394,0
1996	372,6
1997	370,6
1998	362,3
1999	363,1
2000	377,2
2001	380,3
2002	427,0
2003	486,0
2004	529,7
2005	554,9
2006	563,5
2007	578,3
2008	616,1
2009	663,3

Anm.: Die Haushaltsjahre beginnen am 1. Oktober des jeweiligen Vorjahres. Datenquelle: Stockholm International Peace Research Institute (SIPRI): Military Expenditure Database, http://milexdata.sipri.org/result.php4 (Zugriff 27. 01. 2011). Dollar-Angaben in festen Wechselkursen mit Referenzjahr 2008.

Abbildung 5 Anteil der Verteidigungsausgaben am Bundeshaushalt

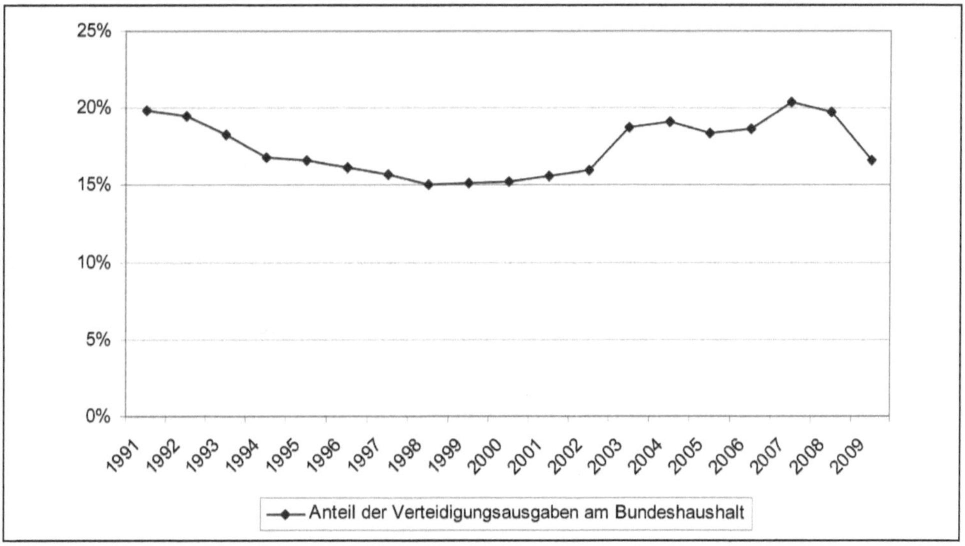

Anm.: Die Haushaltsjahre beginnen am 1. Oktober des jeweiligen Vorjahres. Datenquelle: Policy Agendas Project: Budget Trends (http://www.policyagendas.org/page/trend-analysis, Zugriff 27.01.2011); eigene Auswertung.

Abbildung 6 Anteil der Verteidigungsausgaben am Bruttoinlandsprodukt

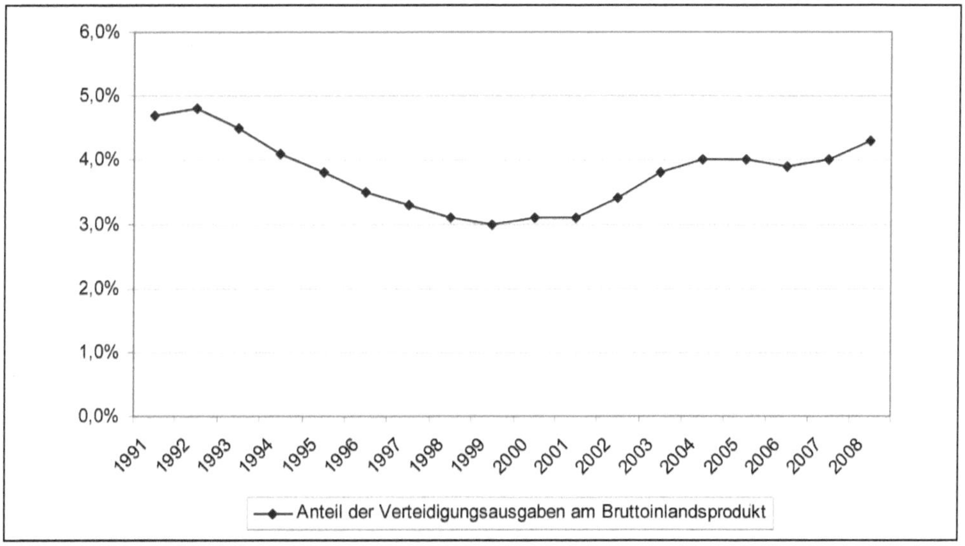

Anm.: Die Haushaltsjahre beginnen am 1. Oktober des jeweiligen Vorjahres. Datenquelle: Stockholm International Peace Research Institute (SIPRI): Military Expenditure Database, http://milexdata.sipri.org/result.php4 (Zugriff 27.01.2011).

Kein Staat der Welt wendet mehr Ressourcen für die militärische Rüstung auf als die USA. Allerdings ist die weit verbreitete Annahme, die USA gäben mehr für die Rüstung aus als der Rest der Welt zusammen, nicht ganz zutreffend. Tatsächlich bewegt sich der Anteil der amerikanischen Verteidigungsausgaben an den weltweiten Rüstungsausgaben seit den 1990er Jahren zwischen 35 und 42 Prozent (vgl. Abbildung 7). Dieser Anteil ist hoch genug, um praktisch die amerikanische Kontrolle über den globalen öffentlichen Raum sicherzustellen („Command of the Commons"; Posen 2003). Dieser Raum umfasst die internationalen Gewässer, den weltweiten Luftraum oberhalb von etwa 3 000 Metern sowie den Weltraum, und seine Kontrolle stellt den Zugang zum größten Teil des Globus sicher. Die USA bewegen sich zwar nicht als einzige in diesem Raum, doch sie sind die einzige Macht, die praktisch nicht an der Nutzung des Raums gehindert werden kann, während sie zugleich andere Akteure genau davon abhalten können. Eine derartige Kontrolle bildet die militärische Grundlage für die herausragende und historisch einmalige internationale Machtposition der USA (Posen 2003: 8). Allerdings stellt das amerikanische Verteidigungsministerium selbst fest, dass um den globalen öffentlichen Raum – der auch den Cyberspace umfasst – ein Wettbewerb entbrannt ist („Contested Commons"; Flournoy/Brimley 2009), in dem sich die USA den wachsenden Ansprüchen und Fähigkeiten anderer Akteure ausgesetzt sehen, so dass die Kontrolle dieses Raumes immer schwieriger wird.

Die grundlegende Strategie des US-Militärs war in den 1990er Jahren darauf ausgerichtet, nicht mehr – wie während des Ost-West-Konfliktes – einen quasi globalen Krieg führen zu können, sondern regional begrenzte Konflikte bestehen zu müssen. Die US-Streitkräfte

Abbildung 7 Anteil der Rüstungsausgaben der USA an den weltweiten Rüstungsausgaben

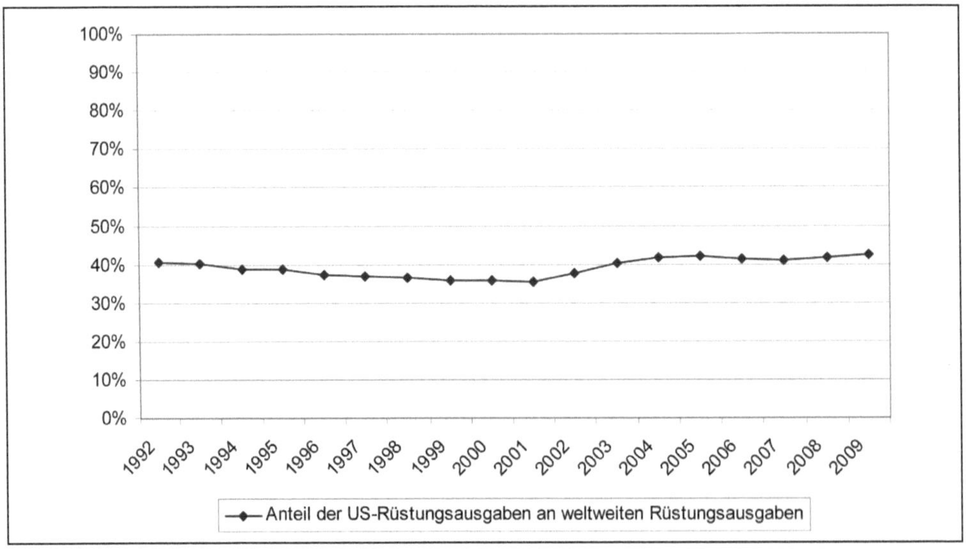

Datenquelle: Stockholm International Peace Research Institute (SIPRI): Military Expenditure Database, http://milexdata.sipri.org/files/?file=SIPRI+milex+data+1988-2009.xls (Zugriff 27. 01. 2011). Für das Jahr 1991 lagen keine Angaben über die weltweiten Rüstungsausgaben vor. Eigene Auswertung.

sollten vor allem in die Lage versetzt werden, zwei regionale Konflikte in der Größenordnung des Golfkrieges von 1991 nahezu gleichzeitig zu führen (U.S. Department of Defense 1993: 7). De facto waren die amerikanischen Streitkräfte aber im weiteren Verlauf der 1990er Jahre vor allem mit Einsätzen beschäftigt, die als „military operations other than war (MOOTW)“ bezeichnet wurden, also beispielsweise mit humanitären und Peacekeeping-Einsätzen; auch die mehrfachen Kampfeinsätze im ehemaligen Jugoslawien lagen deutlich unter der Größenordnung des Golfkrieges. Mit dem Strategiepapier der *Quadrennial Defense Review* (QDR)[63] des Jahres 2001, das Ende September erschien, wurde der alte Ansatz, der v. a. regionale Bedrohungen in den Blick nahm *(threat-based approach),* durch eine eher funktional ausgerichtete Planung ersetzt, die auf ein breites Spektrum möglicher (eigener und feindlicher) Fähigkeiten zielte *(capabilities-based approach)* und auch asymmetrische Bedrohungen, etwa durch den Terrorismus, stärker berücksichtigte (U.S. Department of Defense 2001a). Diese Abschnitte wurden nach dem 11. September, also kurz vor der Publikation des Papiers, noch ausgebaut und stärker betont, so dass der ursprüngliche Fokus auf China in den Hintergrund geriet.[64] Im QDR-Bericht von 2006 betonte das Pentagon noch stärker die „irreguläre“ Kriegführung und Aufstandsbekämpfung, für die nicht nur überlegene Technologie, sondern auch sprachliche Fähigkeiten und interkulturelle Kompetenz nötig seien (U.S. Department of Defense 2006). Im Jahr 2008 stellte das Pentagon ausdrücklich und offiziell fest, dass die irreguläre Kriegführung genauso wichtig sei wie die konventionelle Kriegführung (U.S. Department of Defense 2008a). In dieser Entwicklung spiegelte sich natürlich die Erfahrung der jahrelangen Kriege in Afghanistan und im Irak wider.

Ab 2001 nahm das Militär nicht nur durch diese Kriege die zentrale Rolle in der US-Außenpolitik ein (wobei lediglich die erste Phase des Irakkrieges 2003 einem klassischen zwischenstaatlichen Krieg glich), sondern auch durch die verdeckten Operationen der Spezialkräfte, die im „Krieg gegen den Terror“ praktisch weltweit operierten. Unter George W. Bush wuchsen die Spezialkräfte des Pentagons und der CIA zu einem der wichtigsten Instrumente der US-Außenpolitik heran, und sie wurden so gut ausgestattet und so häufig eingesetzt wie nie zuvor. Am Ende der Bush-Präsidentschaft operierten sie in etwa 60 Ländern, und unter Präsident Obama wurde ihr Operationsfeld sogar auf insgesamt 75 Länder ausgeweitet (DeYoung/Jaffe 2010). Besonders der Einsatz von unbemannten Drohnen, die sowohl Aufklärungszwecken als auch der Bekämpfung von Feinden dienen können, hat unter Präsident Obama noch einmal stark zugenommen – zum einen aufgrund des technischen Fortschritts und der größeren Verfügbarkeit der Waffen, zum anderen aufgrund der politischen Entscheidung, das Einsatzspektrum, und insbesondere den Kreis der Zielpersonen, zu vergrößern (Shane/Mazzetti/Worth 2010). Allerdings ist nicht jeder Einsatz der Spezialkräfte ein Aufklärungs- oder Kampfeinsatz; auch die Unterstützung bei der Ausbildung von Spezialkräften anderer Nationen zählt zu ihren Aufgaben.

63 Die QDR ist eine gesetzlich mandatierte, alle vier Jahre durchzuführende Studie, in der das Pentagon seine verteidigungspolitischen Grundlagen und Strategien überprüfen und in einem Bericht darlegen soll. Der erste QDR-Bericht wurde 1997 erstellt; eine Art „Vorläufer“ war die *Bottom-Up Review* des Verteidigungsministeriums von 1993. Die QDR wird unter der Federführung des *Under Secretary of Defense for Policy* durchgeführt.

64 Interview mit Stephen Flanagan.

Im Zuge dieser Operationen verschwimmen die Grenzen zwischen Militär und Geheimdienst immer mehr. Die CIA übernimmt zunehmend bewaffnete Einsätze – vor allem in der Frühphase des Afghanistankrieges war dies zu beobachten (vgl. Woodward 2002) – und verstärkt seinen paramilitärischen Arm (vgl. Best/Feickert 2009), während das Militär seine geheimdienstlichen Fähigkeiten und Operationen ausweitet und damit Aufgaben übernimmt, die früher den zivilen Nachrichtendiensten vorbehalten waren (Gellman 2005; U.S. Department of Defense 2005).[65] Diese Entwicklung ist aus mehreren Gründen problematisch: Aufgrund der Verwischung von Zuständigkeitsgrenzen und der zunehmenden Unübersichtlichkeit von Auslandseinsätzen fällt es dem Kongress und der Öffentlichkeit immer schwerer, die Politik der Regierung in diesem Bereich effektiv zu kontrollieren. Im Ausland kann die Verwischung der Grenze zwischen Soldaten und Geheimdienstlern dazu führen, dass Soldaten, die in Feindeshände fallen, nicht mehr als Soldaten anerkannt werden und ihnen deshalb der Schutz durch die Genfer Konvention verwehrt wird (Shane/Mazzetti/Worth 2010).

Aus Sicht der US-Regierung ist es nicht immer leicht zu entscheiden, ob ein geheimer Kommandoeinsatz besser von den Nachrichtendiensten oder vom Militär durchgeführt werden sollte. Handelt es sich um einen nachrichtendienstlichen Einsatz, so bietet dies den Vorteil, dass die Regierung des Landes, in dem die Kräfte operieren, nicht über den Einsatz informiert werden muss; auf der anderen Seite müssen aber die Geheimdienstausschüsse des Kongresses in Kenntnis gesetzt werden. Bei einem militärischen Einsatz verhält es sich genau umgekehrt: Die Regierung des „Gastlandes" muss der Operation zustimmen, während der Kongress über die geheimen Kommandoaktionen des Militärs nicht informiert werden muss.[66]

Die Einsätze der Spezialkräfte ließen das Pentagon nicht nur in direkte Konkurrenz zur CIA treten, sondern führten auch zu Kompetenzgerangel mit dem Außenministerium, denn streng genommen müssen alle Operationen vom US-Botschafter im Zielland genehmigt werden. Unter Verteidigungsminister Rumsfeld versuchte das Pentagon, diese Vorschrift außer Kraft zu setzen, und es führte eine Reihe von Einsätzen durch, ohne den US-Botschafter vor Ort auch nur in Kenntnis zu setzen (Scott Tyson/Priest 2005).

Befürchtungen hinsichtlich einer stetig wachsenden Rolle des Pentagons wurden auch wachgerufen, als Präsident Bush 2007 die Einrichtung eines neuen Regionalkommandos der US-Streitkräfte für Afrika (AFRICOM) bekanntgab, die 2008 vollzogen wurde (vgl. unten). Im Außenministerium wurde einerseits begrüßt, dass der Ressourceneinsatz in Afrika vergrößert und besser gesteuert wird, andererseits wurde befürchtet, dass das Pentagon durch eine zunehmende diplomatische und entwicklungspolitische Rolle die amerikanische Afrikapolitik dominieren könnte (Ploch 2010: 6). Damit würde der Trend verstärkt, dass das Pentagon zunehmend in die Zuständigkeitsbereiche des Außenministeriums und der Entwicklungshilfebehörde eindringt – sei es beim wirtschaftlichen Wiederaufbau, bei der humanitären Hilfe oder in der Public Diplomacy (Dale/Serafino/Towell 2008). In einigen

65 Dies spiegelte sich nicht zuletzt in der Schaffung der Position eines Staatssekretärs, bei dem die Zuständigkeit für alle Nachrichtendienste des Pentagons gebündelt wurde *(Under Secretary of Defense for Intelligence)*, im Jahr 2003.

66 Das Verteidigungsministerium hat aber auch die Ansicht vertreten, dass es für seine verdeckten Aktionen keine Zustimmung der Regierung des Ziellandes benötigt (vgl. Kibbe 2004). Es bezeichnet diese Aktionen als „geheim" *(secret)* und nicht als „verdeckt" *(covert)*, weil dieser Terminus der CIA vorbehalten sei.

Regionen Afrikas, Asiens und Lateinamerikas sind die Präsenz und der Einfluss der Militärvertreter so groß geworden, dass sie praktisch die Rolle der Diplomaten als offizielle Vertreter der USA übernommen haben, und die regionalen Befehlshaber der US-Streitkräfte stellen die amerikanischen Botschafter häufig in den Schatten (vgl. Priest 2000; Fettweis 2004; Mazzetti 2006). Besonders wichtig sind die internationalen Kontakte des US-Militärs in autoritär regierten Staaten. Die Verbindungen zwischen den Streitkräften bilden hier oft eine wenig sichtbare – und deshalb umso wertvollere – Kooperationsebene (vgl. Priest 2003: 71–77).

Vor der aus diesen Entwicklungen resultierenden „Militarisierung" der US-Außenpolitik warnte selbst der Verteidigungsminister Gates (Scott Tyson 2008). Er betonte, dass das Außenministerium die führende Rolle in der Gestaltung der Beziehungen der USA zu anderen Ländern spielen sollte; das Militär könne dabei nur eine unterstützende Funktion einnehmen. Auch die Bedenken der CIA gegenüber dem wachsenden Einfluss des Pentagons in nachrichtendienstlichen Angelegenheiten könne er als ehemaliger CIA-Mitarbeiter gut verstehen. Diese Probleme ließen sich, so Gates, nur durch eine angemessene finanzielle Ausstattung der zivilen Akteure und eine klare Aufgabenverteilung lösen. Mit dem letzten Argument – dem der klaren Aufteilung von Zuständigkeiten – gibt er durchaus einen traditionellen Wunsch des Militärs wider. Die Ausweitung der Zuständigkeiten und Aktivitäten des Militärs wurden häufig von der zivilen Führung des Pentagons vorangetrieben, während das Militär selbst sich tendenziell auf die Fähigkeit zur Kriegsführung beschränken möchte und sich als „letztes Mittel" versteht (Whittacker/Smith/McKune 2010: 57–58).

IV.C.2 Die Organisation des Verteidigungsministeriums

Das mit Abstand größte Ministerium der USA ist das Verteidigungsministerium. Allein seine Zahl von über 750 000 zivilen Bediensteten wird von keinem anderen Ministerium erreicht; hinzu kommen etwa 1,43 Millionen Soldatinnen und Soldaten im aktiven Dienst sowie rund 1,1 Millionen Bürger, die als Reservisten zur Verfügung stehen (und die, vor allem im Irakkrieg, auch eingesetzt wurden). Damit ist das Ministerium heute erheblich kleiner als am Ende des Ost-West-Konflikts im Jahr 1989: Damals umfasste das Ministerium rund eine Million zivile Beschäftigte, zwei Millionen Frauen und Männer in Uniform sowie eineinhalb Millionen Reservisten (Rosati/Scott 2010: 161). Die Zahl der aktiven Soldatinnen und Soldaten erreichte im Jahr 2000 mit rund 1,37 Millionen ihren Tiefstand nach dem Ost-West-Konflikt, anschließend stieg sie wieder an. Die Dominanz des militärischen Elements in der amerikanischen Bürokratie wird noch deutlicher, wenn man bedenkt, dass auch andere Ministerien und Behörden zum militärischen Komplex gezählt werden können: etwa das Ministerium für Kriegsveteranen, das 235 000 Beschäftigte hat; die Küstenwache, die mehr als 35 000 Soldaten umfasst und dem Heimatschutzministerium untersteht; oder das Energieministerium, das jährlich rund 11 Milliarden US-Dollar für die Nukleartechnologie ausgibt.

Das Verteidigungsministerium besteht aus vier grundlegenden organisatorischen Elementen (vgl. Abbildung 8): (1) den Teilstreitkräften, (2) dem Verwaltungsapparat des Verteidigungsministers *(Office of the Secretary of Defense, OSD),* (3) den Kommandobereichen *(combatant commands)* und (4) den Vereinigten Stabschefs. Die Teilstreitkräfte werden jeweils von einem eigenen „Ministerium" *(Department)* geführt, diese haben aber keinen Kabinettsrang. Das Büro des Verteidigungsministers stellt den zivilen Führungsapparat und die zentrale Verwaltungseinheit des Ministeriums dar, in dem u. a. die Leitlinien der Verteidigungspolitik entwickelt werden und dem die Koordinierung der Verteidigungspolitik mit den übrigen Akteuren der US-Regierung obliegt. Diese Aufgaben erfüllt v. a. das Büro des Staatssekretärs für Verteidigungspolitik *(Under Secretary of Defense for Policy),* der – nach dem Minister und dem Stellvertretenden Minister – als die „Nummer drei" in der Hierarchie des Verteidigungsministeriums gilt. In den Administrationen von George H. W. Bush und Bill Clinton repräsentierte der Staatssekretär für Verteidigungspolitik sogar das Pentagon in der „Stellvertreterrunde" *(Deputies Commitee)* des Nationalen Sicherheitsrates; erst unter George W. Bush übernahm dies der stellvertretende Verteidigungsminister. Von 2001 bis 2005 war dies Paul Wolfowitz, unter dem die Position des stellvertretenden Verteidigungsministers insgesamt aufgewertet wurde und dem ein großer Einfluss auf die Außenpolitik der Bush-Administration zugeschrieben wurde.

Im Büro des Staatssekretärs für Verteidigungspolitik sind es v. a. zwei Abteilungen, die lange Zeit die Verteidigungspolitik geprägt haben: das Office of International Security Affairs (ISA) und das Office of International Security Policy (ISP) (McCormick 2005: 392–394). Beide wurden von einem Abteilungsleiter im Range eines Assistant Secretary of Defense (ASD) geführt. Beim Amtsantritt der Clinton-Administration wurden beide Positionen auf Betreiben des neuen Verteidigungsministers Les Aspin zunächst abgeschafft, 1994 wurden sie unter seinem Nachfolger William Perry wieder eingeführt und erwiesen sich erneut als sehr einflussreich.

Die Regionalreferate (Afrika, Europa, Westliche Hemisphäre etc.), die von einem Deputy Assistant Secretary geleitet werden, unterstanden meist dem Abteilungsleiter für International Security Affairs, während die Abteilung für International Security Policy eher strategische Fragen, etwa die Nonproliferationspolitik, bearbeitete. Allerdings waren auch in der Abteilung für International Security Policy zeitweise Regionalreferate untergebracht: In der Clinton-Administration war dies das Russlandreferat, in der Bush-Administration war es das Europareferat. In der zweiten Amtszeit der Bush-Administration wurde die Abteilung für International Security Policy schließlich abgeschafft, und es wurden neue Staatssekretärsposten geschaffen, denen auch Regionalreferate zugeordnet wurden.[67] Diese Struktur wurde in der Obama-Administration fortentwickelt, so dass im Jahr 2010 acht Regionalreferate existierten, die auf drei verschiedene Abteilungen – darunter nach wie vor jene für International Security Affairs – verteilt waren (Office of the Under Secretary of Defense for Policy 2011).

Dem Büro des Verteidigungsministers zugeordnet ist auch das „Defense Policy Board Advisory Committee", ein externes Gremium, das den Verteidigungsminister, seinen Stellvertreter und den Staatssekretär für Verteidigungspolitik in strategischen und verteidi-

67 Vgl. z. B. die so genannten „Plum Books", in denen die vom Präsidenten zu besetzenden Stellen in der Exekutive aufgeführt sind (U.S. House of Representatives Committee on Government Reform 1996; U.S. Senate Committee on Governmental Affairs 2000; U.S. House of Representatives Committee on Government Reform 2004; U.S. Senate Committee on Homeland Security and Governmental Affairs 2008) sowie Interview mit Franklin Kramer, Abteilungsleiter im Verteidigungsministerium für International Security Affairs von 1996 bis 2001.

Abbildung 8 Der organisatorische Aufbau des Verteidigungsministeriums

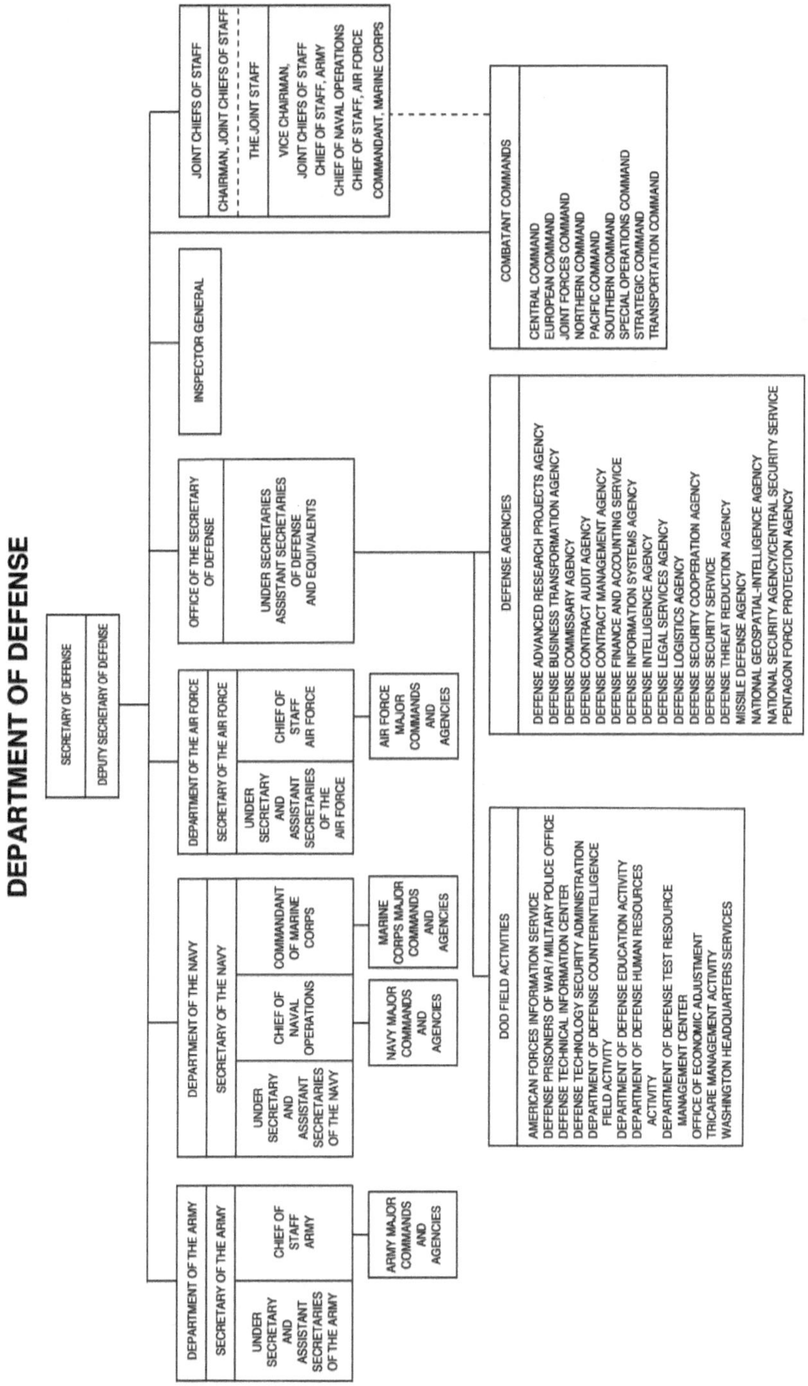

Quelle: U.S. Government Printing Office (2009).

gungspolitischen Fragen berät.[68] Das Defense Policy Board umfasst in der Regel zwischen 25 und 30 Mitglieder und setzt sich aus ehemaligen Politikern und Beamten, pensionierten Militärs und einigen renommierten Wissenschaftlern zusammen. Seine Mitglieder werden von der Spitze des Pentagon ernannt und bei Bedarf ausgetauscht. Dabei müssen sie nicht vom Senat bestätigt werden, und sie erhalten auch keine Bezahlung für ihre Beratertätigkeit. Insofern sich die Mitglieder überhaupt einer politischen Partei zuordnen lassen, sind sowohl Parteigänger der Demokraten wie der Republikaner vertreten, auch wenn sich die Präferenzen der Verteidigungsminister natürlich zu einem gewissen Grade in ihren Ernennungen widerspiegeln. Das Defense Policy Board kommt etwa alle zwei Monate zusammen, um die unterschiedlichsten Themen zu beraten, die entweder dem Gremium selbst oder dem Verteidigungsminister wichtig erscheinen. Im Anschluss an die Diskussionen und Vorträge, die einen oder zwei Tage in Anspruch nehmen können, tauscht sich das Gremium für eine bis eineinhalb Stunden mit dem Verteidigungsminister aus; dabei gibt es keine abgestimmte inhaltliche Linie des Gremiums und auch keine formellen Beschlüsse. Der Sinn dieser Treffen ist es, die Führung des Verteidigungsministeriums mit unabhängigen und vertraulichen Ratschlägen zu versorgen, die frei von den Zwängen der Tagespolitik formuliert werden

Tabelle 9 Die Regionalkommandos der US-Streitkräfte

Bezeichnung	**Gründungsjahr**	**Regionale Zuständigkeit***	**Hauptquartier**
Europakommando (European Command, EUCOM)	1952	Europa inkl. Russland, Türkei, Kaukausus, Israel. Bis 2008: große Teile Afrikas.	Stuttgart
Zentralkommando (Central Command, CENTCOM)	1983	Ägypten, Golfstaaten/arabische Halbinsel, Irak, Iran, Afghanistan, Pakistan. Seit 1999 auch Zentralasien.	Tampa, Florida
Pazifikkommando (Pacific Command, PACOM)	1947	Ost-, Süd- und Südostasien, Australien und Ozeanien, Hawaii, Antarktis. Bis 1999 auch Zentralasien, bis 2008 auch Madagaskar/östlicher Indischer Ozean.	Hawaii
Afrikakommando (Africa Command, AFRICOM)	2008	Ganz Afrika außer Ägypten.	Stuttgart
Nördliches Kommando (Northern Command, NORTHCOM)	2002	USA (ohne Hawaii), Kanada, Mexiko, nördliche Karibik.	Colorado Springs, Colorado
Südliches Kommando (Southern Command, SOUTHCOM)	1963**	Lateinamerika südlich von Mexiko, große Teile der Karibik.	Miami, Florida

* Genannt werden hier nur die wichtigsten Staaten oder Regionen. Zudem decken die Regionalkommandos jeweils auch die Teile der Ozeane ab.

** Ein Vorläufer des Südlichen Kommandos wurde im Zweiten Weltkrieg gegründet. 1963 ist das Jahr, in dem das Südliche Kommando seine heutige Bezeichnung erhielt.

Quelle: Webseiten der Regionalkommandos, zugänglich über: http://www.defense.gov/orgchart/#45 (Zugriff 21.01.2011).

68 Die folgenden Ausführungen stützen auf Ricks (2002) und Financial Times (2003) sowie auf mein Interview mit Eliot Cohen, der von 2001 bis 2006 Mitglied des Defense Policy Board war.

können. Allerdings bedeutet dies nicht zwangsläufig, dass im Defense Policy Board keine politische Agenda verfolgt wird. Dies zeigte sich etwa in den Jahren von 2001 bis 2003, als Richard Perle dem Gremium vorsaß: Er galt als einer der „Architekten“ des Irakkrieges von 2003 und erweckte gelegentlich den Eindruck, als spräche er für das Pentagon.

Zum Zwecke der operativen Führung sind die Streitkräfte in zehn Kommandobereiche eingeteilt, darunter sechs Regionalkomandos (vgl. Tabelle 9) und vier funktionale Kommandobereiche (vgl. Tabelle 10). Die zehn Kommandobereiche werden als sogenannte *unified combatant commands* bezeichnet, weil sie jeweils Truppen aus mehreren Teilstreitkräften unter einem Kommando vereinen *(unified),* um sie in Kampfeinsätzen zu führen *(combatant).* Die Befehlshaber der Kommandobereiche wurden noch in der Clinton-Administration als „CINCs“ bezeichnet (Akronym für *Commanders-in-Chief*). Unter Verteidigungsminister Rumsfeld wurden sie in *Combatant Commanders* (COCOMs) umbenannt, um den Primat der zivilen Führung deutlich zu machen – schließlich gibt es nur einen *Commander-in-Chief*, den Präsidenten (Rosati/Scott 2010: 176).

Die Struktur der Kommandobereiche wurde in den vergangenen zwei Jahrzehnten mehrfach reformiert. Im Oktober 1999 ging das Oberkommando für die US-Streitkräfte in Zentralasien vom Pazifikkommando (PACOM) auf das Zentralkommando (CENTCOM) über. Dies kann als Ausdruck der gestiegenen Bedeutung, die die USA Zentralasien – vor allem als Rohstofflieferant – beimessen, gedeutet werden, denn das Zentralkommando ist dasjenige, dessen wichtige Aufgabe die Sicherung des Zugangs zu den Rohstoffen in der Golfregion ist (Klare 2001). Das Europakommando (EUCOM) umfasste bis 2008 nicht nur ganz Europa einschließlich der Türkei und Russlands, die Kaukasusregion und Israel, sondern auch den

Tabelle 10 Die funktionalen Kommandobereiche der US-Streitkräfte

Bezeichnung	**Zuständigkeit**	**Haupt-quartier**
Joint Forces Command (JF-COM)	Bis 1999 ein Regionalkommando unter der Bezeichnung „Atlantic Command“. Seither funktionaler Schwerpunkt auf Transformation der Streitkräfte.	Norfolk, Virginia
Special Operations Command (SOCOM)	Unterstützung und Einsatzvorbereitung der Spezialkräfte der vier Teilstreitkräfte. Seit 2004 auch Planung, Koordinierung und Einsatzleitung im „Krieg gegen den Terror“.	Tampa, Florida
Strategic Command (STRATCOM)	Nuklearwaffen, Raketenabwehr, Bekämpfung von Massenvernichtungswaffen, Operationen im Weltraum (seit 2002), Informationsoperationen, Cybersicherheit (seit 2010 im Teilkommando CYBERCOM).	Omaha, Nebraska
Transportation Command (TRANSCOM)	Weltweiter Transport und Logistik.	Scott Air Force Base, Illinois*
Space Command (SPACECOM)	Operationen im Weltraum. Existierte von 1985 bis 2002, wurde dann ins Strategic Command integriert.	Colorado Springs, Colorado

* Nahe St. Louis, Missouri.

Quelle: Webseiten der Kommandobereiche, zugänglich über: http://www.defense.gov/orgchart/#45 (Zugriff 21.01.2011).

größten Teil Afrikas. Die Gründung des Regionalkommandos für Afrika (AFRICOM) stellt eine Antwort auf die wachsende strategische Bedeutung des Kontinents, v. a. als Rohstofflieferant, dar (Ploch 2010). Bis dato war Afrika nicht nur vom Europakommando abgedeckt worden, sondern auch vom Pazifikkommando (Madagaskar) und vom Zentralkommando, dem die ostafrikanischen Länder von Ägypten bis Kenia zugeordnet waren. Auch nach der Gründung von AFRICOM behielt CENTCOM die Zuständigkeit für Ägypten.

Trotz der Gründung von AFRICOM haben die USA nur einen nennenswerten Militärstützpunkt in Afrika, der sich in Dschibuti befindet. Damit stellt Afrika, ähnlich wie Südamerika, eine Art „blinden Fleck" auf der Karte des weltweiten Netzes von US-Stützpunkten dar. Nach offiziellen Angaben verfügte das US-Militär im Jahr 2010 über insgesamt 662 Auslandsstützpunkte in 38 Ländern (U.S. Department of Defense 2010b). Die meisten dieser Standorte befinden sich in Deutschland (218), gefolgt von Japan (115) und Südkorea (86). Die Zählung der Auslandsstützpunkte umfasst Standorte aller Größen: von jenem in Katar, wo sich gegenwärtig der größte Auslandsstützpunkt der USA befindet, bis zu kleineren Posten, auf denen beispielsweise nur eine Radarstation betrieben wird. Unter allen Auslandsstützpunkten werden nur 32 als „groß" oder „mittelgroß" eingestuft, weil ihr Wiederbeschaffungswert über 915 Millionen US-Dollar liegt. Insbesondere die überseeischen Quartiere der regionalen Oberbefehlshaber wurden in den 1990er Jahren so stark ausgebaut, dass sie mehr als doppelt so groß wurden wie während des Ost-West-Konflikts. Nicht zuletzt aufgrund dieser Ressourcenüberlegenheit stieg der politische Einfluss der militärischen Befehlshaber, während auf der zivilen Seite in den 1990er Jahren vierzig Botschaften und Konsulate geschlossen wurden (Priest 2003: 71–77).

Unter George W. Bush wurde v. a. die Zahl der Länder, in denen das US-Militär eine Präsenz hat, ausgeweitet, und viele Experten gehen davon aus, dass die USA über deutlich mehr überseeische Stützpunkte verfügen, als sie offiziell zugeben (Johnson 2003: 205–248; Lutz 2009). Kleinere Stützpunkte, die das US-Militär nur im Bedarfsfall als eine Art „Trittstein" nutzt, werden zum Teil vollständig von privaten Dienstleistern betrieben, denen das Pentagon auch so viele andere Aufgaben übertragen hat – von der Verpflegung über den Personen- und Objektschutz bis zur Wartung von Waffensystemen –, dass die USA ohne sie praktisch keinen Krieg mehr führen können (vgl. Singer 2003, 2005; Congressional Budget Office 2008; U.S. Senate Committee on Armed Services 2010).

Innerhalb der USA gibt es 215 mittlere und große sowie 3 500 kleinere Militärstandorte. Nicht zuletzt deshalb ist das Verteidigungsministerium der größte wirtschaftliche Akteur in den USA (Rode 2002: 67–76). Für den Betrieb der Stützpunkte, aber auch für die Beschaffung von Rüstungsgütern und die Förderung von Forschung und Entwicklung pumpt das Verteidigungsministerium solch enorme Summen in die amerikanische Wirtschaft, dass es unter allen US-Ministerien über die stärkste innenpolitische Klientel verfügt. Nach Schätzungen hängen etwa fünf Millionen Arbeitsstellen in den USA direkt oder indirekt von den Ausgaben des Pentagons ab (McCormick 2005: 392).

Das vierte organisatorische Grundelement des Verteidigungsministeriums, die Vereinigten Stabschefs *(Joint Chiefs of Staff, JCS),* umfasst an seiner Spitze sechs Personen: die Stabschefs der vier Teilstreitkräfte sowie den Vorsitzenden der Vereinigten Stabschefs *(Chairman of the Joint Chiefs of Staff, CJCS)* und seinen Stellverteter. Sie verfügen über einen eigenen, kollektiven Mitarbeiterstab, der ihnen speziell für ihre Funktion als JCS zur Verfügung steht und in dem jeder Soldat einmal gedient haben muss, bevor er in den Generalsrang aufsteigen kann. Die Vereinigten Stabschefs sind nicht Teil der militärischen Befehlskette, die vom Präsidenten über den Verteidigungsminister zu den Befehlshabern der regionalen und funktionalen Kommandobereiche verläuft. Der Vorsitzende der Stabschefs, der vom Präsidenten mit Zustimmung des Senats ernannt wird, ist „lediglich" der oberste militärische Berater des Präsidenten, des Verteidigungsministers und des Nationalen Sicherheitsrates. Als solcher nimmt er aber auch an Sitzungen des Nationalen Sicherheitsrates teil, und Vertreter des Mitarbeiterstabes der JCS sitzen in den interministeriellen Arbeitsgruppen des NSC. Insofern spielen die JCS beinahe die Rolle eines eigenständigen Ministeriums (Wittkopf/Kegely/Scott 2003: 376–378).

In der Kommunikationskette innerhalb des Pentagons dient der Vorsitzende der JCS zudem als Vermittler und auch als „Filter" zwischen der politischen Führung und den Kommandeuren – obwohl Letztere den JCS durchaus umgehen können, indem sie direkt mit dem Verteidigungsminister oder dem Präsidenten kommunizieren. Dies passierte vor allem in der Amstzeit von George W. Bush, als die Vorsitzenden der Vereinigten Stabschefs nicht mehr so einflussreich waren wie noch unter George H. W. Bush und Bill Clinton (vgl. McCormick 2005: 396–397). Den Vorsitzenden der Vereinigten Stabschefs unter George W. Bush wurde vorgeworfen, sie hätten Verteidigungsminister Rumsfeld stets nach dem Mund geredet. Tatsächlich lag dies wohl auch am Präsidenten George W. Bush, der vom Verteidigungsministerium verlangte, mit einer Stimme zu sprechen und dabei vergaß, dass die JCS vom Kongress geschaffen wurden, um nicht nur dem Minister, sondern auch dem Präsidenten unabhängige militärische Ratschläge zu erteilen (Hoffman 2008).

Aufgrund der Größe und Heterogenität des Verteidigungsministeriums gibt es in diesem Ministerium praktisch keine einheitliche Organisationskultur. Dennoch lassen sich einige Merkmale und Grundhaltungen herausarbeiten, die von sehr vielen Angehörigen des Militärs geteilt werden. Nach Snider (2003: 119–125) zeichnet sich die amerikanische Militärkultur vor allem durch vier Elemente aus:

1. Disziplin und Ordnung,
2. ein Berufsethos, nach dem das Militär an traditionelle Werte der amerikanischen Gesellschaft zurückgebunden ist und diese vertritt,
3. eine Vorliebe für Regeln und Rituale,
4. Zusammenhalt und Korpsgeist.

Rosati und Scott (2010: 168–171) identifizieren fünf Eigenschaften, die vor allem die Offiziere des modernen amerikanischen Militärs auszeichnen:

1. ein Selbstverständnis als „Manager" oder „Gewaltmanager" (und nicht als „Krieger"),
2. ein Verlangen nach immer mehr Ausrüstung und moderner Technologie,
3. Ehrgeiz und Karrierestreben,
4. die Überzeugung, dass sich die Politik aus der Kriegführung heraushalten sollte, nachdem sie dem Militär ein Mandat erteilt hat,
5. die Überzeugung, dass erfolgreiche Kriegführung die Konzentration von Kräften auf ein bestimmtes Ziel, eine bestimmte Region oder einen bestimmten Akteur erfordert.

Das Militär ist tendenziell eine konservative Organisation (Davis 2001), in der traditionelle Werte noch höher geschätzt werden als im Rest der amerikanischen Gesellschaft, und zu diesen Werten zählt auch ein althergebrachtes Männlichkeitsideal, das Homosexualität ablehnt. Dementsprechend groß waren die Widerstände im Militär gegen Reformen, die Homosexuellen den Dienst im Militär ermöglichten. Präsident Clinton erließ 1993 die „Don't ask, don't tell"-Regelung, nach der Dienstherr und Vorgesetzte keinerlei Nachforschungen über die sexuelle Orientierung der Soldaten mehr anstellen durften. Diese durften im Gegenzug eine homosexuelle Orientierung nicht thematisieren, zugeben oder zeigen; taten sie es dennoch, konnten sie weiterhin aus dem Militär entlassen werden. Dieses Schicksal traf in den Jahren zwischen 1994 und 2010 rund 13 000 Soldaten. Präsident Obama unterzeichnete schließlich 2010 ein Gesetz, mit dem „Don't ask, don't tell" aufgehoben und auch bekennenden Homosexuellen der Dienst an der Waffe ermöglicht wurde (Gorman 2011).

Demokratischen, „liberalen" Präsidenten wird generell eine eher schwieriges Verhältnis zum Militär nachgesagt, und die meisten Soldaten bevorzugen republikanische gegenüber demokratischen Präsidenten, weil sie sich von den Republikanern mehr Verständnis für militärische Belange versprechen (vgl. Campbell/O'Hanlon 2006: 11–36; Desch 2007). In der Tat setzen sich Republikaner zwar eher für eine Erhöhung des Verteidigungsbudgets ein, doch ironischerweise genoss das Militär unter Präsident Clinton mehr außenpolitischen Einfluss als unter George W. Bush. Denn die Clinton-Mannschaft sah ihre eigenen Stärken nicht auf dem Feld der Verteidigungspolitik und verließ sich bereitwilliger auf das Urteil der Militärs, als es die selbstbewusste Bush-Regierung trat.

Insbesondere Verteidigungsminister Rumsfeld trat mit einer sehr ambitionierten Agenda zur „Transformation" des Militärs und zur Stärkung der zivilen Kontrolle des Pentagons an, so dass sein Vorgehen von den Offizieren schon bald als „feindliche Übernahme" betrachtet wurde (Woodward 2006: 39). Rumsfeld stärkte die Rolle der Zivilisten im Verteidigungsministerium sowohl in der strategischen Planung der Verteidigungspolitik – etwa bei der Planung des Irakkriegs – wie auch in Fragen des Ressourcenmanagements (Wittkopf/Kegley/Scott 2003: 373–376). Nachdem der Irakkrieg aus dem Ruder gelaufen war, strickten viele Militärs – wie schon nach dem Vietnamkrieg – an einer Art „Dolchstoßlegende" (Hoffman 2008), nach der allein die zivile Führung die Veranwortung für das Desaster trug, weil sie die Ratschläge der Militärs ignoriert habe.

Mit der „Transformation" des Militärs (Rumsfeld 2002) sollten die Streitkräfte flexibler, schneller und beweglicher im Denken wie im Handeln werden. Rumsfeld setzte damit auch die „Revolution in Military Affairs" (RMA) fort, die in die 1980er und 1990er Jahre zurückging und die – jedenfalls in ihrer vorherschenden Bedeutung – die beschleunigten Fortschritte in den Bereichen der Waffen- und der Informationstechnologie sowie, durch die Vernetzung der beiden Bereiche, der Organisation des Militärs und der Operationsführung beschrieb (vgl. Schwarz 1999: 70–83). Unter Verteidigungsminister Gates wurde diese Entwicklung zwar fortgesetzt, doch sie stand weniger im Mittelpunkt. Nicht zuletzt aufgrund der zunehmenden Mittelknappheit konzentrierte sich Gates stärker auf die drängenden militärischen Probleme in Afghanistan und im Irak, und er definierte die Rolle des Pentagons, auch vis-à-vis dem Außenministerium und der CIA, zurückhaltender und weniger ehrgeizig als sein Vorgänger (Harris 2007; DeYoung/Haffe 2010).

IV.D Der Kongress

IV.D.1 Die Institution und ihre Mitglieder

Das „mächtigste Parlament der Welt"?

Der These von der Präsidentschaft als dem machtvollsten Amt der Welt steht die These gegenüber, der amerikanische Kongress sei das mächtigste und unabhängigste Parlament der Welt (vgl. Grant 2004: 26). Wie im Falle des Präsidenten variiert aber auch die Macht des Kongresses je nach Handlungszusammenhang: Der amerikanische Kongress hat – schon allein wegen der Weltmachstellung der USA – zweifellos mehr Einfluss auf die internationale Politik als die Parlamente anderer Staaten. Hingegen ist er gesellschaftlichen Einflüssen stärker ausgesetzt als die meisten anderen Parlamente. Die Macht und Autonomie des Kongresses wird vor allem in der vergleichenden Analyse des Verhältnisses zwischen Exekutive und Legislative deutlich: Es gibt wohl kaum ein Parlament, das die Außenpolitik seines Landes so stark beeinflusst wie der US-Kongress (Solomon/Quinney 2010: 130). Das amerikanische Parlament nimmt eine stärkere Stellung gegenüber dem Regierungschef und der Bürokratie ein als die Parlamente in anderen Staaten. Zwar kann der Kongress – anders als die Legislative in parlamentarischen Regierungssystemen – den Regierungschef weder bestellen noch abberufen, doch ebenso wenig kann der Präsident den Kongress auflösen und Neuwahlen erzwingen.

Aufgrund der separaten Wahlen für das Präsidentenamt und den Kongress hat die Partei des Präsidenten nicht notwendigerweise die Mehrheit im Parlament. Und selbst wenn der Präsident auf eine Mehrheit seiner Partei im Kongress blicken kann, ist ihm die Unterstützung durch das Parlament keineswegs sicher, denn die Disziplinierung und Steuerung der Fraktionen durch die Regierung oder die Parteiführung ist im Kongress wesentlich schwieriger als beispielsweise im Deutschen Bundestag oder im britischen Unterhaus. Der Kongress spielt zwar in der Außenpolitik eine geringere Rolle als in der Innenpolitik seines Landes – dieses Schicksal teilt er mit den meisten Parlamenten in den westlichen Demokratien. Doch auch in der Außenpolitik verfügt der Kongress über mehr Einfluss als jede andere Legislative, und dies obwohl er die Kompetenzen, die ihm laut Verfassung in außenpolitischen Fragen zustehen, niemals voll ausgeschöpft hat.

Senat und Repräsentantenhaus

Die Grundsätze der strikten institutionellen Gewaltentrennung und der funktionalen Teilung und Verschränkung der Gewalten, die das amerikanische Regierungssystem als Ganzes kennzeichnen, finden auch innerhalb der Legislative ihren Niederschlag. Die beiden Kammern des Kongresses werden getrennt gewählt, und keine Person darf ein Mandat in beiden Kammern zugleich halten. Beide Häuser sind in ihren inneren Angelegenheiten, etwa in Fragen der Geschäftsordnung, autonom. Zugleich teilen sich beide Kammern die allgemeine Gesetzgebungskompetenz und die Budgethoheit, und beide Häuser haben die Aufgabe, die Exekutive in der Innen- wie in der Außenpolitik zu kontrollieren. Auch einige rein außenpolitische Befugnisse liegen bei beiden Kammern, etwa das Recht zur Kriegserklärung sowie zur Regelung des Außenhandels. Darüber hinaus genießt der Senat zusätzliche Kompetenzen: Zum einen müssen internationale Verträge der USA nur vom Senat ratifiziert werden, zum anderen unterliegt die Ernennung des Regierungspersonals durch den Präsidenten der Zustimmung des Senats.

Auch aufgrund dieser besonderen Kompetenzen war der Senat lange Zeit die deutlich aktivere und einflussreichere der beiden Kammern in der Außenpolitik. In den 1970er und 1980er Jahren ist das Repräsentantenhaus zu einem nahezu gleichberechtigten Partner in der Außenpolitik herangewachsen (Ripley/Lindsay 1993: 12). Hierfür waren vor allem drei Entwicklungen verantwortlich: Erstens haben formelle, vom Senat zu ratifizierende Verträge an Relevanz verloren, weil immer mehr internationale Vereinbarungen in Form von Regierungsabkommen getroffen werden; zudem genießen mit zunehmender wirtschaftlicher Interdependenz Handelsvereinbarungen einen höheren Stellenwert auf der außenpolitischen Agenda, und diese unterliegen verfassungsgemäß der Zuständigkeit beider Kammern. Zweitens hat sich die Budgethoheit, die sich ebenfalls beide Kammern teilen, zum wichtigsten außenpolitischen Steuerungsinstrument des Kongresses entwickelt. Drittens wurde das Repräsentantenhaus noch häufiger als der Senat von der oppositionellen Partei kontrolliert, so dass der Anreiz, sich von den außenpolitischen Vorgaben der Administration zu lösen, im Repräsentantenhaus besonders groß war. Trotz dieser Entwicklungen bleibt aber der Senat insgesamt die außenpolitisch bedeutendere Kammer des Kongresses.

Mit einhundert Mitgliedern ist der Senat eine vergleichsweise kleine Parlamentskammer. Jeder Bundesstaat stellt zwei Senatoren, deren Amtszeit sechs Jahre beträgt. Alle zwei Jahre wird ein Drittel der Senatoren neu gewählt, so dass sich die Kammer aus drei Gruppen *(classes)* zusammensetzt. Da sich seine Zusammensetzung nie auf einen Schlag vollständig ändern kann, gilt der Senat als „ständige Institution" *(continuing body)* (U.S. Senate 2010). Die 435 Abgeordneten des Repräsentantenhauses hingegen werden alle zwei Jahre vollständig neu gewählt.[69] Die Zahl der Abgeordneten,[70] die aus jedem Bundesstaat entsendet werden, richtet sich nach der Bevölkerungszahl der Staaten. So gibt es zwölf Staaten, die jeweils nur einen Abgeordneten stellen, während Kalifornien als bevölkerungsreichster Staat mit 53 Abgeordneten vertreten ist. Die 435 Sitze werden nach dem alle zehn Jahre stattfindenden landesweiten Zensus neu verteilt. Nach dem letzten Zensus des Jahres 2000 wurden 17 Sitze einem anderen Bundesstaat zugeschlagen. Davon profitierten, wie schon in den Jahrzehnten zuvor, vor allem die Staaten im Süden und Westen der USA, in denen das Bevölkerungswachstum besonders stark ist. Dieser Trend wird sich nach Berechnungen des Statistischen Bundesamtes der USA wenigstens bis zum Jahr 2030 fortsetzen (U.S. Census Bureau 2004) und nicht nur die Zusammensetzung des Kongresses weiter verändern, sondern sich auch auf die Präsidentschaft auswirken, da die Zahl der Wahlmänner, die jeder Bundesstaat bei der Wahl des Präsidenten stellt, den Sitzen dieses Staates im Kongress entspricht. Neben den regionalen Verschiebungen trägt auch die stetige Erhöhung des Anteils von Frauen und ethnischen Minderheiten zu einem veränderten Profil des Kongresses bei, allerdings sind diese Gruppen gemessen an ihrem Anteil an der Bevölkerung noch immer stark unterrepräsentiert.

---

69 Anders als der Präsident, der höchstens für zwei Amtszeiten gewählt werden darf (vgl. XXII. Zusatzartikel der US-Verfassung), können Senatoren und Abgeordnete beliebig oft wiedergewählt werden. Im zwanzigsten Jahrhundert gab es sechs Senatoren, die ihr Amt über vierzig Jahre lang ununterbrochen innehatten.

70 Der Begriff Abgeordnete *(representatives)* bezeichnet nur die Mitglieder des Repräsentantenhauses.

Die Wahlen zum Senat wie zum Repräsentantenhaus werden zeitgleich mit den alle vier Jahre stattfindenden Präsidentschaftswahlen sowie jeweils zwei Jahre später als so genannte *midterm elections* abgehalten. Dieser Terminus macht deutlich, dass sich der Rhythmus der amerikanischen Politik vor allem nach den Präsidentschaftswahlen richtet. Die Kongresswahlen werden entweder mit Bezug auf die Präsidentschaft definiert – als Zwischenwahlen, die in der Mitte der präsidentiellen Amtszeit stattfinden – oder sie stehen hinter der Aufmerksamkeit, die eine gleichzeitige Präsidentschaftswahl auf sich zieht, deutlich zurück. Die Wahlbeteiligung liegt bei den Zwischenwahlen in der Regel nur bei 35 bis 40 Prozent der wahlberechtigten Bevölkerung. Finden gleichzeitig mit den Kongresswahlen auch Präsidentschaftswahlen statt, so profitieren die Kongresswahlen vom höheren Mobilisierungsgrad bei den Präsidentschaftswahlen (meist 50 bis 60 Prozent) und erreichen eine Wahlbeteiligung von rund 50 Prozent.[71]

Ein wichtiger Aspekt bei der Analyse der Kongresswahlen ist die Frage, inwiefern ihre Ergebnisse die Regierungsfähigkeit des Präsidenten potenziell befördern oder einschränken. Die 1970er bis 1990er Jahre waren eine Ära des *divided government,* d.h. die Partei des Präsidenten war in der Regel in einer, meist sogar in beiden Kammern des Kongresses in der Minderheit.[72] Erst unter Präsident George W. Bush kehrten die USA zeitweilig zu einer Phase des *unified government* zurück. Die amerikanischen Wähler verzichteten zunächst darauf, der Regierung bei den Zwischenwahlen einen „Denkzettel" zu verpassen. Üblicherweise erleidet die Partei des Präsidenten bei den Zwischenwahlen erhebliche Stimmenverluste – ein deutliches Indiz dafür, dass die Wähler die Kongresswahlen auch als Gelegenheit verstehen, den amtierenden Präsidenten für Versäumnisse „abzustrafen". In den Zwischenwahlen der Jahre 1998 und 2002 jedoch konnte die Partei der Präsidenten Clinton bzw. Bush jr. die Zahl ihrer Sitze in beiden Kammern halten oder ausbauen. Vor 1998 war dies zuletzt den Demokraten unter Präsident Franklin D. Roosevelt im Jahr 1934 gelungen.[73]

Eine weitere bemerkenswerte Entwicklung stellte die Beherrschung des Repräsentantenhauses durch die Republikaner von 1995 bis 2006 dar. Durch die „republikanische Revolution" des Jahres 1994 gewannen die Republikaner nicht nur die 1986 verlorene Mehrheit im Senat zurück, sondern auch im Repräsentantenhaus, in dem sie zuvor vierzig Jahre lang ohne Unterbrechung in der Minderheit gewesen waren. Die Wahl von 1994 gilt auch als die erste Kongresswahl, die primär über nationale Themen entschieden wurde (Jacobson 1996). Für den Rest der 1990er Jahre hielten die Republikaner die Mehrheit im Kongress, doch ihr

---

71 Genaue Daten zur Wahlbeteiligung in den Jahren 1980 bis 2010 finden sich auf der Website des *United States Election Project:* http://elections.gmu.edu/voter_turnout.htm (Zugriff 18.01.2011). Im internationalen Vergleich ist die Wahlbeteiligung in den USA niedrig. Die Gründe hierfür liegen u.a. im Wahl- und Parteiensystem (Mehrheitswahl- und Zweiparteiensysteme wie in den USA führen i.d.R. zu einer niedrigeren Wahlbeteiligung als Verhältniswahl- und Mehrparteiensysteme) sowie im Fehlen eines aufgrund von Meldedaten erstellten Wahlregisters: Die Bürger müssen sich als Wähler registrieren lassen, um an den Wahlen teilnehmen zu können. Die Wahlbeteiligung korreliert *nicht* mit dem Interesse für Politik oder dem Vertrauen in das politische System; Interesse wie Vertrauen sind unter den amerikanischen Bürgern relativ groß (Filzmaier/von Knop/Pollak 2006).

72 In dieser Phase hatte lediglich in den Jahren 1977–1981 und 1993–1995 die Partei der Präsidenten Clinton bzw. Carter auch die Mehrheit in beiden Kammern des Kongresses.

73 Dies zeigt auch, dass der „rally-round-the-flag"-Effekt während eines Krieges keineswegs zur Folge hat, dass die Wähler die Präsidentenpartei bei Zwischenwahlen stärker unterstützen. Während aller größeren Kriege der USA hat die Partei des Präsidenten bei den Zwischenwahlen Sitze im Kongress eingebüßt.

Vorsprung an Sitzen war wesentlich geringer als jener der Demokraten in der Phase ihrer Dominanz seit den 1960er Jahren. Die Zwischenwahlen 2006 schließlich wurden zu einem Referendum über die Präsidentschaft George W. Bushs, dessen Partei vor allem wegen der verfehlten Irakpolitik ihre Mehrheit im Kongress wieder verlor (Jacobson 2007). Seit 1994 hatten sich die Mehrheitsverhältnisse bei keiner Kongresswahl so radikal verändert wie 2006. Dennoch sprach kaum jemand – analog zur „republikanischen Revolution" von 1994 – von einer „demokratischen Revolution" im Jahr 2006. Denn zum einen war der Zugewinn der Demokraten 2006 wesentlich geringer als jener der Republikaner 1994, zum anderen

Tabelle 11 Parteienstärke im Kongress*

Kongress (Jahre)	Repräsentantenhaus			Senat			Präsident
	Mehrheit	Minderheit	andere oder vakant	Mehrheit	Minderheit	andere oder vakant	
101. (1989–1990)	D 259	R 174	2	D 54	R 46	0	R George H. W. Bush
102. (1991–92)	D 267	R 167	1	D 56	R 44	0	R George H. W. Bush
103. (1993–94)	D 258	R 176	1	D 57	R 43	0	D Bill Clinton
104. (1995–96)	R 230	D 204	1	R 53	D 47	0	D Bill Clinton
105. (1997–98)	R 228	D 206	1	R 55	D 45	0	D Bill Clinton
106. (1999–2000)	R 223	D 211	1	R 55	D 45	0	D Bill Clinton
107. (2001–02)**	R 221	D 212	2	D 50	R 49	1	R George W. Bush
108. (2003–04)	R 229	D 204	2	R 51	D 48	1	R George W. Bush
109. (2005–06)	R 232	D 202	1	R 55	D 44	1	R George W. Bush
110. (2007–08)***	D 233	R 202	0	D 49	R 49	2	R George W. Bush
111. (2009–11)	D 254	R 178	3	D 58	R 40	2	D Barack Obama

* D = Demokratische Partei, R = Republikanische Partei

** Nach den Kongresswahlen 2000 entfielen im Senat jeweils 50 Sitze auf beide Parteien. Die Republikaner waren zunächst Mehrheitspartei, da sie den Vizepräsidenten stellten (er ist Vorsitzender des Senats und gibt bei Stimmengleichheit die entscheidende Stimme ab). Im Juni 2001 verließ Senator James M. Jeffords die republikanische Partei und schloss sich als „Unabhängiger" den Demokraten an, die dadurch zur Mehrheitspartei im Senat wurden.

*** Die beiden unabhängigen Senatoren schlossen sich den Demokraten an, die deshalb den Status der Mehrheitsfraktion erhielten.

Quellen: Eigene Zusammenstellung nach Angaben des *Office of the Clerk of the U.S. House of Representatives* und des *Office of the Secretary of the U.S. Senate*.

wurden die Republikaner 1994 aufgrund eines (scheinbar) kohärenten und überzeugenden Programms gewählt („Contract with America"), mit dem sie sich radikal von der Politik des amtierenden Präsidenten abgrenzten.

Der Kongress ist tendenziell isolationistischer und unilateraler eingestellt als der Präsident, d. h. der Kongress ist weniger bereit, Ressourcen für außenpolitische und internationale Zwecke einzusetzen und internationale Verpflichtungen einzugehen. Im Allgemeinen ist der Präsident am stärksten und das Repräsentantenhaus am wenigsten internationalistisch ausgerichtet, während der Senat dazwischen liegt (Bennett 2002). Hierfür lassen sich vor allem zwei Erklärungen anführen: Erstens liegt die Haltung des Kongresses im institutionellen Eigeninteresse begründet, denn internationale Kooperation schwächt tendenziell die Parlamente relativ zu den Regierungen, die aufgrund ihrer Funktion als Scharnier und Mittler zwischen der innerstaatlichen und der internationalen Ebene mit zunehmender internationaler Kooperation politische Ressourcen hinzugewinnen (Wolf 2000). Zweitens spielen die Bestellung, die politische Aufgabenbeschreibung und die Verantwortlichkeit der einzelnen Kongressmitglieder gegenüber ihrer Wählerschaft eine wichtige Rolle: Im Gegensatz zum Präsidenten vertreten die Kongressmitglieder nicht die gesamte Nation, sondern lediglich (geographische) Ausschnitte derselben. Die politische Basis *(constituency)* eines Abgeordneten ist dabei in der Regel noch kleiner als die eines Senators. Da sich die Abgeordneten alle zwei Jahre zur Wiederwahl stellen müssen, befinden sie sich in einem „Dauerwahlkampf" *(permanent campaign),* in dem sie ständig Resultate vorweisen müssen, die der eigenen Wählerschaft und den eigenen Unterstützergruppen zugute kommen. Sie gelten daher als besonders anfällig für Umschwünge in der öffentlichen Meinung und den Einfluss von Interessengruppen, die im Kongress insgesamt wesentlich größere Einflussmöglichkeiten finden als in der Exekutive.

Die Öffentlichkeit und die meisten Interessengruppen sind keineswegs überwiegend isolationistisch eingestellt. Der Grund für den geringen Internationalismus der Abgeordneten ist vielmehr, dass sie ihrer politischen Basis in innen-, sozial- und wirtschaftspolitischen Fragen in der Regel besser dienen können als durch außenpolitisches Engagement. Der Einfluss eines Abgeordneten auf außenpolitische und internationale Fragen bleibt meist gering, und die Wähler erwarten die Lösung dieser Probleme nach wie vor in erster Linie nicht von ihren Abgeordneten, sondern vom Präsidenten. Dies reduziert den Anreiz für die Abgeordneten, ihre Zeit und Aufmerksamkeit außenpolitischen Themen zu widmen. Zwar kann es sich für Abgeordnete durchaus lohnen, sich zum Nutzen ihres Wahlkreises in bestimmten außenpolitischen Fragen zu engagieren. Dies betrifft aber vor allem Maßnahmen mit unmittelbaren wirtschaftlichen Auswirkungen auf die eigenen Wähler – etwa in der Handelspolitik, die die wirtschaftliche Konkurrenz aus dem Ausland verstärkt, oder bei der Frage der Schließung von Militärstützpunkten oder Rüstungsindustrien im eigenen Distrikt. Die Erwartungen der politischen Basis – und die Sanktionsmöglichkeiten, über die sie verfügt – beeinflussen in hohem Maße die Entscheidung der Abgeordneten, ob und in welcher Form sie in außenpolitischen Fragen tätig werden (Burgin 1993). Je schlechter die wirtschaftliche Lage ist, desto geringer wird die Unterstützung der Wähler und ihrer Abgeordneten für eine internationalistische Außenpolitik (Meernik/Oldmixon 2004).

Die hier beschriebene Problematik betrifft auch die Senatoren, wenngleich in abgeschwächter Form. Durch die längere Amtszeit und die Größe der Bundesstaaten sind sie weniger auf die Unterstützung durch bestimmte gesellschaftliche Gruppen angewiesen. Sie haben mehr Zeit und mehr Optionen, um Koalitionen zu schmieden, die ihren Erfolg bei der nächsten Wahl sichern sollen. Auch wird aufgrund der konstitutionellen Aufgaben des Senats die intensive außenpolitische Tätigkeit eines Senators von der eigenen Basis eher unterstützt, als dies bei den Abgeordneten des Repräsentantenhauses der Fall ist. Da sich die Zusammensetzung des Senats langsamer verändert als die des Repräsentantenhauses, sind die politischen Präferenzen des Senats im Allgemeinen stabiler.[74]

Die Kongressmitglieder ordnen natürlich nicht ihr gesamtes politisches Handeln allein dem Ziel der Wiederwahl unter. Ihre Entscheidungen werden auch durch persönliche Vorlieben, durch politische und ideologische Überzeugungen sowie durch das Streben nach Anerkennung in der landesweiten Öffentlichkeit, im Kongress und in der eigenen Partei motiviert (Lindsay 1994). Diese Faktoren tragen dazu bei, dass die Kongressmitglieder nicht nur die partikularen Interessen ihrer Wahlkreise oder Einzelstaaten im Auge haben. Doch das Gespür und das Verständnis für internationale Anreize und Zwänge ist bei den Kongressmitgliedern vergleichsweise gering ausgeprägt, denn sie haben viel weniger Kontakt mit politischen oder gesellschaftlichen Akteuren aus dem Ausland (noch weniger *im* Ausland) als die Politiker und Beamten der Exekutive. Besonders im Repräsentantenhaus ist das Interesse an außenpolitischen und internationalen Themen relativ gering. Es sind häufiger einzelne Senatoren, die als „außenpolitische Unternehmer" *(foreign policy entrepreneurs)* in Erscheinung treten, um ihre außenpolitische Agenda durchzusetzen – besonders wenn sie der Mehrheitspartei im Senat angehören und das Weiße Haus von der gegnerischen Partei besetzt ist (Carter/Scott 2004). Unter den einhundert Senatoren sind in der Regel etwa zwanzig zu finden, deren hauptsächliches Interesse auf außenpolitischen Fragen liegt.

Das Senatorenamt genießt ein höheres Ansehen als ein Mandat im Repräsentantenhaus. Ein Wechsel vom Repräsentantenhaus in den Senat gilt als politischer Aufstieg, und der Senat dient traditionell auch als „Sprungbrett" für Präsidentschaftskandidaten, um die Nominierung ihrer Partei zu gewinnen – etwa 2004 für John Kerry und seinen *running mate* John Edwards, 2008 für den Republikaner John McCain sowie für den Demokraten Barack Obama und seinen *running mate* Joseph Biden. Allerdings ist festzustellen, dass die traditionelle Abneigung der Amerikaner gegen die Zentralregierung in Washington, die mit dem Vietnamkrieg und dem Watergate-Skandal in den 1970er Jahren noch zugenommen hat, auch vor dem Senat nicht Halt machte. Die Präsidentschaftswahlen werden zunehmend nicht mehr von Senatoren, sondern von Gouverneuren aus den Einzelstaaten gewonnen, unter anderem weil sie sich als „Outsider" präsentieren können, die nicht in die Händel der Bundeshauptstadt verstrickt sind. Wie Umfragen seit vielen Jahren regelmäßig belegen, genießt der Kongress unter allen politischen Institutionen der USA das geringste Vertrauen in der Bevölkerung. Dem Kongress fehlt somit eine wichtige Ressource in der politischen Auseinandersetzung mit dem Präsidenten.[75]

---

74 Zwar liegt die Wiederwahlquote im Repräsentantenhaus noch höher als im Senat, doch aufgrund der längeren Amtszeit beträgt die durchschnittliche Dienstzeit im Senat ca. 12 Jahre, im Repräsentantenhaus nur 9 Jahre.

75 Die über Jahre konstante Rangfolge bei der „Vertrauensfrage" sowie die Tatsache, dass oft explizit nach dem Vertrauen in die Präsidentschaft gefragt wird, sprechen dafür, dass die höheren Vertrauenswerte in erster Linie der Institution und weniger der Person des Präsidenten gelten. Allerdings ist das Vertrauen der

Führungs- und Entscheidungsstrukturen im Kongress

Wie nahezu alle Parlamente leidet auch der Kongress unter Problemen des kollektiven Handelns. Vor allem vis-à-vis der Exekutive ist der Kongress im Nachteil, denn während der Präsident alleine autoritative Entscheidungen für die gesamte Exekutive fällen kann, müssen im Kongress beschlussfähige Mehrheiten unter hunderten formal gleichberechtigter Mitglieder organisiert werden. Ein Instrument, um solche Probleme kollektiven Handelns abzumildern, ist die Einrichtung von Führungsorganen und kleineren Einheiten innerhalb des Kollektivs. In Parlamenten sind dies Vorstände, politische Gruppen (vor allem Fraktionen) sowie Ausschüsse (vgl. Gamm/Huber 2002). Diese Einrichtungen gibt es auch im Kongress, der sich aber im Vergleich zu anderen Parlamenten durch ein hohes Maß an Fragmentierung und Dezentralisierung auszeichnet. Die Parlamentsvorstände und Fraktionsführungen sind relativ schwach, während die zahlreichen Ausschüsse und Unterausschüsse in der Kongressarbeit eine größere Rolle spielen als ihre Pendants in anderen Parlamenten. Da der Schwerpunkt der Kongressarbeit auf der Gesetzgebung und der Haushaltskontrolle liegt, die sich überwiegend nicht im Plenum, sondern in den Ausschüssen vollzieht, gilt der Kongress als klassisches „dezentralisiertes Arbeitsparlament".[76]

Die Fragmentierung des außenpolitischen Entscheidungsprozesses im Kongress ist das Resultat der gesellschaftlichen und politischen Umwälzungen, die in den 1960er Jahren einsetzten und sich seit den 1970ern in kongressinternen Veränderungen und Reformen niedergeschlagen haben (Polsby 2004). Zuvor hatte die außenpolitische Macht im Kongress in den Händen einiger weniger Ausschüsse – v. a. der Auswärtigen Ausschüsse und der Streitkräfteausschüsse – und ihrer Vorsitzenden gelegen. Um die Unterstützung des Kongresses für ihre Außenpolitik zu gewinnen, genügte es in der Regel, wenn die Administration einige altgediente Parlamentarier von ihrer Politik überzeugte, die dann die Gefolgschaft ausreichender Mehrheiten in den Ausschüssen und im Plenum sicherstellten. Unter dem Eindruck des Vietnamkriegs initiierte eine verjüngte und liberalere, d. h. politisch weiter links stehende, demokratische Führungsriege die *Sunshine*-Reformen, deren erster großer Schritt der *Legislative Reorganization Act* von 1970 war. Durch diese und weitere Maßnahmen verloren die klassischen Ausschüsse und ihre Vorsitzenden an Einfluss. Ihre Macht wurde zunächst vor allem nach unten und in die Breite gestreut: Die Unterausschüsse und ihre Vorsitzenden wurden gestärkt, und immer zahlreichere – bereits existierende, aber auch neue – Ausschüsse und Unterausschüsse griffen nun in die Außenpolitik ein, u. a. weil Gesetzesvorlagen nun mehreren Ausschüssen zugleich zugeleitet werden konnten. Das Anciennitätsprinzip *(seniority rule)*, demgemäß derjenige Vertreter der Mehrheitspartei, der einem Ausschuss am längsten angehört, automatisch den Vorsitz erhält, wurde gelockert, so dass die Ausschussvorsitzenden nun stärker an ihre Fraktion, von der sie gewählt oder bestätigt werden müssen,

Öffentlichkeit in die Regierungsinstitutionen insgesamt niedrig: Selbst die Zahl derer, die sagen, sie hätten viel Vertrauen in die Präsidentschaft, schwankt in der Regel nur zwischen 30 und 50 Prozent. Auch ist die Zustimmung in der Bevölkerung zur Arbeit des jeweils eigenen Kongressabgeordneten höher als die Zustimmung zum Kongress.

76 Das Gegenstück ist das „zentralisierte Redeparlament", das seine klassische Verkörperung im britischen Unterhaus findet. Hier unterliegen die Entscheidungen einer starken Kontrolle durch die Regierung, die sich auf die Parlamentsmehrheit stützt und diese weitgehend steuert. Im Plenum finden die zentralen öffentlichen Auseinandersetzungen zwischen Regierung und Opposition statt (vgl. Steffani 1979).

zurückgebunden wurden. Außerdem wurde die Transparenz der Kongressarbeit erhöht: Zum einen werden seither nicht mehr nur die Plenarsitzungen, sondern auch die meisten Ausschusssitzungen öffentlich abgehalten und im Radio, Fernsehen und Internet übertragen.[77] Zum anderen kann das Abstimmungsverhalten der Kongressmitglieder im Plenum besser nachvollzogen werden, da die *voice votes* und *division votes,* bei denen lediglich die Mehrheitsverhältnisse festgestellt werden, zunehmend durch *roll-call votes* ersetzt wurden, bei denen das Votum jedes Parlamentariers aufgezeichnet wird.

Da die Senatoren und Abgeordneten durch die größere Offenheit des Kongresses und den technologischen Fortschritt schneller und direkter mit der Öffentlichkeit kommunizieren, gewinnen *outside strategies* eine immer größere Bedeutung bei der Durchsetzung oder Verhinderung von Gesetzesvorhaben: Politische Macht im Kongress beruht heute nicht mehr nur auf Verhandlungsgeschick, guten Beziehungen zu den etablierten Führungspersönlichkeiten und genug Ausdauer, um sich in der Kongresshierarchie langsam nach oben zu arbeiten, sondern zunehmend auf der Fähigkeit, durch Koalitionen auch mit externen Akteuren öffentlichen Druck aufzubauen.[78] Im Kongress spiegelt sich damit der Trend zu einer plebiszitären Politik wider, der die moderne Präsidentschaft und die amerikanische Politik insgesamt kennzeichnet (Hils 2004). Der politische und institutionelle Wandel hat auch zu einer Verstärkung des außenpolitischen Interesses und der außenpolitischen Einflussmöglichkeiten jedes einzelnen Kongressmitgliedes geführt, so dass überspitzt formuliert wurde, die USA verfügten nun über 536 Außenminister: einen im Außenministerium und 535 im Kongress.

In den 1980er Jahren setzte ein Trend zur partiellen Re-Zentralisierung der Entscheidungsstrukturen ein, der sich in den 1990er Jahren nicht nur fortsetzte, sondern noch verstärkte und durch den vor allem die Parteiführungen im Kongress an Einfluss gewannen (Owens 1998; English 2006). Besonders im Repräsentantenhaus ist seither eine ungewöhnlich starke Steuerung der Entscheidungsprozesse durch die Führung der Mehrheitspartei zu beobachten. Dabei tat sich besonders der Republikaner Newt Gingrich hervor, der von 1995 bis 1998 Sprecher des Repräsentantenhauses *(Speaker of the House)* war und bei vielen Gesetzesvorhaben die zuständigen Ausschüsse umging. In seine Amtszeit fielen auch die republikanischen Reformen des Repräsentantenhauses, die eine Hierarchisierung der Strukturen bewirkten. Der Speaker dominierte die Auswahl der Ausschussvorsitzenden und höhlte dabei das Anciennitätsprinzip weiter aus. Die Amtszeit der Ausschussvorsitzenden wurde auf sechs Jahre begrenzt, doch zugleich wurden die Ausschussvorsitzenden gegenüber den Unterausschüssen gestärkt: Die Zahl der Unterausschüsse wurde stark verringert, und die Ausschussvorsitzenden wählten nun die Vorsitzenden und die Mitarbeiterstäbe der Unterausschüsse selbst aus (Schickler 2002). Nach der Amtszeit Gingrichs konnten sich die Ausschüsse der Steuerung durch die Parteiführung zwar wieder ein Stück weit entziehen, die formellen Neuregelungen wurden jedoch beibehalten, und auch unter Gingrichs Nachfolgern – einschließlich der Demokratin Nancy Pelosi, die 2007 die Führung im Re-

---

77 Ausschusssitzungen können jedoch auch weiterhin nicht öffentlich stattfinden, etwa zum Schutz der nationalen Sicherheit oder der Privatsphäre eines Zeugen, der im Ausschuss aussagt.

78 Es gibt jedoch keine Belege für die weit verbreitete These, dass es im Kongress mehr „undichte Stellen" *(leaks)* gebe als in der Exekutive.

Tabelle 12 Außenpolitisches Führungspersonal im Kongress

	Repräsentantenhaus			Senat		
	Sprecher	**Vorsitz des Auswärtigen Ausschusses**	**Vorsitz des Streitkräfte-ausschusses**	**Mehrheits-führer**	**Vorsitz des Aus-wärtigen Aus-schusses**	**Vorsitz des Streitkräfte-ausschusses**
1991	Thomas S. Foley (D-Wa-shington) 1989–1994	Dante B. Fascell (D-Florida) 1985–1992	Les Aspin (D-Wisonsin) 1991–1992	George J. Mit-chell (D-Maine) 1989–1994	Claiborne Pell (D-Rhode Island) 1987–1994	Sam Nunn (D-Georgia) 1987–1995
1993		Lee H. Hamilton (D-Indiana) 1993–1994	Ronald Dellums (D-California) 1993–1994			
1995	Newt Gingrich (R-Georgia) 1995–1998	Benjamin A. Gilman (R-New York) 1995–2001	Floyd Spence (R-South Caro-lina) 1995–2001	Robert Dole (R-Kansas) 1995–1996 Trent Lott (R-Missouri) 1996–2001	Jesse Helms (R-North Caro-lina) 1995–2001	Strom Thur-mond (R-S. Ca-rolina) 1995–1999
1999	J. Dennis Hastert (R-Illinois) 1999–2006					John Warner (R-Virginia) 1999–2001
2001		Henry J. Hyde (R-Illinois) 2001–2006	Bob Stump (R-Arizona) 2001–2002	Thomas A. Daschle (D-South Da-kota) 2001–2002	Joseph R. Biden, jr. (D-Delaware) 2001–2002	Carl Levin (D-Michigan) 2001–2003
2003			Duncan Hunter (R-California) 2003–2006	William H. Frist (R-Tennessee) 2003–2006	Richard G. Lugar (R-Indiana) 2003–2006	John Warner (R-Virginia) 2003–2006
2007	Nancy Pelosi (D-California) 2007–2010	Tom Lantos (D-California) 2007–2008 Howard Berman (D-California) 2008–2010	Ike Skelton (D-Missouri) 2007–2010	Harry Reid (D-Nevada) 2007–	Joseph R. Biden, jr. (D-Delaware) 2007–2008 John Kerry (D-Massachus-setts) 2009–	Carl Levin (D-Michigan) 2007–

D = Demokrat, R = Republikaner. Die Staatenbezeichnungen stellen den Bundesstaat dar, in dem das Kongressmitglied gewählt wurde.

Quellen: Eigene Zusammenstellung nach Angaben des *Office of the Clerk of the U.S. House of Representatives* und des *Office of the Secretary of the U.S. Senate.*

präsentantenhaus von den Republikanern übernahm – war die zentrale Steuerung der Entscheidungsfindung stärker ausgeprägt als vor 1995 (vgl. Mann 2010).

Das Amt des Speaker wird oft als das „zweitmächtigste Amt Amerikas" bezeichnet (Brademas 1991; vgl. zum Folgenden Davidson/Oleszek/Lee 2010: 237–299).[79] Der Speaker wird von der Mehrheit des Repräsentantenhauses gewählt und fungiert nicht nur als Parlamentsvorstand, sondern auch als politischer Führer der Mehrheitspartei, weshalb er sein Amt in der Regel parteilicher ausübt als Parlamentsvorstände in anderen Ländern. Der nominelle Mehrheitsführer *(majority leader)* im Repräsentantenhaus und, diesem nachgeordnet, der Fraktionsgeschäftsführer (*majority whip,* der als „Einpeitscher" die Geschlossenheit der Partei bei Abstimmungen sicherstellen soll) bekleiden ebenfalls wichtige Führungspositionen. Bei ihrer Besetzung folgt die Fraktion nicht immer der Vorgabe des (designierten) Speaker: So wählte die neue demokratische Mehrheitsfraktion Ende 2006 nicht den Wunschkandidaten von Nancy Pelosi, Jonathan Murtha, sondern seinen Konkurrenten Steny Hoyer zum Mehrheitsführer. Dennoch ist der Speaker einer der mächtigsten Gegenspieler des Präsidenten, und er fungiert als „Oppositionsführer" gegenüber dem Präsidenten, wenn das Repräsentantenhaus nicht von der Partei des Präsidenten kontrolliert wird. Der Speaker kann den Gesetzgebungsprozess im Haus entscheidend steuern, da keine wichtige Vorlage gegen seinen Willen im Plenum behandelt wird. Die Entscheidung darüber obliegt formal dem Geschäftsordnungsausschuss, dessen Mitglieder jedoch mehrheitlich vom Speaker ernannt werden und somit vom ihm abhängig sind. Die Verfahrens- und Abstimmungsregeln sind im Repräsentantenhaus, das strikt nach dem Mehrheitsprinzip operiert, wesentlich enger als im Senat, dessen Mitglieder größere Individualrechte genießen.

Der formelle Senatsvorsitz wird vom Vizepräsidenten ausgeübt, der bei Stimmengleichheit im Senat eine Entscheidung herbeiführen kann. Al Gore hat in seiner Zeit als Vizepräsident (1993–2001) fünf Mal eine solche *tie-breaking vote* abgegeben, Richard Cheney (2001–2009) acht Mal. Da der Vizepräsident in der Regel jedoch nicht anwesend ist, werden die Senatssitzungen in der Praxis von verschiedenen Senatoren geleitet. Die mächtigste politische Figur im Senat ist der *majority leader,* der aber im Senat eine weniger herausgehobene Stellung hat als der Speaker oder der Mehrheitsführer im Repräsentantenhaus. Denn die Hierarchien sind im Senat weniger stark ausgeprägt, und informelle Regeln und Übereinkünfte prägen die Arbeit des „Oberhauses". Die Senatoren sind sehr auf ihre Unabhängigkeit bedacht und zugleich traditionell bemüht, Konsensentscheidungen herbeizuführen. Jeder Senator kann eine Debatte oder eine Abstimmung im Plenum blockieren, indem er entweder der Senatsführung anonym mitteilt, dass er schwerwiegende Bedenken gegen eine Vorlage hat *(hold)* oder indem er androht, von seinem Recht auf unbegrenzte Redezeit Gebrauch zu machen. Ein solcher *filibuster* kann nur mit den Stimmen von drei Fünftel der Senatoren beendet werden (*cloture*-Verfahren) – eine Hürde, die meist keine Partei alleine im Senat nehmen kann (zuletzt stellten die Demokraten in den Jahren 1976–77 sechzig Senatoren). *Filibuster* werden in der Innen- wie in der Außenpolitik eingesetzt. So scheiterten

79 In der Hierarchie der Staatsämter bekleidet der Speaker den dritten Rang nach dem Präsidenten und dem Vizepräsidenten, d. h. er übernimmt das Präsidentenamt für den Fall, dass sowohl Präsident wie Vizepräsident das Amt nicht mehr ausüben können (beispielsweise aus gesundheitlichen Gründen oder nach einer Amtsenthebung). Bisher ist es jedoch nie dazu gekommen.

in den Jahren 2007 und 2008 zahlreiche Initiativen der Demokraten, die den Truppenabzug aus dem Irak befördern sollten, an den *filibustern* der republikanischen Minderheit (Wilzewski 2010: 68).

Die Befolgung derartiger Normen und Regeln wird durch die relativ kleine Zahl der Senatoren sowie durch ihre lange Amtszeit begünstigt. Sie führen aber auch zu der paradoxen Erscheinung, dass der Senat weniger entscheidungsfreudig ist als das erheblich größere und heterogenere Repräsentantenhaus. Dies ist gewiss nicht nur von Nachteil: Der Zweck dieser Regeln bestand genau darin, den Entscheidungsprozess im Senat zu verlangsamen, um eine sorgfältige Abwägung aller Optionen zu ermöglichen. Dennoch werden außerhalb wie innerhalb des Senats immer wieder Stimmen laut, die die Abschaffung der *filibuster*-Regel fordern, wofür theoretisch die Unterstützung durch eine einfache Mehrheit ausreicht. Die Tatsache, dass eine solche Entscheidung als „nukleare Option" bezeichnet wird, verdeutlicht jedoch, wie schwer sie politisch durchzusetzen ist (vgl. Klotz 2004). Zuletzt entbrannte diese Debatte im Sommer 2005 bei den Auseinandersetzungen über die Nominierungen von John R. Bolton als Botschafter bei den Vereinten Nationen und John G. Roberts als Richter am Obersten Gerichtshof.

In beiden Kammern des Kongresses wählt die jeweilige Minderheitsfraktion einen *minority leader* und einen *minority whip*. Die *minority leaders* sind trotz des Minderheitsstatus ihrer Partei wichtige Akteure, deren Standpunkte sowohl intern wie auch in der Öffentlichkeit besonderes Gehör finden. Vor allem der *Senate minority leader* verfügt über erhebliche Blockademöglichkeiten gegenüber der Mehrheitspartei. Dies machte sich der Demokrat Thomas Daschle zunutze, der seine Partei im Senat von 1995 bis 2004 führte – davon acht Jahre in der Minderheit – und von den Republikanern wiederholt einer exzessiven Obstruktionspolitik bezichtigt wurde. Diese Auseinandersetzung war auch Ausdruck einer Verhärtung der parteipolitischen Fronten *(partisanship)*, die seit den 1970er Jahren zu beobachten ist, sich seit Mitte der 1990er Jahre besonders verstärkte und selbst vor dem konsensorientierten Senat nicht Halt machte (Cohen/Victor/Baumann 2004). Der verstärkte Einsatz von *filibusters* seit den 1990er Jahren ist eine Folge und ein Indikator für die zunehmende Spaltung im Senat (English 2006: 100–101; Mann 2010: 121).

Das Ausschusswesen

Die Kongressausschüsse erfüllen vor allem zwei wichtige Funktionen: erstens die Beschaffung von Informationen durch Untersuchungen und Anhörungen sowie zweitens die Vorbereitung von Gesetzen durch die Erarbeitung von detaillierten Vorlagen, die bei der anschließenden Abstimmung im Plenum in der Regel keine oder nur noch wenige Änderungen erfahren. Die Schlüsselstellung der Ausschüsse im politischen Prozess des Kongresses hat zur Folge, dass bei nahezu jeder Entscheidung eine Minderheit einen überproportional großen Einfluss ausüben kann. Warum ist die Parlamentsmehrheit bereit, ihre Entscheidungsfreiheit derart einschränken zu lassen? Hierfür lassen sich verschiedene Erklärungen anführen (vgl. Gamm/Huber 2002: 329–337). Zum einen dienen die Ausschüsse zur Lösung von Informationsproblemen: Der Kongress ist mit breiten legislativen Kompetenzen ausgestattet, doch kein Kongressmitglied kann sich hinreichendes Fachwissen in allen Politikbereichen aneignen. Durch die fachliche Spezialisierung der Parlamentarier in Ausschüssen gewinnt der Kongress an Kompetenz und kann den Informationen der hoch spezialisierten Experten in der Exekutive ein unabhängiges Urteil entgegensetzen. Zudem gewinnen die Parlamentarier deutlich an Einfluss in ihrem Sachbereich, der häufig ihren besonderen persönlichen und politischen Interessen entspricht, da sie die Anforderungen, die z. B. aus den geographischen, wirtschaftlichen oder sozio-strukturellen Spezifika ihrer Wahlkreise resultieren, bedienen können. So sind im Streitkräfteausschuss des Repräsentantenhauses überdurchschnittlich viele Abgeordnete vertreten, in deren Wahlkreisen Militärstützpunkte beheimatet sind. Diese Spezialisierung erleichtert auch das so genannte *logrolling,* also die informelle Vereinbarung zwischen Kongressmitgliedern, ihre jeweiligen Gesetzesanträge wechselseitig zu unterstützen. Nur so kommen stabile Mehrheiten zustande, weil sonst in jeder Einzelfrage neu verhandelt werden müsste und es nur in wenigen politischen Fragen eine Lösung gibt, die von einer Mehrheit allen anderen möglichen Lösungen vorgezogen wird.

Die Erleichterung der Entscheidungsfindung, die mit der Reduzierung der Gruppengröße einhergeht, ist allerdings durch die Aufblähung vieler Ausschüsse konterkariert worden. Die Parlamentarier drängen vor allem in jene Ausschüsse, in denen sie ihren Wahlkreisen materielle Vorteile sichern können, so dass beispielsweise der Streitkräfteausschuss im Repräsentantenhaus mittlerweile über sechzig Mitglieder umfasst.

Eine weitere Erklärung für die Vielzahl und Stärke der Ausschüsse im US-Kongress verweist auf das komplexe System der *checks and balances* im amerikanischen Regierungssystem. Da jede Kammer mit einer Vielzahl anderer institutioneller Akteure (Präsident, zweite Kammer etc.) verhandeln muss, errichtet sie interne Hürden, um ihre Verhandlungsmacht gegenüber externen Akteuren zu erhöhen. Wenn beispielsweise der Präsident nur ein Kongressmitglied von einem Gesetzesvorhaben überzeugen müsste (etwa den Mehrheitsführer), so könnte er von diesem mehr Zugeständnisse erwirken als von einem Parlament, in dem eine Vielzahl von Akteuren (etwa mehrere Ausschüsse) ihre Interessen und Zuständigkeiten berücksichtigt sehen wollen.[80] Die außenpolitischen Zuständigkeiten im US-Kongress sind heute sehr breit gestreut. Beispielhaft können dies folgende Daten aus dem 109. Kongress (2005–2006) verdeutlichen: Im Repräsentantenhaus hatten mindestens 19 Ständige Ausschüsse und 69 Unterausschüsse ein Mitspracherecht in Fragen, die den Prozess oder die Inhalte der Außenpolitik betreffen; im Senat waren es wenigstens 13 Ständige Ausschüsse und 42 Unterausschüsse (vgl. Tabelle 13).

Neben den Ständigen Ausschüssen können beide Kammern unabhängig voneinander Sonderausschüsse (*Select* oder *Special Committees*) bilden. Diese werden in der Regel nach der Erledigung ihrer Aufgabe, z. B. der Durchführung von Untersuchungen und der Erstellung von Berichten, wieder aufgelöst und haben nicht die Kompetenz, Gesetzesvorlagen ins Plenum einzubringen. Die Terminologie ist jedoch nicht eindeutig, denn einige *Select Committees* sind zu dauerhaften Institutionen geworden, und sie können auch mit legislativen Kompetenzen ausgestattet werden. Beispiele hierfür sind die permanenten *Select Committees on Intelligence* im Repräsentantenhaus und im Senat. *Joint Committees* und *Conference Committees* werden von beiden Kammern gemeinsam gebildet.

---

80 Andererseits bedeutet die interne Fragmetierung des Entscheidungsprozesses eine Schwächung des Kongresses in jenen Fällen, in denen der Präsident eben *keine* Beschlüsse des Kongresses wünscht, die seine Handlungsfreiheit einschränken könnten.

Tabelle 13 Ständige Kongressausschüsse mit außenpolitischen Zuständigkeiten*

Ausschüsse im Repräsentantenhaus**	**Außenpolitische Zuständigkeiten**	**Ausschüsse im Senat****
International Relations (7)	Auswärtige Beziehungen, diplomatischer Dienst, internationale Organisationen, Völkerrecht, Auslandshilfe, internationale Wirtschaftspolitik, Außenwirtschaftsförderung, Menschenrechte, internationale Umweltpolitik, nationale Sicherheit, Interventionen und Kriegserklärungen, Terrorismus, Nonproliferation und Abrüstung	Foreign Relations (7)
Armed Services (6)	Sicherheits- und Verteidigungspolitik, Rüstung, militärische Forschung & Entwicklung, Streitkräftepersonal, Raketenabwehr, Weltraumpolitik, Nonproliferation und Abrüstung, Terrorismus und neue Bedrohungen	Armed Services (6)
Intelligence*** (4)	Intelligence, Counterintelligence und Covert Actions	Intelligence*** (0)
Appropriations (6)	Bewilligung von Haushaltsmitteln	Appropriations (6)
Budget (0)	Haushaltsplan des Kongresses	Budget (0)
Ways and Means (2)	Steuern, Zollwesen, Importzölle und -quoten, Handelsabkommen	Finance (3)
Financial Services (1), Energy and Commerce (6), Small Business (1)	Internationale Finanz- und Wirtschaftspolitik, Exportförderung, Exportkontrollen	Banking, Housing, and Urban Affairs (4)
Energy and Commerce (6), Science (4), Resources (3), Transportation & Infrastructure (4)	Energiepolitik, nichtmilitärische Entwicklung & Nutzung von Kernenergie, nichtmilitärische Erforschung & Nutzung des Weltraums, Umweltpolitik	Commerce, Science, and Transportation (6), Energy and Natural Resources (2), Environment and Public Works (2)
Agriculture (1)	Auswärtiger Agrarhandel und -entwicklung	Agriculture, Nutrition and Forestry (1)
Homeland Security (6), Judiciary (3), Transportation & Infrastructure (4), Health, Education, Labor & Pensions (1), Government Reform (5)	Homeland Security, Intelligence, Terrorismus, Notfallmanagement, (Re-)Organisation und Finanzmanagement der Exekutive	Homeland Security and Governmental Affairs (2), Judiciary (3)

* Am Beispiel des 109. Kongresses

** Die Anzahl der Unterausschüsse mit außenpolitischen Zuständigkeiten steht in Klammern.

*** Die beiden *Select Committees on Intelligence* haben formal einen anderen Status als die Ständigen Ausschüsse, erfüllen praktisch aber die gleichen Funktionen.

Quellen: Eigene Zusammenstellung nach Angaben des *Office of the Clerk of the U.S. House of Representatives* und des *Office of the Secretary of the U.S. Senate.*

Die Struktur des Ausschusssystems kann theoretisch von jedem Kongress jederzeit neu bestimmt werden, tatsächlich aber werden die bestehenden Strukturen weitestgehend übernommen und nur im Bedarfsfall neuen Erfordernissen angepasst – wie bei der Einsetzung der *Homeland Security*-Ausschüsse im Jahr 2002 (Davidson/Oleszek/Lee 2010: 199–237). Die hohe Komplexität des Ausschusssystems mit zahlreichen sich überlappenden Zustän-

Tabelle 14 Ausschusstypen im Kongress

	Einbringung von Gesetzesvorlagen	Keine Einbringung von Gesetzesvorlagen
Permanent	Standing Committes, Select Committees (selten)	Joint Committees, Select Committees (selten)
Temporär	Select Committees, Conference Committees	Select Committees

digkeiten bleibt so – trotz einer Reduzierung der Zahl der Unterausschüsse in den 1990er Jahren – erhalten. Die Gründe hierfür sind – neben der Notwendigkeit der fachlichen Spezialisierung angesichts der Komplexität der außenpolitischen Aufgaben – zum einen die Kosten, die durch eine völlige Neustrukturierung entstehen würden, zum anderen die individuellen Interessen der Kongressmitglieder, die den Einfluss, den sie durch ihre Mitgliedschaft in den Ausschüssen gewonnen haben, nicht verlieren möchten. Im Durchschnitt ist jeder Abgeordnete in etwa zwei und jeder Senator in rund vier Ausschüssen oder Unterausschüssen vertreten. Aufgrund der geringeren Anzahl der Senatoren sind die einzelnen Ausschüsse im Senat dennoch meist kleiner als im Repräsentantenhaus. Die meisten Kongressmitglieder bleiben „ihrem" Ausschuss über viele Legislaturperioden hinweg treu, weil sie von der Expertise und den Netzwerken inner- wie außerhalb des Kongresses, die sie in ihrem Fachbereich aufgebaut haben, profitieren und weil das Anciennitätsprinzip noch immer eine Wirkung entfaltet: je länger die Dienstzeit in einem Ausschuss, umso größer die Chance, den Vorsitz dieses Ausschusses zu erhalten.

Voraussetzung hierfür ist allerdings, dass die eigene Partei im Plenum die Mehrheit hat, denn anders als etwa im Deutschen Bundestag werden die Vorsitze nicht auf die Fraktionen verteilt, sondern die Mehrheitsfraktion stellt in jedem Ausschuss den oder die Vorsitzende und die Mehrzahl der Ausschussmitglieder. Die Ausschussvorsitzenden bekleiden die – nach den Partei- und Fraktionsführungen – einflussreichsten Positionen im Kongress (Grant 2004: 40–42). Sie steuern die Agenda und die Tagesordnung ihrer Ausschüsse, beraumen die Sitzungen und Anhörungen an, leiten den Mitarbeiterstab und bringen die Gesetzesvorlagen ihrer Ausschüsse ins Plenum ein. In der Öffentlichkeit fungieren sie als die wichtigsten Sprecher ihrer Partei für ihr Fachgebiet. Diese Rolle verliert etwas an Bedeutung, wenn die Mehrheitspartei einer oder beider Kammern auch die Regierung stellt – in diesem Fall treten jedoch umso deutlicher die führenden Ausschussmitglieder der Minderheitsfraktion *(ranking minority members)* medial in Erscheinung, um die öffentliche Wahrnehmung politischer Ereignisse und Entscheidungen im Sinne ihrer Partei zu beeinflussen.

Besonders dem führenden Oppositionspolitiker im Auswärtigen Ausschuss des Senats *(Senate Foreign Relations Committee)* steht die öffentliche Plattform zur Verfügung, denn der Ausschuss genießt ein hohes Ansehen und eine hohe Aufmerksamkeit in den Medien – wenn auch mit deutlich abnehmender Tendenz (Fowler/Law 2008). Während der Präsidentschaft Bill Clintons machte sich jahrelang der Republikaner Jesse Helms seine führende Rolle im Auswärtigen Ausschuss zunutze, um dem Präsidenten entgegenzutreten, und während der Präsidentschaft George W. Bushs tat sich der Demokrat Joseph Biden in dieser Position hervor. Der Auswärtige Ausschuss des Senats hat rund zwanzig Mitglieder und kommt in der Regel einmal wöchentlich zusammen; der Auswärtige Ausschuss des Repräsentantenhauses (*House Committee on Foreign Affairs,* von 1995 bis 2007 *House Committee on International Relations*) umfasst rund 50 Mitglieder, die einmal pro Monat zusammenkommen.

Während die Mitglieder des Auswärtigen Ausschusses im Senat in aller Regel ein echtes Interesse an Außenpolitik haben, trifft dies nach Einschätzung eines langjährigen Kongressmitarbeiters nur auf ein Drittel der Mitglieder des Auswärtigen Ausschusses im Repräsentantenhaus zu. Ein weiteres Drittel sitzt in dem Ausschuss, um bestimmte Interessengruppen im eigenen Wahlkreis bedienen zu können (z. B. ethnische Gruppen wie die Armenier), und das letzte Drittel nimmt nur deshalb einen Platz in dem Ausschuss ein, weil dort Plätze verfügbar sind und von jedem Abgeordneten erwartet wird, dass er in mehreren Ausschüssen sitzt.[81]

Heute stellen die Ständigen Ausschüsse nicht mehr die uneingeschränkten Machtzentren im Kongress dar. Ihr relativer Bedeutungsverlust ist vor allem auf die Abnahme der parteiübergreifenden Zusammenarbeit und die Stärkung der Führungszirkel in beiden Parteien zurückzuführen (Campbell/Davidson 1998). Die Ständigen Ausschüsse dienen immer weniger als Foren der Kompromissfindung zwischen Mehrheits- und Minderheitsfraktion; stattdessen werden sie oft systematisch umgangen, indem die Parteien Arbeitsgruppen und ad hoc-Ausschüsse (etwa temporäre *select committees*) außerhalb des etablierten Ausschusssystems einsetzen und Vorlagen direkt ins Plenum einbringen, ohne sie zuvor an einen Fachausschuss zu überweisen (Cohen/Victor/Baumann 2004; Davidson/Oleszek/Lee 2010: 233–234). Dennoch sind die Ausschüsse nach wie vor wichtige Akteure im außenpolitischen Entscheidungsprozess; Tabelle 15 gibt einen Überblick über die Ausschüsse und Unterausschüsse, die einen signifikanten Einfluss auf die US-Außenpolitik – oder zumindest einzelne Aspekte derselben – ausüben können.

Der Machtverlust trifft auch die Auswärtigen Ausschüsse, vor allem den des Senats, dessen Vorsitz lange Zeit als der prestigeträchtigste und einflussreichste Posten im Kongress galt. In den 1970er Jahren begann der Aufstieg des Auswärtigen Ausschusses des Repräsentantenhauses. Beide Ausschüsse sehen sich seither der wachsenden Rolle der Streitkräfteausschüsse *(Armed Forces Committees),* der Geheimdienstausschüsse *(Select Committees on Intelligence)* sowie der Bewilligungsausschüsse *(Appropriations Committees)* in beiden Häusern gegenüber. Die Auswärtigen Ausschüsse haben an Attraktivität für die Kongressmitglieder verloren. Zwar werden die Spitzenpositionen in diesen Ausschüssen noch immer von renommierten und einflussreichen Politikern bekleidet, doch für Ausschussmitglieder in der zweiten und dritten Reihe stellen die Auswärtigen Ausschüsse oft nur noch wenig willkommene Durchgangsstationen dar. Zudem gelingt es den Auswärtigen Ausschüssen immer seltener, ihre Genehmigungsgesetze im Rahmen des Haushaltsverfahrens im Plenum durchzusetzen. Dadurch fehlt ihnen auch ein Instrument zur Beeinflussung der politischen Leitlinien der außenpolitischen Behörden (King 2010: 19–21).

Der Einflussverlust der Auswärtigen Ausschüsse und die zunehmende Bedeutung der Verteidigungsausschüsse spiegelt auch die veränderten Machtverhältnisse zwischen dem Außen- und dem Verteidigungsministerium wider, und die Auswärtigen Ausschüsse fordern,

81 Interview mit Vince Morelli, Mitarbeiter im Auswärtigen Ausschuss des Repräsentantenhauses von 1998 bis 2005.

Tabelle 15 Wichtige außenpolitische Ausschüsse und Unterausschüsse im Kongress*

Repräsentantenhaus	Senat
Foreign Affairs	**Foreign Relations**
Asia and the Pacific	African Affairs
Africa, Global Human Rights and International Operations	East Asian and Pacific Affairs
Western Hemisphere	European Affairs
Europe and Emerging Threats	International Economic Policy, Export and Trade Promotion
Middle East and Central Asia	International Operations and Terrorism
Oversight and Investigations	Near Eastern and South Asian Affairs
International Terrorism and Nonproliferation	Western Hemisphere, Peace Corps, and Narcotics Affairs
Armed Services	**Armed Services**
Tactical Air and Land Forces Subcommittee	AirLand
Readiness	Emerging Threats and Capabilities
Terrorism, Unconventional Threats and Capabilities	Personnel
Military Personnel	Readiness and Management Support
Strategic Forces	Seapower
Projection Forces	Strategic Forces
Intelligence	**Intelligence**
Terrorism/HUMINT, Analysis and Counterintelligence	(keine Unterausschüsse)
Technical and Tactical Intelligence	
Intelligence Policy	
Oversight	
Appropriations	**Appropriations**
Defense	Commerce, Justice, and Science
Foreign Operations, Export Financing and Related Programs	Defense
Homeland Security	Homeland Security
Military Quality of Life and Veterans Affairs, and Related Agencies	Military Construction and Veteran Affairs
Science, the Departments of State, Justice, and Commerce, and Related	State, Foreign Operations and Related Programs
Transportation, Treasury, and Housing and Urban Development, The Judiciary, District of Columbia	Transportation, Treasury, the Judiciary, Housing and Urban Development, and Related Agencies

* Am Beispiel des 109. Kongresses. Quellen: Eigene Zusammenstellung nach Angaben des *Office of the Clerk of the U.S. House of Representatives* und des *Office of the Secretary of the U.S. Senate.*

im Bündnis mit dem Außenministerium, regelmäßig eine Wiederbelebung des diplomatischen gegenüber dem militärischen Element in der US-Außenpolitik.

Parteien, Fraktionen und Gruppen

„Partisan politics stops at the water's edge" – parteipolitische Auseinandersetzungen haben in der Außenpolitik nichts zu suchen, so ließe sich der berühmte Ausspruch des früheren Vorsitzenden des Auswärtigen Ausschusses im US-Senat Arthur H. Vandenberg übersetzen. Eine Vielzahl von Indikatoren belegt, dass dieses Diktum, das ohnehin primär eine politische Disziplinierungsfunktion hatte, spätestens seit den 1970er Jahren seine empirische Gültigkeit verloren hat. Zwar ist es richtig, dass eine parteiübergreifende Zusammenarbeit *(bipartisanship)* im Kongress häufiger in außenpolitischen Fragen zustande kommt als in innenpolitischen. Zwischen den 1940er und den 1970er Jahren wurden stets mehr als die Hälfte aller außenpolitischen Abstimmungen im Kongress mit parteiübergreifenden Mehrheiten entschieden, in einigen Jahren waren es sogar fast 90 Prozent aller Abstimmungen (Trubowitz/Mellow 2005: 448).[82] Anschließend war der Trend jedoch rückläufig, und ihren Tiefpunkt erreichte die parteiübergreifende Zusammenarbeit in den Jahren 1995/96, als nur noch rund ein Drittel aller außenpolitischen Abstimmungen parteiübergreifend entschieden wurde. In diesen Jahren stellte sich der von konservativen Republikanern dominierte Kongress prinzipiell gegen die Außenpolitik der als linksliberal geltenden Clinton-Administration. Die Republikaner brachten dies gleich zu Beginn des neuen Kongresses Anfang 1995 zum Ausdruck, als sie einem Treffen mit der Administration, zu dem der Präsident seine gesamte außenpolitische Führungsmannschaft ins Kapitol entsendet hatte, einfach fernblieben (Albright 2003: 218). Seither hat die überparteiliche Zusammenarbeit wieder etwas zugenommen, jedoch nicht mehr das Niveau der 1950er bis 1970er Jahre erreicht – und dies obwohl überwältigende Mehrheiten unter den Kongressmitgliedern beider Parteien denken, dass die Qualität der Gesetzgebung steigt, wenn sie das Resultat eines Kompromisses zwischen beiden Parteien darstellt (Friel 2007).

Der Rückgang der Zusammenarbeit war Ausdruck der zunehmenden parteipolitischen Polarisierung im Kongress. Die beiden großen amerikanischen Parteien im Kongress sind seit den 1970er Jahren jeweils ideologisch homogener geworden: Bei den Republikanern haben die konservativen Kräfte an Gewicht gewonnen, während die Demokraten, vor allem durch das Bröckeln ihrer konservativen Basis in den Südstaaten, insgesamt liberaler wurden (vgl. Greenblatt 2004). Anders als noch zu Beginn der 1990er Jahre gibt es heute kaum noch einen liberalen Republikaner oder einen konservativen Demokraten im Kongress, so dass die amerikanischen Parteien diesbezüglich ihren europäischen Gegenstücken immer ähnlicher werden (English 2006: 94–96; Mann 2010: 118–119).

Gerade in außenpolitischen Fragen verlaufen die ideologischen Trennlinien seit den 1990er Jahren recht deutlich entlang der Parteigrenzen. Als Partei eines „liberalen Internationalismus“ stehen die Demokraten internationalen Organisationen und multilateralen Verfahren recht positiv und dem Einsatz bewaffneter Gewalt als Mittel der Außenpolitik eher ablehnend gegenüber; bei der Republikanischen Partei als Vertreterin eines „militanten Internationalismus“ verhält es sich zunehmend umgekehrt. Diese Unterschiede traten seit dem Ende des Ost-West-Konflikts immer deutlicher hervor, während die politische Mitte im Kongress verwaiste (Kupchan/Trubowitz 2007). Die Aufrufe zur Erneuerung des *bipartisanship* nach dem 11. September 2001 wirkten zwar in der Außen- und Sicherheitspolitik etwas länger als in wirtschafts- und gesellschaftspolitischen Fragen, doch die Aufarbeitung des Irakkrieges riss die alten parteipolitischen Gräben auch in der Außenpolitik wieder auf.

Die weit verbreitete These vom „gespaltetenen Amerika“, in dem sich zwei politisch-ideologische Lager seit den 1990er Jahren unversöhnlich gegenüberstehen, ist aber nur teil-

82 Als „parteiübergreifend“ werden hier solche Entscheidungen definiert, bei denen entweder Mehrheiten in jeder Partei übereinstimmten oder in denen die Zustimmungsrate nicht mehr als 20 Prozent auseinanderklaffte. Eine Entscheidung, bei der 65 % der Demokraten und 45 % der Republikaner übereinstimmen, gilt also als „parteiübergeifend“ (Trubowitz/Mellow 2005: 440).

weise zutreffend (vgl. Thunert 2008). Hinsichtlich der politischen Inhalte beschränkt sich die Polarisierung vor allem auf die politische und mediale Elite; öffentliche Meinungsumfragen zeigen immer wieder, dass die meisten Amerikaner gemäßigte Positionen beziehen und in der politischen Mitte anzusiedeln sind, während die Gruppen der extrem Liberalen und der extrem Konservativen klein sind (vgl. Fiorina/Abrams/Pope 2004). Jedoch trifft es zu, dass die Intensität, mit der beide Seiten ihre Kandidaten unterstützen und die der gegnerischen Seite ablehnen, zugenommen hat. Dies lässt sich etwa daran ablesen, dass Präsident Obama im ersten Jahr seiner Amtszeit von den Anhängern der Demokraten fast einhellig ein gutes Zeugnis ausgestellt wurde, während die Parteigänger der Republikaner seine Amtsführung mit überwältigender Mehrheit ablehnten. Die Kluft zwischen den Parteien bei der Beurteilung der Amtsführung des Präsidenten war damit so groß wie nie seit Beginn der Umfrageforschung (Pew 2009).

Insgesamt spielen die politischen Parteien in den USA eine weniger wichtige Rolle als in den meisten anderen Demokratien (vgl. Lösche 2007). Klassische Funktionen politischer Parteien, etwa die Aggregation und Integration disparater Interessen, die darauf basierende politische Programmentwicklung und die Elitenrekrutierung, werden von den amerikanischen Parteien kaum wahrgenommen. Sie sind dezentral und locker organisiert, eine formale, gar beitragspflichtige Mitgliedschaft gibt es kaum, und sie verfügen nur über einen vergleichsweise kleinen hauptamtlichen Apparat. Die Zugehörigkeit zu einer Partei drückt sich durch meist ehrenamtliche Mitarbeit in Komitees oder als Wahlkampfhelfer, durch Spenden oder einfach in der Selbstidentifizierung als Parteigänger der Demokraten oder der Republikaner aus, wie sie bei Umfragen oder bei der Registrierung im Wählerverzeichnis vorgenommen werden kann (ebenso kann man sich als „Unabhängiger" registrieren lassen). Sie beruht auf einer recht unspezifischen Übereinstimmung mit der ideologischen Ausrichtung einer Partei, wobei die Programmatik der Parteien trotz einer zunehmenden Ideologisierung und Polarisierung noch immer offener und unverbindlicher ist als in den meisten Parteien westeuropäischen Zuschnitts. In beiden Parteien finden sich nach wie vor progressive, gemäßigte und konservative Kräfte.

Bei der Frage nach der Identifizierung mit einer Partei *(party identification)* liegen die Demokraten traditionell vor den Republikanern. Zwar hat die Dominanz der Demokraten im Laufe der letzten Jahrzehnte nachgelassen, doch bezeichnen sich immer noch regelmäßig über ein Drittel der Befragten als Demokraten, deutlich weniger als ein Drittel identifizieren sich mit den Republikanern (vgl. Lewis-Beck et al. 2008: 114). Die zahlreichen Wahlsiege der Republikaner von Mitte der 1990er Jahre bis einschließlich 2004 gaben einer Debatte neuen Auftrieb, die seit Jahrzehnten immer wieder neu geführt wird: über die Frage, ob sich ein neues *realignment,* eine dauerhafte Neuordnung parteipolitischer Loyalitäten, zu Gunsten der Republikaner vollzieht oder bereits vollzogen hat.[83] Angesichts der Wahlniederlagen der Republikaner 2006 und 2008 sowie der stets hohen Zahl derer, die sich keiner Partei zugehörig fühlen, haben diese Diskussionen aber wieder nachgelassen. Trotz der traditionellen Überlegenheit der Demokraten hinsichtlich der Zahl der „Parteigänger" bezeichnen sich seit jeher weniger als zwanzig Prozent der Bürger als politisch liberal; etwas mehr als ein

83 Vgl. für die Unterstützung dieser These: Barnes (2003); für die „demokratische" Gegenthese: Judis/Teixeira 2002.

Drittel hält sich für konservativ. Die größte Gruppe bilden jene, die sich für gemäßigt halten (Stanley/Niemi 2003: 116–120). Letztlich zeigen auch die Wahlergebnisse der vergangenen zwei Jahrzehnte, dass – ungeachtet einiger Auf- und Abschwünge bei beiden Parteien – die konservativen und die liberale Kräfte seit geraumer Zeit in etwa gleich stark sind.

Die *Party Platforms,* die politischen Programme, die auf den nationalen Parteitagen zur Nominierung der Präsidentschaftskandidaten verabschiedet werden, sind keine Parteiprogramme, sondern Wahlprogramme der Kandidaten, auf die nach der Wahl kaum noch jemand Bezug nimmt. Die nationalen Parteivorsitzenden spielen nur eine untergeordnete Rolle und sind in der Öffentlichkeit weitgehend unbekannt. Die amerikanischen Parteien dienen vor allem als Wahlkampforganisationen zur Unterstützung desjenigen Kandidaten, der unter dem Banner der Partei in den Hauptwahlkampf zieht. Die Auswahl dieser Kandidaten geschieht durch Vorwahlen *(primaries),* an denen zum Teil alle Wähler, zum Teil nur die für eine Partei registrierten Wähler teilnehmen können. Die Kandidaten in den Vorwahlen sind häufig „Selbststarter" oder „politische Unternehmer", die sich nicht aus den Rängen der Partei rekrutieren und ihren Vorwahlkampf selbst organisieren und finanzieren müssen. Entsprechend gering ausgeprägt ist später die Loyalität der Kongressmitglieder gegenüber ihrer Partei. Erst nach den Vorwahlen kann der siegreiche Kandidat auf alle finanziellen, organisatorischen und personellen Ressourcen der Partei zurückgreifen, um weitere Spenden einzutreiben und seine Wahlwerbung auszuweiten. Zu diesem Zweck haben die Parteien in beiden Häusern des Kongresses eigens Wahlkampfausschüsse eingerichtet und in den letzten Jahren ihre nationalen Parteizentralen ausgebaut, die ihren Kandidaten verstärkt auch ideologisch-programmatische Anleitung geben und auf eine Homogenisierung und Disziplinierung der Parteien hinwirken (Mann 2010: 119).

Die Herausforderer haben es in den Kongresswahlen extrem schwer, den Amtsinhaber zu besiegen. Abgeordnete, die sich zur Wiederwahl stellen, sind in über 90 % der Fälle erfolgreich, bei Senatoren ist die Quote etwas niedriger. Die hohe Wiederwahlquote im Repräsentantenhaus ist unter anderem auf die seit den 1970er Jahren immer wieder vorgenommenen Neueinteilungen der Wahlbezirke zurückzuführen (*redistricting* oder *gerrymandering*), durch welche die Wählerschaft innerhalb der jeweiligen Bezirke zunehmend homogener wurde und eindeutiger zum konservativen oder zum liberalen Lager tendierte. Hierin liegt eine wichtige Ursache für die zunehmende Polarisierung im Repräsentantenhaus, denn die Abgeordneten müssen immer weniger Rücksicht auf Wählergruppen nehmen, die jenseits ihrer soliden (konservativen oder liberalen) Basis liegen, die ihre Wiederwahl sichert (King 2010: 8–9).

Die Zusammenschlüsse der Parteimitglieder in beiden Kammern des Kongresses – im deutschen Sprachgebrauch: die Fraktionen – existieren unabhängig voneinander und von der nationalen Partei, so dass häufig von „vier Parteien im Kongress" gesprochen wird: *Republican Conference* und *Democratic Caucus* im Repräsentantenhaus sowie *Republican Conference* und *Democratic Caucus* im Senat. Nur in organisatorischen und in Personalfragen (etwa bei der Wahl des Speaker) weisen sie eine Geschlossenheit auf, wie wir sie von den Fraktionen im Deutschen Bundestag kennen. Bei politischen Sachentscheidungen hingegen verlaufen die Fronten oft quer durch die Fraktionen, so dass sich demokratische und republikanische Kongressmitglieder zusammenfinden müssen, um parteiübergreifende Mehrheiten zu organisieren. So konnten wichtige handelspolitische Weichenstellungen wie das NAFTA-Abkommen im Jahr 1994 und die Normalisierung der Handelsbeziehungen zur Volksrepublik China im Jahr 2000 nur durch parteienübergreifende Koalitionen und gegen den Widerstand zahlreicher „Abweichler“ in allen Fraktionen durchgesetzt werden. Zugleich zeichnet sich aber in außenpolitischen Fragen schon seit den 1970er Jahren eine Tendenz zur etwas größeren Geschlossenheit der Fraktionen ab, die als kollektive Akteure zunehmend ernst genommen werden. Dies zeigen etwa die regelmäßigen, informellen Gespräche, zu denen sich ranghohe Regierungsvertreter mit den jeweiligen Fraktionen treffen.

Die Arbeit des Kongresses wird – neben den Ausschüssen und den Parteien – von weiteren Zusammenschlüssen von Kongressmitgliedern strukturiert, die sich unter dem Begriff der *caucuses* gruppieren lassen. Sie sind vor allem im Repäsentantenhaus zu finden und spielen aufgrund der relativen Schwäche der Parteien eine wichtige Rolle im Gesetzgebungsprozess. Ihnen schließen sich Mitglieder mit gemeinsamen Interessen an, die materieller oder ideologischer Natur sein können. Die Zusammensetzung, die Mitgliederzahl, der Institutionalisierungsgrad und der Einfluss dieser rund 600 Gruppen variieren erheblich. Sie können partei- und kammernübergreifend zusammengesetzt sein. Mehr als 200 solcher Gruppen, die zum Teil eigene Mitarbeiterstäbe unterhalten, sind im Repräsentantenhaus offiziell als *Congressional Member Organizations* (CMOs) registriert. Rund 70 davon konzentrieren sich auf außen- und sicherheitspolitische Themen mit regionalem, ethnischem oder funktionalem Bezug. Dies reicht vom eher exotischen *US-Mongolia Friendship Caucus* über die *Electronic Warfare Working Group* bis zu den einflussreichen *Black Caucus, Democratic Israel Working Group* und *House Republican Israel Caucus.* Auch solche *caucuses,* die auf den ersten Blick keine außenpolitische Agenda erkennen lassen, können großen außenpolitischen Einfluss ausüben, etwa der *Steel Caucus* bei der Verhängung von Schutzzöllen oder das *Republican Study Committee,* das als Teil eines wertkonservativen, christlich inspirierten und zunehmend auch außenpolitisch aktiven Netzwerkes wirkt (vgl. Braml 2005; LaFranchi 2006).

Mitarbeiterstäbe und Kongressbürokratie

Im Zuge seiner „Wiederauferstehung“ in den 1970er Jahren baute der Kongress seine professionellen wie administrativen Hilfsdienste auf allen Ebenen erheblich aus. Hierzu zählen die persönlichen Mitarbeiter der Kongressmitglieder, die Mitarbeiterstäbe der Ausschüsse, Unterausschüsse und der Fraktionen sowie jene Organisationen, die unabhängig und überparteilich dem gesamten Kongress zuarbeiten. In den 1990er Jahren wurde der Personalumfang leicht reduziert, und die *small government*-Ideologie der neuen republikanischen Mehrheit führte 1995 u.a. zur Schließung des 1972 gegründeten *Office of Technology Assessment* (OTA), der Kongressbehörde für Technikfolgenabschätzung, die unter anderem politisch folgenreiche Studien über die Auswirkungen eines Atomkrieges erstellt hatte (Baugh 2000: 223 ff.). Dennoch verfügt der amerikanische Kongress unter allen Parlamenten der Welt nach wie vor über die beste Infrastruktur. Das gesamte Dienstleistungspersonal des Kongresses umfasst, obwohl in den letzten zwei Jahrzehnten rund 5 000 Stellen gekürzt wurden, noch immer ca. 22 000 Vollzeitmitarbeiter, von denen knapp die Hälfte in den persönlichen Stäben der Kongressmitglieder tätig ist (Ornstein/Mann/Malbin 2008: 110).

Einem Abgeordneten stehen rechnerisch im Durchschnitt 17 Mitarbeiter, einem Senator 40 Mitarbeiter zur Verfügung. Auch wenn nominell ein Unterschied zwischen den persönlichen Mitarbeitern der Kongressmitgliedern und den Mitarbeitern der Ausschüsse besteht, so verschwimmen doch in der Praxis häufig die Grenzen, da sich die Arbeit der Senatoren immer auf bestimmte Ausschüsse konzentriert. Die Mitarbeiterstäbe sind meistens zweigeteilt in einen Stab der Demokratischen Partei und einen Stab der Republikanischen Partei. Diese beiden Gruppen kommen, jede für sich, während der Sitzungswochen in der Regel einmal wöchentlich zu einer Besprechung aller Mitarbeiter zusammen, ebenso wie die Ausschüsse als Ganze in der Regel einmal wöchentlich tagen. Einige Ausschüsse verfügen zudem über einen kleinen Anteil an Mitarbeitern, die als „professioneller" Stab bezeichnet werden, weil sie keiner Partei zugeordnet sind. Hinsichtlich des persönlichen Mitarbeiterstabs genießen die Senatoren eine umso bessere Ausstattung, je höher sie in der Hierarche stehen – und diese korrespondiert in der Regel mit der Länge der Mitgliedschaft im Senat. Jene Senatoren, welche nach vielen Jahren der Mitgliedschaft im Senat einen Ausschussvorsitz übertragen bekommen oder welche die Minderheitspartei als führendes Mitglied im Ausschuss vertreten dürfen, erhalten mit dieser „Beförderung" schlagartig mehrere zusätzliche, persönliche Mitarbeiter.

Nur das außenpolitische Führungspersonal, also etwa zwanzig Senatoren, beschäftigt eine größere Anzahl persönlicher Mitarbeiter, die sich primär oder ausschließlich mit außenpolitischen Themen befassen. Diese Mitarbeiter arbeiten dann de facto oft ganzen Ausschüssen, etwa dem Auswärtigen Ausschuss des Senats, zu. Die Ausschüsse im Repräsentantenhaus beschäftigten noch zu Beginn der 1990er Jahre insgesamt rund 2 000 Mitarbeiter, im Jahr 2010 waren es noch 1 300 Beschäftigte; im Senat ist die Zahl der Ausschussmitarbeiter recht konstant bei etwa 1 200 Personen geblieben (Petersen/Reynolds/Wilhelm 2010). Der Auswärtige Ausschuss des Senats hat etwa sechzig Mitarbeiter, von denen sich etwa acht bis neun hauptsächlich mit Europapolitik befassen. Diese Größenordnungen haben sich seit dem Beginn der 1990er Jahre nicht wesentlich verändert. Der Auswärtige Ausschuss des Repräsentantenhauses hingegen hat heute weniger Mitarbeiter als vor zwanzig Jahren: Sein Stab wurde in diesem Zeitraum von rund einhundert auf etwa siebzig Mitarbeiter verkleinert.

Neben den Ausschussmitarbeitern haben sich die Analysten des Wissenschaftlichen Dienstes des Kongresses *(Congressional Research Service, CRS)* zu einer wichtigen Unterstützung für die Kongressmitglieder entwickelt. Der CRS bietet nicht nur ein gewisses Gegengewicht zur Expertise in der Ministerialbürokratie, er ist auch – anders als dies häufig bei den Mitarbeiterstäben im Kongress der Fall ist – zur strikten Unparteilichkeit verpflichtet. Er ist in der Kongressbibliothek *(Library of Congress)* angesiedelt und umfasst heute rund 700 Experten, die eine Vielzahl von Dienstleistungen für den Kongress erbringen. Diese reichen von ausführlichen schriftlichen Berichten und Analysen über persönliche Informationsgespräche bis zur Veranstaltung von Seminaren, die von Kongressmitgliedern oder deren Mitarbeitern zur Fortbildung in ihrem Fachbereich genutzt werden. Auch wenn die Kongressmitglieder und ihre Mitarbeiter kurzfristig Expertisen zu einer speziellen außenpolitische Frage benötigen, wenden sie sich häufig an den Wissenschaftlichen Dienst des Kongresses.

Die Abteilung für Außen-, Verteidigungs- und Handelspolitik des CRS *(Foreign Affairs, Defense and Trade Division)* beschäftigt für diese Zwecke rund 90 Fachleute (King 2010: 27). Sie dürfen zwar keine politischen Empfehlungen abgeben, jedoch Stärken und Schwächen verschiedener Handlungsoptionen auf der Basis selbst gewählter Kriterien aufzeigen. Die

Unabhängigkeit und die hohe Qualität der Analysen des CRS werden nicht nur im Kongress, sondern auch unter Wissenschaftlern und Journalisten hoch geschätzt. Allerdings sind die Produkte des CRS nur für den kongressinternen Gebrauch bestimmt und werden deshalb nicht vom CRS selbst, sondern nur über Dritte und nur teilweise der Öffentlichkeit zugänglich gemacht.[84]

Das *Government Accountability Office,* das auf den 1921 gegründeten Rechnungshof *(General Accounting Office, GAO)* zurückgeht und 2004 umbenannt wurde, hat heute ein breites Mandat zur Überprüfung und Bewertung der Programme und Tätigkeiten der Exekutivbehörden; sein Budget wurde allerdings in den letzten Jahren stark gekürzt. Das 1974 gegründete Haushaltsbüro des Kongresses *(Congressional Budget Office)* führt eigenständige makroökonomische und Budgetanalysen durch. Beide Organisationen nehmen somit für den Kongress Aufgaben wahr, die in der Exekutive das Haushaltsbüro des Präsidialamtes erfüllt.

IV.D.2 Außenpolitische Funktionen und Kompetenzen

Gesetzgebung und Budgethoheit

Die Gesetzgebung ist eine zentrale, konstitutive Funktion jedes Parlaments in einem demokratischen Regierungssystem. Für den US-Kongress gilt dies in besonderem Maße, weil dem Kongress nicht die Funktion der Regierungsbildung zufällt und seine Macht somit vor allem auf seiner Gesetzgebungskompetenz beruht, die er selbständiger als andere Parlamente ausübt, da die Regierung die Parlamentsmehrheit nicht so lenken kann, wie dies in parlamentarischen Systemen der Fall ist. Die gesetzgebende Gewalt – einschließlich der Haushaltsgesetzgebung – liegt beim Kongress als Ganzem. Alle Gesetze und alle Resolutionen mit Gesetzeskraft müssen von beiden Häusern des Kongresses in identischer Form verabschiedet werden. Dies muss innerhalb ein und derselben Legislaturperiode geschehen. Wenn sich nach den alle zwei Jahre stattfindenden Kongresswahlen ein neuer Kongress konstitutiert, verlieren alle Entwürfe, die erst eine Kammer passiert haben, ihre Gültigkeit und müssen von Neuem eingebracht werden. Die vom Kongress verabschiedeten Gesetze treten in Kraft, wenn der Präsident nicht innerhalb von zehn Tagen sein Veto einlegt – es sei denn, der Kongress beendet innerhalb dieser zehn Tage seine Sitzungsperiode oder unterbricht sie für eine längere Zeit.[85] Das Veto des Präsidenten kann mit einer Zweidrittelmehrheit in beiden Häusern überstimmt werden, die allerdings nur selten erreicht wird.

Der amerikanische Kongress kennt vier Formen legislativer Entscheidungen: *acts, joint resolutions, concurrent resolutions* und *(simple) resolutions. Acts* sind Bundesgesetze, deren Entwürfe als *bills* in den Kongress eingebracht werden. *Joint resolutions* sind gemeinsame Entschließungen beider Häuser mit Gesetzeskraft.[86] Da sowohl *acts* als auch *joint resolu-*

84 Als wichtigste Sammelstelle für CRS Reports im Internet hat sich die Seite http://www.opencrs.com/ des *Center for Democracy and Technology* etabliert.

85 Wie lang diese Vertagung *(adjournment)* sein muss, um ein solches *pocket veto* zu rechtfertigen, bleibt umstritten. In einigen Fällen wurde sogar eine nur dreitägige Sitzungsunterbrechung als ausreichend angesehen.

86 Legislative Maßnahmen im US-Kongress werden wie folgt abgekürzt: H.R. = House bill, S. = Senate bill, H.J.Res. = House Joint Resolution, S.J.Res. = Senate Joint Resolution, H.Con.Res. = House Concurrent Resolution, S.Con.Res. = Senate Concurrent Resolution, H.Res. = House (Simple) Resolution, S.Res. = Senate

tions der Setzung von Bundesrecht dienen, können sie nach der Verabschiedung durch den Kongress vom Präsidenten mit einem Veto belegt werden.[87] Die meisten Gesetzesvorhaben im Kongress werden als *bills* eingebracht, allerdings sind gerade in der Außenpolitik auch die *joint resolutions* bedeutsam, da zum Beispiel die Autorisierung von Militäreinsätzen durch solche Resolutionen erfolgt (zuletzt vor den militärischen Interventionen in Afghanistan 2001 und Irak 2003). Der Gesetzgebungsprozess im Kongress ist äußerst komplex (vgl. U.S. House of Representatives 2007a). Für den Zweck dieser Arbeit soll es ausreichen, den Prozess, wie er sowohl für *bills* als auch *joint resolutions* gilt, in seinem typischen Verlauf und in vereinfachter Form darzustellen (Abbildung 9, S. 142).

Die meisten außenpolitischen Gesetze gehen auf Initiativen der Exekutive zurück, wobei dem Haushaltsbüro im Präsidialamt eine zentrale Funktion zukommt. Es dient, wie oben bereits angedeutet, im Gesetzgebungsprozess als Schnittstelle zwischen Exekutive und Legislative, da hier alle Gesetzentwürfe auf ihre Übereinstimmung mit dem Programm des Präsidenten und der Administration überprüft werden. Diese Filterfunktion übt das Haushaltsbüro in beide Richtungen aus: Es überprüft jene Gesetzentwürfe, die – aus der Bundesverwaltung kommend – an den Kongress weitergeleitet werden sollen und auch solche, die – nach der Verabschiedung durch den Kongress – dem Präsidenten zur Unterschrift vorgelegt werden. Neben den Exekutivbehörden gibt es eine Vielzahl von Akteuren innerhalb und außerhalb der Regierung, die Gesetzesinitiativen starten und dabei oft mit sorgfältig ausgearbeiteten Entwürfen aufwarten: Ausschüsse und Unterausschüsse des Kongresses, Gruppen von Kongressmitgliedern, Regierungen von Einzelstaaten oder Gemeinden, Interessengruppen aller Art sowie Vertreter aus den Wahlkreisen der Kongressmitglieder *(constituencies).* Diese Akteure können auch bei der Erarbeitung von Gesetzesvorschlägen in den unterschiedlichsten Konstellationen zusammenarbeiten.

Die wenigsten Gesetzentwürfe münden tatsächlich in ein Gesetz. Von den unzähligen Vorschlägen, die an die Kongressmitglieder herangetragen werden, finden jährlich in der Regel einige tausend Eingang in den formalen Gesetzgebungsprozess, indem sie offiziell registriert werden und eine Nummer erhalten. Am Ende steht die Verabschiedung von üblicherweise rund 500 Bundesgesetzen (*acts* und *joint resolutions*) im Jahr. Diese Zahl hat sich in den letzten Jahren nicht signifikant erhöht, jedoch sind die Gesetze wesentlich umfangreicher und komplexer geworden. Der Anteil der Gesetze mit einem außenpolitischen Bezug an der jährlichen Gesetzgebung liegt in der Regel zwischen zehn und zwanzig Prozent; über die Hälfte dieser Gesetze befassen sich mit Verteidigungsangelegenheiten.[88] Der gewaltige

(Simple) Resolution. Zudem wird eine fortlaufende Nummer angehängt. Tritt ein Gesetz in Kraft, erhält es eine *public law* oder *private law*-Nummer, die sich aus der Legislaturperiode und einer fortlaufenden Nummer, deren Zählung mit jeder zweijährigen Legislaturperiode neu beginnt, zusammensetzt. So wurde die *War Powers Resolution* von 1973 als *H.J.Res.542* eingebracht und erhielt schließlich die Kennzeichnung *Public Law 93-148,* da es sich um das 148. Gesetz des 93. Kongresses handelte.

87 Eine Ausnahme bilden jene *joint resolutions*, die der Verabschiedung von Verfassungzusätzen *(constitutional amendments)* dienen. Da diese ohnehin jene Zweidrittelmehrheit im Kongress benötigen, mit der ein Veto des Präsidenten überstimmt werden könnte, ist der Präsident an diesem Verfahren nicht beteiligt. Vgl. hierzu Heideking/Sterzel (2007: 53).

88 Hinckley (2000: 25–31) hat errechnet, dass der Kongress zwischen 1961 und 1991 durchschnittlich nur vier bis fünf *wichtige* außenpolitische Gesetze pro Jahr verabschiedet hat. Allerdings sind Hinckleys Kriterien sehr restriktiv, da sie alle Gesetze, deren Verabschiedung als Routineangelegenheit gilt, ebenso aus ihrer

Abbildung 9 Der Gesetzgebungsprozess

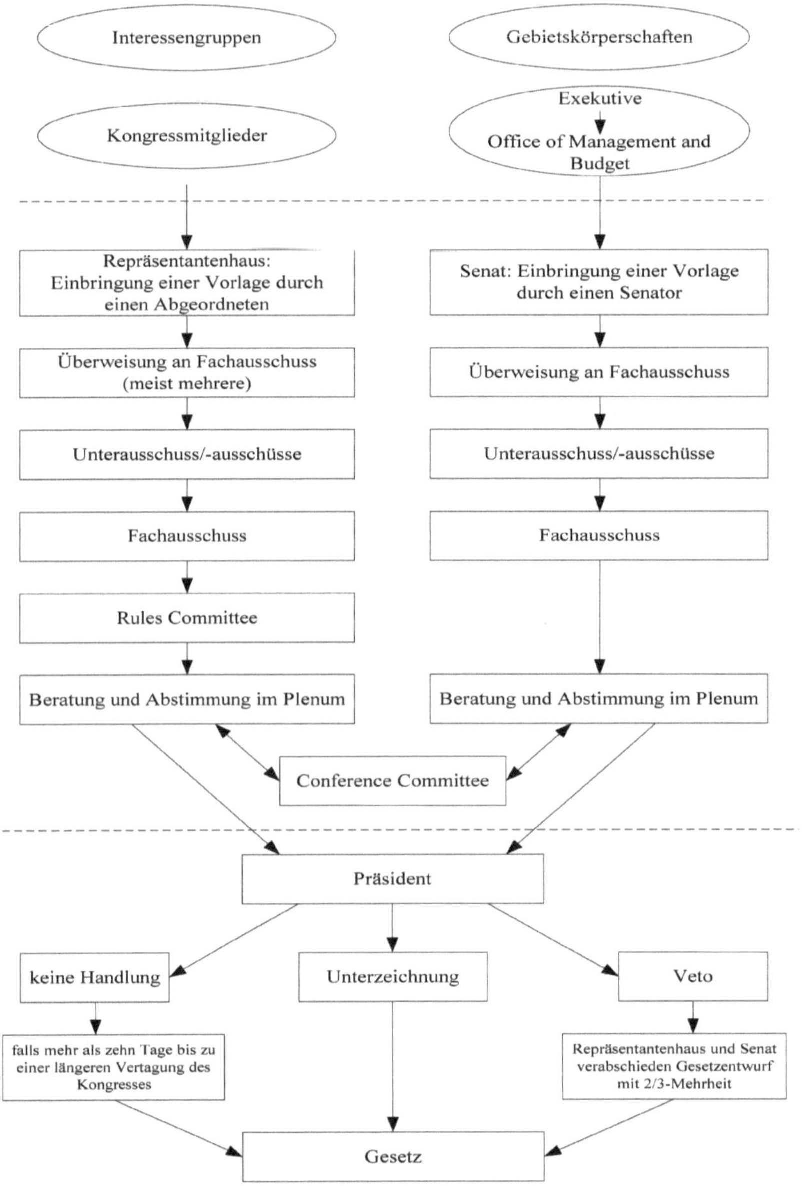

Quelle: Eigene Darstellung.

Zählung ausschließt wie alle außenpolitischen Haushaltsgesetze, die keine substanziellen Änderungen der Außenpolitik bewirken, und alle vom Kongress bewilligten Beschaffungen des Pentagon, die sich nicht direkt auf andere Staaten oder Organisationen auswirken.

Umfang der gesamten außenpolitischen Gesetzgebung lässt sich an der Textsammlung *Legislation on Foreign Relations* ablesen, in der die gültigen außenpolitischen Gesetze in Auszügen abgedruckt sind und die über eintausend Seiten umfasst.[89] Die meisten Gesetzentwürfe werden im Laufe des legislativen Prozesses erheblich modifiziert, so dass die Gesetzgebung in der Regel das Resultat eines Kompromisses zwischen Kongress, Exekutive und anderen interessierten Gruppen darstellt. Dabei geht es heute meist um eine Revision oder Ergänzung bestehender Gesetze und nur selten um die erstmalige rechtliche Regelung einer Materie.

Die eingebrachten Gesetzesvorlagen werden meist direkt an den oder die zuständigen Fachausschüsse überwiesen. Häufig befassen sich in jeder Kammer nicht nur einer, sondern mehrere Ausschüsse mit einer Vorlage oder mit Teilen der Vorlage. Dort werden die Vorlagen noch einmal gestückelt und an verschiedene Unterausschüsse weiterverwiesen. Nahezu alle Gesetze mit außenpolitischem Bezug durchlaufen wenigstens die Auswärtigen Ausschüsse in beiden Häusern. In den Ausschüssen und Unterausschüssen werden die Vorlagen diskutiert und bearbeitet. Zu diesem Zweck werden Anhörungen *(hearings)* angesetzt, in denen Vertreter der Exekutive, externe Fachleute und Betroffene, Befürworter und Gegner des Gesetzes um mündliche oder schriftliche Stellungnahmen gebeten werden. Anschließend wird im Ausschuss über die gesamte Vorlage, die in der Regel nun zahlreiche Änderungen gegenüber dem ursprünglichen Entwurf erfahren hat, abgestimmt. Erhält die Vorlage eine Mehrheit, wird sie unter Beifügung eines Berichts und mit einer Empfehlung zur Verabschiedung an das Plenum weitergeleitet. Die Ausschüsse stellen die größte Hürde im Gesetzgebungsprozess dar: Die meisten Vorlagen werden in den Ausschüssen erst gar nicht bearbeitet oder finden dort keine Mehrheit und werden nicht weiter behandelt.

Jene Vorlagen, die aus den Ausschüssen herauskommen, müssen in beiden Kammern jeweils noch eine spezifische Hürde nehmen: Im Repräsentantenhaus bestimmt das *Rules Committee* (Regel- oder Geschäftsordnungsausschuss) darüber, welche Vorlagen unter welchen Bedingungen (z. B. verfügbare Redezeit, Art und Anzahl der zulässigen Änderungsvorschläge) zur Debatte und zur Abstimmung gestellt werden. Im Senat gelangen die Vorlagen automatisch ins Plenum, wo jedoch de facto eine Dreifünftelmehrheit für die Verabschiedung nötig ist. Nach der Behandlung in den Ausschüssen können die Vorlagen auch im Plenum noch einmal verändert werden. Im Senat ist es dabei möglich, die Vorlagen auch mit Änderungen und Ergänzungen zu versehen, die mit dem eigentlichen Gegenstand des Gesetzes thematisch nichts zu tun haben *(non-germane amendments)*. Die zunehmende parteipolitische Polarisierung und nachlassende Konsensorientierung in den Ausschüssen haben dazu geführt, dass im Senat, wo die Stimmen einer Partei zur Verabschiedung meist nicht ausreichen, die Zahl der Änderungen und Ergänzungen *(amendments)* im Plenum in den letzten Jahren gestiegen ist, während sie im Repräsentantenhaus sinkt, weil die Mehrheitspartei das *Rules Committee* noch stärker als zentrales Steuerungsinstrument einsetzt (Smith 2010).

89 Die *Legislation on Foreign Relations*-Bände werden gemeinsam von den außenpolitischen Ausschüssen des Senats und des Repräsentantenhauses herausgegeben. Die Bände enthalten neben den Auszügen aus den Gesetzestexten auch mit ihnen zusammenhängende Präsidialverfügungen und andere relevante Materialien wie etwa Statistiken.

Nach der erfolgreichen Abstimmung in einer Kammer wird die Vorlage an die andere Kammer überwiesen, sofern sie dort nicht bereits parallel behandelt wird (die Mehrzahl der Gesetze durchläuft erst das Repräsentantenhaus und geht dann an den Senat). Nimmt die zweite Kammer nur leichte Änderungen vor, wird die Vorlage der ersten Kammer erneut zur Bestätigung vorgelegt. Können sich Repräsentantenhaus und Senat nicht auf eine Version eines Gesetzes einigen, wird ein Vermittlungsausschuss *(conference committee)* eingesetzt, der sich aus Vertretern beider Häuser zusammensetzt und einen einheitlichen Entwurf hervorbringen muss. Erst wenn beide Häuser ein Gesetz in identischer Form verabschiedet haben, kann es dem Präsidenten zur Unterzeichung vorgelegt werden.

Die außenpolitische Gesetzgebung des Kongresses lässt sich analytisch in eine materielle (oder substanzielle) und eine prozessuale Gesetzgebung unterscheiden (Lindsay 1994). Über die materielle Gesetzgebung sollen Politikinhalte festgelegt werden. Hierzu zählen beispielsweise Autorisierungen für einen Streitkräfteeinsatz oder die Verknüpfung von Wirtschafts- mit Menschenrechtsfragen durch die Konditionierung von Handelsvorteilen. Die prozessuale Gesetzgebung hingegen dient der Gestaltung außenpolitischer Entscheidungsstrukturen und -prozesse – nicht nur um deren Effizienz und Effektivität zu steigern, sondern auch um die Kontrolle der Exekutive und die Mitsprache des Kongresses und gesellschaftlicher Gruppen zu gewährleisten. So wurden im Jahr 1998 durch den *Foreign Affairs Reform and Restructuring Act* mehrere bis dato unabhängige Behörden in das Außenministerium überführt oder diesem angegliedert. Der Umfang der prozessualen Gesetzgebung hat seit den 1970er Jahren erheblich zugenommen, und der Kongress nutzt sie häufiger als die materielle Gesetzgebung, um außenpolitische Interessen durchzusetzen. Ein Gesetz kann aber zugleich materielle wie prozessuale Bestimmungen enthalten.

Schließlich sind Gesetze und rechtlich bindende Resolutionen von solchen Resolutionen zu unterscheiden, die keine bindende Außenwirkung haben: *Simple resolutions* und *concurrent resolutions* sind Entschließungen eines bzw. beider Häuser ohne Gesetzeskraft und unterliegen nicht dem Veto des Präsidenten. Sie dienen unter anderem zur Regelung interner Angelegenheiten des Kongresses, zur Ausübung des legislativen Vetos sowie zur Erklärung politischer Absichten und Standpunkte (*sense of the House, sense of the Senate* oder *sense of the Congress*). Durchschnittlich verabschiedet der Kongress etwa 25 bis 30 solcher nichtbindenden Resolutionen pro Jahr. Sie können trotz ihrer fehlenden Rechtskraft politische Signalwirkung entfalten und eine große symbolische Bedeutung annehmen. Dies zeigte sich beispielsweise im Winter 2006/2007 bei der Debatte um eine nichtbindende Resolution, mit der die vom Präsidenten angeordnete Truppenverstärkung im Irak um 21 500 Soldaten missbilligt werden sollte. Das Repräsentantenhaus verabschiedete im Februar 2007 eine solche Resolution, während sie im Senat nicht die nötige Mehrheit von 60 Stimmen fand. Die Debatte um diese Resolution läutete die Auseinandersetzung um den Kriegshaushalt im folgenden Frühjahr ein.

Die Macht des Kongresses ruht letztlich auf seiner Budgethoheit, der *power of the purse,* denn jede Politik muss finanziert werden: *policy is what gets funded,* so lautet ein in der amerikanischen Hauptstadt verbreiteter Aphorismus. Die Verabschiedung der jährlichen Haushaltsgesetze, in denen über Einnahmen und Ausgaben des Bundes entschieden wird, stellt sich so komplex dar, dass immer wieder über die Einführung von zweijährigen Budgets diskutiert wird (Haas 2007: 225). Zunächst wird in der Exekutive unter der Federführung des Haushaltsbüros im Präsidialamt ein Haushaltsentwurf erarbeitet, der an den Kongress weitergeleitet wird. Laut Verfassung sollen alle Steuergesetze vom Repräsentantenhaus ausgehen, doch bei der letztlichen Verabschiedung des Haushaltes sind beide Kammern gleichberechtigt.

Die Haushaltsausschüsse *(budget committees)* des Repräsentantenhauses und des Senats entwickeln mit Hilfe des Haushaltsbüros des Kongresses eine Budgetresolution, in der alle Einnahmen und Ausgaben des Bundes zusammengestellt werden und die von beiden Kammern als *concurrent resolution* verabschiedet wird, also noch keine Rechtskraft besitzt. Sie setzt den Rahmen für die Genehmigung *(authorization)* und Bewilligung *(appropriation)* verschiedener Ausgabenprogramme. Die Genehmigungsgesetze, die anders als die Budgetresolution und die Bewilligungsgesetze meistens einen Zeitraum von mehreren Jahren abdecken, werden von den zuständigen Fachausschüssen erarbeitet. So fungieren die beiden Auswärtigen Ausschüsse als Genehmigungsausschüsse für den *foreign relations authorization act,* der in der Regel alle zwei Jahre verabschiedet wird. In den Genehmigungsausschüssen werden die Einrichtung oder Fortsetzung von Behörden und Programmen sowie Obergrenzen für die Ausgaben festgelegt. Die eigentlichen Haushaltsgesetze unterliegen jedoch der Jurisdiktion der beiden Bewilligungsausschüsse *(appropriations committees)* bzw. ihrer mächtigen Unterausschüsse. Hier fällt die Entscheidung darüber, welches Programm tatsächlich in welcher Höhe finanziert wird. Dabei dürfen die zuvor festgelegten Beträge unterschritten, nicht aber überschritten werden. Dies stellt für die Bewilligungsausschüsse in aller Regel kein Problem dar, denn ihnen fällt traditionell die Rolle zu, die Ausgabenfreudigkeit der Genehmigungsausschüsse, die als Fürsprecher „ihres“ Politikbereichs auftreten, im Interesse der Haushaltsdisziplin zu begrenzen (Bacchus 1997). Die Ausgaben des Bundes werden schließlich in zwölf verschiedenen Bewilligungsgesetzen von beiden Kammern beschlossen. Alle Ausgaben- und Einnahmegesetze benötigen die Zustimmung des Präsidenten. Über die Einnahmen des Bundes durch Steuern und Zölle wird in einem separaten Verfahren entschieden, in dem innerhalb des Kongresses die Finanzausschüsse (*ways and means* im Repräsentantenhaus und *finance* im Senat) die wichtigsten Akteure darstellen.

Das Haushaltsverfahren läuft in der Praxis jedoch selten nach Plan. Zunächst gelingt es dem Kongress häufig nicht, eine Budgetresolution zu verabschieden (die für den Fortgang des Verfahrens auch nicht zwingend notwendig ist). Desweiteren werden viele reguläre Haushaltsgesetze nicht rechtzeitig vor dem Start des Haushaltsjahres – das am 1. Oktober des Vorjahres seiner Bezeichnung beginnt – verabschiedet, so dass zur Deckung der Ausgaben oft ein Übergangshaushalt beschlossen werden muss. Durch solche *continuing resolutions* werden alle nötigen Ausgaben auf der Basis des abgelaufenen Haushaltsjahres vorläufig weitergeführt. Selbst kurz vor Ende des Kalenderjahres, wenn eine Sitzungsperiode des Kongresses ausläuft, sind viele Haushaltsgesetze oft noch nicht unter Dach und Fach. Die noch ausstehenden Bewilligungen werden dann in umfangreichen *omnibus bills* zusammengefasst, die häufig von einem kleinen Zirkel von Kongressmitgliedern und Vertretern des Weißen Hauses unter hohem Zeitdruck erarbeitet werden (Hamilton/Tama 2002: 33). Die Verlierer in diesem zunehmend undurchsichtigen Haushaltsverfahren sind vor allem die Genehmigungsausschüsse, denn immer mehr Haushaltsposten werden de facto ohne Genehmigungsgesetze verabschiedet. Die *omnibus bills* umfassen wichtige außenpolitische Programme und Ausgaben, die von den zuständigen Ausschüssen also kaum noch kontrolliert werden können. Zudem unterliegen auch die häufig genutzten Nachtragshaushalte, mit denen im Laufe eines Jahres zusätzliche Mittel bewilligt werden, nicht der Jurisdiktion der Fachausschüsse.

Schließlich leidet die Transparenz der Haushaltsgesetzgebung auch unter der Praxis des sogenannten *earmarking,* also der sehr detaillierten Festlegung von Ausgaben für bestimmte Zwecke oder Empfänger. Rund 90 % der *earmarks* sind nicht Bestandteil von Gesetzen, sondern werden lediglich in den Berichten erwähnt, welche die Ausschüsse zu den Gesetzen – seien es Genehmigungs- oder Bewilligungsgesetze – erstellen. Die Kongressmitglieder nutzen diese Praxis, um möglichst unauffällig und quasi in letzter Minute Gelder in ihre eigenen Wahlkreise umzuleiten. Nach der Rechtsprechung des Obersten Gerichtshofs sind diese restriktiven Bestimmungen in den Ausschussberichten nicht rechtskräftig; sie werden jedoch von den Behörden in der Regel akzeptiert und implementiert, um keine Sanktionen seitens des Kongresses fürchten zu müssen (vgl. Pear 2008). Um die Transparenz zu erhöhen und die Ausgaben zu drosseln, werden seit 2007 die *earmarks* in beiden Kammern in Datenbanken zusammengefasst und vor der Abstimmung öffentlich zugänglich gemacht. Das Haushaltsbüro im Präsidialamt hat zudem alle *earmarks* für die Jahre 2005 und 2008 untersucht und festgestellt, dass ihre Zahl von 13 500 auf 11 700 zurückgegangen ist; ebenso hat sich ihr finanzieller Umfang von 19 Milliarden auf 17 Milliarden US-Dollar reduziert (Pear 2008).

Der amerikanische Bundeshaushalt weist seit den 1930er Jahren in fast jedem Jahr ein Defizit auf. Besonders hoch war das Defizit von Anfang der 1980er bis zu Beginn der 1990er Jahre, u. a. weil durch Steuersenkungen die Einnahmen vermindert und gleichzeitig die Verteidigungsausgaben erhöht wurden. In den 1990er Jahren wurden die Ausgaben gekürzt, und Steuererhöhungen sowie der Wirtschaftsboom spülten Geld in die Staatskassen, so dass Bill Clinton am Ende seiner Präsidentschaft sogar einen leichten Haushaltsüberschuss erwirtschaften konnte. Unter George W. Bush kehrte der Bund zur Haushaltspolitik der 1980er Jahre zurück: Steuersenkungen und höhere Verteidigungsgausgaben ließen den Haushalt ab 2002 wieder tief in die roten Zahlen rutschen. Rund zwei Drittel des Bundeshaushaltes umfassen Pflichtausgaben *(mandatory spending),* sind also an so genannte *entitlements* (vor allem Sozialprogramme, auf welche die Empfänger einen Rechtsanspruch haben) und an die Schuldentilgung gebunden. Bei der jährlichen Haushaltsaufstellung steht deshalb nur das übrige Drittel quasi zur freien Verfügung *(discretionary spending).*

Die Ausgaben für Auswärtige Angelegenheiten sind vergleichsweise gering: Sie betragen – ohne Verteidigungsausgaben, aber einschließlich der Entwicklungshilfe – in der Regel etwas mehr als ein Prozent des Bundeshaushaltes.[90] In den 1980er Jahren machten sie meist noch über zwei Prozent des Budgets aus, während sie in den 1990er Jahren zeitweilig auf weniger als ein Prozent fielen. Auch die wesentlich höheren Verteidigungsausgaben fielen nach dem Ende des Ost-West-Konflikts zunächst nicht nur in Relation zum gesamten Haushalt, sondern auch in absoluten Zahlen. Während das Verteidigungsbudget zur Hochzeit des dritten Kalten Krieges in der Mitte der 1980er Jahre rund dreißig Prozent der gesamten Ausgaben des Bundes ausmachte, waren es zwischen 1994 und 2001 deutlich weniger als zwanzig Prozent. Mit dem Krieg gegen den Terror und dem Irakkrieg, deren steigende

90 Sie liegen über zwei Prozent, wenn die Kosten für den zivilen Wiederaufbau im Irak berücksichtigt werden.

Kosten regelmäßig über Nachtragshaushalte finanziert werden mussten, erhöhten sich die Verteidigungsausgaben wieder auf über zwanzig Prozent des Budgets (vgl. Office of Management and Budget 2011). Während der Kongress für die Auswärtigen Angelegenheiten häufig weniger Geld zur Verfügung stellt als von der Exekutive gewünscht, kommt es oft vor, dass er für die Verteidigung mehr Gelder bewilligt, als der Präsident beantragt hat (so geschehen etwa in allen vier Jahren der zweiten Clinton-Administration). Alle vom Kongress bewilligten Mittel müssen ausgegeben werden; für die Einbehaltung von Geldern braucht der Präsident ebenso die Zustimmung des Kongresses wie für die Bewilligung zusätzlicher Mittel. Über die Haushaltsgesetzgebung kann der Kongress direkt und indirekt auf die Außenpolitik einwirken. Er kann auf der einen Seite die Verwendung von Mitteln für bestimmte Zwecke ausdrücklich untersagen („no funds shall be used …") und auf der anderen Seite sehr genau festlegen, zu welchem Zweck und unter welchen Bedingungen bewilligte Mittel ausgegeben werden sollen. Dieses *earmarking* wird beispielsweise genutzt, um die Vergabe von Wirtschafts- und Militärhilfe detailliert zu regeln. Hiervon profitieren traditionell insbesondere Israel und – in geringerem Maße – Ägypten. Zudem kann der Kongress die Vergabe von Geldern mit Forderungen an die eigene Regierung oder an die Empfängerstaaten und -organisationen verknüpfen. Ein solcher *linkage* ist etwa in die Vergabe von Auslandshilfe nach dem *Anti-Drug Abuse Act* von 1986 eingebaut, denn nur Staaten, die bei der Bekämpfung des Drogenanbaus und -handels mit den USA kooperieren, dürfen Hilfeleistungen erhalten. Ebenso wird die Begleichung der amerikanischen Zahlungsrückstände bei den Vereinten Nationen seit Jahren immer wieder an eine Vielzahl von Bedingungen geknüpft, die über ein Verbot der Unterstützung für internationale Maßnahmen zur Familienplanung bis zur organisatorischen Reform der Weltorganisation reichen (vgl. Kloth 2005). Sehr häufig verändert der Kongress bis ins Detail die Ausgabenpläne der Regierung für bestimmte Rüstungsprogramme.

Schließlich werden auch Maßnahmen, die nicht unmittelbar mit der Finanzierung der Außen- und Sicherheitspolitik zusammenhängen, mit Haushaltsgesetzen verknüpft. So hat der Kongress zwischen 2006 und 2008 mehrfach Bestimmungen zum Folterverbot an Haushaltsgesetze für das Pentagon und die Geheimdienste geknüpft. Der Nachtragshaushalt für die Kriege im Irak und in Afghanistan, den der Kongress im Frühjahr 2007 verabschiedete, enthielt eine Reihe von Bestimmungen, die nicht im Entferntesten mit Außen- und Sicherheitspolitik zusammenhingen. Um die nötigen Stimmen für die Mittelbewilligung im Kongress zu sichern, wurden rund 20 Mrd. US-Dollar für Ausgabenprogramme in den Wahlkreisen einiger demokratischer Abgeordneter reserviert. Der Nachtragshaushalt wuchs dadurch von 100 Mrd. US-Dollar, die die Administration beantragt hatte, auf 120 Mrd. US-Dollar an. Ein solches Aufblähen von Nachtragshaushalten mit sachfremden Leistungen gab es auch in den Vorjahren, allerdings nicht in dieser Größenordnung (Weisman 2007).

Die zum Teil sehr detaillierten Vorschriften des Kongresses haben ihm den Ruf des *micromanagement* eingebracht, also die Vermutung, die Parlamentarier würde sich zu sehr in die Einzelheiten der Außenpolitik einmischen. Dieser Vorwurf wurde im Frühjahr 2007 hinsichtlich der Fortführung des Irakkrieges besonders laut. Im April 2007 verknüpfte der Kongress den genannten Nachtragshaushalt mit einem festen Abzugsdatum für die US-Truppen im Irak, die spätestens ab Oktober desselben Jahres das Land verlassen sollten – und sogar früher, wenn die irakische Regierung nicht bestimmte Bedingungen *(benchmarks)* erfüllte. Es war das erste Mal überhaupt, dass der Kongress dem Präsidenten detaillierte Fristen für den Truppenrückzug aus einem laufenden Krieg setzte. Der Passus scheiterte jedoch am Veto des Präsidenten.

Tatsächlich kann der Kongress mit solchen Initiativen politischen Druck aufbauen, die Verwendung der bewilligten Mittel kann er aber oft nur eingeschränkt kontrollieren. Denn zum einen können die Gelder in der Exekutive durchaus zweckentfremdet werden: So leitete die Bush-Adminsitration von 2001 bis 2003 rund 700 Millionen Dollar, die für die Afghanistan-Operation bestimmt waren, ohne Kenntnis des Kongresses in die Vorbereitungen des Irakkrieges um (Woodward 2004: 136–137). Zum anderen eröffnet der Kongress dem Präsidenten oft eine Reihe von Schlupflöchern, um die Handlungsfreiheit der Exekutive nicht zu sehr einzuschränken. So ist zwar die Vergabe von Auslandshilfe an die Kooperation der Empfängerstaaten bei der Drogenbekämpfung geknüpft, doch die Entscheidung über die Vergabe liegt oft in den Händen des Präsidenten, dem es obliegt, die Kooperationsbereitschaft der betroffenen Staaten zu bescheinigen. Auch die wiederholten Beschlüsse des Kongresses seit 1995, die amerikanische Botschaft in Israel von Tel Aviv nach Jerusalem zu verlegen, konnten von den Präsidenten Clinton und Bush jr. bislang stets ausgesetzt werden.

Parlamentarische Kontrolle der Exekutive

Das Recht des Kongresses zur Kontrolle der Exekutive ist nicht explizit in der Verfassung festgehalten, doch hat sich die Überprüfung der Rechtmäßigkeit, Effektivität und Effizienz der Verwaltungstätigkeit rasch zu einer legitimen und wichtigen Aufgabe des Parlaments entwickelt. Die entsprechenden Instrumente des Kongresses sind vielfältig: Sie reichen von der Organisationsgewalt und der Mitsprache bei Personalentscheidungen über Mechanismen zur regelmäßigen Überwachung der Behördentätigkeit *(oversight)* bis zur Durchführung von Untersuchungen *(investigations)*, die auch die Herstellung von Öffentlichkeit bewirken und legislative Konsequenzen haben können.

Da die Organisation der Exekutive (außer im Weißen Haus) dem Gesetzgebungsverfahren unterliegt, kann der Kongress Ministerien und sonstige Behörden errichten und Vorgaben über ihre Struktur, Aufgaben, Besetzung und Finanzierung machen. Die Gründung des Ministeriums für Heimatschutz *(Department of Homeland Security)* im Jahr 2002 stellte die größte Neuordnung der Exekutive seit der Einrichtung des Verteidigungsministeriums 1947 dar. Sie kam auf Betreiben führender Parlamentarier zu Stande, während es Präsident Bush zunächst vorgezogen hatte, die Funktionen dieses Ministeriums im 2001 errichteten *Office of Homeland Security* im Weißen Haus zu belassen. Der Kongress bestand jedoch auf der Gründung eines eigenständigen Ministeriums, unter anderem weil ein solches Ministerium von außen leichter zu kontrollieren ist und weniger der direkten Steuerung durch den Präsidenten unterliegt als eine Behörde im Präsidialamt.

Der Kongress wirkt aufgrund spezifischer Interessen innerhalb seiner Institution am Wachstum der Exekutivbehörden mit: Häufig verhindert er die Abschaffung oder Umstrukturierung von Behörden, auch wenn eine solche Maßnahme vom Präsidenten oder von unabhängigen Sachverständigen gefordert wird (Edwards 2003: 76–71). Die Ausschüsse und Unterausschüsse des Kongresses arbeiten eng mit den für ihren Sachbereich zuständigen Abteilungen und Unterabteilungen der Bürokratie zusammen und bilden mit diesen Interessengemeinschaften, die ihren Einfluss und ihren Fortbestand sichern wollen. Durch die

Errichtung gänzlich neuer Behörden und Posten, deren Bestimmung und Aufgaben genau festgelegt werden, kann der Kongress die Vertretung seiner Interessen in der Exekutive institutionell verankern. Ein klassisches Beispiel hierfür war die Schaffung des Postens des Handelsbeauftragten *(United States Trade Representative, USTR)* im Jahr 1962, dessen Stellung seither sukzessive gestärkt wurde. Allerdings ist es ein Mythos, dass Regierungsbehörden quasi „unsterblich" sind, weil sie ein Eigenleben entwickeln und es behördeninterne wie -externe Akteure gibt, deren Interesse am Erhalt der Behörde stets obsiegt. Tatsächlich ist das „Behördensterben" weiter verbreitet als gemeinhin angenommen: So sind 62 Prozent der zwischen 1946 und 1997 gegründeten Bundesbehörden in diesem Zeitraum auch wieder abgeschafft worden (Lewis 2002).

Der Posten des Handelsbeauftragten kann ebenso wie zahlreiche andere Stellen in der Regierung nur mit der Zustimmung des Senats besetzt werden (mit einfacher Mehrheit),[91] der von seinem Mitspracherecht immer stärker Gebrauch macht. Zwar werden auch heute noch über 90 % der vom Präsidenten vorgeschlagenen Kandidaten für einen außenpolitischen Posten vom Senat bestätigt, so dass der Präsident bei der Wahl seines außenpolitischen Personals immer noch mehr Freiheiten genießt als beispielsweise bei der Ernennung von Richtern. Doch das Mitspracherecht des Senats wirkt bereits a priori auf die Kandidatenauswahl des Präsidenten ein (McCarty/Razaghian 2000), und die Fälle, in denen ein Kandidat auf heftige Opposition im Senat stößt, häufen sich. Bisweilen richtet sich der Widerstand offensichtlich weniger gegen die fachliche oder persönliche Eignung der Kandidaten als vielmehr gegen die politische Linie des Präsidenten, dem eine symbolträchtige Niederlage beigebracht oder Zugeständnisse in anderen Fragen abgerungen werden sollen. Diese Motive spielten eine große Rolle bei der Blockade zahlreicher außenpolitischer Kandidaten durch den konservativen Senator Jesse Helms, der von 1995 bis 2001 Vorsitzender des Auswärtigen Ausschusses im Senat war und somit am Schalthebel für außenpolitische Personalfragen im Kongress saß (bei militärischen Personalfragen liegt die Federführung beim Streitkräfteausschuss). So dauerte es über ein Jahr, bis der von Präsident Clinton vorgeschlagene, äußerst renommierte Diplomat Richard Holbrooke 1999 zum Botschafter bei den Vereinten Nationen ernannt werden konnte. Meist sind es „nur" Botschafterposten, deren Besetzung zwischen Präsident und Senat strittig ist, doch die Präsidenten Carter, Bush sr. und Clinton mussten jeweils auch einen Kandidaten für den Posten des CIA-Direktors zurückziehen, und 1989 lehnte der Senat den von Bush sr. nominierten John Towers ab, der Verteidigungsminister werden sollte (an seiner Stelle trat Richard Cheney, später Vizepräsident unter George W. Bush, dieses Amt an).

Der letzte spektakuläre Fall betraf den Botschafter bei den Vereinten Nationen John R. Bolton, der nach einer monatelangen Blockade durch die Demokraten schließlich von George Bush im August 2005 während einer Sitzungspause des Senats ernannt wurde. Bolton blieb nur bis Ende 2006 im Amt, da er vom 2006 neu gewählten Senat hätte bestätigt werden müssen, was nach der Niederlage der Republikaner bei diesen Wahlen noch unwahrscheinlicher geworden war. Diese Auseinandersetzung demonstrierte allerdings ebenso wenig wie

91 Dies betrifft u. a. die oberen vier Leitungsebenen aller Ministerien, einschließlich der Minister selbst, den Posten des Geheimdienstdirektors sowie alle Botschafterstellen in anderen Staaten oder bei internationalen Organisationen.

die Verzögerung im Falle Holbrookes 1998/1999 eine große Bedeutung dieses Amtes für die amerikanische Außenpolitik, denn ein wirklich wichtiger Posten, etwa ein Ministeramt, wäre niemals so lange unbesetzt geblieben. Vielmehr vermengte sich auch in diesem Fall ein Vielzahl von Motiven: parteipolitische und ideologische Gegnerschaft, grundsätzliche Vorbehalte gegenüber den Vereinten Nationen, ernsthafte Zweifel an der Eignung des Kandidaten sowie das Interesse vieler Senatoren an einer institutionellen Selbstbehauptung des Senats, dem von der Exekutive nicht alle angeforderten Unterlagen zu dem Fall zur Verfügung gestellt worden waren (Bumiller/Stolberg 2005). Jeder vom Präsidenten vorgeschlagene Kandidat wird einer eingehenden Prüfung unterzogen, in deren Verlauf nicht nur schriftliche Informationen über den Kandidaten, seinen Werdegang, seine Qualifikationen und sein Umfeld gesammelt und ausgewertet werden (sogar aus den FBI-Akten), sondern auch öffentliche Anhörungen stattfinden, in denen sich der Kandidat den Fragen der Senatoren stellen muss.

Neben den Anhörungen im Bestätigungsverfahren *(confirmation hearings)* und im legislativen Prozess *(legislative hearings)* gibt es zwei weitere Typen von Anhörungen: *Oversight hearings* dienen der regelmäßigen Überwachung der Behördentätigkeit, während *investigative hearings* im Falle besonderer Untersuchungen anberaumt werden. Die Anhörungen werden in der Regel von den fachlich zuständigen Ausschüssen und Unterausschüssen, zum Teil aber auch von eigens für diese Zwecke eingerichteten, ständigen Kontrollunterausschüssen durchgeführt. Alle ständigen Ausschüsse des Kongresses sind seit dem *Legislative Reorganization Act* von 1946 mit dem Untersuchungsrecht ausgestattet. Darüber hinaus kann der Kongress spezielle Untersuchungsausschüsse einsetzen, um Vorwürfen oder Vermutungen über ein Fehlverhalten der Exekutive nachzugehen. Die Untersuchungen können von beiden Kammern getrennt oder gemeinsam durchgeführt werden. Dabei können sie Zeugen auch aus der Regierung vorladen, die unter Eid verhört werden, und sie können Einblick in die Unterlagen der Exekutive verlangen – allerdings mit deutlichen Einschränkungen beim Zugang zu Personen und Dokumenten aus dem Weißen Haus, die den Schutz des bereits erwähnten Exekutivprivilegs genießen.

Der Anteil der Anhörungen zu außenpolitischen Angelegenheiten unter allen Kongressanhörungen liegt bei etwa zwanzig Prozent. Viele außenpolitische Untersuchungen und öffentliche Anhörungen des Kongresses haben eine immense politische Wirkung entfaltet. Die Anhörungen zum Vietnamkrieg unter der Leitung des demokratischen Senators und Vorsitzenden des Auswärtigen Ausschusses William J. Fulbright, die erstmals 1966 im Fernsehen übertragen wurden, trugen maßgeblich zur öffentlichen Ablehnung des Krieges bei. In den zurückliegenden drei Jahrzehnten haben sich zahlreiche Untersuchungen des Kongresses mit den amerikanischen Geheimdiensten auseinandergesetzt, beispielsweise mit ihrer Rolle bei der Bewertung der Lage im Irak vor der amerikanischen Invasion im Jahr 2003 (U.S. Senate Select Committee on Intelligence 2004).

Die Intensität der Anhörungen im Kongress ließ nach dem Amtsantritt von George W. Bush stark nach, so dass der Präsident bis in seine zweite Amtszeit hinein vor allem in der Außen- und Sicherheitspolitik weitgehend frei von dieser Art der parlamentarischen Kontrolle agieren konnte (Mann/Ornstein 2006; Lieber 2007). Erst im Jahr 2007, also nachdem die Partei des Präsidenten ihre Mehrheit im Kongress verloren hatte, stieg die Zahl der Anhörungen wieder merklich an (Howell/Pevehouse 2007a, b), und die wichtigsten Ausschüsse stellten 200 zusätzliche Mitarbeiter zur Wahrnehmung der Kontrollfunktion ein. Die Zahl der *oversight hearings* zum Irakkrieg erhöhte sich im Repräsentantenhaus von 68 im Jahr 2005 auf 166 im Jahr 2007; im Senat fiel der Anstieg geringer aus (2005: 64 Anhörungen, 2007: 75 Anhörungen) (Mann/Reynolds/Holmes 2008). Der stärkere Zuwachs im Repräsentantenhaus reflektiert die Tatsache, dass die parteipolitische Zusammensetzung in dieser Kammer einen größeren Einfluss auf die Geschäfte ausübt, als es im Senat der Fall ist.

Neben der Teilnahme an Anhörungen verlangt der Kongress von der Exekutive die Ausfertigung von Berichten und Studien in den verschiedensten Politikbereichen. Allein in der Außen- und Verteidigungspolitik beläuft sich die Zahl dieser Berichte auf über eintausend pro Jahr (U.S. Committee on House Administration 2007). Dabei können drei Arten der Informationspflicht unterschieden werden (Collier 1988). Erstens muss der Kongress informiert werden, wenn die Regierung bestimmte Handlungen plant oder bereits vorgenommen hat. So müssen die Geheimdienstausschüsse des Kongresses über alle verdeckten Maßnahmen der Geheimdienste *(covert actions)* in Kenntnis gesetzt werden. Zweitens verlangt der Kongress periodische Berichte, d.h. die Behörden müssen den Kongress in regelmäßigen Abständen über genau spezifizierte Aspekte ihres außenpolitischen Zuständigkeitsbereiches unterrichten. Hierzu zählen beispielsweise der jährliche Bericht des Außenministeriums zur Menschenrechtslage in anderen Staaten oder die Berichte zur Lage im Irak, welche die Adminstration seit 2005 vierteljährlich dem Kongress übermitteln muss. Drittens müssen die Behörden Studien zu aktuellen Themen anfertigen. So hat der Haushaltsausschuss des Senats im Jahr 2002 das Außenministerium aufgefordert, ein umfassendes Strategiepapier zur amerikanischen *Public Diplomacy* zu verfassen. In der Folgezeit musste das Ministerium auf Geheiß des Ausschusses die Strategie mehrfach überarbeiten und dem Ausschuss erneut vorlegen.

Viele dieser Berichte werden nicht veröffentlicht, sondern sind nur für die Kongressmitglieder bestimmt. Eine große Zahl der Berichte wird jedoch der Öffentlichkeit zugänglich gemacht – und tatsächlich sind die Öffentlichkeit bzw. Teilöffentlichkeiten de facto oft der wichtigste Adressat. Selbst wenn jene Kongressmitglieder, die maßgeblich zur Durchsetzung bestimmter Informationspflichten der Exekutive beigetragen haben, die daraus resultierenden Berichte überhaupt nicht lesen, können sie den beabsichtigten politischen Zweck erfüllen. Denn dieser besteht nicht nur in der Information der Parlamentarier, sondern auch jener Teilöffentlichkeiten, die ein spezifisches Interesse an bestimmten Aspekten der Regierungspolitik haben und deshalb die Regierungsberichte gezielt analysieren. Diese interessierten Gruppen, die zum Teil auch per Gesetz in außenpolitische Entscheidungsprozesse eingebunden sind, können „Alarm schlagen", wenn sie Unregelmäßigkeiten im Regierungshandeln ausmachen. Sie erfüllen damit die Funktion von „Feuermeldern" und ergänzen die einer „Polizeistreife" ähnliche, routinemäßige Überwachungstätigkeit durch den Kongress selbst (McCubbins/Schwartz 1984; Deering 2003). Der Kongress ermutigt zudem die Regierungsangestellten, selbst als „Feuermelder" zu agieren: Wer Fälle von Rechtsbruch, Verschwendung oder Machtmissbrauch in den Behörden aufdeckt, ist seit dem *Whistleblower Protection Act* von 1989 vor dienst- oder strafrechtlichen Sanktionen geschützt. Seit 1999 gilt diese Schutzregelung auch für alle Mitarbeiter der US-Geheimdienste.

Ein wichtiges Instrument, das die Mitsprache des Kongresses im außenpolitischen Entscheidungsprozess und die Kontrolle der Exekutive sicherstellen soll, ist das legislative Veto (*legislative* oder *congressional veto*). Im Rahmen der gesetzlichen Übertragung von Befugnissen auf die Exekutive behält sich der Kongress in vielen Fällen ausdrücklich das Recht vor, bestimmte Handlungen und Entscheidungen der Exekutive einer besonderen Genehmigung zu unterwerfen, zu blockieren oder sogar rückgängig zu machen. Das Recht zur Ausübung dieses legislativen Vetos spricht der Kongress fallweise entweder beiden Häusern gemeinsam, nur einem Haus oder sogar einzelnen Kongressausschüssen zu. Der Oberste Gerichtshof hat 1983 diese Praxis für verfassungswidrig erklärt, da sie dem Prinzip der Gewaltenteilung zuwiderlaufe: Der Kongress dürfe der Exekutive alle Befugnisse, die gesetzlich an sie delegiert wurden, zwar auf gesetzlichem Wege wieder entziehen, nicht aber durch einseitige Beschlüsse des Kongresses, gegen die der Präsident kein Veto einlegen kann.[92] Vier Jahre später entschied der Oberste Gerichtshof außerdem, dass ein verfassungswidriger legislativer Vetovorbehalt nicht zwangsläufig bedeutet, dass auch die übrigen Bestimmungen eines Gesetzes ungültig sind.[93]

Diese beiden Urteile hatten zur Folge, dass der Kongress oft entgegen seiner Absicht zur Machtsteigerung des Präsidenten beitrug (Silverstein 1997). Denn das legislative Veto durfte der Kongress in vielen Fällen nicht ausüben, die Übertragung von Befugnissen an die Exekutive hatte jedoch weiterhin Bestand. Trotz dieser beiden Urteile sind bis heute nicht alle verfassungsrechtlichen Fragen geklärt, die durch das legislative Veto aufgeworfen wurden – vor allem nicht im Bereich der Außenpolitik, wie die anhaltende Debatte um die Verfassungskonformität der *War Powers Resolution* zeigt. Und obwohl das *Chadha*-Urteil von 1983 die Wirksamkeit des legislativen Vetos eingeschränkt hat, übt der Kongress durch das Veto weiterhin Einfluss auf die Außenpolitik aus, denn zum einen sind nicht alle Formen des Vetos verfassungswidrig: Jene Vetos, die der Regelung von Verfahrensfragen im Kongress dienen, beispielsweise im *fast-track*-Verfahren in der Außenhandelspolitik, sind verfassungskonform. Zum anderen berücksichtigt die Administration in Fällen, in denen eine Vetodrohung im Raum steht, die Interessen des Kongresses, um nicht die Gefahr heraufzubeschwören, dass der Kongress auf andere legislative Maßnahmen ausweicht und dabei unter Umständen noch tiefer in die Gestaltungsfreiheit der Exekutive eingreift. Deshalb muss das legislative Veto tatsächlich nur selten ausgeübt werden und entfaltet trotzdem seine gewünschte Wirkung.

Die schärfste Waffe des Kongresses, um den Präsidenten (oder andere Amts- oder Mandatsträger des Bundes) zur Rechenschaft zu ziehen, ist die Amtsenthebung, die allerdings nicht als Quittung für eine unliebsame Politik, sondern nur aufgrund von Hochverrat oder anderer schwerer Verbrechen oder Vergehen erfolgen darf. Die Amtsanklage *(impeachment)* wird vom Repräsentantenhaus mit einfacher Mehrheit erhoben, anschließend geht das Verfahren an den Senat über, der den Angeklagten freisprechen oder verurteilen und damit seines Amtes entheben kann (mit Zweidrittelmehrheit). Bisher wurden erst zwei Präsidenten einer förmlichen Amtsanklage unterworfen: Andrew Johnson im Jahr 1868 und Bill Clinton 1998. Beide waren Opfer parteipolitisch motivierter Kampagnen und wurden schließlich

92 Vgl. Immigration and Naturalization Service v. Chadha, 462 US 919 (1983).

93 Vgl. Alaska Airlines v. Brock, 480 US 678 (1987). Der *Supreme Court* befand, dass ein Gesetz, das verfassungswidrige Bestimmungen zum legislativen Veto enthält, nur dann als Ganzes ungültig ist, wenn es ohne diese Bestimmungen keine Mehrheit im Kongress gefunden hätte.

vom Senat freigesprochen. Richard Nixon kam mit seinem Rücktritt 1974 einer sicheren Amtsanklage wegen des Watergate-Skandals zuvor. Die Feststellung, dass der Präsident als *chief executive* die Bürokratie schon allein aufgrund ihrer Größe und Komplexität nicht umfassend kontrollieren kann, trifft auf die faktischen Kontrollmöglichkeiten des Kongresses natürlich ebenso zu. Nach Ansicht vieler Beobachter nimmt der Kongress aber selbst im Rahmen seiner Möglichkeiten seine Kontrollfunktion nur unzureichend wahr. Insbesondere in den Jahren von 2001 bis 2006 setzte er der Geheimhaltungspolitik der Administration sowie ihrer einseitigen Aussetzung von gesetzlichen Bestimmungen nur wenig entgegen. Hier wirkten zum einen der vermeintliche Imperativ einer geschlossenen Haltung gegenüber dem äußeren Feind im Krieg gegen den Terror, zum anderen die parteipolitische und ideologische Geschlossenheit im republikanischen *unified government*. Beide Faktoren ließen das institutionelle Selbstbehauptungsinteresse des Kongresses, das sein Verhalten gegenüber der Exekutive seit Jahrzehnten mit prägt, vorübergehend in den Hintergund treten (Mann/ Ornstein 2006; Mann 2010).

Im Bereich der Außenpolitik gestaltet sich die parlamentarische Kontrolle der Exekutive zudem besonders schwierig, weil dem Kongress aus Gründen der „nationalen Sicherheit" viele Informationen vorenthalten werden können. Während die parlamentarische Kontrolle im Bereich der Verteidigungs- und Rüstungspolitik vergleichsweise gut funktioniert (King 2010: 16–17), zeigen sich die Defizite zeigen sich am deutlichsten bei der Kontrolle der Geheimdienste. Zwar unterlag die amerikanische *Intelligence Community* seit den 1970er Jahren zeitweise einer stärkeren parlamentarischen Kontrolle als ihre Pendants in den meisten anderen Staaten, doch in den vergangenen Jahren kamen nahezu alle Beobachter und Expertenkommissionen zu dem Schluss, dass die Kontrolle der Geheimdienste durch den Kongress nicht mehr funktioniere (National Commission 2005; Weiner 2008). Die bereits erwähnte Verpflichtung der Exekutive zur Berichterstattung gegenüber den Geheimdienstausschüssen wird zunehmend unterlaufen, indem – mit Verweis auf die nationale Sicherheit – der Kreis der Informationsempfänger immer häufiger auf die „Gang of Eight" beschränkt wird. Diese ist paritätisch besetzt und umfasst die acht Spitzenvertreter der Demokraten und der Republikaner in den beiden Kammern und den Geheimdienstausschüssen des Kongresses. Die Informationen, welche die Exekutive bereitstellt, sind jedoch meist unvollständig und oberflächlich, und der paradoxe Effekt der Unterrichtungen besteht häufig darin, dass der Kongress in der Öffentlichkeit als Komplize der Administration und der Geheimdienste erscheint, ohne tatsächlich ausreichende Kenntnis über deren Pläne und Tätigkeiten zu besitzen (Harris 2009).

Sicherheits- und Verteidigungspolitik

Laut Artikel I der amerikanischen Verfassung obliegt es dem Kongress, Krieg zu erklären („to declare war"), Armeen aufzustellen und zu unterhalten („to raise and support armies"), für die Landesverteidigung zu sorgen („to provide for the common defence") und Regeln für Führung und Dienst der Streitkräfte zu erlassen („to make rules for the government and regulation of the land and naval forces"). Die Kriegsgewalt, also das Recht, die amerikanischen Streitkräfte in (potenzielle oder aktuale) bewaffnete Konflikte zu entsenden und somit die Vereinigten Staaten zur Kriegspartei zu machen, liegt jedoch de facto beim Präsidenten. Die USA haben nur in fünf Konflikten Kriegserklärungen ausgesprochen: 1812 im „zweiten Unabhängigkeitskrieg" gegen England, 1846 im Krieg gegen Mexiko, 1898 im Spanisch-Amerikanischen Krieg, 1917 im Ersten und 1941/42 im Zweiten Weltkrieg. Zahlreiche weitere Interventionen und Kriege wurden vom Kongress direkt (durch entsprechende Resolutionen) oder indirekt (durch die Bewilligung der nötigen Mittel) gebilligt. Nach der Auffassung einer hochrangigen Forschungsgruppe erfüllte der Entscheidungsprozess in diesen Fällen formal die Vorgaben der Verfassung, die eine gemeinsame Entscheidung von Kongress und Präsident zur Kriegführung vorsieht (Constitution Project 2005: 12). Ein wichtiger Grund für den Verzicht des Kongresses auf eine formelle Kriegserklärung liegt darin, dass die Parlamentarier nicht die häufig mit einem Kriegszustand einhergehenden Sonderrechte der Regierung, etwa zur Beschlagnahmung von Eigentum oder zur Zensur, heraufbeschwören wollten (Davidson/Olsezek 2004: 391).

Unter dem Strich wurden nur die wenigsten amerikanischen Militäreinsätze vom Kongress autorisiert, und eine tatsächliche Mitentscheidung des Kongresses wird in jedem Fall durch drei Faktoren erschwert: Erstens gehen den Autorisierungen in der Regel nur wenig ausführliche Prüfungen und Debatten im Kongress voraus, zweitens liegt der Informationsstand des Kongresses weit hinter dem der Exekutive, und drittens sind die Entschließungen meist so weit gefasst, dass der Kongress dem Präsidenten alle wichtigen Entscheidungen über die Kriegsziele und die einzusetzenden Mittel überlässt. Nur äußerst selten erzwingt der Kongress die Einschränkung oder Beendigung von Militäreinsätzen, etwa durch die Kürzung oder Sperrung der nötigen Haushaltsmittel (vgl. Grimmett 2007a).

Der bisher deutlichste Versuch, die Kriegsgewalt des Präsidenten grundlegend einzuschränken, war die *War Powers Resolution* von 1973 (vgl. auch Kap. IV.A.2). Der Kongress reagierte damit vor allem auf den Krieg in Vietnam, der über viele Jahre hinweg immer weiter eskaliert war und weitgehend ohne Einbindung des Kongresses geführt wurde. Zunächst widerrief der Kongress 1971 die *Gulf of Tonkin Resolution* von 1964, die als rechtliche Grundlage für den Krieg gedient hatte – was Präsident Nixon aber nicht davon abhielt, den Krieg fortzusetzen und auszuweiten. Drei Jahre später wurde die *War Powers Resolution* verabschiedet und das anschließende Veto von Richard Nixon mit Zweidrittelmehrheiten in beiden Häusern des Kongresses zurückgewiesen. Die Effektivität des Gesetzes leidet jedoch bis heute zum einen unter der mangelnden Klarheit seiner Bestimmungen, zum anderen unter der fehlenden Bereitschaft aller drei Regierungsgewalten, dem Gesetz Geltung zu verschaffen. Die wichtigsten Bestimmungen des Gesetzes sehen vor:

1. Der Präsident darf einen Truppeneinsatz, in dem es zu Feindseligkeiten kommt oder solche unmittelbar bevorstehen,[94] nur anordnen, wenn eine Kriegserklärung oder eine Einzelfallermächtigung durch den Kongress vorliegt, sowie zur Abwehr von Angriffen auf das Territorium oder die Streitkräfte der Vereinigten Staaten (Abschnitt 2c).
2. Der Präsident muss den Kongress „in jedem möglichen Fall" *(in every possible instance)* vor einem Truppeneinsatz, in dem es zu Feindseligkeiten kommt oder solche unmittelbar bevorstehen, konsultieren (Abschnitt 3).

94 „... into hostilities or into situations where imminent involvement in hostilities is clearly indicated by the circumstances" (Abschnitt 2c der *War Powers Resolution*).

3. Wenn keine Kriegserklärung durch den Kongress vorliegt, muss der Präsident binnen 48 Stunden nach einem Truppeneinsatz dem Sprecher des Repräsentantenhauses und dem Vorsitzenden des Senats einen schriftlichen Bericht vorlegen. Darin muss der Präsident die Notwendigkeit des Einsatzes begründen und seine verfassungsmäßigen und gesetzlichen Grundlagen sowie Umfang und Dauer des Einsatzes darlegen (Abschnitt 4a).
4. Falls der Kongress keinen anders lautenden Beschluss fasst, muss der Präsident einen Truppeneinsatz, in dem es zu Feindseligkeiten kommt oder solche unmittelbar bevorstehen, binnen 60 Tagen beenden. Diese Frist wird um 30 Tage verlängert, wenn der Präsident schriftlich darlegt, dass diese Verlängerung zur Sicherung des Rückzugs benötigt wird (Abschnitt 5b).
5. Der Kongress kann jederzeit – also auch vor Ablauf der 60-Tage-Frist – einen Rückzug von Truppen, die in Feindseligkeiten verwickelt sind, mittels einer *concurrent resolution* anordnen (Abschnitt 5c).

Allein Abschnitt 3 des Gesetzes wirft zahlreiche Probleme auf, die bis heute nicht abschließend geklärt und deshalb von den Präsidenten in ihrem Sinne interpretiert werden konnten: Zum einen wird dem Präsidenten implizit das Recht zugesprochen, die Truppen unter Umständen, die nicht näher definiert werden, einzusetzen, ohne zuvor den Kongress zu konsultieren. Eine solche Ermächtigung hatte es zuvor nicht gegeben. Zum zweiten wird nicht spezifiziert, welche Mitglieder oder Ausschüsse des Kongresses der Präsident konsultieren muss. Drittens ist nicht ganz klar, unter welchen Umständen von „Feindseligkeiten" gesprochen werden kann. In der Regel werden hierunter Kampfhandlungen verstanden, die in expliziten „Kampfeinsätzen" bevorstehen. Die begrenzte und punktuelle Anwendung von Waffengewalt, die friedenssichernde Einsätze *(peacekeeping)* wie in Bosnien oder Haiti mit sich bringen können (sei es zur Selbstverteidigung oder zur Duchsetzung eines „robusten" Mandates), werden meist nicht dazugezählt. Viertens sehen Präsidenten ihre Pflicht zur „Konsultation" des Kongresses meistens erfüllt, wenn sie ihn über einen bevorstehenden Truppeneinsatz in Kenntnis setzen, während viele Parlamentarier eine aktive Beratungsfunktion einnehmen wollen, um an der Entscheidungsfindung mitzuwirken.

Der Pflicht zur Berichterstattung nach Beginn eines Truppeneinsatzes sind die Präsidenten in den meisten Fällen nachgekommen; bis heute wurden mehr als 120 solcher Berichte erstellt, weniger als zwanzig Truppeneinsätze seit Inkrafttreten des Gesetzes hat der Präsident nicht gemeldet (Grimmett 2007b). Allerdings werden die Berichte fast immer nur „in Übereinstimmung mit" *(consistent with)* und nicht etwa „gemäß" *(pursuant to)* der *War Powers Resolution* vorgelegt; zudem wird auf den entsprechenden Abschnitt 4a des Gesetzes meist kein direkter Bezug genommen, und in vielen Fällen wird erklärt, dass Feindseligkeiten nicht bevorstünden.[95] Diese Unterlassungen sind rechtlich von großer Bedeutung, denn zum einen wird auf diese Weise die Verfassungsmäßigkeit der *War Powers Resolution* von den Präsidenten nicht anerkannt, zum anderen beginnt die 60- bzw. 90-Tage-Frist erst, wenn klar ist, dass es sich um einen Fall gemäß Abschnitt 4a des Gesetzes handelt. Der Kongress

95 Lediglich Gerald Ford berichtete über den Einsatz zur Befreiung des Tankers *Mayaguez* 1975 „gemäß Abschnitt 4a der *War Powers Resolution*" und bestätigte zugleich, dass Feindseligkeiten bevorstünden.

kann selbst feststellen, dass ein solcher Fall eingetreten ist, doch scheut er meist diesen Schritt, um nicht anschließend auf eine Überschreitung der Frist durch den Präsidenten reagieren zu müssen.

Der einzige ernsthafte Testfall für die *War Powers Resolution* entstand 1983 nach der Entsendung amerikanischer Truppen in den Libanon durch Präsident Reagan. Der Fall endete mit einem Kompromiss, denn der Kongress aktivierte zwar Abschnitt 4a des Gesetzes, doch er genehmigte zugleich in einer *joint resolution,* die der Präsident unterzeichnete, einen 18-monatigen Einsatz der Truppen, und Reagan legte – wie alle Präsidenten vor und nach ihm – Wert auf die Feststellung, dass die *War Powers Resolution* seine verfassungsmäßigen Rechte als Oberbefehlshaber der Streitkräfte nicht einschränken könne. Nachdem bei einem Bombenanschlag im Libanon über 200 amerikanische Soldaten getötet worden waren, zog Präsident Reagan die amerikanischen Truppen jedoch schon vorzeitig ab.

Seither hat der Kongress von dem Gesetz keinen effektiven Gebrauch gemacht, um den Präsidenten in seiner Handlungsfreiheit einzuschränken. 1991 genehmigte der Kongress den ersten amerikanischen Golfkrieg, dessen militärische Vorbereitung bereits abgeschlossen war und der wenige Tage später begann. Senat und Repräsentantenhaus verabschiedeten in den folgenden Jahren vereinzelte Resolutionen zu den Militäreinsätzen in Haiti, Bosnien und im Kosovo, doch fanden sich keine Mehrheiten, um diese Einsätze ausdrücklich zu autorisieren oder zu unterbinden – was letztlich einen Sieg für Präsident Clinton bedeutete (Grimmett 2007b: 32–45). Während der Präsidentschaft George W. Bushs wurden der Krieg gegen den Terror, an dessen Beginn der Afghanistanfeldzug 2001 stand, sowie der Irakkrieg 2003 vom Kongress mit breiten Mehrheiten gebilligt. Beide Resolutionen brachten eine begrenzte Mitsprache des Parlaments zum Ausdruck: Die Ermächtigungen fielen breit aus, aber nicht so breit wie in den ursprünglichen Versionen der Administration vorgesehen, und in beiden Resolutionen nahm der Kongress ausdrücklich Bezug auf die *War Powers Resolution* und legte dem Präsidenten entsprechende Berichtspflichten auf. Als der Kongress seine Haltung zum Irakkrieg änderte und, seit den Wahlsiegen der Demokraten im November 2006, mehrheitlich die Einleitung eines Rückzuges aus dem Irak forderte, konnte er sich nicht durchsetzen, weil die entsprechenden Gesetzesinitiativen auf das Veto des Präsidenten und die Ablehnung der Republikaner im Senat stießen.

Die Bestimmung des Abschnitts 5c, nach welcher der Kongress einen Truppeneinsatz mittels einer *concurrent resolution* beenden kann, entspricht einem legislativen Veto und ist deshalb wahrscheinlich ungültig. Die Bestimmung wurde aber niemals angewandt, und über ihre Verfassungskonformität ist gerichtlich bisher ebenso wenig entschieden worden wie über den Rest des Gesetzes. Eine umfassende Reform des Gesetzes – oder gar seine völlige Abschaffung – ist häufig debattiert, aber nie beschlossen worden.[96] Lediglich wurde 1983 gesetzlich festgelegt, dass für die Anordnung eines Truppenabzugs durch den Kongress innerhalb der 60-Tage-Frist nun eine *joint resolution* nötig ist. Im Kongress würden also

96 Zuletzt legte eine Kommission unter der Leitung der ehemaligen Außenminister James A. Baker III und Warren Christopher im Juli 2008 einen Bericht mit der Empfehlung vor, die *War Powers Resolution* durch einen neuen *War Powers Consultation Act* zu ersetzen, durch den u. a. die Konsultation zwischen Präsident und Kongress verbessert werden sollte (Constitution Project 2005).

nun Zweidrittelmehrheiten benötigt, um dem Präsidenten, wenn er sein Veto einlegt, einen Truppenrückzug vor Ablauf dieser Frist aufzuzwingen.

Während der Kongress im Hinblick auf die Kriegsgewalt somit allenfalls gemischte Erfolge vorzuweisen hat, konnte er in zahlreichen anderen sicherheitspolitischen Fragen der amerikanischen Politik seinen Stempel aufdrücken: So kamen die Forderungen zur Erweiterung der Nato, die 1999 mit der Aufnahme Polens, Ungarns und der Tschechischen Republik umgesetzt wurde, zunächst aus dem Kongress, bevor sich die Clinton-Administration dieser Initiative anschloss. Neben der Erhöhung der Verteidigungsausgaben (in Relation zu den Budgetplänen des Präsidenten) und der Ablehnung des umfassenden Atomteststoppabkommens *(Comprehensive Test Ban Treaty, CTBT)* gelang es dem Kongress zudem, den Aufbau einer Nationalen Raketenabwehr in den 1990er Jahren auf der Tagesordnung zu halten. Nachdem Präsident Clinton mehrfach Vetos gegen Gesetze des Kongresses eingelegt hatte, die den Aufbau einer Raketenabwehr vorsahen, unterzeichnete er schließlich den *National Missile Defense Act,* der im März 1999 mit einer so überwältigenden Mehrheit verabschiedet worden war, dass das Veto des Präsidenten keinen Effekt mehr haben konnte (Chollet/Goldgeier 2008: 234–243). Das Thema Raketenabwehr dominierte die sicherheitspolitische Agenda in den verbliebenen eineinhalb Jahren von Clintons Amtszeit. Weitere Entscheidungen über die genaue Umsetzung der Raketenabwehrpläne wollte Clinton aber nicht mehr treffen, sondern er überließ sie seinem Nachfolger, der mit dem Aufbau der Raketenabwehr begann und den ABM-Vertrag mit Russland aus dem Jahr 1972, der dem Vorhaben im Wege stand, kündigte.

Internationale Verträge und Diplomatie

Internationale Verträge treten für die USA erst in Kraft, wenn sowohl der Präsident wie auch der Senat ihnen zugestimmt haben. Artikel II, Abschnitt 2 der Verfassung besagt: „Er [der Präsident] hat das Recht, auf Anraten und mit Zustimmung des Senats *(by and with the advice and consent of the Senate)* Verträge zu schließen, vorausgesetzt, dass zwei Drittel der anwesenden Senatoren zustimmen.“ Die *advice and consent*-Klausel sollte sicherstellen, dass der Senat nicht erst bei der innerstaatlichen Ratifizierung, sondern bereits in der Phase der Aushandlung von internationalen Verträgen eingebunden wird. Präsidenten, die diese Vorgabe missachteten, haben oft den Preis zahlen müssen, dass der Senat die fertigen Verträge nicht ratifizierte: So wird die Ablehnung des Versailler Vertrages im Jahr 1920, der gleichbedeutend war mit dem Fernbleiben der USA aus dem Völkerbund, auch darauf zurückgeführt, dass Präsident Woodrow Wilson keinen Senator in seine Verhandlungsdelegation aufgenommen und die Vorbehalte im Senat gegen den Vertrag weitgehend ignoriert hatte.

Der Senat hat seit 1789 nur rund zwanzig von über 1 600 Verträgen bei einer Abstimmung im Plenum scheitern lassen (Edwards/Wayne 1999: 475). Allerdings drücken diese Zahlen nur unzureichend aus, welchen Einfluss der Senat durch seine *advice and consent*-Funktion ausüben kann. In den vergangenen fünfzig Jahren sind Dutzende von Verträgen, die der Präsident unterzeichnet hat, in den USA niemals rechtskräftig geworden, weil es gar nicht erst zu einer Abstimmung im Senat kam. Die Clinton-Administration leitete zwei der fünf wichtigsten Vertragswerke, an denen sie beteiligt war, nicht an den Senat weiter, weil die Verträge dort niemals die erforderliche Zweidrittelmehrheit erhalten hätten. Dies betraf zum einen das Kyoto-Protokoll zum Klimaschutz aus dem Jahr 1997, zum anderen den Vertrag über den Internationalen Strafgerichtshof von 2000 (beide Verträge traten auch ohne die Beteiligung der USA in Kraft). Das umfassende Atomteststoppabkommen, das Clinton 1997 zur Ratifizierung an den Senat überwies, wurde dort zwei Jahre lang nicht behandelt und drohte dasselbe Schicksal zu erleiden wie Dutzende anderer Verträge, die in den Ausschüssen des Senats versandeten. Der Vorsitzende des Auswärtigen Ausschusses, der Republikaner Jesse Helms, wollte mit der Blockade des CTBT unter anderem erreichen, dass Präsident Clinton das Kyoto-Protokoll an den Senat weiterleitete (um es dort demonstrativ ablehnen zu können). Als die republikanische Führung schließlich 1999 den CTBT doch zur Abstimmung freigab, hatte sie genug Stimmen in der eigenen Fraktion gesammelt, um den Vertrag scheitern zu lassen und Clinton eine der schwersten außenpolitischen Niederlagen seiner Präsidentschaft zuzufügen.

Die Ablehnung dieser Verträge war ebenso wie die Auseinandersetzungen um die Vereinten Nationen Ausdruck eines stärkeren Unilateralismus im Kongress seit der republikanischen Machtübernahme 1995. Nur wenige wichtige Vertragsvorhaben der Clinton-Administration waren von Erfolg gekrönt, darunter die Chemiewaffenkonvention (die noch in den letzten Amtstagen von George H. W. Bush unterzeichnet worden war) und der Vertrag zur Nato-Erweiterung. Beide Vertragswerke illustrieren auch, wie der Senat seine *advice and consent*-Funktion zur weitergehenden Gestaltung der US-Außenpolitik nutzen kann (Auerswald 2003; Evans/Oleszek 2003). Im Gegenzug für die Ratifizierung der Chemiewaffenkonvention musste Clinton einer Umstrukturierung der außenpolitischen Behörden zustimmen, die von den Republikanern – allen voran wiederum Jesse Helms – seit Jahren gefordert worden war und die 1998 im *Foreign Affairs Reform and Restructuring Act* mündete. Sowohl die Chemiewaffenkonvention als auch der Nato-Erweiterungsvertrag wurden bei der Ratifizierung mit zahlreichen Zusätzen versehen, in denen der Senat zum Beispiel die Kosten begrenzte, die den USA durch die Aufnahme neuer Mitglieder in die Nato entstehen durften. Derartige Einschränkungen und Vorbehalte, die in die Zustimmungsresolution aufgenommen werden, sind, wie der Oberste Gerichtshof in mehreren Urteilen festgestellt hat, rechtskräftig und für alle US-Organe bindend. Sie stellen für den Senat ein hervorragendes und seit dem Ende des Ost-West-Konflikts immer häufiger angewandtes Instrument der Politikgestaltung dar, weil die Zustimmung des Repräsentantenhauses nicht erforderlich ist und der Präsident die Bestimmungen in der Regel akzeptiert, um nicht das gesamte Vertragswerk zu gefährden (Auerswald/Maltzman 2003). Zusätze, die direkt in die Vertragsbestimmungen eingreifen, machen eine Neuverhandlung mit den internationalen Vertragspartnern nötig, und in über 40 Fällen führten die Zusätze des Senats zu einem Scheitern der Verträge, da der Präsident oder die Vertragspartner die Änderungen nicht akzeptierten.

Der Senat kann also sein Mitspracherecht bei Verträgen in verschiedener Weise als politische Waffe einsetzen. Doch nur wenige Verträge sind so wichtig, symbolträchtig oder umstritten, dass es zu einer namentlichen Abstimmung *(roll-call vote)* im Senat kommt (vgl. Tabelle 16). Die meisten Verträge werden ohne Debatte und ohne Zusätze per *division vote* verabschiedet, für die nur ein Senator anwesend sein muss, weil es zu den Regeln des Senats gehört, dass das Quorum von mehr als der Hälfte der Mitglieder, das die Verfassung für Abstimmungen im Kongress vorsieht, als erfüllt betrachtet wird, solange kein Senator Einspruch erhebt. Ein anschauliches Beispiel war am 21. Oktober 1998 zu beobachten, als

Tabelle 16 Namentliche Abstimmungen über internationale Verträge, 1991–2010

Datum der Abstimmung	Gegenstand	Ergebnis (Ja-Nein-Stimmen)
22. 12. 2010	Vertrag zwischen USA und Russischer Föderation zum Abbau strategischer Waffen (Strategic Arms Reduction Treaty – New START)	Zustimmung (71–26)
26. 09. 2005	Protokoll zum Internationalen Übereinkommen zur Vereinfachung und Harmonisierung der Zollverfahren	Zustimmung (87–0)
08. 05. 2003	Protokoll zum Nato-Vertrag über den Beitritt von Bulgarien, Estland, Lettland, Litauen, Rumänien, Slowakei, Slowenien	Zustimmung (96–0)
06. 03. 2003	Vertrag zwischen USA und Russischer Föderation zum Abbau strategischer Offensivwaffen (Strategic Offensive Reduction Treaty, SORT)	Zustimmung (95–0)
13. 10. 1999	Umfassendes Atomteststoppabkommen (Comprehensive Nuclear Test Ban Treaty)	Ablehnung (48–51)
30. 04. 1998	Protokoll zum Nato-Vertrag über den Beitritt von Polen, Ungarn, Tschechische Republik	Zustimmung (80–19)
14. 05. 1997	Zusatz zum Vertrag über die Konventionellen Streitkräfte in Europa (KSE)	Zustimmung (100–0)
24. 04. 1997	Chemiewaffenabkommen (Chemical Weapons Convention)	Zustimmung (74–26)
26. 01. 1996	Vertrag zwischen USA und Russischer Föderation zum Abbau strategischer Waffen (Strategic Arms Reduction Treaty – START II)	Zustimmung (87–4)
25. 11. 1991	Vertrag über die Konventionellen Streitkräfte in Europa (KSE)	Zustimmung (90–4)
25. 11. 1991	Nunn-Lugar-Programm zur Sicherung und Zerstörung von Nuklearmaterial der Sowjetunion (Cooperative Threat Reduction Program)	Zustimmung (86–6)

Quelle: U.S. Senate Roll Call Tables, eigene Auswertung (http://www.senate.gov/pagelayout/legislative/a_three_sections_with_teasers/votes.htm, Zugriff 19. 01. 2011).

mit der Stimme nur eines anwesenden Senators 30 Verträge auf einmal ratifiziert wurden. Insgesamt hat der Senat zwischen 1991 und 2006 fast 300 internationale Verträge ratifiziert.

Bis zur Mitte des 20. Jahrhunderts stellte die Mitsprache des Senats bei Verträgen das wichtigste außenpolitische Instrument der gesamten Legislative dar. Seither hat dieses Instrument an Bedeutung verloren, weil die meisten internationalen Vereinbarungen der USA per Regierungsabkommen getroffen werden, die keiner Zweidrittelmehrheit im Senat bedürfen. Der Kongress reagierte darauf mit dem Versuch einer Verfassungsänderung: Das so genannte *Bricker Amendment* sah unter anderem vor, dass alle internationalen Verträge und Abkommen vom Kongress per Gesetz bestätigt werden müssen. Der Entwurf scheiterte 1954 mit nur einer Stimme an der für Verfassungszusätze nötigen Zweidrittelmehrheit im Senat. Die Mehrheit kam nicht zustande, weil diese Verfassungsänderung die privilegierte Stellung des Senats bei der Ratifizierung von Verträgen beschnitten hätte. Das *Bricker Amendment* hätte auch zur Folge gehabt, dass keine internationalen Vereinbarungen der USA automatisch Gesetzeskraft erlangen. Nach dem Scheitern des Entwurfs muss weiterhin unterschieden werden, ob Vereinbarungen *self-executing* oder *non-self-executing* wirken, ob sie also im innerstaatlichen Recht direkt anwendbar sind oder aber der Durchführung durch einen besonderen Rechtsakt bedürfen (Buergenthal et al. 2000: 207). Letzteres ist vor allem dann nötig, wenn der Vertrag einen Gegenstand betrifft, der zu den ausdrücklich in der Verfassung erwähnten Zuständigkeiten des Kongresses zählt. Während alle Versuche, dem Kongress das Recht zur Zurückweisung aller internationalen Vereinbarungen zuzusprechen, gescheitert sind, konnte sich das Parlament zumindest ein Informationsrecht erkämpfen: Der Kongress verabschiedete 1972 den *Case Act,* der 1977 und 1979 noch ergänzt wurde und demgemäß die Administration binnen 60 Tagen nach Inkrafttreten jeder internationalen Vereinbarung, an denen die USA beteiligt sind, dem Kongress diese Vereinbarung zukommen lassen muss.[97] Die Exekutive hält diese Vorgabe jedoch in vielen Fällen nicht ein, und auch die Praxis der Geheimabkommen konnte vom Kongress zwar eingeschränkt, aber nicht völlig beendet werden.

Obwohl die Pflege der auswärtigen Beziehungen nicht die Aufgabe des Kongresses ist, entfalten Kongressmitglieder durchaus diplomatische Aktivitäten, wenn sie in direkten Kontakt mit Vertretern anderer Regierungen oder internationaler Organisationen treten. Die Beziehungen zwischen den ausländischen Botschaften in Washington, D.C. und dem Kongress haben sich in den vergangenen Jahrzehnten stark intensiviert. Internationale Verhandlungspartner der USA sind sich der Vetoposition des Kongresses bei vielen Entscheidungen bewusst und suchen deshalb den Kontakt auch mit führenden Kongressmitgliedern. So traf UN-Generalsekretär Kofi Annan in den 1990er Jahren mehrfach mit Senator Jesse Helms zusammen, um über die Finanzierung der Vereinten Nationen zu sprechen. Annan war sogar von Präsident Clinton ermuntert worden, dass Gespräch mit dem Kongress zu suchen, um einen Ausweg aus der Finanzierungskrise zu finden. Im Januar 2000 sprach Jesse Helms als erster US-Senator in der Geschichte vor dem Sicherheitsrat der Vereinten Nationen – und auch bei dieser Gelegenheit sparte er nicht mit Kritik und drohte sogar damit, dass die USA sich aus der Weltorganisation zurückziehen könnten.

Einzelne Kongressmitglieder und Kongressdelegationen *(Congressional Delegations, Codels)* reisen auch ins Ausland, um sich Informationen zu beschaffen und ihren außenpolitischen Mitbestimmungsanspruch zu demonstrieren. In der Regel stimmen sie diese Reisen zuvor mit dem Weißen Haus ab. Gelegentlich betreiben Kongressmitglieder aber auch eine „Paralleldiplomatie" oder „Nebenaußenpolitik", die meist der innenpolitischen Selbstdarstellung dient und diplomatisch nicht von Erfolg gekrönt ist. Während der Präsidentschaft Bill Clintons taten sich die republikanischen Sprecher des Repräsentantenhauses Newt Gingrich und Dennis Hastert mit Auslandsreisen hervor, die den Interessen des Weißen Hauses zuwiderliefen. Unter umgekehrten parteipolitischen Vorzeichen reiste die Sprecherin des Repräsentantenhauses Nancy Pelosi im April 2007 in den Nahen Osten und besuchte dabei nicht nur Israel, sondern auch den syrischen Präsidenten in Damaskus. Dies wurde von der Bush-Administration, die das syrische Regime international isolieren wollte, scharf kritisiert. Zum Weltklimagipfel im Dezember 2009 in Kopenhagen schließlich entsandten die Republikaner, nun wieder in der Opposition, eine eigene Delegation, um die offizielle

97 Falls die Veröffentlichung einer Vereinbarung die nationale Sicherheit gefährdet, muss die betreffende Vereinbarung unter Wahrung der Geheimhaltung nur den Auswärtigen Ausschüssen des Senats und des Repräsentantenhauses zugestellt werden.

Delegation der Obama-Regierung unter Druck zu setzen und weitgehende Zusagen der USA beim Klimaschutz zu verhindern.

Es kommt jedoch auch vor, dass Kongressmitglieder beider Parteien den Präsidenten auf Auslandsreisen begleiten, und gelegentlich übernehmen Kongressmitglieder sogar diplomatische Missionen im Auftrag des Präsidenten – so etwa 1994, als Senator Sam Nunn gemeinsam mit Jimmy Carter und Colin Powell nach Haiti reiste, um die Rückkehr von Präsident Aristide zu erwirken. In den Jahren nach den US-Interventionen in Bosnien 1995 und im Irak 2003 sind viele Kongressmitglieder in diese Länder gereist, um die dort stationierten US-Truppen zu besuchen, sich ein Bild von der Lage vor Ort zu machen und auf Fortschritte bei der Stabilisierung und Demokratisierung der neuen politischen Gebilde zu drängen. Die Obama-Administration spannte den Kongress intensiv in ihre diplomatischen Bemühungen ein: So reiste im Februar 2009 die Sprecherin des Repräsentantenhauses Nancy Pelosi zu offiziellen Gesprächen mit dem afghanischen Präsidenten Hamid Karzai nach Kabul, während gleichzeitig der Vorsitzende des Auswärtigen Ausschusses im Senat John Kerry in Damaskus vom syrischen Präsidenten Bashar al-Assad empfangen wurde.

Außenhandelspolitik

Die Prioritäten des Kongresses in der Außenwirtschaftspolitik sind nicht gleichmäßig verteilt. Am stärksten engagiert sich der Kongress in der Handelspolitik, gefolgt von Fragen der Auslandshilfe. Entscheidungen in der internationalen Finanzpolitik und Energiepolitik überlässt das Parlament weitgehend, wenn auch nicht ausschließlich, der Exekutive. Die Dominanz handelspolitischer Fragen hat vor allem zwei Gründe: Zum einen ist die Handelspolitik der einzige außenpolitische Sachbereich, den die Verfassungsväter allein in die Hände des Kongresses gelegt haben. Laut Artikel I, Abschnitt 8 der Verfassung regelt der Kongress den Handelsverkehr mit anderen Staaten („to regulate commerce with foreign nations"), und er hat das Recht, Zölle zu erheben („to lay and collect ... duties"). Diese Kompetenzen stehen in einem Spannungsverhältnis zum allgemeinen Vorrang des Präsidenten in der Außenpolitik, doch der verfassungsrechtliche Primat des Kongresses gegenüber der Exekutive bei der Regelung des Außenhandels wurde von amerikanischen Bundesgerichten mehrfach bestätigt. Zum zweiten ist die Handelspolitik für viele Kongressmitglieder außerordentlich wichtig, weil sie das wirtschaftliche Wohlergehen ihrer Wähler direkt berührt, etwa wenn örtliche Unternehmen ihre Marktanteile und Arbeitnehmer ihre Arbeitsplätze durch eine Marktöffnung gefährdet sehen.

So bewegt sich die Handelspolitik des Kongresses zwischen der Überzeugung fast aller Mitglieder, dass die amerikanischen Gesellschaft vom freien Austausch von Waren und Dienstleistungen im Allgemeinen profitiert, und der Notwendigkeit, eigene Wählergruppen vor den negativen Folgen des Freihandels zu schützen. Der Senat ist gegenüber der Handelsliberalisierung tendenziell positiver eingestellt als das Repräsentantenhaus, weil es in jedem Bundesstaat neben den Gegnern auch starke Befürworter des Freihandels gibt. In den kleineren Wahlkreisen der Abgeordneten hingegen dominieren häufig jene Gruppen, die erheblich unter den Folgen der Liberalisierung leiden und in dieser Frage eine hohe Präferenzintensität aufweisen, während sich die Nutznießer des Freihandels – beispielsweise die Verbraucher, die von einem größeren und preiswerteren Warenangebot profitieren – kaum organisieren. Die regionale Herkunft der Kongressmitglieder spielt für ihre Haltung in der Handelspolitik eine größere Rolle als in allen anderen Bereichen der Außenpolitik. Während der wirtschaftlich erstarkte Süden und Westen der USA von einer Politik des Freihandels eher profitierten, fanden im Nordosten, der noch länger durch traditionelle und international kaum noch wettbewerbsfähige Industrien geprägt war, protektionistische Maßnahmen stärkeren Anklang (Trubowitz 1998, 2008). 1998 kamen mehr als fünfzig Prozent aller amerikanischen Exporte aus nur sieben Bundesstaaten. Demgegenüber steht eine Koalition aus 26 Staaten, die für weniger als zehn Prozent aller Exporte verantwortlich zeichnet, aber über die Mehrheit im Senat verfügt (Mead 2002: 43).

Die Parteizugehörigkeit ist in der Handelspolitik lange Zeit von untergeordneter Bedeutung gewesen. Zwar finden sich unter den Republikanern traditionell mehr Freihandelsbefürworter als unter den Demokraten, doch die Führungsschichten beider Parteien teilen im Wesentlichen dieselbe freihändlerischen Orientierung, und wichtige handelspolitische Abkommen wurden im Kongress meist durch parteiübergreifende Koalitionen verabschiedet. Allerdings überträgt sich die parteipolitische Polarisierung seit den 1990er Jahren vor allem im Repräsentantenhaus zusehends auch auf die Handelspolitik, und die Unterstützung für Freihandelsabkommen nimmt unter den demokratischen Kongressmitgliedern kontinuierlich ab. Die Zustimmung zu solchen Abkommen machen sie immer häufiger von der Festschreibung von Arbeits- und Umweltschutzstandards in den Partnerländern sowie von Kompensationsleistungen für amerikanische Arbeitnehmer, die ihre Stellen aufgrund der ausländischen Konkurrenz verlieren, abhängig (Falke 2003; Mildner 2010).

Die auswärtige Verhandlungsführung liegt auch in der Handelspolitik nicht beim Kongress, sondern bei der Exekutive, namentlich beim US-Handelsbeauftragten – ein Posten, der, wie bereits erwähnt, vom Kongress geschaffen wurde. Der Kongress hat viele handelspolitische Befugnisse an die Exekutive delegiert, allerdings mit einer Vielzahl institutioneller und prozeduraler Vorkehrungen, die den Spielraum der Administration einschränken und den Einfluss des Kongresses sicherstellen sollen. Die Delegierung von Befugnissen hat sachliche wie politische Gründe: Zum einen resultiert sie aus der Erkenntnis, dass die Regulierung des Außenhandels eine so komplexe Materie darstellt, dass der Kongress sie nicht in allen Einzelheiten bewältigen kann. Zum anderen bietet sie die Möglichkeit, eine liberale Handelsordnung zu unterstützen und sich zugleich gegen innenpolitischen Druck von Wählern und Interessengruppen zu schützen, die eine protektionistische Politik fordern (Destler 2005: 14–15).

IV.D.3 Die Rolle des Kongresses im außenpolitischen Entscheidungsprozess

Die Bedeutung des Kongresses für die amerikanische Außenpolitik unterliegt nach einer weit verbreiteten Interpretation langjährigen zyklischen Schwankungen. Demnach folgt die Verteilung der außenpolitischen Macht zwischen Exekutive und Legislative einer Pendelbewegung, so dass mal der Präsident, mal der Kongress die Oberhand gewinnt. Die Verfassung dient in dieser Vorstellung als Gravitationszentrum und als Referenzpunkt für die Regierungsinstitutionen, die den Spielraum, den ihnen die Verfassung in der Außenpolitik gewährt, so weit und so lange ausnutzen, bis er von den anderen Institutionen eingeschränkt wird. Angesichts des bereits erwähnten langfristigen Trends einer präsidentiellen Dominanz in der Außenpolitik scheint das einstmals populäre Bild vom „Pendel der Macht" jedoch kaum noch zutreffend zu sein – oder, um im Bild zu bleiben: Das Pendel scheint bei jeder neuen Bewegung in Richtung Präsident weiter als zuvor auszuschlagen, während die Ausschläge in Richtung Kongress immer kürzer werden (vgl. hierzu und zum Folgenden: Crabb/Holt 1992; Henehan 2000).

Die in der Literatur genannten Gründe für die schwankende Rolle des Kongresses in der Außenpolitik sind vielfältig. Sie reichen vom Einfluss „starker" Persönlichkeiten im Kongress über kongressinterne Veränderungen und Reformen bis zu internationalen Faktoren, die auf die Institution des Kongresses und ihr Verhältnis zu den anderen politischen Institutionen einwirken. Die relative Bedeutung der verschiedenen Einflussgrößen für den Auf- oder Abstieg des Kongresses ist in der wissenschaftlichen Auseinandersetzung bis heute umstritten (sowohl bei der Beurteilung von Einzelfällen als auch hinsichtlich der Generalisierbarkeit der Forschungsergebnisse). Einige Zusammenhänge sind jedoch deutlich zu erkennen: In Zeiten, in denen das Land eine akute Bedrohung seiner vitaler Interessen wahrnimmt (z.B. während eines Krieges), steigt die Macht des Präsidenten; nimmt die Bedrohung ab, gewinnt der Kongress wieder an Einfluss. Die außenpolitische Aktivität auf dem Kapitolshügel nimmt in der Regel ebenfalls zu, wenn die Vereinigten Staaten eine strategische Antwort auf eine außenpolitische Herausforderung finden müssen. Dies ist der Fall, wenn ein dominierendes Thema auf die außenpolitische Agenda tritt bzw. an die oberste Stelle der Agenda rückt (z.B. der Konflikt mit der Sowjetunion nach dem Zweiten Weltkrieg) oder wenn sich die bis dato praktizierte Strategie als inadäquat erwiesen hat (z. B. im Vietnamkrieg). Zudem neigt der Kongress eher dazu, den Präsidenten in der Innen- wie in der Außenpolitik herauszufordern, wenn der Präsident nicht von der Partei gestellt wird, die im Kongress die Mehrheit hat.

Die historischen Phasen, in denen der Präsident oder der Kongress an außenpolitischem Einfluss gewonnen haben, werden unterschiedlich abgegrenzt (vgl. Sundquist 1981; Koh 1992). Weitgehend unstrittig ist jedoch, dass mit dem Zweiten Weltkrieg eine Ära der präsidentiellen Dominanz in der Außenpolitik einsetzte, die bis in die späten 1960er Jahre reichte. Zwar lassen sich auch innerhalb dieses Zeitraumes verschiedene Phasen identifizieren, in denen der Kongress den Präsidenten verstärkt herausforderte – vor allem zu Beginn der 1950er Jahre – (Bax 1977), doch konnten die Präsidenten über das Ende des Zweiten Weltkrieges hinaus ihre starke Stellung insgesamt behaupten. Denn durch den einsetzenden Kalten Krieg entstand eine permanente Bedrohungssituation, in welcher der Kongress seine Autorität gegenüber dem Präsidenten nicht in demselben Maß geltend machen konnte, wie es sonst nach dem Ende eines Krieges der Fall gewesen war. Die amerikanische Außenpolitik war in dieser Phase durch ein vergleichsweise hohes Maß an über- oder zwischenparteilicher Zusammenarbeit geprägt (Crabb/Antizzo/Sarieddine 2000: 81–109), die auf einem weit reichenden Konsens unter den Eliten und in der amerikanischen Öffentlichkeit beruhte *(cold war consensus):* Weder die strategische Ausrichtung der USA noch die Führungsrolle des Präsidenten wurden ernsthaft in Frage gestellt.

Mit dem Vietnamkrieg zerbrach dieser Konsens. Die Gründe hierfür waren vielfältig: Zum einen war dieser Krieg – anders als etwa der Zweite Weltkrieg – nicht offensichtlich notwendig, um eine Bedrohung der nationalen Sicherheit abzuwenden. Zum Zweiten fehlte ihm die für amerikanische Kriege typische moralische Komponente: Anders als in der Vergangenheit wurde der Vietnamkonflikt vom Präsidenten nicht öffentlich zum Kampf zwischen Gut und Böse stilisiert, an dessen Ende die Niederwerfung des Gegners stehen *muss*. Drittens hatten die Vereinigten Staaten in Vietnam große Verluste zu verzeichnen – zwischen 1964 und 1973 starben dort ca. 58 000 US-Soldaten – und ein Ende des Krieges wurde von den Präsidenten Johnson und Nixon zwar wiederholt angekündigt, war tatsächlich aber nicht abzusehen. Und schließlich war der Vietnamkrieg der erste *televised war*, also der erste Krieg, dessen Brutalität die amerikanische Bevölkerung im Fernsehen ausführlich und unzensiert verfolgen konnte. Seit August 1968 wurde der Vietnamkrieg von mehr als der Hälfte der Amerikaner als Fehler angesehen, und immer mehr Kongressmitglieder stellten die Politik des Präsidenten offen in Frage und forderten eine stärkere Mitsprache des Parlaments in der Außenpolitik. Der Kongress übernahm in der Folge zwar nicht die Führung in der Außenpolitik, doch er erschwerte es den Präsidenten, ihre außenpolitische Agenda durchzusetzen (Wilzewski 1994).

Durch das Ende des Ost-West-Konfliktes wurde dieser Trend noch verstärkt, denn die Präsidenten konnten ihre Politik nicht länger mit dem Argument legitimieren, sie diene dem Schutz vor der kommunistischen Bedrohung und müsse von allen Parteien unterstützt werden, um durch ein Bild der nationalen Geschlossenheit Stärke gegenüber der Sowjetunion zu demonstrieren. Da das Land nicht mehr unmittelbar bedroht schien, schwand zwar im Kongress die Aufmerksamkeit für außenpolitische Fragen, doch weil dies für nahezu alle Akteure im politischen System der USA galt, konnten einige Kongressmitglieder mit besonders intensiven Präferenzen zunehmend außenpolitische Entscheidungen herbeiführen, die der außenpolitischen Strategie der Administration zuwider liefen. So gelang es der konservativen republikanischen Mehrheit im Kongress zwischen 1995 und 2000, die amerikanische Außenpolitik zwar weiterhin global, jedoch stärker unilateral und an enger definierten nationalen Interessen auszurichten, was nicht der ursprünglichen außenpolitischen Konzeption der Clinton-Administration entsprach (vgl. Bennet 2002; Wilzewski 2000).

Die Spannungen zwischen Präsident und Kongress nahmen ab, als im Januar 2001 George W. Bush das Amt des Präsidenten antrat: Er genoss die weitgehende Unterstützung durch den Kongress, nicht nur weil dieser ihm die nach dem Amtsantritt eines Präsidenten üblichen „Flitterwochen" *(honeymoon)* gewährte, sondern auch, weil zum ersten Mal seit 1954 die Republikaner das Präsidentenamt und zugleich die Mehrheit in beiden Häusern des Kongresses inne hatten.[98] Die Terroranschläge vom 11. September 2001 erzeugten dann eine Krisensituation, in der alles andere als die Rückendeckung für den außenpolitischen Kurs des Präsidenten durch den Kongress zunächst eine historische Anomalie dargestellt hätte. Bemerkenswert wurde in den folgenden Jahren, dass der Kongress einerseits in der Sicherheits- und Verteidigungspolitik eine nahezu kritiklose und auf breiten Mehrheiten in beiden Parteien beruhende Kooperationsbereitschaft zeigte, während in außenwirtschaftspolitischen Fragen der Präsident entweder keine oder nur sehr knappe Mehrheiten im Kongress hinter sich bringen konnte (vgl. Lindsay 2003). Erst nach den Kongresswahlen

98 Bei Bushs Amtsantritt betrug die Sitzverteilung im Senat zwischen Republikanern und Demokraten 50 zu 50, was in Verbindung mit der republikanischen Präsidentschaft einen Mehrheitsstatus der Republikaner begründete, da der Vizepräsident formeller Senatsvorsitzender ist und bei einem Patt die entscheidende Stimme abgeben kann.

des Jahres 2006, in denen die Partei des Präsidenten vor allem wegen des Irakkrieges ihre Mehrheit verlor, stellte sich der Kongress dem Präsidenten auch in der Sicherheits- und Verteidigungspolitik stärker entgegen, und auch nach dem doppelten Wahlsieg der Demokraten bei den Präsidentschafts- und Kongresswahlen 2008 scheute der Kongress nicht davor zurück, den Präsidenten in zentralen Feldern wie der Afghanistanpolitik zu kritisieren (King 2010: 17).

In seinem Bemühen, die Außenpolitik stärker zu beeinflussen, als es in den 1950er und 1960er Jahren der Fall war, gibt der Kongress also bis heute ein sehr ambivalentes Bild ab. Trotz seiner phasenweise aktiveren Rolle ist der Kongress kein der Exekutive ebenbürtiger Partner im außenpolitischen Entscheidungsprozess. Er ist aufgrund seiner Struktur und Zusammensetzung kaum in der Lage, schnell auf internationale Herausforderungen zu reagieren, ebenso wie es ihm schwer fällt, kohärente außenpolitische Strategien und Konzepte zu entwickeln sowie langfristig zu verfolgen. Diese inhärenten Beschränkungen müssen mit der außenpolitischen Verantwortung, die dem Kongress von außen zugewiesen wird und die er für sich selbst reklamiert, in Übereinklang gebracht werden. So sehen sich die Kongressmitglieder den Forderungen oder – je nach Perspektive – den Vorwürfen ausgesetzt, der Exekutive in der Außenpolitik auf der einen Seite allzu freie Hand zu gewähren und auf der anderen Seite ihren Handlungsspielraum durch detaillierte Vorgaben zu sehr einzuschränken. Grundsätzlich fällt es dem Kongress wesentlich leichter, außenpolitische Handlungen der Exekutive einer nachträglichen Kontrolle und Korrektur zu unterwerfen, als selbst die Initiative zu ergreifen, und er kann eher außenpolitische Optionen der Exekutive einschränken als selbst konkrete Politiken durchsetzen. Die institutionellen und prozeduralen Arrangements zwischen Exekutive und Kongress spiegeln diese Verhältnisse wider. Das außenpolitische Engagement des Kongresses variiert nach Politikfeld und Sachbereich, und je höher die innenpolitischen Auswirkungen und Kosten einer Außenpolitik sind, umso aktiver nimmt der Kongress tendenziell seine Rolle im Entscheidungsprozess wahr.

Eine exakte Beurteilung der außenpolitischen Rolle des Kongresses wird dadurch erschwert, dass neben den sichtbaren formalen Maßnahmen und Mechanismen auch schwerer messbare Faktoren, wie etwa antizipierte Reaktionen und informelle Kontakte, die Arbeit der Parlamentarier nach innen und außen prägen (vgl. Hersman 2000; Wittkopf/Kegley/Scott 2003: 404–410). Die meisten führenden Kongressmitglieder sind in weit reichende Policy-Netzwerke[99] eingebunden, die Akteure innerhalb wie außerhalb des Regierungssystems umfassen – etwa *congressional caucuses,* Abteilungen in der Bürokratie, gesellschaftliche und wirtschaftliche Interessengruppen, *think tanks* und Medienorgane. Aufgrund der erwähnten Schwäche der politischen Parteien spielen diese Netzwerke in den USA eine besonders große Rolle. Ihr Netzwerkcharakter zeichnet sich dadurch aus, dass die beteiligten Akteure nur locker miteinander verbunden sind und formal autonom bleiben, jedoch über eine längere Zeit kooperieren und stabile Interaktionsmuster ausbilden. Auf der Basis gemeinsamer Wertorientierungen bündeln die Akteure ihre unterschiedlichen Ressourcen (Wählerstimmen, Geld, Expertise, politische Entscheidungsmacht), um diejenigen ihrer Interessen, die miteinander kompatibel sind, zu artikulieren und durchzusetzen. Die im Ver-

99 Die prominentesten politikwissenschaftlichen Konzeptionen solcher Policy-Netzwerke sind jene des *issue networks* (Heclo 1978) und der *Advocacy*-Koalitionen (Sabatier 1993).

gleich zur amerikanischen Exekutive wie auch zu anderen Parlamenten große Offenheit des Kongresses für externe Einflüsse beeinträchtigt seine Entscheidungsfähigkeit, weist ihm aber unter normativen Gesichtspunkten eine wichtige Rolle zu: Er wirkt – wenn auch oft mit großer zeitlicher Verzögerung – als Kontrollinstanz und demokratisches Korrektiv einer Außenpolitik, die nach wie vor von der Exekutive dominiert wird, deren langfristiger Erfolg aber nicht ohne die Unterstützung durch den Kongress möglich ist.

V Salienz und Europabilder in der amerikanischen Regierung

V.A Der Präsident

V.A.1 Die internationalen Kontakte und Reisen der Präsidenten

Aufmerksamkeit ist eine kostbare Ressource, deren Einsatz viel darüber aussagt, wie salient ein Thema für einen Akteur ist (vgl. Kap. III.). Aufmerksamkeit bemisst sich nicht nur, aber zu einem großen Teil anhand der Zeit, die sich ein Akteur für einen Gegenstand nimmt. Zeit ist für jeden Menschen ein kostbares Gut, dessen Nutzung sorgfältige Abwägungsentscheidungen erfordert, denn die Zeit, die ein Akteur einem Gegenstand schenkt, geht auf Kosten anderer Gegenstände, denen dieselbe Zeit nicht geschenkt werden kann. Zwar können Menschen auch mehrere Dinge „gleichzeitig" erledigen – deshalb haben beispielsweise Fiske und Taylor (2010: 52) darauf hingewiesen, dass sich Aufmerksamkeit aus zwei Komponenten, nämlich der Richtung und der Intensität kognitiver Leistungen, zusammensetzt (vgl. Kap. III.A). Doch in der Regel ist es *ein* Gegenstand, mit dem sich ein Mensch zu einem gegebenen Zeitpunkt *primär* beschäftigt, und natürlich gibt es auch Dinge, die Menschen überhaupt nicht gleichzeitig tun können – etwa physisch an zwei Orten anwesend zu sein. Die Unmöglichkeit der Gleichzeitigkeit der physischen Präsenz an verschiedenen Orten macht die Entscheidung eines Akteurs über seine An- oder Abwesenheit zu einem besonders klaren Indikator für die Prioritäten des Akteurs.

Das Phänomen der Zeitknappheit betrifft, ob objektiv oder subjektiv, jeden Menschen – gerade im Zeichen der „Veränderung der Zeitstrukturen in der Moderne" im Sinne einer „Beschleunigung" (Rosa 2005, besonders 195–240). Nahezu jeder Mensch ist der Meinung, er habe zuwenig Zeit, und es ist natürlich müßig, dagegen etwas aus „objektiver Perspektive" einwenden zu wollen. Dennoch mag es gerechtfertigt erscheinen, angesichts der Anforderungen, denen sich der US-Präsident – wie die meisten Regierungschefs moderner Demokratien – gegenüber sieht, davon zu sprechen, dass seine Zeit besonders kostbar ist.[100] Die Zeitallokation des Präsidenten hat deshalb eine erhebliche Aussagekraft bezüglich der Bedeutung, die einer Person oder einem Gegenstand in den Augen des obersten Repräsentanten und wichtigsten Politikers der USA zukommt (vgl. Doherty 2009: 322). Nur wer eine besonders hohe Bedeutung genießt, erhält die Möglichkeit, mit dem Präsidenten persönlich zusammenzutreffen, sei es im Weißen Haus oder auf den Reisen des Präsidenten.

Vor diesem Hintergrund soll hier zunächst die Häufigkeit, mit der der Präsident andere Staats- und Regierungschefs getroffen hat, als ein Indikator für die Salienz Europas heran-

100 Als Indiz dafür mag beispielsweise dienen, dass der Terminkalender von Präsident Clinton, der nach Ablauf seiner Amtszeit veröffentlicht wurde, über 10 000 DIN-A-4-Seiten umfasst. Clinton galt als „Workaholic", während George W. Bush nachgesagt wurde, dass er sich verhältnismäßig viel Freizeit gönnte (Westcott 2003).

gezogen werden. Dabei werden sowohl die Auslandsreisen des Präsidenten als auch seine Begegnungen mit anderen Staats- und Regierungschefs in Washington, D.C. untersucht. Unter diesen beiden Tätigkeiten können die Auslandsreisen als der stärkere Indikator gelten, da sie aufwändiger und zeitraubender sind als Empfänge in den eigenen vier Wänden und noch mehr öffentliche Symbolkraft für das Engagement des Präsidenten besitzen. Zudem können Auslandsreisen nicht nur im monetären, sondern auch im politischen Sinne kostspielig sein, denn die Opposition und einige Medien echauffieren sich gerne publikumswirksam über die hohen Kosten von Auslandsreisen amerikanischer Politiker und stellen sie als eine Verschwendung von Steuergeldern dar (vgl. McGreal 2010). Auch wird dem Präsidenten gelegentlich vorgeworfen, dass er lieber in Übersee verweile, als sich um die Probleme zuhause zu kümmern.[101] Die physische Präsenz der Person besitzt offenbar eine Symbolkraft, die weit über das hinausgeht, was ein Politiker tatsächlich dadurch leisten kann, dass er „am Ort des Geschehens“ ist. Nicht zuletzt deshalb werden auch die Begegnungen im Weißen Haus, die unter den meisten Politikern und Regierungsvertretern sehr begehrt sind, vom Präsidenten und seinem Stab wohldosiert und genießen eine hohe Aussagekraft.

Tabelle 17 gibt die Zahl der von den US-Präsidenten bereisten Staaten für die Jahre von 1946 bis 2009 wieder, Tabelle 18 (S. 170) die Zahl der Tage, die der US-Präsident auf Auslandsreisen verbracht hat. In beiden Fällen wird deutlich, dass die Reisetätigkeit der Präsidenten im Laufe der Jahrzehnte zugenommen hat, was angesichts der technologischen Fortschritte im Transportwesen nicht überrascht. Seit 1976 hat es kein Jahr mehr gegeben, in dem der Präsident überhaupt keine Auslandsreise unternommen hat, und seit den 1990er Jahren bewegen sich sowohl die Zahl der jährlich bereisten Länder wie auch die Zahl der jährlich im Ausland verbrachten Tage üblicherweise im zweistelligen Bereich. Das letzte Jahr, in dem ein amerikanischer Präsident keinen einzigen europäischen Staat besucht hat, war 1983, also in einem Jahr, in dem die Reisetätigkeit des Präsidenten insgesamt extrem niedrig war.

Zudem fällt auf, dass die Fortschritte in der Kommunikationstechnologie offenbar nicht zu einer abnehmenden Bedeutung des direkten Kontaktes durch persönliche Besuche geführt haben. Während das internationale Reisen in den vergangenen zwanzig Jahren nicht in nennenswerter Weise bequemer geworden ist, war der Fortschritt im internationalen Kommunikationswesen in demselben Zeitraum immens. Erst seit den 1990er Jahren ist es beispielsweise problemlos möglich, in internationalen Telefonkonferenzen Verhandlungen zwischen einer Vielzahl von Parteien zu führen. Dieses Instrument wurde in der internationalen Diplomatie erstmals während des Kosovokrieges 1999 ausgiebig genutzt; an den Telefonschaltungen waren die Regierungen der USA, Deutschlands, Frankreichs, Großbritanniens und Italiens beteiligt (Albright 2003: 495–496; Fischer 2007: 166–167). Am Ende der 1990er Jahre begann das US-Außenministerium auch mit der Einführung der Technologie für internationale Videokonferenzen (U.S. Department of State 1999b: 149).

Trotz der neuen Technologien hat die Zahl der Länder, denen die US-Präsidenten einen persönlichen Besuch abstatteten, fast stetig zugenommen, von durchschnittlich etwa

101 Große Probleme bereitet dies auch den Kongressabgeordneten, von denen die Wähler ein hohes Engagement und wirtschaftliche Wohltaten „vor Ort“, d. h. im Wahlkreis, erwarten. Die langjährige Kongressmitarbeiterin Kay King berichtet, dass viele Abgeordnete aus diesem Grund wesentlich weniger ins Ausland reisen, als sie es gerne täten und für die Wahrnehmung ihres Mandates für sinnvoll hielten.

Tabelle 17 Anzahl der von den US-Präsidenten besuchten Staaten, 1946–2009

Jahr	Zahl der bereisten Staaten	Zahl der bereisten europäischen Staaten*	Jahr	Zahl der bereisten Staaten	Zahl der bereisten europäischen Staaten*
1946	0	0	**1978**	13	5
1947	3	0	**1979**	8	2
1948	0	0	**1980**	6	5
1949	0	0	**1981**	4	0
1950	0	0	**1982**	14	7
1951	0	0	**1983**	3	0
1952	0	0	**1984**	4	3
1953	4	1	**1985**	8	7
1954	0	0	**1986**	5	1
1955	1	1	**1987**	5	4
1956	1	0	**1988**	6	4
1957	2	2	**1989**	17	12
1958	1	0	**1990**	17	7
1959	18	10	**1991**	13	11
1960	10	2	**1992**	10	3
1961	7	4	**1993**	6	2
1962	2	1	**1994**	24	16
1963	7	6	**1995**	11	7
1964	1	0	**1996**	13	7
1965	0	0	**1997**	17	10
1966	10	0	**1998**	18	6
1967	11	3	**1999**	25	16
1968	5	0	**2000**	22	9
1969	15	8	**2001**	11	8
1970	8	7	**2002**	16	9
1971	2	2	**2003**	21	6
1972	6	3	**2004**	9	5
1973	1	1	**2005**	16	9
1974	15	7	**2006**	17	8
1975	14	11	**2007**	15	7
1976	0	0	**2008**	32	10
1977	4	3	**2009**	25	12

* Einschl. UdSSR bzw. europäische GUS-Staaten. Wurde ein Land innerhalb eines Jahres mehrfach besucht, so wurde es auch mehrfach gezählt. Datenquelle: Department of State (2011a). Eigene Auszählung.

Tabelle 18 Anzahl der Reisetage der US-Präsidenten im Ausland, 1946–2009

Jahr	Zahl der Reisetage	Zahl der Reisetage in Europa*	Jahr	Zahl der Reisetage	Zahl der Reisetage in Europa*
1946	0	0	**1978**	19	7
1947	14	0	**1979**	29	11
1948	0	0	**1980**	10	8
1949	0	0	**1981**	10	0
1950	0	0	**1982**	20	10
1951	0	0	**1983**	7	0
1952	4	0	**1984**	16	10
1953	9	5	**1985**	19	17
1954	0	0	**1986**	15	4
1955	8	8	**1987**	13	10
1956	3	0	**1988**	17	13
1957	11	11	**1989**	31	23
1958	4	0	**1990**	23	12
1959	34	23	**1991**	25	22
1960	22	6	**1992**	20	6
1961	13	8	**1993**	12	2
1962	7	4	**1994**	32	22
1963	13	10	**1995**	19	11
1964	1	0	**1996**	20	8
1965	0	0	**1997**	33	16
1966	20	0	**1998**	45	12
1967	13	4	**1999**	38	23
1968	1	0	**2000**	35	14
1969	18	10	**2001**	20	12
1970	12	10	**2002**	27	12
1971	4	4	**2003**	26	11
1972	24	13	**2004**	16	8
1973	2	2	**2005**	29	17
1974	30	22	**2006**	27	14
1975	27	20	**2007**	23	8
1976	0	0	**2008**	50	15
1977	10	10	**2009**	37	19

* Einschl. UdSSR bzw. europäische GUS-Staaten. Datenquelle: Department of State (2011a). Eigene Auszählung.

7 Ländern pro Jahr in den 1980er Jahren über 15 Länder pro Jahr in den 1990er Jahren bis zu 18 Länder jährlich in den 2000er Jahren.

Auch die Zahl der Besuchstage im Ausland ist angewachsen, von durchschnittlich etwa 16 Tagen pro Jahr in den 1980er Jahren über 27 Tage pro Jahr in den 1990ern bis 29 Tage jährlich in den 2000ern. Der Rekordhalter in beiderlei Hinsicht ist ausgerechnet der Präsident, dem stets eine gewisse Provinzialität und eine geringes Interesse an anderen Ländern nachgesagt wurde: George W. Bush reiste in seinem letzten Amtsjahr soviel wie kein Präsident vor oder nach ihm. Im Jahr 2008 besuchte er in 50 Reisetagen 32 Staaten.

Der Anteil der europäischen Staaten (einschließlich der Sowjetunion bzw. ihrer europäischen Nachfolgestaaten) an den Auslandsreisen der amerikanischen Präsidenten unterlag starken Schwankungen (vgl. Abbildung 10, S. 172). Dabei fällt auf, dass die Linien für die Zahl der bereisten Länder und für die Zahl der im Ausland verbrachten Arbeitstage weitgehend parallel verlaufen und sehr eng beieinander liegen. Es gibt also offenbar über den gesamten Zeitraum keinen systematischen Unterschied zwischen Europa und anderen Weltregionen hinsichtlich der Frage, wie viele Tage sich der Präsident Zeit nimmt, wenn er in die Regionen reist.

Betrachtet man die langfristigen Entwicklungen, so fällt auf, dass bis in die 1960er Jahre mehrjährige Phasen ohne einen einzigen Europabesuch des US-Präsidenten nichts Ungewöhnliches waren. Insbesondere während der Präsidentschaft Lyndon B. Johnsons (November 1963 bis Januar 1969), in der die USA außenpolitisch vor allem mit der Eskalation des Vietnamkriegs beschäftigt waren, war Europa von der politischen (Reise-)Landkarte des Weißen Hauses praktisch verschwunden. In den 1970er Jahren hingegen machte Europa einen großen Anteil unter den Reisezielen des Präsidenten aus. Seither lässt sich insgesamt ein leichter Abwärtstrend Europas beobachten – zwar nicht in absoluten Zahlen, aber doch relativ zur gesamten Reisetätigkeit des Präsidenten.

Hinsichtlich der Besuche aller ausländischen Staats- oder Regierungschefs beim US-Präsidenten ist der Befund zunächst ähnlich wie bei den Auslandsreisen der US-Präsidenten. Auch hier ist ein allgemeiner Aufwärtstrend zu beobachten, der u. a. durch die Erleichterung des internationalen Personentransports erklärt werden kann (vgl. Tabelle 19, S. 174). Ebenso wie bei den Auslandsreisen des Präsidenten lässt sich bei der Zahl der ausländischen Staatsgäste des Präsidenten der stärkste Anstieg in den 1990er Jahren verzeichnen. Dies ist nicht zuletzt eine Folge der größeren Zahl von souveränen Staaten, die durch die Auflösung des sowjetischen Imperiums entweder erst neu enstanden waren oder ihre de-facto-Souveräntität wiedergewonnen hatten.

Der Anteil der Europäer unter allen Staats- und Regierungschefs, die vom US-Präsidenten empfangen wurden, unterlag im Laufe der Jahrzehnte zwar einigen Schwankungen (vgl. Abbildung 11, S. 173), diese fielen aber nicht so stark aus wie beim ersten Indikator, den Auslandsreisen des US-Präsidenten. In dem über sechzigjährigen Zeitraum seit 1946 gab es nur ein Jahr, in dem kein europäischer Staats- oder Regierungschef zum US-Präsidenten reiste, das Jahr 1949. In den übrigen Jahren bewegte sich der Anteil der europäischen Besucher meist zwischen etwa zwanzig und fünfzig Prozent. Ein deutlicher Auf- oder Abwärtstrend lässt sich kaum ausmachen – und wenn überhaupt, dann scheint Europa nach dem Ost-West-Konflikt zunächst eher an Bedeutung *gewonnen* zu haben. Auch dies lässt sich

Abbildung 10 Anteil Europas an den Auslandsreisen der US-Präsidenten, 1946–2009

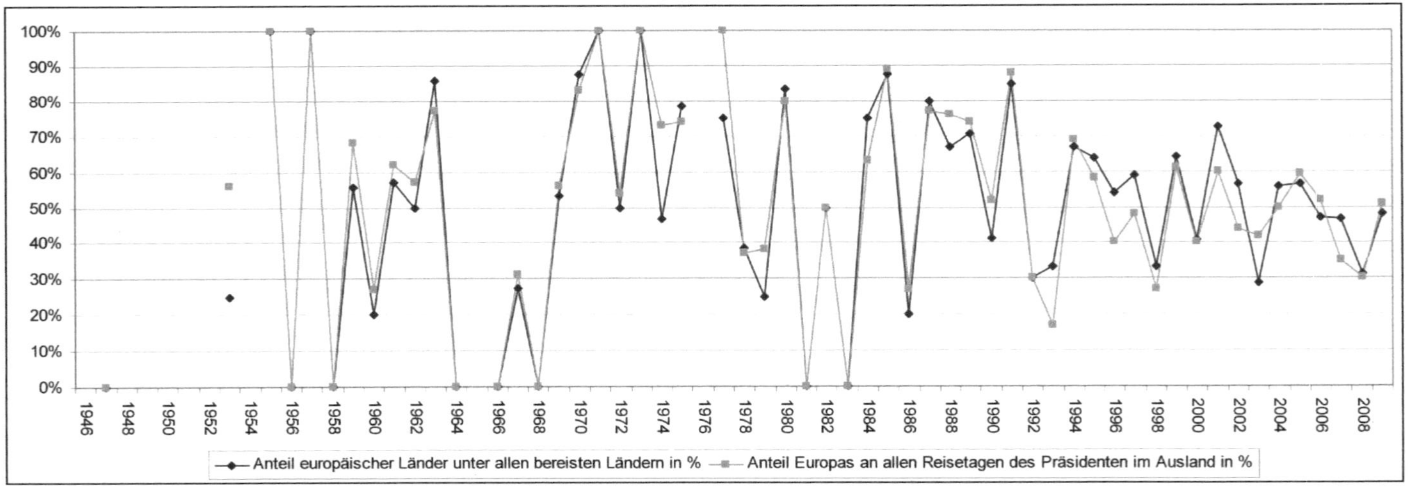

Anm.: Europa umfasst hier auch die UdSSR bzw. die europäischen GUS-Staaten. Wurde ein Land innerhalb eines Jahres mehrfach besucht, so wurde es auch mehrfach gezählt. In den Jahren ohne Datenpunkte traten die Präsidenten keine Auslandsreise an. Ein Wert von 100 % bei den Reisetagen ist trotz eines niedrigeren Wertes bei der Zahl der bereisten Länder möglich, wenn an einem Tag mehr als ein Land bereist wurde. Absolute Zahlen: siehe Tab. 17 und 18. Datenquelle: Department of State (2011a). Eigene Auswertung.

Abbildung 11 Anteil der Europäer an allen ausländischen Besuchern des Präsidenten, 1946–2009

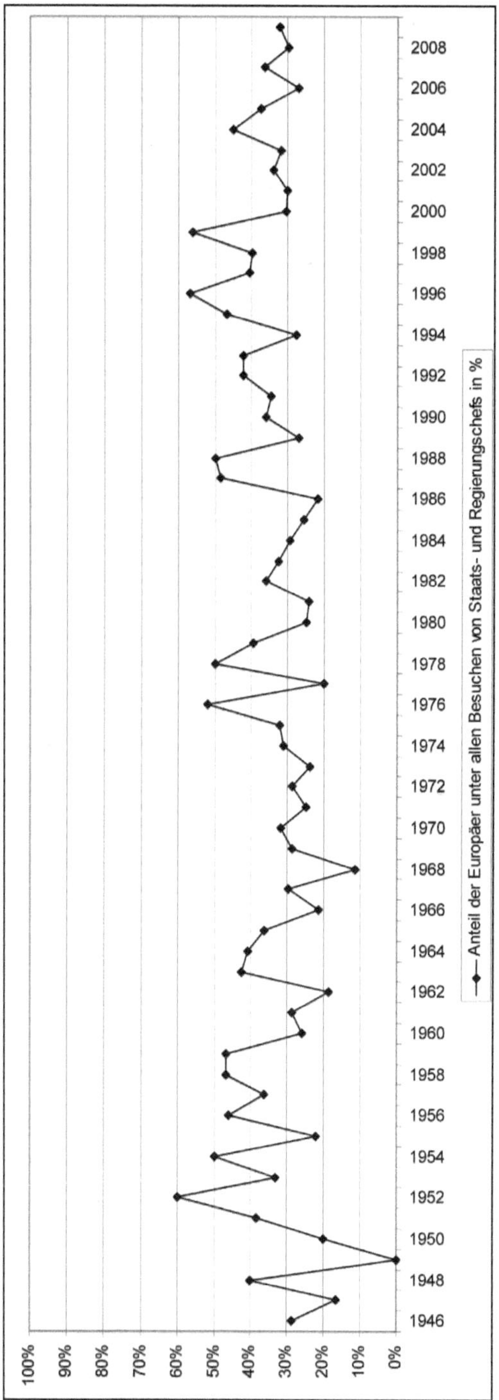

Anm.: Europa umfasst hier auch die UdSSR bzw. die europäischen GUS-Staaten. Kamen aus einem Land innerhalb eines Jahres mehrfach Besuche, so wurden diese auch mehrfach gezählt. Absolute Zahlen: siehe Tab. 19. Datenquelle: Department of State (2011b). Eigene Auswertung.

Tabelle 19 Besuche ausländischer Staats- und Regierungschefs beim Präsidenten, 1946–2009

Jahr	Zahl der Besuche	Zahl der Besuche aus Europa*	Jahr	Zahl der Besuche	Zahl der Besuche aus Europa*
1946	7	2	**1978**	38	19
1947	6	1	**1979**	28	11
1948	5	2	**1980**	24	6
1949	6	0	**1981**	29	7
1950	5	1	**1982**	39	14
1951	13	5	**1983**	49	16
1952	10	6	**1984**	41	12
1953	12	4	**1985**	39	10
1954	18	9	**1986**	23	5
1955	9	2	**1987**	29	14
1956	13	6	**1988**	26	13
1957	11	4	**1989**	52	14
1958	15	7	**1990**	92	33
1959	15	7	**1991**	58	20
1960	27	7	**1992**	59	25
1961	35	10	**1993**	76	32
1962	27	5	**1994**	79	22
1963	33	14	**1995**	58	27
1964	22	9	**1996**	44	25
1965	11	4	**1997**	37	15
1966	14	3	**1998**	58	23
1967	37	11	**1999**	84	47
1968	26	3	**2000**	46	14
1969	35	10	**2001**	73	22
1970	47	15	**2002**	77	26
1971	24	6	**2003**	82	26
1972	7	2	**2004**	82	37
1973	25	6	**2005**	59	22
1974	16	5	**2006**	63	17
1975	28	9	**2007**	47	17
1976	25	13	**2008**	87	26
1977	50	10	**2009**	62	20

* Einschl. UdSSR bzw. europäische GUS-Staaten. Kamen aus einem Land innerhalb eines Jahres mehrfach Besucher, wurden diese auch mehrfach gezählt. Datenquelle: Department of State (2011b). Eigene Auszählung.

damit erklären, dass es seit den 1990er Jahren in Europa erheblich mehr Staaten gibt, die eigenständig über ihre auswärtigen Beziehungen entscheiden können.

Ein Spitzenwert in den vergangenen zwei Jahrzehnten – sowohl in absoluten wie in relativen Zahlen – wurde 1999 erreicht, im Jahr des Kosovokrieges. Dies war offenbar ein Jahr des besonders intensiven diplomatischen Kontaktes zwischen den USA und Europa, denn Spitzenwerte wurden in jenem Jahr auch bei den Auslandsreisen des US-Präsidenten erzielt. Nie zuvor und nie danach hat ein amerikanischer Präsident mehr europäische Länder bereist als Bill Clinton 1999. Lediglich er selbst hatte diese Marke im Jahr 1994 schon einmal erreicht, und dies war eine Art Wiedergutmachung dafür gewesen, dass er in seinem ersten Amtsjahr 1993 kein einziges Mal den Weg nach Europa gefunden hatte.

Der Entscheidung des Präsidenten darüber, welchem Staat er nach seinem Amtsantritt den ersten Besuch abstattet, wird in der Politik und in den Medien – sowohl in den USA wie international – eine gewisse symbolische Bedeutung beigemessen. Üblicherweise reisen die Präsidenten zunächst zu einem der unmittelbaren Nachbarn der USA: Unter allen Präsidenten, die nach dem Zweiten Weltkrieg ins Amt kamen, sind fünf als erstes nach Kanada gereist (Kennedy, Johnson, Bush sr., Clinton, Obama) und vier nach Mexiko (Eisenhower, Ford, Reagan, Bush jr.).[102] Lediglich zwei von ihnen (Nixon 1969 und Carter 1977) machten ihre erste Auslandsreise nach Europa. Nixon brach bewusst mit der Tradition, zuerst einen Partnerstaat in der westlichen Hemisphäre zu besuchen, um den Europäern deutlich zu machen, wie wichtig sie – trotz der scheinbaren Vernachlässigung durch die USA in den Jahren zuvor – waren (Weisbrode 2009: 253–254). Letztlich lässt diese Aufstellung auf keine klare Bedeutungsveränderung Europas schließen. Aufschlussreicher könnte diese Untersuchung sein, wenn sie zusätzlich berücksichtigt, wann diejenigen Präsidenten, die zunächst nach Kanada oder Mexiko reisten, schließlich ihre erste Europareise antraten. Zudem könnten weitere Charakteristika der Europareisen in den Blick genommen werden, etwa die Frage, wie lange die Reisen dauerten und welche Staaten und Institutionen besucht wurden.

Präsident Eisenhower besuchte Europa erstmals im Juli 1955, also mehr als zweieinhalb Jahre nach seinem Amtsantritt; allerdings hatte er schon 1953 den britischen Premierminister und den französischen Präsidenten zu politischen Gesprächen in Bermuda getroffen. Während Präsident Kennedy im Mai 1961 nur rund zwei Wochen nach seinem Antrittsbesuch in Kanada nach Europa reiste und dort innerhalb von sechs Tagen Paris, Wien und London besuchte, benötigte Präsident Johnson über drei Jahre, bevor er das erste Mal nach Europa reiste; der Anlass war das Begräbnis Konrad Adenauers am 25. April 1967. Präsident Ford reiste im Mai 1975, also mehr als ein Jahr nach seiner Amtsübernahme, erstmals nach Europa; im Dezember 1974 hatte er sich allerdings schon mit dem französischen Präsidenten auf Martinique getroffen. Auch Ronald Reagan ließ nach seinem Amtsantritt deutlich über ein Jahr verstreichen, bevor er im Mai 1982 erstmals nach Europa flog. George H. W. Bush hingegen reiste schon im Mai 1989, also vier Monate nach seiner Amtseinführung, nach Europa, und vor seinem Ausscheiden führte ihn auch seine letzte Dienstreise im Januar 1993 noch einmal nach Europa.

102 Alle Angaben sind der Aufstellung „Travels of the President" des US-Außenministeriums entnommen: http://history.state.gov/departmenthistory/travels/president (Zugriff 07.02.2011).

Angesichts der bis dato wechselvollen Geschichte der Antrittsbesuche in Europa konnten die Kassandrarufe, die laut wurden, als Präsident Bill Clinton in seinem ersten Amtsjahr 1993 nicht nach Europa kam, als übertrieben eingestuft werden – zumal sich Clinton nicht nur von Europa fernhielt, sondern sich insgesamt stärker auf die Innenpolitik konzentrierte (vgl. Chollet/Goldgeier 2008: 58) und im ersten Amtsjahr nur eine Reise nach Übersee unternahm (anlässlich des G7-Gipfels in Tokio im Juli 1993). In seinen Memoiren macht Clinton deutlich, dass zu Beginn seiner Amtszeit Russland das außenpolitische Thema war, das ihn aufgrund der unsicheren Entwicklung des Landes am meisten beschäftigte (vgl. Clinton 2005: 760–771). Einer Einladung des russischen Präsidenten Boris Jelzin nach Moskau kam Clinton nicht nach, weil Clintons Sicherheitsberater Tony Lake es für falsch hielt, Russland zur ersten außenpolitischen Station des neuen amerikanischen Präsidenten zu machen. Stattdessen trafen sich Clinton und Jelzin Anfang April 1993 zu Gesprächen im kanadischen Vancouver. So konnte Clinton den obligatorischen Besuch beim nördlichen Nachbarn der USA mit dem bilateralen Treffen verbinden, das er selbst für das dringendste hielt. Zudem führte, auf Geheiß Bill Clintons, die erste Auslandsreise seines Vizepräsidenten Al Gore nach Europa: Gore besuchte Polen im April 1993, und dieser Besuch sollte ein Ausdruck der großen Bedeutung sein, die die Clinton-Administration Europa beimaß (vgl. Gore 1994).

Im Januar 1994 machte sich Clinton schließlich zu einer einwöchigen Europareise auf, die lange geplant und von den Europäern lange erwartet worden war – genauer gesagt seit Juni 1993, als US-Außenminister Warren Christopher erst den Präsidenten und dann die Nato-Partner von der Notwendigkeit überzeugte, wieder einen Nato-Gipfel abzuhalten, nachdem der letzte schon 1991 stattgefunden hatte (Christopher 1998: 131). Vor der Reise wies Clinton die Behauptung zurück, seine Regierung verliere das Interesse an Europa, und er betonte, dass er 1994 drei Mal nach Europa reisen würde, um diesbezügliche Bedenken auszuräumen (Clinton 1994a). Die Januar-Reise führte Clinton u. a. nach Brüssel, wo er die Erweiterung der Nato in Aussicht stellte und die Staats- und Regierungschefs der Nato formell das Programm „Partnerschaft für den Frieden" beschlossen, das die osteuropäischen Staaten an die Nato heranführen sollte.

George W. Bush trat seine erste Europareise im Juni 2001, also verhältnismäßig früh in seiner Amtszeit, an. Er reiste unter anderem zum Nato-Gipfel nach Brüssel, an die Universität Warschau, wo er eine europapolitische Grundsatzrede hielt, sowie zu seinem ersten Treffen mit dem russischen Präsidenten Wladimir Putin in Slowenien. Bushs Europareise mit der größten politischen Symbolkraft sollte aber im Februar 2005 stattfinden. In den Jahren 2002/2003 war es zwischen den USA und weiten Teilen Europas zu einem schwerwiegenden Zerwürfnis über den Irakkrieg gekommen, das von vielen als die tiefste Krise seit Bestehen des atlantischen Bündnisses gewertet wurde (vgl. Höse 2010). Im Sommer 2004 wurden im NSC-Stab Überlegungen angestellt, wie das Verhältnis zu Europa nach der Wiederwahl Bushs im November 2004 – von der im Weißen Haus alle ausgingen – gekittet werden könnte.[103] Dan Fried, damals Leiter der Europaabteilung im NSC-Stab, schildert den Entscheidungsprozess so:

103 Diese und die folgenden Ausführungen beruhen u. a. auf den Interviews mit Dan Fried, von 2001 bis 2005 Leiter der Europaabteilung im NSC-Stab und von 2005 bis 2009 Leiter der Europaabteilung im Außenministerium, und Kurt Volker, von 2001 bis 2008 praktisch der Stellvertreter Frieds in diesen Institutionen.

> In the summer of 2004 we were thinking about the next term because it was very clear to anybody that Bush was going to win. I had a strategy session with [National Security Advisor Condoleezza] Rice about what we do with Europe. The argument – which she was completely ready to hear – was: „We have to turn to Europe, we have to get over the debate on the Iraq war that is crippling us. The Europeans want to work with us. They will not agree with us on Iraq, but we still need Europe." She said: „Wait until the elections, and we're going to do it."
>
> The election was on a Tuesday, Kerry conceded on Wednesday, and on Thursday the President had a press conference where he started reaching out to Europe. It was quite deliberate.
>
> The February 2005 trip followed. It was succesful – not because it made Bush more popular in Europe. That was not our objective, because we knew that wasn't achievable. But we wanted to have a working relationship with Europe, and the President wholly agreed. He said: „Okay. I don't care whether they like me (of course I wish they would, but that's not the point), but we have to work together, we have too much to do, and this is the right thing to do."
>
> The Europeans appreciated it, and it was succesful trip, with a very good set of meetings. We got over the Euroscepticism from the Right in this country [the United States]. The President didn't care about this Euroscepticism. Why fight with Europe? He had real problems to deal with, and the Europeans could be an ally in dealing with those problems!

Kurt Volker, der unter Condoleezza Rice und Dan Fried das Nato-Referat im NSC-Stab leitete, erinnert sich so:

> We strengthened the idea that we should be working with Europe on a global set of issues, and this was adopted by President Bush and Condoleezza Rice. Then, in 2005, the President travelled to Brussels and met with the EU, then he went to Germany and met with Schröder – which he didn't want to do, but we all said he had to.

Das Weiße Haus sah Europa nach wie vor als wichtigen und notwendigen Partner und investierte eine seiner wertvollsten Ressourcen, die Präsenz des Präsidenten, um die Partnerschaft zu erneuern. Der Präsident selbst betonte, dass ihn seine erste Auslandsreise nach der Wiederwahl nach Europa führte, um die Bedeutung Europas für die USA zu unterstreichen (Bush 2005a). Als erster US-Präsident überhaupt stattete Bush auf dieser Reise auch den Institutionen der Europäischen Union in Brüssel einen Besuch ab. Auch dies sollte ein bewusstes Zeichen des Entgegenkommens von Seiten der Bush-Administration sein. Der konziliantere und respektvollere Umgang mit Europa in Bushs zweiter Amtszeit wurde von vielen Beobachtern als signifikanter Wandel in der amerikanischen Europapolitik gedeutet, und so sieht es auch Dan Fried, einer der wichtigsten Akteure in diesem Prozess:

> The first Bush term and the second Bush term were very different in their views toward Europe. The second Bush term and the first Obama term probably have more in common than the first Bush term and the second Bush term.

Zu Beginn von Barack Obamas Amtszeit legte seine Administration demonstrativ großen Wert auf die amerikanische Partnerschaft mit Europa, etwa indem sie eine sehr hochrangige Delegation, mit Vizepräsident Joseph Biden an der Spitze, zur Münchner Sicherheitskonferenz im Februar 2009 entsendete. Es war die erste Auslandsreise Bidens als Vizepräsident der USA. Obama selbst reiste zu einem früheren Zeitpunkt nach Europa als alle zehn vorherigen Präsidenten nach ihrem Amtsantritt. Allerdings blieb ihm auch kaum etwas anderes übrig, denn Anfang April 2009 feierte die Nato ihr fünfzigjähriges Bestehen, und die seit langem geplanten Feierlichkeiten fanden in Straßburg und Kehl statt.[104] Um den Nato-Gipfel herum wurden weitere Gipfel terminiert, so dass Obama innerhalb einer Woche einen regelrechten Gipfelmarathon absolvierte (vgl. Höse 2009): vor dem Nato-Gipfel den G-20-Gipfel zur internationalen Finanzkrise in London, später einen informellen EU-USA-Gipfel sowie schließlich einen Staatsbesuch in der Türkei. Im Laufe des Jahres kehrte Obama vier weitere Male nach Europa zurück. Abgesehen von George H. W. Bush im Krisenjahr 1989 hat kein Präsident in seinem ersten Amtsjahr Europa häufiger und länger besucht als Barack Obama.

Im November desselben Jahres machte Obama seine erste ausgedehnte Asienreise und sprach in Tokio unter anderem folgende Worte (Obama 2009a):

> From my very first days in office, we have worked to strengthen the ties that bind our nations. The first foreign leader that I welcomed to the White House was the Prime Minister of Japan, and for the first time in nearly 50 years, the first foreign trip by an American Secretary of State, Hillary Clinton, was to Asia, starting in Japan.

Obama machte deutlich, dass er sich der hohen symbolischen Bedeutung des Reisewegs amerikanischer Spitzenpolitiker sowie der Empfänge im Weißen Haus bewusst ist, und er versuchte einen Ausgleich dafür zu schaffen, dass er nicht zuerst nach Asien gereist war. Nicht nur war es das erste Mal in fünfzig Jahren, dass die erste Dienstreise einer amerikanischen Außenministerin nach Asien führte, sondern es war auch das erste Mal seit 1981, dass der erste Staatsgast, der im Weißen Haus empfangen wurde, aus Asien kam.

Am Ende seiner Rede in Tokio bezeichnete sich Obama als „Amerikas ersten pazifischen Präsidenten". Diese Formulierung hatte noch kein amerikanischer Präsident gewählt, und sie wurde – nicht nur bei isolierter Betrachtung, sondern auch im weiteren Kontext der Obama-Präsidentschaft – von vielen als Indiz dafür gewertet, dass sich die USA nun stärker von Europa ab- und dem asiatisch-pazifischen Raum zuwenden würden als jemals zuvor. So sieht auch der Kolumnist der *New York Times* Roger Cohen in Obama den „ersten post-atlantischen Präsidenten": „In many ways, he is the first post-Atlanticist president, drawn by temperament, upbringing and circumstance to focus elsewhere" (Cohen 2010).

Für Aufregung unter europäischen Politikern sorgte auch die Entscheidung Obamas im Februar 2010, nicht an dem für den folgenden Monat geplanten EU-USA-Gipfel in Europa teilzunehmen (vgl. Meckler/Fidler 2010). Mitarbeiter des Weißen Hauses verwiesen unter anderem darauf, dass das letzte Gipfeltreffen erst drei Monate zuvor, im November 2009, stattgefunden hatte und dass nach dem Inkrafttreten des Lissaboner Vertrages im Dezember 2009 die Europäer offenbar noch Zeit bräuchten, um die Zuständigkeiten bei der Planung und Durchführung des Gipfels zu klären. Der nächste EU-USA-Gipfel fand schließlich im November 2010 statt, er stellte aber de facto nur ein Anhängsel des Nato-Gipfels in Lissabon

104 Die Feierlichkeiten zum vierzigjährigen Gründungstag der NATO hatten in Washington, D.C. stattgefunden.

dar. Allerdings wurde die Entwicklung der EU-USA-Gipfel auch schon vor dieser Episode als Zeichen für eine sinkende Relevanz Europas gedeutet:

Die Gipfelgespräche gingen auf die „Transatlantische Erklärung“ von 1990 zurück, in der die USA und die EG halbjährliche Konsultationen auf höchster Ebene, d.h. unter Beteiligung des US-Präsidenten, des Kommissionspräsidenten und des Ratspräsidenten, beschlossen. Die Treffen fanden üblicherweise abwechselnd in den USA und in Europa statt. Bis auf das Jahr 1993 gab es zwischen 1991 und 2000 in jedem Jahr tatsächlich zwei Gipfeltreffen, so dass Präsident George H.W. Bush an fünf Gipfeln und Präsident Clinton an fünfzehn Gipfeln teilnahm (vgl. U.S. Mission to the European Union 2010). Auf Drängen der Amerikaner wurde die Häufigkeit der Gipfeltreffen schließlich jedoch reduziert, so dass sie in den 2000er Jahren in der Regel nur noch einmal jährlich stattfanden. Es scheint durchaus plausibel, diese Reduzierung als ein Indiz für eine abnehmende Salienz Europas zu werten – jedenfalls ist es in der Welt der Diplomatie eher unüblich, die Häufigkeit der Konsultationen mit einem Akteur, den man für wichtig hält, zurückzuschrauben, anstatt sie zu erhöhen.

Auf der anderen Seite deutet vieles darauf hin, dass die amerikanische Entscheidung nicht auf grundsätzliche Überlegungen zur Rolle Europas, sondern auf eine sehr spezifische Unzufriedenheit mit dem Format und dem Charakter der Gipfeltreffen zurückzuführen ist. Zunächst einmal stellt das Treffen natürlich nur eine Begegnung der USA mit der Institution der Europäischen Union dar; die Bedeutung Europas als Ganzes oder der europäischen Einzelstaaten für die USA kann sich theoretisch davon unabhängig entwickeln. Zudem weisen amerikanische Regierungsmitglieder, die an der Entscheidung zur Zurückstufung der Gipfeltreffen beteiligt waren, darauf hin, dass diese Treffen in der US-Regierung schlicht als zu unproduktiv und ineffizient empfunden wurden; sie waren aus amerikanischer Sicht zu „europäisch“, d.h. sehr prozess- und zu wenig ergebnisorientiert.[105] Hier zeigen sich Merkmale der „typisch amerikanischen“ Herangehensweise an internationale Diplomatie (vgl. Kap. IV.B). Marc Grossman, Abteilungsleiter und später Staatssekretär im Außenministerium, erinnert sich so an die EU-USA-Gipfel:

> They were horrible! They were horrible because they weren't strategic. And that was all the time I was in government. They were about bananas instead of the future of the transatlantic relationship. They were about small things and not big things. There were long agendas, and leaders would read statements to each other … When you went to a US-EU summit, there was the presidency country, the commission, Javier Solana etc. So who do you talk to? … We couldn't get anybody senior in Washington, D.C. to attend such a thing twice a year.

Von den Frustrationen, die das Gipfelformat nicht nur in der amerikanischen Regierungsspitze, sondern auch auf der Arbeitsebene hervorrief, berichten auch andere ehemalige Regierungsmitglieder, etwa Daniel Hamilton, ehemals stellvertretender Leiter der Europaabteilung im Außenministerium:

---

105 Interviews mit Marc Grossman, Leiter der Europaabteilung im Außenministerium (1997–2001) und Staatssekretär für Politische Angelegenheiten (2001–2005); Daniel Hamilton, stellvertretender Leiter der Europaabteilung (1999–2001); und James O'Brien, stellvertretender Leiter des Planungsstabes im Außenministerium (1997–2000).

> For American Presidents, the US-EU summits are like going to the dentist: You know you have to do it, but it's really painful. Clinton also didn't like them; it wasn't only George W. Bush. It wasn't a partisan thing; by the time Bush came into office, the logic had simply gotten to the point of saying: Let's just have one summit a year …
>
> Having summits every six months meant that the bureaucracies had to keep scrambling for what we call „deliverables". That is hard because there's not a lot of things that should actually rise to the summit level. We had started to create a structure that engaged all sorts of domestic agencies …
>
> It was just lots of process, which in Europe is part of the game, but Americans don't quite get that. So there was lots of frustration with there being lots of process but not lots of results.

Zuvor hatte beispielsweise auch schon Warren Christopher, US-Außenminister von 1993 bis 1996, in seinen Memoiren darüber geklagt, dass die Gipfel wenig fruchtbar waren (Christopher 1998: 273). Vor diesem Hintergrund erscheint es nicht verwunderlich, ja sogar verständlich, dass am Ende dieser Reihe auch Präsident Obama nicht erpicht auf den EU-USA-Gipfel war. Letztlich bleibt aber auch festzuhalten, dass Europa – oder jedenfalls die EU – den USA offenbar nicht wichtig genug waren, um die Opfer, die mit den Gipfeltreffen verbunden waren und von den Europäern gewünscht wurden, häufiger zu erbringen.

V.A.2 Die Nationalen Sicherheitsstrategien

Das wichtigste Grundlagendokument der amerikanischen Außen- und Sicherheitspolitik ist die Nationale Sicherheitsstrategie *(National Security Strategy Report, NSS).* Sie stellt das umfassendste außenpolitische Strategiepapier der amerikanischen Regierung dar, und obwohl es nur den Terminus „Sicherheit" im Titel trägt, deckt das Papier de facto auch die Sachbereiche der Wohlfahrt und der Herrschaft (vgl. Czempiel 1981) ab. Es wird durch andere Strategiedokumente aus dem Weißen Haus und den Ministerien ergänzt und dort auf bestimmte Handlungsfelder heruntergebrochen – etwa in den *Strategic Plans* des Außenministeriums sowie der *Quadrennial Defense Review* und der *National Defense Strategy* des Verteidigungsministeriums. Die NSS soll die grundlegenden Interessen der USA sowie die Ziele und Mittel der amerikanischen Außen- und Sicherheitspolitik darlegen und dadurch vor allem drei politische Funktionen erfüllen (vgl. Dale 2008):

1. Sie soll den amerikanischen Ministerien und Behörden als Richtschnur für ihre jeweiligen Planungsprozesse dienen.
2. Sie soll der Exekutive dabei helfen, gegenüber dem Kongress die Notwendigkeit der für die Außen- und Sicherheitspolitik beantragten Mittel zu belegen.
3. Indem sie die Absichten der US-Regierung darlegt und erläutert, soll sie der Erklärung und Rechtfertigung der US-Politik gegenüber der heimischen Öffentlichkeit sowie dem Ausland dienen.

Die Federführung bei der Formulierung der NSS liegt in der Regel beim Nationalen Sicherheitsberater, der Mitarbeiter seines Stabes für die Ausarbeitung der Strategie einsetzt. Die wichtigsten Ministerien und Behörden mit außen- und sicherheitspolitischen Interessen und Befugnissen leisten ebenfalls Beiträge zur Entwicklung des Strategiedokuments. Allerdings wird immer wieder die Frage aufgeworfen, ob der etablierte Mechanismus den Anforderungen einer umfassenden strategischen Planung von Außenpolitik genügt. Die beteiligten Akteure widmen dem Planungsprozess vergleichsweise wenig Zeit, und es gibt in der gesamten Regierung keine feste Institution, die über ausreichende Kapazitäten verfügt, um tatsächlich auf kontinuierlicher Basis strategische außenpolitische Planung jenseits enger bürokratischer Perspektiven und kurzfristiger politischer Interessen zu leisten (Brzezinski 2007: 194–196; Friedberg 2007). Insbesondere der Stab des Nationalen Sicherheitsrates wird, auch wenn er sich die reflektierte und langfristige Planung der US-Außenpolitik zum Ziel setzt, rasch von den Erfordernissen der Tagespolitik eingeholt und findet sich häufig in einer eher reaktiven Rolle wieder, in der es vor allem darum geht, den Präsidenten bei der Bewältigung akuter politischer Probleme zu unterstützen. Eine neue Administration benötigt in der Regel über ein Jahr, bevor sie ihre erste Nationale Sicherheitsstrategie erstellt hat. Dies ist eine Folge der hohen Arbeitsbelastung des NSC-Stabes, andererseits zeigt es aber auch, dass die NSS kein „Schnellschuss", sondern ein wohl durchdachtes Dokument ist.

Die NSS muss letztlich die Zustimmung des Präsidenten finden, der das Dokument auch unterzeichnet und dafür die Verantwortung trägt. Laut *Goldwater-Nichols Act* von 1986 muss er dem Kongress jährlich eine NSS übermitteln, jeweils zusammen mit dem Haushaltsantrag der Regierung. Zusätzlich zu diesem regelmäßigen Bericht muss jede neue Administration innerhalb von 150 Tagen nach Amtsantritt einen Strategiebericht vorlegen. Tatsächlich werden die Berichte aber nur unregelmäßig erstellt. Die Reagan-Administration legte zwei NSS-Papiere vor (1987 und 1988), die Administration von Bush sr. drei (1990, 1991 und 1993), die Clinton-Administration sechs (1995–2000), die Administration von Bush jr. zwei (2002 und 2006) und die Obama-Administration bisher eine (2010). Nicht alle Papiere sind in voller Länge öffentlich zugänglich. Zudem stellen viele NSS-Berichte nur eine leicht überarbeitete Version des Vorgängerdokuments dar; lediglich nach einem Regierungswechsel wird das Strategiepapier grundlegend neu verfasst. Für die vorliegende Untersuchung wurden folgende Nationalen Sicherheitsstrategien berücksichtigt:[106]

- National Security Strategy of the United States, March 1990
- National Security Strategy of the United States, August 1991
- A National Security Strategy of Engagement and Enlargement, February 1995
- A National Security Strategy for a New Century, May 1997
- A National Security Strategy for a New Century, December 1999
- The National Security Strategy of the United States, September 2002
- The National Security Strategy of the United States, March 2006
- National Security Strategy, May 2010

Die ausgewählten Dokumente decken den Untersuchungszeitraum in recht gleichmäßigen Intervallen ab. Auf eine Berücksichtigung der übrigen NSS-Dokumente wurde verzichtet, weil sie nicht hinreichend unterschiedlich gegenüber ihren jeweiligen Vorgänger- bzw. Nach-

106 Vgl. White House 1990, 1991, 1995, 1997, 1999, 2002, 2006, 2010 im Quellenverzeichnis dieser Arbeit.

folgedokumenten waren oder erst kurz vor dem Ausscheiden einer Administration erstellt wurden, so dass ihre politische Relevanz begrenzt blieb.

Ein aussagekräftiger Indikator für die Salienz Europas in der US-Außenpolitik kann der Anteil der Ausführungen in den Nationalen Sicherheitsstrategien sein, die einen signifikanten Bezug zu Europa aufweisen. Darunter sind solche Sätze zu verstehen, die sich inhaltlich mit europäischen oder transatlantischen Angelegenheiten befassen oder europäischen Akteuren eine signifikante Rolle bei der Bearbeitung außereuropäischer Themen zuweisen. Tabelle 20 zeigt, wie sich der so bemessene Anteil Europas in den Sicherheitsstrategien entwickelt hat. Die Daten wurden generiert, indem jeder Satz in jedem Strategiepapier danach codiert wurde, ob er einen inhaltlichen Europabezug enthält (inkl. Aussagen zu einzelnen europäischen Staaten, zur Nato und zur Sowjetunion/Russland) oder nicht.

Tabelle 20 Anteil europäischer Bezüge in Nationalen Sicherheitsstrategien, 1990–2010

	1990	**1991**	**1995**	**1997**	**1999**	**2002**	**2006**	**2010**
Sätze gesamt	690	773	915	789	1219	589	893	998
Sätze mit Europabezug	161	143	133	117	206	42	34	33
Anteil der Sätze mit Europabezug	23,3 %	18,5 %	14,5 %	14,8 %	16,9 %	7,1 %	3,8 %	3,3 %

Dokumente: White House 1990, 1991, 1995, 1997, 1999, 2002, 2006, 2010. Eigene Codierung und Auswertung.

Am auffälligsten ist gewiss der 2002 einsetzende starke Abfall der Sätze mit Europabezug in absoluten wie in relativen Zahlen. In den 1990er Jahren bewegte sich der Anteil Europas noch zwischen 14,5 % und 18,5 %. Dabei wurde der Höchstwert 1991 erreicht, und nach zwischenzeitlichen Verlusten war am Ende der 1990er Jahre noch einmal eine leichte Aufwärtsentwicklung zu erkennen. Im Jahre 2002 jedoch wurde der Anteil Europas um mehr als die Hälfte gekürzt, und auch 2006 gab es nochmals einen massiven Einbruch, der 2010 nicht aufgefangen wurde, so dass der Anteil Europas nach der letzten Messung nur noch bei 3,3 % lag. Diese Zahlen deuten auf einen starken Bedeutungsverlust Europas in der US-Außenpolitik im Untersuchungszeitraum dieser Arbeit hin, wenngleich mit der Einschränkung, dass der Bedeutungsverlust vor allem ein Phänomen der zweiten Hälfte des Untersuchungszeitraums zu sein scheint.

Zu einem in der Grundtendenz ähnlichen, wenn auch im Detail abweichenden Befund kommt Sperling (2009), der die relative Häufigkeit der Erwähnung Europas und europäischer Akteure in sechs Nationalen Sicherheitsstrategien zwischen 1991 und 2006 untersucht hat (vgl. Tabelle 21, S. 183). Der Anteil Europas unter allen Nennungen wichtiger weltpolitischer Akteure oder Regionen ist demnach von 65,7 % im Jahr 1991 mit stets abnehmender Tendenz auf 17,6 % im Jahr 2006 gefallen. Nach Sperlings Messung sind die stärksten Einbrüche 1996 und 2006 zu verzeichnen, und er sieht einen kontinuierlichen Abwärtstrend im Laufe der Jahre. Besonders auffällig scheint, dass hier *kein* signifikanter Bedeutungsverlust Europas in der Zeit zwischen 1999 und 2002 auftritt. Dies mag überraschen, denn der Amtsantritt der Bush-Administration 2001 und die Anschläge am 11. September desselben Jahres führten zu einer Richtungsänderung in der US-Außenpolitik, die von vielen Beobachtern als sehr folgenschwer eingeschätzt wurde (vgl. Daalder/Lindsay 2003) und die sich in der in Tabelle 20 dargestellten Messung auch tatsächlich in einem Bedeutungsverlust Europas niederschlug. Bei Sperlings Messung ist dies nicht der Fall.

Es ließe sich argumentieren, dass die für Tabelle 20 gewählte Messmethode zuverlässiger ist als die von Sperling gewählte. Denn während Sperling lediglich die Häufigkeit der Nennung der Begriffe erfasst hat, wurden für Tabelle 20 alle Sätze der Nationalen Sicherheitsstrategien inhaltlich geprüft und codiert. Diese Methode führt im Allgemeinen zu valideren Ergebnissen als die einfache Zählung von Begriffshäufigkeiten. Am Ende wird aber bei beiden Messmethoden ein Bedeutungsverlust Europas über den gesamten Zeitraum der ersten eineinhalb Jahrzehnte nach dem Ende des Ost-West-Konflikts deutlich.

Tabelle 21 Anteil Europas unter Regionen in Nationalen Sicherheitsstrategien, 1991–2006

Jahr der NSS Region/Akteur	1991	1996	1997	1999	2002	2006
Europa	65,7	45,7	39,4	37,4	35,2	17,6
Asien	19,6	29,5	38,0	39,9	30,4	35,6
Naher Osten	12,2	14,9	13,1	14,1	5,6	28,3
Terroristen/Terrorismus	2,5	9,9	9,5	8,6	28,8	18,5
gesamt	100%	100%	100%	100%	100%	100%

Anm.: Kategorie „Europa“ umfasst die Erwähnungen von *Nato, Atlantic Community, European Community, European Union, Europe, Germany, France, United Kingdom/Great Britian, Soviet Union, Russia.* Kategorie „Asien“ umfasst *Asia, Asia-Pacific, Japan, North Korea, Asean, Apec, China.* Kategorie „Naher Osten“ umfasst *Middle East, Israel, Iran, Iraq.* Kategorie „Terroristen/Terrorismus“ umfasst *war on terror, terrorism, terrorrists.* Quelle: Sperling 2009: 16.

Wenn wir den Blick stärker auf die qualitative Analysedimension richten, können wir zunächst fragen, an welchen Stellen in den Strategiepapieren Europa behandelt wird. Getreu dem Motto „first things first“ ist davon auszugehen, dass die Verfasser der Sicherheitsstrategien jene Themen und Gegenstände nach vorne gerückt haben, die sie für besonders wichtig halten, während weniger wichtige Dinge tendenziell erst später behandelt werden. Dies gilt insbesondere für die Reihenfolge der Regionalkapitel in den Sicherheitsstrategien. Die Strategiepapiere der 1990er Jahre sind in funktionale Kapitel sowie ein langes Kapitel zu regionalen Themen aufgeteilt, und während die Platzierung des Regionalkapitels per se natürlich nicht viel über die Bedeutung einer bestimmten Region aussagt, ist die Reihenfolge der einzelnen regionalen Unterkapitel durchaus ein gutes Indiz für die Bedeutung, die den jeweiligen Regionen beigemessen wird.

Die Nationalen Sicherheitsstrategien vom März 1990 und vom August 1991, die von der Administration von George H. W. Bush erstellt wurden, beginnen mit der Behandlung des Umbruchs in der Sowjetunion und in Osteuropa. Während 1990 noch die Unsicherheit der Entwicklung betont wird (White House 1990: 5), stellt die NSS 1991 fest, dass mit dem Ende der sowjetischen Beherrschung Osteuropas eine neue Ära der Weltpolitik angebrochen sei (White House 1991: 1).[107] Europa stellt in beiden Papieren den wichtigsten Bezugs- oder Ausgangspunkt für die amerikanische Außenpolitik dar. Nach einigen Ausführungen über grundlegende Interessen und Ziele der USA beginnt auch das zweite Kapitel der NSS 1990 („Trends in the World Today") mit einer Analyse der Transformation in der Sowjetunion, und auch das dritte Kapitel („Regional Challenges") widmet sich zunächst ausführlich der Sowjetunion und dem übrigen Europa. Erst dann werden Entwicklungen in Lateinamerika, im ostasiatisch-pazifischen Raum, im Nahen Osten und Südasien sowie in Afrika in den Blick genommen, bevor das Strategiepapier mit funktionalen Themen fortfährt. Dieselbe Struktur weist auch die NSS 1991 auf.

Vier Jahre später, in der Sicherheitsstrategie vom Februar 1995, stellen die Auflösung der Sowjetunion und die Entwicklungen im weiteren Europa noch immer den ersten Bezugspunkt der amerikanischen Außenpolitik dar. Allerdings werden sie kürzer behandelt als im Vorgängerdokument, und die Analyse geht rasch zu anderen, funktionalen Themen über. Im Kapitel zu den regionalen Ansätzen der US-Außenpolitik, das nun an das Ende des Strategiepapiers gerückt ist, steht Europa wieder an erster Stelle. Danach folgen die Ausführungen zum ostasiatisch-pazifischen Raum, die jene zu Lateinamerika auf den dritten Platz verdrängt haben; am Schluss werden wieder der Nahe Osten und Südasien sowie Afrika behandelt.

Die Sicherheitsstrategien vom Mai 1997 und Dezember 1999 stammen ebenso wie jene von 1995 aus der Feder der Clinton-Administration und sind nicht zuletzt deshalb ähnlich aufgebaut. In der Zwischenzeit hatte die Clinton-Administration aber sehr grundsätzliche Überlegungen zu ihrer außenpolitischen Strategie angestellt. Im Sommer des Wahljahres 1996 gab Präsident Clinton der *New York Times* ein ausführliches und breit rezipiertes Interview, das dazu dienen sollte, eine außenpolitische Bilanz seiner ersten Amtszeit zu ziehen und einen Ausblick auf eine mögliche zweite Amtszeit zu geben. In dem Gespräch benannte Clinton „drei große Ziele" seiner Außenpolitik. Das erste dieser Ziele sei es, den Kalten Krieg endlich vollständig abzuschließen („to finish the unfinished business of leaving the Cold War behind"), und dazu zählte die Gestaltung der Beziehungen mit Russland sowie die „Einheit Europas" (New York Times 1996).[108] Zu Beginn ihrer zweiten Amtszeit, also im Winter 1996/1997, dachte die Clinton-Administration sehr grundsätzlich über das Verhältnis zwischen dem asiatisch-pazifischen und dem europäisch-atlantischen Engagement der USA nach (vgl. Dumbrell 1998: 259). Dabei spielten die Verschiebungen der wirtschaftlichen und demographischen Gewichte in Richtung Pazifik eine Rolle, aber ebenso die Osterweiterung der Nato und die unsicheren Zukunftsaussichten Russlands – beides Faktoren, die für eine fortdauernde Wichtigkeit Europas sprachen.

107 Die Möglichkeit, dass eine „neue Ära" der Weltpolitik angebrochen sein könnte, wurde bereits in einem NSC-Memorandum vom 22. September 1989 angesprochen, das als „geheim" eingestuft und nur in der Regierungsspitze verteilt wurde. Darin heißt es u. a.: „The character of the changes taking place in the Soviet Union leads to the possibility that a new era may now be upon us" (White House 1989a: 2).

108 Als zweites Ziel nannte er die Bearbeitung einer Reihe von „neuen Sicherheitsbedrohungen", als drittes den Aufbau einer neuen Weltwirtschaftsordnung.

In der NSS 1997 schlugen sich diese Überlegungen unter anderem darin nieder, dass im Kapitel zu den regionalen Ansätzen Europa weiterhin an erster Stelle stand, gefolgt von Ostasien und Pazifik sowie Lateinamerika. Obwohl Clinton die Folgen des Ost-West-Konflikts noch nicht als vollständig überwunden ansah, dient das Ende des Ost-West-Konflikts in der NSS 1997 nicht mehr als Einstieg in die Analyse. Allerdings behandelt der Text schon im ersten Abschnitt sechs „strategische Prioritäten" der US-Außenpolitik und nennt Europa als erste strategische Priorität: „First, we must help foster a peaceful, undivided, democratic Europe" (White House 1997: 2). Diese prominente Stellung genießt Europa in der NSS vom Dezember 1999 schließlich nicht mehr.

Wenn wir also den jeweiligen Einstieg oder Ausgangspunkt der Analyse in den Sicherheitsstrategien betrachten, scheint Europa zwischen dem Anfang und dem Ende der 1990er Jahre an Bedeutung verloren zu haben. Auf der anderen Seite spricht es für die anhaltende Wichtigkeit Europas, dass es in allen Strategiepapieren der 1990er Jahre nicht nur stets den ersten Platz unter den regionalen Kapiteln bekleidet, sondern die Kapitel zu Europa auch immer die längsten unter diesen Kapiteln sind. Eingeschränkt wird dieser Befund lediglich dadurch, dass die Europakapitel 1991 und 1995 noch deutlicher länger sind als die übrigen Regionalkapitel, während 1997 und 1999 die Kapitel zu Ostasien/Pazifik fast genauso lang sind wie jene zu Europa. Hier haben die grundsätzlichen Überlegungen der Clinton-Administration zur Bedeutung Asiens ihren Niederschlag gefunden.

Die Nationalen Sicherheitsstrategien der 2000er Jahre widmen regionalen Herausforderungen und Ansätzen keine eigenständigen, ausführlichen Kapitel mehr, und die Entwicklungen in Europa dienen auch nicht mehr als Einstieg oder „Aufhänger" für die Analysen. Die NSS 2002, die unter allen hier analysierten Strategiepapieren mit Abstand am kürzesten ausfällt, enthält ein kurzes Kapitel mit dem Titel „Develop Agendas for Cooperative Action with the Other Main Centers of Global Power" (White House 2002: 25). Darin werden Kanada und Europa als erste Kooperationspartner erwähnt, und erst nach einigen Absätzen zur Entwicklung der Nato folgen Australien, Japan und Südkorea. In der NSS 2006 ist Europa weniger prominent platziert: Das Strategiepapier enthält einige kurze Ausführungen zu allen Weltregionen (White House 2006: 37–42), wobei die westliche Hemisphäre an erster Stelle steht und Kanada und Mexiko darin als erste Staaten genannt werden. Es folgen Afrika und der Mittlere Osten, erst dann Europa, Russland und Süd-/Zentralasien. Erst ganz am Schluss, aber dafür in wesentlich größerer Ausführlichkeit, werden Ostasien und insbesondere China behandelt.

Die NSS 2010 enthält überhaupt keine klassischen Regionalkapitel mehr, sie behandelt aber im Abschnitt über Amerikas Bündnisse zuerst die „europäischen Verbündeten", dann die „asiatischen Verbündeten" (Japan, Südkorea, Australien, Philippinen, Thailand) und schließlich die „nordamerikanischen Verbündeten" Kanada und Mexiko (White House 2010: 41–42). Im Vergleich zu den beiden Vorgängerpapieren können wir hier also eine Aufwertung der Europäer feststellen, weil sie wieder an erster Stelle geführt werden. Der Abschnitt zu den Verbündeten Amerikas wird gefolgt von einem Abschnitt über aufstrebende Mächte des 21. Jahrhunderts, in dem vor allem China, Indien und Russland angesprochen werden (White House 2010: 43–45). Zusammenfassend lässt sich sagen, dass die Platzierung Europas und europäischer Themen in den Nationalen Sicherheitstrategien auf einen Bedeutungsverlust Europas in der US-Außenpolitik schließen lässt, insbesondere zwischen dem Ende der 1990er und der Mitte der 2000er Jahre.

Der Begriff „Europa" wird in den Sicherheitsstrategien zwischen 1990 und 2010 unterschiedlich verwendet. In der NSS vom März 1990 erscheint Europa unter geopolitischen Gesichtspunkten als Teil der „eurasischen Landmasse": „[T]he United States has deemed it a vital interest to prevent any hostile power or group of powers from dominating the Eurasian land mass" (White House 1990: 1). Zugleich nimmt die NSS 1990 eine politische Dreiteilung Europas in die Sowjetunion, Westeuropa und Osteuropa vor (White House 1990: 9–11).[109] In allen weiteren Sicherheitsstrategien taucht das Bild von Europa als Teil der „eurasischen Landmasse" nicht mehr auf, und im weiteren Verlauf der 1990er Jahre wird der Begriff „Europa" meist so verwendet, dass er die Sowjetunion bzw. Russland mit einschließt. Zwar spielt die UdSSR/Russland aufgrund ihres Großmachtstatus an vielen Stellen der Strategiepapiere auch weiterhin eine vom übrigen Europa unabhängige Rolle – beispielsweise beim Thema Rüstungskontrolle aufgrund ihres Status als Atommacht. Doch wird die UdSSR/ Russland nicht in einen begrifflichen Gegensatz zu Europa gebracht, und überall dort, wo sich die Ausführungen in den Strategiepapieren entlang von Makroregionen gliedern, wird Russland unter der Rubrik „Europe" oder „Europe and Eurasia" behandelt (White House 1991: 6–10; 1995: 25–28: 1997: 35–39; 1999: 29–34). Dabei wird auch deutlich, dass die USA immer noch von einem erheblichen Einflusspotential der UdSSR bzw. Russlands auf die mittel- und osteuropäischen Staaten ausgingen, im Positiven wie im Negativen. Insofern scheinen die Entwicklung der UdSSR/Russlands und die des übrigen Europas derart eng miteinander verbunden, dass es nahelag, sie quasi als analytische Einheit zu behandeln. Russland wurde im NSC-Stab als ein Teil Europas gesehen (das zunächst auch als „wider Europe" bezeichnet wurde),[110] und dies drückt sich auch in einer Reihe von Formulierungen in den Sicherheitsstrategien aus:

> As the President has made clear, NATO expansion will not be aimed at replacing one division of Europe with a new one, but to enhance the security of all European states, members and non-members alike. In this regard, we have a major stake in ensuring that Russia is engaged as a vital participant in European security affairs. (White House 1995: 27)

> European stability is vital to our own security. Our objective is to complete the construction of a truly integrated, democratic and secure Europe, with a democratic Russia as a full participant. (White House 1997: 35)

109 Osteuropa wird dabei als Einheit behandelt; lediglich die Hilfsleistungen an Polen und Ungarn finden besondere Erwähnung. Die NSS 1990 weicht insofern von der internen *National Security Directive 23* vom Herbst 1989 ab, in der deutlich die Uneinheitlichkeit der US-Politik gegenüber den osteuropäischen Staaten betont wird: „U.S. policy will encourage fundamental political and economic reform … *Our policy of differentiating among East European states based on their internal political and economic processes,* and our support for the CSCE process, will help in the achievement of this goal" (White House 1989: 4; Hervorh. AH).

110 Interviews mit Dan Fried, Referaratsleiter im NSC-Stab von 1993 bis 1997, und Hans Binnendijk, Abteilungsleiter im NSC-Stab von 1999 bis 2001.

Diese Sichtweise ändert sich in den Nationalen Sicherheitsstrategien der 2000er Jahre. Diese Strategiepapiere orientieren sich, wie bereits erwähnt, grundsätzlich weniger stark an regionalen Analysekategorien. An den wenigen Stellen, an denen sie es tun, erscheinen Europa und Russland als separate Regionen (vgl. White House 2006: 38–39), und auch sonst werden Europa und Russland meist getrennt voneinander genannt und analysiert. Die Ursache hierfür liegt unter anderem in der veränderten realen Architektur Europas: Mit der zunehmenden Konsolidierung der mittel- und osteuropäischen Staaten und ihrer Integration in die „westlichen" Institutionen Nato und Europäische Union schwand der – reale wie potenzielle – Einfluss Russlands auf diese Region; die Entwicklung Mittel- und Osteuropas schien immer weniger mit der Entwicklung Russlands verknüpft, und Europa und Russland schienen sich in diesem Sinne weiter voneinander zu entfernen.

Zudem ist die analytische Trennung von Europa und Russland auch eine Folge des veränderten Blickes der USA auf Europa, das zunächst noch vor allem als Region und Objekt, dann zunehmend als Subjekt und Akteur wahrgenommen wird. Dies mag unter anderem an den tatsächlichen Veränderungen in Europa selbst liegen, wie wir weiter unten sehen werden. Doch zeichnen sich die Nationalen Sicherheitsstrategien der 2000er Jahre nicht nur in Bezug auf Europa, sondern auch in ihrem analytischen Gesamtblick dadurch aus, dass sie unterschiedliche Akteursqualitäten stärker als Differenzierungs- und Strukturmerkmal nutzen. Darin spiegelt sich zum einen die „realistische" Weltsicht von Sicherheitsberaterin (2001–2005) und Außenministerin (2005–2009) Condoleezza Rice wider, die die Rolle von Großmächten und ihre Beziehungen untereinander in den Vordergrund rückte (vgl. Rice 2000); zum anderen die „idealistische" Weltsicht von George W. Bush, der einer Zusammenarbeit mit demokratischen und den USA freundlich gesinnten Staaten klar den Vorzug vor einer pragmatischen und differenzierten Herangehensweise an bilaterale Beziehungen gab (Woodward 2002; Daalder/Lindsay 2003).

Vor diesem Hintergrund müssen die Unterschiede zwischen Russland und dem übrigen Europa deutlicher hervortreten, denn sie lassen sich hinsichtlich der Qualität ihrer Beziehungen zu den USA, sowohl in „realistischer" wie in „idealistischer" Hinsicht, kaum in einem Atemzug nennen, und dies schlägt sich auch in der analytischen Trennung zwischen Russland und Europa in den Strategiepapieren nieder. Diese Trennung lässt sich auch an der begrifflichen Gegenüberstellung von Russland und Europa ablesen, die deutlich macht, dass Russland eher nicht als Teil Europas gesehen wird:

> The Moscow Treaty on Strategic Reductions is emblematic of this new reality and reflects a critical change in Russian thinking that promises to lead to productive, long-term relations with the Euro-Atlantic community and the United States. (White House 2002: 26)

> Efforts to prevent democratic development at home and abroad will hamper the development of Russia's relations with the United States, Europe, and its neighbors. (White House 2006: 39)

Europa wird in der amerikanischen Sicherheitsstrategie noch zu Beginn der 1990er Jahre primär als Region und als Objekt gesehen, wie folgendes Zitat aus der NSS 1991 veranschaulichen kann:

> It is Europe more than any other area that has held the key to the global balance in this century, and it is this continent more than any other that is experiencing fundamental change. (White House 1991: 8)

Zugleich klingt in demselben Papier bereits an, dass die USA es für möglich halten, Europa in der Zukunft als Akteur ernster nehmen zu müssen – genauer gesagt Westeuropa, so dass hier auch schon die Saat für die stärkere Trennung Europas in einen westlichen und einen östlichen Teil liegt:

> As the European Community heads toward the new milestone of a single market by the end of 1992, we enter a revolution of relations in the West, perhaps ultimately as important strategically as the revolution taking place in the East. It is no accident that Europeans are contemplating greater West European cohesion in the security field, even while preserving the vital transatlantic framework. We will work to adapt NATO's structures to encompass European desires for a distinct security identity within the Alliance and we will encourage greater European responsibility for Europe's defense. (White House 1991: 9)

Trotz der Aussicht auf eine größere politische Selbständigkeit scheint das Schicksal Europas 1991 nach wie vor wesentlich von der Politik der Sowjetunion abzuhängen, und Europa erscheint immer noch als Schauplatz der Großmächtekonfrontation, zumindest in militärischer Hinsicht:

> The end of Soviet domination of Eastern Europe was a transforming event ... Today, the threat of a U.S-Soviet military conflict is lower than at any time since the end of World War II ... But Soviet military power is hardly becoming irrelevant. The Soviet Union is and will remain a military super-power ... The size and the orientation of Soviet military forces must therefore remain critical concerns to the United States and the overall health of the European system will still require a counterweight to Soviet military strength ... Elements of the U.S.-Soviet relationship will remain competitive, and there is always the danger that confrontations will reemerge. (White House 1991: 7)

Das Einflusspotential Russlands wird im weiteren Verlauf der 1990er Jahre schwächer eingeschätzt, und Russland erscheint zunehmend als hilfebedürftig, wie diese Formulierungen zeigen: „... helping Russia strengthen its economy ... assist Russia in meeting its START obligations ..." (White House 1999: iv, 9). Dieser Prozess gipfelt darin, dass die NSS 2002 unverblümt Russlands Schwäche herausstellt: „Russia's top leaders have a realistic assessment of their country's current weakness and the policies – internal and external – needed to reverse those weaknesses" (White House 2002: 26–27).

Auffällig an dem oben genannten Zitat aus der Sicherheitsstrategie von 1991 ist auch die Metapher der Gesundheit („... the overall health of the European system ..."), die sich in den Aussagen amerikanischer Regierungsakteure zur Lage Europas in jener Zeit häufig findet. Europa wird quasi als Patient gesehen, dessen Gesundheit es zu bewahren oder herzustellen gilt. Auch dies impliziert, ähnlich wie die Sichtweise von Europa als Region oder Schauplatz, ein eher passives Verständnis von der Rolle Europas. Der Sicherheitsberater von Präsident

George H. W. Bush, Brent Scowcroft, verwendet die Gesundheitsmetapher auch in seinen Erinnerungen an den politischen Prozess des Jahres 1990:

> Although unification was now complete, and *Europe was healing,* larger questions for the future remained open. United Germany in NATO had, for the moment, preserved our presence in Europe. (Bush/Scowcroft 1998: 301; Hervorh. AH)

Die in dem Zitat angesprochene Nato-Mitgliedschaft des vereinigten Deutschlands war für die amerikanische Regierung ein höchst wichtiges Ziel (Bush/Scowcroft 1998: 262) – nicht zuletzt deshalb, weil Deutschland in den Augen der USA zu einem „Schwergewicht" und einem „wirtschaftlichen und politischen Führer" geworden war, wie die folgenden Zitate von Brent Scowcroft bzw. aus der Nationalen Sicherheitstrategie zeigen:

> The competition for political and economic leadership of Europe was now entering a new era, with new assumptions and participants. A heavyweight had emerged – Germany – and not everyone was sure what this would mean. (Bush/Scowcroft 1998: 301)

> One of the most important and far-reaching strategic developments of a new era and a major success of America's postwar policy is the emergence of Japan and Germany as economic and political leaders. (White House 1991: 8)

Beim Blick auf Europa stach also besonders Deutschland hervor, das – neben der UdSSR/Russland – als wichtigster Akteur in Europa erschien. Eine solch herausgehobene Stellung genießt Deutschland in keiner weiteren Sicherheitsstrategie, und auch kein anderer westeuropäischer Staat wird in den folgenden Strategiepapieren so hervorgehoben wie Deutschland 1991. Dabei wird Deutschland nicht nur als Partner und als Führungsnation in Europa, sondern – neben Japan – auch als wichtiger ökonomischer Wettbewerber der USA gesehen:

> We frequently find ourselves competitors – sometimes even bitter competitors – in the economic arena. These frictions must be managed if we are to preserve the partnerships that have fostered reconciliation, reassurance, democracy and security in the postwar period. In this sense, ongoing trade negotiations now share some of the strategic importance we have traditionally attached to arms talk with the Soviet Union. (White House 1991: 8)

Europa wird also nicht nur im Lichte der Sicherheitspolitik, sondern auch in dem der Wirtschaftspolitik gesehen. Diese Perspektive war nicht völlig neu, sondern es gab sie auch schon in früheren Jahren, insbesondere in der Diskussion über eine wirtschaftliche „Festung Europa" (vgl. Marshall 1989), die vom Beschluss zur Etablierung eines gemeinsamen Marktes in der Einheitlichen Europäischen Akte von 1986 befeuert wurde. Allerdings wird Europa in der NSS 1991 noch ganz überwiegend im Zusammenhang mit Sicherheitsfragen behandelt. Im Laufe der 1990er Jahre gewinnen ökonomische Themen nicht nur in der US-Außenpolitik im Allgemeinen, sondern auch in der US-Europapolitik an Bedeutung, was sich in einem steigenden Anteil an Sätzen und Textpassagen, in denen Europa mit wirtschaftlichen Themen verbunden wird, niederschlägt.

Wirtschaftliche Themen gewannen in der NSS jedoch nie die Überhand, was nicht zuletzt an den Konflikten im ehemaligen Jugoslawien lag, die die USA im Laufe der 1990er Jahre intensiv beschäftigten und die – obwohl eine Intervention der USA damals noch kein Thema war – schon in der NSS 1991 angesprochen werden: „The powerful centrifugal forces in Yugoslavia are particularly worrisome" (White House 1991: 10). Noch in der NSS 1999 spielen die Konflikte auf dem Balkan eine große Rolle, in der NSS 2002 hingegen sind sie nicht einmal mehr eine Randnotiz wert – bis auf diese, mit der auf den Sturz des serbischen Präsidenten Slobodan Milosevic Bezug genommen wird: „[W]hen openings arrive, we can encourage change – as we did in central and eastern Europe between 1989 and 1991, or in Belgrade in 2000" (White House 2002: 3).

Sicherheitsprobleme *in* Europa spielen seither in der NSS praktisch keine Rolle mehr, und die NSS 2002 zeichnet sich sogar dadurch aus, dass die ersten Abschnitte, in denen ein nennenswerter Europabezug hergestellt wird, wirtschaftspolitische Fragen behandeln (White House 2002: 18–19). In dieser NSS geht es in fast der Hälfte aller Sätze mit Europabezug um wirtschaftliche Themen – eine Quote, die in keinem Strategiepapier davor und danach erreicht wurde, auch wenn Europa in der NSS 2006 weiterhin als wirtschaftspolitischer Akteur wahrgenommen wird. Dabei wird Europa meist in einem Atemzug mit Japan genannt, und der Zungenschlag ist recht kritisch, weil beide Länder vor allem als Hindernis für ein stärkeres Wachstum der Weltwirtschaft gesehen werden:

> A return to strong economic growth in Europe and Japan is vital to U.S. national security interests. We want our allies to have strong economies for their own sake, for the sake of the global economy, and for the sake of global security. European efforts to remove structural barriers in their economies are particularly important in this regard, as are Japan's efforts to end deflation and address the problems of non-performing loans in the Japanese banking system. We will continue to use our regular consultations with Japan and our European partners – including through the Group of Seven (G-7) – to discuss policies they are adopting to promote growth in their economies and support higher global economic growth. (White House 2002: 18)

> We will work with the world's other major economies, including the EU and Japan, to promote structural reforms that open their markets and increase productivity in their nations and across the world. (White House 2006: 29)

In der NSS 2010 schließlich wird Europa überhaupt nicht mit wirtschaftlichen oder wirtschaftspolitischen Fragen in Zusammenhang gebracht.

Mit der NSS 1999, die am Ende des Jahres, also nach dem für die Nato siegreichen Kosovokrieg, abgeschlossen wurde, tritt eine neue Dimension des amerikanischen Europabildes stärker in den Vordergrund: Europa wird jetzt nicht mehr primär als friedenspolitisches Projekt gesehen, das es zu vollenden gilt, sondern auch als Partner, der bei der Bewältigung globaler Herausforderungen helfen kann. Am Beginn des Europakapitels der NSS 1999 heißt es:

> The United States has two strategic goals in Europe. The first is to build a Europe that is truly integrated, democratic, prosperous and at peace – a realization of the vision the United States launched 50 years ago with the Marshall Plan and the North Atlantic Treaty Organization

> (NATO). Our second goal is to work with our allies and partners across the Atlantic to meet the global challenges no nation can meet alone. (White House 1999: 29)

Das erste der beiden Ziele findet sich, in dieser oder in sehr ähnlichen Formulierungen, in allen Nationalen Sicherheitsstrategien der 1990er Jahre. Das zweite Ziel wird in sehr allgemeiner Form ebenfalls schon seit den frühen 1990ern formuliert, jedoch nicht in dieser Deutlichkeit und mit ausdrücklichem Bezug auf Europa. Darin drückt sich vor allem die Hoffnung aus, dass Europa als globaler Partner agieren möge; es wird nicht festgestellt, dass Europa ein solcher Partner ist, doch als potenzieller Partner auf der globalen Bühne wird Europa durchaus gesehen. Dabei wird allerdings offen gelassen, wer auf europäischer Seite in der Lage sein könnte, mit den USA wirkungsvoll im globalen Maßstab zusammenzuarbeiten.

In den 1990er Jahren sahen die USA in Europa einen Kontinent, der ohne amerikanische Führung nicht in der Lage sein würde, seine inneren Spaltungen zu überwinden; etwa zur Zeit der Jahrtausendwende galt den USA die „neue Architektur" Europas dann praktisch als vollendet.[111] Mit der weitgehenden Befriedung des Balkans sowie den Beschlüssen zur Osterweiterung von Nato und EU im Jahr 2002 galt Europa als hinreichend geeint und stabilisiert, und nach Dan Fried hatte dies folgenden Effekt:

> Then Europe changed in our view: from an area where we had to help Europeans shape the forces that surrounded them, to becoming more of a potential partner in dealing with the outside world.[112]

Ein gutes Jahrzehnt nach den epochalen Umbrüchen in Europa glaubte die US-Regierung von den Europäern erwarten zu können, dass sie verstärkt zur Lastenteilung auch über Europas Grenzen hinaus beitragen und die internationale Ordnung im Sinne des Westens mitgestalten. Hierzu war es nicht nur nötig, den Blick der Europäer über den europäischen Tellerrand hinaus zu lenken, sondern auch, ihn von einer atlantischen auf eine globale Perspektive zu erweitern, so Kurt Volker:

> In fact, at the NSC, one of the things we would strike out of briefing papers, memoranda and talking points was the idea of working on the transatlantic relationship. It's not that you don't want to have a good relationship – but if you do that for it its own sake, without the thought of what we're doing together in the world, then you're not accomplishing very much … Condoleezza Rice used to say: „We need to get the transatlantic relationship off the couch".[113]

Europa erschien den USA als sprichwörtliche „couch potato", als Stubenhocker, und die geforderte Akteursqualität wurde dabei in erster Linie nicht der Europäischen Union, sondern den europäischen Staaten zugeschrieben; eine häufige Formulierung in den NSS-Papieren ist „our European allies and partners". Allerdings ist es nicht so, dass die EU als Akteur

111 Interview mit James Dobbins, in den 1990er Jahren leitender Mitarbeiter im NSC-Stab und im Außenministerium.
112 Interview mit Dan Fried.
113 Interview mit Kurt Volker.

in der NSS überhaupt nicht in Erscheinung träte. In allen Sicherheitsstrategien wird die EU mehrmals erwähnt (1991 noch als Europäische Gemeinschaft), am häufigsten in den Papieren von 1997 und 1999, in denen jeweils zehn Mal auf die EU Bezug genommen wird. Darüberhinaus sollte berücksichtigt werden, dass der Begriff Europa häufig als Synonym für die Europäische Union verwendet wird. Dies wird deutlich, wenn etwa in Fragen der internationalen Handelspolitik nur von „Europa“ gesprochen wird, obwohl den Verfassern der Sicherheitsstrategien natürlich bewusst ist, dass die EU in diesem Politikfeld als kollektiver Akteur auftritt.

V.A.3 Die Public Papers of the President und die State of the Union Address

Die meisten Veröffentlichungen der US-Präsidenten sind in der offiziellen Textsammlung *Public Papers of the President* zusammengestellt. Sie umfasst schriftliche Dokumente, beispielsweise Bekanntmachungen oder Verfügungen, ebenso wie mündliche Äußerungen, also etwa öffentliche Reden und Ansprachen des Präsidenten sowie Verlautbarungen des Präsidialamtes. Um die Salienz Europas über die Nationalen Sicherheitsstrategien hinaus zu analysieren, bietet es sich an, die relative Häufigkeit jener Dokumente in den *Public Papers* zu ermitteln, die einen Bezug zu Europa enthalten. Zu diesem Zweck wurden mit Hilfe einer Datenbank alle Dokumente in den *Public Papers,* die zwischen 1946 und 2010 erzeugt wurden, nach dem Begriff „Europe“ durchsucht; das Ergebnis ist in Abbildung 12 dargestellt.

Zunächst fallen dabei zwei leichte Ausschläge nach oben auf: im Jahr 1963 und im Jahr 1990. Der hohe Anteil Europas im Jahr 1963 mag sich durch die viel beachtete und von der Administration stark beworbene Europareise von John F. Kennedy erklären; im Jahr 1990 hatte das Weiße Haus viel mit der Bewältigung des Umbruchs in Europa und insbesondere der Vereinigung der zwei deutschen Staaten zu tun. Eine dritte Spitze ragt im Jahr 1999 empor, in dem die USA den Einsatz der Nato im Kosovokrieg anführten. Ebenso markant wie die Spitzen ist der steile Abfall im Jahr 1964, in dem eine Phase der relativen Bedeutungslosigkeit Europas begann. Damit zeigen sich Parallelen zu den Entwicklungen, die wir bei den internationalen Kontakten und Reisen des Präsidenten beobachten konnten (vgl. Kap. V.A.1): Sowohl in der Mitte der 1960er wie auch am Beginn der 1980er Jahre befindet sich die Salienz Europas auf einem besonders niedrigen Niveau.

Abbildung 12 offenbart außerdem, dass – jedenfalls hinsichtlich der Veröffentlichungen des Präsidialamtes – Europa nach dem Ost-West-Konflikt keinesfalls weniger salient war als in den Jahrzehnten zuvor. Im Gegenteil erscheinen die 1990er Jahre als Phase eines vergleichsweise hohen Salienzniveaus, und auch in den 2000er Jahren bewegt sich der Anteil Europas stets zwischen 11 % und 14 %, womit er höher bleibt als über weite Strecken der 1960er und 1970er Jahre. Blicken wir noch einmal auf die internationalen Kontakte und Reisen des Präsidenten zurück, so stellen wir fest, dass es auch dort in den 2000er Jahren praktisch keine extrem hohen oder extrem niedrigen Werte gab. Dieses Jahrzehnt kristallisiert sich nach den bisherigen Erkenntnissen also als eines heraus, in dem sich die Bedeutung Europas für die USA auf einem im historischen Vergleich nur mittelmäßig hohen, aber sehr stabilen Niveau eingependelt hat.

Abbildung 12 Anteil Europas in Veröffentlichungen und Reden des Präsidenten, 1946–2010

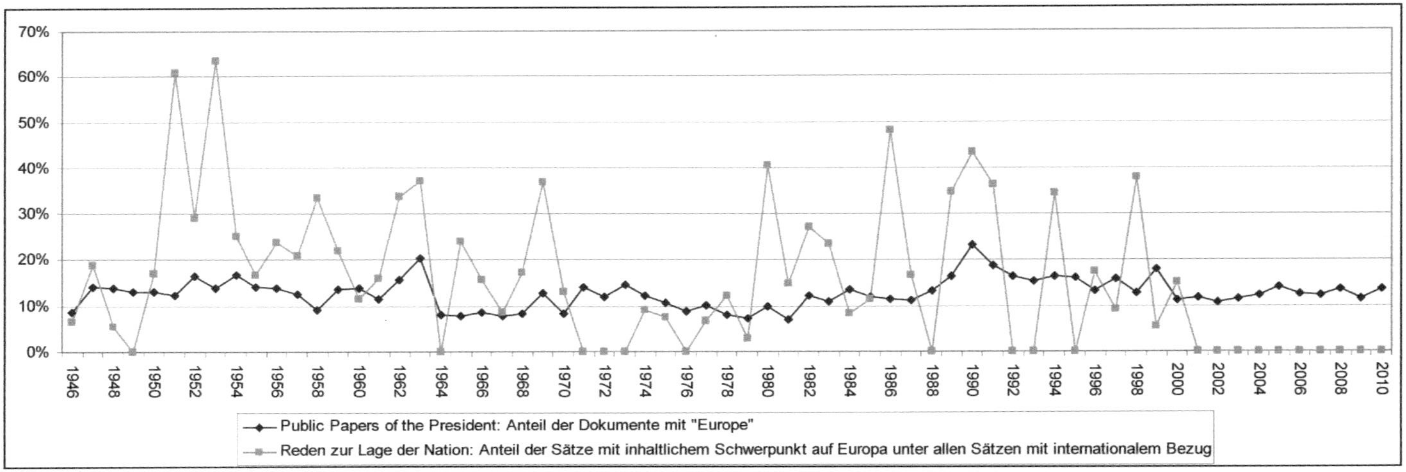

Anm.: Public Papers of the President: N = 9 864 Dokumente mit „Europe". Textquelle: Wooley/Peters 2011. Reden zur Lage der Nation: Quellen: 1946–2005: Baumgartner/Jones 2010b; 2006–2010: U.S. Government Printing Office 2010. Eigene Berechnungen.

Neben der Berücksichtigung aller Veröffentlichungen des Präsidenten mag es auch lohnend erscheinen, den Blick nur auf die Präsidialverordnungen *(executive orders)* zu richten, mit denen der Präsident wichtige politische Angelegenheiten rechtskräftig regelt. Zwischen 1990 und 2010 haben die Präsidenten dreizehn Verordnungen zu europäischen Themen erlassen und damit mehr als in den viereinhalb Jahrzehnten zuvor, als es nur zwölf Verordnungen zu europäischen Angelegenheiten gab – und dies, obwohl die Gesamtzahl der Verordnungen, auch im Jahresdurchschnitt, damals höher lag.[114] Die meisten Verordnungen der 1990er und 2000er Jahre dienten der Regelung der US-Politik gegenüber dem ehemaligen Jugoslawien – ein weiteres Indiz dafür, wie sehr die Konflikte auf dem Balkan die USA in dieser Zeit beschäftigten.

Die wichtigste regelmäßig wiederkehrende Rede des Präsidenten ist seine Ansprache vor beiden Häusern des Kongresses – und einem Millionenpublikum vor den Bildschirmen – zur Lage der Nation *(State of the Union)*. Die amerikanische Verfassung verlangt vom Präsidenten, den Kongress „von Zeit zu Zeit" über die Lage der Nation zu informieren und politische Maßnahmen zu empfehlen (Art. II, Abschn. 3 US-Verfassung); daraus ist die Tradition der jährlichen, öffentlichen Ansprachen des Präsidenten entstanden. Die Rede wird normalerweise im Januar gehalten. Seit der Präsidentschaft Ronald Reagans ist es üblich, dass ein in demselben Monat aus dem Amt scheidender Präsident auf die *State of the Union* verzichtet, während sein Nachfolger innerhalb der ersten Wochen nach Amtsantritt eine Rede hält, die das funktionale Äquivalent zur *State of the Union* darstellt, auch wenn sie nicht ganz soviel Resonanz hervorruft wie die „richtige" *State of the Union* (Peters 2011).

Aufgrund der hohen politischen Bedeutung der Rede zur Lage der Nation, in welcher der Präsident innerhalb einer Stunde (mehr ist dem Publikum praktisch kaum zuzumuten) die gesamte Breite der Regierungspolitik abdecken muss, kann sie einen sehr guten Hinweis auf die Bedeutung Europas in den Augen der USA geben. Abbildung 12 zeigt den Anteil jener Sätze, deren Schwerpunkt auf einer inhaltlichen Aussage zu europäischen Themen lag, unter allen Sätzen, die einen substanziellen Bezug zu internationalen Themen aufwiesen. Die entsprechende Codierung der einzelnen Sätze wurde bis einschließlich der *State of the Union* 2005 von den Mitarbeitern des *Policy Agendas Project* durchgeführt (vgl. Baumgartner/Jones 2010b), die übrigen Reden hat der Autor dieser Arbeit selbst codiert.

Der in Abbildung 12 abgedeckte Zeitraum reicht von 1946 bis 2010 und erlaubt deshalb – ebenso wie andere Indikatoren, die in diesem Kapitel bereits vorgestellt wurden – eine Analyse langfristiger Entwicklungen. Besonders auffällig ist dabei zunächst die hohe Volatilität der Werte, die wir in ähnlicher Form bisher nur beim Anteil Europas an den Auslandsreisen des Präsidenten beobachten konnten. Während es Reden gab, in denen annähernd die Hälfte oder sogar mehr aller außenpolitischen Sätze Europa gewidmet waren, gab es etwa ebenso viele Reden, in denen sich keine einzige substanzielle Aussage zu Europa fand. Es sticht sofort ins Auge, dass ab dem Jahr 2001 Europa in der Rede des Präsidenten zur Lage der Nation praktisch kein Thema mehr war. Zwar wurden auch in diesen Reden Europa oder europäische Akteure vereinzelt erwähnt, doch gab es keine inhaltlich gehaltvolle Aussage, die sich primär mit Europa beschäftigte oder in der europäische Akteure eine entscheidende Rolle spielten. Dadurch verfestigt sich der Eindruck – der teilweise schon aus der bisherigen

114 Datenquelle: Baumgartner/Jones 2010a sowie U.S. National Archives and Records Administration 2011.

Analyse zu gewinnen war –, dass Europa nicht im ersten, aber im zweiten Jahrzehnt nach dem Ende des Ost-West-Konflikts erheblich an Bedeutung für die USA verlor.

V.A.4 Außenpolitische Grundsatzreden der Präsidenten und Vizepräsidenten

In einem weiteren Analyseschritt lassen sich eine Reihe außenpolitischer Grundsatzreden der Präsidenten und Vizepräsidenten eingehender untersuchen. Dabei werden an dieser Stelle nur solche Reden berücksichtigt, in denen europäische oder transatlantische Themen überhaupt eine Rolle spielen. Damit können die Reden zwar nicht als Indikator für die Salienz Europas *per se* dienen, sie können aber dabei helfen, bestimmte Aspekte der Europabilder genauer herauszuarbeiten – vor allem hinsichtlich der in dieser Arbeit behandelten Frage, inwiefern Europa durch das Hervortreten bestimmter Elemente der Europabilder einen Bedeutungswandel erfuhr.

In der Regel halten amerikanische Präsidenten auf ihrer ersten Europareise eine programmatische Rede zu den transatlantischen Beziehungen und der Europapolitik der USA, bevorzugt vor einem jungen Publikum. Diese Reden werden in der vorliegenden Analyse ebenso berücksichtigt wie andere europapolitische Grundsatzreden, die beispielsweise anlässlich besonderer politischer oder historischer Ereignisse gehalten wurden. Zudem finden solche außenpolitischen Grundsatzreden Eingang in die Analyse, die sich zwar nicht speziell mit europäischen Themen befassten, in denen Europa aber eine nennenswerte Rolle spielte. Dies gilt besonders für einige der weithin beachteten außen- und sicherheitspolitischen Reden, welche die Präsidenten regelmäßig an der Militärakademie der USA in West Point im Bundesstaat New York halten. Schließlich haben auch die Vizepräsidenten vereinzelt Grundsatzreden zur Außenpolitik gehalten, darunter auch solche mit einem Europabezug. Anhand dieser Kriterien wurden folgende Reden und Ansprachen für die weitere Analyse ausgewählt:

- George H. W. Bush, 31. Mai 1989, Ansprache in Mainz (Bush 1989)
- George H. W. Bush, 31. Januar 1990, Rede zur Lage der Nation (Bush 1990a)
- George H. W. Bush, 4. Mai 1990, Rede an der Oklahoma State University (Bush 1990b)
- George H. W. Bush, 17. November 1990, Rede vor dem Parlament in Prag (Bush 1990c)
- George H. W. Bush, 19. November 1990, Ansprache vor der KSZE-Versammlung in Paris (Bush 1990d)
- George H. W. Bush, 29. Januar 1991, Rede zur Lage der Nation (Bush 1991a)
- George H. W. Bush, 11. Dezember 1991, Erklärung anlässlich des EG-Gipfels in Maastricht (Bush 1991b)
- Al Gore, 6. Januar 1994, Außenpolitische Rede in Milwaukee (Gore 1994)
- Bill Clinton, 9. Januar 1994, Rede in Brüssel (Clinton 1994b)
- Bill Clinton, 25. Januar 1994, Rede zur Lage der Nation (Clinton 1994c)
- Bill Clinton, 22. Oktober 1996, Rede zur Außenpolitik in Detroit (Clinton 1996)
- Bill Clinton, 27. Mai 1997, Ansprache anlässlich der Unterzeichnung der Nato-Russland-Grundakte in Paris (Clinton 1997a)
- Bill Clinton, 31. Mai 1997, Rede an der Militärakademie in West Point (Clinton 1997b)

- Bill Clinton, 13. Mai 1998, Rede in Berlin (Clinton 1998)
- Bill Clinton, 23. April 1999, Ansprache bei der Feier zum 50-jährigen Bestehen der Nato, Washington, D.C. (Clinton 1999a)
- Bill Clinton, 8. November 1999, Rede an der Georgetown University (Clinton 1999b)
- Bill Clinton, 2. Juni 2000, Rede anlässlich der Verleihung des Karlspreises in Aachen (Clinton 2000)
- George W. Bush, 13. Juni 2001, Ansprache beim NATO-Gipfel (Bush 2001a)
- George W. Bush, 15. Juni 2001, Rede an der Universität Warschau (Bush 2001b)
- Richard Cheney, 15. Februar 2002, Rede in Washington, D.C. (Cheney 2002)
- George W. Bush, 23. Mai 2002, Rede im Deutschen Bundestag (Bush 2002a)
- George W. Bush, 20. November 2002, Rede vor dem NATO-Gipfel in Prag (Bush 2002b)
- George W. Bush, 21. Februar 2005, Rede in Brüssel (Bush 2005b)
- Richard Cheney, 4. Mai 2006, Rede auf der Vilnius-Konferenz (Cheney 2006)
- George W. Bush, 27. Mai 2006, Rede an der Militärakademie in West Point (Bush 2006)
- Joseph Biden, 7. Februar 2009, Rede auf der Münchner Sicherheitskonferenz (Biden 2009)
- Barack Obama, 3. April 2009, Rede in Straßburg (Obama 2009b)
- Barack Obama, 7. Juli 2009, Rede in Moskau (Obama 2009c)
- Joseph Biden, 6. Mai 2010, Rede vor dem Europaparlament (Biden 2010)

Schließlich berücksichtigt die Analyse auch eine Vielzahl kürzerer einschlägiger Äußerungen der Präsidenten, etwa in den wöchentlichen Radioansprachen, bei Pressekonferenzen oder anderen öffentlichen Anlässen.

George H. W. Bush

Die Europapolitik der USA von den späten 1980er bis in die 2000er Jahre war von dem Ziel geleitet, ein Europa zu schaffen, dass geeint, frei und friedlich war. Der Slogan des „Europe whole, free, and at peace" stellt eine treffende Charakterisierung der amerikanischen Europapolitik in dieser Phase dar.[115] Das Bild des „Europe whole, free and at peace" diente den USA zum einen als europapolitisches Leitbild, zum anderen lässt sich daraus aber auch schließen, wie die USA den Zustand Europas damals sahen und welche Defizite und Potentiale sie in Europa erkannten.

Die Formulierung „whole and free" wurde zum ersten Mal an prominenter Stelle von US-Präsident George H. W. Bush auf seiner ersten Europareise verwendet. Im Mai 1989 reiste er im Anschluss an den Nato-Gipfel in Brüssel nach Deutschland, wo er bei seiner Rede in Mainz erklärte:

> [I]n regard to the Soviet Union, our policy is to move beyond containment. For 40 years, the seeds of democracy in Eastern Europa lay dormant, buried under the frozen tundra of the Cold war. And for 40 years, the world has waited for the Cold War to end. And decade after decade, time after time, the flowering human spririt withered from the chill of conflict and oppression; and again, the world waited. But the passion for freedom cannot be denied forever.

115 So etwa die Einschätzung von Dan Fried und Marc Grossman.

> The world has waited long enough. The time is right. *Let Europe be whole and free* ... The Cold War began with the division of Europe. It can only end when Europe is whole. (Bush 1989; Hervorh. AH)

Auch an anderer Stelle in dieser Rede verwendete Bush die Formel, als er sagte: „I set forth four proposals to heal Europe's tragic division, to help Europe become whole and free". Hier lässt sich zudem, wie auch in anderen Äußerungen der Bush sr.-Administration (vgl. oben, Kap. V.A.2), das Bild von Europa als Patient erkennen, der einer Heilung bedarf und diese Heilung nicht alleine bewerkstelligen kann. Im Laufe des Jahres 1990 änderte sich die Diagnose dahingehend, dass der Heilungsprozess nun eingesetzt habe; so stellte Präsident Bush schon bei der KSZE-Versammlung in Paris im November 1990 fest: „Europe mends its wounds" (Bush 1990d).

So wie im Falle der Krankheits- bzw. Gesundheitsmetapher suggeriert auch die Verwendung der Formel „whole and free", die sich durch praktisch alle europapolitischen Äußerungen von George H.W. Bush zieht, eine zunehmend positive Entwicklung auf dem Kontinent. Zu Beginn des Jahres 1990 skizzierte Bush das geeinte und freie Europa noch als Zukunftsvision, um die „künstliche Teilung" („artificial division") des Kontinents zu überwinden (Bush 1990a, e). Im Mai 1990 stellte er in einer Rede an der Universität von Oklahoma – bezugnehmend auf die oben genannte Rede in Mainz – fest: „About a year ago, I defined the kind of Europe our country is committed to: a peaceful, stable, Europe, a Europe what I call whole and free. Today that goal is within our reach." (Bush 1990b). Im November desselben Jahres verstärkte sich diese positive Einschätzung noch, als Bush am Vorabend der KSZE-Versammlung bei einem Besuch in Prag bemerkte: „Today, Europe's long division is ending ... Working together, we can fulfill the promise of a Europe that reaches its democratic destiny, a Europe that is truly whole and free" (Bush 1990c), sowie: „Today a Europe whole and free is within our reach ... Now, with the division of Europe ending and democracy ascending in the East, the challenge is to move forward" (Bush 1990f).

In dem letzten Zitat klingt zudem an, dass Europa, welches bis dato weitgehend passiv erschien, eine aktivere Rolle zugesprochen wurde. Darauf deutet auch die Rede vor der KSZE-Versammlung hin, in der Bush feststellte: „Europe is entering unknown waters" (Bush 1990d). Hier erscheint Europa auch als ein Akteur – auch wenn unklar bleibt, wohin seine Reise geht.

Der Prozess der Einigung und Befreiung Europas schien abgeschlossen, als Präsident Bush im Januar 1991 seine zweite Rede zur Lage der Nation hielt: „ A year and a half ago, in Germany, I said that our goal was a Europe whole and free. Tonight, Germany is united. Europe has become whole and free, and America's leadership was instrumental in making it possible" (Bush 1991). Der letzte Satz diese Zitats macht noch einmal deutlich, dass Europa in den Augen der USA zu schwach gewesen war, um seine Spaltung aus eigener Kraft zu überwinden. Bei dieser Interpretation ist einerseits in Rechnung zu stellen, dass US-Präsidenten in den Reden zur Lage der Nation, die immer auch ein Rechenschaftsbericht der Regierung sowie ein Akt der Selbstvergewisserung der amerikanischen Nation sind, dazu neigen, die eigenen Leistungen zu überhöhen. Andererseits deckt sich die Diagnose einer europäischen Hilflosigkeit mit zahlreichen anderen europapolitischen Äußerungen der Administration, wie wir oben bereits gesehen haben.

Mit dem Hervortreten der Akteursqualität Europas, die sich in den Reden des Präsidenten im Laufe des Jahres 1990 andeutete, erschien Europa zunehmend als *Partner,* der – tatsächlich oder potenziell – zur Durchsetzung gemeinsamer oder geteilter Interessen mit den USA beitragen konnte. Dieser Aspekt des Europabildes trat schon im Jahr 1991 recht deutlich hervor, bedingt nicht zuletzt durch die Fortschritte der europäischen Staaten bei der europäischen Integration. Im Dezember 1991 gab das Weiße Haus eine Erklärung heraus, mit der es der Europäischen Gemeinschaft zu den Beschlüssen des EG-Gipfels, die u. a. zu den Maastrichter Verträgen führen sollten, gratulierte:

> The results of the EC summit in Maastricht represent *a milestone which we celebrate along with our European partners.* The United States has long supported European unity because of our strong conviction that it was good for Europe, good for the Atlantic partnership, and good for the world. I have made clear from the outset of this administration my view that a strong, united Europe is very much in America's interest. *A more united Europe offers the United States a more effective partner, prepared for larger responsibilities.*
>
> Europe's steps toward unity will strengthen our renewed Atlantic Alliance. NATO's endorsement at the Rome summit of a „European pillar" underscores the additional responsibility which the European allies are assuming in the protection of shared vital interests and values …
>
> America can take pride in its contributions to Europe's success. The U.S. engagement on that continent has yielded many benefits for the Europeans and for us. Those benefits remind us that our interests do not stop at our shores. We are intimately connected to what happens in Europe and beyond. *Now, we are getting an even stronger European partner.* (Bush 1991b; Hervorh. AH)

Das Zitat zeigt auch, dass Europa mal als eine Vielzahl von Akteuren („our European partners"), mal als einheitlicher Akteur („an even stronger European partner") gesehen wurde. Speziell in Bezug auf Deutschland sprach Präsident Bush schon bei seinem Besuch in Mainz 1989 von einer besonderen Partnerschaft mit den USA: „The United States and the Federal Republic have always been firm friends and allies, but today we share an added role: partners in leadership" (Bush 1989). In den darauffolgenden Jahren haben nicht wenige Beobachter darauf hingewiesen, dass weder die amerikanische noch die deutsche Seite willens oder in der Lage waren, eine tatsächliche „Führungspartnerschaft" zu etablieren. Es wäre aber falsch zu behaupten, die Formulierung „partners in leadership" sei nur ein stilistisches Mittel ohne Substanz gewesen. Vielmehr steht sie im Einklang mit der Analyse über Deutschlands Rolle, wie sie sich etwa in der NSS 1991 findet (s. o.), und sie diente dazu, Deutschland in Haftung zu nehmen und eine Mitverantwortung für die Zukunft Europas zuzuweisen, wie der folgende Satz in der Rede zeigte: „Of course, leadership has a constant companion: responsibility."

Zugleich ist es richtig, dass Bushs Redenschreiber die griffige Formulierung „partners in leadership" wohl auch deshalb wählten, weil sie sich gut in die Mainzer Rede einfügte, die insgesamt eine Art rhetorisches Feuerwerk darstellen sollte. Eine weitere Wendung, die in dieser Rede auffiel, war die Metapher vom europäischen Haus: „There cannot be a common European home until all within it are free to move from room to room" (Bush 1989). Die Formulierung erinnerte nicht zuletzt an die berühmte Rede Abraham Lincolns, der 1858 in Bezug auf die Spaltung der USA in sklavenhaltende und nicht sklavenhaltende Staaten erklärt hatte: „A house divided against itself cannot stand." Zugleich zeigte die Metapher vom europäischen Haus einmal mehr, dass die US-Administration die politische Spaltung Europas als widernatürlichen Zustand ansah. Osteuropa bezeichnete Bush in der Mainzer Rede als „Geburtsstätte des Kalten Krieges" („Eastern Europe, the birthplace of the Cold War"), dessen Ende der Präsident nach der Unterzeichnung der „Charta von Paris für ein neues Europa" am 21. November 1990 in Paris erstmals öffentlich und apodiktisch verkündete: „The Cold War is over" (Bush 1990g).

Obwohl George H. W. Bush gelegentlich auch ein *friedliches* Europa als ausdrückliches Ziel nannte (Bush 1989, 1990b), lag die Betonung während seiner Präsidentschaft noch deutlich auf der kurzen Formel „whole and free". Erst in den folgenden Jahren trat die Friedensproblematik in Europa stärker in den Vordergrund, vor allem durch die Kriege auf dem Balkan. Das Europabild, das während der Clinton-Administration überwiegend propagiert wurde, war das eines „friedlichen, ungeteilten und demokratischen" Europas; das folgende Zitat aus einer außenpolitischen Rede des Jahres 1996 steht dafür beispielhaft: „And now, for the very first time since nation-states first appeared in Europe, we have an opportunity to build a *peaceful, undivided, and democratic* continent" (Clinton 1996; Hervorh. AH; s. auch Clinton 1997a, b, White House 1997).

Präsident George W. Bush schließlich gelang eine Art Synthese zwischen den Formeln seiner Vorgänger, indem er den Slogan „whole and free" von seinem Vater übernahm, ihn aber um den Begriff „peaceful" ergänzte. Anders als bei Präsident Clinton stand dieser Begriff jedoch nicht mehr am Anfang, sondern am Ende der europapolitischen Formel: „Now, we have a great opportunity to build *a Europe whole, free and at peace,* with this grand alliance of liberty [i. e., NATO] at its very core" (Bush 2001a; Hervorh. AH; s. auch Bush 2006). George W. Bush nahm sogar ausdrücklich Bezug auf seinen Vater, etwa bei der viel beachteten Grundsatzrede in Warschau im Juni 2001:

> Through trenches and shell-fire, through death camps and bombed-out cities, through gulags and food lines men and women have dreamed of what my father called a Europe „whole and free". This free Europe is no longer a dream. It is the Europe that is rising around us. It is the work that you and I are called on to complete. (Bush 2001b)

Der Friedensbegriff konnte bei Präsident George W. Bush wieder in den Hintergrund rücken, weil nach der Beendigung des Kosovokrieges 1999 und dem Sturz des serbischen Präsidenten Slobodan Milosevic im Jahr 2000 auch der Balkan als weitgehend befriedet galt. Zugleich zeigen etliche Zitate, wie auch das folgende aus Bushs Prager Rede 2002, dass die kriegerische Vergangenheit in George W. Bushs Europabild sehr präsent war: „For a hundred years place names of Europe have often stood for conflict and tragedy and loss. Single words evoke sad and bitter experience – Verdun, Munich, Stalingrad, Dresden, Nuremberg and Yalta. We have no power to rewrite history. We do have the power to write a different story for our time" (Bush 2002b). Die drei hier genannten Zitate von George W. Bush machen auch deutlich, dass seine Administration Europa noch immer als unvollendetes Projekt sah, an dem Europäer und Amerikaner weiterhin gemeinsam arbeiten müssten.

Bill Clinton

Die gegenseitige Abhängigkeit zwischen den USA und Europa ist ein Topos, der schon unter George W. Bushs Vorgänger Bill Clinton besonders hervorgehoben wurde. Die erste europapolitische Grundsatzrede des Weißen Hauses in der Clinton-Administration datiert auf den Januar 1994 und diente der Vorbereitung der ersten Europareise Clintons, die – wie oben bereits diskutiert – sehr lange auf sich hatte warten lassen. Die Rede in Wisconsin sollte der Präsident selbst halten, er war dann aber aufgrund des Todes seiner Mutter verhindert und ließ sich durch Vizepräsident Al Gore vertreten. Dieser erklärte unter anderem:

> When the President was here 15 months ago, on that October day he spoke about America's need for a strong pro-democracy national security policy. In two days, President Clinton will leave for Europe for a series of meetings designed to advance that goal. He will go to Brussels to stress the importance of our economic and security ties with NATO and Europe. He will go to Prague and stress our strong commitment to the new democracies in Poland, Hungary, the Czech Republic and Slovakia. He will visit Moscow and stress our support for democratic reforms there and elsewhere. And he will visit Minsk in Belarus and stress the importance of the progress that state and others are making to dismantle nuclear weapons.
>
> Before he left our shores to talk with foreign leaders, the President wanted to come and talk with you about why this trip is important to the American people. And the President has now asked me to share his views directly with you today because at this point in history, all of Europe stands at a turning point with deep implications for our own security and prosperity. (Gore 1994)

Gore versuchte offensichtlich, der Auffassung entgegenzuwirken, dass die Clinton-Administration Europa nicht besonders wichtig fände. Noch deutlicher wurde Gore diesbezüglich an einer weiteren Stelle in seiner Rede, an der er erneut die Interdependenz zwischen Europa und den USA betonte und diese Interdependenz sowohl als Bedrohung wie auch als Chance charakterisierte:

> Now, we have done much this past year to make America more secure. But nothing is more important to our security than our relations with Europe. With the Cold War over, some may think Europe doesn't matter as much to our nation as it used to. President Clinton says, they're wrong. The fact is, Europe remains our most valuable trading partner, and our military security remains as interwoven with that of Europe as ever in our history …
>
> When Europe fights, we suffer. When Europe is safe and free, we thrive here in the United States. (Gore 1994)

Sehr ähnliche Worte fand Präsident Clinton bei seinem Besuch in Berlin 1998: „If Europe is at peace, America is more secure. If Europe prospers, America does as well. We share a common destiny because we move to a logic of mutually beneficial interdependence …“ (Clinton 1998).

Neben der Frage, ob der andere als Hilfe bei der Realisierung von Gewinnen gesehen wird, geben Bilder häufig auch Auskunft über den wahrgenommenen kulturellen Status des anderen (vgl. Kap. III.C). In Al Gores Rede gab es eine Passage, in der Europa hinsichtlich seines kulturellen Erbes als den USA mindestens ebenbürtig erschien:

> You all share the American belief that there is strength in all our differences; that we can build a collective civic space large enough for all our separate identities, that we can be E Pluribus Unum, out of one, many. We take that for granted here in our blessed United States of America. But that idea is not foreign to Europe. *Those very ideas that Jefferson and Madison wrote into our Declaration of Independence and our Constitution were European imports, derived from Europe's great age of reason.* (Gore 1994; Hervor. AH)[116]

Auch in anderen Äußerungen machten amerikanische Präsidenten ihre Wertschätzung für die europäische Kultur- und Geistesgeschichte deutlich, etwa George W. Bush in seiner Rede vor dem Deutschen Bundestag im Mai 2002 und in einer Radioansprache vor seiner Europareise im Februar 2005:

> America and the nations in Europe are more than military allies, we're more than trading partners; we are heirs to the same civilization. The pledges of the Magna Carta, the learning of Athens, the creativity of Paris, the unbending conscience of Luther, the gentle faith of St. Francis – all of these are part of the American soul. The New World has succeeded by holding to the values of the Old. (Bush 2002a)

> Many Americans trace their roots back to Europe, and we can trace many of our founding ideals there, as well. It was a Frenchman who taught the framers of our Constitution the importance of the separation of powers. It was a Scot who explained the virtues of a free market. It was an Englishman who challenged us to correct the principal defect of our founding, the plague of slavery. And it was an Italian who gave us our name: America. (Bush 2005c).

In Al Gores Rede im Januar 1994 erschien Europa schließlich auch als ein Ort, an dem Gefahren für Frieden und Sicherheit herrschten:

> There is also a dark cloud on Europe's horizon. It is the threat of fiery nationalism, ignited by old resentments, fueled by economic frustration, fanned by self-serving demagogues. We already see it burning across the former Yugoslavia. But it smolders in other states as well, particularly in Europe's East. If we do not begin building new forms of protection, these members could flare and engulf Europe again, just as they have during this century's worst crises. (Gore 1994)

Diesen ängstlichen Blick auf Europa teilte die Clinton-Administration mit ihrer Vorgängerin, die schon in der NSS 1991 urteilte: „We have reason to be more hopeful today, but security problems could emerge in the East in the course of the 1990s" (White House 1991: 9–10).

116 Gore übersetzte die Wendung „e pluribus unum" falsch, wofür er in den darauffolgenden Tagen einigen Spott von den politischen Gegnern ertragen musste.

Auch Bill Clinton zeichnete in seiner ersten Grundsatzrede auf europäischem Boden ein Bild von Europa, in dem es zwar Grund zur Freude über die neu gewonnene Freiheit in großen Teilen des Kontinents gibt, aber die Herausforderungen und Gefahren deutlich hervortreten (Clinton 1994b). Der Präsident sprach auch die Frage nach der relativen Bedeutung Europas für die USA direkt an:

> Without question, Europe is not the only focus of our engagement, we must reach out to Latin America and to Asia – areas that are increasingly important both to the United States and to Europe. And our bonds with Europe will be different than they were in the past, but make no mistake about it: the bonds that tie the United States and Europe are unique. We share a passionate faith that God has endowed us as individuals with inalienable rights and a belief that the state exists by our consent solely to advance freedom and security and prosperity for all of us as individuals. That is still a radical idea in the world in which we live. Developed by Locke and Montesquieu, put into practice in my country by Jefferson and Madison, it has toppled tyrants, it has drawn millions to our country's shores.
>
> Over three centuries, the ties of kinship between the United States and Europe have fostered bonds of commerce and you remain our most valued partner, not just in the cause of democracy and freedom, but also in the economics of trade and investment.
>
> But above all, the core of our security remains with Europe. That is why America's commitment to Europe's safety and stability remains as strong as ever. That is why I urged NATO to convene this week's summit. It is why I am committed to keeping roughly 100,000 American troops stationed in Europe, consistent with the expressed desires of our allies here. It is not habit, but security and partnership that justifies this continuing commitment by the United States. (Clinton 1994b)

Europa steht nach Clintons Darstellung also in einer einzigartigen Beziehung zu den USA, die sowohl auf einem gemeinsamen, historisch gewachsenen Wertefundament wie auf handfesten politischen Interessen in der Gegenwart beruht. Vor dem theoretischen Hintergrund dieser Arbeit ist zudem besonders interessant, dass Clinton das Argument, das US-Engagement in Europa sei nur noch der Gewohnheit („habit") – also einer gewissen Form der Pfadabhängigkeit – geschuldet, ausdrücklich zurückwies. Zum Abschluss seiner Europareise stellte Clinton in der wöchentlichen Radioansprache des Präsidenten am 15. Januar 1994 unmissverständlich klar: „No part of the world is more important to us than Europe … Europe remains at the heart of our security and is also our most valuable partner in trade and investment" (Clinton 1994d). In seiner ersten „echten" Rede zur Lage der Nation Ende Januar 1994 sprach Clinton noch einmal über seine Europareise, doch zuvor erläuterte er die Abkommen mit Russland sowie der Ukraine, Weißrussland und Kasachstan im Bereich der strategischen und nuklearen Rüstung (Clinton 1994c). Dies fügt sich in die anderen, bereits erwähnten Äußerungen Clintons ein, nach denen Russland in den Anfangsjahren seiner Administration das drängendste außenpolitische Thema war.

Im Präsidentschaftswahlkampf 1996 hielt Clinton nur eine bedeutende Rede zur Außenpolitik. In seiner Ansprache in Detroit im Oktober dieses Jahres nahmen Europa und die Nato einen breiten Raum ein (Clinton 1996). Angesichts der Tatsache, dass es sich um eine Wahlkampfrede handelte, überrascht es nicht, dass Clinton die europapolitischen Leistungen der USA im Allgemeinen und seiner Administration im Besonderen hervorhob. Dies ändert jedoch nichts daran, dass die Rede einen Teil des Europabildes ausmachte, das die Administration öffentlich und politisch wirksam formte. Clinton betonte in der Rede nicht nur die besondere Bedeutung Europas für die USA, so wie wir es bereits aus anderen Äußerungen seiner Administration kennen. Vielmehr klang die Rede so, als befänden sich Europa und die USA auf demselben Kontinent und stellten praktisch eine politische Einheit dar. Die USA erschienen als europäische Macht, die selbstverständlich nicht nur ein Teil, sondern quasi der Architekt der zukünftigen europäischen Integration war:

> Nowhere are our interests more engaged than in Europe. When Europe is at peace, our security is strengthened. When Europe prospers, so does America …
>
> Remarkable generations of Americans invested in Europe's peace and freedom with their own sacrifice …
>
> In January of 1994, during my first trip to Europe as President, I laid out a strategy for European integration – political integration around democracies, economic integration around free markets, security integration around military cooperation. I urged our enduring allies and new friends to build the bonds among our nations that are necessary for this time – through the European Union, through NATO, through the other institutions of a new Europe. I challenged all our people to summon the will and the resources to make this vision real. (Clinton 1996)

In dieser Rede bekannte sich Clinton auch erstmals öffentlich zu dem Ziel, die erste Runde der Nato-Erweiterung bis zum Jahr 1999, in dem die Nato ihr fünfzigjähriges Bestehen feiern würde, abzuschließen. Viele Beobachter nahmen an, dass Clinton dies tat, weil er sich davon die Unterstützung der Wählerschaft mit osteuropäischem Hintergrund versprach (vgl. Goldgeier 1998: 94). Wenn dies stimmte, so würde dies eine der Thesen, die den Ausgangspunkt für diese Arbeit darstellten, widerlegen (jedenfalls für diesen Zeitpunkt im Jahr 1996): Denn in diesem Falle hätten demographische Entwicklungen in den USA offenbar nicht dazu geführt, dass Europa für die USA unwichtiger wurde. Unabhängig von den tatsächlichen Beweggründen für Clintons Festlegung spricht es für die anhaltende Salienz Europas und der Nato, dass sie die wichtigsten außenpolitischen Themen in der Wiederwahlkampagne des Präsidenten darstellten.

Ein Europabild, das sich bereits bei George H. W. Bush abzeichnete, aber erst unter Bill Clinton deutlich hervortrat, könnte man als das Bild des „jungfräulichen Europas" bezeichnen. Es steht im Kontrast zu den Bildern von Europa als Wiege amerikanischer Werte und als Schauplatz historischer Konflikte, mit denen die Historizität des Kontinents betont wurde. Bush wie Clinton betonten, dass sich Europa in einer völlig neuen Phase seiner Entwicklung befände und gänzlich neue Erfahrungen mache. So bemerkte Bush 1990 vor dem tschechoslowakischen Parlament: „Europe, East and West, stands at the threshold of a new era: an era of peace, prosperity, and security unparalleled in the long history of this continent" (Bush 1990c). Allerdings verwendete George H. W. Bush das Prädikat „neu" noch viel häufiger in Zusammenhängen, die über Europa hinausreichten, etwa in dem Schlagwort der „neuen Weltordnung" oder als „neue Ära der Weltpolitik". Clinton sprach dann überwiegend vom „neuen Europa" (etwa in Clinton 1997a) und betonte die völlige historische Neuartigkeit dieses Europas, etwa 1997 in West Point: „… a democratic, peaceful, and undivided Europe for the first time in all of history“ (Clinton 1997b) sowie 1999 bei der Fünfzigjahrfeier der Nato: „As we look to the future, we know that for the first time in history we have a chance to build a Europe truly undivided, peaceful and free“ (Clinton 1999a). Auch sein Nachfolger George W. Bush griff diesen Topos auf, etwa in seiner Rede vor dem Bundestag, wo er vom „neuen Europa“ sprach und sagte: „We must lay the foundation with a Europe that is whole and free and at peace for the first time in its history“ (Bush 2002a).

Anlässlich des zehnjährigen Jubiläums des Mauerfalls hielt Clinton im November 1999 eine Rede an der Georgetown University in Washington, D.C., in der er auf den Zustand Europas zu Beginn seiner Amtszeit zurückblickte:

> This was the situation, the remarkable situation that I inherited when I took office in 1993: The Cold War had been won. But in many ways, Europe was still divided – between the haves and have-nots; between the secure and insecure; between members of NATO and the EU, and those who were not members of either body and felt left out in the cold; between those who had reconciled themselves with people of different racial and religious and ethnic groups within their borders, and those who were still torn apart by those differences. (Clinton 1999b)

Diese Charakterisierung fügte sich ein in das Bild des instabilen und unsicheren Europas, das die Clinton-Administration schon seit Beginn ihrer Amtszeit gezeichnet hatte (vgl. oben). Seine letzte große europapolitische Rede hielt Präsident Clinton im Juni 2000 in Aachen anlässlich der Entgegennahme des Karlspreises, mit dem Persönlichkeiten oder Institutionen ausgezeichnet werden, die sich um Europa und die europäische Einigung verdient gemacht haben.[117] Diese Rede wurde von der Clinton-Administration als wichtige außenpolitische Rede angekündigt, in der der Präsident auf die Bemühungen zur Einigung und Befriedung Europas zurückblicken und zukünftige Herausforderungen benennen würde (White House 2000). Sie offenbarte zwei weitere Facetten des amerikanischen Europabildes, die die US-Regierung bis dato noch nicht so prominent dargelegt hatte: zum einen feierte Clinton Europa als Vorbild für Friedens- und Integrationsbemühungen auf der ganzen Welt, zum anderen bezeichnete er Europa als eine „Idee“, an der auch die USA teilhätten:

> The whole world should take notice of this. If Western Europe could come together after the carnage of World War II, if Central Europe could do it following 50 years of communism, it can be done everywhere on this Earth …
>
> The simple fact is, since Europe is an idea as much as a place, America also is a part of Europe, bound by ties of family, history and values. (Clinton 2000)

Das Bild von Europa als Idee griff später die Obama-Administration in der Person von Vizepräsident Biden wieder auf (Biden 2010).

117 So die Beschreibung des Preises auf der Seite der Stiftung Internationaler Karlspreis: http://www.karlspreis.de.

George W. Bush

Die von Clinton betonte Vorbildfunktion Europas für andere Staaten und Regionen sah auch George W. Bush, etwa in seiner Rede im Deutschen Bundestag: „[W]e have seen enemies become partners and allies in a new Europe. We pray the same healing, the same shedding of hatred, might come to the Middle East“ (Bush 2002a). In dieser Rede bezeichnete der Präsident die Europäer auch als „Freunde“. Diese Charakterisierung der Europäer war per se nicht außergewöhnlich und fand sich auch bei Bushs Vorgängern und seinem Nachfolger. Allerdings wurde sie üblicherweise vor allem bei inoffiziellen Anlässen und nicht vorbereiteten Erklärungen, etwa bei Pressekonferenzen, verwendet. In offiziellen Dokumenten und Reden sprachen US-Vertreter meist von den europäischen „Verbündeten“ oder „Partnern“. Insofern war die Bezeichnung der Europäer als „Freunde“ in Bushs Rede durchaus bemerkenswert, und auch in den folgenden Jahren fand sich diese Charakterisierung auffallend häufig in den Reden des Präsidenten. Zudem nannte George W. Bush die Nato und Europa wiederholt eine „Familie“ (Bush 2002b, 2002c, 2005b) – ein Terminus, der eine noch engere Bindung als der des „Freundes“ suggeriert und der gelegentlich von Vertretern des US-Außenministeriums, aber kaum von einem Präsidenten verwendet wurde. Auf der rhetorischen Ebene brachte Bush die Europäer damit näher an die USA, als es seine Vorgänger getan hatten. Zudem betonte Bush im Vorfeld des Nato-Gipfels in Prag im November 2002 deutlich die Salienz Europas für die USA: „The Atlantic Alliance is America's most important global relationship“ (Bush 2002b).

Die erste europapolitische Grundsatzrede Bushs in Warschau enthielt bereits eine Vielzahl von Elementen, die auch in den folgenden Jahren das Europabild der George W. Bush-Administration bestimmten. Zum ersten übertrug Bush den Topos der Freiheit, der charakteristisch für seine gesamte Politik war, auch auf die Europäer, die er – mit wenigen Ausnahmen, darunter v. a. Russland – als frei und freiheitsliebend beschrieb. Zum zweiten sah er die Europäer in der Verantwortung, über Europa hinauszublicken und an der Seite der USA weltweiten Herausforderungen zu begegnen. In Warschau bediente er sich dafür einer Formulierung, die an John F. Kennedys berühmten Satz „Frage nicht, was dein Land für dich tun kann, sondern was du für dein Land tun kannst“ erinnerte: „The question no longer is what others can do for Poland, but what America and Poland and all of Europe can do for the rest of the world“ (Bush 2001b). In mehreren Reden verband Bush die beiden Elemente der Freiheit und der globalen Verantwortung direkt miteinander, etwa 2002 in Berlin und 2005 in Brüssel:

> Different as we are, we are building and defending the same house of freedom – its doors open to all of Europe's people, its windows looking out to global challenges beyond … As we expand our alliance, as we reach out to Russia, we must also look beyond Europe to gathering dangers and important responsibilities. As we build the house of freedom, we must meet the challenges of a larger world. (Bush 2002a)

> America supports a strong Europe because we need a strong partner in the hard work of advancing freedom in the world … We also have a call beyond our comfort: we must raise our sights to the wider world. (Bush 2005b)

Das dritte Element in Bushs Warschauer Rede war der Primat der Nato, dem sich auch die Europäische Sicherheits- und Verteidigungspolitik (ESVP) unterzuordnen hatte. Kein US-Politiker sagte dies ausdrücklich, doch immer wenn Aussagen über die sicherheitspolitischen Bemühungen der Europäer mit dem Hinweis auf die Nato verknüpft wurden, war die Botschaft klar und wurde von den Europäern auch entsprechend verstanden: „We welcome a greater role for the EU in European Security, *properly integrated with NATO*" (Bush 2001b; Hervorh. AH). Ein Jahr später, im Deutschen Bundestag, sah sich Bush genötigt, dem weit verbreiteten Eindruck entgegenzuwirken, die USA sähen in Europa einen potenziellen Konkurrenten und wollten deshalb die weitere Integration des Kontinents verhindern: „Americans do not see a rival, we see the end of old hostilities. We see the success of our allies, and we applaud your progress" (Bush 2002a).

Viertens schließlich fand sich in der Warschauer Rede, wie auch in vielen späteren Äußerungen Bushs, die Aussage, dass die USA Russland als Teil Europas sähen (Bush 2001b; s. auch Bush 2002a, 2005d). In dieser Hinsicht klangen Bushs Reden etwas anders als beispielsweise seine Sicherheitsstrategien (s. oben), und auch hier ist es, ähnlich wie im Falle Nato/ESVP, naheliegend zu vermuten, dass Bush genau deshalb eine positive und integrative Botschaft vermitteln wollte, weil man seiner Regierung tatsächlich die exakt gegenläufige Haltung unterstellte.

Beim Blick der Bush-Administration auf Europa und die Nato fällt zudem auf, dass sie in den mittel- und osteuropäischen Staaten eine größere Weisheit und Moralität erkannten und die Nato ohne die Aufnahme dieser Staaten als alt und schwach ansah. So sagte Bush am Vorabend des Prager Nato-Gipfels:

> Tomorrow, NATO grows larger. Tomorrow, the soul of Europe grows stronger. Members recently added to NATO and those invited to join bring greater clarity to purposes of our Alliance, because they understand the lessons of the last century. (Bush 2002b)

Dabei handelte es sich nicht um eine isolierte Äußerung, mit der die Administration unmittelbar vor dem Nato-Gipfel lediglich für gute Stimmung unter den Mittel- und Osteuropäern sorgen wollte. Denn beispielsweise schlug Vizepräsident Cheney in seiner Rede in Vilnius 2006 denselben Ton an, als er erklärte:

> We're proud that NATO has grown into a greater force for peace and stability than ever before. The young democracies in our great alliance have renewed it – bringing energy, and wisdom, and moral clarity to the councils of Europe. (Cheney 2006)

Sowohl Bill Clinton als auch George W. Bush haben schließlich am Ende ihrer je achtjährigen Präsidentschaft eine über einhundertseitige Bilanz vorgelegt, in der sie die Themen und Entscheidungen hervorhoben, die ihnen als wichtige Erfolge ihrer Amtszeit erschienen (Clinton 2001; Bush 2009). Der Aufbau und die Struktur beider Dokumente spiegeln zunächst einmal wider, was schon während der Amtsführung der beiden Präsidenten zu beobachten war: Bei Clinton standen innen- und wirtschaftspolitische Themen an erster Stelle, während die Außenpolitik auf wenigen Seiten gegen Ende des Dokuments nahezu stiefmütterlich behandelt wurde. Bush hingegen definierte seine Präsidentschaft primär über die Außen- und Sicherheitspolitik, die die erste Hälfte des Dokuments einnimmt.

Innerhalb des Kapitels zur Außenpolitik steht bei Clinton das Thema Europa an erster Stelle. Dabei hebt er erneut die Arbeit für ein friedliches, demokratisches und ungeteiltes Europa hervor („working for a peaceful, democratic, undivided Europe"; Clinton 2001: 95) sowie die Erweiterung und den militärischen Einsatz der Nato in Europa. Die Bilanz der Bush-Präsidentschaft widmet „Europa" zwar kein eigenes Unterkapitel, geht aber zu Beginn des Außenpolitik-Kapitels ausführlich auf die amerikanisch-russischen Beziehungen ein (Bush 2009: 25–27). In diesem Zusammenhang spielen die Nato-Erweiterungen und der dagegen gerichtete Widerstand Russlands eine zentrale Rolle.

Beide Präsidenten verbinden in ihren Bilanzen Europa vor allem mit sicherheitspolitischen Themen. Damit spiegeln sie wider, was sich auch in den Reden und Veröffentlichungen der Präsidenten im Laufe der jeweils acht Amtsjahre gezeigt hat: Europa wurde vor allem als sicherheitspolitischer Schauplatz und Akteur diskutiert. Zwar fehlten in den meisten Dokumenten und Äußerungen auch nicht die Verweise auf die wirtschaftliche und wirtschaftspolitische Bedeutung Europas für die USA, doch folgten diese Ausführungen in aller Regel den sicherheitspolitischen Themen, die hier buchstäblich an erster Stelle standen. Vor allem in den 2000er Jahren fiel jedoch auf, dass Europa von der US-Regierung durchaus als wirtschaftlicher Akteur gesehen wurde – und zwar als einer, der schwach und reformbedürftig war und ein Hindernis für das weltweite Wirtschaftswachstum darstellte, wie nicht nur die NSS zeigte (vgl. oben), sondern auch Vizepräsident Cheney in einer Rede in Washington, D.C. deutlich machte (Cheney 2002).

Auffällig ist schließlich, dass der Ost-West-Konflikt auch zwei Jahrzehnte nach seinem Ende noch immer einen zentralen Referenzpunkt der amerikanischen Außenpolitik darstellte: Die Bilanz von George W. Bush nimmt an fünfzehn Stellen ausdrücklich Bezug auf den Ost-West-Konflikt (hier als „Cold War", der im Englischen gebräuchliche Terminus). In der Regel geschieht dies, um die Politik der Bush-Administration gegen jene aus dem Ost-West-Konflikt abzugrenzen. Stellenweise erscheint es, als tue Bush dies ostentativ, um sich gegen die Vorwürfe zur Wehr zu setzen, es sei gerade seine Administration, die den „Kalten Krieg" wieder aufleben ließ:

> When President Bush took office, he made clear his determination to transform the Russian-American relationship and put what he termed the „dead ideological rivalry" of the Cold War behind us. Some critics feared the President's agenda – his promise to withdraw from the ABM Treaty; his determination to build defenses to protect against ballistic missile attack; and his declared intention to strengthen and expand the NATO Alliance – meant that America and Russia were headed toward a new arms race. But when President Bush met President Putin for the first time in 2001 in Slovenia, the two presidents emerged from their discussions expressing confidence that the two countries could put past animosities behind them …
>
> [T]he President made clear that the era of dividing lines and spheres of influence in Europe was over, and that the United States would work to remove the false boundaries that had divided the continent for too long …
>
> While the United States cast off Cold War thinking, leaders in Moscow had a harder time doing so. Despite the growing cooperation with the United States in many areas, Russian lea-

> ders continued to view the growing American relationships in Central Europe, Central Asia, and the Caucasus as threatening. (Bush 2009: 25–26)

Vor diesem Hintergrund sah sich Präsident Bush auch wiederholt genötigt, in nahezu beschwörender Manier eine Feststellung zu wiederholen, die sein Vater bereits 1990 in Paris getroffen hatte: „The Cold War is over. It ended.“, so George W. Bush beispielsweise auf seiner Europareise 2007 (Bush 2007).

Barack Obama

Um deutlich zu machen, dass sie einen kooperativeren Ansatz gegenüber Russland wählen würde, als es die Bush-Administration getan hatte, sprach die Obama-Administration explizit von einem „Neustart“ in den amerikanisch-russischen Beziehungen bzw. davon, den „reset button“ in den Beziehungen drücken zu wollen – eine Formulierung, die erstmals Joseph Biden auf der Münchner Sicherheitskonferenz im Februar 2009 wählte (Biden 2009) und die Obama bei seiner Grundsatzrede in Moskau wiederholte (Obama 2009c). Biden sprach auch von der Notwendigkeit einer „Erneuerung“ der Atlantischen Allianz, und ebenso tat dies Präsident Obama, als er kurz vor dem Nato-Gipfel in Straßburg seine erste europapolitische Rede hielt (Obama 2009b). Obama sah ein Europa, das sich von den USA entfernt hatte, weil ihm von Seiten der USA nicht die gebührende Anerkennung für seine Leistungen entgegengebracht wurde, aber auch, weil es sich Europa selbst zu leicht machte:

> In recent years we've allowed our Alliance to drift. I know that there have been honest disagreements over policy, but we also know that there's something more that has crept into our relationship. *In America, there's a failure to appreciate Europe's leading role in the world.* Instead of celebrating your dynamic union and seeking to partner with you to meet common challenges, there have been times where America has shown arrogance and been dismissive, even derisive.
>
> But in Europe, there is an anti-Americanism that is at once casual but can also be insidious. Instead of recognizing the good that America so often does in the world, there have been times where Europeans choose to blame America for much of what's bad.
>
> On both sides of the Atlantic, these attitudes have become all too common. They are not wise. They do not represent the truth. They threaten to widen the divide across the Atlantic and leave us both more isolated. They fail to acknowledge the fundamental truth that America cannot confront the challenges of this century alone, but that Europe cannot confront them without America.
>
> *So I've come to Europe this week to renew our partnership,* one in which America listens and learns from our friends and allies, but where our friends and allies bear their share of the burden. Together, we must forge common solutions to our common problems. (Obama 2009b; Hervorh. AH)

Aus den Äußerungen Obamas und Bidens sprach insgesamt ein positiveres Europabild und mehr Respekt vor den Leistungen der Europäer, als es in der Bush-Administration der Fall gewesen war. Obama stellte in seiner Rede in Straßburg, aber auch in seiner Rede zur Lage der Nation 2010 Europa als Vorbild dar – nicht so sehr für friedenspolitische Großprojekte in anderen Weltregionen, sondern für spezifischere politische Errungenschaften und Projekte, etwa im Klimaschutz, beim Gesundheitssystem und der Transportinfrastruktur (Obama 2009b, 2010). Biden wählte in seiner Rede vor dem Europäischen Parlament in Brüssel 2010 das Bild von der „Hauptstadt der freien Welt", um seiner Wertschätzung für Europa Ausdruck zu verleihen und Europa als den USA ebenbürtig zu porträtieren:

> As you probably know, some American politicians and American journalists refer to Washington, D.C. as the „capital of the free world." But it seems to me that this great city, which boasts 1,000 years of history and which serves as the capital of Belgium, the home of the European Union, and the headquarters for NATO, this city has its own legitimate claim to that title. (Biden 2010)

In derselben Rede griff der Demokrat Biden schließlich die europapolitische Formel der republikanischen Vorgängerregierungen auf und drückte die Freude seiner Administration über die Realisierung dieser Vision aus: „a Europe that is whole, a Europe that is free, and a Europe that is at peace".

V.B Das Außenministerium

V.B.1 Die Reisetätigkeit der Außenminister

Ebenso wie im Falle der Präsidenten kann die Zeitallokation der Außenminister als guter Indikator für die Bedeutung politischer Themen und Akteure dienen. Auch erscheint es in dem vorliegenden Forschungsdesign sinnvoll, die Aktivitäten der Außenminister als eine eigenständige Messgröße zu behandeln und in die Bewertung einzubeziehen. Denn die Außenminister stehen zwar auf der einen Seite in einem starken Abhängigkeitsverhältnis zum Präsidenten, der nicht nur die Minister auswählt (unter Berücksichtigung der Zustimmungspflichtigkeit durch den Senat), sondern auch die politischen Richtlinien bestimmt. Auf der anderen Seite verfügen die Außenminister durchaus über einen Handlungsspielraum und können eigene außen- und europapolitische Akzente setzen; ihre Aktivitäten sind keineswegs nur eine Funktion der Präferenzen und Prioritäten der Präsidenten (vgl. Larres 2010b: 2).

In Bezug auf den Indikator Reisetätigkeit bedeutet dies konkret, dass die Außenminister einerseits ihre Reisepläne mit den Präsidenten abstimmen müssen und sie häufig im Tross des Präsidenten reisen, d. h. ihn auf Auslandsreisen begleiten und unterstützen. So wurden die Präsidenten Clinton, Bush und Obama auf ihren ersten Europareisen von großen Delegationen aus dem US-Außenministerium begleitet, an deren Spitze der Außenminister bzw. die Außenministerin stand. Zudem können die Außenminister als „Vorhut" dienen, um dem Präsidenten den Weg zu bereiten und eine diplomatische Mission zu erleichtern, wie es etwa Condoleezza Rice tat, als sie Anfang Februar 2005 zunächst alleine nach Europa reiste und am Ende des Monats den Präsidenten auf seiner Goodwill-Tour nach Europa begleitete.

Andererseits können die Außenminister ihre Reiseziele auch selbst auswählen und dadurch eigenen Interessen und Prioritäten Geltung verschaffen. Zudem finden sie sich oft in einer Art Arbeitsteilung mit dem Präsidenten wieder, indem sie genau dorthin reisen, wo der Präsident gerade nicht ist. Damit signalisiert die US-Regierung eine hohe Bedeutung des bereisten Landes für die USA, die sich nur noch durch die Anwesenheit des Präsidenten selbst oder des Vizepräsidenten (der eher selten reist) steigern lässt.

Tabelle 22 gibt die Zahl der von den US-Außenministern bereisten Staaten für die Jahre von 1946 bis 2009 wieder, Tabelle 23 (S. 212) die Zahl der Tage, die die US-Außenminister in den Jahren 1953 bis 2009 auf Auslandsreisen verbracht haben. Beide Indikatoren zeigen, dass die Außenminister in den 1990er und 2000er Jahren im historischen Vergleich relativ viel reisten, allerdings gab es auch schon in früheren Jahrzehnten Phasen, in denen die Außenminister viel unterwegs waren. So haben sie nicht nur in den 1990er und 2000er Jahren, sondern auch schon in den 1970er Jahren durchschnittlich rund 80 Tage pro Jahr im Ausland verbracht. Anders als im Falle der Präsidenten zeigt sich bei den Außenministern kein eindeutiger Aufwärtstrend über die Jahrzehnte hinweg; im Gegenteil fiel die Reisetätigkeit der Außenminister in den 2000er Jahren sowohl hinsichtlich der Reisetage wie der Zahl der besuchten Staaten sogar etwas geringer aus als in den 1990er Jahren.

In absoluten Zahlen ist die Reisetätigkeit der Außenminster um ein Mehrfaches höher als die der Präsidenten. In den zwei Jahrzehnten nach dem Ost-West-Konflikt verbrachten die Außenminister nahezu drei Mal so viele Tage im Ausland wie die Präsidenten. Dabei bereisten sie dreieinhalb Mal so viele Staaten wie die Präsidenten, d.h die durchschnittliche Verweildauer der Außenminister in einem fremden Land war geringer als die der Präsidenten.

Abbildung 13 (S. 213) zeigt den prozentualen Anteil Europas an den Auslandsreisen der US-Außenminister. Wie im Falle der Präsidenten fällt auch hier auf, dass die Linien für die Reisetage und die Zahl der bereisten Staaten weitgehend parallel verlaufen und recht eng beieinander liegen. Allerdings zeichnet sich in den zwei Jahrzehnten nach 1990 ab, dass der Anteil Europas an den Reisetagen der Außenminister fast immer ein wenig höher ist als der Anteil an der Zahl der bereisten Staaten. Das bedeutet, dass sich die Außenminister in den europäischen Staaten durchschnittlich etwas mehr Zeit für ihre Besuche nehmen als in anderen Staaten.

Im Gesamteindruck hat Europa im Laufe der Jahrzehnte für die Außenminister ein wenig an Bedeutung verloren. Dieser Eindruck drängt sich unter anderem deshalb auf, weil, im Unterschied zu früheren Zeiten, ab der Mitte der 1990er Jahre keine besonderen Ausschläge nach oben mehr zu verzeichnen sind. Die Bedeutung Europas hat sich vielmehr auf einem – im historischen Vergleich – recht niedrigen Niveau stabilisiert, indem die Außenminister in der Regel zwischen 40 % und 50 % ihrer jährlichen Reisetage in Europa verbrachten. Eine ähnliche Tendenz konnten wir bereits bei der Reisetätigkeit der Präsidenten beobachten: Auch hier war die Schwankungsbreite ab der Mitte der 1990er Jahre geringer als in den vorherigen Jahrzehnten. Allerdings war sie insgesamt höher als beim Außenminister, was bedeutet, dass für diesen die Europareisen eine etwas deutlichere Konstante bei der Ausübung seines Amtes darstellten.

Von den siebzehn US-Außenministern, die seit dem Ende des Zweiten Weltkrieges ihr Amt angetreten haben, reisten neun zuerst nach Europa:[118] George Marshall 1947, Dean

118 Unter Berücksichtigung von Lawrence Eagleburger hatten die USA seit 1947 sogar 18 Außenminister, allerdings war Eagleburger nur für kurze Zeit im Winter 1992/93 im Amt, während sich der bis dato amtierende Außenminister James Baker dem Wahlkampf von Präsident Bush widmete. Eagleburger führte deshalb auch keine klassischen „Antrittsbesuche“ durch.

Tabelle 22 Anzahl der von den US-Außenministern besuchten Staaten, 1946–2009

Jahr	Zahl der bereisten Staaten	Zahl der bereisten europäischen Staaten*	Jahr	Zahl der bereisten Staaten	Zahl der bereisten europäischen Staaten*
1946	4	4	**1978**	43	18
1947	6	5	**1979**	25	12
1948	8	7	**1980**	15	11
1949	4	4	**1981**	28	13
1950	3	3	**1982**	39	24
1951	3	2	**1983**	42	8
1952	11	9	**1984**	30	9
1953	26	13	**1985**	40	26
1954	17	13	**1986**	30	13
1955	23	12	**1987**	38	18
1956	20	6	**1988**	72	20
1957	8	6	**1989**	47	35
1958	19	11	**1990**	55	36
1959	14	12	**1991**	85	35
1960	13	6	**1992**	31	13
1961	15	11	**1993**	50	20
1962	16	12	**1994**	78	29
1963	17	12	**1995**	41	12
1964	13	4	**1996**	67	22
1965	12	6	**1997**	71	35
1966	31	7	**1998**	58	29
1967	6	4	**1999**	67	35
1968	6	5	**2000**	71	33
1969	28	13	**2001**	50	22
1970	28	11	**2002**	52	11
1971	18	11	**2003**	58	21
1972	27	19	**2004**	50	18
1973	45	15	**2005**	78	30
1974	79	28	**2006**	56	20
1975	58	31	**2007**	54	16
1976	51	24	**2008**	37	9
1977	41	14	**2009**	43	11

* Einschl. UdSSR bzw. europäische GUS-Staaten. Wurde ein Land innerhalb eines Jahres mehrfach besucht, so wurde es auch mehrfach gezählt. Datenquelle: Department of State (2011c). Eigene Auszählung.

Tabelle 23 Anzahl der Reisetage der US-Außenminister im Ausland, 1953–2009*

Jahr	Zahl der Reisetage	Zahl der Reisetage in Europa*	Jahr	Zahl der Reisetage	Zahl der Reisetage in Europa*
1953	49	28	**1982**	59	48
1954	99	77	**1983**	69	17
1955	74	58	**1984**	60	18
1956	53	30	**1985**	72	49
1957	31	22	**1986**	62	26
1958	50	21	**1987**	66	34
1959	107	97	**1988**	87	37
1960	52	23	**1989**	78	45
1961	54	44	**1990**	89	60
1962	62	48	**1991**	118	67
1963	50	37	**1992**	40	29
1964	33	13	**1993**	61	28
1965	27	12	**1994**	108	50
1966	65	19	**1995**	58	23
1967	29	13	**1996**	86	38
1968	20	13	**1997**	93	45
1969	47	14	**1998**	79	37
1970	59	26	**1999**	84	45
1971	49	30	**2000**	96	54
1972	58	33	**2001**	58	27
1973	80	36	**2002**	69	18
1974	142	44	**2003**	64	26
1975	95	49	**2004**	66	28
1976	85	40	**2005**	97	40
1977	80	36	**2006**	80	34
1978	85	40	**2007**	66	28
1979	58	22	**2008**	112	47
1980	30	21	**2009**	78	20
1981	58	21			

* Vollständige Daten liegen erst ab 1953 vor. Europa schließt UdSSR bzw. europäische GUS-Staaten ein. Datenquelle: Department of State (2011c). Eigene Auszählung.

Abbildung 13 Anteil Europas an den Auslandsreisen der US-Außenminister, 1946–2009

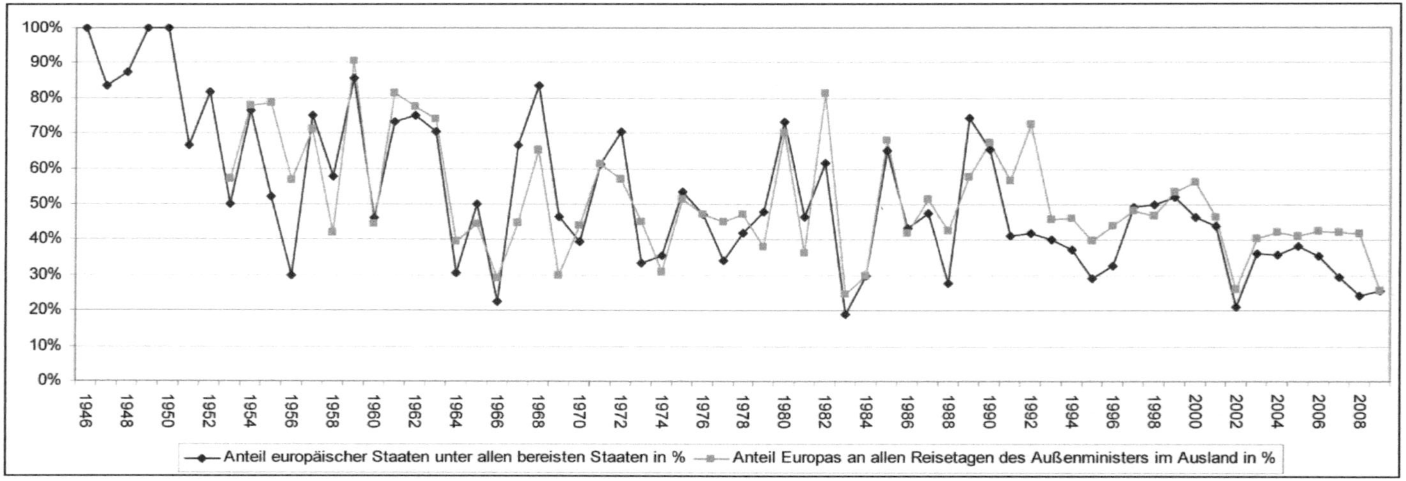

Anm.: Europa umfasst auch die UdSSR bzw. die europäischen GUS-Staaten. Wurde ein Land innerhalb eines Jahres mehrfach besucht, wurde es auch mehrfach gezählt. In den Jahren ohne Datenpunkte gab es keine Reise; eine Ausnahme sind die Jahre 1946–1952 in der Kategorie „Reisetage": Hier gibt es keine Einträge, weil keine vollständigen Daten vorlagen. Absolute Zahlen: siehe Tab. 22 und 23. Datenquelle: Department of State (2011c). Eigene Auswertung.

Acheson 1949, John Foster Dulles 1953, Christian Herter 1959, William Rogers 1969, Henry Kissinger 1973, Edward Muskie 1980, Madeleine Albright 1997, Condoleezza Rice 2005 (vgl. U.S. Department of State 2011c).[119] Diese Reihenfolge lässt keinen klaren Rückschluss auf eine langfristige Bedeutungsveränderung Europas im Nachkriegszeitraum zu. Auffällig scheint höchstens, dass noch in den 1950er Jahren jeder Außenminister zuerst Europa besuchte, währen in den 1980er und 1990er Jahren vier Außenminister in Folge ihre ersten Reisen in andere Regionen unternahmen. In den 1990er und 2000er Jahren reisten auch jene Außenminister, die nicht zuerst Europa ansteuerten, innerhalb weniger Monate nach ihrem Amtsantritt für einen mehrtägigen Aufenthalt nach Europa. Als Hillary Clinton 2009 die erste Außenministerin seit fünfzig Jahren wurde, deren erste Dienstreise nach Asien führte, betonte die Obama-Administration ausdrücklich die hohe Bedeutung dieser Reiseplanung (Obama 2009a). Jedoch war damit keine besondere Zurückstufung Europas verbunden, denn wie soeben gesehen hatten auch schon während des Ost-West-Konflikts amerikanische Außenminister zuerst andere Erdteile besucht, und Warren Christopher und Colin Powell reisten im Jahr 1993 bzw. 2001 zunächst in den Nahen Osten, bevor sie nach Europa kamen.

V.B.2 Die Ressourcenverteilung im Außenministerium

Neben der Einteilung der Arbeitszeit des politischen Spitzenpersonals kann auch die Allokation finanzieller und personeller Ressourcen in den Behörden einen Aufschluss über die Salienz politischer Themen geben. Noch eher als bei den bisher analysierten Indikatoren ist es hier denkbar, dass sich „objektive" (bzw. als solche erkannte) Veränderungsnotwendigkeiten erst mit beträchtlicher zeitlicher Verzögerung in institutionellen Anpassungen niederschlagen (vgl. das theoretische Argument in Kap. II.B). Vor dem Hintergrund der Forschungsfrage dieser Arbeit wird in diesem Kapitel analysiert, wie sich die Zuteilung finanzieller und personeller Ressourcen an die Europaabteilung des Außenministeriums seit den 1990er Jahren entwickelt hat.

Angesichts der veränderten internationalen Rahmenbedingungen nach dem Ende des Ost-West-Konflikts wurden im Außenministerium zu Beginn der 1990er Jahre Überlegungen angestellt, inwiefern die diplomatische Präsenz der USA im Ausland an die neuen Gegebenheiten angepasst werden müsste. Dabei mussten vor allem die – maßgeblich durch die Veränderungen in der internationalen Politik verursachten – Mittelkürzungen für die Auswärtigen Angelegenheiten der USA berücksichtigt werden, die der Kongress schon beschlossen hatte und die in den folgenden Jahren weiter drohten. Trotz der Notwendigkeit einer Effizienzsteigerung im Auswärtigen Dienst, so stellte der Bundesrechnungshof der USA in einem Untersuchungsbericht 1994 fest, ging das Außenministerium bei der Reorganisation seiner Auslandspräsenz allerdings wenig systematisch vor, und es hatte – sogar nach Einschätzungen aus dem Ministerium selbst – die Allokation der personellen Ressourcen

119 Demnach reisten folgende Außenminister zunächst in eine andere Region: Dean Rusk 1961, Cyrus Vance 1977, Alexander Haig 1981, George Shultz 1982, James Baker 1989, Warren Christopher 1993, Colin Powell 2001, Hillary Clinton 2009. Die Reisedaten Dean Achesons sind nicht in der unter „U.S. Department of State 2011c" geführten Liste des Außenministeriums enthalten, sondern wurden einer älteren Webseite entnommen (U.S. Department of State 2001a).

(noch) nicht hinreichend den politischen Erfordernissen und selbst erklärten Zielen angepasst. Der Titel des Untersuchungsberichts lautete denn auch programmatisch: „Overseas Staffing Process Not Linked to Policy Priorities" (U.S. General Accounting Office 1994a). Der Streichung und Verschiebung von Mitteln im Außenministerium gingen zunächst keine strategischen Überlegungen voran, sondern die Entscheidungen basierten weitgehend auf der Selbstauskunft der Regionalabteilungen, die – ohne klare Kriterien genannt zu bekommen – selbst einschätzen sollten, ob sie Stellen entbehren könnten. Ein solches *Bottom-up*-Vorgehen wurde vom Rechnungshof und anderen Beobachtern als zwar notwendiges, aber nicht hinreichendes Planungselement kritisiert.

Nach der Auflösung der Sowjetunion 1991 mussten in den neuen Staaten Osteuropas eine Reihe von Botschaften errichtet werden, und auch die bereits existierenden Vertretungen in den Staaten Mittel- und Osteuropas wurden angesichts der politischen Herausforderungen in dieser Region aufgestockt. Die Mittel hierfür kamen vor allem aus dem Bestand der Europaabteilung, d. h. ein Teil ihrer Ressourcen wurde im Laufe der 1990er Jahre von West- nach Osteuropa verlagert. Zudem wurden Stellen im Washingtoner Büro der Europaabteilung gestrichen; zwischen 1988 und 2000 beliefen sich diese Kürzungen auf 28 % (vgl. U.S. Department of State 2000a).

Damit folgte die Abteilung der Vorgabe von Außenminister James Baker, der – auch angesichts des Drucks aus dem Kongress – keine zusätzlichen Mittel bereitstellen wollte (U.S. General Accounting Office 1994a: 9). Dennoch stieg Anfang der 1990er Jahre die Zahl der Mitarbeiter in den US-Vertretungen in Europa um etwa 300 Personen an. Dies lag zum einen daran, dass die Zahl der Vertreter anderer Ministerien (etwa des Justizministeriums) aufgestockt wurde (U.S. General Accounting Office 1994b: 32). Zum anderen wurde die 1993 gegründete Russlandabteilung im Außenministerium (genauer: das dem Büro des Außenministers zugeordnete Büro des Sonderbeauftragten für die Staaten der ehemaligen Sowjetunion), der die US-Vertretungen in der ehemaligen UdSSR unterstellt waren, nicht nur mit Mitarbeitern aus der „alten" Europaabteilung ausgestattet, sondern auch mit solchen aus der Afrika- und der Südasienabteilung (vgl. U.S. Department of State 1999b: 6) sowie mit einigen neuen Stellen aus den Mitteln des *SEED Act*.

SEED *(Support for East European Democracy)* ist ein Entwicklungshilfeprogramm, das 1989 vom Kongress verabschiedet wurde, um die Staaten Mittel- und Osteuropas zu unterstützen. Auf seinem Höhepunkt wurden fünfzehn Staaten mit Mitteln aus dem SEED-Programm gefördert. Es besteht bis heute fort und konzentriert sich nun vor allem auf den Balkan, nachdem die Hilfen für acht mittel- und osteuropäische Staaten mit ihrem Beitritt zur Europäischen Union im Jahr 2004 eingestellt wurden. Zwischen 1990 und 2009 finanzierten die USA das SEED-Programm mit rund 8,8 Milliarden US-Dollar (U.S. Department of State 2009a). Eine noch größere Summe – mehr als 10 Milliarden US-Dollar – floss ab 1992 durch den *Freedom Support Act (FSA)* in die Staaten der ehemaligen Sowjetunion (einschließlich der Staaten im Kaukasus und Zentralasien). Dabei stiegen die Mittel für SEED und FSA im Laufe der 1990er Jahre deutlich an, erreichten 2001 ihren Höhepunkt und fielen anschließend ab. Unter dem Strich wurden die SEED- und FSA-Mittel etwa zu gleichen Teilen in den 1990er und in den 2000er Jahren ausgegeben (USAID 2010).

Zwischen 1999 und 2009 machten die SEED- und FSA-Mittel über die Hälfte der für Europa und Eurasien bereitgestellten Hilfsgelder aus. Es gibt keinen Grund zu der Annahme, dass die Größenverhältnisse in den 1990er Jahren nicht ähnlich waren, allerdings liegen für die Jahre vor 1999 keine vollständigen Zahlen über die US-Entwicklungshilfe für Europa/Eurasien und andere Regionen vor. Tabelle 24 gibt einen Überblick über die Auslandshilfe der USA in den Jahren 1999 bis 2010, und Abbildung 14 stellt die Entwicklung des Anteils der Hilfen für Europa und Eurasien an der gesamten US-Auslandshilfe dar. Dabei wird deutlich, dass Europa/Eurasien sowohl in absoluten wie in relativen Zahlen vor allem ab dem Jahr 2004 stark an Bedeutung verlor. Im Jahr 2010 wurde die Auslandshilfe für diese Region wieder erhöht, was sich aber nicht in einem höheren relativen Anteil niederschlug, weil die Hilfen für andere Regionen ebenfalls – und zum Teil sogar noch stärker – stiegen.

Ein Bedeutungsverlust Europas in den 2000er Jahren lässt sich auch an der Entwicklung der Ausstattung der Europaabteilung ablesen. Im Jahr 2000 leitete die US-Regierung unter der Federführung des Außenministeriums eine Überprüfung der amerikanischen Auslandspräsenz ein. Der Prozess fand unter dem Schlagwort „Rightsizing" statt, und die Kostenersparnis war ein erklärtes Ziel in diesem Prozess. Zudem sollte die Sicherheit der US-Auslandsvertretungen erhöht werden. Dies war insofern folgerichtig, als der gesamte Überprüfungsprozess, der zum „Rightsizing" führte, auf die Empfehlungen des *Overseas Presence Advisory Panel* zurückging, das wiederum als Reaktion auf die Bombenanschläge auf amerikanische Botschaften in Afrika im Jahr 1998 einberufen worden war (vgl. Overseas Presence Advisory Panel 1999).

Die Region, in der der Vorsitzende des *Overseas Presence Advisory Panel,* aber auch viele im Außenministerium selbst, das größte Sparpotential sahen, war Europa (vgl. Ford 2002). In der Tat wurden in der Amtszeit von Außenminister Powell, d.h von 2001 bis 2005, einige Stellen in Europa gestrichen, allerdings nicht so viele wie später unter Außenministerin Rice. Colin Powell konnte durch seine *Diplomatic Readiness Initiative* sogar insgesamt eine Vergrößerung des diplomatischen Corps um 1 187 Stellen (oder rund 15 %) erwirken, die aber fast vollständig im Irak und in Afghanistan eingerichtet wurden.[120]

Die größten Einschnitte nicht nur in relativen, sondern auch in absoluten Zahlen musste die Europaabteilung unter Condoleezza Rice, also zwischen 2005 und 2009, hinnehmen.[121] Die Außenministerin hoffte auf weitere Stellenerhöhungen für ihr Ministerium, wollte aber den Kongress nicht um mehr Geld und Personal bitten, ohne belegen zu können, dass sie zuvor alle vorhandenen Mittel sinnvoll ausgeschöpft hatte. Sie rief deshalb das *Global Repositioning Program* ins Leben, das vor allem die Verlagerung von Stellen aus Europa nach Asien und in den Nahen Osten vorsah; zudem sollten Diplomaten aus verschiedenen Abteilungen der Zentrale in Washington, D.C. abgezogen und in Übersee eingesetzt werden. Bei der Haushaltsanhörung im Kongress im Mai 2007 konnte Rice darauf verweisen, dass sie bereits 200 Versetzungen vollzogen habe und 80 weitere in Kürze folgen sollten (Rice 2007).

Insgesamt führte das *Global Repositioning Program* zwischen 2005 und 2009 auf Seiten der Europaabteilung zu einem Verlust von knapp 200 Stellen (oder rund 17 %) allein beim „substantive personnel", also jenen, die politisch-analytisch (und nicht nur administrativ)

120 Interview mit Marc Grossman, zu dieser Zeit Staatssekretär für Politische Angelegenheiten im Außenministerium.

121 Die folgenden Ausführungen beruhen, soweit nicht anders angegeben, auf den Interviews mit Daniel Fried und Kurt Volker, Leiter bzw. stellvertretender Leiter der Europaabteilung unter Außenministerin Rice.

Tabelle 24 Auslandshilfe der USA, 1999–2010 (in tausend US-Dollar)

Jahr	Gesamte Auslandshilfe	Auslandshilfe für Europa/Eurasien
1999	10073997	2022427
2000	12269766	1755145
2001	10101445	2017363
2002	13335647	2425053
2003	16355801	2870847
2004	13806604	1577407
2005	15923019	1323912
2006	14144858	1026629
2007	14992824	855145
2008	16780335	792434
2009	17413011	779682
2010	20934043	866510
1999–2010 gesamt	176131350	18312554

Datenquellen: Haushaltspläne des US-Außenministeriums (U.S. Department of State 2000a, 2001b, 2002a, 2003a, 2004a, 2005a, 2006a, 2007, 2008, 2009b, 2010b, c). Eigene Berechnungen.

Abbildung 14 Anteil Europas und Eurasiens an der US-Auslandshilfe, 1999–2010

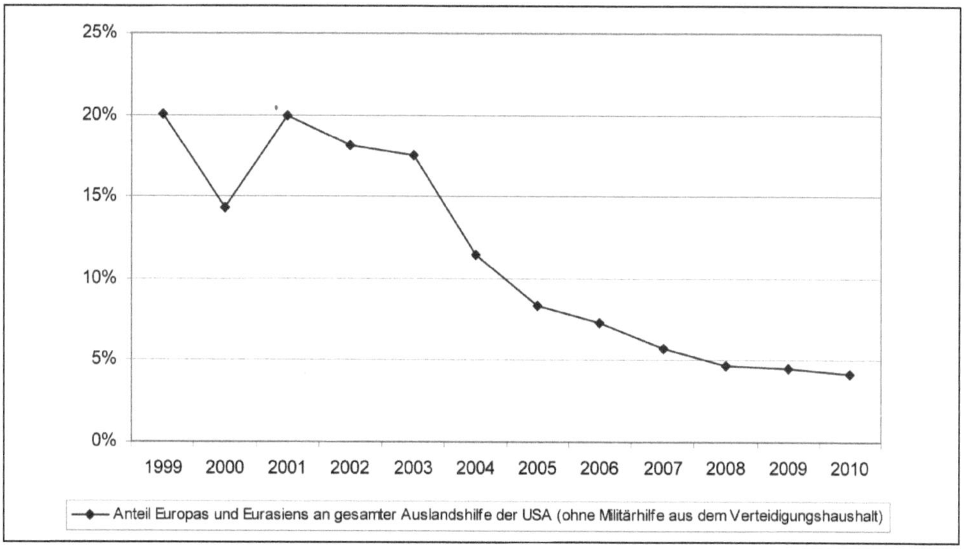

Datenquellen: Haushaltspläne des US-Außenministeriums (U.S. Department of State 2000a, 2001b, 2002a, 2003a, 2004a, 2005a, 2006a, 2007, 2008, 2009b, 2010b, c). Eigene Berechnungen.

arbeiteten. Die Kürzungen betrafen auch die Europaabteilung in der Zentrale des Außenministeriums in Washington, D.C., vor allem aber die diplomatischen Vertretungen in Europa. Dort mussten die Vertretungen in Russland und Deutschland die größten Verluste hinnehmen (U.S. Department of State Office of Inspector General 2008). Ein Mitarbeiter der Gruppe im Außenministerium, die das *Global Repositioning Program* erarbeitete, wies darauf hin, dass sich die Entscheidungen über die Stellenausstattung in den Weltregionen nicht an der gegenwärtigen, auf Selbstauskünften beruhenden Arbeitsbelastung des diplomatischen Corps orientieren sollte, sondern an den politischen Prioritäten der US-Außenministerin (vgl. Dorman 2009: 20).

Im Jahr 2008 erklärte Außenministerin Rice: „I moved 300 people out of Europe, not because Europe isn't important, but because I needed them in China and India and Brazil" (Rice 2008a). Diese Äußerung deutet darauf hin, dass es vielleicht nicht die *Wichtigkeit,* aber die größere politische *Dringlichkeit* anderer Regionen und Akteure war, durch die Europa an Salienz verlor. Auf der anderen Seite ist es plausibel anzunehmen, dass China, Indien und Brasilien nicht aufgrund besonderer, akuter politischer Ereignisse salient erschienen, sondern aufgrund ihres im langfristigen Trend steigenden Machtpotentials. Vor diesem Hintergrund sprechen die Stellenkürzungen doch deutlich für eine schwindende Salienz Europas, auch wenn Rice das Gegenteil beteuerte.

Der Bedeutungsverlust Europas unter Außenministerin Rice wird noch deutlicher, wenn man bedenkt, dass sie nicht nur Stellen in der Europaabteilung strich, sondern letztlich sogar 850 zusätzliche Stellen in ihrem Ministerium schaffen konnte, von denen die Europaabteilung nur wenige erhielt.[122] Von den rund 2 000 neuen Stellen, die Außenministerin Clinton 2009 und 2010 insgesamt einwerben konnte, profitierte zwar auch die Europaabteilung, jedoch erneut weniger als die anderen Regionalabteilungen. Allerdings wurden innerhalb der Europaabteilung einige Referate wieder so gut ausgestattet, dass die Verluste, die man durch die Kürzungen hatte hinnehmen müssen, praktisch vollständig ausgeglichen wurden. William Lucas, seit 2007 Leiter des EU-Referats in der Europaabteilung,[123] berichtet, dass er eine weitere Aufstockung seines rund 15 Personen umfassenden Referates sogar abgelehnt habe, weil es zu aufwändig sei, die vielen jungen Diplomaten einzuarbeiten.

In den Büchern des Außenministeriums gibt es erst für die Jahre ab 2006 eine Aufschlüsselung der finanziellen und personellen Ressourcen nach Regionen und Abteilungen (vgl. U.S. Department of State 2007b, 2008, 2009b, 2010b, c). Demnach fiel die Zahl der Mitarbeiter der Europaabteilung zwischen 2006 und 2010 von 2 726 auf 2 610; dies entspricht einem Rückgang von 28 % auf 26 % des Personals aller Regionalabteilungen. Noch stärker fielen die relativen Verluste bei der finanziellen Ausstattung der Europaabteilung aus. Zwar stiegen die Finanzmittel der Abteilung in absoluten Zahlen von rund 607 Millionen US-Dollar (2006) auf 723 Millionen US-Dollar (2010). Doch der Anteil des Budgets der Europaabteilung am Budget aller Regionalabteilungen sank von 35 % im Jahr 2006 auf 28 % im Jahr 2010.

Als Zwischenfazit lässt sich an dieser Stelle festhalten: Die Ressourcenallokation im Außenministerium in den 1990er und 2000er Jahren legt den Schluss nahe, dass Europa in den 1990er Jahren keineswegs an Bedeutung verlor, sondern eher noch wichtiger wurde –

122 Interview mit Marc Grossman.
123 Director of the Office of European Union and Regional Affairs.

wenn auch nur vorübergehend, denn spätestens ab der Mitte der 2000er Jahre zeigte sich deutlich, dass die Ressourcen für Auswärtige Angelegenheiten verstärkt in anderen Weltregionen eingesetzt wurden.

Hinsichtlich der bürokratischen Organisation von Politik und ihrer Aussagekraft über die Salienz von Themen lässt sich schließlich noch festhalten, dass ein Indikator für eine fortdauernd hohe Bedeutung Europas im Außenministerium spricht: Der drittwichtigste Posten im Ministerium, der des Staatssekretärs für Politische Angelegenheiten, wird – anders als viele hochrangige Posten in den Ministerien – meist nicht mit „politischen Beamten", sondern mit einem äußerst erfahrenen Berufsdiplomaten besetzt. Dabei ist eine ausgewiesene Europaerfahrung praktisch eine Voraussetzung für die Ernennung zum Staatssekretär für Politische Angelegenheiten. Die letzten vier Staatssekretäre hatten unmittelbar vor ihrer Ernennung entweder einen wichtigen Botschafterposten in Europa inne (so Thomas Pickering, Staatssekretär von 1997–2000; R. Nicholas Burns, 2005–2008; und William Burns, seit 2008) oder sie waren zuvor Leiter der Europaabteilung im Außenministerium gewesen (Marc Grossman, Staatssekretär von 2001–2005).

V.B.3 Die Strategiepapiere und Berichte des Außenministeriums

Anders als im Weißen Haus gibt es im Falle des Außenministeriums kein Strategiedokument, das über den gesamten Untersuchungszeitraum regelmäßig veröffentlicht wurde und aus dem sich in vergleichender Weise die Entwicklung der strategischen Prioritäten und der Europabilder des Ministeriums ableiten ließen. Allerdings hat das Außenministerium in unserem Untersuchungszeitraum sporadisch einige Strategiepapiere veröffentlicht: Hier ist zunächst der *Strategic Plan for International Affairs* zu nennen, der unter der Federführung des Außenministeriums in Zusammenarbeit mit anderen Ministerien erarbeitet wurde und hier in der überarbeiteten Version von 1999 analysiert wird (U.S. Department of State 1999c). Die Rolle des Außenministeriums bei der Umsetzung des *Strategic Plan for International Affairs* wurde in den Jahren 2000, 2003 und 2007 jeweils in einem *Department of State Strategic Plan* (U.S. Department of State 2000b, 2003b, 2007c) erläutert. Im Jahr 2010 schließlich legte das Außenministerium die Ergebnisse der *Quadrennial Diplomacy and Development Review (QDDR)* vor, die in an Anlehung an das Konzept der *Quadrennial Defense Review* des Verteidigungsministeriums entwickelt wurde (U.S. Department of State 2010d). Nicht zuletzt enthalten die Tätigkeitsberichte und Haushaltsanträge des Außenministeriums (*Accountability/Performance Reports* und *Budget Justifications*) häufig konzeptionelle Überlegungen zur Außenpolitik sowie Informationen über die politischen Prioritäten und den Ressourceneinsatz des Ministeriums; einige dieser Dokumente wurden bereits in Kap. V.B.2 herangezogen. Allerdings fallen die Struktur, der Umfang und die Präsentation dieser Berichte im Laufe der Jahre so unterschiedlich aus, dass sie kaum einen systematischen Vergleich, erst recht nicht unter Heranziehung quantitativer Methoden, ermöglichen. Umso wichtiger ist es, in der weiteren Analyse auch die Reden und Stellungnahmen von Vertretern des Außenministeriums, d. h. der Minister sowie der einschlägigen Staatssekretäre und Abteilungsleiter, heranzuziehen (s. unten, Kap. V.B.4).

Die Strategiepapiere

Im *Strategic Plan for International Affairs* von 1999 nennt das Außenministerium als erstes von sechszehn „strategischen Zielen" das der „regionalen Stabilität": „Strengthen the security of the United States and prevent instabilities from threatening the vital and important interests of the United States and its allies" (U.S. Department of State 1999c: 10). Unter den einschlägigen Regionen nennt das Papier Europa als erste: „Give priority to defending the vital security interests in Eastern and Western Europe, East Asia, Southwest Asia, and the Persian Gulf" (S. 11). Weitere Erwähnungen in dem 44-seitigen Papier finden europäische Themen oder Akteure an zwei Stellen: zum einen wird die Einführung des Euro als Chance für die USA dargestellt („presents new opportunities", S. 17), zum anderen soll in der Umweltpolitik die Zusammenarbeit mit der Europäischen Union wie mit europäischen Staaten intensiviert werden: „Strengthen bilateral dialogues with key countries, focusing on China, Russia, Brazil, India, Japan, Korea, Canada, Mexico, the United Kingdom, Germany, and the European Union" (S. 37). Auch im 116-seitigen *Department of State Strategic Plan* von 2000 werden die Europäer vor allem als Akteure in jenen Politikfeldern genannt, die sich dem Sachbereich der Wohlfahrt zuordnen lassen – genauer: Die Europäer erscheinen hier vor allem als Partner in der Handels- und der Umweltpolitik (U.S. Department of State 2000b: 25–28, 70, 111).

Im *Strategic Plan* des Jahres 2003, der nur noch halb so lang ausfällt wie das Vorgängerdokument, zeigen sich einige auffällige Verschiebungen im Europabild (vgl. U.S. Department of State 2003b). Erstens treten die Europäer hier wesentlich stärker als sicherheitspolitischer Partner, beispielsweise im Nahen Osten und bei der Terrorismusbekämpfung, in Erscheinung. Zweitens wird Europa im Kapitel zum Thema „Regionale Stabilität" nur noch an vierter Stelle hinter dem Nahen Osten, Südasien und Ostasien behandelt. Drittens erscheint Europa dabei nicht als eigenständiger Kontinent, sondern als Teil Eurasiens, das bis nach Zentralasien reicht; das ehemalige Jugoslawien wird dementsprechend als „eurasische Subregion" (U.S. Department of State 2003b: 8) gesehen, die v. a. dadurch gekennzeichnet ist, dass sie wie andere Staaten Eurasiens über einen hohen Anteil an Muslimen verfügt. Viertens wird Russland hier von der „euro-atlantischen Gemeinschaft" rhetorisch abgegrenzt, und fünftens ist Europa als Region weniger sicherheitspolitisch denn ökonomisch relevant: „A prosperous and stable region will reinforce Russia's growing relationship to the Euro-Atlantic community and improve U.S. economic opportunity in that part of the world" (U.S. Department of State 2003b: 7–8).

Im *Strategic Plan* von 2007 umging das Außenministerium die Frage nach der Rangfolge der Regionen dadurch, dass diese in alphabetischer Reihenfolge behandelt wurden (U.S. Departmet of State 2007c: 43–55). Die Ausführungen zu Europa offenbaren dabei die Auffälligkeit, dass Europa per se überhaupt keine Priorität mehr darstellt. Stattdessen heißt es im Europakapitel unter dem Stichwort „Regional Priorities": „Our top priority is to realize the President's and the Secretary's transformational goals beyond Europe" (S. 48). Dies steht einerseits im Einklang mit der Vorgabe aus dem Weißen Haus, den Blick über Europa hinaus zu richten (vgl. Kap. V.A), andererseits ist es höchst bemerkenswert, dass die Erläuterungen einer Regierung zur politischen und strategischen Bedeutung einer Weltregion mit dem Hinweis beginnen, dass die Prioritäten der Regierung *jenseits* dieser Region lägen.

In der *Quadrennial Diplomacy and Development Review* spielt Europa, vor allem angesichts des beträchtlichen Umfangs des Papiers von 220 Seiten, nur eine geringe Rolle. Immerhin wird Europa immer dann, wenn von den Verbündeten und Partnern der USA die Rede ist, an erster Stelle genannt, sogar noch vor Kanada (U.S. Department of State 2010d: 13, 20, 47). Zudem sieht das Papier die Notwendigkeit, die Vertretung der USA bei der Europäischen Union an die „post-Lissabon-EU" anzupassen, um „aktiver und effektiver" mit den europäischen Institutionen zusammenarbeiten zu können (S. 47).

Die Tätigkeitsberichte

In den Tätigkeitsberichten des Außenministeriums spielte Europa noch bis zum Beginn der 2000er Jahre eine zentrale Rolle. Ende der 1990er Jahre räumte das Außenministerium der Lösung der Konflikte in Europa (v. a. Ost-/Südosteuropa), im Nahen Osten und in Ostasien (v. a. Nordkorea) gleichermaßen „höchste Priorität" ein; legt man die Länge und Detailliertheit der jeweiligen Ausführungen zugrunde, kommt Europa sogar das größte Gewicht zu (U.S. Department of State 1998: 4–5; 1999d: 4–5; 2000c: 5–6; 2000d: 4–6). Auch hinsichtlich der Bündnisse und Partnerschaften, die die USA pflegen wollten, steht Europa in der Regel an erster Stelle (U.S. Department of State 1999b: 22–24; 1999e: 1–2). Auffällig ist dabei, dass im *Performance Plan* des Außenministeriums für die Jahre 1999 und 2000 die Organisation für Sicherheit und Zusammenarbeit in Europa (OSZE) neben der Nato und der EU noch als fester institutioneller Bestandteil einer „‚Triple Crown' strategy" in Europa galt (U.S. Department of State 1999b: 22). Damit griff das Papier die Vorstellung einer tragenden Rolle der OSZE (bis 1994 KSZE) in der neuen europäischen Ordnung auf, die schon US-Außenminister James Baker formuliert hatte (Baker 1989, 1990b, 1991), die sich aber im Laufe der 2000er Jahre zuehmend – wenn auch nicht ganz – verlor.

In einigen Berichten des Außenministeriums wird zudem betont, dass Europa und Asien die vielversprechendsten Exportmärkte darstellen, auf die sich Bemühungen der US-Regierung zur Förderung des Exports amerikanischer Produkte konzentrieren müssten (vgl. beispielhaft U.S. Department of State 2000c; 2001c). Neben der Sicherheitspolitik, die hier meist im Vordergrund steht, sah das US-Außenministerium Europa also auch unter wirtschaftspolitischen Gesichtspunkten und betonte dabei – wie schon weiter oben bei den Strategiepapieren festzustellen war – vor allem die Chancen, die sich für die USA mit der Vertiefung der Beziehungen zu Europa auftaten.

In sicherheits- und bündnispolitischer Hinsicht beschäftigte das Außenministerium ab dem Jahr 2000 auch sichtbar das Verhältnis zwischen Nato und Europäischer Sicherheits- und Verteidigungspolitik (U.S. Department of State 2000c: 5; 2000d: 6; 2001). Im Jahr 2002 sah das Außenministerium dieses Problem jedoch als gelöst an (U.S. Department of State 2002c: 20; 2002d: 4), und es traten die Rufe der USA nach einer Verbesserung der europäischen Verteidigungskapazitäten sowie die Nato-Erweiterung und die davon ausgehenden Wirkungen in den Vordergrund. 2003 stellte das Außenministerium diesbezüglich fest: „European military capabilities continue to improve" sowie „New members make the Alliance more ‚Atlanticist'" (U.S. Department of State 2003c: 53).

In der Feststellung, dass die Nato durch die Aufnahme der neuen Mitglieder „atlantischer" würde, spiegelt sich die Wahrnehmung, dass die grundlegenden Werte und Interessen der osteuropäischen Staaten näher an denen der USA lägen als die der Westeuropäer. Diese Sichtweise war bereits bei Präsident Bush und Vizepräsident Cheney zu erkennen (vgl. Kap. V.A.4). Die Feststellungen des Außenministeriums, dass das Problem des Verhältnisses zwischen Nato und ESVP gelöst sei und die europäischen Verteidigungskapazitäten stetig verbessert würden, stellte angesichts der tatsächlichen politischen Entwicklungen eine sehr wohlwollende Sichtweise dar. Dies lag zum einen in der Qualität der hier analysierten Dokumente begründet, denn diese Feststellungen traf das Außenministerium in seinen Tätigkeitsberichten, in denen es Rechenschaft über seine Arbeit ablegen muss und selbstverständlich bemüht war, diese erfolgreich aussehen zu lassen. Zum anderen spiegelte die wohlwollende Sichtweise des Außenministeriums aber auch die Tatsache wider, dass dieses Ministerium insgesamt eine positivere Einstellung gegenüber den europäischen Verbündeten zu haben schien; der Blick des Außenministeriums auf Europa war im Allgemeinen wohlwollender und optimistischer als beispielsweise der des Verteidigungsministeriums.

In den Jahresberichten des Außenministeriums der 2000er Jahre standen die politischen Entwicklungen im asiatischen Raum (Naher Osten, Südasien und Ostasien) meist vor jenen in Europa. Am klarsten wurde dies in dem Bericht für das Jahr 2003 ausgedrückt: „In 2003, the United States faced immediate challenges in the Middle East, South Asia and East Asia" (U.S. Department of State 2004b: 6). Auch in den folgenden Jahren widmeten sich die Berichte zunächst dem asiatischen und dann dem europäischen Schauplatz (vgl. U.S. Department of State 2005b: 6–7; 2006b: 16–17; 2007d: 11–12). Auf der anderen Seite standen in jenen Abschnitten der Berichte, in denen die zahlreichen regelmäßigen Ziele („performance goals") des Außenministeriums diskutiert werden, die Beziehungen zu den europäischen Verbündeten zunächst noch an erster Stelle (U.S. Department of State 2003c: 52–53; 2004b: 75–76; 2005b: 85–90; 2006b: 92–99; 2007d: 56–63).[124] Hier schienen also außereuropäische Probleme zwar *dringender* als solche in Europa, wo es weniger akuten Handlungsdruck gab; aber Europa war deshalb *per se,* quasi jenseits des politischen Tagesgeschäftes, immer noch von größter Wichtigkeit.

Dies änderte sich mit dem Tätigkeitsbericht für das Jahr 2007, der 2008 abgeschlossen und veröffentlicht wurde. Die Pflege der Beziehungen zu Europa wurde fortan nicht mehr als Ziel an sich formuliert; stattdessen wurde Europa praktisch nur noch als Beiträger zu Nato-Operationen behandelt. Auch hier fand also die politische Vorgabe, die transatlantischen Beziehungen nicht mehr als Selbstzweck, sondern nur noch als Mittel zum Zweck zu sehen, ihren Niederschlag. Dies fällt umso mehr ins Auge, als die Pflege der Beziehungen der USA zu bestimmten anderen Staaten sehr wohl als Wert an sich betrachtet wurden: Die Stärkung der Bündnisse mit Japan, Südkorea und Australien galt nun als wichtigstes „performance goal" (U.S. Department of State 2008b: 5–10; 2009c: 49–52). Die folgenden Berichte schließlich lassen keinen diesbezüglichen Vergleich mehr zu, weil sie zum einen anders konzipiert sind und zum anderen die Weltregionen in streng alphabetischer Reihenfolge bearbeiten, wie es auch schon der *Strategic Plan* von 2007 getan hatte.

Allerdings macht die Sprache im Tätigkeitsbericht für das Jahr 2009 deutlich, dass die asiatische Region eine höhere Salienz genoss als Europa: „The Near East presents the Uni-

124 Die „performance goals" stellen in diesen Berichten mehr oder weniger konkrete „Leistungsziele" dar, die übergeordneten Zielen wie regionale Stabilität, Frieden und Sicherheit dienen.

ted States with some of its most pressing security and political issues", und: „There are few regions of the world where the stakes are higher for U.S. national security than in South and Central Asia" (U.S. Department of State/USAID 2010: 17–18). Die Bedeutung Europas wurde nicht derart betont; hier heißt es stattdessen: „Europeans are often the first partners to which the United States looks for leadership, support, and cooperation in any major initiative" (U.S. Department of State/USAID 2010: 16).

Schließlich zeichnen die Berichte des Außenministeriums ein Bild Europas, in dem der Kontinent auf der einen Seite riesige Entwicklungsfortschritte gemacht hat, auf der anderen Seite aber immer noch ein unvollendetes Projekt darstellt. So heißt es beispielsweise vor dem Hintergrund der Nato-Erweiterung 2004 im Tätigkeitsbericht für dieses Jahr: „A Europe ‚whole and free' is one giant step closer to reality" (U.S. Department of State 2005b: 89), und im Bericht für das Jahr 2009 stellt das Außenministerium fest: „With Central and Eastern Europeans now core members of NATO and the EU – one of the most significant post-Cold War accomplishments – there is still unfinished business" (U.S. Department of State/USAID 2010: 16–17). Dabei sehen sich die USA in der Position, darüber mit entscheiden zu können, welche Staaten für einen EU-Beitritt in Frage kommen und darauf vorbereitet werden sollen:

> An important goal is to keep NATO and EU membership prospects credible by bolstering democratic institutions, strengthening rule of law, and promoting economic development – including enhanced trade, investment, and job creation. The United States must keep Serbia on its EU path, bolster stability and modernize governance structures in Bosnia, strengthen independent Kosovo, support the completion of Croatia's EU accession and move Albania along the same path, while working to accelerate Macedonia's and Montenegro's integration into NATO and the EU. (U.S. Department of State/USAID 2010: 16–17)

V.B.4 Reden und Stellungnahmen aus dem Außenministerium

Aufgrund der Fülle des vorhandenen Materials musste unter den Reden und Stellungnahmen von Vertretern des Außenministeriums eine Auswahl nach möglichst sinnvollen Kriterien getroffen werden. Deshalb wurden vor allem, wenn auch nicht ausschließlich, solche Reden und Stellungnahmen analysiert, die zum Beginn und zum Ende der Amtszeit eines Außenministers enstanden sind, weil hier die Wahrscheinlichkeit am größten ist, dass der Autor oder Redner grundsätzliche und richtungsweisende Überlegungen zur Außenpolitik anstellte. Außerdem wurde darauf geachtet, dass die analysierten Dokumente jene Reden einschließen, die die Akteure selbst als außen- und/oder europapolitische Grundsatzreden konzipiert hatten und die öffentlich so wahrgenommen wurden.

Auch die Erklärungen der Ministeriumsvertreter bei Anhörungen vor den Kongressausschüssen können hier als besonders einschlägig gelten. Darunter sind vor allem jene interessant, mit denen die Administrationen ihren jeweils ersten Haushaltsantrag für die Pflege der Auswärtigen Beziehungen begründeten. Zudem werden die „confirmation hearings", also die Anhörungen der vom Präsidenten für den Ministerposten nominierten Kandidaten, berücksichtigt. Streng genommen sprechen die angehörten Personen zu diesem Zeitpunkt zwar noch nicht als Vertreter des Ministeriums oder der Regierung, doch de facto stellen diese Anhörungen die erste öffentliche Positionierung der Regierung in diesem Politikfeld dar, weil Beteiligte und Beobachter wissen, dass die angehörten Kandidaten in aller Regel vom Senat bestätigt werden und kurze Zeit später ihr Amt antreten.

Die Amtszeit von James Baker

Mit dem Selbstbild als Mitentscheider in europäischen Angelegenheiten setzte das Außenministerium bis ins Jahr 2010 einen Anspruch fort, den es schon 1989 formuliert hatte, als Außenminister James Baker klarstellte, dass die USA auch nach dem Ende des Ost-West-Konflikts eine zentrale Rolle („a vital role") in Europa spielen würden und sie es zudem gerne sähen, wenn die Europäische Gemeinschaft sich erweiterte (vgl. Baker 1989). Baker wählte bei seiner Rede in Berlin im Dezember 1989 dafür auch das Bild einer „neuen Architektur für eine neue Ära" in Europa und einer „Brücke über den Atlantik":

> Working together, we must design and gradually put in place a new architecture for a new era ... And the new architecture must build up frameworks ... that can overcome the division of Europe and bridge the Atlantic Ocean. (Baker 1989)

In seiner Rede an der Karlsuniversität Prag im Februar 1990 bekräftigte Baker, dass die USA selbst eine der vier tragenden Säulen der neuen Architektur Europas (neben Nato, EG und KSZE) sein sollten (Baker 1990a). Zudem griff Baker in dieser und in anderen Reden mit dem Diktum des „Europe whole and free" die quasi offizielle Sprachregelung zur Europapolitik der Bush-Administration auf.

In der Erklärung Bakers zum Haushaltsantrag seines Ministeriums vor dem Auswärtigen Ausschuss des Senats 1990 wurde allein schon durch die Länge und Häufigkeit der Ausführungen zu Europa deutlich, dass dieses Thema im Zentrum der Aufmerksamkeit seines Ministeriums stand (Baker 1990b). Dabei machte Baker auch deutlich, dass sich sein Ministerium neben der Förderung von Stabilität und Demokratie in Europa auch dafür einsetzen würde, dass sich die Europäer wirtschaftlich nicht gegen die USA abschotteten: „We believe strongly that an open door for unhindered US economic engagement in an integrated Europe is essential for both the United States and Europe". Derlei Äußerungen, die eine skeptische bis kritische Sicht der europäischen Wirtschafts- und Handelspolitik offenbaren, finden sich vorwiegend dann in den Äußerungen von Vertretern des Außenministeriums, wenn diese vor dem Kongress sprechen. Damit bedienen sie die wirtschaftlichen Interessen und Bedenken der Kongressabgeordneten und ihrer Klientel. So bezeichnete beispielsweise auch Außenministerin Madeleine Albright in einer Kongressanhörung Europa als wirtschaftlichen Konkurrenten („competitor"), der davon profitiere, dass sich die USA für den Beitritt Chinas zur Welthandelsorganisation (WTO) einsetzten (Albright 2000a).[125] Bei anderen öffentlichen Anlässen hörte man derlei Charakterisierungen fast nie.

---

125 Albright wollte dies nicht als Kritik am WTO-Beitritt Chinas verstanden wissen, sondern als Aufforderung an den Kongress, der Volksrepublik China „dauerhafte normale Handelsbeziehungen" *(permament normal trade relations, PNTR)* zu gewähren.

In einer Rede im *Aspen Institute* in Berlin 1991 vertiefte Baker seine Überlegungen zur politischen Architektur Europas. Das Bild der „Architektur" (und der „Architekten Europas") findet sich bei Baker immer wieder und ergänzt quasi die von Präsident Bush verwendete Metapher vom „europäischen Haus" (vgl. Kap. V.A.3). Baker sprach auch von einer „euro-atlantischen Gemeinschaft", die auf den Werten der europäischen Aufklärung beruhe, welche in der neuen amerikanischen Nation um ersten Mal Fuß fassen konnten. Der amerikanische Außenminister sah die Möglichkeit, die euro-atlantische Gemeinschaft von Osten nach Westen, von „Vancouver bis Wladiwostok" auszuweiten: „Our objective is both a Europe whole and free and a Euro-Atlantic community that extends east from Vancouver to Vladivostok" (Baker 1991).

Die Amtszeit von Warren Christopher

Während die Sowjetunion bzw. Russland schon in der Bush-Administration eine große Rolle gespielt hatte, machten Bill Clinton und sein Außenminister Warren Christopher die Entwicklung in dem Land ausdrücklich zur obersten außenpolitischen Priorität (vgl. Christopher 1998: 35–40). In seiner Senatsanhörung nannte der designierte Außenminister Christopher die wirtschaftliche und politische Entwicklung Russlands als größte Herausforderung für die USA:

> Let me take a few moments to consider how this strategic apporach applies to the principal secruity challenges that America faces in the 1990s. None is more important than helping Russia demilitarize, privatize, invigorate its economy, and develop representative political institutions. (Christopher 1993a)

Neben der Lage in Russland befasste sich Christopher in seiner Senatserklärung mit der Evolution der Nato, der Rolle der KSZE und der Lage in Bosnien; erst dann kam er auf andere Weltregionen zu sprechen. Auch in seiner ersten Erklärung zum Haushaltsantrag des Außenministeriums stand Europa stärker im Vordergrund als jede andere Weltregion, wenn auch nicht so deutlich, wie es zuvor bei Außenminister Baker der Fall gewesen war. Christopher schilderte Europa vor allem als eine Region, in der gegenwärtig ähnlich große Gefahren für die USA lauerten wie schon in der Vergangenheit: „[I]f this brave experiment in freedom fails, we could see an insecure Europe once again, and once again we would see our defense budgets rise" (Christopher 1993b). Christopher bezog sich dabei vor allem auf die Lage in der ehemaligen Sowjetunion, und auch seine ersten außenpolitischen Grundsatzreden widmete Christopher dem Thema Russland, bevor er im November 1993 eine viel beachtete Rede zur amerikanischen Asienpolitik hielt. Den Hintergrund für diese Rede beschreibt Christopher in seinen Memoiren so:

> In my confirmation statement, I had stressed that the „countries of the Pacific Rim are becoming a global center of economic dynamism." Influenced by a life and career in California, I had long believed that American foreign policy was too Eurocentric. This is not to downplay Europe's importance to our vital interests, for as I explained time and again in public statements throughout 1993, Europe remains at the core of our foreign policy, and we would con-

> tinue to be engaged there. However, with the Cold War's end, I believed that the United States needed a foreign policy that looked across the Pacific as much as the Atlantic. I was convinced that we should strengthen our efforts to seize economic and diplomatic opportunities in the Pacific. (Christopher 1998: 116)

Deutlicher lässt sich der – zumindest *relative* – Bedeutungsverlust, den Europa 1993 an der Spitze des US-Außenministeriums erlitt, kaum beschreiben. Christopher setzte dabei auch einen rhetorischen Kontrapunkt zu der von seinem Vorgänger beschworenen „euro-atlantischen Gemeinschaft", indem er von einer „neuen pazifischen Gemeinschaft" sprach (Christopher 1993c: 122). Zugleich sah Christopher die Entwicklung in Europa als vorbildlich für jene in Asien an, insbesondere hinsichtlich der Etablierung und Nutzung internationaler Institutionen, mit denen sich die USA auch an Europa banden (Christopher 1998: 117–118). Insofern schien bei Christopher Europa für die – durchaus erfolgreiche – Vergangenheit zu stehen, während Asien für die Zukunft stand: „As we approach the next century, America must once again look to the west – west to Asia, west to our Pacific future" (Christopher 1993c: 121).

Der amerikanischen Außenminister wollte aber auch den in der Öffentlichkeit entstandenen Eindruck korrigieren, dass Europa unwichtig sei und er deshalb die dortige Entwicklung vernachlässige. Deshalb hielt er u. a. im Dezember 1993 ein Rede im Nato-Rat in Brüssel, in der er das Interesse der USA am transatlantischen Bündnis betonte (Christopher 1993d). Allerdings stellte er der Nato in dieser Rede auch ihre „Irrelevanz" in Aussicht für den Fall, dass sie nicht auf die neuen Sicherheitsherausforderungen reagierte und keinen entscheidenden Beitrag zur Stabilisierung Mittel- und Osteuropas leiste. Diese deutlichen Worte ließen darauf schließen, dass der amerikanische Außenminister am Interesse der (West-)Europäer an einer Stärkung der Nato zweifelte. Ferner war die Rede im Nato-Rat bemerkenswert, weil er das in diesem Kontext völlig ungewöhnliche Thema der Welthandelsrunde des GATT aufs Tapet brachte (Christopher 1998: 132). Es zeigte sehr deutlich, dass er in den Europäern auch einen Partner in wirtschaftspolitischen Fragen erblickte.

Im Jahr 1994 waren die USA wie die Europäer vor allem mit dem Krieg in Bosnien beschäftigt:

> Both the Administration and our European allies spent most of the year preoccupied with the war in Bosnia … Not only did this conflict occupy much of our time and energy, but psychologically we found it exceedingly difficult to focus on expansion while NATO groped for a way to stop the bloodshed in southern Europe. (Christopher 1998: 227)

In Europa betrieb die US-Regierung deshalb in erster Linie eine akute Krisenbekämpfung; in strategischer und institutioneller Hinsicht jedoch wurde die Europapolitik, anders als die Asien- und die Lateinamerikapolitik, kaum weiterentwickelt. Deshalb sah Außenminister Christopher die Notwendigkeit, 1995 eine neue europapolitische Initiative zu starten:

> [I]n December 1993, we had come together with the European Union to conclude the GATT Uruguay Round, the most sweeping trade agreement ever. But I was still concerned that we were not doing enough to cement our overall relationship with Europe.

> This concern was fueled in part by public comments in the first months of 1995 from many European counterparts, who worried aloud about the durability of the transatlantic relationship. Because the Clinton Administration had focused so much attention on Asia, Latin America, and the Middle East, some thought it was „abandoning“ Europe ... Some of the European concerns were understandable. We had spent significant time developing a long-term agenda in Asia and Latin America ... The Administration had not yet articulated a similarly concrete set of goals for the future of U.S.-European relations, except for NATO expansion. (Christopher 1998: 271–272)

In seiner Rede in Madrid 1995, aus der am Ende des Jahres die „Neue Transatlantische Agenda“ zwischen den USA und der EU hervorging, beschrieb Christopher in größerer Ausführlichkeit und Deutlichkeit, als es die US-Regierung bis dato getan hatte, dass die USA Europa als Partner bei der Bewältigung einer globalen Agenda sahen („global political cooperation“); erst danach wandte sich Christopher den Aufgaben in Europa selbst zu („cooperation *in* Europe“) (Christopher 1995a: 280–284). Dies war eine deutliche Akzentverschiebung im Europabild der US-Regierung, die den Europäern nun offenbar mehr zutraute und zumuten wollte.

Zugleich betonte Christopher aber in seinen letzten beiden Amtsjahren auch des öfteren die europäische Führungsrolle der USA, etwa bei einer Pressekonferenz zu europäischen Themen 1995: „American leadership in Europe is essential“ (Christopher 1995b) sowie in seiner Rede in Prag 1996: „We must continue to engage and lead in Europe“ (Christopher 1996a). Der Außenminister ließ damit erkennen, dass er Europa letztlich nicht in der Lage sah, Konflikte wie jenen in Bosnien alleine zu lösen. Christopher hatte dabei offenbar einen Lernprozess durchgemacht, denn in den politischen Gesprächen während seiner ersten Europareise 1993 hatte er es noch den Europäern überlassen, Lösungsvorschläge u. a. für den Bosnienkonflikt zu unterbreiten. Für diesen Mangel an amerikanischer Führungskraft war Christopher seinerzeit heftig kritisiert worden, obwohl er im Prinzip nur eine Politik fortgesetzt hatte, deren Ton 1991 der luxemburgische Außenminister Jacques Poos als Ratsvorsitzender („Dies ist die Stunde Europas“) und der US-Außenminister James Baker („We don't have a dog in that fight“) vorgegeben hatten (vgl. Chollet/Goldgeier 2008: 126).

Neben der soeben erwähnten Rede in Prag hielt Christopher 1996 eine weitere Ansprache zur amerikanischen Europapolitik, diesmal in Stuttgart (also einer weiteren Stadt, in der amerikanische Politiker traditionell wegweisende Reden gehalten haben) (Christopher 1996b). In beiden Reden, und auch in seiner letzten großen Pressekonferenz Ende 1996, machte der Außenminister deutlich, dass er Russland als integralen Bestandteil Europas ansah und die euro-atlantische Gemeinschaft ohne Russland unvollständig bliebe (Christopher 1996c).

Das erste Amtsjahr der Clinton-Regierung ließ sich unter dem Strich als eines der europapolitischen „Unterlassungssünden“ charakterisieren, die sich dadurch erklärten, dass man den Europäern zuviel zugetraut hatte, so schrieb Dan Hamilton, Mitarbeiter der Europaabteilung des Außenministeriums, im Jahr 1994 (Hamilton 1994). Die „Wiederentdeckung Europas“ (Joffe 1994) in jenem Jahr ließ sich auch daran ablesen, dass Richard Holbrooke, der schon damals ein wichtiger und gut vernetzter Diplomat war, die Leitung der Europaabteilung in der Zentrale des Außenministeriums in Washington, D.C. übertragen wurde, obwohl er erst im Jahr zuvor seinen Posten als Botschafter in Bonn angetreten hatte. Als eine seiner ersten Amtshandlungen ordnete Holbrooke an, den Begriff „Osteuropa“ aus dem Vokabular seiner Abteilung zu streichen. Er sah darin eine Herabsetzung der so bezeichneter Länder und Völker, die erst nach der Errichtung des Eisernen Vorhangs als „Osteuropa“ wahrgenommen wurden; ihr geographischer und historisch angestammter Platz sei jedoch in der Mitte Europas (vgl. U.S. House of Representatives 1994).[126] 1995 veröffentlichte Holbrooke einen Artikel in der einflussreichen Zeitschrift *Foreign Affairs,* in dem er darlegte, dass die USA eine „europäische Macht“ seien:

> President Clinton made four trips to Europe last year. This commitment of presidential time and attention underlines an inescapable but little-realized fact: the United States has become a European power in a sense that goes beyond traditional assertions of America's „commitment“ to Europe. (Holbrooke 1995: 38)

Holbrookes Beschreibung stellte *prima facie* ein Selbstbild der USA dar, sie enthielt aber auch ein Bild Europas als ein Kontinent, aus dessen politischer Architektur die USA praktisch nicht mehr wegzudenken waren. Auf die gleiche Weise ist auch die folgende Äußerung von Holbrookes Nachfolger John Kornblum zu lesen: „[D]espite the wealth, talent and success of much of Europe, the American role is still essential for building stability in the New Atlantic Community“ (Kornblum 1996).

Ein Aspekt, der beim Blick des Außenministeriums auf Europa Anfang der 1990er Jahre nur selten ganz im Vordergrund stand, der aber langfristig große Auswirkungen auf das transatlantische Verhältnis haben würde, waren die Bemühungen der Europäer um mehr Einigkeit im Bereich der Sicherheits- und Verteidigungspolitik. Das Außenministerium sah die Gefahr, dass sich die Europäer zu einem „caucus“ zusammenschließen könnten, um in der Nato gegenüber den USA mit einer Stimme zu sprechen und damit den amerikanischen Einfluss einzudämmen. Der Staatssekretär im Außenministerium Reginald Bartholomew warnte die Regierungen der europäischen Nato-Staaten im sogenannten „Barthomolew-Memorandum“ 1991 vor einer solchen Politik (vgl. Harper 2004: 29). Neben einer Konkurrenz *innerhalb* der Nato sah das US-Außenministerium in den Europäern auch mögliche Konkurrenten *zur* Nato, nämlich dann, wenn sich die Europäer in einem rein europäischen Rahmen verteidigungspolitisch organisierten. Diese Befürchtung stand deutlich im Vordergrund, als der Leiter des Planungsstabes im Außenministerium James Steinberg 1996 über die Nato sprach. In einem vergleichsweise kurzen Vortrag in Washington, D.C. wiederholte er fünfmal die Formulierung, dass die europäischen Verteidigungsbemühungen *innerhalb* der Allianz bleiben müssten (Steinberg 1996). Steinberg stellte außerdem fest:

> [T]he early euphoria that surrounded the collapse of the Soviet empire has been replaced by a more sober appreciation of the challenges, none more vivid than the tragic conflict in the former Yugoslavia. The Cold War has ended, but more people have died violently in Europe during the past five years than during the previous fifty.

126 Holbrooke bezog sich dabei nicht auf die Nachfolgestaaten der ehemaligen Sowjetunion, die man durchaus als „osteuropäisch“ bezeichnen konnte, denn sie waren nicht Teil der Europaabteilung (vgl. Kap. IV.B.2).

Damit beschrieb er die skeptischere und nüchterne Sichtweise auf Europa, die wir auch schon in den Papieren der Clinton-Administration sowie in den Aussagen des Präsidenten selbst beobachten konnten.

Die Amtszeit von Madeleine Albright

Während Clintons erster Außenminister Warren Christopher selbst darauf aufmerksam gemacht hatte, dass ihn sein langes Leben in Kalifornien eher über den Pazifik als über den Atlantik blicken ließ, konnte man von der gebürtigen Europäerin Madeleine Albright, die Christopher nachfolgte, das Gegenteil erwarten. In der Tat widmet sie das erste Kapitel ihrer Memoiren, das sich mit ihrer Politik im Amt der Außenministerin befasst, ausschießlich europäischen Themen, vor allem der Nato-Erweiterung, der Integration Russlands in den Westen und der Konsolidierung des Friedens auf dem Balkan (Albright 2003: 304–329). An späterer Stelle in dem Buch geht es in mehreren Kapiteln allein um Serbien und Kosovo. Der Eindruck, dass europäische Themen also auch in der Amtszeit von Madeleine Albright die Agenda des Außenministeriums bestimmten, wird in der Analyse weiterer Reden und Erklärungen der Ministerin und anderer Ministeriumsvertreter bestätigt. In ihrer Senatsanhörung als designierte Außenministerin erklärte Albright:

> At the center of that framework [for American leadership] are our key alliances and relationships. These are the bonds that hold together not only our foreign policy, but the entire international system … A foremost is the trans-Atlantic relationship. It is a central lesson of this century that America must remain a European power … (Albright 1997a)

Nicht nur nannte Albright die Beziehungen der USA zu Europa vor allen anderen, sondern ihre Ausführungen zu Europa waren auch deutlich länger als beispielsweise jene zu Asien, die sie mit den Worten einleitete: „Mr. Chairman, America must remain a European power. We must, and will, remain a Pacific power, as well".

Hinsichtlich der Lage in Europa konnte Albright zu Beginn ihrer Amtszeit ein freundlicheres Bild zeichnen, als es ihr Vorgänger die meiste Zeit getan hatte:

> Today, thanks to the efforts of President Clinton and Secretary Christopher, American leadership in Europe is on solid ground. European institutions are evolving in directions that are making the continent more free, unified and peaceful than at any time in history. Our key bilateral relationships, albeit spirited at times, are as strong and resilient as they have ever been.
>
> The terrible carnage in Bosnia has ended. The Partnership for Peace has broadened cooperation on security matters. And there is continued progress on political and market reforms within Central Europe and the New Independent States. (Albright 1997a)

Albright nahm hier den europapolitischen Dreiklang auf, der sich in Clintons erster Amtszeit herausgebildet hatte, und sie machte deutlich, dass in amerikanischen Augen sowohl die europäischen Institutionen wie auch die einzelnen Staaten eine wichtige Rolle spielen. Anschließend sprach sie über die drei Themen, die später auch das erste außenpolitische Kapitel ihrer Memoiren ausmachen sollten: Russland, Nato-Erweiterung und Dayton-Abkommen.

Die in ihrer Senatsanhörung begründete Reihenfolge – erst Europa, dann Asien – behielt Albright auch anschließend bei, etwa in ihrer ersten Pressekonferenz als Außenministerin:

> Thus, we see our most important task as sustaining the momentum towards the creation of a Europe that is united, stable, and democratic, and an Asian-pacific community that cooperates increasingly, based on shared economic interests and a common commitment to peace. (Albright 1997b)

Ihre erste Auslandsreise absolvierte Albright ebenfalls in dieser Reihenfolge. Im Pressegespräch auf ihrem Flug nach Europa setzte sie die von Warren Christopher betonte Linie fort, dass die Europäer zunehmend als Partner für Unternehmungen auch jenseits der europäischen Grenzen beansprucht werden sollen:

> I am also going to be talking with Europeans about common activities that we have undertaken, such as in Bosnia … I also want to talk with Europeans about out-of-area issues, specifically in Africa, and generally discussing with them what I consider the hallmark of our time, which is a partnership with Europe in dealing with this common agenda, the kind of web of relationships that will allow us to deal with the opportunities at the end of the century. (Albright 1997c)

Auch hinsichtlich der Rolle Russlands zeigte Albright die gleiche Auffassung wie ihr Vorgänger: „NATO has recognized that we cannot build a Europe that is whole and free until a democratic Russia is wholly part of Europe" (Albright 1997d). Das Zitat zeigt zudem beispielhaft, dass die Formel des „Europe whole and free" auch nach der Bush-Präsidentschaft im Außenministerium fortlebte, obwohl Präsident Clinton sie nicht übernommen hatte, sondern vom „Europe peaceful, undivided, and democratic" sprach. Auch andere Vertreter des Außenministeriums wählten eher die Bush- als die Clinton-Variante, etwa der stellvertretende Außenminister Strobe Talbott, der Staatssekretär für Politische Angelegenheiten Thomas Pickering und der Leiter der Europaabteilung Marc Grossman.

Das Ziel eines ganzen, ungeteilten Europas verfolgte das Außenministerium weiter, aber auch gegen Ende von Albrights Amtszeit sah es dieses Ziel noch nicht vollständig erreicht. Staatssekretär Pickering sprach 2000 vom „unfinished business" in Europa und bezog sich dabei auf die Tatsache, dass Russland und der Südosten Europas noch nicht voll in die transatlantische Gemeinschaft integriert waren (Pickering 2000a, 2000b). Während es in Südosteuropa jedoch berechtigten Anlass zur Hoffnung gab, wurde der Blick auf Russland zunehmend „skeptischer", wie Pickering selbst sagte. In einem ihrer letzten Pressegespräche als Außenministerin bezeichnete Albright den Balkan als das Stück, das zur Vollendung Europas noch gefehlt habe:

> The Balkan story, which I consider one of the major successes of this Administration, is a continuation of what President Bush had started, which was the idea that there be a Europe whole and free. The missing piece was the Balkans. I think as a result of our politices that piece is now in place, but it has to be kind of cemented in and solidified through continued attention … (Albright 2000b)

Hier ließ sich implizit erkennen, dass Russland auch von der Clinton-Administration keineswegs immer als integraler Bestandteil Europas gesehen wurde; vielmehr gab es auch ein Verständnis des Europabegriffs, das Russland nicht zwangsläufig einschloss.

Der Gedanke, dass sich Europa an der Seite der USA global engagieren muss, wurde in der Amtszeit von Madeleine Albright im Außenministerium nicht nur beibehalten, sondern verstärkt und systematisch vorgetragen. Insbesondere Staatssekretär Pickering und der Europaabteilungsleiter Grossman betonten wiederholt, dass ihre Europapolitik drei Kreise umfasse: (1) die Integration Europas, (2) die Stärkung der transatlantischen Beziehungen, (3) die Nutzbarmachung der transatlantischen Partnerschaft für weltweite Veränderungen. Folgende Zitate dokumentieren dies:

> Our purpose is to support European integration, and build a partnership in Europe for a continent that is peaceful, prosperous and free, and with Europe to address challenges around the world. (Grossman 1998)

> A deeper partnership with the EU can help us meet each of the three challenges I mentioned earlier – peaceful and democratic integration in Europe, strengthened ties between Europe and America to advance the prosperity of our peoples, and joint action beyond Europe in the wider world to meet global and regional challenges. (Pickering 1998)

> Our strategic goal is to meet challenges within Europe, between Europe and America, and beyond Europe. (Grossman 2000)

> Our vision is a simple one: we want a Europe whole and free in partnership with the United States as part of a new Atlantic Community which is a force for progress in the world. (Pickering 2000b)

Die in den 1990er Jahren immer häufiger gestellte Frage, die auch schon Außenminister Christopher aufgegriffen hatte, stellte Abteilungsleiter Grossman direkt: „Does Europe still matter to America?“, um sie anschließend selbst zu beantworten:

> My proposition is that Europe matters as much to the United States today as it did during the Cold War. First, as Secretary Albright said earlier this year, the great lesson of the century is that the destinies of North America and Europe are joined. Second, our work in Europe is not complete. Old lines of division must give way to new networks of cooperation, very much to include Russia. Third, threats remain to the transatlantic community … ethnic cleansing, the proliferation of weapons of mass destruction, refugees, terrorist violence – all pose threats to Europe's stability and to our interests …. For decades, the United States concentrated on what it could do for Europe. Now we are thinking about what we can do *with* Europe. (Grossman 1999)

Auch hier wurde also der Blick über Europa hinaus gelenkt, was später – darauf deuteten schon Teile der bisherigen Analyse hin – zum dominanten Topos im Europabild des Weißen Hauses und des Außenministeriums wurde. Zudem erscheint hier Europa als Teil einer transatlantischen „Schicksalsgemeinschaft". Dies suggeriert eine ähnlich enge Bindung Europas an die USA wie das Bild einer „transatlantischen Innenpolitik":

> The citizens of our new Atlantic Community are interacting so closely that we have already transcended what one might call „foreign" relations. We have moved into a sort of transatlantic domestic policy arena, in which specific social and economic concerns often leap over formal borders and override national policies. (Pickering 2000b)

Das Außenministerium betonte in dieser Zeit auch stark, dass Europa und die USA nicht nur gemeinsame Gewinne realisieren könnten – oder gegebenenfalls Opportunitätskosten erlitten, wenn sie nicht kooperierten – sondern aufeinander angewiesen waren, um Schaden abzuwenden. So sagte der stellvertretende Außenminister Talbott:

> We also need a Europe that is our partner in meeting challenges in all corners of an increasingly interdependent world. We need such a Europa because we cannot meet those challenges alone. (Talbott 1998a)

Staatssekretär Pickering stieß in dasselbe Horn:

> When the U.S. and Europe work together, we are able to face and surmount problems that neither could do alone; however, the corollary is also true: when the U.S. and Europe disagree, we can hinder each other and deprive the international community of leadership. (Pickering 1998)

Beim Blick über den Atlantik sahen die USA Ende der 1990er Jahre auch europäische Akteure, die auf dem Feld der Außen- und Sicherheitspolitik zwischen hohen Anspüchen und ehrgeizigen Zielen auf der einen Seite und einem Mangel an Kapazitäten und Entschlusskraft auf der anderen Seite schwankten. Die Pläne und Beschlüsse der EU zum Aufbau der Europäischen Sicherheits- und Verteidigungspolitik sah das US-Außenministerium mit gemischten Gefühlen. Einerseits sah man, dass die Europäisierung ein Weg und ein Anreiz zur Verbesserung der militärischen Fähigkeiten der Europäer sein könnte, wovon auch die Nato als Ganzes profitieren könnte. Andererseits befürchteten sie, was Außenministerin Albright 1998 als „three D's" bezeichnete: eine Abkopplung der Europäer von der Nato *(decoupling),* den unnötigen Aufbau paralleler Strukturen *(duplication)* und die Ausgrenzung von Nato-Staaten, die nicht Mitglieder der EU sind *(discrimination)* (Albright 1998). Auch Europaabteilungsleiter Grossman berichtet, dass er die ESVP zwar grundsätzlich begrüßte, aber auch befürchtete, sie könnte zur Aushöhlung der Nato führen. Sein Nachfolger James Dobbins, der die Europaabteilung ab dem Frühjahr 2000 leitete, beendete hingegen nach eigener Auskunft diese Debatte in seiner Abteilung, weil die Erfahrung gelehrt hatte, dass die EU und die Nato ohnehin nicht in Konkurrenz zueinander träten, sondern sich eher davor drücken würden, Aufgaben zu übernehmen.[127]

---

127 Interviews mit Marc Grossman und James Dobbins.

Insbesondere in den Jahren 1999 und 2000 war aber auch aus den oberen Rängen des Außenministeriums, d. h. von Seiten Madeleine Albrights und Strobe Talbotts, oft deutliche Kritik an den Europäern zu hören. Im Falle des stellvertetenden Außenministers Talbott trifft angesichts der diplomatischen Zurückhaltung, die in einer solch verantwortungsvollen Position üblicherweise an den Tag gelegt wird, die Formulierung zu, dass der Mann kein Blatt vor den Mund nahm. Der Zielkonflikt, den viele Europäer zwischen der Vertiefung und der Erweiterung der EU sahen, wollte Talbott partout nicht einleuchten, und er stellte die Europäer praktisch als unfähig dar:

> Let me now turn to what I know has been one of the most persistent and contentious issues in the debate within Europe over intergration, that is, the question of deepening versus broadening. From our vantage point, these two activities are like walking and chewing gum – they're something that a healthy individual, or a healthy community, should be able to do at the same time. (Talbott 1998a)

Talbott gehörte auch zu den lautstärksten Mahnern, wenn es um die europäische Integration in der Außen- und Sicherheitspolitik ging. Seine Äußerungen erinnerten an die Mahnungen des Staatssekretärs Bartholomew vor einem europäischen „caucus" in der Nato – mit dem Unterschied, dass Talbott diese nicht in einem vertraulichen Memorandum, sondern in einer öffentlichen Rede darlegte:

> EU member states are increasingly apt to consult in their deliberations and coordinate in their decisions. I can't say that we in Washington always relish this development, since it sometimes makes more difficult our job of persuading our European partners of the wisdom of our own policies. Moreover, when we are less than fully persuasive in bringing Europeans around to our view – and when Europe speaks as one – the resulting disagreements are all the more jarring. (Talbott 1998a)

In einer vielbeachteten Rede am *Royal Institute for International Affairs* in London offenbarte Talbott 1999, dass er in der EU auch einen möglichen Konkurrenten der Nato – und damit effektiv der USA – sah:

> We would not want to see an ESDI that comes into being first within NATO but then grows out of NATO and finally grows away from NATO, since that would lead to an ESDI that initially duplicates NATO but that could eventually compete with NATO. That's a long-term concern, obviously, but NATO, after all, is about the long-term, and so is this conference. (Talbott 1999a)

Den realpolitischen Hintergrund dieser Äußerung bildete unter anderem der EU-Gipfel, der im Juni 1999 in Köln stattgefunden hatte. Dort hatte die EU den Eindruck erweckt, sie wolle der Nato nun doch nicht das erste Zugriffsrecht auf internationale Militäroperationen zugestehen. Dies sorgte in den USA für erhebliche Verärgerung, weil zuvor im April auf dem Nato-Gipfel in Washington, D.C. genau dieses Vorrecht der Nato beschlossen worden war. Auf dem EU-Gipfel in Helsinki im Dezember 1999 kehrte die EU dann praktisch zur

Washingtoner Vereinbarung zurück, und sie beschloss konkrete Ziele zur Verbesserung ihrer militärischen Fähigkeiten *(headline goal)*. So konnten schließlich auch Talbott und Albright die Wogen wieder etwas glätten und wohlwollender auf das europäische Verteidigungsprojekt blicken:

> As for ESDI, I think I should repeat what I said a moment ago: There should be no confusion about America's position on the need for a stronger Europe. We are not against it, we are not ambivalent, we are not anxious; we are for it. We want to see a Europe that can act effectively through the Alliance or, if NATO is not engaged, on its own – period, end of debate.
>
> At Washington we reached a basic understanding. We would look to NATO as the preferred institution to act „wherever possible." At the same time, we recognized that the Alliance might not act. And in those circumstances, we agreed to make NATO assets and capabilities available to the European Union. (Talbott 1999b)

> America's position on ESDI is well known to you and has not changed. To put it simply, we are for it. We support a stronger, more capable Europe that is able to act effectively with us or – if the Alliance chooses not to engage – without us. (Albright 2000c)

Albright sprach in dieser Rede auch von einer „strategischen Partnerschaft" zwischen Nato und EU, ein Terminus, den beide Organisationen schließlich auch in einer gemeinsamen Erklärung verwendeten (Nato/EU 2002).

Albright und Talbott sahen in der Europäischen Union schließlich auch eine Institution, die nicht effizient genug war und aufgrund des Einstimmigkeitserfordernisses in der Außen- und Sicherheitspolitik Schwächen zeigte:

> I'll be frank on a related point: From our perspective, we have found that EU member-states sometimes seem more concerned about the harmony of process than the effectiveness of outcome – more concerned, in other words, with the preservation of consensus and mutual accommodation than with results. Hence our concern, from time to time, that this tendency toward what might be called lowest-common-denominator-ism on the part of individual European states would be all the more the reflex response of those states if and when they ever organize themselves to act as one. (Talbott 1998)

> [O]ne concern I do have about CFSP is the risk that its effectiveness might be hindered by the problems that arise in any consensus-based institution. It is a real challenge to stay united and still be decisive; to agree on who should contribute how much in terms of resources; and on who should get the top jobs. And I am afraid to say that these risks are now evident in the Balkans.
>
> At the conclusion of last year's conflict, the Allies agreed that Europe would take the lead on Kosovo peace implementation … But at the same time, much of the overall process has not gone as smoothly as we had hoped, and as a result opportunities are being lost. In a few weeks, a Spanish general will take charge of KFOR, replacing Germany's Klaus Reinhardt, who in turn replaced Great Britain's Michael Jackson only five months ago. (Albright 2000d)

Albright lobte in dieser Rede den Partnerstaat Italien, der sich von einem Kosumenten zu einem Produzenten von Sicherheit entwickelt habe: „Italy's contribution to KFOR has demonstrated that it has indeed gone from being a ‚consumer of security' to being a ‚producer of security'". Auch wenn das Sonderlob für Italien damit zusammenhing, dass die Rede in Venedig stattfand, so passt das Bild vom Sicherheitskonsumenten und -produzenten gut zu anderen Aussagen aus dem Außenministerium, wonach es nicht mehr darum ginge, was die USA *für,* sondern darum, was sie *mit* Europa tun könnten.

Die Analyse auf diesen Seiten zeigt, dass Europa vor allem unter sicherheitspolitischen Gesichtspunkten gesehen wurde. Doch auch wirtschaftliche Aspekte spielten eine Rolle; dabei wurde Europa zum einen als Markt gesehen, zum anderen als wirtschaftspolitischer Akteur. Auch hier wurde wieder deutlich, dass Europa den USA bei der Durchsetzung ihrer weltweiten Interessen dienlich sein konnte: „Increasing bilateral trade and investement and cooperation with Europe to open markets worldwide will have a direct, positive impact on the U.S. economy" (U.S. Department of State 2000a). Die Erfolgsaussichten des Euros wurde von Vizeaußenminister Talbott positiv eingeschätzt, und seine Einführung wurde ausdrücklich begrüßt: „We believe there is room for more than one strong currency in the world" (Talbott 1998).

Die Amtszeit von Colin Powell

Wie seine Vorgänger behandelte der designierte Außenminister Colin Powell in seiner ersten Senatsanhörung Europa vor allen anderen Weltregionen oder Akteuren. Allerdings legte er einen deutlichen Akzent auf die Institution der Nato:

> For example, to begin with, we believe strongly in NATO, that great alliance across the Atlantic Ocean. It is the bedrock of our relationship with Europe. It is sacrosanct. Weaken NATO and you weaken Europe, which weakens America. The value of NATO can be seen by the fact that ten years after the Cold War, nations are still seeking to join the alliance, not to leave it. The alliance is as relevant to the future as it was to the past. It did not threaten Russia in the past, and it does not threaten Russia in the future.
>
> And historic change is occurring in Europe. Europeans are striving in their own way, in their own time, to find their own more perfect union. We welcome a more integrated, robust and a stronger Europe, an all the more capable partner in the challenging times ahead. And our European allies as part of this change are in the midst of important efforts to improve their defense capabilities. We will support any such efforts, as long as it strengthens NATO and does not weaken NATO. (Powell 2001a)

Neben der Bezeichnung der Nato als „sakrosankt", mit der Powell dieser Institution praktisch die höchstmögliche politische Bedeutung verlieh, fällt an seinem Eingangsstatement besonders auf, dass er die Gefahr einer Schwächung der Nato durch die Europäer sah. Powell machte die Unterstützung der europäischen Verteidigungsanstrengungen ausdrücklich davon abhängig, dass diese die Nato stärkten und nicht schwächten. In der Erklärung zu seinem ersten Haushaltsantrag wurde erneut deutlich, dass Powell die Beziehungen zwischen Nato und EU für eine der wichtigsten Fragen in Bezug auf Europa hielt:

> They [the Europeans] may want to look at things like the European Security and Defense Identity. We've made the case that has to be an essential part of our NATO efforts as well, and we think they understand that. (Powell 2001b)

Die Erklärung Powells zum Haushalt des Außenministeriums hob sich allerdings dadurch von anderen ab, dass der Außenminister dieses Mal zuerst über die westliche Hemisphäre sprach; erst danach behandelte er Europa und die Nato, gefolgt von Asien. Der stellvertretende Außenminister Richard Armitage erklärte allerdings in einem Interview mit der Zeitschrift *Business Week* am 28. Mai 2001, dass die USA unter Präsident Bush Asien wesentlich mehr Aufmerksamkeit widmen würden, als es unter Präsident Clinton der Fall gewesen war (vgl. Cameron 2002: 160).

Im Juni 2001 begleitete Powell Präsident Bush auf dessen erster Europareise, und anschließend wurde der Außenminister gebeten, dem Auswärtigen Ausschuss des Senats über diese Reise zu berichten (Powell 2001c). Powells Ausführungen machten zweierlei deutlich: zum einen die Dominanz sicherheitspolitischer Themen, zum anderen die untergeordnete Bedeutung des EU-USA-Gipfels, den Bush und Powell auf ihrer Reise auch besucht hatten. Beides hing in gewisser Weise miteinander zusammen, denn der EU-USA-Gipfel war aufgrund der handelspolitischen Kompetenzen der Europäischen Union das naheliegende Forum für die Behandlung dieser Fragen.

Powell sprach vor dem Senatsausschuss fast nur über sicherheitspolitische Themen und griff in diesem Zusammenhang auch die These vom Nutzen der transatlantischen Beziehungen und den Gefahren, die aus transatlantischer Uneinigkeit erwachsen, auf. Dabei wählte er einen auffällig pathetischen Duktus: „When America and Europe separate, there is tragedy; when America and Europe are partners, there is no limit to our horizons". Erst am Ende seiner Ausführungen sprach Powell in recht knapper Form über handels- und wirtschaftspolitische Fragen und erwähnte in diesem Zusammenhang auch den EU-USA-Gipfel. Und schließlich erschien auch bei Powell das Bild der Europäer als Akteure, die nicht genug über den eigenen Tellerrand hinausblickten:

> The President also wanted to signal to European leaders – who themselves sometimes look too inwardly – that not only is our partnership crucial to our peace and prosperity but that the very fact we are at peace and are prosperous places obligations upon us. (Powell 2001c)

Ähnlich wie Präsident Bush und Vizepräsident Cheney sah auch Außenminister Powell in der Nato-Erweiterung eine Art Wiederbelebung der Allianz; allerdings wählte Powell in einer Senatsanhörung 2003 recht vorsichtige Worte, die nicht, wie bei Bush und Cheney, auf eine Kritik an der Urteilsfähigkeit der alten Nato-Mitglieder hinausliefen (vgl. Kap. V.A.4). Powell stellte lediglich fest, dass die transatlantische Ausrichtung der neuen Mitglieder besonders stark war und sie – wie immer, wenn ein Club neue Mitglieder aufnimmt – neue Ideen und Energie mitbrächten:

> This enlargement will revitalize NATO by expanding its geographic reach, enhancing its military capabilities and inducting seven countries committed to a strong transatlantic link … And

> the new members will make the Alliance stronger and they will bring fresh ideas and energy to the Alliance. (Powell 2003)

In derselben Anhörung offenbarte Powell, dass die Europäer – genauer sprach er von *einigen* Europäer – in seinen Augen zu wenig Verständnis für die Bedrohungswahrnehmung der Amerikaner aufbrachten und die Herausforderung durch den Terrorismus, insbesondere in der Verbindung mit Massenvernichtungswaffen, nicht verstanden:

> September 11th burned itself irrevocably into the mind of every American. To say international terrorism is just another threat is to defy the instinctual reality that all Americans feel in their heart of hearts. Every American who watched the World Trade Center Towers burn, crumble and disintegrate, with thousands of people inside, and who watched the Pentagon in flames, knows what terrorism can bring to our homeland. That reality leads Americans to conclude that terrorism must be eradicated – especially the terrorism that seeks nuclear weapons, and other means of mass destruction.
>
> Some in Europe see it differently. Some see terrorism as a regrettable but inevitable part of society and want to keep it at arm length and as low key as possible. It is our job to convince them otherwise. This is a threat we share and must combat together – indeed, can only combat together. (Powell 2003)

Nach dem schweren Zerwürfnis zwischen den USA und großen Teilen Europas in der Irakkrise 2002/2003 bemühte sich Powell, das Verhältnis zu kitten, und in diesem Sinne betonte er in einem Artikel für *Foreign Affairs* die Gemeinsamkeiten zwischen den USA und den Europäern, die er als die „besten Freunde" der Amerikaner bezeichnete:

> As for our relations with the EU, never has our common agenda been so large and mutually significant – from advancing free trade to joint efforts in counterproliferation.
>
> It is true that we have had differences with some of our oldest and most valued NATO allies. But these are differences among friends. The transatlantic partnership is based so firmly on common interests and values that neither feuding personalities nor occasional divergent perceptions can derail it. We have new friends and old friends alike in Europe. They are all, in the end, best friends, which is why the president continues to talk about partnerships, not polarities, when he speaks about Europe. (Powell 2004a)

Mit dem letzten Satz in diesem Zitat wies Powell auch die Sichtweise zurück, dass Europa eine eigenständige Großmacht sein oder werden könnte, die zu den USA in Konkurrenz tritt.

Seine abschließende europapolitische Rede hielt Powell im Dezember 2004 in Brüssel. Hier griff er vor allem zwei bekannte Aspekte des amerikanischen Europabildes auf: zum einen die Vorstellung, dass sich Europa an der Seite der USA verstärkt global engagieren müsse, zum anderen die Ansicht, dass die Europäer zu wenig in die dafür nötige Ausrüstung investierten:

> More than ever before, we need to mobilize our resources and place our partnerships at the world's service. That's the future of the transatlantic partnership …

> Since NATO's role today, however, goes beyond Europe, we must take steps to meet NATO's new challenges. We must reverse the decline in defense budgets and manpower in some member states and eliminate the bureaucratic or national impediments to generating forces. We've got to do more with respect to capabilities. If we are going to take on these additional missions – and we must – then we must match that intention, match those words, with real capability. (Powell 2004b)

Außerdem bekundete Powell – als er danach gefragt wurde – offen seine Zweifel daran, dass es den Europäern jemals gelingen würde, eine europäische Armee aufzubauen; dafür seien die nationalen Souveränitätsansprüche zu ausgeprägt (Powell 2004b).

Die Eigenschaft der Europäer als Freunde der USA betonte auch die Leiterin der Europaabteilung im Außenministerium A. Elizabeth Jones bei ihrer ersten Kongressanhörung im Jahr 2002:

> We know who our friends are when the chips are down and we need help. By this measure, we have friends in Europe. Following September 11th our European partners offered critical assistance in military deployments to Afghanistan. They cracked down on terrorist activities in their territory. European and U.S. soldiers are working side-by-side in Afghanistan. Last week, German and Danish troops suffered fatalities while trying to disarm abandoned ordnance in Kabul. Europe and the U.S. are partners in every sense. (Jones 2002)

Bemerkenswert an Jones' Erklärung war zudem, dass sie gleich zu Beginn auch die wirtschaftliche Seite der amerikanisch-europäischen Beziehungen herausstrich. Bemerkenswert war dies zum einen vor dem Hintergrund der Dominanz der Sicherheitspolitik in den USA nach dem 11. September 2001, zum anderen weil, wie wir bereits gesehen haben, auch schon vor diesem Ereignis Europa eher unter Sicherheits- als unter wirtschaftlichen Aspekten betrachtet wurde. Jones verwies zunächst auf die enge und zunehmende Interdependenz der beiden Wirtschaftsräume sowie auf den erfolgreichen Start der Doha-Welthandelsrunde, doch ihre anschließenden Ausführungen zeichneten ein Bild überwiegender Differenzen in handelspolitischen und regulatorischen Fragen (vgl. Jones 2002).

Das Muster einer beträchtlichen Berücksichtigung wirtschaftlicher Themen zeigte sich auch in den Berichten von Jones vor dem Kongress in den folgenden beiden Jahren (Jones 2003, 2004). Auch nach der Irakkrise sah Jones in den Europäern enge Verbündete, Partner und Freunde („allies/partners/friends"). Zudem trat die Rolle der Europäischen Union stärker in den Vordergrund – stärker als in Jones' erster Erklärung vor dem Kongress, aber auch stärker als in den Äußerungen vieler anderer US-Politiker und Diplomaten, was mutmaßlich auch damit zusammenhängt, dass die Leiterin der Europaabteilung über ein besseres Verständnis dieser komplexen Institution verfügt. 2004 betonte Jones die zunehmende Bedeutung der EU in Europa und darüber hinaus:

> While NATO forms the foundation of the trans-Atlantic security framework, our relations with the EU underpin our economic and political relationship with Europe. The European Union has become increasingly important to our interests. As the only entity on the world stage with

> an ability similar to ours to project economic, political, and cultural power, the EU has an important influence on the environment both within and beyond Europe. (Jones 2004)

Dem Zitat lässt sich auch entnehmen, dass Jones die Europäer als den USA praktisch ebenbürtig oder gleichwertig ansah, jedenfalls hinsichtlich der Möglichkeit zur Projektion wirtschaftlicher, politischer und kultureller Macht; die militärische Dimension ließ sie außen vor.

Im Einklang mit anderen Vertretern der US-Regierung bekundete Jones die amerikanische Unterstützung für die ESVP, aber nie ohne hinzuzufügen, dass diese eng mit der Nato verknüpft sein müsse und die Europäer nur dann alleine handeln sollten, wenn die Nato beschlossen hat, sich nicht zu beteiligen (Jones 2002, 2003). De facto bedeutet dies, dass es stets den USA oblag zu entscheiden, ob sie die Nato einschalten oder eine Aufgabe den Europäern überlassen wollten. Schließlich sprach auch Jones über die globalen Aufgaben von USA und EU, doch räumte sie diesen bei weitem keine so große Bedeutung ein, wie es andere Akteure im Außenministerium und im Weißen Haus taten. Auch dies mag mit ihrer Rolle als Europaspezialistin zusammenhängen, für die europäische Themen per se eine tendenziell größere Salienz hatten als für Akteure mit einem anderen oder breiteren Portfolio.

In die Jahre 2002 bis 2004 fiel auch die zweite Runde der Nato-Erweiterung, die schon alleine aufgrund der Zahl von sieben neuen Mitgliedern äußerst bedeutsam war. So sah es auch Staatssekretär Grossman, der in Zusammenarbeit mit der ihm unterstellten Europaabteilung sowie der Europaabteilung im NSC-Stab, und namenlich ihrem Leiter Dan Fried, die Erweiterung maßgeblich vorbereitete. Der Präsident und der Außenminister waren durch die Anschläge des 11. September, den Krieg gegen den Terror und jenen im Irak so ausgelastet, dass die Nato-Erweiterung sie weniger beschäftigte, als es in normalen, friedlicheren Zeiten wohl der Fall gewesen wäre. Umso stärker musste sich in dieser Zeit der Staatssekretär für Politische Angelegenheiten, der ja nicht nur für Europa zuständig ist, sondern alle Weltregionen abdeckt, mit der Nato und Europa beschäftigen.[128]

Die Amtszeit von Condoleezza Rice

Anders als bei ihren Vorgängern spielte in der Senatsanhörung der designierten Außenministerin Condoleezza Rice Europa praktisch keine Rolle mehr. Allerdings bezeichnete sie die Gründung der Nato und den Wiederaufbau Westeuropas nach dem Zweiten Weltkrieg als wichtige Errungenschaften der US-Außenpolitik, und die Nato und Europa sollten auch die wichtigsten Verbündeten bei der Verbreitung der Demokratie sein, die Rice zur Kernaufgabe ihrer Außenpolitik erhob:

> In these momentous times, American diplomacy has three great tasks. First, we will unite the community of democracies in building an international system that is based on our shared values and the rule of law. Second, we will strengthen the community of democracies to fight the threats to our common security and alleviate the hopelessness that feeds terror. And third, we will spread freedom and democracy throughout the globe …
>
> Every nation that benefits from living on the right side of the freedom divide has an obligation to share freedom's blessings. Our first challenge, then, is to inspire the American people,

128 Interviews mit Marc Grossman und Dan Fried.

> and the people of all free nations, to unite in common cause to solve common problems. *NATO – and the European Union – and our democratic allies in East Asia and around the world will be our strongest partners in this vital work.* (Rice 2005a; Hervorh. AH)

Wie das Zitat zeigt, sah es Rice nicht nur als eine Option, sondern als eine Verpflichutng der Europäer an, zur Verbreitung von Freiheit und Demokratie beizutragen. Dieses Motiv wiederholte Rice auch in ihrer Grundsatzrede in Paris im Februar 2005: „Our charge is clear: we on the right side of freedom's divide have an obligation to help those unlucky enough to have been born on the wrong side of that divide" (Rice 2005b). Sie machte auch deutlich, dass nicht die Entwicklung in Europa selbst und nicht die transatlantischen Beziehungen an sich im Zentrum ihrer Aufmerksankeit standen:

> I am here in Europe so that we can talk about how America and Europe can use the power of our partnership to advance our ideals worldwide …
>
> That is why the United States, above all, welcomes the growing unity of Europe. America has everything to gain from having a stronger Europe as a partner in building a better and safer world. (Rice 2005b)

Von den drei Kreisen der amerikanischen Europapolitik der 1990er Jahre – die Integration Europas, die transatlantischen Beziehungen und die weltweiten Aktivitäten – zog praktisch nur noch der letzte die Aufmerksamkeit der USA auf sich, während die ersten so gut wie keine Beachtung fanden. Dieser Befund deckt sich mit der Analyse der Strategieberichte des Außenministeriums in der zweiten Hälfte der 2000er Jahre (vgl. Kap. V.B.3) sowie mit den Erklärungen von R. Nicholas Burns, der „Nummer drei" im Außenministerium von 2005 bis 2008, der verkündete: „There has been a very dramatic shift in the European-American relationship … And that is that the United States' policy towards Europe is no longer about Europe. It's about the rest of the world" (Burns 2007). Burns wollte deshalb Europa aber nicht als weniger wichtig bezeichnen:

> Happily for both of us, Europe is no longer the place where America's vital interests are in danger … So Europe remains vitally important to the United States in a different way: It is our natural partner. The greatest collection of American allies in the world are in Europe, the members of the NATO alliance. We count on Europe to be with us in confronting the challenges, positive and negative, that we face inside the Middle East, South Asia, East Asia. (Burns 2008)

Einen etwas anderen Akzent setzte jedoch der Leiter der Europaabteilung Dan Fried: Er widmete 2006 etwa ein Fünftel seiner Erklärung vor dem Kongress allein den Entwicklungen *in* Europa. Zu Beginn machte er deutlich, dass in seinen Augen neben der globalen Agenda eine europäische Agenda fortbestand:

> Our common effort seeks to extend the freedom and prosperity we enjoy beyond the borders of Europe, not just to provide for our own security but to improve the security and prosperity of the world as a whole, with which our future is linked. Second, we continue to work with our

> European partners to confront tyranny and resolve conflict in those places where it persists *along Europe's frontiers of freedom, such as Belarus, the south Caucasus and the Balkans.* (Fried 2006; Hervorh. AH)

Seine Ausführungen zu Europa begann er später mit dem Satz: „We remain acutely aware of the need to advance or consolidate democracy *within* Europe where it did not exist even a generation ago" (Hervorh. im Original). Im Vergleich zu den Berichten seiner Vorgängerin Jones fällt zudem auf, dass unter Fried die Europäische Sicherheits- und Verteidigungspolitik keine Rolle mehr spielte. Auf der anderen Seite griff Fried die Kritik an den wirtschaftlichen Strukturen der Europäer auf, die nach Ansicht der USA extrem wachstumshemmend wirkten – ein Thema, das auch Eingang in die Nationalen Sicherheitsstrategien von 2002 und 2006 gefunden hatte (vgl. Kap. V.A.2).

Trotz der scheinbar recht kalten, berechnenden Haltung gegenüber Europa an der Regierungsspitze in jenen Jahren ließ sich auch ein positives Europabild erkennen. Denn erstens sahen die USA die gemeinsame Bewältigung globaler Herausforderungen auch als einen Weg, um den transatlantischen Beziehungen wieder eine größere Bedeutung zu geben, die offenbar doch auch einen Wert an sich darstellten. Zweitens sahen die USA, dass die Europäer durchaus auch eine globale Perspektive einnahmen und damit allen anderen Regionen und Akteuren etwas voraus hatten. So erklärt Kurt Volker, von 2005 bis 2008 stellvertretender Leiter der Europaabteilung und von 2008 bis 2009 Nato-Botschafter der USA:

> I saw how this decline in the salience of Europe was taking place. And you can't just argue: Europe is important, so let's spend more time with Europe. You have to give a reason for why that is the case. So what I did is make this argument: Europe is the only global region, and we should be working with Europe on a global agenda …
>
> *Europe is the only part of the world where you deal at all with global issues.* Every other region in the world is regional: When you meet and talk with Africans, you talk about Africa. We you meet and talk with Latin Americans, you talk about Latin America; same with South Asia and East Asia. Europe is the only part of the world where you have a global perspective.
>
> In government, that was one of the things I tried to emphasize: our relationship should not be about itself – and that's basically good news. It should be about how we work together to deal with global challenges. (Interview mit Kurt Volker)

Angesichts dessen hatten die USA vergleichsweise hohe Erwartungen an die Europäer, die sie aber des öfteren enttäuscht sahen. Zum amerikanischen Europabild zählte also einerseits eine deutliche Wertschätzung für Europa, andererseits aber auch der Eindruck, dass die Europäer die USA nicht immer, aber doch zu oft hängen ließen.[129] Staatssekretär Burns erklärte in diesem Zusammenhang, dass sich die Europäer zu sehr mit sich selbst beschäftigten:

---

129 Interviews mit Kurt Volker sowie mit William Lucas, Diplomat mit zahlreichen Verwendungen im Außenministerium, zuletzt seit 2007 Leiter des EU-Referats in der Europaabteilung.

> I think it's quite understandable why Europeans would be preoccupied with the construction and evolution of the EU, the European Union. It's a historic enterprise. It's positive for Europeans and the world. So I quite understand that.
>
> At the same time I have a strong sense that Europe needs to develop a stronger role in the world and a more ambitious sense of Europe's contributions beyond Europe. In other words, a better defined global strategy. (Burns 2008)

Doch ging es den USA nicht nur um materielle Unterstützung durch die Europäer, sondern auch um die Anerkennung dessen, was die Amerikaner leisteten:

> [W]e need mutual respect. Europeans hearing this will immediately think I mean a United States that listens more and respects others more and seeks to build a global consensus. OK, while I may quibble over the critique, I'll accept that this is the role the United States should play – to listen, be respectful, and work to build consensus among democratic nations.
>
> *But I also mean Europeans respecting the United States as well.* The United States shares the same values and is sacrificing a great deal to try to deal with global problems. We are trying to deal with common problems and want to do so together. *Sometimes the critique is too shrill, and our sacrifices are taken for granted.* We need our European Allies not merely to critique us, but help us to make the best decisions possible, and contribute materially to the solutions. (Volker 2008; Hervorh. AH)

Wenige Tage nach der Rückkehr von ihrer ersten Europareise gab Condoleezza Rice vor dem Auswärtigen Ausschuss des Senats die Erklärung zum ersten Haushaltsantrag ihres Ministeriums ab (Rice 2005c). Ihre Gespräche mit den Europäern sowie die Positionen und die Rolle der Europäer in Konfliktherden wie dem Nahen Osten spielten in den Ausführungen der Ministerin eine große Rolle. Dies war auch durch die zeitliche Nähe zwischen der Europareise und der Anhörung bedingt, es bleibt aber nichtsdestoweniger ein Indiz für eine wichtige Rolle Europas in der US-Außenpolitik.

In einem Artikel für *Foreign Affairs* zog Condoleezza Rice im Sommer 2008 eine Art außenpolitische Bilanz der Bush-Administration. In Anknüpfung an ihren Artikel in derselben Zeitschrift im Jahr 2000, in dem sie als außenpolitische Beraterin von Präsidentschaftsbewerber George W. Bush Position bezogen hatte, stellte sie die Politik der USA gegenüber den Großmächten Russland und China an oberste Stelle, anschließend erläuterte sie die Beziehungen zu den aufstrebenden Mächten Indien und Brasilien. Russland spielte also auch in den 2000er Jahren eine wichtige Rolle in der US-Außenpolitik, vor allem als Partner bei der Bekämpfung des Terrorismus und der Verbreitung von Massenvernichtungswaffen; auf der anderen Seite sahen die USA die Entwicklung der Demokratie in Russland mit zunehmender Sorge (vgl. Burns 2007a, b).

In ihrem *Foreign Affairs*-Artikel kam Rice erst nach der Behandlung der Großmächte auf die Bündnisse der USA zu sprechen, und genau wie Colin Powell 2001 sprach sie hier zunächst über die westliche Hemisphäre. Europa rangierte also sehr weit hinten in ihrer Analyse, wobei sie deutlich machte, dass dies auch mit den Erfolgen in Europa zusammenhing:

> The goal of a Europe whole, free, and at peace is very close to completion. The United States welcomes a strong, united, coherent Europe. There is no doubt that the European Union has been a superb anchor for the democratic evolution of eastern Europe after the Cold War. (Rice 2008b)

In diesem Zusammenhang vergaß Rice auch nicht, die Nato zu erwähnen und zu betonen, dass die neuen Mitglieder der Allianz „neue Energie und Leidenschaftlichkeit" („new energy and fervor") verliehen hätten.

Am Ende ihrer Amtszeit offenbarte Rice, dass sie die Europäer in einer wichtigen Frage völlig falsch eingeschätzt hatte: Auf ihrer ersten Europareise als Außenministerin 2005 wurde sie von der Haltung der Europäer in der Iranfrage und von der Bedeutung, die die Europäer dieser beimaßen, nach eigenem Bekunden völlig überrascht (Rice 2008c). Dies erklärte sie nach ihrer Rückkehr auch dem Präsidenten (Bush 2010: 415). Die Episode spricht für eine Vernachlässigung Europas in der ersten Amtszeit von George W. Bush, denn Rice kam 2005 ja nicht als Neuling ins Außenministerium, sondern sie war zuvor die Sicherheitsberaterin des Präsidenten gewesen und hätte als solche die Position der Europäer in der Iranfrage eigentlich kennen müssen.

Die Amtszeit von Hillary Clinton

Obamas designierte Außenministerin Hillary Rodham Clinton nahm sich, anders als ihre Vorgängerin, in ihrer Senatsanhörung die Zeit, um einige Sätze zu Europa zu sagen. Allerdings geschah die erst in der zweiten Hälfte ihres Vortrages, der zudem insgesamt wesentlich länger war als der von Rice. Bei Clintons Ausführungen zu Europa fiel zum einen auf, dass sie die Meinungsunterschiede zwischen den USA und Europa offen ansprach, zum anderen, dass sie die drei größten europäischen Staaten namentlich nannte:

> Our traditional relationships of confidence and trust with Europe will be deepened. Disagreements are inevitable, even among the closest friends, but on most global issues we have no more trusted allies. The new administration will have a chance to reach out across the Atlantic to leaders in France, Germany, the United Kingdom, and others across the continent, including the new democracies. When America and Europe work together, global objectives are well within our means. (Clinton 2009a)

Die Unterscheidung der drei westeuropäischen Führungsmächte von den „neuen Demokratien" zeigt, dass hier offenbar noch eine Art unsichtbare Trennlinie in Europa existierte und sich die Staaten westlich und östlich davon qualitativ unterschieden – und fast zwei Jahrzehnte nach den ersten freien Wahlen wurden die Demokratien in Mittel- und Osteuropa noch immer als „neu" beschrieben. Clinton wies auch auf die gemeinsamen weltweiten Aufgaben Europas und der USA hin, aber in etwas bescheideneren Worten als ihre Vorgänger. Clintons erste Stellungnahme als Ministerin zum Haushalt des Außenministeriums war die erste Erklärung dieser Art, in der Europa überhaupt keine Rolle spielte (vgl. Clinton 2009b).

Die erste europapolitische Grundsatzerklärung des Außenministeriums unter Hillary Clinton legte der Leiter der Europaabteilung Philip Gordon in einer Kongressanhörung vor

(Gordon 2009). Bei dieser und anderen Gelegenheiten definierte Gordon drei „strategische Prioritäten" der Obama-Administration in Europa:

> I will touch on three strategic priorities for the Administration in Europe: European engagement on global challenges, a Europe that is whole, free, and at peace, and a renewed relationship with Russia. (Gordon 2009)

> First, we seek to work with Europe as a partner in meeting gobal challenges … Second, we are still working with Europe on Europe … Finally, we have sought to set relations with Russia on a more constructive course … (Gordon 2010a)

Gordon machte also deutlich, dass Europa vor allem als globaler Partner wichtig war, aber er unterschied sich von den meisten Vertetern der vorhergehenden Bush-Administration dadurch, dass er auch Europa selbst noch als wichtigen Schauplatz ansah. Neben Russland, so Gordon, erforderten dabei der Südosten Europas und der Kaukasus das fortdauernde Engagement der Amerikaner und der EU.

Ähnlich wie seine Vorgänger sah Gordon in Europa auch einen Partner, der mehr leisten kann und muss, als er es bis dato getan hatte. Dabei porträtierte er die Europäer ausdrücklich als Akteure, die über ausreichend große Ressourcen verfügten, um ihrer Verantwortung und den Wünschen der USA nachzukommen:

> Many of our European partners are among the most prosperous, democratic, and militarily capable countries in the world. Working with our European allies both bilaterally and multilaterally will remain critical to success in tackling the many global challenges we face together …
>
> We are listening to our European partners and consulting with them closely, but also calling on them to bear their fair share of responsibilities for defending and promoting our common interests. (Gordon 2009)

Auch Außenministerin Clinton stellte später an anderer Stelle klar, dass die Europäer in ihren Augen zuwenig für die gemeinsame Verteidigung ausgäben (vgl. Clinton 2010a). In seinen europapolitischen Ausführungen nannte Philip Gordon regelmäßig auch internationale Wirtschaftsfragen als eine der wichtigsten Herausforderungen; quantitativ widmete er wirtschaftlichen Themen allerdings nur wenig Raum.

Die erste große europapolitische Rede von Außenministerin Clinton befasste sich ausdrücklich mit Fragen der europäischen Sicherheit (Clinton 2010b). Clinton kam dafür, wie es auch Condoleezza Rice getan hatte, nach Paris.[130] Allerdings ließ sich Clinton über ein Jahr Zeit, bevor sie diese Rede hielt. Abteilungsleiter Gordon musste deshalb im Nachtrag zu der Rede betonen, dass Clinton genau zu diesem Zeitpunkt die Rede gehalten hatte, um aufkommende Bedenken über ihr europapolitisches Engagement zu zerstreuen (Gordon 2010b).

Wie ihr Europaabteilungsleiter vor ihr wies auch Clinton in ihrer Pariser Rede ausdrücklich auf die Stärke der Europäer hin. Zudem betonte sie die Einheit des Kontinents (und kor-

130 Im Unterschied zu Rice, die an der *Science Po* gesprochen hatte, wählte Clinton allerdings, passend zur sicherheitspolitischen Ausrichtung ihrer Rede, die *Ecole Militaire*.

rigierte damit in gewisser Weise auch die Unterscheidung, die sie in ihrer Senatsanhörung selbst gemacht hatte; s. oben):

> Security in Europe must be indivisible. For too long, the public discourse around Europe's security has been fixed on geographical and political divides. Some have looked at the continent even now and seen Western and Eastern Europe, old and new Europe, NATO and non-NATO Europe, EU and non-EU Europe. The reality is that there are not many Europes; there is only one Europe. (Clinton 2010b)

Zudem wurde in Clintons Rede, wie schon zuvor in Gordons Erklärungen, deutlich, dass die USA der europäischen Region wieder mehr Aufmerksamkeit schenkten. So antwortete Clinton auf die Frage nach einer Globalisierung der Nato mit dem Hinweis auf die Herausforderungen in Europa selbst:

> I think there is an awareness of the global nature of a lot of these problems, but a great reluctance to go beyond the geographic reach of NATO. Now, we still have work to do in the Balkans. There are issues regarding Georgia and Ukraine's aspirations. So there are still a lot of areas that require attention from NATO. (Clinton 2010b)

Schließlich versicherte Clinton, dass die USA auch in Zukunft Soldaten in Europa stationieren würden, um Angreifer abzuschrecken und, sollte dies erfolglos bleiben, Angriffe abwehren zu können. Damit stellte sie klar, dass die Rolle des US-Militärs in Europa auch weiterhin über eine rein symbolische Präsenz hinausgehen soll, und sie sprach einen wichtigen Indikator an, der viel über die Bedeutung einer Region aussagt, wie wir im folgenden Kapitel sehen werden.

V.C Das Verteidigungsministerium

V.C.1 Die militärische Präsenz der USA in Europa

Die Analyse der Bedeutung Europas im Präsidialamt und im Außenministerium begann jeweils mit der Untersuchung der Reisetätigkeit der Präsidenten bzw. der Außenminister. Ein solcher Indikator ist auch für das Verteidigungsministerium denkbar, jedoch liegen hier kaum Daten vor, die eine solche Auswertung erlauben würden.[131] Zumindest lässt sich feststellen, dass alle US-Verteidigungsminister, die im Untersuchungszeitraum ihr Amt ange-

131 Tatsächlich existiert bisher überhaupt keine vollständige Übersicht über die Reisetätigkeit der US-Verteidigungsminister. Dies ergab eine *Freedom of Information Act*-Anfrage des Autors dieser Arbeit im Büro des Verteidigungsministers. Für die Jahre ab 2001, so die Auskunft des Ministeriums, sind die Daten vergleichsweise leicht zugänglich und werden aufgrund der erwähnten *Freedom of Information Act*-Anfrage zusammengestellt; dieser Vorgang war bei der Fertigstellung dieses Manuskripts aber leider noch nicht abgeschlossen. Für die Jahre vor 2001 liegen die relevanten Daten nur in solch verstreuter oder schwer zugänglicher Form vor, dass von einer Weiterverfolgung aufgrund der zu erwartenden hohen Kosten abgesehen wurde (vgl. Korrespondenz mit dem *Office of the Secretary of Defense,* beim Autor dieser Arbeit einzusehen).

treten haben, ihre erste Auslandsreise nach Europa machten (Les Aspin 1993, William Perry 1994, William Cohen 1997, Donald Rumsfeld 2001) – bis auf Robert Gates, der nach seiner Amtsübernahme im Dezember 2006 zunächst die US-Truppen im Irak besuchte. Damit fiel er aber bei näherer Betrachtung nicht aus der Reihe, denn seine Amtsübernahme mitten in der Amtsperiode einer Administration war eher ungewöhnlich, und seine erste Reise führte ihn deshalb in den Irak, weil der Besuch der Truppen am Kriegsschauplatz zum Jahresabschluss den Gepflogenheiten entsprach. Zum folgenden Jahresbeginn reiste er dann, wie alle seine Vorgänger, zu seinen ersten Konsultationen ins europäische Ausland.

Zur Beantwortung der Frage, welche Bedeutung Europa in der Verteidigungspolitik der USA hat, bietet sich noch ein anderer Indikator mit einer mutmaßlich sehr hohen Validität an: die Zahl der in Europa stationierten US-Soldaten. Auch wenn die finanziellen Lasten der Stationierung der US-Soldaten in der Regel vom Gastland mitgetragen wurden und werden, bedeutet die Enstendung von Soldaten ins Ausland stets ein Opfer und signalisiert die Wichtigkeit der betreffenden Region für das Entsendeland. Tabelle 25 gibt einen Überblick über die absolute Stärke der US-Streitkräfte – weltweit und in Europa – in den Jahren von 1953 bis 2010. Abbildung 15 (S. 248) verdeutlicht den Anteil der in Europa stationierten US-Truppen an der gesamten Truppenstärke der USA in diesem Zeitraum. Dabei beziehen sich alle Zahlen auf die aktiven Soldaten; die Reservisten flossen nur dann in diese Statistiken ein, wenn sie aktiv Dienst taten.

Tabelle 25 zeigt, dass die Größe des US-Militärs trotz der leichten Erhöhung der Truppenstärke im Zuge des „Krieges gegen den Terror" ab 2001 nicht an jene aus dem Ost-West-Konflikt heranreicht. Während des gesamten Ost-West-Konflikts standen stets mehr als zwei Millionen Amerikaner unter Waffen; am Ende des Koreakrieges sowie zeitweilig während des Vietnamkrieges waren es sogar rund dreieinhalb Millionen. Seinen Tiefstand während des Ost-West-Konflikts erreichte der Truppenumfang in den 1970er Jahren, bevor in den 1980er Jahren noch einmal aufgerüstet wurde. Im Jahr 1990 fiel die Zahl der aktiven Soldaten erstmals seit dem Koreakrieg unter zwei Millionen, und schon 1996 waren es weniger als eineinhalb Millionen. Die US-Streitkräfte sind nach dem Ende des Ost-West-Konflikts also rasch um mehr als in Viertel geschrumpft und verharren seither in etwa auf dem Niveau von 1,4 Millionen Soldaten.

Einen noch stärkeren Einbruch erlebte die Präsenz des US-Militärs in Europa. In den 1950er Jahren standen zeitweise über 400 000 US-Soldaten in Europa, und in den 1980er Jahren waren es immer noch rund 350 000. Zu Beginn der 1990er fielen die Zahlen dann rasant. 1990 gab es in Europa nur noch gut 300 000 US-Soldaten, d. h. so wenige wie zwischenzeitlich während der *Détente* in den 1970er Jahren. In den Jahren 1991 und 1992 wurden weitere 100 000 Soldaten aus Europa abgezogen. Ab 1995 blieb die Zahl der US-Soldaten in Europa zehn Jahre lang recht stabil bei zirka 115 000. Entsprechend der Reduzierung der Personalstärke wurden in der ersten Hälfte der 1990er Jahre auch zwei Drittel der Militärstandorte in Europa geschlossen (U.S. Department of Defense 1995a: 29). Stärkere Reduzierungen gab es dann wieder ab 2005, so dass in den Jahren 2009 und 2010 weniger als 80 000 amerikanische Soldaten in Europa stationiert waren. Mit dem militärischen Personal wurde schließlich auch das zivile Personal des Verteidigungsministeriums in Europa deutlich reduziert.[132]

132 Interview mit James Townsend, der seit 1990 im Pentagon mit der Nato- und Europapolitik befasst ist.

Tabelle 25 Stärke der aktiven US-Truppen in Europa und weltweit, 1953–2010

Jahr	Gesamte Truppenstärke	Truppenstärke in Europa	Jahr	Gesamte Truppenstärke	Truppenstärke in Europa
1953	3 555 067	407 189	**1982**	2 108 612	355 759
1954	3 279 579	403 473	**1983**	2 123 349	342 430
1955	2 930 863	418 356	**1984**	2 138 157	351 811
1956	2 795 460	391 219	**1985**	2 151 032	357 948
1957	2 758 069	435 119	**1986**	2 169 112	357 750
1958	2 598 015	362 023	**1987**	2 174 217	354 440
1959	2 492 449	383 848	**1988**	2 138 213	356 400
1960	2 492 037	375 847	**1989**	2 130 229	341 331
1961	2 552 912	363 593	**1990**	2 046 144	309 827
1962	2 687 690	396 884	**1991**	1 986 259	284 939
1963	2 695 240	355 765	**1992**	1 807 177	205 052
1964	2 690 141	341 153	**1993**	1 705 103	166 249
1965	2 723 800	330 932	**1994**	1 610 490	137 575
1966	3 229 209	362 185	**1995**	1 518 224	118 162
1967	3 411 931	330 286	**1996**	1 471 722	115 255
1968	3 489 588	317 618	**1997**	1 438 562	112 464
1969	3 449 271	318 920	**1998**	1 406 830	116 444
1970	2 983 868	296 285	**1999**	1 385 703	118 631
1971	2 626 785	312 608	**2000**	1 384 338	117 411
1972	2 356 301	302 816	**2001**	1 385 116	118 105
1973	2 231 908	320 294	**2002**	1 411 634	112 548
1974	2 157 023	298 970	**2003**	1 434 377	117 910
1975	2 104 795	301 653	**2004**	1 426 836	114 860
1976	2 083 581	315 098	**2005**	1 389 394	101 622
1977	2 074 543	313 206	**2006**	1 384 960	96 119
1978	2 062 404	330 151	**2007**	1 379 551	86 400
1979	2 027 494	325 372	**2008**	1 401 757	82 460
1980	2 050 826	331 835	**2009**	1 418 542	78 598
1981	2 082 897	337 561	**2010**	1 430 985	79 288

Datenquelle: Jährliche Statistiken des US-Verteidigungsministeriums (U.S. Department of Defense 2011). Alle Zahlen geben den Stand vom 30. September des jeweiligen Jahres wieder. Für die Jahre vor 1953 liegen keine vollständigen Daten vor.

Abbildung 15 Anteil der in Europa stationierten US-Soldaten, 1953–2010

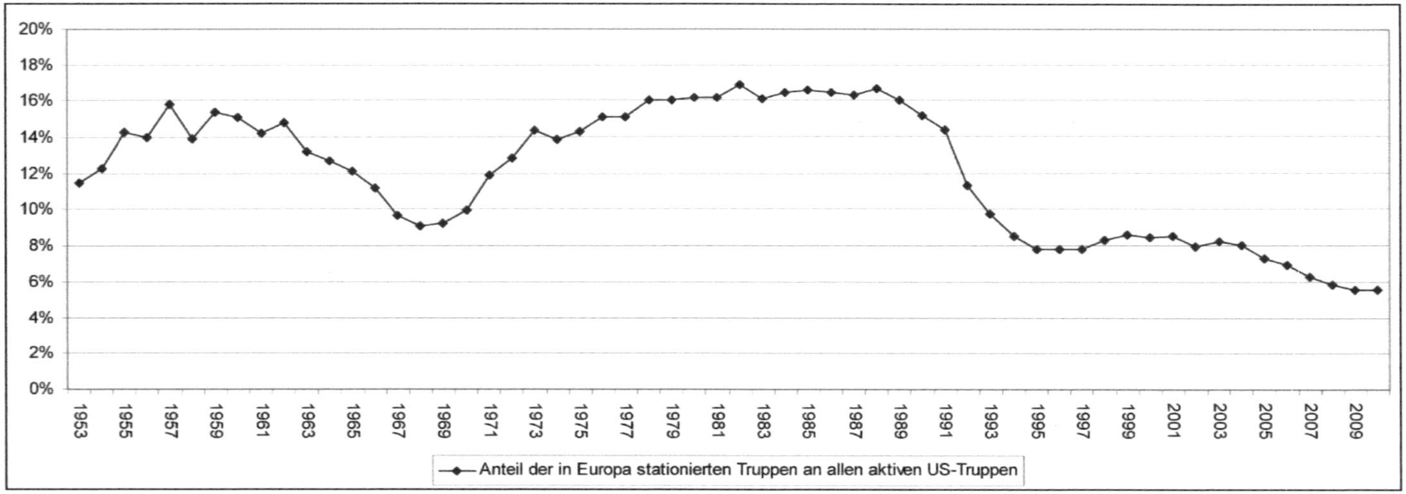

Datenquelle: Jährliche Statistiken des US-Verteidigungsministeriums (U.S. Department of Defense 2011); eigene Berechnungen. Alle Zahlen geben den Stand vom 30. September des jeweiligen Jahres wieder. Für die Jahre vor 1953 liegen keine vollständigen Daten vor. Absolute Zahlen: siehe Tab. 25.

In den zwei Jahrzehnten nach dem Ost-West-Konflikt ging die Zahl der US-Truppen in Europa also um mehr als 70 % zurück. Diese massiven Kürzungen schlugen sich in einem stark reduzierten Anteil der in Europa stationierten Streitkräfte am gesamten Truppenumfang nieder (vgl. Abb. 15): Zwischen 1990 und 1995 fiel der Anteil von über 15 % auf weniger als 8 %, und ab 2007 waren es nur noch rund 6 %. Tatsächlich waren die Zahlen ab 2004 sogar noch niedriger, denn seither waren stets mehr als zehntausend der nominell in Europa stationierten Soldaten in Irak und Afghanistan eingesetzt. Der Anteil Europas fiel deshalb reell ab 2004 sogar noch um einen Prozentpunkt niedriger aus. Er wird auch nicht mehr wesentlich ansteigen, weil nur ein Teil der im Irak und Afghanistan eingesetzten US-Soldaten nach Europa zurückkehren wird; der Rest wird nach dem Ende der Interventionen wohl großenteils auf US-Boden stationiert.[133]

Die Debatte innerhalb der amerikanischen *Defense Community* über die genaue Zahl der Rückkehrer war zum Zeitpunkt der Fertigstellung dieser Arbeit allerdings noch nicht abgeschlossen. Das wichtigste Argument für die Rückkehr bzw. den Verbleib der Truppen in Europa war dabei nicht die Behauptung, dass sie in Europa selbst gebraucht würden: „The idea that we have forces, for example, in Europe that are going to fight in Europe or forces on the Korean peninsula that are dedicated to Korean contingencies, is no longer our thought“, so Staatssekretär Douglas Feith 2004 (American Forces Information Service 2004). Die Truppen würden eher deshalb in Europa bleiben, weil sie von dort aus schnell die Krisenherde im Nahen Osten und Südasien erreichen können, wie es beispielsweise im Irakkrieg der Fall war. Darauf wies etwa der Leiter des Europa- und Nato-Referats im Verteidigungsministerium Ian Brzezinski hin (Brzezinski 2003). Verteidigungsminister Rumsfeld schränkte dies insofern ein, als er klarstellte, dass die Truppen in Europa nur dann hilfreich sind, wenn sie für den Lufttransport geeignet oder an der Südküste Europas stationiert sind, denn der Seeweg über Nordsee und Atlantik dauere zu lange; zudem gebe es eine gewisse Unsicherheit, ob die Europäer den US-Truppen auch in Zukunft immer die volle Bewegungsfreiheit (beispielsweise Überflugrechte) gewähren würden (Rumsfeld 2004a). Hinzu trat das Argument, dass die Stationierung der Truppen in den USA selbst billiger sei. Militärische und fiskalische Gesichtspunkte spielten innnerhalb der *Defense Community* eine größere Rolle als in der breiteren außenpolitischen Debatte, in der häufiger auf die genuin politische Funktion der US-Streitkräfte in Europa, die auch ein Symbol für den transatlantischen Zusammenhalt seien, hingewiesen wurde. In jedem Falle spricht die Entwicklung der Präsenz des US-Militärs in Europa recht klar für eine abnehmende Salienz Europas in der US-Außenpolitik nach dem Ost-West-Konflikt.

Neben den „nackten Zahlen“, die sicher die belastbarste und objektivste Grundlage für die Analyse in diesem Kapitel darstellen, mögen auch die Pläne und Argumente bezüglich der Stationierung der US-Truppen einen Aufschluss über die Bedeutung Europas in der amerikanischen Außenpolitik geben. Sicherheitsberater Brent Scowcroft erwog schon im März 1989 einen vollständigen Rückzug der US-Truppen aus Europa, wenn im Gegenzug auch die UdSSR ihre Truppen aus Mittel- und Osteuropa abziehen würde. Der Leiter der Europaabteilung im NSC-Stab Robert Blackwill konnte Scowcroft aber davon abhalten, eine entsprechende öffentliche Erklärung abzugeben, indem er auf die hohe symbolische Bedeu-

133 Diese und folgende Informationen stammen u. a. aus dem Interview mit Stephen Flanagan.

tung der amerikanischen Truppenpräsenz verwies, ohne die die Europäer nicht mehr an eine Unterstützung Europas durch die USA glauben würden (Beschloss/Talbott 1993: 38–39).

In einer Besprechung des Nationalen Sicherheitsrates am 18. Juni 1990 legte der stellvertretende Nationale Sicherheitsberater (und spätere Geheimdienstchef sowie Verteidigungsminister) Robert Gates die Position des Pentagons dar, nach der wesentlich weniger US-Truppen in Europa benötigt würden und sich die exakte Präsenz nicht an der Notwendigkeit zur Kriegführung, sondern an der als „angemessen" empfundenen Beteiligung der USA an den Verteidigungsanstrengungen der Nato orientierte. Zudem sollten die Truppen vor Ort in der Lage sein, eine rasche Aufstockung des Kontingents zu verkraften:

> The U.S. presence required a corps of about two divisions, but its exact size would be based less on war-fighting needs than on judgements about the appropriate proportion of U.S. participation in NATO's forces and the need to have an evident readiness to receive and utilize reinforcements. (zit. nach Zelikow/Rice 1997: 311)

Auch Präsident George H. W. Bush machte früh deutlich, dass die Präsenz der US-Truppen in Europa nicht mehr in erster Linie von der Sowjetunion abhing, und wies damit implizit die früheren Überlegungen seines Sicherheitsberaters zurück. Auf der anderen Seite stellte er sich den Forderungen europäischer Verbündeter nach einer hohen Truppenpräsenz der USA entgegen. In der Rede zur Lage der Nation im Januar 1990 erklärte der Präsident:

> I agree with our European allies that an American military presence in Europe is essential and that it should not be solely tied to the Soviet military presence in Eastern Europe. But our troop levels can still be lower. And so tonight I am announcing a major new step for a further reduction in U.S. and Soviet manpower in Central and Eastern Europe to 195,000 on each side. (Bush 1990a)

Wenig später, in der Nationalen Sicherheitsstrategie vom März 1990, bestätigte Bush die Reduktionspläne und bekräftigte zugleich die andauernde Rolle der US-Streitkräfte in Europa:

> In my State of the Union speech, in response to rapid changes in Europe, I proposed to lower substantially the levels of U.S. and Soviet ground and air force personnel in Central and Eastern Europe – to 195,000 troops. This proposal has been accepted ...
>
> In Europe, the overall level and specific contribution of U.S. forces are not etched in stone, but we will maintain forces in Europe – ground, sea and air, conventional and nuclear – for as long as they are needed and wanted, as I have pledged. Our forces in Europe contribute in many ways to stability and security. They are not tied exclusively to the size of the Soviet presence in Eastern Europe, but to the overall Alliance response to the needs of security. For the foreseeable future, we believe a level of 195,000 U.S. troops in Central Europe is appropriate for maintaining stability after a CFE reduction.[134] (White House 1990: 16, 26)

134 CFE = Conventional Armed Forces in Europe (Vertrag über Konventionelle Streitkräfte in Europa).

In der Nationalen Sicherheitsstrategie vom August 1991 legte die Administration genauer dar, welche Einheiten die US-Truppen in Europa umfassen sollten, und sie trat Befürchtungen entgegen, die praktische Relevanz der Truppen trete hinter ihre symbolische Bedeutung völlig zurück:

> In Europe, Soviet reductions and the dissolution of the Warsaw Pact allow us to scale back our presence to a smaller, but still significant, contribution to NATO's overall force levels. This presence will include the equivalent of a robust army corps, with a corps headquarters, associated corps units, and two ground force divisions supplemented by several air wings, appropriate naval forces, and sufficient infrastructure to support a return of additional forces. Such a force will preserve the operational, not just symbolic, significance of our presence. (White House 1991)

Zu diesem Zeitpunkt gingen die Vereinigten Stabschefs schon davon aus, dass die Zahl der US-Soldaten in Europa u. a. aufgrund von Haushaltszwängen und Abrüstungsvereinbarungen innerhalb weniger Jahre auf etwa 100 000 fallen würde (vgl. hierzu und zum Folgenden: Jaffe 1993). In den verteidigungspolitischen Debatten innerhalb der Administration von Bush sr. plädierten die Stabschefs am stärksten für eine Reduzierung der Truppenstärke in Europa, weil sie die wichtigsten Herausforderungen der USA im pazifischen Raum und in Lateinamerika sahen. Der Staatssekretär für Verteidigungspolitik Paul Wolfowitz dagegen vertrat, etwa in den Debatten über die *National Defense Strategy* im Jahr 1989, eine sehr eurozentrische Position, so dass die Frage, ob es ein Fehler der USA gewesen war, ihre Verteidigungsressourcen auf Europa zu konzentrieren, zwar aufgeworfen, aber nicht abschließend beantwortet wurde (vgl. White House 1989b: 5). Sowohl die militärische wie die zivile Führung im Pentagon vertraten allerdings die Ansicht, dass die USA ein Mindestmaß an Militärpräsenz in Europa bewahren mussten und dass die größte Gefahr darin bestand, dass der von den Demokraten kontrollierte Kongress den Verteidigungshaushalt mit Verweis auf den Frieden in Europa drastisch kürzen würde. So erinnerte sich Staatssekretär Wolfowitz: „What we were afraid of was people who would say … ‚Let's bring all of the troops home, and let's abandon our position in Europe'" (vgl. Mann 2004a).

Die in der NSS 1991 beschriebene Struktur der US-Streitkräfte in Europa wurde in der Pentagon-Studie *Bottom-Up Review,* die der neue Verteidigungsminister Les Aspin 1993 durchführen ließ, grundsätzlich bestätigt, allerdings wurde die Zahl des dafür benötigten militärischen Personals nun mit 100 000 angegeben (U.S. Department of Defense 1993a: 23). Damit lag die Administration auf der Linie des Kongresses, der 1992 gesetzlich festlegte, dass nicht mehr als 100 000 US-Soldaten in Europa stationiert sein sollten.

Dies war nicht das erste Mal, dass der Kongress versuchte festzulegen, wie viele US-Soldaten in Europa stationiert sein sollten. Seit den 1960er Jahren, als der Vietnamkrieg das Budget der USA immer stärker zu belasten begann, gab es im Kongress immer wieder einflussreiche Stimmen, die eine Reduzierung der US-Präsenz in Europa forderten (Weisbrode 2009: 253–254). Anfang der 1970er Jahre brachte der demokratische Senator Mike Mansfield mehrfach Gesetzentwürfe ein, die eine Reduzierung der US-Truppenstärke in Europa um etwa 50 % vorsahen; die Vorlagen scheiterten erst, nachdem Vertreter der Exekutive vehement dagegen argumentiert hatten (vgl. Rumsfeld 2011: 151–152). 1984 scheiterte im Senat eine Vorlage nur knapp, die den Rückzug von US-Truppen aus Europa für den Fall vorsah, dass die europäischen Verbündeten bestimmmte Zielvorgaben hinsichtlich ihrer Verteidigungsanstrengungen nicht erfüllten (was ihnen wahrscheinlich nicht gelungen wäre) (vgl. Congressional Budget Office 198).

Zudem legte der Kongress im Rahmen der Gesetzgebung zum Verteidigungshaushalt wiederholt Obergrenzen für die Stärke der in Europa stationierten US-Truppen fest, um Kosten zu sparen und die europäischen Verbündeten dazu zu bewegen, mehr für ihre eigene Verteidigung zu tun. 1985 legte der Kongress die Obergrenze für die US-Truppen in Europa auf 326 414 Männer und Frauen fest. 1990 senkte er die Grenze auf 261 855, 1991 auf 235 700 und 1992 schließlich auf die oben erwähnten 100 000 Soldaten (vgl. U.S. Congress 1990, 1991, 1992). Allerdings sollte diese Obergrenze (die anschließend vom Kongress nicht mehr geändert wurde) erst 1995 in Kraft treten, und tatsächlich wurde die Zielmarke von ca. 100 000 Soldaten erst im Jahr 2005 erreicht. Dennoch verstießen die verschiedenen Administration damit nicht gegen das Gesetz, denn dieses sah auch vor, dass die Präsidenten die Begrenzung aufheben konnten. Sie mussten dazu lediglich eine Verfügung erlassen, in der sie darlegten, dass aus Gründen der nationalen Sicherheit eine höhere Truppenstärke in Europa benötigt wurde.

Dessen ungeachtet blieb die Zahl von 100 000 Soldaten eine feste Größe in allen einschlägigen Strategiedokumenten der Clinton-Administration, d. h. in den Nationalen Sicherheitsstrategien (White House 1995, 1997, 1999), in der *Quadrennial Defense Review* vom Mai 1997 (U.S. Department of Defense 1997a) und in den *National Military Strategies* von 1995 und 1997 (Joint Chiefs of Staff 1995, 1997). Die Sicherheitsstrategie von 1995 machte zudem erstmals deutlich, dass Europa auch deshalb als Standort für die US-Streitkräfte wichtig war, weil von dort aus Nato-Operationen außerhalb des Bündnisgebietes durchgeführt werden sollten:

> Since the end of the Cold War, the United States has significantly reduced the level of U.S. military forces stationed in Europe. We have determined that a force of roughly 100,000 U.S. military personnel assigned to U.S. European command will preserve U.S. influence and leadership in NATO and provide a deterrent posture that is visible to all Europeans. While we continue to examine the proper mix of forces, this level of permanent presence, augmented by forward deployed naval forces and reinforcements available from the United States, is sufficient to respond to plausible crises and contributes to stability in the region. Such a force level also provides a sound basis for U.S. participation in multinational training and preserves the capability to deter or respond to larger threats in Europe and to support limited NATO operations „out of area." (White House 1995: 26)

Die darauf folgenden Nationalen Sicherheitsstrategien der Clinton-Administration enthielten sehr ähnliche Passagen mit denselben Grunddaten. In den Nationalen Sicherheitsstrategien des neuen Jahrtausends spielte die Frage der Truppenstationierung in Europa praktisch keine Rolle mehr; lediglich stellte die NSS 2002 fest, dass die USA Stützpunkte jenseits von Westeuropa und Nordostasien benötigten (White House 2002: 29).

Damit griff die NSS die Debatte über die Neuordnung der US-Auslandsstützpunkte *(global defense posture review)* auf, die der neue Verteidigungsminister Donald Rumsfeld 2001 angestoßen hatte, weil er die Struktur der amerikanischen Auslandsstützpunkte für völlig überholt hielt (Rumsfeld 2011: 301–304). In der *Quadrennial Defense Review* 2001 machte das Verteidigungsministerium deutlich, dass Europa und Nordostasien als Stützpunkte für die US-Streitkräfte unwichtiger wurden:

> During the latter half of the 20th century, the United States developed a global system of overseas military bases primarily to contain aggression by the Soviet Union. U.S. overseas presence aligned closely with U.S. interests and likely threats to those interests. However, *this overseas presence posture, concentrated in Western Europe and Northeast Asia, is inadequate for the new strategic environment,* in which U.S. interests are global and potential threats in other areas of the world are emerging …
>
> The U.S. global military posture will be reoriented to: Developing a basing system that provides greater flexibility for U.S. forces in critical areas of the world, *placing emphasis on additional bases and stations beyond Western Europe and Northeast Asia* … (U.S. Department of Defense 2001a: 25–26; Hervorh. AH)

Allerdings stellte das Pentagon in demselben Dokument auch klar, dass die Neuordnung der Stützpunkte nicht zu einer völligen Aufgabe der US-Präsenz in Europa und Nordostasien (wo ca. 90 000 US-Soldaten stationiert waren) führen sollte, weil es in diesen Regionen wichtige Knotenpunkte für die weltweiten Einsätze des amerikanischen Militärs sah:

> The United States will maintain its critical bases in Western Europe and Northeast Asia, which may also serve the additional role of hubs for power projection in future contingencies in other areas of the world. (U.S. Department of Defense 2001a: 27)

Die Betonung in dem Dokument auf *West*europa liegt darin begründet, dass der ganz überwiegende Teil der US-Truppen in Europa tatsächlich in Westeuropa stationiert war, während es in Osteuropa keine nennenswerte US-Militärpräsenz gab. Die Gewinnung von US-Stützpunkten in Osteuropa war ein Element der Neuordnung der Auslandsstützpunkte in den darauffolgenden Jahren, etwa durch Kooperationsabkommen mit Rumänien und Bulgarien in den Jahren 2005 bzw. 2006 (vgl. U.S. Government Accountability Office 2006: 14).

Der Begriff *Global Posture Review,* der den Überprüfungsprozess der Struktur der US-Auslandsstützpunkte beschrieb, wurde – quasi als informeller Titel – auch auf ein Memorandum des Verteidigungsministers vom 20. März 2003 übertragen, in dem die Grundlinien der Umstrukturierung dargelegt wurden und das den weiteren Planungsprozess anleiten sollte.[135] Eine für die Öffentlichkeit bestimmte Fassung des Dokuments erschien erst im September 2004 (U.S. Department of Defense 2004a), nachdem Präsident Bush am 16. August 2004 die Grundlinien der *Global Posture Review* in einer Rede öffentlich dargelegt hatte. Die Administration erklärte, dass über einen Zeitraum von zehn Jahren zwischen 60 000 und 70 000 Soldaten, die in Übersee stationiert waren, in die USA zurückkehren sollten (White House 2004). Die Hauptlast würde Europa tragen, wo die Pläne auf eine Kürzung um gut 40 000 Soldaten hinausliefen, auch wenn es keine Festlegung auf exakte Zahlen gab (vgl. O'Hanlon

135 Der genaue Titel des Memorandums lautete „Integrated Global Presence and Basing Strategy".

2008). Die Kürzungen betrafen vor allem die in Deutschland stationierten schweren Verbände des Heeres, die den größten Truppenteil in Europa ausmachten. Sie sollten durch kleinere, beweglichere und schneller rotierende Einheiten ersetzt werden. Gemäß diesen Plänen stellte das Pentagon noch in seinem Jahresbericht vom März 2005 fest:

> In Europe, both heavy divisions will return to the United States. To replace these divisions we will expand the airborne brigade in Italy, enhance the Army's training center in Germany, and possibly establish a rotational presence in Eastern Europe. (U.S. Department of Defense 2005a: 37).

Die Pläne, die vor allem im Büro des Verteidigungsministers entwickelt wurden, stießen auf Widerstand in den Reihen des US-Militärs, wo es einige gab, die „ihre" Truppen nicht aufgeben wollten, sowie im Außenministerium, wo Diplomaten um die guten Beziehungen zu den Staaten fürchteten, in denen die US-Truppen stationiert waren und die diese Präsenz in aller Regel auch behalten wollten (Rumsfeld 2011: 302–304). Der Kongress, der gemäß US-Verfassung für die Aufstellung und den Unterhalt der amerikanischen Streitkräfte zuständig ist, rief 2003 eine Kommission ins Leben, die vor allem aus ehemaligen Militärs bestand und die Reformpläne der Administration überprüfen sollte. Das als *Overseas Basing Commission* bekanntgewordene Gremium nahm 2004 seine Arbeit auf und legte 2005 seinen Abschlussbericht vor (Commission on Review of Overseas Military Facility Structure 2005). Damit bekamen die Pläne der Bush-Administration einen schweren Dämpfer, denn die Kommission empfahl unter anderem, die schweren Heeresverbände wenigstens teilweise in Europa zu belassen. Sie begründete dies zum einen mit dem militärischen Nutzen, den diese Verbände angesichts der Unsicherheiten an der Peripherie Europas noch haben könnten, zum anderen mit dem politischen Nutzen, denn ohne eine dauerhafte und signifikante militärische Präsenz würde der politische Einfluss der USA in Europa erheblich sinken.

Nachdem mit der Umsetzung der *Global Posture Review* begonnen wurde und die Truppenstärke in Europa deutlich unter 100 000 Mann fiel, sprachen sich im Jahr 2007 führende US-Militärs in Europa aus militärischen Erwägungen gegen weitere Kürzungen in der Region aus. Verteidigungsminister Robert Gates beschloss daraufhin, die Reduktionen bei den Heeresverbänden vorerst zu stoppen (Shanker 2007). Die im Februar 2010 veröffentlichte *Quadrennial Defense Review* schließlich schloss weitere Kürzungen in Europa zwar nicht ausdrücklich aus, doch sie ließ in Ton und Substanz auf eine weiterhin signifikante US-Präsenz in Europa schließen (vgl. Atlantic Council 2010; U.S. Department of Defense 2010c).

Vergleicht man die Ankündigungen und Festlegungen der US-Regierung bezüglich der militärischen Präsenz der USA mit der tatsächlichen Entwicklung vor Ort, dann fällt – auch unter Berücksichtigung der üblichen Zeitverzögerung bei der Programmimplementation – auf, dass die Pläne der Regierung oft zu ehrgeizig waren, um sie vollends umsetzen zu können. Dies scheint ein nahezu universelles Problem (und manchmal auch eine bewusste Taktik) in der Politik zu sein und überrascht deshalb per se nicht. Allerdings klafften in diesem Falle nicht nur Anspruch und Wirklichkeit ein Stück weit auseinander, sondern es lässt sich feststellen, dass die US-Regierung offenbar einen Lernprozess durchgemacht hat. Gerade in den 2000er Jahren erweckte die US-Regierung zunächst den Anschein, als würde in Europa praktisch kein amerikanisches Militär mehr benötigt und als dienten die US-

Stützpunkte in Europa nur noch als Trittsteine für die weltweit rotierenden Einsatzkräfte der USA. Nach und nach setzte sich jedoch die – vor allem von militärischen Kreisen vertretene – Ansicht durch, dass auch die „klassischen" Formen der amerikanischen Militärpräsenz, also etwa schwere Heeresverbände, die dauerhaft in ihren Stützpunkten stationiert waren, weiterhin wichtige militärische und politische Funktionen erfüllten. So gesehen wurde der Bedeutungsverlust Europas gegen Ende des Untersuchungszeitraumes gestoppt oder zumindest stark abgebremst. Der grundlegende Befund, dass die Entwicklung der Militärpräsenz der USA in Europa insgesamt für einen starken Bedeutungsverlust seit den frühen 1990er Jahren spricht, bleibt davon unberührt.

V.C.2 Die Strategiepapiere und Berichte des Verteidigungsministeriums

Ebensowenig wie beim Außenministerium gibt es im Falle des Verteidigungsministeriums einen für diese Arbeit einschlägigen Dokumententyp, der über den gesamten Untersuchungszeitraum in regelmäßigen Abständen veröffentlicht worden wäre. Eine vergleichende Analyse der Entwicklung Europas im Laufe der Jahrzehnte ist deshalb schwierig. Das wichtigste Planungsdokument des Pentagons, die *Quadrennial Defense Review,* ist immerhin schon vier Mal erschienen. Auf dieser Grundlage lässt sich ein rudimentärer Vergleich der Salienz Europas anstellen, bei dem vor allem auffällt, dass Europa und die Nato in der QDR 2001 eine vergleichsweise kleine Rolle spielen, bevor sie in den folgenden Dokumenten wieder wichtiger werden (vgl. Tabelle 26). Insbesondere erstaunt es, dass die Nato, obwohl sie das älteste und größte Militärbündnis der USA darstellt, in dem Planungspapier von 2001 auf 79 Seiten nur zwei Mal erwähnt wird.[136] Dies ist im Vergleich zu den anderen Planungspapieren eine bemerkenswerte Vernachlässigung, die sich nicht alleine auf eine grundsätzliche Ablehnung von Bündnissen zurückführen lässt. Denn wenn wir die Häufigkeit der Begriffe

Tabelle 26 Europa in der Quadrennial Defense Review, 1997–2010

	1997	**2001**	**2006**	**2010**
Häufigkeit von „Europe/European"	11	9	10	16
Häufigkeit von „NATO"	11	2	20	15
Häufigkeit von „Russia/Russian"	13	2	5	4
gesamt	35	13	35	35
Seitenlänge des Papiers	k. A.*	79	113	128
Häufigkeit „Europe/NATO" pro Seite	–	0,16	0,31	0,27
Häufigkeit von „allies/alliance"	51	53	71	125

* Dokument liegt nur im html-Format vor. Quelle: U.S. Department of Defense 1997a, 2001, 2006, 2010c.

136 Auch wurden keine anderen Begriffe, etwa „Atlantic alliance", benutzt, um auf die Nato Bezug zu nehmen.

„allies“ und „alliance“ als Messgröße heranziehen, so zeigt sich, dass die QDR 2001 insgesamt einen ähnlich hohen Wert auf Bündnisse zu legen scheint wie die QDRs 1997 und 2006.

Unter den grundlegenden Strategie- oder Rechenschaftsberichten ist es der *Annual Defense Report,* den das Pentagon in unserem Untersuchungszeitraum am häufigsten und regelmäßigsten publiziert hat.[137] Er liegt für die Jahre 1995 bis 2005 vor. Tabelle 27 gibt die Häufigkeit der Verwendung der Begriffe „Europe“ (bzw. „European“) und „NATO“ in den Jahresberichten wieder. Der starke Abfall im Jahr 2002 erklärt sich zum Teil dadurch, dass die Berichte ab diesem Jahr erheblich kürzer wurden: Sie waren von 2002 bis 2005 jeweils weniger als halb so lang wie die Berichte der Vorjahre.[138] Doch selbst wenn man diese geringere Länge in Rechnung stellt, werden die Begriffe Europa und Nato relativ gesehen ab 2002 wesentlich seltener benutzt als in den Jahren 1995 bis 2001. Dies spricht dafür, dass Europa in den Aktivitäten des Pentagons ab 2002 eine deutlich geringere Bedeutung hatte als in den Jahren zuvor.

Tabelle 27 Europa in den Jahresberichten des Verteidigungsministeriums, 1995–2005

	1995	1996	1997	1998	1999	2000	2001	2002	2003	2004	2005
Häufigkeit von „Europe/European“	53	94	69	48	67	85	70	18	7	14	8
Häufigkeit von „NATO“	40	57	53	38	45	66	77	2	5	1	1
Häufigkeit von „Russia/Russian“	98	96	80	34	38	42	43	7	0	0	1
gesamt	191	247	202	130	150	193	187	27	12	15	10

Quelle: U.S. Department of Defense 1995b, 1996, 1997b, 1998, 1999, 2000a, 2001b, 2002, 2003, 2004b, 2005a. Berichte liegen nur für den hier behandelten Zeitraum vor.

Fasst man die quantitative Analyse der *Quadrennial Defense Reviews* und der *Annual Defense Reports* zusammen, so fällt auf, dass Europa offenbar stark an Bedeutung verlor, nachdem George W. Bush im Weißen Haus und Donald Rumsfeld im Pentagon ihre Ämter übernommen hatten. Denn sowohl die QDR 2001 wie auch der Jahresbericht 2002 sind jeweils die ersten Dokumente ihrer Art, die von der George W. Bush-Administration erstellt wurden (der Jahresbericht 2001 wurde noch in den letzten Wochen der Clinton-Administration unter der Leitung von Verteidigungsminister William Cohen verfasst). Diese Beobachtung deckt sich mit den Aussagen von James Townsend, der im gesamten Untersuchungszeitraum im Verteidigungsministerium gearbeitet hat und 2001 eine deutliche Verschiebung der Aufmerksamkeit in Richtung Naher Osten („a Middle East agenda“) auf Kosten Europas erfuhr.[139]

137 Der volle Titel lautet: *Annual Report to the President and the Congress.*
138 Genaue Seitenangaben sind nicht möglich, weil die Dokumente teilweise nur im html-Format vorliegen.
139 Interview mit James Townsend.

Donald Rumsfeld, der 2001 den Posten des Verteidigungsministers übernahm, macht in seinen Memoiren deutlich, dass das Erstellen von „Ranglisten" der wichtigsten Weltregionen, das oft als akademische Fingerübung ohne Bezug zur politischen Realität abgetan wird, durchaus von politischer Relevanz ist (vgl. Rumsfeld 2011: 303–315):

> Upon arriving at the Pentagon, I made a list of what I saw as the areas of the world that would need to be near the top of our national security priorities. Each needed to be managed deftly. I was particularly focused on our relations with two of America's former rivals – a resurgent Russia and a strengthening China. (Rumsfeld 2011: 305)

Rumsfeld schreibt weiter, dass Russland auch andere Regierungsmitglieder intensiv beschäftigte, während China als möglicherweise noch größere, aber eher zukünftige denn akute Herausforderung galt (Rumsfeld 2011: 310). In den Augen des Verteidigungsministeriums war Russland – auch schon vor Rumsfelds Amtsantritt – besonders wichtig, weil das Land immer noch über ein umfangreiches Atomwaffenarsenal verfügte und es zuallererst dem Pentagon oblag, die USA vor den Gefahren durch dieses Arsenal zu schützen. Dies zeigen nicht zuletzt die Jahresberichte des Pentagons, in denen Russland zumindest bis 2001 eine große Rolle spielte. Dabei ging es erstens um das so genannte *Cooperative Threat Reduction (CTR) Program* (auch bekannt als *Nunn-Lugar Program*), mit dem die USA bei der Sicherung nuklearer Bestände in den Staaten der ehemaligen Sowjetunion half; zweitens um die Abrüstung im Bereich der strategischen Nuklearwaffen *(START II);* und drittens um die Raketenabwehr, deren Bau die USA insbesondere ab 2001 vorantrieben und für die sie den ABM-Vertrag mit Russland kündigten.

In den Jahresberichten von 1998 bis 2001 sowie in der *Quadrennial Defense Review* von 1997 wird Russland neben China als potenzieller weltpolitischer Rivale *(global peer competitor)* gehandelt, dessen Entwicklung aber höchst unsicher sei. In den übrigen Jahresberichten kommt das Konzept des *peer competitor* nicht vor, es werden also auch keine anderen Staaten in dieser Rolle gesehen. Die Jahresberichte von 1995 bis 2001 zeigen außerdem, dass Russland und die anderen Nachfolgestaaten der Sowjetunion als eigene Region betrachtet werden, denn „Europe" und die „New Independent States" werden stets in getrennten Kapiteln behandelt. Erst 2002 wird Russland im Europakapitel behandelt, allerdings zeichnet sich hier schon ab, dass der regionale Ansatz seinen strukturierenden Nutzen verliert, und in den folgenden Jahresberichten finden sich gar keine Regionalkapitel mehr.

In den QDRs 2001 und 2006 findet das Konzept des *peer competitor* weiterhin Erwähnung, allerdings nicht mehr mit Bezug auf Russland, sondern auf den asiatischen Raum. Russland wird in den 2000er Jahren vor allem unter drei Aspekten gesehen: erstens als Staat mit regressiven demokratischen Strukturen, zweitens als Bedrohung für seine unmittelbaren Nachbarn und drittens als wertvoller Kooperationspartner bei der Bekämpfung des Terrorismus sowie der Verhinderung der Verbreitung von Massenvernichtungswaffen und ihrer Trägersysteme (U.S. Department of Defense 2001: 4–5; 2006: 28–29; 2008b: 3–4; 2010: 58–59).

Neben die andauernde Beschäftigung mit der nuklearen Großmacht Russland traten für das Pentagon in den 1990er Jahren neue, regionale Gefahren, und dies nicht nur, aber vor allem in Europa. Einen Einblick in die Regionalstrategie und die Europabilder des Verteidigungsministeriums liefert ein Entwurf für das Strategiepapier *Defense Planning Guidance*

(DPG) aus dem Jahr 1992. Er wurde der *New York Times* zugespielt, von der Zeitung am 8. März 1992 in Auszügen veröffentlicht und löste damit eine heftige Debatte über die Sicherheitspolitik der USA und die transatlantischen Beziehungen aus.

Der Zweck einer DPG ist die Verteidigungsplanung für einen Zeitraum von mehreren Jahren, auf deren Grundlage die Budgetanforderungen für diese Jahre kalkuliert werden. Sie wird in der Regel alle zwei Jahre erstellt und ist nicht zur Veröffentlichung bestimmt.[140] Die Arbeiten an der 1992 bekannt gewordenen DPG begannen 1991; ihr kam also eine besondere Bedeutung zu, weil sie die erste DPG seit dem Ende des Ost-West-Konflikts darstellte (vgl. hierzu und zum Folgenden: Mann 2004a; 2004b: 208–215; National Security Archive 2008). Die Federführung bei der Erstellung der DPG, die letztlich von Verteidigungsminister Dick Cheney abgesegnet werden musste, sollte beim Staatssekretär für Verteidigungspolitik *(Under Secretary of Defense for Policy)* Paul Wolfowitz liegen. Die tatsächliche Arbeit an dem Entwurf leisteten jedoch zunächst eine Reihe anderer Personen im Pentagon, darunter Zalmay Khalilzad, der Leiter von Wolfowitz' Planungsabteilung; Dale Vesser, ein pensionierter Armeegeneral und leitender Mitarbeiter des stellvertretenden Staatssekretärs I. Lewis Libby; Adam Shulsky, ein Mitarbeiter der nachrichtendienstlichen Abteilung des Pentagons; Andrew Marshall, der Leiter der Forschungsabteilung des Pentagons; und Paul Kozemchak, ein Mitarbeiter dieser Abteilung. Es wäre also unzutreffend zu behaupten – wie es einige später taten –, dass das Papier nur das Werk einer Einzelperson und keine im Verteidigungsministerium verbreitete Sichtweise darstellte.

Mitte Februar 1992 hielten Khalilzad und Vesser den Entwurf für reif genug, um ihn an einen größeren Kreis von Führungspersonen im zivilen wie im militärischen Teil des Pentagon zu verteilen, und diese Fassung erreichte auch die *New York Times.* Weder Staatssekretär Wolfowitz noch Verteidigungsminister Cheney kannten bis dato den Entwurf in dieser Form; während Wolfowitz zurückhaltend auf das veröffentlichte Papier reagierte, zeigte sich Cheney – zumindest in internen Gesprächen – begeistert (Mann 2004a). Nach der öffentlichen Kritik beauftrage Wolfowitz den stellvertretenden Staatssekretär I. Lewis Libby mit der Federführung bei der Überarbeitung des Entwurfes. Das Ziel sollte sein, der Kritik an dem Entwurf den Wind aus den Segeln zu nehmen, ohne das Papier in seiner Substanz zu verwässern. Das nochmals vielfach überarbeitete Papier wurde schließlich von Verteidigungsminister Cheney im Januar 1993 unter dem Titel *Defense Strategy for the 1990s: The Regional Defense Strategy* veröffentlicht. Dabei erregte es vergleichsweise wenig Aufmerksamkeit – zum einen, weil die Übernahme der Regierungsgeschäfte durch das Clinton-Team kurz bevorstand und dem Papier deshalb keine prägende Kraft mehr zugeschrieben wurde, zum anderen weil das Papier einige besonders umstrittene Formulierungen nicht mehr enthielt.

Unmittelbar nach seiner Veröffentlichung in der *New York Times* wurde der DPG-Entwurf sowohl in den USA wie auch im Ausland heftig kritisiert, vor allem wegen seiner unverhüllten Zielsetzung, die globale Vorherrschaft der Vereinigten Staaten dauerhaft zu festigen und den Aufstieg anderer Mächte schon im Keim zu ersticken. Im Wortlaut liest sich dieser Anspruch so (vgl. New York Times 1992):

---

140 Die *Defense Planning Guidance* wurde im Jahr 2003 durch zwei Dokumente ersetzt: Die *Strategic Planning Guidance* (SPG) enthält die politisch-strategischen Elemente der alten DPG, während die *Joint Planning Guidance* (JPG) die spezifischeren Programmelemente darlegt (Rumsfeld 2003).

> Our first objective is to *prevent the emergence of a new rival,* either on the territory of the former Soviet Union or elsewhere, that poses a threat on the order of that posed formerly by the Soviet Union. This is a dominant consideration underlying the new regional defense strategy and requires that we endeavor to *prevent any hostile power from dominating a region whose resources would, under consolidated control, be sufficient to generate global power. These regions include Western Europe,* East Asia, the territory of the former Soviet Union, and Southwest Asia.
>
> There are three additional aspects to this objective: First, the U.S. must show the leadership necessary to establish and protect a new order that holds the promise of convincing potential competitors that they need not aspire to a greater role or pursue a more aggressive posture to protect their legitimate interests. Second, in the non-defense areas, *we must account sufficiently for the interests of the advanced industrial nations to discourage them from challenging our leadership or seeking to overturn the established political and economic order.* Finally, we must maintain the mechanisms for *deterring potential competitors from even aspiring to a larger regional or global role.* (Hervorh. AH)

Bemerkenswert sind an diesen Aussagen vor allem zwei Aspekte: zum einen die präventive Natur und damit verbundene ambitionierte Agenda der Strategie, die daraus sprechen, dass mögliche Konkurrenten schon frühzeitig davon abgehalten werden sollten, eine größere Rolle – und sei es nur im regionalen Rahmen – auch nur anzustreben.[141] Zum anderen fällt auf, dass nicht nur jene Staaten, deren problematisches Verhältnis zu den USA bekannt war, als potenzielle Konkurrenten gesehen wurden, sondern auch Staaten, die gemeinhin zu den engsten Verbündeten der USA gezählt wurden, darunter die fortgeschrittenen Industrienationen Westeuropas. Obwohl sie nicht namentlich genannt wurden, ist davon auszugehen, dass das Pentagon mit Blick über den Nordatlantik vor allem Deutschland oder ein geeintes Europa als mögliche Bedrohungen der amerikanischen Vormachtstellung sah (Mann 2004b: 210–212).

Die Ambivalenz in der Haltung gegenüber den Verbündeten drückte sich auch in einem schriftlichen Kommentar zum DPG-Entwurf aus, der im April 1992 verfasst wurde. In dem Diskussionspapier, das das Verteidigungsministerium 2007 freigab, dessen Autor aber unbekannt bleibt, wird unter dem Stichwort „Role of Allies" die Frage aufgeworfen: „Do we seek alliances principally because we fear them as potential competitors or value them as current allies?" (Department of Defense 1992a). Das Pentagon sah in den Europäern sowohl Verbündete als auch mögliche Rivalen, und es versuchte das dadurch entstehende Spannungsverhältnis aufzulösen, indem es die Frage zu beantworten suchte, welches der beiden Bilder den wichtigeren Grund für die Einbindung der Verbündeten lieferte.

In der letztlich veröffentlichten *Regional Defense Strategy* wird den europäischen Verbündeten eine wesentlich positivere Rolle zugeschrieben (vgl. U.S. Department of Defense 1993b: 3). Bei der Beschreibung möglicher Konkurrenten wird nicht mehr explizit auf die

---

141 Brooks und Wohlforth (2002, 2008) stehen für die Position, dass dieses Ziel effektiv erreicht wurde. Der Grund für die Abwesenheit einer Gegenmachtbildung gegen die USA im internationalen System liegt demnach darin, dass es für andere Staaten von vornherein aussichtslos ist, den Machtvorsprung der USA einholen zu wollen.

entwickelten Industriestaaten Bezug genommen; stattdessen wird stärker betont, dass die Gefahr von nichtdemokratischen Staaten ausgehe. Zudem werden hinsichtlich der Regionen, in denen keine „feindlich gesinnte“ Macht eine dominante Stellung erreichen dürfe, nicht mehr Westeuropa und die frühere Sowjetunion getrennt benannt, sondern es wird nur noch von „Europa“ gesprochen. Damit setzte sich das Pentagon zumindest nicht mehr der Kritik aus, dass es offenbar, neben den Staaten der ehemaligen Sowjetunion, auch unter den Verbündeten in Westeuropa potenzielle Gefahrenherde sehe. Schließlich betont das Dokument stärker die Bedeutung und den positiven Nutzen von Amerikas Bündnissen, darunter namentlich auch des Bündnisses mit den europäischen Staaten.

Die Dominanz regionaler Bedrohungsszenarien und die entsprechende regionale Ausrichtung der Verteidigungsstrategie setzte sich im Pentagon auch nach dem Ausscheiden der Republikaner fort. Die vom Demokraten Les Aspin initiierte *Bottom-Up Review* von 1993 nennt unter den „neuen regionalen Gefahren“ die Bürgerkriege im ehemaligen Jugoslawien und die unsicheren Entwicklungen in Mittel- und Osteuropa, die zu regionaler Instabilität und Konflikten führen könnten (U.S. Department of Defense 1993a: 7). Europa wird deshalb auch als erste von mehreren Weltregionen genannt, in denen sich die USA auf die Möglichkeit eines „major regional conflict“ einstellen müssten (ebd.). Die Jahresberichte von 1995 bis 2001 widmen allesamt das erste Regionalkapitel dem europäischen Schauplatz; 2002 fällt Europa hinter Asien und den Nahen Osten zurück (U.S. Department of Defense 2002: 11–12).

Die regionalen Herausforderungen werden auch in der QDR 1997 betont, und in der QDR 2001 wird – trotz der Akzentverlagerung vom bedrohungszentrierten zum fähigkeitszentrierten Ansatz (vgl. Kap. IV.C.1) – der Gedanke aus den frühen 1990er Jahren wieder aufgegriffen, dass die Entstehung regionaler Hegemonien, auch in Europa, verhindert werden müsse: „Precluding hostile domination of critical areas, particularly Europe, Northeast Asia, the East Asian littoral, and the Middle East and Southwest Asia“ (U.S. Department of Defense 2001a: 2).

Zudem findet sich auch in den Strategiepapieren das Argument, dass die amerikanische Präsenz in Europa wichtig für die Projektion von Einfluss in andere Regionen ist: „European-based U.S. forces are also often the first forces to respond to emerging crises in Europe, Africa, and the Middle East“ (U.S. Department of Defense 1997b, 1998, 1999, 2000a). Auf die große Bedeutung dieser Funktion Europas als „unsinkbarer Flugzeugträger“ hatte das US-Militär schon während des Golfkrieges 1991 hingewiesen (vgl. Clemens 1991: 28), und in diesem Sinne spielte Europa auch noch in der *National Defense Strategy* von 2005 als „forward region“ eine herausgehobene Rolle:

> Our military presence abroad comprises tailored and increasingly rotational forces operating in and from four forward regions – Europe, Northeast Asia, the East Asian Littoral, and the Middle East-Southwest Asia. (U.S. Department of Defense 2005b: 20–21)

Die QDR 2006 stellt fest, dass der Blick auch über diese Regionen hinaus gerichtet werden müsse (U.S. Department of Defense 2006: 36). Ausführlicher als ihre Vorgänger geht die QDR 2006 auch auf die Bündnisse der USA ein. Die Nato wird dabei an erster Stelle genannt, doch nicht ohne kritische Untertöne: zum einen findet ein Nato-Staat – das Vereinigte Königreich – eine besondere Erwähnung aufgrund seiner Mitwirkung im Irakkrieg (im Umkehrschluss ist dies auch ein Signal der Nichtbeachtung der anderen Verbündeten); zum anderen sieht das Pentagon in vielen europäischen Staaten keine Zukunftsperspektive bezüglich der Mitwirkung im Bündnis:

> In many European allied states, however, aging and shrinking populations are curbing defense spending on capabilities they need for conducting operations effectively alongside U.S. forces. (U.S. Department of Defense 2006: 88)

Die QDR 2010 geht noch ausführlicher auf die Rolle der Verbündeten ein und bleibt bei dem etablierten Muster, den Europäern den wichtigsten Platz einzuräumen:

> Central to the security of the United States is a strong transatlantic partnership, which is underpinned by the bilateral relationships between the United States and the governments of Europe. (U.S. Department of Defense 2010: 57)

Eine besondere Erwähnung finden hier Frankreich aufgrund seiner Rückkehr in die Nato-Kommandostruktur und das Vereinigte Königreich aufgrund seiner Dienste in den vergangenen Jahrzehnten. Zudem nennt die QDR 2010 namentlich alle Staaten, die einen Beitrag zur *International Security Assistance Force* in Afghanistan leisteten; darin drückt sich eine Anerkennung für die geleisteten Dienste aus. Die QDR 2010 betont zwar – wie sehr viele Dokumente des Pentagons – den Wert der bilateralen Beziehungen zwischen den USA und den europäischen Nationalstaaten. Auf der anderen Seite ist die QDR 2010 die erste, in der die Europäische Union erwähnt wird:

> The U.S. relationship with the European Union, together with the NATO-EU relationship, has become even more important in recent years in projecting the full force of transatlantic power. (U.S. Department of Defense 2010: 58)

Neben den Strategiepapieren und Berichten, die sich mit der gesamten Breite der amerikanischen Verteidigungspolitik befassen, hat das Verteidigungsministerium 1995 und 2000 jeweils ein längeres Strategiepapier (39 bzw. 63 Seiten) speziell zu den transatlantischen Sicherheitsbeziehungen veröffentlicht. Hier stellte das Pentagon zunächst fest, dass Europa ohne die USA nicht auskommt:

> With the end of the Cold War, some thougth that the struggle over power and ideas in Europe had ended with the victory of democracy over communism, and that an American presence would no longer be necessary. But after only a few years, it is clear that American involvement remains essential for European stability. (U.S Department of Defense 1995a: 1)

Beide Europastrategien betonen die *sicherheitspolitischen* Interessen der USA in Europa, was bei Papieren, die in einem Verteidigungsministerium verfasst wurden, nicht überrascht. In beiden Strategiepapieren sieht das Pentagon Europa aber auch unter wirtschaftlichen Gesichtspunkten, indem es die wirtschaftliche Bedeutung Europas für die USA und die

Weltwirtschaft betont. Zudem bringen beide Papiere Europa auch mit „weichen“ Themen in Verbindung. In der Europastrategie von 1995 werden die europäischen Wurzeln der USA besonders betont, und die USA und Europa erscheinen praktisch als eine sozio-kulturelle Gemeinschaft:

> America's cultural heritage and institutions largely spring from European roots … The majority of Americans claim European ancestry or ethnic origin … Moreover, there are myriad of deep historical and political-philosophical ties between the United States and Europe. America's relationship with Europe and the mutual security interests the United States defends with its allies are thus of fundamental importance to the American republic. (U.S. Department of Defense 1995a: 1–5)

In der Europastrategie von 2000 liegt die Betonung stärker auf Demokratie und Menschenrechten, für die die USA und Europa gemeinsam stehen und die im europäischen Raum wie auch darüber hinaus gefördert werden sollen (U.S. Department of Defense 2000b: 5–6).

Beide Strategiepapiere benennen sicherheitspolitische Herausforderungen in Europa wie auch solche, die sich weltweit stellen. In der Europastrategie 1995 heißt es entsprechend:

> Local conflicts, internal political and economic instability, and the reemergence of historic grievances have replaced Soviet expansionism as the greatest threats to peace in Europe …
>
> Transatlantic cooperation is the key not only to advancing our mutual interests in Europe, but also to solving global problems. (U.S. Department of Defense 1995a: 1–3).

In der Europastrategie 2000 haben sich diese Gewichte deutlich verlagert: Die Bedrohungen im europäischen Raum werden zwar nach wie vor behandelt, doch widmet sich das Papier auch in großer Ausführlichkeit den globalen Herausforderungen, die die transatlantischen Partner zusammen meistern sollen (U.S. Department of Defense 2000b: 49–60). Die Europastrategie 2000 zeichnet sich zudem dadurch aus, dass sie einigen europäischen Verbündeten offen eine völlig falsche Ausgabenpolitik im Verteidigungsbereich unterstellt:

> [S]ome Allies are headed in the wrong direction, either seriously considering or carrying out real reductions in defense spending. This trend will have to be reversed. (U.S. Department of Defense 2000b: 17)

Gerade angesichts der Ressourcenknappheit, aber auch aus grundsätzlichen Erwägungen heraus warnt das Strategiepapier vor einer unnötigen Duplizierung von Fähigkeiten im Rahmen von Nato und EU.

Die Debatten um eine faire Lastenteilung *(burdensharing)* im Atlantischen Bündnis sind beinahe so alt wie das Bündnis selbst. Lange Zeit ging es dabei vor allem um die Übernahme der Kosten für die Stationierung der US-Truppen im Ausland *(host nation support),* und das Verteidigungsministerium neigte – anders als der US-Kongress – eher dazu, die Tatsache zu würdigen, dass beispielsweise Deutschland und Japan, die beiden größten Stationierungsländer, weit über die Hälfte der Kosten trugen (U.S. Department of Defense 1995a: 31–32). Im Laufe der 1990er Jahre trat dann die Sorge in den Vordergrund, dass die Verbündeten nicht genug für ihr eigenes Militär ausgaben; auch die QDR 2006 griff diese Sorge auf, wie wir oben gesehen haben. In offiziellen Verlautbarungen ging kein US-Vertreter so weit, den Europäern vorzuhalten, dass sie die USA unbotmäßig ausnutzten. Doch der ehemalige Verteidigungsminister Rumsfeld etwa macht in seinen Memoiren deutlich, dass genau dies seine Sichtweise war:

> *In large part because America was taking on the job for them,* European defense expenditures were disturbingly low and declining as percentage of their GDPs. (Rumsfeld 2011: 302–303; Hervorh. AH)

Wie wir im folgenden Kapitel sehen werden, fügte sich dies in ein insgesamt recht kritisches Europabild auf Seiten Rumsfelds ein, das er überdies in sehr pointierter Weise zu zeichnen wusste.

V.C.3 Reden und Stellungnahmen aus dem Verteidigungsministerium

Wie im Falle des Weißen Hauses und des Außenministeriums geht es bei der Analyse des Verteidigungsministeriums in diesem Unterkapitel vor allem um programmatische Reden und Aussagen, die Ministeriumsvertreter in Europa oder in europapolitischen Kontexten gemacht haben. Nach dem Online-Archiv des Verteidigungsministeriums zu urteilen, gaben Vertreter dieses Ministeriums in den 1990er Jahren wesentlich mehr Reden und Erklärungen zu europäischen Themen ab, als es in den 2000er Jahren der Fall war.[142] Eine häufig genutzte Gelegenheit dazu bot in den 1990er Jahren das *Transatlantic Forum* der Westeuropäischen Union (WEU), das regelmäßig in Washington, D.C. stattfand. Im gesamten Untersuchungszeitraum gab es zudem regelmäßige Erklärungen von Vertretern des US-Verteidigungsministeriums auf der Münchner Sicherheitskonferenz. Diese Konferenz, die jährlich am ersten Februarwochenende stattfindet, ist eine internationale Zusammenkunft von Außen- und Sicherheitspolitikern, Diplomaten, Militärs und Wirtschaftsführern. Nach ihrer Gründung als „Wehrkundetagung" im Jahr 1962 beschränkten sich sowohl der Teilnehmerkreis wie auch die thematische Ausrichtung der Konferenz für drei Jahrzehnte vor allem auf den euro-atlantischen Raum. Seit den 1990er Jahren, und noch einmal verstärkt im ersten Jahrzehnt des neuen Jahrtausends, öffnete sich die Konferenz zunehmend neuen Teilnehmern und Themen aus dem Feld der Sicherheitspolitik. Die Münchner Konferenz gilt als eine der wichtigsten Veranstaltungen der internationalen Sicherheitspolitik, weil die Teilnehmer hier weitgehend ohne die Zwänge eines formellen diplomatischen Rahmens die wichtigsten sicherheitspolitischen Herausforderungen der Zeit sowohl öffentlich wie auch hinter verschlossenen Türen diskutieren können. Aus den Kreisen der US-Regierung nehmen in der Regel ranghohe Vertreter des Verteidigungsministeriums (häufig sogar der Verteidigungsminister selbst), des Weißen Hauses sowie an sicherheitspolitischen Themen interessierte Kongressmitglieder an der Konferenz teil.

---

142 Vgl. http://www.defense.gov/speeches/archive.aspx. Allerdings gibt es keine Gewähr für eine Vollständigkeit dieses Archivs, so dass Verzerrungen nicht ausgeschlossen sind.

Das Europabild des Verteidigungsministers unter Präsident George H. W. Bush, Richard Cheney, war vor allen Dingen von der Sorge über die Entwicklung in der Sowjetunion bzw. ihren Nachfolgestaaten geprägt (vgl. U.S. Department of Defense 2011b). In Cheneys Augen waren große Teile der Bush-Administration zu optimistisch, dass ihre Unterstützung für Michail Gorbatschow und Boris Jelzin Früchte tragen und sich Russland friedlich entwickeln würden. Aus diesem Grund setzte er sich für eine starke Unterstützung der neuen Demokratien in Mittel- und Osteuropa ein, und auf dem Nato-Verteidigungsministertreffen im Dezember 1992 sprach er sich sogar für eine Nato-Mitgliedschaft dieser Staaten aus.

Für Cheneys Nachfolger Les Aspin stellte die Entwicklung in Russland ebenfalls die größte sicherheitspolitische Herausforderung jener Zeit dar. In seiner Rede anlässlich der Einweihung des *George C. Marshall Center* in Garmisch-Partenkirchen im Juni 1993 offenbarte er jedoch ein etwas positiveres Europa- und Russlandbild (Aspin 1993). Er übernahm die bereits von anderen Regierungsvertretern bekannten Bilder des „new Europe" sowie „Europe whole and free", lobte die Anstrengungen der Reformer in Russland und betonte nicht so sehr die Zusammenarbeit mit den Staaten Mittelosteuropas, sondern jene mit Russland selbst. Aspin war sich bewusst, dass dies Bedenken auslösen würde, und versuchte diese zu entkräften: „Our security cooperation with Russia should not be a cause of concern to our European friends and allies. It represents no diminution of our commitment to the security of Europe." Auch warnte er davor, dass die Entwicklung in Mittel- und Osteuropa unsicher sei, und er erkannte in der Europäischen Gemeinschaft die Institution, die eine Mithaftung für das Geschehen dort übernehmen sollte:

> On the economic side, the European Community has a critical role to play in shaping the outcome in the East. For democratic and economic reform to succeed, the Central and Eastern Europeans will need access to Western markets, investment and assistance in building the institutions of a free market economy. The prospect of community membership strengthens reform. (Aspin 1993)

Auch aus dem US-Verteidigungsministerium kam also schon sehr früh die Forderung nach einer Erweiterung der EU bzw. EG; hinsichtlich der Nato äußerte sich Aspin wesentlich knapper und zurückhaltender. Dies war allerdings nicht typisch für die Vertreter des Verteidigungsministeriums, die sich eher selten mit den wirtschaftlichen Aspekten der europäischen oder transatlantischen Zusammenarbeit beschäftigten. In der Regel sprachen sie über die sicherheits- und verteidigungspolitischen Entwicklungen in Europa, und fast immer nahmen sie dabei ausführlich Bezug auf die Nato – man könnte auch sagen, sie sahen Europa vorwiegend durch die „Nato-Brille".[143] Dabei zeigten sie sich häufig, wenn auch nicht immer, unzufrieden und enttäuscht von ihren europäischen Verbündeten, weil diese in verschiedener Hinsicht nicht genug investierten.

143 Dies zeigten auch die Interviews des Autors mit gegenwärtigen und ehemaligen Mitarbeitern des Verteidigungsministeriums, die nach „Europa" gefragt wurden und fast ausschließlich über die Nato sprachen: Ian Brzezinski, Eliot Cohen, Franklin Kramer, James Townsend.

Das Bild von den zögerlichen Europäern wurde in den Ausführungen des Verteidigungsministers William Perry, der Les Aspin nach nur einem Jahr im Amt abgelöst hatte, auf der Münchner Wehrkundetagung 1995 deutlich:

> The NATO defense ministers met in Seville last September and again in December in Brussels. We discussed the ongoing crisis in Bosnia. At our December meeting we proposed a concrete course of action to strengthen the UNPROFOR forces in Bosnia, but no action has been taken yet on that proposal. In Seville we also discussed Mediterranean security issues. But we were unable to agree on what, if anything, NATO should do about them. *Some allies are reluctant to divert increasingly scarce resources; others are reluctant to get the alliance involved in nontraditional military threats.* (Perry 1995; Hervorh. AH)

Hier sprach Perry zwei Gründe für die häufige Enttäuschung der USA über die Europäer an: zum einen ihre vergleichsweise geringen Verteidigungsausgaben und -fähigkeiten, zum anderen ihre Zurückhaltung beim Einsatz von Waffengewalt.

Ein noch düstereres Bild als auf der Wehrkundetagung 1995 malte Perry bei einer Rede auf dem Nato-Stützpunkt in Norfolk/Virginia im Jahr 1996:

> In June of 1995, just one year ago, I attended the defense ministerial in Brussels. Without question, *this was the most dismal NATO meeting I have ever attended.* Those of you who were there might share that judgment with me. Bosnia was being ravaged by unspeakable atrocities. The U.N. was being humiliated with its peacekeepers chained to Bosnian-Serb radar.
>
> *European nations and the U.S. were at complete odds with each other. At that meeting, the United States was pushing to take robust air action* to punish the Serbs for violating U.N. sanctions, and the European nations, with troops on the ground, feared such action would endanger their troops.
>
> As a result, *NATO, paralyzed into inaction, was shown to be irrelevant in dealing with the Bosnian crisis.* At that meeting, we rightly asked a critical question. If NATO is not relevant to Bosnia, the greatest security crisis in Europe since the end of the Second World War, what is it relevant for? In sum, at that meeting, it appeared to me that NATO was in the process of unraveling. (Perry 1996a; Hervorh. AH)

Dies waren deutliche Worte – die der Verteidigungsminister aber nur deshalb öffentlich so wählen konnte, weil sich die Lage in seinen Augen mittlerweile entspannt hatte und er deshalb in derselben Rede anschließend einen versöhnlicheren Ton anschlagen konnte:

> What a difference a year makes. Two weeks ago, I attended its defense ministerial in Brussels. This year, the meeting was one of strength and of hope. The alliance was vibrant and self-confident. The United States and European nations were working together, harmoniously, and NATO was conducting its first military operation and conducting it with great success. (Perry 1996a)

Perry sah Europa auf einem guten Weg, seine „zweite Chance zum Aufbau eines geeinten Europas“ zu nutzen („a second chance to build a whole Europe“; Perry 1996b). Als ein positives Zeichen deutete er die Tatsache, dass in Russland demokratische Präsidentschaftswahlen stattgefunden hatten; dies war wichtig, weil es ohne Russland keine europäische Sicherheitsordnung geben konnte: „Russia has been a key player in Europe's security for over 300 years and it will remain so, for better or worse" (Perry 1996c).

Ebensowenig war es wahrscheinlich, dass die europäische Ordnung ohne amerikanische Beteiligung auskam. Perry wählte in diesem Zusammenhang das Bild der „Brücke über den Atlantik", die aber nicht fest sei, sondern wie eine Pontonbrücke stets in Bewegung und wartungsbedürftig. Damit verband er die Warnung an die Europäer, dass die amerikanische Beteiligung in Europa nicht ohne Gegenleistung zu haben sei: „Europeans should never take for granted American interest in European security … You, as Europeans, also have to work at maintaining our involvement in Europe" (Perry 1996c).

Etwas früher als im Außenministerium wurden im Verteidigungsministerium die europäischen Bemühungen um den Aufbau einer eigenen Verteidigungsidentität zu einem wichtigen Thema. Walter Slocombe, Staatssekretär für Verteidigungspolitik von 1994 bis 2001, stellte diese in den Konetxt einer positiven Gesamtentwicklung in Europa und drückte die grundsätzliche Unterstüzung seiner Administration für eine stärkere Europäisierung in der Sicherheitspolitik aus:

> The new European environment, produced by the collapse of the Soviet system, presents immense opportunities … Europe itself is moving toward the realization of the dream of European integration not only as an economic, but as a political and strategic phenomenon. […] The evolution of European institutions and arrangements is a key part of the future of European security. This administration has gone beyond previous American governments to support integration of European security efforts. (Slocombe 1995)

Slocombe betonte aber auch, dass die europäische Verteidigung im Rahmen der Nato bleiben müsse und er sich ohnehin kein Szenario vorstellen könne, in dem die Europäer eine nennenswerte Militäraktion ohne die Beteiligung der USA durchführen würden:

> It bears emphasis that the goal of NATO adaptation is to allow all allies to work together more effectively, not to find a way for Europe to manage without the U.S. The U.S. will remain fully engaged in European security issues, so neither politically nor militarily is there any question of Europe needing to prepare for a U.S. withdrawal from Europe. Indeed, it is overwhelming[ly] likely that in any situation where involvement of military forces is justified and where NATO is prepared to authorize a military operation, the U.S. will be part of the operation. That is one of the lessons of Bosnia.
>
> That said, the U.S. recognizes – and indeed welcomes – that with greater European integration generally, there will increasingly be a common European foreign and defense policy and a desire for a European defense identity within NATO. (Slocombe 1996)

Die höchste Salienz erfuhr das Thema Europäische Verteidigung im Jahr 1999. Wie in Kapitel V.B.4 bereits kurz erwähnt wurde, rangen Europäer und Amerikaner zunächst auf dem Washingtoner Nato-Gipfel heftig um die Frage, welche Organisation das „erste Zugriffsrecht" *(right of first refusal)* haben sollte. Man einigte sich darauf, dass die EU aktiv werden sollte, wenn die Nato es nicht tat, und dabei auf Nato-Fähigkeiten zurückgreifen sollte. Einen Vertrauensbruch sahen die Amerikaner dann aber in dem Vorgehen der Briten, die im Dezember 1999 in St. Malo gemeinsam mit den Franzosen erklärten, sie strebten „autonome" militärische Fähigkeiten im Rahmen der EU an. Der ehemalige Abteilungsleiter für Internationale Sicherheitsfragen im US-Verteidigungsministerium, Franklin Kramer, berichtet, dass er und Staatssekretär Slocombe nach einer Prüfung entschieden hätten, dass sie mit der Erklärung von St. Malo leben könnten. In Kramers Wahrnehmung reagierten die Europäer daraufhin geradezu ungläubig, und Kramer führt dies auf das schlechte Gewissen zurück, das Briten und Franzosen hatten, weil die Erklärung von St. Malo nicht mit den USA abgesprochen gewesen war.[144] Allerdings sah Kramer damals weiterhin die Gefahr der Entstehung eines europäischen „caucus" innerhalb der Nato; die Diskussionen in der Nato dürften, so Kramer im Jahr 2000 vor einem Kongressausschuss, nicht durch separate europäische Beschlüsse vorweggenommen werden (Kramer 2000).

Verteidigungsminister William Cohen äußerte sich in seinem zweiten Amtsjahr sehr grundsätzlich zu seinen außenpolitischen Vorstellungen. Dabei sagte er:

> I was thinking of a secretary of state, John Hay, back at the beginning of the century. He said that the Mediterranean is the ocean of the past; the Atlantic is the ocean of the present; and the Pacific is the ocean of the future. I think most people ... would tell you that that is precisely the case. And notwithstanding the kind of economic difficulties that are now being experienced by those in Southeast Asia and perhaps even beyond Southeast Asia. Notwithstanding that, there is an enormous amount of responsibility that we have in that region. We have an enormous interest in that region. (Cohen 1998)

Europa erscheint hier als eine Region, die der Vergangenheit angehört, während in Asien die Zukunft liegt. Zwar muss die Äußerung Cohens im Kontext der schweren asiatischen Wirtschaftskrise 1997/98 gesehen werden, aufgrund derer Cohen deutlich machen wollte, dass Asien trotz der Schwächephase für die USA von großer Bedeutung war. Dennoch sagt Cohens Erklärung etwas über das Europabild der USA aus, denn zum einen hätte er die Bedeutung Asiens hervorheben können, ohne den Kontrast mit Europa herzustellen, zum anderen erinnern Cohens Ausführungen an sehr ähnliche Formulierungen anderer Akteure, beispielsweise von Außenminister Warren Christopher (vgl. Kap. V.B.4).

Cohen lieferte auch eine bemerkenswerte Begründung für die Präsenz der US-Truppen in Europa (und für sein Plädoyer, diese beizubehalten): „We have to be forward deployed in Europe and Asia in order to shape people's opinions about us in ways that are favorable to us" (Cohen 1998). Damit wählte der Verteidigungsminister ein genuin politisches Argument, das sich in den Reihen des Pentagons, das überwiegend militärstrategisch denkt und so auch die Truppenpräsenz in Europa begründete (vgl. oben), nicht häufig findet.

Bezüglich der Europäischen Sicherheits- und Verteidigungspolitik wählte Cohen nicht die „drei D's" von Außenministerin Albright, um die amerikanische Haltung zu beschreiben, sondern die „drei I's" von Nato-Generalsekretär Lord Robertson: Nato und ESVP sollten unteilbar miteinander verbunden bleiben *(indivisibility);* die Nato-Staaten, die nicht der EU

144 Interview mit Franklin Kramer.

angehörten, sollten eingebunden werden *(inclusion);* und die ESVP sollte zu einer Verbesserung der militärischen Fähigkeiten der Allianz führen *(improvement)* (Cohen 2000a). In dem letzten Punkt taucht das Thema auf, das sich in jenen Jahren rasch in den Vordergrund schob und die Sorgen über die Kompetenzen und die institutionelle Gestalt der ESVP weitgehend vergessen ließ: die „Fähigkeitslücke" *(capabilities gap)* zwischen Amerikanern und Europäern, die aus Sicht des Pentagons den Zusammenhalt der Nato ernsthaft gefährdete (vgl. Cohen 1999). Bei Verteidigungsminister Cohen scheint in diesem Zusammenhang auch das Klischee der institutionen- und bürokratieverliebten Europäer durch, die ihre Ressourcen zu wenig effizient und zielorientiert einsetzten:

> I'll tell you what my fear is. My fear is that we will see European nations constructing a new bureaucracy that will be needed to implement some of these reforms in procurement opportunities. (Cohen 2000a)

> We support it [ESDP] in concept because we believe that a strong European pillar will mean a stronger NATO itself – and here is the caveat – provided that we make sure that the capabilities that are now being discussed and debated and, hopefully, fulfilled, will be consistent for both the EU and also for NATO. The last thing we want to see is separate capabilities developed or weak capabilities developed and bigger bureaucracies, much like those cannons that were floating around on top of the deck of the Vasa. We need to make sure that the capabilities that we develop are consistent and consonant with each other, and that they end up strengthening NATO rather than diminishing it. (Cohen 2000b)

Die Gefahr, dass die Europäer lediglich weitere Institutionen ohne einen echten Mehrwert schaffen würden, sah auch Peter W. Rodman, von 2001 bis 2007 Abteilungsleiter für Internationale Sicherheitsfragen im US-Verteidigungsministerium. „The worst of all worlds would be a new institution that complicates NATO's cohesion but without providing new capabilities" (Rodman 2003).

Auf der Kommandeurstagung der Bundeswehr 1999 machte Verteidigungsminister Cohen deutlich, dass er den europäischen Soldaten Respekt zollte und die Schuld dafür, dass sie zu den Einsätzen der Nato in Bosnien und im Kosovo vergleichsweise wenig beitragen konnten, nicht bei ihnen suchte:

> Bosnia and Kosovo also remind us that we cannot afford the disparity of Alliance capabilities that we witnessed this spring, and I would like to be very clear on this point. There was no disparity in courage or will. Allied planes endured the same air defenses, and faced the same risks, as American pilots and crews. But the disparity in capabilities, if not corrected, could in fact threaten the unity of this Alliance. (Cohen 1999)

Auch das Nato-Ministertreffen im Oktober 2000 nutzte Cohen dazu, die „zentrale Rolle der Fähigkeiten" anzumahnen (Cohen 2000c), und am Ende seiner Amtszeit machte er mit der Veröffentlichung eines Beitrages unter dem Titel „Preserving History's Greatest Alliance" in der *Washington Post* noch einmal deutlich, wie sehr ihn die Zukunft der Nato umtrieb (Cohen 2001).

Die Forderungen an die Europäer nach einer Verbesserung der militärischen Fähigkeiten, mit denen das Verteidigungsministerium schon unter Cohen nicht hinterm Berg gehalten hatte, wurden unter den Ministern Rumsfeld und Gates noch lautstärker vorgetragen. Sie machten zwar deutlich, dass sie in den Europäern einerseits wichtige Verbündete sahen, die im „Krieg gegen den Terror" durchaus wertvolle Dienste leisteten. Andererseits war das Europabild, das sie zeichneten, auch sehr stark von einem Mangel an Fähigkeiten geprägt – man könnte auch sagen: von einem Bild der europäischen Schwäche, auch wenn dieser Ausdruck nur hinter vorgehaltener Hand und nicht in offiziellen Verlautbarungen der Regierung verwendet wurde.

Schon seinen ersten Auftritt als Verteidigungsminister der Bush-Administration in Europa nutzte Rumsfeld, um den Europäern ins Stammbuch zu schreiben: „We need more resources" (Rumsfeld 2001a; vgl. auch Rumsfeld 2001b). In derselben Rede auf der Münchner Sicherheitskonferenz gab er auch vor, noch nicht genug über die ESVP zu wissen, um sie beurteilen zu können; doch seine Sorge, die Europäer könnten den sicherheitspolitischen Primat der Nato in Europa aufkündigen, war deutlich:

> The European Security and Defense Identity is another development. I'm not yet as knowledgeable enough to discuss it in great detail ... Our European allies and partners know that NATO is at the heart of Europe's defenses. Therefore, to sustain our past success into the future we must first and foremost maintain NATO as the core of Europe's security structures for Europe. (Rumsfeld 2001a)

Im darauffolgenden Jahr erschien nicht Verteidigungsminister Rumsfeld, sondern sein Stellvertreter Paul Wolfowitz auf der Münchner Sicherheitskonferenz. Er stellte klar, dass die USA bei ihrem wichtigsten außenpolitischen Vorhaben, dem „Krieg gegen den Terror", nicht auf die Nato setzten, sondern sich ihre Verbündeten individuell aussuchten:

> One of the most important concepts concerns the nature of coalitions in this campaign and the idea that the mission has to determine the coalition, not the other way around. Otherwise, as the Secretary says, the mission will be reduced to „the lowest common denominator". As a corollary of that, there will not be a single coalition, but rather different coalitions for different missions, what the Secretary calls „flexible" coalitions. (Wolfowitz 2002a)

Der Nato schrieb Wolfowitz stattdessen eine auf Europa beschränkte Funktion zu:

> Strengthening and enlarging NATO and building a new relationship with Russia are key to that foundation in Europe ...
>
> Contradicting the gloomy predictions that were heard at the time of the first round of NATO enlargement, that round did not build a new wall down the middle of Europe. It did build new structures, but those structures are bridges, not walls ...
>
> NATO as an alliance has a crucial role to play in integrating Russia into the framework of European security. (Wolfowitz 2002)

Etwa zur selben Zeit wurde ein hochrangiger Pentagon-Mitarbeiter bezüglich der Relevanz der Nato nach dem 11. September 2001 mit den Worten zitiert: „Preserve the myth, and laugh“ (vgl. Hirsh 2002: 21).

Am Ende des Jahres 2002 schob Wolfowitz in einer Rede vor dem *International Institute for Strategic Studies* in London einen anderen Aspekt in den Vordergrund, der seiner Administration im Hinblick auf Europa besonders wichtig war: den möglichen Beitritt der Türkei zur Europäischen Union. Die Befürwortung eines türkischen EU-Beitritts war zwar *per se* nichts Neues, denn auch die Clinton-Administration hatte ihre Unterstützung für einen solchen Schritt bekundet (vgl. Christopher 1995; Talbott 1998). Doch die Bush-Administration maß dem nun größte strategische Wichtigkeit zu, um der Welt zu demonstrieren, dass ein islamischer Staat mit westlichen politischen Strukturen kompatibel war. Die Bedeutung, die Wolfowitz dem Thema beimaß, ließ sich schon daran ablesen, dass er die Hälfte seiner Londoner Rede, die den recht breiten Titel „Building Coalitions of Common Values“ trug, der Türkeifrage widmete, und dies überraschte auch die Zuhörerschaft (vgl. Wolfowitz 2002).

Am Vorabend des Irakkriegs 2003 gab Verteidigungsminister Rumsfeld einen besonderen Einlick in sein Europabild, als er bei einer Pressekonferenz in Washington, D.C. gefragt wurde, wie er die Haltung der euopäischen Verbündeten, insbesondere Deutschlands und Frankreichs, einschätzte. Seine Antwort lautete:

> Now, you're thinking of Europe as Germany and France. I don't. *I think that's old Europe.* If you look at the entire NATO Europe today, the center of gravity is shifting to the east. And there are a lot of new members. And if you just take the list of all the members of NATO and all of those who have been invited in recently – what is it? Twenty-six, something like that? – you're right. *Germany has been a problem, and France has been a problem.* (Rumsfeld 2003b; Hervorh. AH)

Die Bezeichnung Deutschlands und Frankreichs als „Problem“ und als „altes Europa“ sorgte, vor allem in den besagten Ländern, für große Aufregung und wurde vielerorts als Beleidigung oder jedenfalls Herablassung aufgefasst. In seinen Memoiren legt Rumsfeld dar, dass er nur versehentlich „altes Europa“ gesagt hatte und er eigentlich „alte Nato“ meinte. Mit der Erweiterung nach Osten habe sich die Nato zwangsläufig verändert: „This shift in the center of gravity of NATO eastward naturally reduced the role of France and Germany“ (Rumsfeld 2011: 444). Er lässt zudem erkennen, dass er – ebenso wie George W. Bush und Richard Cheney (vgl. Kap. V.A.4) – der Meinung war, dass die Westeuropäer das wahre Wesen von Diktaturen verkannten: „Having been liberated from the Soviet Union only a short time earlier, the nations of Eastern Europe had a recent understanding of the nature of dictators“ (Rumsfeld 2011: 444).

Auf der Münchner Sicherheitskonferenz 2003 wiederholte Rumsfeld zwar nicht den Begriff „altes Europa“, doch er betonte erneut, dass sich die politische Geographie Europas in seinen Augen entscheidend gewandelt hatte und die Westeuropäer weniger wichtig geworden waren: „It is remarkable how Europe has changed just over the course of my lifetime. Thanks to NATO's efforts, the center of Europe has indeed shifted eastward – and our alliance is stronger for it“ (Rumsfeld 2003c). Seine Reden auf den Sicherheitskonferenzen 2004 und 2005 nutzte Rumsfeld, um wieder die Gemeinsamkeiten zwischen den Nato-Staaten zu betonen und die Auseinandersetzungen über den Irakkrieg zu relativieren (Rumsfeld 2004b; vgl. auch Rumsfeld 2005):

> You know, I'm 71 years old and I watched NATO for a long time. And I have seen the relationship go through the skybolt and through the gas pipeline problems and Bosnia and goodness gracious, what else? Oh, the Pershing missiles and the Kissinger-Michel Jobert discussions, debates, whatever you want to call them. France pulling out of NATO's integrated military command, throwing NATO out of France. What's going on is that you're seeing our world go through a period of changes in the security situation, and what you see as the groans and the creaks is this institution of NATO adjusting to those changes in the security situation. We ought not to be surprised. Last year was not unique in the history of this alliance. It's been a pattern, it goes like this. It always has.

Durch die Auseinandersetzungen über strategische Fragen im „Krieg gegen den Terror" gerieten die amerikanischen Sorgen über die konkreten „Fähigkeitslücken" vorübergehend ein wenig aus dem Blickfeld, doch davor und danach wurden die mangelnden militärischen Fähigkeiten der Europäer immer wieder zum Gegenstand der Debatte gemacht, etwa von Staatssekretär Douglas Feith (2002), dem Leiter des Europareferates Brzezinski (2002) und seinem Nachfolger Dan Fata (2006). Auch Verteidigungsminister Rumsfeld rechnete den Europäern auf der Sicherheitskonferenz 2006 exakt vor, wie gravierend ihr Rückstand bei den Verteidigungsausgaben ausfiel:

> Today 3.7 percent of the gross domestic product of the United States goes towards our national defense and the defense of our friends and Allies – 3.7 percent. Only six of our 25 NATO allies spend even 2 percent or more of their GDP on defense, and 19 Allies – I repeat, 19 NATO allies – do not even spend 2 percent. Without the U.S. contribution to NATO, the nations collectively spend only 1.8 percent, down from 1.9 percent over the last two years. It is unlikely that these levels of investment will prove to be sufficient to protect the free people of our NATO nations in the decades ahead. (Rumsfeld 2006)

An der Salienz des Themas änderte sich auch nichts, als Robert Gates das Amt des Verteidigungsministers übernahm, im Gegenteil – er sah in den Unterschieden bei den Verteidigungsanstrengungen gar das wichtigste Strukturmerkmal in der Allianz:

> Over the years, people have tried to put the nations of Europe and the Alliance into different categories: The „free world" versus „those behind the Iron Curtain"; „North" versus „South"; „East" versus „West"; I am told that some have even spoken in terms of „old" Europe versus „new." All of these characterizations belong to the past. The distinction I would draw is a very practical one – a „realist's" view: *It is between Alliance members who do all they can to fulfill collective commitments, and those who do not.* (Gates 2007a; Hervorh. AH)

Gates Kritik bezog sich nicht nur auf die Verteidigungshaushalte, sondern auch auf die nationalen *caveats,* also die Vorbehalte und Beschränkungen, die viele Regierungen ihren Streitkräften in Afghanistan auferlegt haben:

> I recognize the need for political oversight of deployed ground forces and – as someone who has signed far too many condolence letters this year – I also understand the desire to avoid casualties. I also acknowledge the fact that the political and economic landscape for each of you in this room is different. Europe is far from monolithic. I recall former U.S. Secretary of State Henry Kissinger's lament: one could not pick up a phone and call „Europe" when facing an international crisis.
>
> *While there will be nuances particular to each country's rules of engagement, the „strings" attached to one nation's forces unfairly burden others, and have done real harm in Afghanistan.* As you know – better than most people – brothers in arms achieve victory only when all march in step toward the sound of the guns. To that end, I'm asking for your help to make caveats in NATO operations – wherever they are – as benign as possible, and better yet, to convince your national leaders to lift restrictions on field commanders that impede their ability to succeed in critical missions. (Gates 2007b; Hervorh. AH)

Die Europäer erscheinen hier als „Waffenbrüder", die sich leider unsolidarisch verhalten und dadurch den Erfolg des gesamten Einsatzes gefährden. Wenig später kritisierte Gates in einer bis dato seltenen Deutlichkeit die mangelnden Fähigkeiten der Europäer bei der Aufstandsbekämpfung sowie ihren mangelnden Willen, diese Fähigkeiten zu verbessern (vgl. Los Angeles Times 2008). Das Fehlen dieses Willens sah Gates letztlich in einer Bedrohungswahrnehmung und einer politischen Kultur auf Seiten Europas begründet, die sich von jener der USA grundsätzlich unterschieden. So stellte er 2008 auf der Münchner Sicherheitskonferenz fest:

> While nearly all the Alliance governments appreciate the importance of the Afghanistan mission, European public support for it is weak. Many Europeans question the relevance of our actions and doubt whether the mission is worth the lives of their sons and daughters. As a result, many want to remove their troops. The reality of fragile coalition governments makes it difficult to take risks. And communicating the seriousness of the threat posed by Islamic extremism in Afghanistan, the Middle East, Europe, and globally remains a steep challenge.
>
> As opinion leaders and government officials, we are the ones who must make the case publicly and persistently.
>
> So now I would like to add my voice to those of many allied leaders on the continent and *speak directly to the people of Europe: The threat posed by violent Islamic extremism is real – and it is not going away.* (Gates 2008; Hervorh. AH)

Den vorläufigen Höhe- und Schlusspunkt in dieser Debatte setzte der Verteidigungsminister bei einer Konferenz über das strategische Konzept der Nato in Washington, D.C. im Jahr 2010:

> The problem is not just underfunding of NATO. Since the end of the Cold War, NATO and national defense budgets have fallen consistently – even with unprecedented operations outside NATO's territory over the past five years. Just 5 of 28 allies achieve the defense-spending target of 2 percent of GDP.

> These budget limitations relate to a larger cultural and political trend affecting the alliance. One of the triumphs of the last century was the pacification of Europe after ages of ruinous warfare. But, as I've said before, I believe we have reached an inflection point, where much of the continent has gone too far in the other direction. *The demilitarization of Europe – where large swaths of the general public and political class are averse to military force and the risks that go with it – has gone from a blessing in the 20th century to an impediment to achieving real security and lasting peace in the 21st.* (Gates 2010; Hervorh. AH)

Hier zeigte sich ein Europabild, in dem sich die Europäer nicht nur als untaugliche Verbündete, sondern sogar als eine Gefahr für den Weltfrieden erwiesen. Da es zudem an den Grundfesten der europäischen politischen Kultur rührt, die sich kurzfristig nicht verändern lassen, stellt sich dieses Europabild als ein ausgesprochen negatives und pessimistisches dar. Nicht zuletzt steht es in deutlichem Kontrast zu den Beschwörungen der transatlantischen Wertegemeinschaft, die bis dato noch jeder hochrangige US-Vertreter wiederholt hatte, und es lässt Europa nicht mehr als gleichartig, sondern grundsätzlich anders erscheinen.

V.D Der Kongress

V.D.1 Die Gesetzgebungsaktivität des Kongresses

Um die Bedeutung Europas für den US-Kongress einschätzen zu können, lassen sich zunächst eine Reihe von quantitativen Indikatoren heranziehen, die in Kapitel II.C besprochen wurden und hier noch einmal kurz im Überblick dargestellt werden:

- Anteil der Gesetze mit einem Europabezug unter allen eingebrachten Gesetzesvorlagen;
- Anteil der Gesetze mit einem Europabezug unter allen eingebrachten Gesetzesvorlagen, deren Schwerpunkt auf einem außenpolitischen Thema liegt;
- Anteil der Anhörungen mit dem Schwerpunkt Europa unter allen Kongressanhörungen, deren Fokus auf einem außenpolitischen Thema liegt;
- Anteil der Ausschussberichte mit einem Europabezug unter allen Berichten der Kongressausschüsse;
- Anteil der Abstimmungen im Plenum mit dem Schwerpunkt Europa unter allen außenpolitischen Abstimmungen im Plenum, die einen regionalen Fokus aufweisen;
- Anteil der Gesetze mit einem Europabezug unter allen verabschiedeten Gesetzen.

Die Anzahl und der inhaltliche Zuschnitt der Indikatoren hängen – neben dem Urteil und der Auswahl durch den Autor – von der Verfügbarkeit der Daten und den technischen Eigenschaften der verwendeten Datenbanken ab (vgl. Kap. II.C). Die Reihenfolge, in der die Indikatoren hier behandelt werden, orientiert sich an dem Ablauf des Gesetzgebungsprozesses, d. h. an der Reihenfolge, in der die genannten Aktivitäten des Kongresses im Laufe des Gesetzgebungsprozesses idealtypisch auftreten (vgl. Kap. D). In diesem Zusammenhang lässt sich die Frage aufwerfen, ob die Stellung im Gesetzgebungsprozess einen Einfluss auf die Validität der Indikatoren haben könnte (vgl. Höse 2011):

So ließe sich einerseits argumentieren, dass die Salienz eines Themas für die Kongressmitglieder umso deutlicher hervortritt, je früher der Indikator im Gesetzgebungsprozess angesiedelt ist. Denn in der Anfangsphase des Prozesses herrschen vergleichsweise wenige Restriktionen, so dass die Kongressmitglieder jenen Themen nachgehen können, die sie persönlich für wichtig halten. So kann jeder Abgeordnete im Repräsentantenhaus und jeder Senator in der jeweiligen Kammer einen Gesetzentwurf einbringen; das Verfahren hierfür ist einfach, die institutionellen Hürden sind niedrig. Es ist demnach allen Kongressmitgliedern leicht möglich, ihren Interessen nachzugehen und Geltung zu verschaffen, indem sie sie in einen Gesetzentwurf gießen und diesen auf die Agenda des Kongresses setzen. Schreitet der Prozess weiter voran, wird er zwangsläufig selektiver, die Widerstände werden größer und die Zwänge immer enger, so dass die Möglichkeiten der Kongressmitglieder, ihren „wahren" Interessen und Präferenzen „freien Lauf zu lassen", immer geringer werden.

Auf der anderen Seite könnte gerade die Überwindung dieser Widerstände ein Zeichen für die hohe Salienz eines Themas sein. So spricht vieles für die These, dass ein Thema als umso salienter gelten kann, je weiter es im Gesetzgebungsprozess fortgeschritten ist. Ein Gesetzentwurf wird nur dann in einem Ausschuss oder im Plenum diskutiert, wenn er von wenigstens einem einflussreichen und in dem betreffenden Fachbereich als kompetent wahrgenommenen Kongressmitglied unterstützt wird, das als Informationsquelle und Orientierungshilfe *(cue-giver)* für andere Abgeordnete *(cue-taker)* im legislativen Dickicht fungiert (vgl. Sullivan et al. 1993). Je mehr Hürden ein Gesetzentwurf nimmt, umso größer wird die Zahl derer, die sich mit dem Entwurf – mehr oder weniger intensiv – befassen, d. h. ihm Aufmerksamkeit schenken müssen. Damit steigt auch die Wahrscheinlichkeit, dass der Entwurf und das darin behandelte Thema für die Kongressmitglieder salient werden.

Die Zahl der im Kongress eingebrachten Gesetzentwürfe lässt sich dem *Résumé of Congressional Activity* entnehmen, das im *Congressional Record Daily Digest* veröffentlicht wird.[145] Über die vom Kongress betriebene Datenbank *THOMAS* lassen sich die Gesetzentwürfe seit 1989 nach Stichwörtern durchsuchen. Abbildung 16 zeigt den Anteil der Entwürfe, die einen Europabezug aufwiesen, an allen eingebrachten Gesetzentwürfen zwischen dem 101. und 111. Kongress, d. h. zwischen 1989 und 2010. Dabei wurde der Europabezug auf verschiedene Weise festgestellt, nämlich mit der Suche nach Dokumenten, die folgende Wörter enthielten: (1) nur „Europe/European", (2) „Europe/European" oder „Atlantic", (3) „Europe/European", „Atlantic" oder einen der Begriffe „German/Germany", „Britain/British" oder „France/French", (4) „Europe/European", „Atlantic" oder einen der Begriffe „German/Germany", „Britain/British", „France/French", „Italy/Italian", „Poland/Polish" oder „Spain/Spanish". Auf diese Weise sollte festgestellt werden, ob die Berücksichtigung einzelner Ländernamen zu einem anderen Salienzverlauf führt als eine Untersuchung, die nur die Begriffe „Europe" und „Atlantic" einbezieht. Wie die weitgehend parallel verlaufenden Linien in Abbildung 16 zeigen, ist dies offenbar nicht der Fall. Die Zahlenreihen liegen natürlich auf einem jeweils unterschiedlich hohen Niveau, doch klare Unterschiede in den langfristigen Entwicklungstrends lassen sich nicht erkennen. Die Abbildung zeigt also zum

145 Der US-Senat hat die seit 1947 erscheinenden *Résumés of Congressional Activity,* die jeweils die Aktivität des Kongresses im gesamten Jahr zusammenfassen, auf seiner Website zusammengestellt: http://www.senate.gov/pagelayout/reference/two_column_table/Resumes.htm (Zugriff 28. 02. 2011).

Abbildung 16 Anteil der Vorlagen mit Europabezug an allen Gesetzesvorlagen im Kongress, 1989–2010

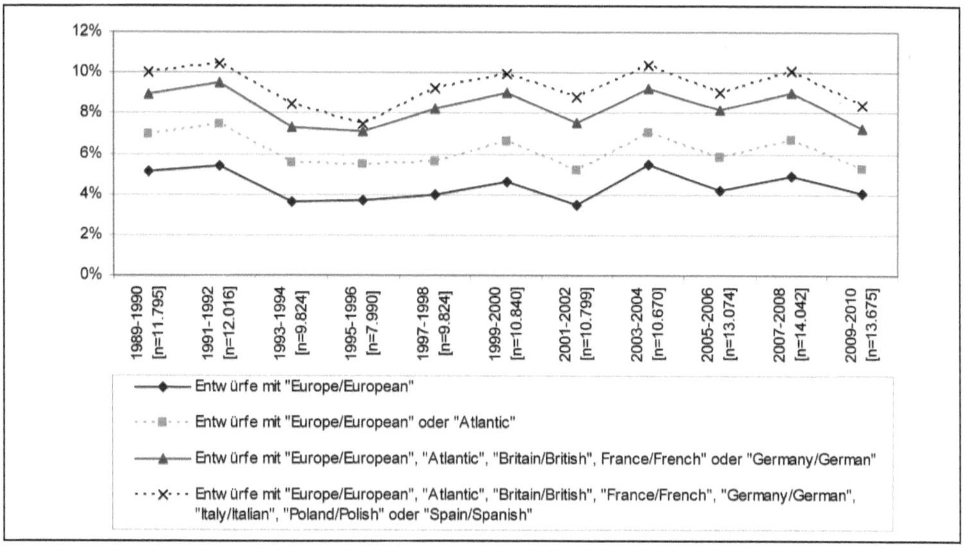

Datenquelle: U.S. Government Printing Office 2011; Library of Congress 2011a. In eckigen Klammern die Zahl aller Vorlagen. Eigene Berechnungen.

einen, dass die Salienz Europas für den Kongress offenbar einigen Schwankungen unterlag, aber in der Gesamtschau weder eindeutig zu- noch eindeutig abgenommen hat. Zum anderen wird deutlich, dass es offenbar keine nennenswerten Verschiebungen in der relativen Bedeutung zwischen Europa als Ganzem und den europäischen Einzelstaaten für den Kongress gegeben hat. In der auf den folgenden Seiten dargestellten Analyse beschränkten sich deshalb alle weiteren Suchläufe in der Datenbank *THOMAS* auf die Nutzung der Begriffe „Europe/European“ oder „Atlantic“.

Da es möglich ist, dass die Salienz Europas in den beiden Kammern des Kongresses unterschiedlich ausfällt, mag es hilfreich sein, den direkten Vergleich zwischen beiden Kammern anzustellen. Wie Abbildung 17 (S. 276) zeigt, führt ein solcher Vergleich zu der Erkenntnis, dass es keinen systematischen Unterschied zwischen dem Repräsentantenhaus und dem Senat gibt: Die Salienz Europas ist, gemessen am Anteil der Gesetzesvorlagen mit einem Europabezug, in beiden Kammern stets ähnlich hoch.

Die Datensätze des *Congressional Bills Project* ermöglichen es, unter allen Gesetzesvorlagen der Jahre 1947 bis 2006 jene zu isolieren, deren inhaltlicher Schwerpunkt auf einem außenpolitischen Thema lag. Zudem lassen sich innerhalb dieser Gruppe jene Vorlagen identifizieren, die sich primär mit europäischen Themen beschäftigten. Weil die Datensätze aus einer Codierung aller Gesetzesvorlagen nach ihrem tatsächlichen inhaltlichen Schwerpunkt hervorgegangen sind, führt ihre Verwendung wahrscheinlich zu einer sehr hohen Validität der Ergebnisse. Abbildung 18 (S. 277) lässt erkennen, dass der Anteil der Gesetzesvorlagen zu europäischen Themen meist zwischen 2 % und 7 % aller außenpolitischen Vorlagen lag;

Abbildung 17 Anteil der Vorlagen mit Europabezug an allen Gesetzesvorlagen in Repräsentantenhaus und Senat, 1989–2010

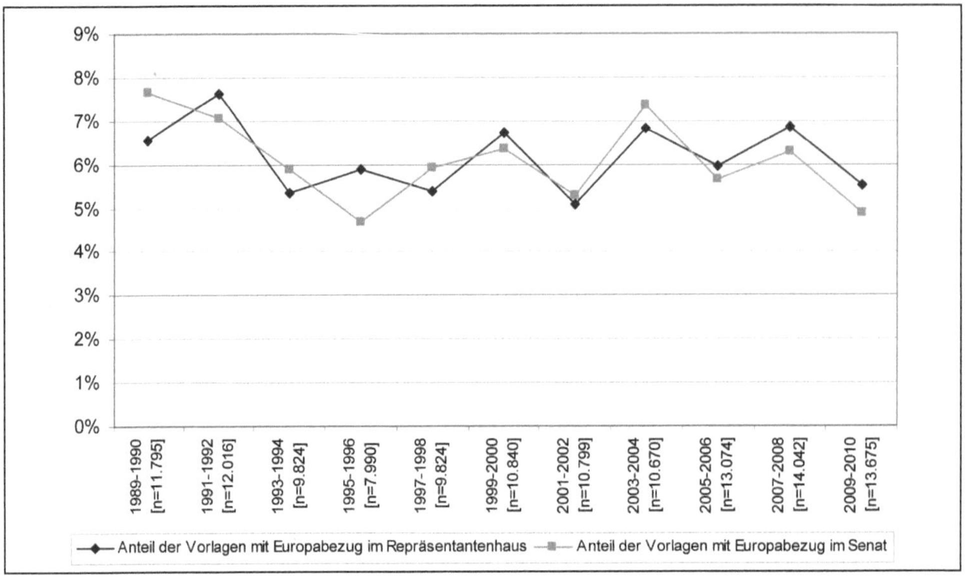

Datenquelle: Library of Congress 2011a. In eckigen Klammern die Zahl aller Vorlagen. Europabezug wurde durch die Begriffe „Europe/European" oder „Atlantic" im Volltext der Gesetzesvorlagen ermittelt.

dabei ist der Anteil im Senat durchschnittlich ein wenig höher als im Repräsentantenhaus. Ein besonders hoher Anteil an Vorlagen zu europäischen Themen findet sich u. a. in den Jahren 1989 bis 1992, also in der Phase des politischen Umbruchs in Osteuropa. Anschließend kehren die Zahlen in etwa auf das Niveau zurück, das man aus den Jahrzehnten zuvor kennt. Im langfristigen Trend ist hier weder ein besonderer Bedeutungsverlust noch ein Bedeutungsgewinn Europas auszumachen. Allerdings fällt auf, dass Europa gerade in den Jahren 2003 und 2004, als die USA unter der Bush-Administration mit den Kriegen im Irak und in Afghanistan beschäftigt waren und Europa außen vor zu lassen schienen, einen vergleichsweise hohen Anteil der Gesetzesvorlagen in beiden Kammern des Kongresses in Anspruch nahm.

Nur ein Bruchteil der im Repräsentantenhaus oder im Senat eingebrachten Gesetzesvorlagen wird in den Ausschüssen des Kongresses eingehender behandelt, indem er Gegenstand einer – meist öffentlichen – Anhörung wird. Ein wesentlicher Teil der legislativen Arbeit wird in den Ausschüssen geleistet, die deshalb auch als „workshops of Congress" bezeichnet werden (Davidson et al. 2010: 199; vgl. auch Kap. IV.D in dieser Arbeit). Dabei sind die Unterausschüsse *(subcommittees)* meist ebenso wichtig wie die Ausschüsse *(full committees),* und Anhörungen werden sowohl von Ausschüssen wie von Unterausschüssen durchgeführt. Aufgrund der zentralen politischen Rolle der (Unter-)Ausschüsse im Allgemeinen sowie der Tatsache, dass Anhörungen durch die Herstellung von Öffentlichkeit eine erhebliche Signalfunktion und Bindewirkung entfalten (vgl. Davidson et al. 2010: 222–224), kann der

Abbildung 18 Anteil der Vorlagen zu Europa unter allen außenpolitischen Gesetzesvorlagen in Repräsentantenhaus und Senat, 1947–2006

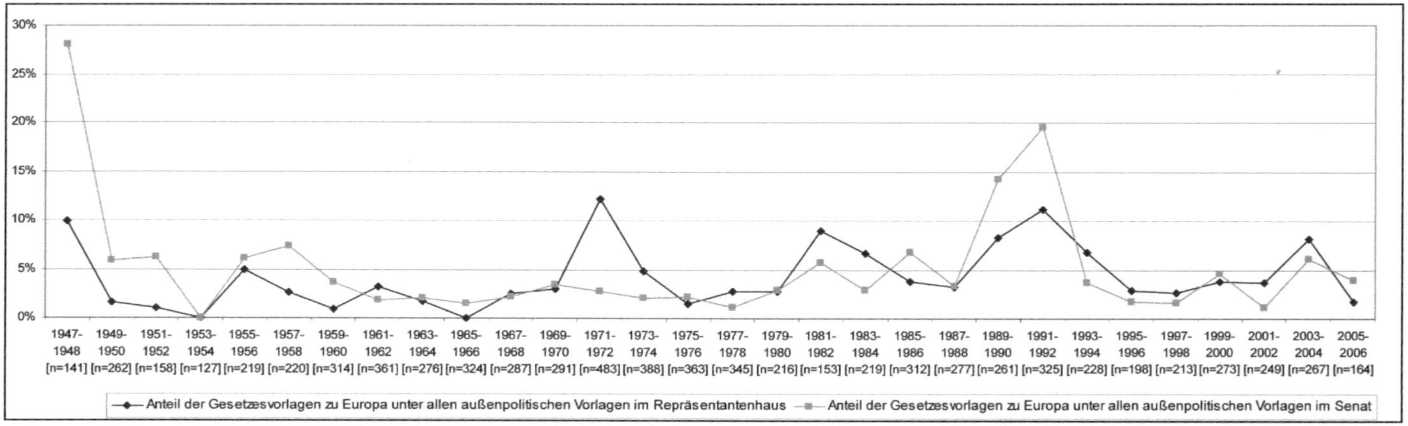

Datenquelle: Adler/Wilkerson 2010. Europa einschl. Sowjetunion/Russland. Daten für den Zeitraum nach 2006 liegen nicht vor. In eckigen Klammern die Gesamtzahl der außenpolitischen Vorlagen. Eigene Berechnungen.

Anteil der Anhörungen zu europäischen Themen als ein sehr guter Indikator für die Salienz Europas im US-Kongress dienen.[146]

Dieser Indikator zeigt, dass die Salienz Europas in der Arbeit des Kongresses keineswegs gesunken, sondern gestiegen ist (vgl. Abb. 19). Abgesehen vom Jahr 1957, in dem die USA mit einer Fülle von Aktivitäten – inklusive Kongressanhörungen – auf den Sputnik-Schock reagierten, gab es während des gesamten Ost-West-Konflikts kein Jahr, in dem mehr als 4 % aller außen-, sicherheits- oder handelspolitischen Anhörungen Europa gewidmet waren. Im Kontrast dazu betrug ab 1990 der jährliche Anteil der europabezogenen Anhörungen niemals weniger als 5 %. In den Jahren 1995 und 1999, in denen die nicht bewältigten Krisen im ehemaligen Jugoslawien die besondere Aufmerksamkeit der USA erforderten, betrug der Anteil Europas sogar 9 % bzw. 11 %. Unter den bisher analysierten quantitativen Indikatoren ist dieser der erste, der für einen klaren Bedeutungs*zuwachs* Europas in der Außenpolitik der USA nach dem Ost-West-Konflikt spricht.

Die Kongressausschüsse fertigen in der Regel einen Bericht zu jedem Gesetzentwurf an, der im Ausschuss behandelt wurde und mit einer Empfehlung zur Zustimmung oder Ablehnung an das Plenum überwiesen wird. Gelegentlich erstellen die Ausschüsse auch Berichte, die keine explizite Empfehlung an das Plenum enthalten (was einer Ablehnung gleichkommt), sowie Berichte zu Themen, die dem Ausschuss wichtig erscheinen, zu denen aber kein konkreter Gesetzentwurf vorliegt. Die Berichterstattung der Ausschüsse spielt eine zentrale Rolle im Gesetzgebungsprozess sowie bei der Kontrolle der Exekutive und sollte deshalb einen guten Indikator für die Bedeutung politischer Themen im Kongress bilden.

In Tabelle 28 (S. 280) werden die Anzahl der Ausschussberichte sowie der Anteil jener Berichte, die einen Europabezug aufweisen, dargestellt. Die Tabelle deckt aufgrund der Beschränkung der verwendeten Datenbank nur den Zeitraum ab 1995 ab; dennoch liegen genug Daten vor, um einen Eindruck von der Entwicklung der Salienz Europas in den Ausschussberichten zu gewinnen. Es zeigt sich, dass der Anteil der Berichte mit einem Europabezug in dem fünfzehnjährigen Zeitraum abgenommen hat. Diese Entwicklung verlief zwar nicht immer konstant, aber doch deutlich genug, um insgesamt eine Abwärtsentwicklung festzustellen. Der Befund gilt für beide Kammern des Kongresses, wobei der Anteil der Berichte mit einem Europabezug im Senat stets etwas höher lag als im Repräsentantenhaus.

Der auf die Analyse des politischen Systems der USA und insbesondere des US-Kongresses spezialisierte Fachverlag *Congressional Quarterly Press* hat alle namentlichen Abstimmungen in den Plenen der beiden Häuser des Kongresses *(floor votes)* von 1975 bis 2007 nach ihrem Abstimmungsgegenstand codiert. Auf dieser Grundlage lassen sich unter allen Abstimmungen jene herausfiltern, die sich primär mit außenpolitischen Themen befassten; in einem weiteren Schritt kann man jene Abstimmungen isolieren, die einen Bezug zu einer bestimmten Weltregion aufwiesen. Mit Hilfe dieser Kategorisierungen ist schließlich zu ermitteln, wie sich die Zahl der Abstimmungen zu europäischen Themen im Verhältnis zu allen Abstimmungen mit einem regionalen Bezug entwickelt hat. Dies sollte eine valide Messgröße für die hier behandelte Forschungsfrage sein, denn diese zielt ja speziell auf

---

146 Dies gilt sogar für nicht öffentliche Anhörungen, denn zum einen erfährt die breite Öffentlichkeit zumindest über die Ansetzung und das Thema dieser Anhörungen, zum anderen stehen diese Anhörungen meist einer sehr eng begrenzten, aber jeweils politisch wichtigen Fachöffentlichkeit offen.

Abbildung 19 Anteil der Anhörungen zu Europa unter allen außenpolitischen Anhörungen, 1946–2005

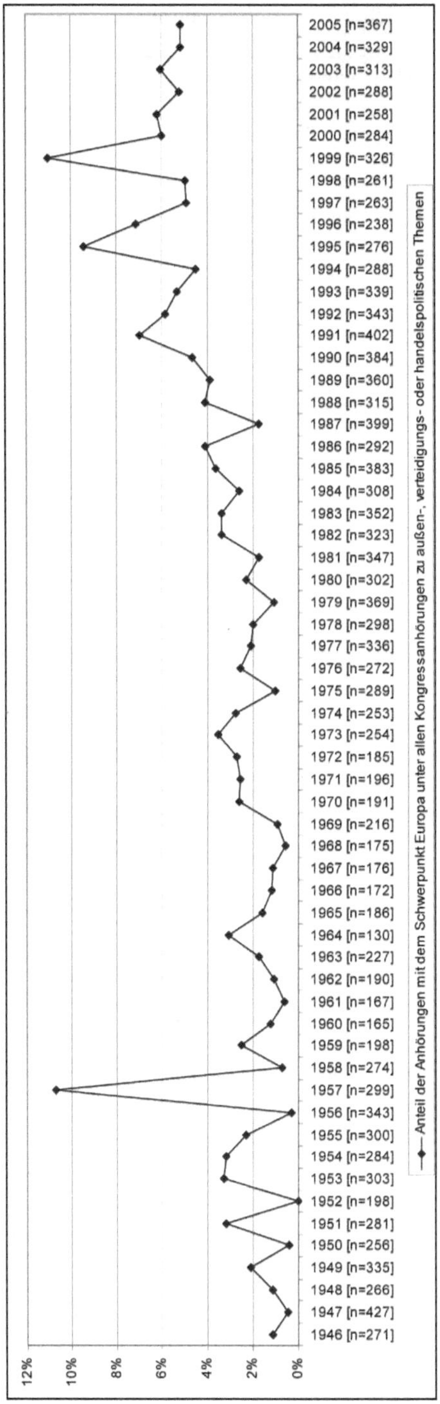

Quelle: Codierte Datensätze des *Policy Agendas Project* (Baumgartner/Jones 2010c). Eigene Berechnungen. Daten für den Zeitraum nach 2005 liegen nicht vor. In eckigen Klammern die Zahlen aller Anhörungen zu außen-, verteidigungs- oder handelspolitischen Fragen.

Tabelle 28 Ausschussberichte in Repräsentantenhaus und Senat, 1995–2010

Zeitraum	**Repräsentantenhaus**			**Senat**		
	Gesamtzahl der Berichte	**Anzahl der Berichte mit Europabezug**	**Anteil der Berichte mit Europabezug**	**Gesamtzahl der Berichte**	**Anzahl der Berichte mit Europabezug**	**Anteil der Berichte mit Europabezug**
1995–1996	913	141	15,4%	396	67	16,9%
1997–1998	895	127	14,2%	415	81	19,5%
1999–2000	1097	148	13,5%	512	88	17,2%
2001–2002	847	99	11,7%	351	67	19,1%
2003–2004	877	114	13,0%	425	74	17,4%
2005–2006	794	121	15,2%	368	57	15,5%
2007–2008	980	112	11,4%	528	78	14,7%
2009–2010	706	82	11,6%	370	58	15,7%

Datenquelle: Library of Congress 2011b. Der Europabezug wurde ermittelt durch die Suche nach Berichten, in denen die Begriffe „Europe/European" oder „Atlantic" vorkamen. Die Zeit vor 1995 wird von der verwendeten Datenbank nicht abgedeckt. Die Datenpunkte beziehen sich jeweils auf einen Zweijahreszeitraum, der eine Legislaturperiode des Kongresses abdeckt, weil die Daten in der Datenbank so organisiert und dargestellt werden.

die Bedeutung Europas in Relation zur Bedeutung anderer Regionen oder Akteure in der US-Außenpolitik.

Die Werte, die sich für diesen Indikator ergeben, zeigt Abbildung 20. Hier fällt zunächst die hohe Schwankungsbreite auf, die zwischen 3% im Jahr 2001 und 50% im Jahr 1976 liegt. Zudem sticht die Häufigkeit der Schwankungen ins Auge; die Phase zwischen 1975 und 2000 stellt sich als ein stetiges Auf und Ab dar, das keinen klaren Trend einer zu- oder abnehmenden Salienz Europas erkennen lässt. Ab dem Jahr 2000 schließlich scheint sich die Salienz Europas auf einem niedrigen Niveau stabilisiert zu haben. Zwar sind auch in den 2000er Jahren noch gelegentliche Anstiege zu verzeichnen, doch fallen diese erheblich geringer aus als die starken Ausschläge nach oben, die es bis dato alle drei bis vier Jahre gegeben hatte. Die These vom Bedeutungsverlust Europas scheint sich also, gemessen an diesem Indikator, für die Zeit ab dem Jahr 2000 zu bewahrheiten.

Nicht alle Abstimmungen im Kongress führen zur Verabschiedung eines Gesetzes, denn zum einen kann ein Gesetzentwurf natürlich die notwendige Mehrheit verfehlen, zum anderen können Abstimmungen auch zur Verabschiedung von Resolutionen dienen, die keine Gesetzeskraft haben (vgl. Kap. IV.D). Blicken wir nur auf die vom Kongress verabschiedeten Gesetze, so können wir diese als letzten der quantitativen Indikatoren heranziehen, die sich im Laufe des Gesetzgebungsprozesses anbieten. Abbildung 21 (S. 282) lässt erkennen, dass dieser Indikator auf einen leichten Bedeutungsverlust Europas ab der zweiten Hälfte der 1990er Jahre schließen lässt.

Die Abbildung zeigt zudem die Ergebnisse von Suchläufen, in die auch die Begriffe „security" bzw. „economy" (oder „economic") einbezogen wurden. Damit soll auf die Frage eingegangen werden, in welcher Hinsicht Europa für die USA wichtiger oder unwichtiger wurde, denn es ist denkbar, dass sich die Bedeutung Europas auf dem Feld der Sicherheits-

Abbildung 20 Anteil der Abstimmungen zu Europa unter außenpolitischen Abstimmungen mit regionalem Bezug, 1975–2007

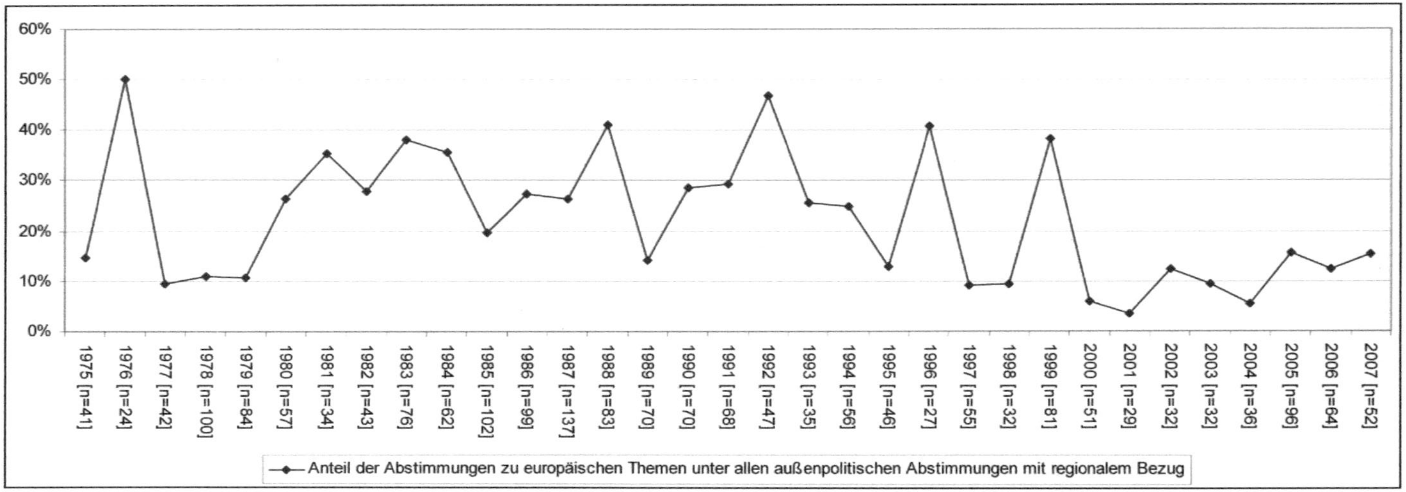

Datenquelle: Congressional Quarterly Press 2010. Eigene Berechnungen. Daten lagen nur für den angegebenen Zeitraum vor. In eckigen Klammern die jährliche Zahl aller Abstimmungen zu außenpolitischen Themen mit einem regionalen Bezug.

Abbildung 21 Anteil der Gesetze mit Europabezug unter allen Gesetzen, 1989–2010

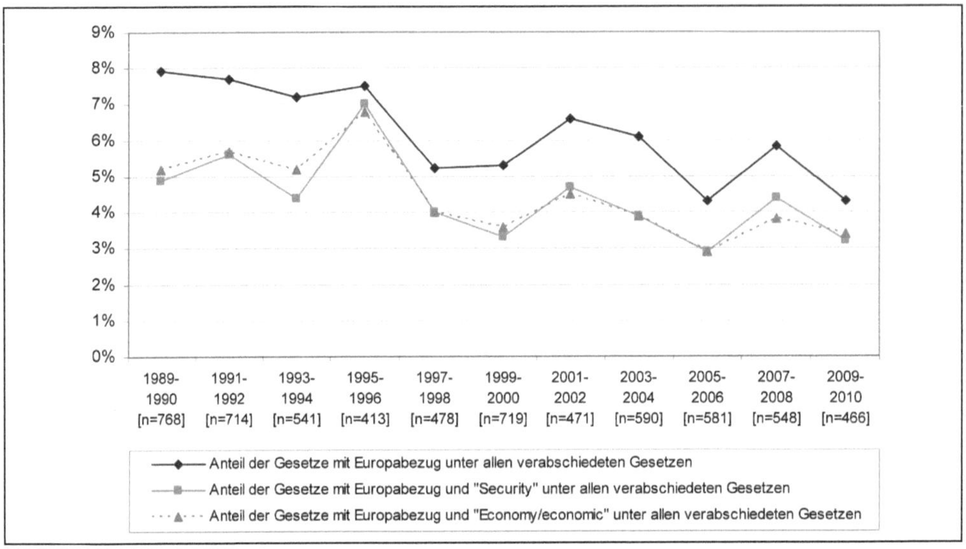

Datenquelle: Library of Congress 2011a. Eigene Berechnungen. In eckigen Klammern die Zahl aller verabschiedeten Gesetze. Der Europabezug wurde durch die Suche nach „Europe/European“ und „Atlantic“ ermittelt.

politik anders entwickelt hat als auf dem Feld der Wirtschaftspolitik.[147] Die Ergebnisse zeigen jedoch, dass es zwischen den beiden Politikfeldern offenbar keinen systematischen Unterschied gibt, denn in sicherheits- wie in wirtschaftspolitischen Zusammenhängen verläuft die Salienz Europas weitgehend parallel. Zudem weicht der Verlauf nicht besonders stark von dem Verlauf der „politikfeldunabhängigen“ Salienz ab (wenngleich sich das absolute Niveau aufgrund der Restriktionen durch die Suchbegriffe natürlich unterscheidet). Europa scheint sich für die USA also weder in seiner Eigenschaft als wirtschafts- noch als sicherheitspolitische Größe in besonderer Weise verändert zu haben.

Zu dem gleichen Schluss kommt man, wenn man die Unterscheidung von Politikfeldern auf die Messgröße „eingebrachte Gesetzesvorlagen“ überträgt (vgl. Abb. 22). Auch hier zeigt sich, dass sich die Salienz Europas in den Sachbereichen der Sicherheit und der Wirtschaft weitgehend gleich entwickelt hat. Lediglich scheint es so, als sei Europa zu Beginn der 1990er Jahre im Bereich der Wirtschaft ein wenig wichtiger gewesen als im Bereich der Sicherheit und als habe sich dieses Verhältnis im Laufe der 2000er Jahre umgekehrt. Die Größenverhältnisse sind jedoch nicht so enorm, dass sich hier von einer echten Trendumkehr sprechen ließe.

147 Die Suche nach sicherheits- bzw. wirtschaftspolitischen Bezügen wurde stichprobenartig auch mit anderen Begriffen, beispielsweise „defense“ bzw. „trade“, durchgeführt, ohne dass sich dadurch die Ergebnisse signifikant veränderten.

Abbildung 22 Anteil der Vorlagen mit Europa- und Politikfeldbezug unter allen Gesetzesvorlagen, 1989–2010

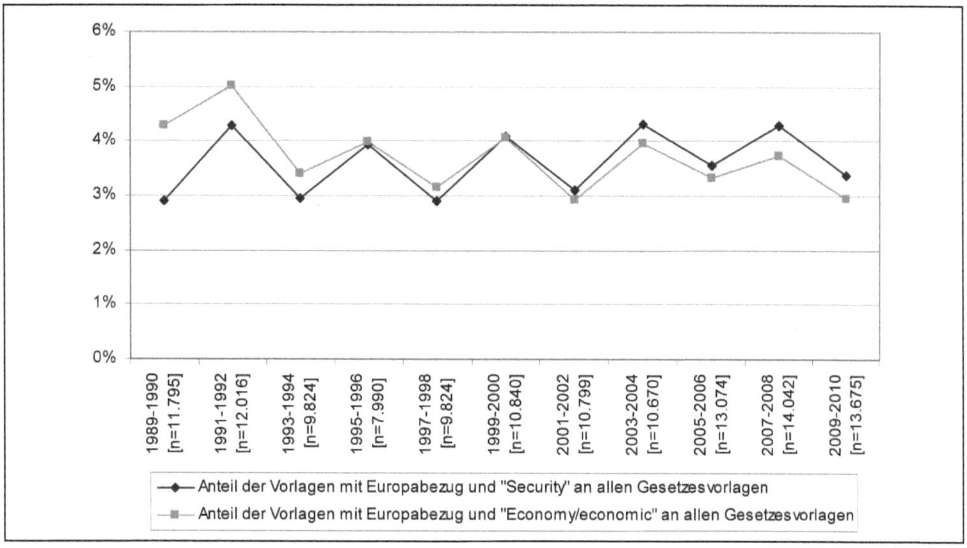

Datenquelle: Library of Congress 2011a. Eigene Berechnungen. In eckigen Klammern die Zahl aller eingebrachten Gesetzesvorlagen. Europabezug wurde durch die Suche nach „Europe/European" und „Atlantic" ermittelt.

V.D.2 Ressourcenverteilung und Organisation der Europapolitik im Kongress

Ebenso wie in den Ministerien und Behörden der Exekutive kann die Allokation von Ressourcen im Kongress einen Hinweis auf die Bedeutung politischer Themen geben. Es ist plausibel anzunehmen, dass der Umfang der Ressourcen, die der Kongress europapolitischen Fragen widmet, ein Zeichen für die Salienz Europas im Kongress ist. Da die Ausschüsse und Unterausschüsse eine zentrale Rolle in der Arbeit des Kongresses einnehmen, mag es besonders lohnend erscheinen, zunächst die Entwicklung der Mitgliedschaft in den Ausschüssen und Unterausschüssen des Kongresses in den Blick zu nehmen. Dabei ist davon auszugehen, dass die Mitgliedschaft in einem Ausschuss für die Kongressmitglieder grundsätzlich bedeutet, dass sie Zeit und Aufmerksamkeit in jene Themen investieren müssen, für deren Bearbeitung der Ausschuss gegründet wurde.

Die Tabellen 29 und 30 (S. 284) stellen die Entwicklung der Mitgliedschaft in den Auswärtigen Ausschüssen des Senats und des Repräsentantenhauses sowie ihrer Unterausschüsse in den Jahren 1989 bis 2010 dar. Die Entwicklung der Mitgliederzahlen im Auswärtigen Ausschuss des *Senats* und seinen Unterausschüssen deutet nicht auf einen Bedeutungsverlust Europas hin, im Gegenteil: Die Zahlen sprechen eher für eine gestiegene Bedeutung Europas. Während die Mitgliederzahlen der Unterausschüsse für Ostasien/Pazifik, Naher Osten/Südasien und die Westliche Hemisphäre im Untersuchungszeitraum nahezu konstant blieben, wurde die Mitgliederzahl des Unterausschusses für Europa in der ersten Hälfte der 1990er

Tabelle 29 Mitgliedschaft im Auswärtigen Ausschuss des Senats, 1989–2010

	Mitgliederzahl des Auswärtigen Ausschusses	**Unterausschuss für Europa**	**Unterausschuss für Afrika**	**Unterausschuss für Ostasien und Pazifik**	**Unterausschuss für Nahen Osten und Südasien**	**Unterausschuss für Westliche Hemisphäre**
1989–1990	19	5	5	7	7	9
1991–1992	18	5	5	9	7	9
1993–1994	20	7	5	7	9	7
1995–1996	18	9	5	9	9	7
1997–1998	18	9	5	9	9	7
1999–2000	18	9	5	9	9	7
2001–2002	19	9	7	9	9	9
2003–2004	19	9	7	9	9	10
2005–2006	18	9	9	9	9	9
2007–2008	21	9	9	9	9	9
2009–2010	19	10	9	10	10	9

Anm: Die Tabelle berücksichtigt nur die regionalen, nicht die funktionalen Unterausschüsse. Quellen: Amtliche Handbücher des US-Kongress *(Congressional Directories)* (U.S. Congress, Joint Committee on Printing 1989, 1991, 1993, 1995, 1997, 1998, 1999, 2002, 2003, 2004, 2005, 2006, 2007, 2008, 2009).

Tabelle 30 Mitgliedschaft im Auswärtigen Ausschuss des Repräsentantenhauses, 1989–2010

	Mitgliederzahl des Auswärtigen Ausschusses	**Unterausschuss für Europa***	**Unterausschuss für Afrika**	**Unterausschuss für Asien und Pazifik**	**Unterausschuss für Nahen Osten und Südasien**	**Unterausschuss für Westliche Hemisphäre**
1989–1990	46	13	10	10	nicht existent	13
1991–1992	46	13	10	10	nicht existent	13
1993–1994	45	15	9	10	nicht existent	10
1995–1996	42	nicht existent	12	14	nicht existent	11
1997–1998	48	nicht existent	10	18	nicht existent	15
1999–2000	49	nicht existent	10	22	nicht existent	15
2001–2002	49	18	9	16	20	11
2003–2004	49	13	9	20	18	11
2005–2006	50	13	13	13	18	16
2007–2008	50	14	11	13	19	16
2009–2010	47	16	11	12	24	19

Anm: Die Tabelle berücksichtigt nur die regionalen, nicht die funktionalen Unterausschüsse. Quellen: Amtliche Handbücher des US-Kongress *(Congressional Directories)* (U.S. Congress, Joint Committee on Printing 1989, 1991, 1993, 1995, 1997, 1998, 1999, 2002, 2003, 2004, 2005, 2006, 2007, 2008, 2009).

* In den Jahren 1989 bis 1994 trug der Unterausschuss den Namen „Europe and the Middle East", in den Jahren 2005 und 2006 die Bezeichnung „Europe and Emerging Threats".

Jahre von fünf auf neun erhöht und verblieb dann auf diesem Niveau; im 111. Kongress (2009/2010) waren es schließlich sogar zehn Mitglieder. Damit war der Europaausschuss am Ende des Untersuchungszeitraums doppelt so groß wie zu Beginn. Einen ähnlichen Zugewinn konnte nur noch der Unterausschuss für Afrika in den 2000er Jahren verzeichnen.

Im Auswärtigen Ausschuss des *Repräsentantenhauses* liegen die augenfälligsten Entwicklungen zum einen in der vorübergehenden Abschaffung des Unterausschusses für Europa in den Jahren 1995 bis 2000, zum anderen in der Gründung eines Unterausschusses für den Nahen Osten und Südasien im Jahr 2001. Die Zuständigkeit für den Nahen Osten lag bis 1994 im Europaausschuss (der damals die Bezeichnung „Europe and the Middle East" trug), ging dann auf den Asienausschuss und schließlich auf den neuen Ausschuss für den Nahen Osten und Südasien über. Die Gründung eines eigenen Ausschusses für diese Weltregion ist ein deutliches Indiz für die gestiegene Salienz der Region. Auch die übrigen Unterausschüsse haben im Laufe des Untersuchungszeitraums Mitglieder hinzugewonnen, so dass der Mitgliederzuwachs des Europaausschusses hier – anders als im Senat – nicht so stark ins Gewicht fällt und kein Zeichen für einen Bedeutungszuwachs ist. Andererseits ist die vorübergehende Abschaffung des Unterausschusses für Europa auch nicht, wie man vermuten könnte, als Zeichen für die Irrelevanz Europas zu werten, wie weiter unten ausgeführt wird.

In den Jahren 1995 bis 2001 gab es im Repräsentantenhaus keinen Unterausschuss für Europa, weil sich der neue Vorsitzende des Auswärtigen Ausschusses, der Republikaner Benjamin Gilman, selbst um die Europapolitik kümmern wollte.[148] Da es die Regeln des Repräsentantenhauses, die die Republikaner nach ihrer Machtübernahme im Kongress im Januar 1995 beschlossen hatten, nicht zuließen, dass ein Ausschussvorsitzender zugleich einem Unterausschuss vorsaß, sah sich Gilman gezwungen, den Unterausschuss für Europa aufzulösen, um alle europapolitischen Fragen im Hauptausschuss *(full commitee)* unter seiner Leitung behandeln zu können. Vor diesem Hintergrund spricht die Entscheidung zur Auflösung des Europaausschusses eher für die Wichtigkeit, und nicht für die Unwichtigkeit, Europas. Allerdings brachte die Entscheidung auch mit sich, dass europapolitische Fragen nun etwas seltener behandelt wurden als zuvor, weil der Hauptausschuss nach wie vor die ganze außenpolitische Bandbreite abdecken musste und sich weniger intensiv um Europa kümmerte, als es ein eigener Europaausschuss tun konnte. Nicht zuletzt deshalb – und auch aufgrund eines geringeren persönlichen Interesses an der Materie – entschied Gilmans Nachfolger Henry Hyde 2001, die Europapolitik wieder in einen separaten Unterausschuss auszulagern.

Der neue Vorsitzende dieses Unterausschusses, Elton Gallegly, wollte die Neugründung ausdrücklich als Zeichen der hohen Bedeutung, die der Kongress Europa beimaß, verstanden wissen: „The creation of this Subcommittee sent a clear and important signal to our allies and friends across the Atlantic that, in the Congress, Europe remains our highest priority" (vgl. U.S. House of Representatives 2002a). Er zeigte allerdings insgesamt weniger Interesse an Europa als die meisten seiner Vorgänger und gab den Posten nach zwei Jahren an

148 Diese Ausführungen beruhen auf Informationen aus den Interviews mit Jonathan Katz (Mitarbeiter im Stab des Auswärtigen Ausschusses im Repräsentantenhaus von 1997 bis 2010), Michael van Dusen (Mitarbeiter des führenden Demokratischen Außenpolitikers im Repräsentantenhaus, Lee Hamilton, von 1990 bis 1999) und Hillel Weinberg (Mitarbeiter im Stab des Auswärtigen Ausschusses im Repräsentantenhaus von 1994 bis 2007).

Doug Bereuter ab, der wesentlich interessierter und engagierter war. Gallegly übernahm derweil den Vorsitz des neuen Unterausschusses für die Themen Internationaler Terrorismus, Nichtverbreitung und Menschenrechte. Weitere zwei Jahre später, also Anfang 2005, sollte Gallegly den Vorsitz des Europaausschusses erneut übernehmen, weil Bereuter nicht wieder für den Kongress kandidiert hatte. Gallegly war aber nur bereit, den Vorsitz des Europaausschusses anzunehmen, wenn er auch die Zuständigkeit für die „harten", sicherheitsrelevanten Themen Terrorismus und Nichtverbreitung behalten durfte. So enstand der Unterausschuss für „Europe and Emerging Threats" (was einige im Kongress zu der scherzhaften Frage veranlasste, ob es nicht korrekt heißen müsste: „Europe and *Other* Emerging Threats"). Nach dem Wahlsieg der Demokraten wurde die Zuständigkeit des Unterausschusses 2007 wieder auf Europa beschränkt.

Die Rochaden der Jahre 2001 bis 2006 zeigten, dass der Europaausschuss im Repräsentantenhaus zu einer Art „Manövriermasse" geworden war. Der sinkende Stellenwert des Ausschusses in den 2000er Jahren stand in starkem Kontrast zu seiner herausgehobenen Rolle in den 1990er Jahren und vor allem in der ersten Hälfte dieses Jahrzehnts. Bis zur Wahlniederlage der Demokraten 1994 war der Europaausschuss vom Demokraten Lee H. Hamilton geleitet worden, der einer der angesehensten Abgeordneten war, ein großes Interesse an Europa hatte und von 1991 bis 1994 sowohl den Unterausschuss für Europa wie auch den Hauptausschuss für Auswärtige Angelegenheiten leitete.

Doch nicht nur im Repräsentantenhaus schien der Europaausschuss in den 2000er Jahren an Bedeutung zu verlieren. Im Senat übernahm 2006 der junge Senator Barack Obama den Vorsitz des Unterausschusses für Europa. Seine Ambitionen lagen jedoch nicht in der Gestaltung oder Kontrolle der Europapolitik, sondern in der Kandidatur für das Amt des US-Präsidenten. Er unternahm so gut wie keine Reise nach Europa, und spätestens mit der offiziellen Bekanntgabe seiner Kandidatur Anfang 2007 blieb ihm, so gestand selbst ein Sprecher Obamas ein, kaum Zeit für seine Tätigkeit in den Senatsausschüssen (Baldwin 2007). Die Entscheidung der demokratischen Führung im Senat, Jeanne Shaheen im Januar 2009 zur Nachfolgerin Obamas an der Spitze des Europaausschusses zu machen, sprach ebenfalls nicht für eine hohe Wertschätzung des Ausschusses, denn Shaheen war gerade erst in den Senat gewählt worden und hatte als Neuling noch keinerlei Erfahrung und Reputation im Senat.

Während die Besetzung der Kongressausschüsse und -unterausschüsse also eher für einen Bedeutungsverlust Europas spricht (trotz der Vergrößerung des Europaausschusses im Repräsentantenhaus Anfang der 1990er Jahre), erlaubt die Besetzung der Mitarbeiterstäbe dieser Ausschüsse keinen solchen Rückschluss. Zwar geben die einschlägigen Handbücher, etwa das *Congressional Directory* oder das *Congressional Yellow Book,* keine Auskünfte über die Mitarbeiterstäbe der Unterausschüsse im Senat, doch für das Repräsentantenhaus liegen solche Daten vor. Diese zeigen, dass der Unterausschuss für Europa nur in den Jahren 1993–1994 über weniger Mitarbeiter verfügte als die übrigen Unterausschüsse: Der Stab des Europaausschusses umfasste vier Personen, während die anderen Unterausschüsse zwischen fünf und sieben feste Mitarbeiter hatten. In allen anderen Jahren im Untersuchungszeitraum verfügten jedoch alle Unterausschüsse über dieselbe Mitarbeiterzahl, d.h. in den Jahren 1989–1990 über fünf, in den Jahren 1991–1992 über sechs und ab 1995 über vier Mitarbeiter.[149] Bei der Beurteilung der Aussagekraft dieser Daten ist aber zu berücksichtigen, dass die festen Mitarbeiterstäbe der Ausschüsse und Unterausschüsse nur einen Teil der gesamten Mitarbeiterzahl ausmachen, weil die Senatoren und Abgeordneten auch über persönliche Mitarbeiter verfügen und die Grenzen zwischen der Arbeit für das Kongressmitglied und der Arbeit für den Ausschuss häufig verschwimmen (Congressional Quarterly Press 2008).

Hinsichtlich der internen Organsiation des Kongresses gab es schließlich einige weitere Entwicklungen, die ein Licht auf die Bedeutung Europas, und insbesondere der EU, für den US-Kongress in unserem Untersuchungszeitraum werfen. Im Jahr 1999 wurde der *Transatlantic Legislators' Dialogue* (TLD) ins Leben gerufen, ein Netzwerk von Mitgliedern des US-Repräsentantenhauses und des Europäischen Parlaments, die sich regelmäßig austauschen, um auf den verschiedensten Politikfeldern voneinander zu lernen – nicht zuletzt deshalb, weil die Gesetzgebung beider Parlamente die Politik, Wirtschaft und Gesellschaft des anderen oft unmittelbar berührt (vgl. European Parliament 2011). Zwar bestanden bereits vor 1999 ähnliche Kontakte zwischen US-Kongress und EU-Parlament, doch mit dem TLD wurden sie erheblich stärker institutionalisiert. Im Jahr 2010 eröffnete das Europäische Parlament zudem ein Verbindungsbüro in Washington, D.C. und hat dem US-Kongress vorgeschlagen, er solle dasselbe in Brüssel tun. Der Kongress lehnte jedoch ab, weil er bisher nirgends ein solches Büro hatte und keinen Präzedenzfall schaffen wollte, dem wahrscheinlich zahlreiche Forderungen nach der Eröffnung weiterer Verbindungsstellen von Seiten anderer Staaten gefolgt wären.[150]

Im Jahr 2005 wurde der *Congressional Caucus on the European Union* gegründet, ein informeller Zusammenschluss von etwa dreißig Abgeordeneten des Repräsentantenhauses, die die Notwendigkeit sahen, den Kongress besser für den Umgang mit der Europäischen Union zu rüsten (vgl. hierzu und zum Folgenden: U.S. Mission to the European Union 2005). Dem lag die Einschätzung der Abgeordneten zugrunde, dass die EU als Partner für die USA in vielen Politikfeldern an Bedeutung gewonnen hatte und weiter gewinnen würde. Zudem schien der Zeitpunkt im Mai 2005 besonders günstig, um eine solche Vereinigung im Kongress zu gründen, denn die Parlamentarier konnten damit an die diplomatische Charmeoffensive anknüpfen, die die Bush-Administration am Jahresanfang 2005 gegenüber den Europäern gestartet hatte (vgl. Kap. V.A und V.B). Allerdings gingen die Überlegungen zur Gründung einer EU-Gruppe im Kongress bereits ins Jahr 2002 zurück (vgl. U.S. Department of State 2002b). Mit seiner Gründung wurde der *Congressional Caucus on the European Union* auch offiziell als *Congressional Member Organization* im Verwaltungsausschuss des Repräsentantenhauses registriert (vgl. Committee on House Administration 2011), und der Caucus arbeitet eng mit dem *Center for Transatlantic Relations* der *Johns Hopkins University* in Washington, D.C. zusammen, das schon bei der Gründung des Caucus mitwirkte (vgl. Center for Transatlantic Relations 2010).

---

149 Vgl. U.S. Congress, Joint Committee on Printing (1989, 1991, 1993, 1995, 1997, 1998, 1999, 2002, 2003, 2004, 2005, 2006, 2007, 2008, 2009)

150 Interview mit Kay King, Leiterin der Abteilung für Außenbeziehungen des US-Repräsentantenhauses. Die Website des Verbindungsbüros des Europaparlaments in Washington, D.C. findet sich unter: http://www.europarl.europa.eu/us/view/en/home.html (Zugriff 22.02.2011).

Die Gründung und der Fortbestand des *Congressional Caucus on the European Union* können als Indiz dafür gewertet werden, dass Europa in Gestalt der Europäischen Union für den US-Kongress – genauer: für das Repräsentantenhaus, auf das sich die Mitgliedschaft in dem Caucus beschränkt – an Bedeutung gewonnen hat. Parallel dazu gibt es Zusammenschlüsse von Kongressmitgliedern aus beiden Kammern, die die bilateralen Beziehungen der USA zu europäischen Staaten fördern und gestalten möchten. Zu den ältesten und aktivsten dieser Gruppen zählt die *Congressional Study Group on Germany,* die zwar von Organisationen außerhalb des Kongresses getragen wird (vor allem von der *Association of Former Members of Congress* und vom *German Marshall Fund of the United States*), der aber stets auch viele amtierende Kongressmitglieder angehören und die die deutschlandbezogenen Aktivitäten des US-Kongresses strukturieren hilft. Ehemalige Mitarbeiter aus beiden Kammern des US-Kongresses betonen, dass „die Deutschen" im Kongress wesentlich schlagkräftiger und besser organisiert waren als die anderen europäischen Staaten.[151] Seit dem Jahr 2003 gibt es einen *Congressional French Caucus* und seit 2006 einen *Congressional United Kingdom Caucus.* Nicht zuletzt diese Neugründungen zeigen, dass neben der Europäischen Union auch die europäischen Einzelstaaten für die Arbeit des US-Kongresses weiterhin wichtig sind.

V.D.3 Erklärungen und Stellungnahmen führender Kongressmitglieder

Der Anteil der Kongressmitglieder, die ein Interesse an und Kenntnisse über Europa besitzen, hat nach der übereinstimmenden Einschätzung von Kongressmitarbeitern in den vergangenen zwei Jahrzehnten merklich abgenommen, vor allem im Repräsentantenhaus.[152] Dennoch gibt es nach wie vor genügend Senatoren und Abgeordnete mit einem Europaschwerpunkt, um das Thema auf der Agenda des Kongresses zu halten, wie Kapitel V.D bis hierhin bereits gezeigt hat.

Der Kongress unterscheidet sich hinsichtlich seiner politischen Funktionen und seiner institutionellen Eigenschaften deutlich von den Akteuren der Exekutive (vgl. Kap. IV.D). Der Kongress hat keine diplomatische Rolle, sondern vor allem die Aufgabe, die Exekutive zu kontrollieren, und er stellt sich als eine sehr heterogene Institution dar. Aus diesen Gründen lassen sich im Kongress etwas andere und vor allem vielfältigere Europabilder als in den Exekutivbehörden erwarten.

Zudem ist aufgrund der Größe des Kongresses, mit 535 Mitgliedern, und der Länge des Untersuchungszeitraums eine starke Selektion der Untersuchungsgegenstände und Quellen nötig. Eine der besten Quellen für Erklärungen und Stellungnahmen von Kongressmitgliedern, die Rückschlüsse auf die Europabilder im Kongress zulassen, stellen die einschlägigen Anhörungen in den Kongressausschüssen dar. Auch wenn sich die Kongressmitglieder in diesen Anhörungen hauptsächlich in der Rolle der Fragesteller und Zuhörer befinden, tun

151 So Michael Haltzel, von 1994 bis 2005 außenpolitischer Berater von Senator Joseph Biden, und Michael van Dusen, von 1990 bis 1999 außenpolitischer Berater des Kongressabgeordneten Lee Hamilton.
152 Interviews mit Michael Haltzel, Jonathan Katz und Vince Morelli.

sie in der Regel auch ihre eigene Meinung zum betreffenden Gegenstand kund, vor allem in ihren Eingangsstatements zu Beginn der Anhörungen.

In den europabezogenen Anhörungen der letzten zwei Jahrzehnte traten einige Kongressmitglieder aufgrund ihrer aktiven Teilnahme besonders in den Vordergrund; in der Regel waren dies jene Mitglieder, die auch eine Leitungsfunktion in den einschlägigen Kongressausschüssen hatten und zu den Meinungsführern in diesem Politikbereich zählten. Dabei handelt es sich um folgende Personen, deren Äußerungen im Mittelpunkt der nachfolgenden Analyse stehen:

- Senator Joseph Biden, Demokrat, Mitglied des Auswärtigen Ausschusses, Vorsitzender des Unterausschusses für Europa (1989–1994 und 2001–2002), ranghöchster Vertreter der oppositionellen Demokraten *(ranking minority member)* im Auswärtigen Ausschuss (1997–2000 und 2003–2006), Vorsitzender des Ausschusses (2001–2002 und 2007–2008).
- Senator Richard Lugar, Republikaner, Mitglied des Auswärtigen Ausschusses, Vorsitzender des Unterausschusses für Europa (1995–1996), Vorsitzender des Auswärtigen Ausschusses (2003–2006) und ranghöchster Vertreter der oppositionellen Republikaner im Ausschuss (2007–2010).
- Senator Jesse Helms, Republikaner, Mitglied des Auswärtigen Ausschusses, ranghöchster Vertreter der oppositionellen Republikaner im Ausschuss (1989–1994 und 2001–2002), Vorsitzender des Ausschusses (1995–2000).
- Senator Gordon H. Smith, Republikaner, Mitglied des Auswärtigen Ausschusses, Vorsitzender des Unterausschusses für Europa (1997–2000).
- Abgeordneter Benjamin Gilman, Republikaner, Mitglied des Auswärtigen Ausschusses, ranghöchster Vertreter der oppositionellen Republikaner im Ausschuss (1993–1994), Vorsitzender des Ausschusses (1995–2000).
- Abgeordneter Tom Lantos, Demokrat, Mitglied des Auswärtigen Ausschusses, ranghöchster Vertreter der oppositionellen Demokraten im Ausschuss (2001–2006), Vorsitzender des Ausschusses (2007–2008).[153]
- Abgeordneter Sam Gejdenson, Demokrat, Mitglied des Auswärtigen Ausschusses, ranghöchster Vertreter der oppositionellen Demokraten im Ausschuss (1999–2000).
- Abgeordneter Doug Bereuter, Republikaner, Mitglied des Auswärtigen Ausschusses, Vorsitzender des Unterausschusses für Europa (2003–2004).
- Abgeordneter Robert Wexler, Demokrat, Mitglied des Auswärtigen Ausschusses, Vorsitzender des Unterausschusses für Europa (2007–2010).

Neben den Erklärungen dieser Protagonisten werden in der Analyse zudem Äußerungen anderer Kongressmitglieder berücksichtigt, sofern sie besonders erhellend oder bemerkenswert erschienen.

Die europabezogenen Anhörungen im Repräsentantenhaus beschäftigten sich relativ häufig mit wirtschafts- und handelspolitischen Themen, während im Senat eher sicherheitspolitische Themen, vor allem die Nato, im Vordergrund standen. Dies erklärt sich aus den

153 Tom Lantos verstarb am 11. Februar 2008 im Amt.

unterschiedlichen Rollen und Kompetenzen beider Kammern (vgl. Kap. IV.D). Die Unterausschüsse für Europa hielten auch gemeinsame Anhörungen mit anderen Unterausschüssen ab, wenn sich entsprechende thematische Schnittmengen ergaben. So führte im Repräsentantenhaus der Unterausschuss für Europa gemeinsame Anhörungen mit dem Unterausschuss für Internationale Wirtschaftspolitik durch, um die europäische Wirtschaftsintegration zu diskutieren. Im Senat gab es gemeinsame Anhörungen des Unterausschusses für Europa mit einem Unterausschuss des Verteidigungsausschusses zum Thema Nato-Erweiterung. Aus Sicht des Abgeordneten Benjamin Gilman gebührte der Wirtschaftspolitik eine größere Rolle im Umgang mit Europa und der Europäischen Union:

> [I]n the past many of our policymakers have downplayed the importance of our trying to manage our political, our commercial and trade links with Europe through the EU. They have favored emphasizing our strong security relationship with Europe anchored in the North Atlantic Treaty Organization. (vgl. U.S. House of Representatives 1999a)

Diese Meinung deckt sich mit dem in dieser Analyse bereits getroffenen Befund, dass in der Europapolitik der wichtigsten US-Behörden sicherheitspolitische Themen anscheinend dominierten (vgl. Kap. V.A–C). Neben den Anhörungen mit einem deutlichen wirtschafts- oder sicherheitspolitischen Schwerpunkt gab es – vor allem in den Jahren 2002 bis 2005 – auch solche, die sich mit den politischen Beziehungen zwischen den USA und Europa im Allgemeinen beschäftigten.

Ende der 1980er und Anfang der 1990er Jahre stellte die Vollendung des europäischen Binnenmarktes eine wichtige Entwicklung dar, die auch den US-Kongress stark beschäftigte. Unter dem Schlagwort „Europe 1992“ debattierten die Unterausschüsse für Europa und für Internationale Wirtschaftspolitik wiederholt die Auswirkungen der europäischen Integration auf die amerikanische Wirtschaft. Einige Abgeordnete betonten die Wichtigkeit der europäisch-amerikanischen Wirtschaftsbeziehungen und die Wachstumschancen, die sich auftaten; doch mindestens ebenso groß waren die Sorgen, die viele Parlamentarier zum Ausdruck brachten. Für sie war Europa vor allem einen Markt, der durch die EG/EU für amerikanische Exporte zunehmend abgeschottet wurde. So sahen es u. a. der demokratische Abgeordnete Sam Gejdenson und der republikanische Abgeordnete Toby Roth (vgl. U.S. House of Representatives 1990, 1992, 1999a). Die EU erschien hier einerseits als ein Akteur, der aus rationalem Kalkül Hürden für amerikanische Produkte errichtete und dabei auch völlige Willkür walten ließ, nur um heimische Produkte und Hersteller zu schützen. Auf der anderen Seite unterstellte der Abgeordnete John Cooksey den Europäern auch eine „kulturelle Tendenz zum Protektionismus“, die sie nur schwer überwinden könnten (vgl. U.S. House of Representatives 1999b), und auch der Abgeordnete Gilman sah in den Europäern nicht nur Täter, sondern Opfer ihrer eigenen Einstellungen:

> Speaking in Washington last week, a European cabinet minister said, and I quote, „We see technology as something for others to invent. Our role is to devise rules for its non-use.“
>
> While he was referring sarcastically to his own nation, I think his words may be applicable to Europe as a whole. Perhaps this attitude explains something about the European economic situation. (vgl. U.S. House of Representatives 1998)

Die Europäer wurden nicht nur als Opfer ihrer eigenen Technikfeindlichkeit, sondern auch ihrer exzessiven Regulierungswut gesehen, die die Wirtschaftsentwicklung so hemmte, dass kein aufstrebendes Land den Weg in die EU suchen dürfte. So erklärte Senator Smith:

> With regard to enlargement, I must admit some skepticism about why countries in Central and Eastern Europe would want to join the European Union. For example, the economies of Poland, Hungary, and the Czech Republic are growing faster and are experiencing far less unemployment than countries in the European Union. Furthermore, excessive EU regulations, taxes, and labor laws could just as heasily hurt the economic development of these countries more than EU membership would help them. (vgl. U.S. Senate 1999)

Im Zusammenhang mit den transatlantischen Wirtschaftsbeziehungen schienen in Anhörungen des Repräsentantenhauses auch bemerkenswerte Europabilder auf, die zwar extreme Positionen kennzeichnen, die aber schon alleine deshalb relevant sind, weil sie von erfahrenen und einflussreichen Abgeordneten verbreitet wurden. Zum einen ließ der republikanische Abgeordnete Dana Rohrabacher durchblicken, dass er die Europäer als Zahlungsempfänger sah und – jedenfalls bis zu seiner Europareise – für rückständig hielt:

> Did they [the Europeans] ever repay that money we gave them during the Marshall Plan? I am really interested in that …
>
> I just came back from Europe, where I spent about a month in France, Portugal, and Spain, and I am very impressed with the fact that Europe is now on par with us in terms of our standard of living. There is no doubt European people are together and should be considered on par with the United States of America. (vgl. U.S. House of Representatives 1997)

Die Vorsitzende des Unterausschusses für Internationale Wirtschaftspolitik, Ileana Ros-Lehtinen, sah sich daraufhin genötigt, ihren Parteifreund darauf hinzuweisen, dass es sich beim Marshall-Plan nicht um ein Darlehen, sondern um eine Investition handelte, die sich sehr gelohnt habe. Rohrabacher antwortete nur: „I thougth we could just ask them for the money now, but it is OK."

Während die Äußerungen Rohrabachers lediglich auf ein gewisses Maß an Ignoranz schließen lassen, geriet Tom Lantos, der Europa sehr gut kannte, geradezu in Rage angesichts der, wie er es sah, Engstirnigkeit und Undankbarkeit der Europäer. Seine emotionale Rede in einer Kongressanhörung von 1999 ist es wert, ausführlicher zitiert zu werden:

> The great men at the end of the Second World War, Adenauer of Germany and Alcide de Gasperi of Italy and Paul Enrespoc of Belgium and Churchill and Jean Monnet of France, would be turning in their graves if they would see our European friends and allies defining much of their relationship with the United States with respect to bananas and beef hormones …
>
> I take a much less kindly view of our European friends and allies than most of my colleagues. *Europe has benefited from the United States' military leadership and economic assistance in a historically unique fashion …, and we have been sniped at year after year after year with tangential, little, selfish issues, and I, for one, am sick and tired of it.*

> My feeling is that our policy toward Europe will have to be one of friendship and cooperation, but also a greater degree of assertiveness …
>
> *My feeling is that Europe owes us a great deal, and we owe Europe very little. This needs to be stated publicly and clearly and without reservation …*
>
> Every time I visit our military cemeteries in Europe I am appalled by the incongruity between the vast numbers of American young lives which were lost for the sake of Europe and the self-centered approach of many European governments and opposition parties to our role in the 20th century … (vgl. U.S. House of Representatives 1999b; Hervorh. AH)

Der Abgeordnete Rohrabacher sprang Lantos bei: „I agree with Mr. Lantos, we bore this burden and we ended up with very little thanks for it", bevor der demokratische Abgeordnete Alcee Hastings zur Vorsicht mahnte und seine Kollegen davor warnte, einem neuen Isolationismus Vorschub zu leisten (vgl. U.S. House of Representatives 1999b). Doch auch bei späteren Gelegenheiten ließ sich Lantos zu polemischen Ausfällen hinreißen:

> [The Europeans] leave us doing the heavy lifting. *Young men and women from New York and San Francisco and Ames, Iowa, are daily giving their lives in defense of freedom while their counterparts in Bonn and Paris stroll the avenues admiring Europe's great prosperity …*
>
> Our friends in Denmark, the Netherlands and the UK have bravely let their troops be placed in harm's way for the sake of NATO's all-important mission in Afghanistan. But some other European nations must live up to their convictions by following suit rather than ducking the front lines …
>
> [M]any individual European nations have clearly decided it is more important to make money by doing business with Iran than to recognize its threat to our society. Shame on them. (vgl. U.S. House of Representatives 2007b; Hervorh. AH)

Die Europäer, und namentlich die Deutschen und Franzosen, erscheinen hier als Feiglinge und als amoralische Geschäftemacher, die der amerikanischen Gesellschaft schaden. Auch in dieser Sitzung erhielt Lantos ausdrücklich die Zustimmung des Abgeordneten Rohrabacher. Es lohnt sich, an dieser Stelle zu wiederholen, dass Lantos Europabild nicht zwangsläufig repräsentativ für den Kongress war, er aber durchaus in der Position war, auch das Europabild anderer Abgeordneter zu prägen.

Zu den kenntnisreichsten und engagiertesten „Transatlantikern" im US-Kongress während der vergangenen zwei Jahrzehnte zählten der demokratische Senator Joseph Biden und der republikanische Senator Richard Lugar. In ihren Leitungsfunktionen setzten sie zahlreiche Anhörungen an, vor allem zum Thema Nato. Obwohl sie als Fürsprecher einer engen transatlantischen Zusammenarbeit und einer starken Nato auftraten, sahen sie deutliche Interessenunterschiede zwischen Amerikanern und Europäern. So stellten sie in einer Anhörung zur „Zukunft der Nato" 1994 fest (vgl. U.S. Senate 1994):

> Without a common enemy to unite us, we may find our conceptions of what constitutes national interest may very well divide us. I say this without joy, but with a sense of foreboding. (Joseph Biden)

> American and European interests with respect to Central Europe and Russia are not necessarily synonymous. (Richard Lugar)

Während Richard Lugar in Westeuropa Bestrebungen ausmachte, sich von den USA zu emanzipieren, stand bei Joseph Biden stärker die Schwäche und Führungslosigkeit der Europäer im Vordergrund. In einer seiner ausführlichen schriftlichen Erklärungen, die er häufig für die Kongressanhörungen anfertigte, erklärte Lugar:

> The Partnership for Peace proposal ... has served as an excuse or opportunity to revive certain European alternatives to NATO ...
>
> That NATO is experiencing a „relevance" crisis at the same time as Europe is undergoing a security „identity" crisis should surprise no one. What is surprising, however, is the reluctance to deal with the latter by updating and revitalizing the former ...
>
> But for the U.S., there is no „European alternative" Either the U.S. takes the lead in constructing a new NATO to deal with the new dangers and instabilities emerging in Europe, east and west, and thereby anchors itself in Europe, or NATO's relevance crisis could prove terminal with respect to robust American participation and presence ... (vgl. U.S. Senate 1994)

Lugar sah also die Gefahr eines amerikanischen Einflussverlustes in Europa, und er befürchtete, dass das daraus entstehende Machtvakuum – vor allem in Osteuropa – nicht nur von den Westeuropäern, sondern auch von Russland gefüllt werden könnte (vgl. U.S. Senate 1995). Dies entsprang nicht zuletzt Lugars grundlegender Sichtweise auf Europa: Er sah den Kontinent in jenen Jahren als einen geopolitischen Schauplatz mit „Linien", „Blöcken", „Pufferzonen", „Einflusssphären" und einem drohenden „strategischen Niemandsland" bzw. „Sicherheitsvakuum" in Mitteleuropa (vgl. U.S. Senate 1994). Dass sich die EU in diesem Umfeld als sicherheitspolitischer Akteur würde behaupten können, bezweifelte Lugar angesichts des faktischen Scheiterns der EU beim Aufbau einer gemeinsamen Sicherheitspolitik und bei der Konfliktlösung im ehemaligen Jugoslawien (vgl. U.S. House of Representatives 1998).

Bidens Sichtweise war etwas pragmatischer und weniger von abstrakten Konzepten geprägt als die von Lugar, aber nicht weniger europaskeptisch. Stärker als Lugar betonte er den großen Einfluss der USA in konkreten europäischen Angelegenheiten:

> I wonder whether we could expand NATO in a way that allowed one, or two, three or seven nations to take a particular course of action that the others disagreed without causing the alliance to dissolve. I wonder whether or not NATO and the former Yugoslavia may not be a fine test case for that.
>
> I believe if the United States chose to lift the arms embargo, no one would veto that decision.
>
> I am going to now hear in the French papers and the German papers about Biden once again bashing the Germans and the French and the Brits. I want to include them all. I do not want to hurt anybody's feelings by leaving them out. (vgl. U.S. Senate 1994)

Biden wiederholte im Laufe der Jahre, dass Stabilität in Europa eine Grundvoraussetzung dafür sei, dass die USA auf der Weltbühne erfolgreich sein konnten (vgl. U.S. Senate 1998,

2002). Er ließ zudem immer wieder durchblicken, dass er die Europäer, und insbesondere die EU, für zu behäbig hielt. So sagte er 1998: „Speaking for myself, the EU has not been very generous, or speedy, or moved with any alacrity in bringing about an expansion of the EU“ (vgl. U.S. Senate 1998), und 2001 stellte er fest:

> Until recently, I had not worried too much about it [ESDP] because the Europeans' track record in meeting defense commitments has been on the whole somewhat wanting. But I think they set their headline goals at a low enough level that they will be able to meet these goals ... (vgl. U.S. Senate 2001a)
> Despite the remarkable progress that the 15 members of the European Union have made in creating in Europe, in the EU's phrase, „an ever closer union“, the fact remains in my view that it is the United States that still plays the key role necessary to mobilize Europe on tough security questions. (vgl. U.S. Senate 2001b)

Noch deutlicher zeichnete Biden 1997 das Bild der weitgehend hilflosen und unfähigen Europäer:

> In the 20th century, Europeans have proven incapable, left to themselves, of settling their differences peacefully. The United States, it seems to me, must continue to lead the new security architecture for that continent, for if we do not, I do not know who will. (vgl. U.S. Senate 1997)

Hier muss allerdings hinzugefügt werden, dass Biden diese Anmerkungen im Rahmen der Debatte über die Ratifizierung der Nato-Erweiterung machte und es ihm darum ging, die Zweifler von der Notwendigkeit der Erweiterung zu überzeugen. Es ist also davon auszugehen, dass er bestrebt war, die Zukunft Europas ohne eine solche Erweiterung – und ohne das fortdauernde amerikanische Engagement, das damit einherging – in den schwärzesten Farben zu malen. Wesentlich positiver schätzte Biden die Reaktion der Europäer auf die Anschläge des 11. Septembers 2001 ein, und er wurde nicht müde, auch noch im folgenden Jahr auf die Solidarität der Europäer hinzuweisen:

> As I said that day [September 12] on the floor of the U.S. Senate, invoking Article 5 was a big deal, a very big deal. It was the ultimate gesture of solidarity with us by our European and Canadian allies. (vgl. U.S. Senate 2002)

In der Debatte über die Nato-Erweiterung legte Senator Jesse Helms den Schwerpunkt auf die Kosten, die eine Erweiterung mit sich brächte, und er kritisierte die Europäer, die versuchten, diese Kosten auf die USA abzuwälzen (vgl. U.S. Senate 1997, 1998). Zudem bezeichnete er die Europäer als „Opportunisten“, die sich durch ihre Geschäfte mit autokratischen Regimen, wie im Iran und in China, auf Kosten anderer bereicherten. Dabei nahm er allerdings Dänemark und die Niederlande von seiner Kritik aus, weil diese in der Menschenrechtskommission der Vereinten Nationen für eine Verurteilung Chinas gestimmt hatten und von China daraufhin mit Sanktionen belegt worden waren (vgl. U.S. Senate 1998).

Helms war allerdings auch nicht bekannt dafür, dass er irgendjemanden von seiner Kritik aussparte. Im Juni 2001 nahm er seinen Parteifreund Präsident George W. Bush aufs Korn, weil dieser den russischen Präsidenten Putin überschwänglich gelobt hatte:

> I would be misleading you if I did not admit to raising my eyebrows over the assertion that Mr. Putin is „trustworthy". „A remarkable leader" he was called, and a man with whom we „share common values". Now, I criticized officials from the previous administration for using nearly those precise words, and I was dumbfounded to hear them from mine …
>
> Mr. Putin is, in my judgement, far from deserving the powerful political prestige and influence that comes from an excessively personal endorsement by the President of the United States. Indeed, prematurely personalizing the relationship only undercuts the incentives he has to reorient Russia's domestic and foreign policy goals … (vgl. U.S. Senate 2001b)

Helms stand damit beispielhaft für die überwiegend sehr kritische Sichtweise Russlands im US-Kongress in jenen Jahren. Einigen Senatoren ging die Kritik ihrer Kollegen an Russland gelegentlich zu weit, nicht zuletzt weil sie als kontraproduktiv angesehen wurde, wie der demokratische Senator Russell Feingold erläuterte:

> Unfortunately, parts of the debate over NATO enlargement have taken on an „us versus them" quality. We must not forget that the Russian Federation is not the Soviet Union, and that we should encourage democracy wherever it takes root. Instead of the „us versus them" of the Cold War era, this debate should be about the new landscape of Europe. (U.S. Senate 1998)

Feingold plädierte hier also explizit für ein neues Russlandbild, was nicht zuletzt damit zusammenhängen konnte, dass Feingold russische Großeltern hatte. Zwar ist es entschieden zu einfach, stets einen kausalen Zusammenhang zwischen der Herkunft eines Akteurs und seinen politischen Äußerungen herstellen zu wollen. Doch gelegentlich scheint dieser Zusammenhang schlichtweg plausibel, und Politiker weisen auch selbst darauf hin. So tat es etwa der in Ungarn geborene Tom Lantos, der seine oben erwähnte, geharnischte Kritik an den Europäern mit dem Hinweis versah, dass er selbst aus Europa stammte. Mit einer ähnlichen Andeutung beglückwünschte Lantos 1994 ausdrücklich den Leiter der Europaabteilung im Außenministerium, Richard Holbrooke, zu dessen Entscheidung, dass seine Abteilung von „Mitteleuropäern" statt „Osteuropäern" sprechen werde (vgl. U.S. House of Representatives 1994).

Inmitten der vielen Kritik an den Europäern zeigten sich aber stets auch positive Europabilder und Einschätzungen des transatlantischen Verhältnisses – genauer gesagt, des Verhältnisses zwischen den USA und den Westeuropäern bzw. europäischen Nato-Mitgliedern. Der demokratische Senator Joseph Lieberman betonte in einer Kongressanhörung 1994:

> [A]s we continue to ask these questions about NATO, it does seem to me that we have to begin by acknowldeging that we have a special historic and cultural tie, as Americans, to Europe … It may be that the world has changed as we enter the next century. It may be that relationship is less special. I do not think so. I think that the core of our security will be this continuing relationship with Europe. (vgl. U.S. Senate 1994)

Der Abgeordnete Gilman bezeichnete im Jahr 2000 Westeuropa als:

> … that region in the world in which our core national interests are most engaged. The majority of our allies are there, the bulk of our international trade and investment is with the countries of this vital region, and, of course, it is with these countries that we share our fundamental values and institutions … [O]ur overall relations with these nations are excellent … (vgl. U.S. House of Representatives 2000)

Senator Helms wies 2001 auf die besondere Wichtigkeit der transatlantischen Beziehungen hin:

> [T]here should be no doubt that the transatlantic relationship is America's most important partnership and that NATO is our most important alliance. Acting together, Europa and America are the core global power and stability. (vgl. U.S. Senate 2001b)

In demselben Jahr hielt Senator Gordon Smith fest:

> I can think of no relationship more crucial to America's national security than our partnership with Europe and with the NATO alliance as its institutional cornerstone. It is our nation's most important global relationship. When working together, American and Europe constitute a partnership that is globally dominant in all key respects, economically, politically and militarily. (vgl. U.S. House of Representatives 2001a)

Senator Smith gehörte als Vorsitzender des Europaausschusses auch zu denjenigen, die sich in dieser Zeit intensiv mit der Europäischen Sicherheits- und Verteidigungspolitik beschäftigten. Er konnte dem Projekt positive wie negative Seiten abgewinnen:

> I am confident that the EU's ESDP project has the potential to strengthen the transatlantic partnership. I want to emphasize that: I am confident that it can strengthen the transatlantic partnership. If our European partners will truly improve their military capabilities, it will lead to a more powerful alliance with more balanced burden-sharing … I see it as a win-win proposition, a win-win scenario for both sides of the Atlantic.
>
> However, this is not a foregone conclusion. Success will require a genuine effort by the Europeans to strengthen their defense forces and careful manegement of the nascent relationship between NATO and the EU …
>
> I fear that in the abscence of significantly improved European defense capabilities the EU will find itself building hollow institutions …
>
> Second, the Europena Union could give the false impression that it is capable of conducting a military operation without American involvement when in fact it is unable to do so, creating a security vacuum that necessarily will be filled, and not necessarily to our advantage. (vgl. U.S. Senate 2000)

Auch an anderer Stelle machte Smith deutlich, dass die ESVP in seinen Augen nicht nur ohne Effekt bleiben, sondern sogar negative Auswirkungen haben konnte (vgl. U.S. Senate 2001a). Der Abgeordnete Sam Gejdenson beschrieb die Haltung des Kongresses zur ESVP als „schizophren“, weil die Parlamentarier auf der einen Seite von der Europäern stets den

Ausbau ihrer Fähigkeiten forderten, aber misstrauisch wurden, sobald Europa entsprechende Schritte unternahm:

> The Congress itself has been somewhat schizophrenic in response to the European defense initiative. The Congress condemns the Europeans on the one hand for not being full partners and pulling full weight, but when the Europeans tried to coordinate their defense production and resources, the Congress seems anxious about that as well. (vgl. U.S. House of Representatives 2000)

Die grundsätzlich positiven Einschätzungen Europas und der transatlantischen Beziehungen verschwanden aber auch nach der Krise um den Aufbau einer europäischen Verteidigung 1999/2000 und der Irakkrise 2003 nicht völlig. Viele Abgeordnete, darunter der Republikaner Doug Bereuter und der Demokrat Robert Wexler, zeigten sich im Frühjahr 2003, nach den Auseinandersetzungen über den Irakkrieg, sehr besorgt über den Zustand der transatlantischen Beziehungen (vgl. U.S. House of Representatives 2003a). Zugleich hielt Bereuter fest: „Not ignoring Australia and Japan, but for the most part our traditional and closest allies are in Europe", und Wexler blickte erwartungsvoll in die Zukunft:

> [T]hough currently suffering from unprecedented strain, the importance of transatlantic relations must not be underestimated. They are strategically vital to both America's long-term security and economic interestst …
>
> These positive developments begin the process of healing, but they are only the first step toward the true mending of transatlantic ties. (vgl. U.S. House of Representatives 2003b)

An diesem Zitat fällt auch auf, dass die Metapher der „Heilung", die in den 1990er Jahren noch dazu diente, um die Entwicklung in Europa zu beschreiben, nun auf das transatlantische Verhältnis übertragen wurde. Wexler betonte später zudem, dass sich die USA und Europa gegenseitig dringender bräuchten als je zuvor (vgl. U.S. House of Representatives 2005a) und es viel mehr Gemeinsames als Trennendes zwischen ihnen gäbe (vgl. U.S. House of Representatives 2005b).

Auf Antrag Bereuters verabschiedete das Repräsentantenhaus zudem im Herbst 2003 eine nicht-bindende Resolution *(simple resolution)* zur Stärkung und Vertiefung der transatlantischen Beziehungen. Darin hieß es unter anderem:

> [A] central goal of United States policy toward Europe remains that the development of a Europe united, free, strong, and at peace is in the best interests of the United States and Europe so long as the United States and Europe continue to work as partners, not rivals or counterweights …
>
> [T]he partnership should be expanded progressively from a transatlantic community of values to an effective transatlantic community of action … (U.S. House of Representatives 2003c)

Hier klangen, trotz der grundsätzlich positiven und affirmativen Stoßrichtung der Resolution, auch Bedenken an, die US-Politiker und Regierungsvertreter in jener Zeit häufiger äußerten:

zum einen, dass Europa Gefahr lief, sich in Abgrenzung zu den USA zu definieren (vgl. auch Rodman 2003), und zum anderen, dass sich Europa handlungsbereiter und einsatzfreudiger zeigen müsse. Doug Bereuter, der einmal bekannte: „No subject has greater interest for me in foreign policy and security issues than NATO and NATO expansion" (vgl. U.S. House of Representatives 2002b), sah die Gefahr, dass Europa gegenüber den Motiven der USA zunehmend misstrauisch wurde und sich als Konkurrent und Gegengewicht zu den USA definierte (vgl. U.S. House of Representatives 2003 d, e). Er analysierte zudem die möglichen Gründe für die Spannungen im transatlantischen Verhältnis und diagnostizierte auf europäischer Seite einige außenpolitische Grundeinstellungen, die von denen der USA abwichen:

> Most troubling are increasingly apparent differences of opinion regarding our global, or at least regional, responsibilities and differences on how those responsibilities should legitimately translate into American foreign policy vis-à-vis the foreign policy of individual European nations and such multinational institutions like the European Union …
>
> Our superpower status means that, quite frankly, our world-view is somewhat different than that of many Europeans …
>
> Also, certainly, American attitudes and policies are influenced by our history and culture, and, of course, the same is true for Europe … Europeans naturally have a predisposition today to support multilateral initiatives and institutions that limit the unfriendly or detrimental actions of individual nations on their neighbors …
>
> The difference in attitude on the importance of national sovereignty and multilateralism is a big, big reason for the increasingly divergent attitudes and actions between European nations and the United States. (vgl. U.S. House of Representatives 2003a)

Bereuter sah also ein Europa, dass sich hinsichtlich wichtiger außenpolitischer Handlungsgrundlagen von den USA entfernte.[154] Auffällig an seinen Ausführungen ist zudem, dass er häufig von den „europäischen Nationen" anstatt von „Europa" spricht, er also die Staaten als primäre Akteure sieht und zwischen ihnen unterscheidet. Eine ausdrückliche Differenzierung zwischen den europäischen Staaten hat Bereuter auch bei anderen Gelegenheiten vorgenommen. Sein Europabild unterscheidet sich somit, zumindest in Nuancen, von dem seiner meisten Kollegen, die „Europa" häufiger als Einheit oder als Ganzes benennen und eher dazu neigen, die Europäer über einen Kamm zu scheren.

Neben den von Bereuter diskutierten Grundeinstellungen bilden auch die materiellen Fähigkeiten der Akteure eine wichtige Grundlage ihres außenpolitischen Handelns, und auch diesbezüglich stellten die Kongressmitglieder fest, dass sich die USA und Europa immer weiter voneinander entfernten. Die große und weiter wachsende „Fähigkeitslücke" im militärischen Bereich wurde in den vergangenen Jahren von Senator Biden ebenso weiterhin angeprangert (vgl. U.S. Senate 2006, 2008) wie die fehlende Kampfbereitschaft vieler Europäer in Afghanistan:

154 Mit der Feststellung unterschiedlicher *Einstellungen* ist noch keine Aussage über gemeinsame *Werte,* die grundlegender sind als Einstellungen, und über *Meinungen,* die spezifischer und volatiler sind, getroffen (vgl. Höse/Oppermann 2005).

> Many of our NATO allies thought they were signing up for a peacekeeping mission, not a counterinsurgency operation. And many are fighting like it is a pecekeeping operation: not fighting. Some are fighting with incredible bravery, particularly in the south. But the so-called national caveats are making a mockery, in my view, of NATO and the notion of a unified mission. One ally can fight here, but not another place; another ally can do this, but not that. In my view, you're either in this fight or you're not, and it's time for NATO to be fully in the fight. I believe that the future of NATO is at stake in Afghanistan. (vgl. U.S. Senate 2008)

Der Abgeordnete Wexler stellte mit Bedauern fest, dass auch die gestiegenen Sympathiewerte der USA in Europa nach Obamas Wahlsieg nicht dazu führten, dass die Europäer eine größere Bereitschaft zur Übernahme internationaler Verpflichtungen zeigten (vgl. U.S. House of Representatives 2009a).

Schließlich generierte auch der letzte große Schritt der europäischen Integration, die Verabschiedung des Vertrags von Lissabon, einige Aufmerksamkeit im US-Kongress. Der Europaausschuss im Repräsentantenhaus setzte eigens eine Anhörung zu dem Thema an (vgl. U.S. House of Representatives 2009b), in der der Abgeordnete Elton Gallegly die Befürchtung äußerte, die guten bilateralen Beziehungen der USA zu vielen europäischen Staaten, vor allem Großbritannien, könnten leiden, wenn sich die Europäer in der Außen- und Sicherheitspolitik enger abstimmten. Nicht zuletzt zeigten die Äußerungen des Abgeordneten Michael McMahon in dieser Anhörung („I am particularly concerned over noted trends toward protectionism in the European Union"), dass die Furcht vor einer Abschottung des europäischen Marktes bis in die jüngste Zeit fortlebte.

VI Fazit

Der Ausgangspunkt der vorliegenden Arbeit war die Beobachtung, dass mit dem Ende des Ost-West-Konflikts eine breite Debatte über die geostrategische Neuausrichtung der Außenpolitik der USA einsetzte, in der eine veränderte Bedeutung Europas in der amerikanischen Außenpolitik prognostiziert – und teilweise schon diagnostiziert – wurde. Die Bedeutungsveränderung Europas wurde dabei meistens in Richtung eines Bedeutungs*verlustes* diskutiert, d. h. es wurde angenommen, dass Europa im Vergleich zu anderen Regionen oder Staaten für die USA weniger wichtig würde. Der Hauptgrund für einen solchen Bedeutungsverlust wurde im Wegfall der Bedrohung der USA durch die Sowjetunion gesehen. Europa war der wichtigste Schauplatz und Europäer waren die wichtigsten Verbündeten in der Auseinandersetzung der beiden Weltmächte gewesen; in dieser Perspektive gab es nach dem weltpolitischen Umbruch für die USA keinen Grund mehr, Europa eine privilegierte Stellung in ihrer Außenpolitik einzuräumen. Zudem galt Europa als ein Kontinent, der sich wirtschaftlich im Niedergang befand, jedenfalls im Vergleich zur boomenden asiatisch-pazifischen Region, die den USA augenscheinlich die besseren Wachstumschancen bot. Schließlich wurden auch Veränderungen in der amerikanischen Gesellschaft ausgemacht, die für eine stärkere Orientierung der USA in Richtung Asien-Pazifik sprachen, darunter die wachsende Bevölkerung und Wirtschaftskraft im Süden und Westen der USA sowie der zunehmende Anteil lateinamerikanisch- und asiatischstämmiger Amerikaner an der wachsenden Gesamtbevölkerung der USA.

Trotz dieser Entwicklungen gab es in den vergangenen zwei Jahrzehnten jedoch stets auch Anzeichen dafür, dass Europa in der amerikanischen Außenpolitik keineswegs von anderen Weltregionen überschattet wurde, sondern weiterhin von großer Relevanz blieb. Darauf deuteten etwa die amerikanischen Militäreinsätze auf dem Balkan in den 1990er Jahren sowie der Einsatz des Atlantischen Bündnisses im „Krieg gegen den Terror", vor allem in Afghanistan, in den 2000er Jahren hin. Weniger spektakulär und schlagzeilenträchtig, aber dennoch bedeutsam war auch die fortdauernde Zunahme der wirtschaftlichen Verflechtungen zwischen den USA und Europa.

Angesichts des mehrdeutigen Befundes lag es nahe zu fragen, ob es nicht möglich war, die Bedeutung Europas in der Außenpolitik der USA genauer zu bestimmen. Zur Beantwortung dieser Frage musste ein Instrumentarium geschaffen werden, mit dem sich die Bedeutung – und die Bedeutungsveränderung – Europas mehr oder weniger präzise feststellen ließ. Der erste Schritt hierzu war die Ausarbeitung eines theoretischen Rahmens, mit dessen Hilfe die Untersuchung auf eine begrenzte Menge empirisch feststellbarer Tatbestände zugeschnitten werden konnte. Einen solchen theoretischen Rahmen boten die kognitiven Ansätze der Außenpolitikanalyse und darunter besonders jene, die sich mit den Phänomenen der Wahrnehmung und Informationsverarbeitung befassen. Mit Hilfe des begrifflichen Instrumentariums dieser Ansätze war es möglich, die Frage nach der „Bedeutung" Europas so zu präzisieren, dass zum einen nach der Salienz – d. h. der Wichtigkeit oder Dringlich-

Tabelle 31 Bewertung der quantitativen Indikatoren zur Messung der Salienz Europas

Nr.	Indikator	Validität*	Befund und Bemerkungen
1	Auslandsreisen des Präsidenten	**Sehr hoch**	Langer Untersuchungszeitraum (1946–2009), der **ab den 1970ern einen leichten Salienzverlust Europas** zeigt.
2	Empfang ausländischer Staatsgäste durch Präsidenten	**Sehr hoch**	Langer Untersuchungszeitraum (1946–2009), über den eine **Salienzveränderung insgesamt nicht feststellbar** ist.
3	Behandlung in den Nationalen Sicherheitsstrategien	**Sehr hoch**	Daten durch Codierung sehr valide; **klarer Salienzverlust** Europas zwischen 1990 und 2010.
4	Erwähnung in Public Papers of the President	**Hoch**	Langer Untersuchungszeitraum (1946–2010), der **keinen Salienzverlust** Europas zeigt (nur für die Phase von Mitte der 1960er bis Mitte der 1980er).
5	Präsidialverfügungen	Eher gering	Seit 1990er Jahren relativ viele Verfügungen zu Europa, aber insgesamt zu geringe Fallzahl.
6	Reden zur Lage der Nation	Mittel	Langer Untersuchungszeitraum (1946–2010). Reden stark von aktuellen politischen Entwicklungen geprägt, Behandlung Europas sehr volatil, seit 2001 Europa bedeutungslos.
7	Auslandsreisen der Außenminister	**Sehr hoch**	Langer Untersuchungszeitraum (1946–2010), der insgesamt einen **Salienzverlust Europas** zeigt, **v. a. in 2000ern.**
8	Ausstattung der Europaabteilung im Außenministerium	Mittel	Datenlage relativ spärlich, zudem hohe Wirkung von Pfadabhängigkeiten. In 1990ern leichter Salienzgewinn, in 2000ern leichter Salienzverlust.
9	Auslandshilfe	**Sehr hoch**	**Klarer Salienzgewinn in 1990ern, klarer Salienzverlust in 2000ern.**
10	Militärpräsenz	**Sehr hoch**	Langer Untersuchungszeitraum (1953–2010), der **klaren Salienzverlust** ab 1990ern zeigt, aber vorübergehend schon einmal in 1960ern.
11	Jahresberichte des Pentagons	Mittel	Kurzer Untersuchungszeitraum (1995–2005), zudem schwierige Vergleichbarkeit der Daten; anscheinend aber starker Salienzverlust ab 2002.
12	Gesetzesvorlagen im Kongress	Mittel	Validität nicht garantiert, da keine codierten Daten. Keine klare Salienzveränderung Europas erkennbar.

keit – Europas für die USA gefragt werden konnte, zum anderen nach den Bildern, die sich die USA von Europa machten.

Als Inhaber oder Träger der Salienz und der Bilder wurde die Regierung der USA ausgewählt – genauer: jene Regierungsakteure, die die amerikanische Außenpolitik maßgeblich gestalten. Diese Akteure wurden im nächsten Schritt detailliert untersucht – zum einen, um ihren Einfluss auf die amerikanische Außenpolitik und damit ihre analytische Relevanz für die vorliegende Fragestellung beurteilen zu können; zum anderen, um die potenziellen Indikatoren zu identifizieren, die Möglichkeiten der passenden Datenerhebung einschätzen zu können und eine Grundlage für den Versuch einer Gewichtung der Indikatoren zu schaffen. Als Indikatoren dienten beobachtbare Handlungen der Akteure oder die sichtbaren Produkte ihrer Handlungen. Aus diesen sollten sich die Salienz, die die Akteure

Tabelle 31 (Fortsetzung)

Nr.	Indikator	Validität*	Befund und Bemerkungen
13	Gesetzesvorlagen, nur Repräsentantenhaus	Mittel	Validität nicht garantiert, da keine codierten Daten. Keine klare Salienzveränderung Europas erkennbar.
14	Gesetzesvorlagen, nur Senat	Mittel	Validität nicht garantiert, da keine codierten Daten. Keine klare Salienzveränderung Europas erkennbar.
15	Außenpolitische Vorlagen, nur Repräsentantenhaus	**Hoch**	Langer Untersuchungszeitraum (1947–2006), Daten durch Codierung sehr valide. Insgesamt keine klare Salienzveränderung Europas.
16	Außenpolitische Vorlagen, nur Senat	**Hoch**	Langer Untersuchungszeitraum (1947–2006), Daten durch Codierung sehr valide. Insgesamt **keine klare Salienzveränderung** Europas.
17	Außenpolitische Anhörungen im Kongress	**Hoch**	Langer Untersuchungszeitraum (1946–2005), Daten durch Codierung sehr valide. **Salienzgewinn** Europas ab Ende der 1980er Jahre.
18	Anteil an Ausschussberichten im Repräsentantenhaus	Eher gering	Kurzer Untersuchungszeitraum (1995–2010), wenige Datenpunkte, keine Codierung. Kein klarer Trend erkennbar.
19	Anteil an Ausschussberichten im Senat	Eher gering	Kurzer Untersuchungszeitraum (1995–2010), wenige Datenpunkte, keine Codierung. Kein klarer Trend erkennbar.
20	Anteil an außenpolitischen Abstimmungen	**Hoch**	Recht langer Untersuchungszeitraum (1975–2007), Daten durch Codierung sehr valide. **Salienzverlust ab 2000.**
21	Anteil an Gesetzen	Mittel	Validität nicht garantiert, da keine codierten Daten. Salienzverlust Europas ab Mitte der 1990er.
22	Ressourcenverteilung im Repräsentantenhaus	Eher gering	Datenlage relativ spärlich, zudem hohe Wirkung von Pfadabhängigkeiten. Salienz Europas eher leicht gesunken.
23	Ressourcenverteilung im Senat	Eher gering	Datenlage relativ spärlich, zudem hohe Wirkung von Pfadabhängigkeiten. Salienz Europas eher leicht gestiegen.

* D. h. Einschätzung der Validität der Indikatoren hinsichtlich der Frage, inwiefern sie sich dazu eignen, die Salienz Europas in der US-Außenpolitik zu erfassen. Die vier Stufen wurden für diesen Zweck *ad hoc* generiert.

Europa beimaßen, und die Bilder, die sie von Europa hatten, ableiten lassen, um schließlich zu einem Urteil über die so definierte „Bedeutung" Europas in der US-Außenpolitik zu gelangen.

Ein Versuch, die Indikatoren zu gewichten, soll zum Abschluss dieser Arbeit in Verbindung mit der Zusammenfassung der wichtigste Ergebnisse unternommen werden. Hierfür werden zunächst die quantitativen Indikatoren zur Messung der Salienz Europas zusammengefasst und bewertet (vgl. Tab. 31). Die Übersicht verdeutlicht noch einmal, dass die Qualität der Daten, die für jeden Indikator generiert werden konnten, ebenso schwankte wie die Validität der Indikatoren. Zwischen beiden Größen existiert ein Zusammenhang, denn eine hohe Datenqualität wirkt sich positiv auf die Validität eines Indikators aus. Die Validität ergibt sich jedoch auch aus den Eigenschaften des Indikators *per se,* nämlich aus der Aussagekraft, die der Indikator hätte, wenn alle denkbaren oder erwünschten Daten vorlägen. So ist, vor dem Hintergrund der Ausgangfrage dieser Arbeit, davon auszugehen, dass die Indikatoren, die sich auf Handlungen der Exekutive beziehen, *ceteris paribus* eine etwas höhere Validität besitzen als die Indikatoren, die auf Handlungen des Kongresses beruhen. Denn der Kongress spielt zwar eine wichtige, aber im Vergleich zu vielen Exekutivakteuren meistens doch nachgeordnete Rolle im außenpolitischen Entscheidungsprozess.

Wie die Übersicht in Tabelle 31 noch einmal verdeutlicht, wurden für den Präsidenten sechs quantitative Indikatoren untersucht, für das Außenministerium drei, für das Verteidigungsministerium zwei und für den Kongress zwölf. Diese asymmetrische Verteilung resultierte vor allem aus der unterschiedlichen Verfügbarkeit von Daten und Quellen für mögliche Indikatoren. Die Indikatoren mit der mutmaßlich höchsten Validität sind: die Auslandsreisen des Präsidenten; der Empfang ausländischer Regierungsvertreter durch den Präsidenten; die Behandlung Europas in den Nationalen Sicherheitsstrategien; die Erwähnung Europas in den Veröffentlichungen des Präsidialamtes; die Auslandsreisen der Außenminister; die Gewährung von Auslandshilfe sowie die Stationierung von Soldaten in Übersee.

Die Mehrzahl dieser Indikatoren spricht grundsätzlich *für* die These eines Bedeutungsverlustes Europas in der US-Außenpolitik. Allerdings setzte dieser Bedeutungsverlust zum Teil schon in den 1970er Jahren (Auslandsreisen der Präsidenten) bzw. erst in den 2000er Jahren (Auslandsreisen der Außenminister) ein, d. h. er scheint in diesen Fällen nicht ursächlich mit dem Ende des Ost-West-Konflikts zusammenzuhängen. Diese beiden Indikatoren zeigen zudem nur einen leichten, keineswegs einen radikalen Salienzverlust Europas. Nur die quantitative Analyse der Nationalen Sicherheitsstrategien sowie die Entwicklung der US-Militärpräsenz bestätigen einen klaren Bedeutungsverlust Europas, der in den 1990er Jahren einsetzte. Hier ist allerdings anzumerken, dass die US-Militärpräsenz in Europa schon einmal, in den späten 1960er und frühen 1970er Jahren, relativ niedrig war. Zudem könnte man es auch als Zeichen einer weiterhin hohen Bedeutung Europas werten, wenn dort zwanzig Jahre nach dem Wegfall der sowjetischen Bedrohung noch immer rund 80 000 US-Soldaten, und damit rund 6 % der aktiven US-Streitkräfte, stationiert sind.

Zwei der wichtigsten Indikatoren zeigen keine relevante Bedeutungsveränderung Europas und sprechen insofern *gegen* die These eines Bedeutungsverlustes: der Empfang ausländischer Regierungsvertreter durch den Präsidenten sowie die Erwähnung Europas in allen Veröffentlichungen des Präsidialamtes. Eine Messgröße aus der Gruppe der wichtigsten Indikatoren spricht schließlich sogar für einen Bedeutungs*gewinn* Europas in den 1990er Jahren, nämlich die Höhe der amerikanischen Auslandshilfe für den Kontinent, die aber in den 2000er Jahren wieder stark zurückging.

Als Zwischenfazit lässt sich somit, auf der Grundlage der aussagekräftigsten quantitativen Indikatoren, festhalten, dass die These vom Bedeutungsverlust Europas einige Bestätigung erfährt, allerdings nicht, wie es die Ausgangsthese vorsah, mit einer Beschränkung auf die Jahre nach 1990 und auch nicht hinsichtlich aller wichtigen Tätigkeiten der amerikanischen Exekutive.

Nehmen wir auch den Kongress in den Blick, so lassen sich hier ebenfalls sehr aussagekräftige von weniger aussagekräftigen Indikatoren unterscheiden (vgl. Tab. 31). Dabei ist der Befund hinsichtlich der Indikatoren, denen wir eine hohe Validität zuschreiben können, sehr widersprüchlich: Der Anteil der *europabezogenen Gesetzesvorlagen* an allen Gesetzesvorlagen mit einem außenpolitischen Schwerpunkt hat sich über den langen Untersuchungszeitraum von 1947 bis 2006 unter dem Strich nicht wesentlich verändert, weder im Repräsentantenhaus noch im Senat. Ein weiterer Indikator, der Anteil der *europabezogenen Anhörungen* an allen Anhörungen mit einem außenpolitischen Bezug, zeigt einen deutlichen Salienz*gewinn* Europas ab dem Ende der 1980er Jahre. Der letzte hoch valide Indikator schließlich, der Anteil der *europabezogenen Abstimmungen* an allen außenpolitischen Abstimmungen mit einem regionalen Bezug, zeigt eine relativ niedrige Salienz Europas in den 2000er Jahren. Auch wenn dieser letzte Indikator für die These eines Bedeutungsverlustes Europas (aber nicht in den 1990er Jahren) spricht, so wird die These durch die Kongress-Indikatoren insgesamt eher *widerlegt.*

Fassen wir die Analyse der quantitativen Indikatoren in wenigen Worten zusammen, lautet das erste Fazit dieser Arbeit so: *Die These eines Bedeutungsverlustes Europas in der amerikanischen Außenpolitik findet nur wenig Bestätigung.* Zwar sprechen einige Indikatoren für diese These, und unter diesen deuten manche darauf hin, dass ein Bedeutungsverlust eher in den 2000er Jahren als in den 1990er Jahren einsetzte. Doch ebenso viele Indikatoren lassen über einen Zeitraum von mehreren Jahrzehnten eine große Kontinuität in der Bedeutung Europas erkennen, und ein nicht unwesentlicher Indikator, die Kongressanhörungen, spricht sogar für einen anhaltenden Bedeutungsgewinn Europas.

Informationen über die Salienz Europas lassen sich auch durch eine qualitative Dokumentenanalyse gewinnen, die zudem noch zahlreiche andere Informationen über das amerikanische Europabild hervorbringen kann. Die Analyse der Strategiepapiere und Berichte der Exekutivbehörden (z. B. Nationale Sicherheitsstrategien; Jahresberichte und *Strategic Plans* des Außenministeriums; Jahresberichte und *Defense Reviews* des Verteidigungsministeriums) ergab zunächst, dass Europa dort noch in den 1990er Jahren stark im Vordergrund stand; dies ließ sich etwa an der Reihenfolge und der Länge ablesen, in der die verschiedenen Weltregionen behandelt wurden. In den 2000er Jahren war das Bild weniger eindeutig: Sofern es in den Papieren um *regionale Herausforderungen* oder Perspektiven ging, fiel Europa deutlich hinter andere Regionen zurück. Wenn aber die Beziehungen der USA zu anderen internationalen *Akteuren* diskutiert wurden, stand Europa (einschließlich Russland) fast immer noch an erster Stelle, und wenn speziell die *Bündnisse* und Partnerschaften der USA besprochen wurden, standen die europäischen Verbündeten auch in den 2000er Jahren stets vor allen anderen. Diese Beobachtungen bestätigten sich weitgehend bei der Analyse der Reden und Stellungnahmen führender Politiker und Diplomaten.

Hier zeichnete sich also eine Veränderung im amerikanischen Europabild ab, die sich so beschreiben lässt: *Europa wandelte sich vom Objekt zum Subjekt, vom Schauplatz zum Akteur.* Diese Veränderung stellt in der Entwicklung des amerikanischen Europabildes eine Art Metanarrativ dar, einen dominanten Erzählstrang, der sich durch zahlreiche Facetten des Europabildes zieht und von dem sich auch andere Bildelemente ableiteten. Wesentliche Gründe für diese Veränderung waren die Beendigung der Kriege auf dem Balkan, so dass die Lage in Europa nicht mehr als stetige Krisensituation wahrgenommen wurde, und die Vertiefung wie die Erweiterung der Europäischen Union (in unserem Untersuchungszeitraum beginnend mit „Europe 1992"), durch die Europa als Ganzes eine stärkere Akteursqualität sowie eine stabilisierende Wirkung vor allem in Mittel- und Osteuropa zugeschrieben wurden.

Beide Bilder – Europa als Arena und Europa als Akteur – waren in den USA stets präsent; tatsächlich existierten sie praktisch seit dem Beginn des Wiederaufbaus in Europa nach dem Zweiten Weltkrieg immer nebeneinander (vgl. McArdle Kelleher 1993: 148–153). Die wichtigste Veränderung im Kernuntersuchungszeitraum dieser Arbeit, d. h. zwischen 1990 und 2010, bestand darin, dass das Bild Europas als Akteur zunehmend in den Vordergrund trat, ohne allerdings das Bild Europas als Schauplatz vollständig zu verdrängen.

Mit dieser Veränderung im Europabild hing eng zusammen, dass sich das Hauptaugenmerk in der amerikanischen Europapolitik zu Beginn der 1990er Jahre noch auf Europa selbst richtete, dann auf das Management der transatlantischen Beziehungen und schließlich auf die Beteiligung der Europäer an der amerikanischen Weltordnungspolitik. Jedoch handelte es sich auch hier nicht um abgeschlossene Sequenzen, sondern eher um eine sukzessive Verlagerung der Aufmerksamkeit. Dieser Gedanke führt wieder zurück zur Frage der Salienz und zu der Festellung, dass diese zum einen aus der Wichtigkeit eines Gegenstandes resultieren kann, zum anderen aus der Dringlichkeit oder dem Problemstatus, der dem Gegenstand zugeschrieben wird (vgl. Kap. III.B). Passend dazu fasste der ehemalige Leiter der Europaabteilung im Außenministerium James Dobbins die Bedeutung Europas für die USA am Ende unseres Untersuchungszeitraums in folgende Worte:

> The United States clearly has larger interests engaged in Europe than in any other place of the world. They are just interests that happen to be well-protected and not requiring a great deal of attending at the moment …
>
> In terms of where American interests are engaged, Europe probably continues to dominate, but they happen to be interests that the current system protects and advances without much effort. Therefore, the effort and the attention go elsewhere, where those interests are challenged, rather than to the areas where those interests are well-advanced and not subject to significant challenge.[155]

Die eingangs dieser Arbeit gestellte Frage, was US-Vertreter unter dem Begriff „Europa" verstehen, konnte ebenfalls beantwortet werden, wenn auch nicht mit einer eindeutigen, sondern einer vielschichtigen Antwort. Zum einen fällt auf, dass die US-Regierung sehr häufig von „Europa" oder „den Europäern" sprach, wenn sie auf europäische Akteure Bezug nahm. Europa wurde offenbar als Ganzes, als eine Einheit gesehen – fast so, als gäbe es einen europäischen Nationalstaat. Zwar können wir davon ausgehen, dass den meisten der hier untersuchten Akteure die Zersplitterung Europas in zahlreiche Nationalstaaten durchaus bekannt ist, und oft genug wiesen die Akteure auf die Bedeutung der bilateralen Beziehungen zwischen den USA und diesen Staaten hin. Dennoch spricht aus den Formulierungen der US-Vertreter oft die Erwartung, dass Europa in der Lage sein sollte, eine einheitliche Politik zu formulieren und umzusetzen. Darin mag auch eine Erklärung für die häufig zu beobachtende Frustration (und manchmal auch Erleichterung) der US-Regierung über die mangelnde Einigkeit der europäischen Regierungen liegen.

Zum anderen sahen die USA Europa in geopolitischer Hinsicht auf verschiedene Weise. Sehr häufig waren evidentermaßen nur die westeuropäischen Staaten oder die europäischen

155 Interview.

Nato-Verbündeten gemeint, wenn die US-Regierung von „Europa“ sprach. Russland wurde mal mehr, mal weniger deutlich als ein Akteur behandelt, der zu Europa gehören könnte, es aber praktisch nicht tat. Während die republikanischen Administrationen recht deutlich machten, dass sie Russland in absehbarer Zeit nicht als Teil Europas sahen, bemühten sich die demokratischen Administrationen um eine inkludierende Politik und Rhetorik. In den republikanischen Administrationen blitzte zudem stellenweise das Konzept „Eurasiens“ und der „eurasischen Landmasse“ auf, in dem Europa letztlich keine eigenständige Einheit, sondern nur eine Subregion oder eine Art Vorhof darstellte.

Die Untersuchung hat außerdem ergeben, dass die amerikanische Regierung Europa stärker unter sicherheitspolitischen als unter wirtschaftlichen (oder wirtschaftspolitischen) Gesichtspunkten sah. Unter den hier berücksichtigten Regierungsakteuren der USA waren es vor allem die Europaabteilung im Außenministerium und die Ausschüsse des Repräsentantenhauses, die gelegentlich wirtschaftliche und wirtschaftspolitische Themen im Zusammenhang mit Europa in den Vordergrund rückten. Das Außenministerium betonte dabei stärker die wirtschaftliche Verflechtung über den Atlantik hinweg und deutete die daraus resultierenden Interdependenzen überwiegend positiv, als ein einigendes Element. Zudem erschien hier Europa nicht nur als Markt, sondern ebenso als handelspolitischer Akteur und Partner bei der Liberalisierung des Welthandels. Im Repräsentantenhaus schien die Sorge um die Abschottung des europäischen Marktes gegen amerikanische Produkte zu dominieren – besonders zu Beginn der 1990er Jahre, aber durchaus auch danach. Gelegentlich schien auch, quer durch die amerikanischen Regierungsinstitutionen, das Bild von Europa als wirtschaftlicher Konkurrent durch, etwa beim Kampf um die Anteile am Welthandel. Dabei fiel auf, dass Deutschland, neben Japan, zu Beginn der 1990er Jahre noch als zukünftiger handels- und auch weltpolitischer Konkurrent gehandelt wurde, während beide Staaten in den 2000er Jahren vor allem als Haupthemmnisse für das Wachstum der Weltwirtschaft galten und entsprechend öffentlich angeprangert wurden.

In sicherheitspolitischer Hinsicht sahen die USA in Europa praktisch keinen Konkurrenten. Zwar blieb Russland aufgrund seines Nuklearwaffenarsenals stets eine gewisse Gefahr, doch einen potenziellen *global peer competitor* sahen die USA in Russland höchstens noch in den 1990er Jahren. Im übrigen Europa erkannten die USA keine Bedrohung ihrer globalen Vormachtstellung – abgesehen vielleicht von den langfristigen Überlegungen zur Enstehung einer europäischen Hegemonie, die in der *Defense Planing Guidance* 1992 angestellt wurden, die aber in dieser Form keine offzielle Regierungsposition darstellten. Der Aufbau der Europäischen Sicherheits- und Verteidigungsidentität bzw. -politik war für die US-Regierung bis zum Beginn der 2000er Jahre ein wichtiges Thema, weil sie darin eine Gefährdung ihrer *politischen* Vormachtstellung innerhalb der Nato sah. Sie begriff die ESVI/ESVP aber auch als Chance auf eine Stärkung der sicherheitspolitischen Fähigkeiten der Europäer und eine entsprechende Entlastung der USA im Bündnis.

In diesem Zusammenhang soll schließlich die Rede auf ein Europabild kommen, das schon lange existierte, das aber im Laufe unseres Untersuchungszeitraums immer stärkere Konturen gewann und zunehmend dominant wurde. Dies ist das Bild von den militärisch schwachen Europäern, die nicht nur hinter den eigenen Ankündigungen zurückblieben, sondern auch ihrer moralischen und weltpolitischen Verantwortung nicht nachkamen. Dieses Bild drängte das wesentlich positivere Bild von den europäischen Partnern, die wertvolle

Dienste etwa bei der Stabilisierung des Balkans und im Kampf gegen den Terrorismus leisteten, immer wieder in den Hintergrund. Die USA sahen im Falle Europas eine besonders große Diskrepanz zwischen den Potentialen, die es dort aufgrund des wirtschaftlichen Wohlstands und der kulturellen Nähe zu den USA grundsätzlich gab, und den tatsächlichen Beiträgen, die die Europäer zu Unternehmungen leisteten, die auch in ihrem Interesse lagen. Die Europäer erschienen zunehmend als naiv, weil sie die Bedrohung ihrer Sicherheit unterschätzten, oder als Trittbrettfahrer, weil sie die Herausforderungen zwar erkannten, die notwendigen Maßnahmen aber den USA überließen. Diese Sichtweise war nicht exklusiv auf die George W. Bush-Administration und die Jahre des „Krieges gegen den Terror" beschränkt, sondern sie wurde auch schon in den 1990er Jahren, vor allem im Hinblick auf die Balkankriege, deutlich.

Es wäre übertrieben zu behaupten, dass dieses sehr negative Europabild alle anderen überlagerte, doch es schien im Laufe der Jahre immer stärker hervorzutreten. Dies war vor allem im Kongress, aber auch im Verteidigungsministerium zu beobachten. Im Außenministerium schien diese Tendenz nicht ganz so stark ausgeprägt, aber auch hier war sie zu erkennen. Der Präsident zeigte in der Regel – soweit es sich pauschal sagen lässt – das positivste Europabild, was sicherlich auf seine besondere diplomatische und öffentliche Rolle zurückzuführen ist.

Vor diesem Hintergrund eröffnen sich schließlich weitere Forschungsperspektiven: zunächst hinsichtlich der Quellen, die zur Beantwortung unserer Forschungsfrage ausgewertet werden könnten. So könnte beispielsweise der Terminkalender von Präsident Clinton, der rund 10 500 Seiten umfasst und in dem die Tätigkeiten des Präsidenten minutiös festgehalten sind, einen genaueren Aufschluss darüber geben, welche politischen Themen ihn in welcher Weise beschäftigten. Außerdem gäbe es die Möglichkeit, die grundlegende Forschungsfrage nach der Bedeutung Europas in der US-Außenpolitik beizubehalten, ihr aber eine etwas andere Richtung zu geben, indem man etwa die Wahrnehmungsunterschiede zwischen verschiedenen Regierungsakteuren noch genauer herausarbeitet und mit der Analyse bürokratischer Politik verknüpft (vgl. Allison/Zelikow 1999).

Über die Erklärungskraft kognitiver Ansätze für die Außenpolitikanalyse konnte diese Arbeit keine Aussage machen, doch wurde dies auch nicht angestrebt, weil hier das empirische Erkenntnisinteresse im Vordergrund stand. In dieser Hinsicht haben sich der kognitive Ansatz, die daraus abgeleiteten Analysekategorien und ihre Operationalisierung jedoch als äußerst fruchtbar erwiesen, denn die Arbeit hat, im Rahmen ihrer spezifischen Fragestellung, neue Erkenntnisse über die Bedeutung Europas in der Außenpolitik der USA hervorgebracht. Rufen wir uns am Ende die Überlegungen Glenn Snyders zur Allianzpolitik in Erinnerung (vgl. Kap. I.B), so scheint in amerikanischen Augen die Furcht der Europäer vor einem weiteren *entrapment* erheblich zu sein, während die USA in Europa wohl noch genug Interessen ausmachen, um von einem *abandonment* abzusehen.

Literaturverzeichnis

Ackerman, David M. (2003): *NATO Enlargement: Senate Advice and Consent*, CRS Report for Congress RS21240, Washington, D.C.: Congressional Research Service.

Adams, Willi Paul/Krakau, Knud (Hrsg.) (1985): *Deutschland und Amerika. Perzeption und historische Realität*, Berlin: Colloquium.

Advisory Committee on Transformational Diplomacy (2008): *Final Report of the State in 2025 Working Group*, Washington, D.C.

Alemann, Ulrich von/Forndran, Erhard (2002): *Methodik der Politikwissenschaft. Eine Einführung in Arbeitstechnik und Forschungspraxis*, 6. Aufl., Stuttgart: W. Kohlhammer.

Alemann, Ulrich von/Tönnesmann, Wolfgang (1995): „Grundriß: Methoden in der Politikwissenschaft", in: Alemann, Ulrich von (Hrsg.): *Politikwissenschaftliche Methoden. Grundriß für Studium und Forschung*, Opladen: Westdeutscher Verlag, 17–140.

Allison, Graham/Zelikow, Philip (1999): *Essence of Decision. Explaining the Cuban Missile Crisis*, New York u. a.: Longman.

Altman, Roger C. (2009): „The Great Crash, 2008", *Foreign Affairs*, 88 (1), 2–14.

Anderson, Jeffrey/Ikenberry, G. John/Risse, Thomas (Hrsg.) (2008): *The End of the West? Crisis and Change in the Atlantic Order*, Ithaca, NY/London: Cornell UP.

Andres, Gary/Griffin, Patrick/Thurber, James (2002): „The Contemporary Presidency: Managing White House-Congressional Relations. Observations from Inside the Process", *Presidential Studies Quarterly*, 30 (3), 1–20.

Atlantic Council (2010): *U.S. Force Posture in Europe*, http://www.acus.org/files/ISP/AtlanticCouncil-PrimeronU.S.ForcePostureinEurope.pdf (24. 02. 2011).

Auerswald, David P. (2003): „Advice and Consent. The Forgotten Power", in: Campbell, Colton C./ Rae, Nicol C./Stack, John F. jr (2003) (Hrsg.): *Congress and the Politics of Foreign Policy*, Upper Saddle River, NJ: Prentice Hall, 44–69.

Auerswald, David P./Cowhey, Peter F. (1997): „Ballotbox Diplomacy: The War Powers Resolution and the Use of Force", *International Studies Quarterly*, 41 (3), 505–528.

Auerswald, David/Maltzman, Forrest (2003): „Policymaking through Advice and Consent: Treaty Consideration by the United States Senate", *The Journal of Politics*, 65 (4), 1097–1110.

Bacchus, William I. (1997): *The Price of American Foreign Policy. Congress, the Executive, and International Affairs Funding*, University Park, PA: Pennsylvania State UP.

Bailey, Holly/Thomas, Evan (2009): „An Inconvenient Truthteller", *Newsweek*, 19. 10., 30–35.

Baker, Peter (2010): „The Limits of Rahmism", *New York Times Magazine*, 14. 03., 36–55.

Baldwin, David A. (1989): *Paradoxes of Power*, Reading, MA: Addison-Wesley.

Baldwin, Tim (2007): „‚Stay-at-Home' Barack Obama Comes Under Fire for a Lack of Foreign Experience", *The Sunday Times*, 21. 12.

Balis, Christina V./Serfaty, Simon (Hrsg.) (2004): *Visions of America and Europe. September 11, Iraq, and Transatlantic Relations*, Washington, D.C.: CSIS Press.

Barclay, David E./Glaser-Schmidt, Elisabeth (Hrsg.) (1997): *Transatlantic Images and Perceptions. Germany and America Since 1776*, Cambridge: Cambridge UP.

Barnes, Fred (2003): „The (Finally) Emerging Republican Majority", *Weekly Standard*, 27. 10.

Barnett, Michael/Duvall, Raymond (2005): „Power in International Politics“, *International Organization*, 59 (1), 39–75.

Barnett, Thomas P. M. (2004): „Forget Europe. How About These Allies?“, *Washington Post*, 11.04.

Bax, Frank R. (1977): „The Executive-Legislative Relationship in Foreign Policy: New Partnership or New Competition?“, *Orbis*, 20 (Winter 1977), 881–904.

Bennett, Andrew (2002): „Who Rules the Roost? Congressional-Executive Relations After the Cold War“, in: Lieber, Robert J. (Hrsg.): *Eagle Rules? Foreign Policy and American Primacy in the Twenty-First Century*, Upper Saddle River, NJ: Prentice Hall, 47–69.

Berenskoetter, Felix/Williams, M. J. (Hrsg.) (2007): *Power in World Politics*, London/New York: Routledge.

Berlind, Alan D. (2006): „Whither State?“, *American Diplomacy*, 21.03.

Bernstein, Richard/Munro, Ross H. (1997): *The Coming Conflict With China*, New York: Alfred A. Knopf.

Beschloss, Michael R./Talbott, Strobe (1993): *At the Highest Levels. The Inside Story of the End of the Cold War*, New York: Little, Brown & Co.

Best, Richard A. jr. (2010): *The National Security Council: An Organizational Assessment*, CRS Report for Congress RL30840, Washington, D.C.: Congressional Research Service.

Best, Richard A. jr./Feickert, Andrew (2009): *Special Operations Forces (SOF) and CIA Paramilitary Operations: Issues for Congress*, CRS Report for Congress 7-5700, Washington, D.C.: Congressional Research Service.

Bierling, Stephan (2004): „Auseinander gelebt. Das Ende der transatlantischen Sonderbeziehungen“, *Internationale Politik*, 10/2004, 69–74.

Bilmes, Linda/Stiglitz, Joseph (2006): *The Economic Costs of the Iraq War: An Appraisal Three Years After the Beginning of the Conflict*, NBER Working Paper No. 12054, Cambridge, MA: National Bureau of Economic Research.

Black, Ryan C./Bryan, Amanda C./Johnson, Timothy R. (2011): „An Actor-Based Measure of Issue Salience. Information Acquisition and the Case of the United States Supreme Court“, in: Oppermann, Kai/Viehrig, Henrike (Hrsg.): *Issue Salience in International Politics*, London/New York: Routledge, 241–257.

Blatter, Joachim K./Janning, Frank/Wagemann, Claudius (2007): *Qualitative Politikanalyse. Eine Einführung in Forschungsansätze und Methoden*, Wiesbaden: VS Verlag für Sozialwissenschaften.

Boulding, Kenneth (1956): *The Image. Knowlegde in Life and Society*, Ann Arbor, MI: University of Michigan Press.

Boulding, Kenneth (1959): „National Images and International Systems“, *Journal of Conflict Resolution*, 3 (2), 120–131.

Box-Steffensmeier, Janet M./Brady, Henry E./Collier, David (2008): „Political Science Methodology“, in: dies. (Hrsg.): *The Oxford Handbook of Political Methodology*, Oxford/New York: Oxford UP, 3–31.

Brademas, John (1991): „The Second Most Powerful Office“, *The Review of Politics*, 53 (3), 549–551.

Brady, Henry E./Collier, David (Hrsg.) (2004): *Rethinking Social Inquiry. Diverse Tools, Shared Standards*, Lanham, MD: Rowman & Littlefield.

Brainard, Lael (2007): *Foreign Assistance Reform: Successes, Failures, and Next Steps*, Testimony Before the Senate Committee on Foreign Relations, 12.06., http://foreign.senate.gov/imo/media/doc/BrainardTestimony070612.pdf (26.01.2011).

Braml, Josef (2005): *Amerika, Gott und die Welt. George W. Bushs Außenpolitik auf christlich-rechter Basis*, Berlin: Matthes & Seitz.

Brimmer, Esther (2007): *Seeing Blue: American Visions of the European Union*, Chaillot Paper No. 105, Paris: European Union Institute for Security Studies.

Brinkley, Alan (2010): *The Publisher. Henry Luce and His American Century*, New York: Alfred A. Knopf.
Bronk, Chris (2010): „Diplomacy Rebooted: Making Digital Statecraft a Reality“, *Foreign Service Journal*, März, 43–47.
Brooks, Stephen G./Wohlforth, William C. (2008): *World Out of Balance. International Relations and the Challenge of American Primacy*, Princeton, NJ/Oxford: Princeton UP.
Brown, Michael E./Coté, Owen R./Lynn-Jones, Sean M./Miller, Steven E. (Hrsg.) (2000): *The Rise of China*, Cambridge, MA: MIT Press.
Brulé, David J. (2008): „Congress, Presidential Approval, and U.S. Dispute Initiation“, *Foreign Policy Analysis*, 4 (4), 349–370.
Brzezinski, Zbigniew (1986): *Game Plan: How to Conduct the US-Soviet Contest*, New York: Atlantic Monthly Press.
Brzezinski, Zbigniew (2007): *Second Chance. Three Presidents and the Crisis of American Superpower*, New York: Basic Books.
Brzezinski, Zbigniew (2010): „From Hope to Audacity“, *Foreign Affairs*, 89 (1), 16–31.
Budge, Ian/Klingemann, Hans-Dieter/Volkens, Andrea/Bara, Judith/Tanenbaum, Eric (Hrsg.) (2001): *Mapping Policy Preferences. Estimates for Parties, Electors, and Governments 1945–1998*, Oxford: Oxford UP.
Buergenthal, Thomas/Doehring, Karl/Kokott, Juliane/Maier, Harold G. (2000): *Grundzüge des Völkerrechts*, 2. Aufl., Heidelberg: C.F. Müller.
Bühl, Walter (1986): *Das Ende der amerikanisch-sowjetischen Hegemonie? Internationale Politik im Fünften Kontratieffschen Übergang*, München: Olzog.
Bumiller, Elisabeth/Stolberg, Sheryl Gay (2005): „Bush Appoints Bolton as U.N. Envoy, Bypassing Senate“, *New York Times*, 01.08.
Burgin, Eileen (1993): „The Influence of Constituents: Congressional Decicion Making on Issues of Foreign and Defense Policy“, in: Ripley, Randall B./Lindsay, James M. (Hrsg.): *Congress Resurgent. Foreign and Defense Policy on Capitol Hill*, Ann Arbor, MI: University of Michigan Press, 67–88.
Burke, John P. (2000): *The Institutional Presidency. Organizing and Managing the White House from FDR to Clinton*, 2. Aufl., Baltimore, MD: Johns Hopkins UP.
Burke, John P. (2003): „The Institutional Presidency“, in: Nelson, Michael (Hrsg.): *The Presidency and the Political System*, 7. Aufl., Washington, D.C.: Congressional Quarterly Press, 399–424.
Burnham, Peter/Gilland, Karin/Grant, Wyn/Layton-Henry, Zig (2004): *Research Methods in Politics*, Basingstoke: Palgrave Macmillan.
Burns, R. Nicholas (2009): „The Ascension“, *The National Interest*, Januar/Februar, 53–62.
Burwell, Frances G./Daalder, Ivo H. (Hrsg.) (1999): *The United States and Europe in the Global Arena*, New York: St. Martin's Press.
Bush, George/Scowcroft, Brent (1998): *A World Transformed*, New York: Alfred A. Knopf.
Busse, Nikolas (2002): „Der Job in Europa ist erledigt. Für die Amerikaner verliert der alte Kontinent an strategischer Bedeutung“, *Frankfurter Allgemeine Zeitung*, 11.07.
Buzan, Barry/Jones, Charles/Little, Richard (1993): *The Logic of Anarchy. Neorealism to Structural Realism,* New York: Columbia UP.
Byman, Daniel L./Pollack, Kenneth M. (2001): „Let Us Now Praise Great Men. Bringing the Statesman Back In“, *International Security*, 25 (4), 107–146.
Calleo, David (1999): „The United States and the Great Powers“, *World Policy Journal*, 16 (3), 111–119.
Cameron, Fraser (2002): *US Foreign Policy After the Cold War. Global Hegemon or Reluctant Sheriff?*, London/New York: Routlegde.
Campbell, Colton C./Davidson, Roger H. (1998): „US Congressional Committees: Changing Legislative Workshops“, *The Journal of Legislative Studies*, 4 (1), 124–142.

Campbell, Colton C./Rae, Nicol C./Stack, John F. jr (Hrsg.) (2003): *Congress and the Politics of Foreign Policy*, Upper Saddle River, NJ: Prentice Hall.

Campbell, Kurt M./O'Hanlon, Michael (2006): *Hard Power. The New Politics of National Security*, New York: Basic Books.

Campbell, Kurt M./Steinberg, James B. (2008): *Difficult Transitions. Foreign Policy Troubles at the Outset of Presidential Power*, Washington, D.C.: Brookings Institution Press.

Cantalapiedra, David García (2009): „Perceptions on US Policy, Transatlantic Relations, and the Alliance Security Dilemma", in: Fernández Sola, Natividad/Smith, Michael (Hrsg.): *Perceptions and Policy in Transatlantic Relations. Prospective Visions from the US and Europe*, London/New York: Routledge, 113–135.

Carlsnaes, Walter (2002): „Foreign Policy", in: Carlsnaes, Walter/Risse, Thomas/Simmons, Beth A. (Hrsg.): *Handbook of International Relations*, London: Sage, 331–349.

Carnegie Endowment for International Peace/Institute for International Economics (1992): „Special Report: Policymaking for a New Era", *Foreign Affairs*, 71 (5), 175–189.

Carter, Ralph G./Scott, James M. (2004): „Taking the Lead: Congressional Foreign Policy Entrepreneurs in U.S. Foreign Policy", *Politics and Policy*, 32 (1), 34–70.

Chace, James (1988): „A New Grand Strategy", *Foreign Policy*, 70, 3–25.

Chaddock, Gail Russell (2007): „Bush and Congress Locked in Power Dispute", *Christian Science Monitor*, 03.07.

Chollet, Derek/Goldgeier, James (2002): „The Scholarship of Decision-Making: Do We Know How We Decide?", in: Snyder, Richard C./Bruck, H. W./Sapin, Burton (Hrsg.): *Foreign Policy Decision-Making (Revisited)*, New York: Free Press, 153–180.

Chollet, Derek/Goldgeier, James (2008): *America Between the Wars. From 11/9 to 9/11. The Misunderstood Years between the Fall of the Berlin Wall and the Start of the War on Terror*, New York: Public Affairs.

Chow, Eugene/Weitz, Richard (2010): *Rebuilding Diplomacy. A Survey of Past Calls for State Department Transformation*, Policy Brief, August 2010, Washington, D.C.: Center for a New American Security.

Clemens, Clay (1991): *Die inneramerikanische Diskussion um die künftige Rolle der USA in Europa*, Interne Studien Nr. 28/1991, Sankt Augustin: Forschungsinstitut der Konrad-Adenauer-Stiftung.

Clinton, Hillary (2010): „Leading Through Civilian Power: Redefining American Diplomacy and Development", *Foreign Affairs*, 89 (6), 13–26.

Cohen, Eliot A. (1986): „Do We Still Need Europe?", *Commentary*, 21 (1), 28–37.

Cohen, Richard E./Victor, Kirk/Baumann, David (2004): „The State of Congress", Special Report, *National Journal*, 10.01., 82–105.

Cohen, Stephen D. (2000): *The Making of United States International Economic Policy*, 5. Aufl., New York: Praeger.

Cohen-Tanugi, Laurent (2008): „The Atlantic Divide in Historical Perspective. A View from Europe", in: Kopstein, Jeffrey/Steinmo, Sven (Hrsg.): *Growing Apart? America and Europe in the Twenty-First Century*, Cambridge/New York: Cambridge UP, 211–224.

Collier, Ruth (1988): „Foreign Policy by Reporting Requirement", *Washington Quarterly*, 11, 74–84.

Conetta, Carl (1997): *America's New Deal with Europe. NATO Primacy and Double Expansion*, Project on Defense Alternatives, http://www.comw.org/pda/eurcom.htm (18. 10. 2009).

Congressional Budget Office (2008): *Contractors' Support of U.S. Operations in Iraq*, http://www.cbo.gov/ftpdocs/96xx/doc9688/08-12-IraqContractors.pdf (02. 02. 2011).

Congressional Digest Corporation (2006): „Warrantless Government Surveillance. Presidential Authority in Times of War", *Congressional Digest*, 85 (4), 97–128.

Congressional Quarterly Press (2008): „Committee and Personal Staff: What They Do", in: *Guide to Congress. Volume 1*, 6. Aufl., http://library.cqpress.com/congress/g2c6e1-972-36474-1841955 (02.03.2010).

Constitution Project (2005): *Deciding to Use Force Abroad: War Powers in a System of Checks and Balances*, War Powers Initiative of the Constitution Project, http://www.constitutionproject.org/pdf/War_Powers_Deciding_To_Use_Force_Abroad.pdf (19.01.2011).

Cooper, Helene (2009): „National Security Adviser Tries Quieter Approach", *New York Times*, 06.05.

Cooper, Philip (2002): *By Order of the President. The Use and Abuse of Executive Direct Action*, Lawrence, KS: UP of Kansas.

Cooper, Philip (2005): „George W. Bush, Edgar Allan Poe, and the Use and Abuse of Presidential Signing Statements", *Presidential Studies Quarterly*, 35 (3), 515–532.

Corwin, Edward S. (1984 [1957]): *The President. Office and Powers 1787–1984*, 5. Aufl., New York/London: New York UP.

Cottam, Martha L. (1986): *Foreign Policy Decision Making: The Influence of Cognition*, Boulder, CO: Westview Press.

Cottam, Martha L. (1994): *Images and Intervention: U.S. Policies in Latin America*, Pittsburgh, PA: University of Pittsburgh Press.

Cottam, Martha L./McCoy, Dorcas E. (1998): „Image Change and Problem Representation After the Cold War", in: Sylvan, Donald A./Voss, James F. (Hrsg.): *Problem Representation in Foreign Policy Decisionmaking*, Cambridge/New York: Cambridge UP, 116–144.

Cottam, Richard W. (1977): *Foreign Policy Motivation. A General Theory and a Case Study*, Pittsburgh, PA: University of Pittsburgh Press.

Council on Foreign Relations (2001): *State Department Reform. Report of an Independent Task Force Cosponsored by the Council on Foreign Relations and the Center for Strategic and International Studies*, New York.

Crabb, Cecil V. jr./Antizzo, Glenn J./Sarieddine, Leila E. (2000): *Congress and the Foreign Policy Process. Modes of Legislative Behavior*, Baton Rouge, LA: Louisiana State UP.

Crabb, Cecil V. jr./Holt, Pat M. (1992): *Invitation to Struggle. Congress, the President and Foreign Policy*, 4. Aufl., Washington, D.C.: Congressional Quarterly Press.

CSIS (Center for Strategic and International Studies) (2007): *The Embassy of the Future*, Washington, D.C., http://csis.org/files/media/csis/pubs/embassy_of_the_future.pdf (26.01.2011).

Czempiel, Ernst-Otto (1981): *Internationale Politik. Ein Konfliktmodell*, Paderborn: Schöningh.

Daalder, Ivo H. (2001): „Are the United States and Europe Heading for a Divorce?", *International Affairs*, 77 (3), 553–567.

Daalder, Ivo H./Destler, I.M. (2004): „How National Security Advisers See Their Role", in: Wittkopf, Eugene R./McCormick, James M. (Hrsg.): *The Domestic Sources of American Foreign Policy. Insights and Evidence*, 4. Aufl., Lanham, MD: Rowman and Littlefield, 171–181.

Daalder, Ivo H./Destler, I.M. (2009a): *Portraits of the National Security Advisers and the Presidents They Served. From JFK to George W. Bush*, New York: Simon & Schuster.

Daalder, Ivo H./Destler, I.M. (2009b): „In the Shadow of the Oval Office. The Next National Security Adviser", *Foreign Affairs*, 88 (1), 114–129.

Daalder, Ivo H./Lindsay, James M. (2003): *America Unbound. The Bush Revolution in Foreign Policy*, Washington, D.C.: Brookings Institution Press.

Dale, Catherine (2008): *National Security Strategy: Legislative Mandates, Execution to Date, and Considerations for Congress*, CRS Report for Congress RL34505, Washington, D.C.: Congressional Research Service.

Dale, Catherine/Serafino, Nina/Towell, Pat (2008): *Organizing the U.S. Government for National Security: Overview of the Interagency Reform Debates*, CRS Report for Congress RL34455, Washington, D.C.: Congressional Research Service.

David, Charles-Philippe/Ramel, Frédéric (2003): „The Bush Administration's Image of Europe: From Ambivalence to Rigidity", *The International Journal of Peace Studies*, 8 (1), 39–60.

Davidson, Roger H./Oleszek, Walter J./Lee, Frances E. (2010): *Congress and Its Members*, 12. Aufl., Washington, D.C.: Congressional Quarterly Press.

Davis, James A. (2001): „Attitudes and Opinions Among Senior Military Officers and a U.S. Cross-Section, 1998–99", in: Feaver, Peter D./Kohn, Richard H. (Hrsg.): *Soldiers and Civilians. The Civil-Military Gap and American National Security*, Cambridge, MA/London: MIT Press, 102–128.

Deering, Christopher J. (2003): „Alarms and Patrols. Legislative Oversight in Foreign and Defense Policy", in: Campbell, Colton C./Rae, Nicol C./Stack, John F. jr (Hrsg.): *Congress and the Politics of Foreign Policy*, Upper Saddle River, NJ: Prentice Hall, 112–138.

Deibel, Terry (2007): *Foreign Affairs Strategy. Logic for American Statecraft*, Cambridge/New York: Cambridge UP.

Dembinski, Matthias/Gerke, Kinka (Hrsg.) (1998): *Cooperation or Conflict? Transatlantic Relations in Transition*, Frankfurt a. M./New York: Campus.

Desch, Michael C. (2007): „Bush and the Generals", *Foreign Affairs*, 86 (3), 97–108.

Destler, I. M. (2005): *American Trade Politics*, 4. Aufl., Washington, D.C.: Institute for International Economics.

Deutsch, Karl W./Merritt, Richard L. (1965): „Effects of Events on National and International Images", in: Kelman, Herbert C. (Hrsg): *International Behavior: A Socio-Psychological Analysis*, New York: Holt, Rienhart and Winston, 130–187.

Deutsch, Morton/Kinnvall, Catarina (2002): „What is Political Psychology?", in: Monroe, Kristen Renwick (Hrsg.): *Political Psychology*, Mahwah, NJ/London: Lawrence Erlbaum, 15–42.

DeYoung, Karen (2009a): „National Security Structure Is Set", *Washington Post*, 27.02.

DeYoung, Karen (2009b): „Obama's NSC Will Get New Power", *Washington Post*, 08.02.

DeYoung, Karen (2010): „Despite Stature, James L. Jones Was Awkward Fit in Obama White House as National Security Adviser", *Washington Post*, 08.10.

DeYoung, Karen/Jaffe, Greg (2010): „U.S. ‚Secret War' Expands Globally as Special Operations Forces Take Larger Role", *Washington Post*, 04.06.

Dizard, Wilson (2001): *Digital Diplomacy. U.S. Foreign Policy in the Information Age*, Westport, CT/ London: Praeger.

Doherty, Brendan J. (2009): „POTUS on the Road: International and Domestic Presidential Travel", *Presidential Studies Quarterly*, 39 (2), 322–347.

Donnelly, Thomas (2004): *Learning to Live Without Europe*, AEI National Security Outlook, Washington, D.C.: American Enterprise Institute for Public Policy Research.

Dorman, Shawn (2009): „Global Repositioning in Perspective", *Foreign Service Journal*, January, 18–30.

Dreier, Volker (1997): *Empirische Politikforschung*, München/Wien: Oldenbourg.

Drezner, Daniel W. (2009): *Avoiding Trivia. The Role of Strategic Planning in American Foreign Policy*, Washington, D.C.: Brookings Institution Press.

Druckman, Daniel (1996): „Is There a U.S. Negotiating Style?", *International Negotiation*, 1 (2), 327–334.

Dülffer, Jost (2004): *Europa im Ost-West-Konflikt 1945–1991*, München: Oldenbourg.

Dumbrell, John (1998): „Foreign Policy", in: Peele, Gillian/Bailey, Christopher S./Cain, Bruce/Peters, B. Guy (Hrsg.): *Developments in American Politics 3*, Basingstoke: Macmillan, 252–273.

Dumbrell, John (2009): *Clinton's Foreign Policy. Between the Bushes, 1992–2000*, London/New York: Routledge.
Dumbrell, John (2010): „President Clinton's Secretaries of State: Warren Christopher and Madeleine Albright", in: Larres, Klaus (Hrsg.): *The US Secretaries of State and Transatlantic Relations*, London/New York: Routledge, 29–39.
Dye, Thomas R./Zeigler, Harmon (2009): *The Irony of Democracy. Un Uncommon Introduction to American Politics*, Boston, MA: Wadsworth.
Edwards, George C. (1986): „The Two Presidencies: A Reevaluation", *American Politics Quarterly*, 14 (3), 247–263.
Edwards, George C. (2003a): *On Deaf Ears. The Limits of the Bully Pulpit*, New Haven, CT: Yale UP.
Edwards, George C. (2003b): „The Presidency: Has It Really Changed?", in: Dresang, Dennis L. u. a. (Hrsg.): *American Government in a Changed World. The Effects of September 11, 2001*, New York: Longman, 57–75.
Edwards, George C./Wayne, Stephen J. (1999): *Presidential Leadership. Politics and Policy Making*, 5. Aufl., New York: St. Martin's.
Elgström, Ole/Smith, Michael (2006): *The European Union's Role in International Politics*, London/New York: Routledge.
English, Ross (2006): „Congress", in: Peele, Gillian/Bailey, Christopher S./Cain, Bruce/Peters, B. Guy (Hrsg.): *Developments in American Politics 5*, Basingstoke: Macmillan, 91–106.
Epstein, Lee/Segal, Jeffrey A. (2000): „Measuring Issue Salience", *American Journal of Political Science*, 44 (1), 66–83.
Evans, C. Lawrence/Oleszek, Walter J. (2003): „A Tale of Two Treaties. The Practical Politics of Treaty Ratification in the U.S. Senate", in: Campbell, Colton C./Rae, Nicol C./Stack, John F. jr (Hrsg.): *Congress and the Politics of Foreign Policy*, Upper Saddle River, NJ: Prentice Hall, 90–111.
Falke, Andreas (2003): „New Thinking? Außenhandelspolitik der USA im Licht der neuen Bedrohung", in: Kremp, Werner/Wilzewski, Jürgen (Hrsg.): *Weltmacht vor neuer Bedrohung. Die Bush-Administration und die US-Außenpolitik nach dem Angriff auf Amerika*, Trier: Wissenschaftlicher Verlag Trier, 157–184.
Fallows, James (2004): „Blind Into Baghdad", *Atlantic Monthly*, Januar/Februar.
FAS (Federation of American Scientists) (2004): *Presidential Directives and Executive Orders*, http://www.fas.org/irp/offdocs/direct.htm (18. 09. 2009).
Fernández Sola, Natividad/Smith, Michael (Hrsg.) (2009): *Perceptions and Policy in Transatlantic Relations. Prospective Visions from the US and Europe*, London/New York: Routledge.
Fettweis, Christopher J. (2004): „Militarizing Diplomacy: Warrior-Diplomats and the Foreign Policy Process", in: Reveron, Derek S. (Hrsg): *America's Viceroys. The Military and U.S. Foreign Policy*, Basingstoke: Palgrave Macmillan, 47–70.
Fettweis, Christopher J. (2010): „Threat and Anxiety in US Foreign Policy", *Survival*, 52 (2), 59–82.
Financial Times (2003): *Time for Clarity*, 09. 12.
Fiorina, Morris P./Abrams, Samuel J./Pope, Jeremy C. (2004): *Culture War? The Myth of a Polarized America*, New York u. a.: Longman.
Fischer, Joschka (2007): *Die rot-grünen Jahre. Deutsche Außenpolitik – vom Kosovo bis zum 11. September*, Köln: Kiepenheuer & Witsch.
Fisher, Louis (2003): „Deciding on War Against Iraq. Institutional Failures", *Political Science Quarterly*, 118 (3), 389–410.
Fisher, Louis (2007a): *Constitutional Conflicts between Congress and the President*, 5. Aufl., Lawrence, KS: UP of Kansas.
Fisher, Louis (2007b): „Invoking Inherent Powers: A Primer", *Presidential Studies Quarterly*, 37 (1), 1–22.

Fisher, Louis (2009): „Presidential Power in National Security“, *Presidential Studes Quarterly*, 39 (2), 347–363.

Fisher, Louis (2010): „The American Constitution at the End of the Bush Presidency“; in: Peele, Gillian/ Bailey, Christopher S./Cain, Bruce/Peters, B. Guy (Hrsg.): *Developments in American Politics 6*, Basingstoke: Palgrave Macmillan, 238–256.

Fiske, Susan T./Taylor, Shelley E. (2010): *Social Cognition. From Brains to Culture*, Boston, MA: McGraw-Hill.

Fleisher, Richard/Bond, Jon R./Krutz, Glen S./Hanna, Stephen (2000): „The Demise of the Two Presidencies“, *American Politics Quarterly*, 28 (1), 3–25.

Flick, Uwe (2008): *Triangulation*, 2. Aufl., Wiesbaden: VS Verlag für Sozialwissenschaften.

Flournoy, Michèle/Brimley, Shawn (2009): *The Contested Commons*, http://www.defense.gov/qdr/ flournoy-article.html (28.01.2011).

Ford, Jess T. (2006a): *Overseas Staffing. Rightsizing Approaches Slowly Taking Hold but More Action Needed to Coordinate and Carry Out Efforts*, Report GAO-06-737, Washington, D.C.: U.S. Government Accountability Office.

Ford, Jess T. (2006b): *U.S Public Diplomacy: State Department Efforts to Engage Muslim Audiences Lack Certain Communication Elements and Face Significant Challenges,* Report GAO-06-535, Washington, D.C.: Government Accountability Office.

Ford, Jess T. (2007): *U.S Public Diplomacy: Strategic Planning Efforts Have Improved, but Agencies Face Significant Implementation Challenges*, Report GAO-07-795T, Washington, D.C.: Government Accountability Office.

Fordham, Benjamin O. (1998): „The Politics of Threat Perception and the Use of Force: A Political Economy Model of U.S. Uses of Force, 1949–1994“, *International Studies Quarterly*, 42 (3), 567–590.

Fordham, Benjamin O. (2002): „Another Look at Parties, Voters, and the Use of Force Abroad“, *Journal of Conflict Resolution*, 46 (4), 572–596.

Fordham, Benjamin O. (2002): „Domestic Politics, International Pressure, and the Allocation of American Cold War Military Spending“, *The Journal of Politics*, 64 (1), 63–88.

Foreign Affairs Council (2004): *Secretary Colin Powell's State Department: An Independent Assessment*, Task Force Report, November.

Foreign Affairs Council (2007): *Managing Secretary Rice's State Department: An Independent Assessment*, Task Force Report, Juni.

Foreign Policy (2010): *U.S. Embassy in Baghdad Has Plans to Double in Size*, 07.01., http://thecable.foreignpolicy.com/posts/2010/01/07/us_embassy_in_baghdad_has_plans_to_double_in_size (19.01.2011).

Fowler, Linda L./Law, R. Brian (2008): „Seen But Not Heard: Committee Visibility and Institutional Change in the Senate National Security Committees, 1947–2006“, *Legislative Studies Quarterly*, 33 (3), 357–385.

Frank, Andre Gunder (1998): *Reorient. Global Economy in the Asian Age*, Berkeley, CA: University of California Press.

Frey, Dieter (1997): „Kognitive Theorien“, in: Frey, Dieter/Greif, Siegfried (Hrsg.): *Sozialpsychologie. Ein Handbuch in Schlüsselbegriffen*, 4. Aufl., Weinheim: Psychologie Verlags Union, 50–67.

Friedberg, Aaron L. (2007): „Strengthening U.S. Strategic Planning“, *The Washington Quarterly*, 31 (1), 47–60.

Friedman, George/Lebard, Meredith (1990): *The Coming War With Japan*, New York: St. Martin's Press.

Friel, Brian (2007): „Bipolarization“, *National Journal*, 30.11.

Fry, Earl H. (1990): „The United States of America“, in: Michelmann, Hans J./Soldatos, Panayotis (Hrsg.): *Federalism and International Relations. The Role of Subnational Units*, Oxford: Clarendon Press, 276–298.

Fry, Earl H. (2004): *The Role of Subnational Governments in the Governance of North America*, IRPP Working Paper No. 2004-09d, Montréal: Institute for Research on Public Policy.
Fullilove, Michael (2005): „All the President's Men. The Role of Special Envoys in U.S. Foreign Policy", *Foreign Affairs*, 84 (2), 13–18.
Furlong, Raymond B. (1984): „Clausewitz and Modern War Gaming. Losing Can Be Better Than Winning", *Air University Review*, Juli/August, http://www.airpower.maxwell.af.mil/airchronicles/aureview/1984/jul-aug/furlong.html (20.12.2010).
Gaddis, John Lewis (2002): *The Landscape of History. How Historians Map the Past*, Oxford: Oxford UP.
Gaddis, John Lewis (2004): *Surprise, Security, and the American Experience*, Cambridge, MA: Harvard UP.
Gadzinski, Peter S. (2006). „Anywhere, Anytime Diplomacy", *Foreign Service Journal*, 83 (1), 29–32.
Gamm, Gerald/Huber, John (2002): „Legislatures as Political Institutions: Beyond the Contemporary Congress", in: Katznelson, Ira/Milner, Helen V. (Hrsg.): *Political Science. The State of the Discipline*, New York/London: W.W. Norton, 313–341.
Gehrig, Susanne (2008): „‚Too Focused on the Past'. Die Wahrnehmung und Beschreibung Europas in den politischen Diskursen der Vereinigten Staaten", in: Baasner, Frank (Hrsg.): *Von welchem Europa reden wir? Reichweiten nationaler Europadiskurse*, Baden-Baden: Nomos, 203–236.
Gellman, Barton (2005): „Secret Unit Expands Rumsfeld's Domain", *Washington Post*, 23.01.
Gellman, Barton (2008): *Angler: The Cheney Vice Presidency*, New York: Penguin Press.
George, Alexander L. (1980): *Presidential Decisionmaking in Foreign Policy. The Effective Use of Information and Advice*, Boulder, CO: Westview Press.
George, Alexander L./Bennett, Andrew (2005): *Case Studies and Theory Development in the Social Sciences*, Cambridge, MA/London: MIT Press.
Geyer, Georgie Anne (1994): „The Clinton Administration's Foreign Policy Problem", *Universal Press Syndicate*, 20.01.
Giesel, Katharina D. (2007): *Leitbilder in den Sozialwissenschaften. Begriffe, Theorien und Forschungskonzepte*, Wiesbaden: VS Verlag für Sozialwissenschaften.
Gilmore, Gerry J. (2008): „Gates, Rice Support Extension of Security-Assistance Legislation", *American Forces Press Service*, 15.4., http://www.defense.gov/news/newsarticle.aspx?id=49584 (24.09.2010).
Gilpin, Robert (1994): „The Cycle of Great Powers: Has it Finally Been Broken?", in: Lundestad, Geir (Hrsg.): *The Fall of Great Powers. Peace, Stability, and Legitimacy*, Oslo: Scandinavian UP und Oxford/New York: Oxford UP, 313–330.
Gläser, Jochen/Laudel, Grit (2009): *Experteninterviews und qualitative Inhaltsanalyse*, 3. Aufl., Wiesbaden: VS Verlag für Sozialwissenschaften.
Goldgeier, James M. (1998): „NATO Expansion: The Anatomy of a Decision", *The Washington Quarterly*, 21 (1), 85–102.
Goldgeier, James M./Tetlock, Philip (2008): „Psychological Approaches", in: Reus-Smit, Christian/Snidal, Duncan (Hrsg.): *The Oxford Handbook of International Relations*, Oxford: Oxford UP, 462–480.
Goldmann, Kjell (1979): *Is My Enemy's Enemy My Friend's Friend?*, Cultural Indicators. The Swedish Symbol System, 1945–1975, Report No. 1, Lund.
Goldstein, Joel K. (2008): „The Rising Power of the Modern Vice Presidency", *Presidential Studies Quarterly*, 38 (3), 374–390.
Gordon, Philip H. (1996): „Recasting the Atlantic Alliance", *Survival*, 38 (1), 32–57.
Gordon, Vikki (2007): „Unilaterally Shaping U.S. National Security Policy: The Role of National Security Directives", *Presidential Studies Quarterly*, 37 (2), 349–368.

Gorman, Steve (2011): „Gay Activists Press ‚Don't Ask' Court Challenge", *Reuters*, 10.01.

Gourevitch, Peter (1978): „The Second Image Reversed: The International Sources of Domestic Politics", *International Organization*, 32 (4), 881–912.

Gourevitch, Peter (2002): „Domestic Politics and International Relations", in: Carlsnaes, Walter/Risse, Thomas/Simmons, Beth A. (Hrsg.): *Handbook of International Relations*, London: Sage, 309–328.

Grant, Alan (2004): *The American Political Process*, 7. Aufl., London/New York: Routledge.

Greenblatt, Alan (2004): „The Partisan Divide", *The CQ Researcher*, 30.04., 375–395.

Greenstein, Fred I. (1969): *Personality and Politics. Problems of Evidence, Inference, and Conceptualization*, Chicago: Markham Publishing Co.

Greenstein, Fred I. (2004): *The Presidential Difference: Leadership Style from FDR to George W. Bush*, 2. Aufl., Princeton, NJ.: Princeton UP.

Grieb, Kenneth J. (2002): „Ambassadors, Executive Agents, and Special Representatives", in: DeConde, Alexander/Burns, Richard Dean/Logevall, Fredrik (Hrsg.): *Encyclopedia of American Foreign Policy. Volume 1*, 2. Aufl., New York: Charles Scribner's Sons, 29–47.

Grimmett, Richard F. (2007a): *Congressional Use of Funding Cutoffs Since 1970 Involving U.S. Military Forces and Overseas Deployments*, CRS Report for Congress RS20775, Washington, D.C.: Congressional Research Service.

Grimmett, Richard F. (2007b): *The War Powers Resolution: After Thirty-Three Years*, CRS Report for Congress RL32267, Washington, D.C.: Congressional Research Service.

Grimmett, Richard F. (2010): *Instances of Use of United States Armed Forces Abroad, 1798–2009*, CRS Report for Congress RL32170, Washington, D.C.: Congressional Research Service.

Groseclose, Timothy/Stewart, Charles (1998): „The Value of Committee Seats in the House, 1947–1991", *American Journal of Political Science*, 42 (2), 453–474.

Gurr, Ted Robert/Marshall, Monty G. (2005): *Peace and Conflict 2005. A Global Survey of Armed Conflicts, Self-Determination Movements, and Democracy*, College Park, MD: University of Maryland, Center for International Development and Conflict Management.

Gutjahr, Lothar (1992): „Globale Konflikteindämmung. Europas Rolle in der Neuen Weltordnung aus Sicht der USA", *Sicherheit + Frieden*, 9 (4), 85–88.

Haas, Christoph M. (2007): „Budget und Haushaltsverfahren", in: Jäger, Wolfgang/Haas, Christoph M./Welz, Wolfgang (Hrsg): *Regierungssystem der USA. Lehr- und Handbuch*, 3. Aufl., München/Wien: Oldenbourg, 205–227.

Haass, Richard N. (1997): *The Reluctant Sheriff. The United States After the Cold War*, New York: Council on Foreign Relations.

Haass, Richard N. (1999): *Intervention. The Use of American Military Force in the Post-Cold War World*, überarbeitete Aufl., Washington, D.C.: Brookings Institution Press.

Habermans, Jürgen (1965): „Erkenntnis und Interesse", *Merkur*, Nr. 213, 1139–1153.

Halstead, T. J. (2007): *Presidential Signing Statements: Constitutional and Institutional Implications*, CRS Report for Congress RL33667, Washington, D.C.: Congressional Research Service.

Hamilton, Daniel (1994): *Jenseits von Bonn. Amerika und die „Berliner Republik"*, Frankfurt a. M./Berlin: Ullstein.

Hamilton, Lee H./Tama, Jordan (2002): *A Creative Tension. The Foreign Policy Roles of the President and Congress*, Washington, D.C.: Woodrow Wilson Center Press.

Hammond, Thomas H./Knott, Jack H. (1996): „Who Controls the Bureaucracy? Presidential Power, Congressional Dominance, Legal Constraints, and Bureaucratic Autonomy in a Model of Multi-Institutional Policy-Making", *Journal of Law, Economics and Organization*, 12 (1), 169–189.

Haney, Patrick J, (2002): *Organizing for Foreign Policy Crises. Presidents, Advisers, and the Management of Decision Making*, Ann Arbor, MI: University of Michigan Press.

Hanrieder, Wolfram F. (1995): *Deutschland, Europa, Amerika. Die Außenpolitik der Bundesrepublik Deutschland 1949–1994*, 2. Aufl., Paderborn u. a.: Ferdinand Schöningh.

Harnisch, Sebastian (2003): „Theorieorientierte Außenpolitikforschung in einer Ära des Wandels", in: Hellmann, Gunther/Wolf, Klaus Dieter/Zürn, Michael (Hrsg.): *Die neuen Internationalen Beziehungen. Forschungsstand und Perspektiven in Deutschland*, Baden-Baden: Nomos, 313–360.

Harper, John L. (1994): *American Visions of Europe. Franklin D. Roosevelt, George F. Kennan, and Dean G. Acheson*, Cambridge/New York: Cambridge UP.

Harper, John L. (2004): „American Visions of Europe After 1989", in: Balis, Christina V./Serfaty, Simon (Hrsg.): *Visions of America and Europe. September 11, Iraq, and Transatlantic Relations*, Washington, D.C.: CSIS Press, 23–46.

Harris, Shane (2007): „Rolling Back Pentagon Spies", *National Journal*, 09.03.

Harris, Shane (2009): „The CIA Briefing Game", *National Journal*, 06.06.

Hart, John (1987): *The Presidential Branch*, New York: Pergamon Press.

Hart, John (1995): „President Clinton and the Politics of Symbolism: Cutting the White House Staff", *Political Science Quarterly*, 110 (3), 385–403.

Hastedt, Glenn P. (2010): *American Foreign Policy. Past, Present, and Future*, 8. Aufl., Boston, MA u. a.: Longman.

Heclo, Hugh (1978): „Issue Networks and the Executive Establishment", in: Beer, Samuel/King, Anthony (Hrsg.): *The New American Political System*, Washington, D.C.: American Enterprise Institute, 87–124.

Heideking, Jürgen/Sterzel, Paul (2007): „Entstehung und Ausformung des Verfassungssystems", in: Jäger, Wolfgang/Welz, Wolfgang, *Regierungssystem der USA. Lehr- und Handbuch*, 3. Aufl., München/Wien: Oldenbourg, 45–68.

Helfferich, Cornelia (2005): *Die Qualität qualitativer Daten. Manual für die Durchführung qualitativer Interviews*, 2. Aufl., Wiesbaden: VS Verlag für Sozialwissenschaften.

Henehan, Marie T. (2000): *Foreign Policy and Congress. An International Relations Perspective*, Ann Arbor, MI: Michigan UP.

Herbert, Jonathan (2006): „Foreign and Security Policy", in: Peele, Gillian/Bailey, Cristopher J./Cain, Bruce/Peters, B. Guy (Hrsg.): *Developments in American Politics 5*, Basingstoke: Palgrave Macmillan, 234–257.

Herrmann, Richard K. (1984): „Perceptions and Foreign Policy Analysis", in: Sylvan, Donald A./Chan, Steve (Hrsg): *Foreign Policy Decision Making. Perception, Cognition, and Artificial Intelligence*, New York: Praeger, 25–52.

Herrmann, Richard K. (1985): *Perceptions and Behavior in Soviet Foreign Policy*, Pittsburgh: Pittsburgh UP.

Herrmann, Richard K. (2003): „Image Theory and Strategic Interaction in International Relations", in: Sears, David O./Huddy, Leonie/Jervis, Robert (Hrsg.): *Oxford Handbook of Political Psychology*, Oxford/New York: Oxford UP, 285–314.

Herrmann, Richard K./Fischerkeller, Michael P. (1995): „Beyond the Enemy Image and Spiral Model: Cognitive-Strategic Research After the Cold War", *International Organization*, 49 (3), 415–450.

Herrmann, Richard K./Voss, James F./Schooler, Tonya E./Ciarochhi, Joseph (1997): „Images in International Relations: An Experimental Text of Cognitive Schemata", *International Studies Quarterly*, 41 (3), 403–433.

Hersman, Rebecca K. C. (2000): *Friends and Foes. How Congress and the President Really Make Foreign Policy*, Washington, D.C.: Brookings Institution Press.

Hill, Christopher (2003): *The Changing Politics of Foreign Policy*, Basingstoke: Palgrave Macmillan.

Hils, Jochen (2004): *Zwischen Hyperdemokratie und „Minderheitstyrannei". Die USA zu Beginn des 21. Jahrhunderts*, ZENAF Arbeits- und Forschungsberichte Nr. 1/2002, Frankfurt a. M.: Zentrum für Nordamerika-Forschung.

Hinckley, Barbara (1994): *Less Than Meets the Eye. Foreign Policy Making and the Myth of the Assertive Congress*, Chicago, IL/London: The University of Chicago Press.

Hirsh, Michael (2002): „Bush and the World. The Need for a New Wilsonianism", *Foreign Affairs*, 80 (5), 18–43.

Hoffman, Frank G. (2008): „Dereliction of Duty Redux? Post-Iraq American Civil-Military Relations", *Orbis*, 52 (2), 217–235.

Hoge, James F. (2005): „A Global Power Shift in the Making. Is the United States Ready?", *Foreign Affairs*, 83 (4), 2–7.

Holmes, J. Anthony (2009): „Where Are the Civilians? How to Rebuild the U.S. Foreign Service", *Foreign Affairs*, 88 (1), 148–160.

Holsti, K. J. (1970): „National Role Conceptions in the Study of Foreign Policy", *International Studies Quarterly*, 14 (3), 233–309.

Hook, Stephen W. (2003): „Domestic Obstacles to International Affairs: The State Department Under Fire at Home", *Political Science and Politics*, 36 (1), 23–29.

Hopkins, Michael F. (2010): „Ronald Reagan's and George H. W. Bush's Secretaries of State: Alexander Haig, George Shultz and James Baker", in: Larres, Klaus (Hrsg.): *The US Secretaries of State and Transatlantic Relations*, London/New York: Routledge, 40–57.

Höse, Alexander (2008): „Selling America: Die Public Diplomacy der USA vor dem Irakkrieg 2003", in: Jäger, Thomas/Viehrig, Henrike (Hrsg.): *Die amerikanische Regierung gegen die Weltöffentlichkeit? Theoretische und empirische Analysen der Public Diplomacy zum Irakkrieg*, Wiesbaden: VS Verlag für Sozialwissenschaften, 79–107.

Höse, Alexander (2009): „Obamas Außenpolitik: Neubeginn in den transatlantischen Beziehungen?", *Welttrends*, Nr. 67 (Juli/August), 5–10.

Höse, Alexander (2010): „Sea Change? Die deutsch-amerikanischen Beziehungen in der Ära Bush", in: Schreyer, Söhnke/Wilzewski, Jürgen (Hrsg.): *Weltmacht in der Krise. Die USA am Ende der Ära George W. Bush*, Trier: Wissenschaftlicher Verlag Trier 2010, 217–263.

Höse, Alexander (2011): „The Salience of European Affairs in the United States Congress", in: Oppermann, Kai/Viehrig, Henrike (Hrsg.): *Issue Salience in International Politics*, London/New York: Routledge, 225–240.

Höse, Alexander/Oppermann, Kai (2005): „Die öffentliche Meinung als Katalysator für transatlantische Kooperation und Konflikte", in: Jäger, Thomas/Höse, Alexander/Oppermann, Kai (Hrsg.): *Transatlantische Beziehungen. Sicherheit – Wirtschaft – Öffentlichkeit*, Wiesbaden: VS Verlag für Sozialwissenschaften, 375–396.

Howell, William G. (2003): *Power without Persuasion. The Politics of Direct Presidential Action*, Princeton, NJ/Oxford: Princeton UP.

Howell, William G. (2005): „Unilateral Powers: A Brief Overview", *Presidential Studies Quarterly*, 35 (3), 417–439.

Howell, William G./Pevehouse Jon C. (2007a): *While Dangers Gather. Congressional Checks on Presidential War Powers*, Princeton, NJ: Princeton UP.

Howell, William G./Pevehouse, Jon C. (2007b): „When Congress Stops Wars", *Foreign Affairs*, 86 (5), 95–107.

Hudson, Valerie (2007): *Foreign Policy Analysis. Classic and Contemporary Theory*, Lanham, MD: Rowman & Littlefield.

Huntington, Samuel P. (1991): „America's Changing Strategic Interests", *Survival*, 33 (1), 3–17.

Huntington, Samuel P. (1999): „The Lonely Superpower", *Foreign Affairs*, 78 (2), 35–49.

Hyland, William G. (1990): „America's New Course", *Foreign Affairs*, 69 (2), 1–12.
Ikenberry, G. John/Mastanduno, Michael/Wohlforth, William C. (2009): „Introduction: Unipolarity, State Behaviour, and Systemic Consequences", *World Politics*, 61 (1), 1–27.
Iraq Study Group (2006): *The Iraq Study Group Report*, http://www.bakerinstitute.org/publications/iraqstudygroup_findings.pdf (19.01.2011).
Jacobson, Gary C. (1996): „The 1994 House Elections in Perspective", *Political Science Quarterly*, 111 (2), 203–223.
Jacobson, Gary C. (2007): „Referendum: The 2006 Midterm Congressional Elections", *Political Science Quarterly*, 122 (1), 1–24.
Jäger, Thomas (2002): „Die Rückkehr des Sicherheitsstaates", *Blätter für deutsche und internationale Politik*, Nr. 9, 1037–1040.
Jäger, Thomas (2005): „Ordnung, Bedrohung, Identität: Grundlagen außenpolitischer Strategien", in: Jäger, Thomas/Höse, Alexander/Oppermann, Kai (Hrsg.): *Die Sicherheitsstrategien Europas und der USA. Transatlantische Entwürfe für eine Weltordnungspolitik*, Baden-Baden: Nomos, 9–26.
Jäger, Thomas/Höse, Alexander/Oppermann, Kai (Hrsg.) (2005): *Transatlantische Beziehungen. Sicherheit – Wirtschaft – Öffentlichkeit*, Wiesbaden: VS Verlag für Sozialwissenschaften.
Jäger, Thomas/Oppermann, Kai/Höse, Alexander/Viehrig, Henrike (2009): „The Salience of Foreign Affairs Issues in the German Bundestag", *Parliamentary Affairs*, 62 (3), 418–37.
Janes, Jackson (2010): „Sharing Global Responsibilities", *Internationale Politik Global Edition*, 3/2010, 26–30.
Janis, Irving L. (1982): *Groupthink*, 2. Aufl., Boston, MA: Houghton Mifflin.
Janning, Josef (1995): „Leitbilder der europäischen Integration", in: Weidenfeld, Werner/Wessels, Wolfgang (Hrsg): *Europa von A–Z. Taschenbuch der europäischen Integration*, Bonn: Europa Union Verlag, 253–258.
Jervis, Robert (1970): *The Logic of Images in International Relations*, Princeton, NJ: Princeton UP.
Jervis, Robert (1976): *Perception and Misperception in International Politics*, Princeton, NJ: Princeton UP.
Jervis, Robert (1992): „The Future of World Politics: Will It Resemble the Past?", in: Lynn-Jones, Sean/Miller, Steven E. (Hrsg.): *America's Strategy in a Changing World*, Cambridge, MA/London: MIT Press, 3–37.
Jervis, Robert (2002): „Hypotheses on Misperception", in: Ikenberry, G. John (Hrsg.): *American Foreign Policy. Theoretical Essays*, 4. Aufl., New York: Longman, 466–488.
Jervis, Robert (2009a): „Alliances, Perceptions, and Current Frictions", in: Fernández Sola, Natividad/Smith, Michael (Hrsg.): *Perceptions and Policy in Transatlantic Relations. Prospective Visions from the US and Europe*, London/New York: Routledge, 5–25.
Jervis, Robert (2009b): „Unipolarity: A Structural Perspective", in: *World Politics*, 61 (1), 188–213.
Joffe, Josef (1992): „Amerikas Große Strategie nach dem Kalten Krieg", in: Heydrich, Wolfgang/Krause, Joachim/Nerlich, Uwe/Nötzold, Jürgen/Rummel, Reinhardt (Hrsg.): *Sicherheitspolitik Deutschlands: Neue Konstellationen, Risiken, Instrumente*, Baden-Baden: Nomos, 109–123.
Joffe, Josef (1993): „Atlantische Probescheidung", *Süddeutsche Zeitung*, 25.11.
Joffe, Josef (1994): „Die Wiederentdeckung Europas", *Süddeutsche Zeitung*, 24.06.
Johns, Robert (2010): „Measuring Issue Salience in British Elections. Competing Interpretations of ‚Most Important Issues'", *Political Research Quarterly*, 63 (1), 143–158.
Johnson, Chalmers (2003): *Der Selbstmord der amerikanischen Demokratie*, München: Blessing.
Jones, Bryan D./Baumgartner, Frank R. (2005): *The Politics of Attention. How Government Prioritizes Problems*, Chicago, IL/London: The University of Chicago Press.
Jones, Charles O. (2005): *The Presidency in a Separated System*, 2. Aufl., Washington, D.C.: Brookings Institution Press.

Jones, Christopher M. (2006): „The Other Side of Powell's Record", *American Diplomacy*, 06. 03.

Jones, Seth G. (2007): *The Rise of European Security Cooperation*, Cambridge: Cambridge UP.

Judis, John/Teixeira, Ruy (2002): *The Emerging Democratic Majority*, New York: Scribner.

Junker, Detlef (2005): „Europa und die USA", in: Müller-Graff, Peter-Christian (Hrsg.): *Die Rolle der erweiterten Europäischen Union in der Welt*, Baden-Baden: Nomos, 241–254.

Kagan, Robert (2002): „Power and Weakness", *Policy Review*, Nr. 113, 3–28.

Karol, David (2000): „Divided Government and U.S. Trade Policy", *International Organization*, 54 (4), 825–844.

Kean, Thomas H./Hamilton, Lee H. (2006): *Without Precedent. The Inside Story of the 9/11 Commission*, New York: Knopf.

Kelle, Udo (2007): *Die Integration qualitativer und quantitativer Methoden in der empirischen Sozialforschung*, Wiesbaden: VS Verlag für Sozialwissenschaften.

Kengor, Paul (2000): *Wreath Layer or Policy Player? The Vice President's Role in Foreign Policy*, Lanham, MD: Lexington Books.

Kennan, George F. (1997): „Diplomacy Without Diplomats?", *Foreign Affairs*, 76 (5), 198–212.

Keohane, Robert O. (2008): „The ‚Second Image Reversed' Revisited", in: King, Gary/Schlozman, Kay Lehman/Nie, Norman H. (Hrsg.): *The Future of Political Science: 100 Perspectives*, New York/London: Routledge, 196–198.

Kibbe, Jennifer D. (2004): „The Rise of the Shadow Warriors", *Foreign Affairs*, 83 (2), 102–115.

King, Anthony (1993): „Foundations of Power", in: Edwards, George C./Kessel, John H./Rockman, Bert A. (Hrsg.): *Researching the Presidency. Vital Questions, New Approaches*, Pittsburgh, PA/London: University of Pittsburgh Press, 415–451.

King, Gary/Keohane, Robert O./Verba, Sidney (1994): *Designing Social Inquiry. Scientific Inference in Qualitative Research*, Princeton, NJ: Princeton UP.

King, Kay (2010): *Congress and National Security*, Council Special Report No. 58, New York: Council on Foreign Relations.

Kirste, Knut (1998): *Rollentheorie und Außenpolitikanalyse. Die USA und Deutschland als Zivilmächte*, Frankfurt a. M.: Peter Lang.

Kirste, Knut/Maull, Hanns W. (1996): „Zivilmacht und Rollentheorie", *Zeitschrift für Internationale Beziehungen*, 3 (2), 283–312.

Kissinger, Henry (2009): „‚Partner der USA, aber selbstbewusst'. Henry Kissinger über die Nachkriegszeit und die neue Rolle Deutschlands", *Internationale Politik*, 64 (4), 44–47.

Klare, Michael T. (2001): „The New Geography of Conflict", *Foreign Affairs*, 80 (3), 49–61.

Klingemann, Hans-Dieter/Volkens, Andrea/Bara, Judith/Budge, Ian/MacDonald, Michael (2006): *Mapping Policy Preferences II. Estimates for Parties, Electors, and Governments in Eastern Europe, the European Union and the OECD, 1990–2003*, Oxford: Oxford UP.

Klotz, Robert (2004): „The Nuclear Option for Stopping Filibusters", *Political Science and Politics*, 27 (3), 843–846.

Knapp, Manfred (Hrsg.) (1990): *Transatlantische Beziehungen:. Die USA und Europa zwischen gemeinsamen Interessen und Konflikt*, Stuttgart: Steiner.

Koh, Harold H. (1992): *The National Security Constitution*, New Haven, CT: Yale UP.

Krakau, Knud (1985): „Einführende Überlegungen zur Entstehung und Wirkung von Bildern, die sich Nationen von sich und anderen machen", in: Adams, Willi Paul/Krakau, Knud (Hrsg.): *Deutschland und Amerika. Perzeption und historische Realität*, Berlin: Colloquium, 9–18.

Krasner, Stephen D. (1978): *Defending the National Interest: Raw Materials Investments and U.S. Foreign Policy*, Princeton, N.J.: Princeton UP.

Krasner, Stephen D. (1993): „Power, Polarity, and the Challenge of Disintegration", in: Haftendorn, Helga/Tuschhoff, Christian (Hrsg.): *America and Europe in an Era of Change*, Boulder, CO: Westview Press, 21–42.

Krasner, Stephen D. (2010): *Revisiting the „Second Image Reverse"*, Paper prepared for a conference in honor of Peter Gourevitch, University of California, San Diego, April 23-24, 2010, http://cpe.ucsd.edu/assets/006/11458.pdf (01. 10. 2010).

Krauthammer, Charles (1991): „The Unipolar Moment", *Foreign Affairs*, 70 (1), 23–33.

Krutz, Glenn S./Peake, Jeffrey S. (2009): *Treaty Politics and the Rise of Executive Agreements. International Commitments in a System of Shared Powers*, Ann Arbor, MI: University of Michigan Press.

Kubbig, Bernd W. (Hrsg.): *Transatlantische Unsicherheit. Die amerikanisch-europäischen Beziehungen im Umbruch*, Frankfurt a. M.: Fischer Taschenbuch Verlag.

Kuckartz, Udo (2009a): „Methodenkombination", in: Westle, Bettina (Hrsg.): *Methoden der Politikwissenschaft*, Baden-Baden: Nomos, 352–362.

Kuckartz, Udo (2009b): „Inhaltsanalyse", in: Westle, Bettina (Hrsg.): *Methoden der Politikwissenschaft*, Baden-Baden: Nomos, 334–344.

Kupchan, Charles A. (2002): „Hollow Hegemony or Stable Multipolarity?", in: Ikenberry; G. John (Hrsg.): *America Unrivaled. The Future of the Balance of Power*, Ithaca, NY/London: Cornell UP, 68–97.

Kupchan, Charles A./Trubowitz, Peter L. (2007): „Dead Center: The Demise of Liberal Internationalism in the United States", *International Security*, 32 (2), 7–44.

LaFranchi, Howard (2006): „Evangelized Foreign Policy?", *Christian Science Monitor*, 02.03.

Lagon, Mark P. (1994): „In the Eye of the Beholder. Realignment of American Elite Beliefs After the Cold War", *Perspectives on Political Science*, 23 (2), 89–96.

Landler, Mark/Cooper, Helene (2010): „After a Bitter Campaign, Forging an Alliance", *New York Times*, 18.03.

Lantis, Jeffrey S./Moskowitz, Eric (2008): „The Return of the Imperial Presidency? The Bush Doctrine and U.S. Intervention in Iraq", in: Carter, Ralph G. (Hrsg.): *Contemporary Cases in U.S. Foreign Policy. From Terrorism to Trade*, 3. Aufl., Washington, D.C.: Congressional Quarterly Press, 25–58.

Laqueur, Walter (1995): „Das Ende des Kalten Krieges", in: Kaiser, Karl/Schwarz, Hans-Peter (Hrsg.): *Die neue Weltpolitik,* Bonn: Bundeszentrale für Politische Bildung, 63–70.

Larres, Klaus (2010a): „Hillary Rodham Clinton as Secretary of State: A New Engagement with the World", in: Larres, Klaus (Hrsg.): *The US Secretaries of State and Transatlantic Relations*, London/New York: Routledge, 4–12.

Larres, Klaus (2010b): „Introduction", in: ders. (Hrsg.): *The US Secretaries of State and Transatlantic Relations*, London/New York: Routledge, 1–3.

Layne, Christopher (1983): „Ending the Alliance", *Journal of Contemporary Studies*, 6 (3), 5–31.

Layne, Christopher (1988): „Continental Divide. Time to Disengage in Europe", *The National Interest*, Fall 1988, 13–27.

Layne, Christopher (2009): „The Waning of U.S. Hegemony – Myth or Reality? A Review Essay", *International Security*, 34 (1), 147–172.

Lee, Christopher (2005): „New State Department Office Aimed at Postwar Aid", *Washington Post*, 25.03.

Lee, Jung Wook/Rainey, Hal G./Chun, Young Han (2009): „Of Politics and Purpose: Political Salience and Goal Ambiguity of US Federal Agencies", *Public Administration*, 87 (3), 457–484.

Leloup, Lance T./Shull, Steven A. (2002): *The President and Congress. Collaboration and Combat in National Policymaking*, 2. Aufl., New York: Longman.

Leonard, Mark/Stead, Catherine/Smewing, Conrad (2002): *Public Diplomacy*, London: The Foreign Policy Centre.

Levy, Jack S. (2003): „Political Psychology and Foreign Policy", in: Sears, David O./Huddy, Leonie/Jervis, Robert (Hrsg.): *Oxford Handbook of Political Psychology*, Oxford/New York: Oxford UP, 253–284.

Lewis, David E. (2002): „The Politics of Agency Termination: Confronting the Myth of Agency Immortality", *The Journal of Politics*, 64 (1), 89–107.

Lewis-Beck, Michael S./Jacoby, William G./Norpoth, Helmut/Weisberg, Herbert F. (2008): *The American Voter Revisited*, Ann Arbor, MI: University of Michigan Press.

Lieber, Robert J. (1997): „Eagle Without a Cause: Making Foreign Policy Without the Soviet Threat", in: Lieber, Robert (Hrsg.): *Eagle Adrift. American Foreign Policy at the End of the Century*, New York: Longman, 3–25.

Lieber, Robert J. (2007): „Left-Out Legislature", *The National Interest*, März/April, 27–31.

Lind, Michael (2005): „The End of Atlanticism: America and Europe Beyond the U.S. Election", *Internationale Politik und Gesellschaft*, 1/2005, 25–41.

Lindsay, James M. (1994): *Congress and the Politics of U.S. Foreign Policy*, Baltimore, MD/London: The Johns Hopkins UP.

Lindsay, James M. (2003): „Deference and Defiance: The Shifting Rhythms of Executive-Legislative Relations in Foreign Policy", *Presidential Studies Quarterly*, 33 (3), 530–546.

Link, Werner (1988): *Der Ost-West-Konflikt. Die Organisation der internationalen Beziehungen im 20. Jahrhundert*, 2. Aufl., Stuttgart u. a.: Kohlhammer.

Link, Werner (2010): „Von der Faszination zur Realität? Das ‚Phänomen' Barack Obama", *Die Politische Meinung*, 55 Jg., Nr. 482 (Januar), 5–9.

Lipset, Seymour Martin (2007): *American Exceptionalism. A Double-Edged Sword*, New York/London: W. W. Norton.

Logoglu, Faruk (2010): „Negotiating Security: The Pushy Superpower", in: Solomon, Richard H./Quinney, Nigel (Hrsg.): *American Negotiating Behavior. Wheeler-Dealers, Legal Eagles, Bullies, and Preachers*, Washington, D.C.: United States Institute of Peace, 211–220.

Lösche, Peter (1991): „‚Looking Westward'? Die demographischen Verschiebungen in den Vereinigten Staaten", in: Kubbig, Bernd W. (Hrsg.): *Transatlantische Unsicherheit. Die amerikanisch-europäischen Beziehungen im Umbruch*, Frankfurt a. M.: Fischer Taschenbuch Verlag, 42–59.

Lösche, Peter (2007): „Die politischen Parteien", in: Jäger, Wolfgang/Haas, Christoph M./Welz, Wolfgang (Hrsg): *Regierungssystem der USA. Lehr- und Handbuch*, 3. Aufl., München/Wien: Oldenbourg, 289–325.

Lucarelli, Sonia/Fioramonti, Lorenzo (Hrsg.) (2010): *External Perceptions of the European Union as a Global Actor*, London/New York: Routledge.

Lundestad, Geir (2005): *The United States and Western Europe since 1945. From „Empire" by Invitation to Transatlantic Drift*, Oxford: Oxford UP.

Lundestad, Geir (Hrsg.) (2008): *Just Another Major Crisis? The United States and Europe Since 2000*, Oxford/New York: Oxford UP.

Lutz, Catherine (2009): „Obama's Empire", *New Statesman*, 30. 07.

Mabry, Marcus (2007): „Condoleezza Rice", *Foreign Policy*, Mai/Juni, 22–28.

Maier, Jane (2008): *The Dark Side. The Inside Story of How the War on Terror Turned into a War on American Ideals*, New York u. a.: Doubleday.

Maier, Kenneth (2001): *With the Stroke of a Pen. Executive Orders and Presidential Power*, Princeton, NJ: Princeton UP.

Mann, James (2004a): „The True Rationale? It's a Decade Old", *Washington Post*, 07. 03.

Mann, James (2004b): *The Rise of the Vulcans. The History of Bush's War Cabinet*, New York: Penguin Books.

Mann, Thomas E. (2010): „Congress“, in: Peele, Gillian/Bailey, Christopher S./Cain, Bruce/Peters, B. Guy (Hrsg.): *Developments in American Politics 6*, Basingstoke: Macmillan, 117–131.
Mann, Thomas E./Ornstein, Norman J. (2006): *The Broken Branch. How Congress Is Failing America and How to Get It Back on Track*, Oxford/New York: Oxford UP.
Mann, Thomas E./Reynolds, Molly/Holmes, Nigel (2008): „Could Congress Be Waking Up?“, *New York Times*, 19.01.
March, James G./Olsen, Johan P. (1989): *Rediscovering Institutions. The Organizational Basis of Politics*, New York: Free Press.
Mariano, Marco (2007): „The U.S. Discovers Europe. *Life Magazine* and the Invention of the ‚Atlantic Community‘ in the 1940s“, in: Vaudagna, Maurizio (Hrsg.): *The Place of Europe in American History: Twentieth-Century Perspectives*, Turin: Otto Editore, 161–185.
Marshall, Tyler (1989): „Europe Reaches for a Postwar Dream: Unity“, *Los Angeles Times*, 12.03.
Martin, Lisa L. (2005): „The President and International Commitments: Treaties as Signaling Devices“, *Presidential Studies Quarterly*, 35 (3), 440–465.
Mastanduno, Michael/Kapstein, Ethan B. (1999): „Realism and State Strategies After the Cold War“, in: Kapstein, Ethan B./Mastanduno, Michael (Hrsg.): *Unipolar Politics. Realism and State Strategies After the Cold War*, New York: Columbia UP, 1–27.
Mayntz, Renate (2009): „Sozialwissenschaftliche Erkenntnisinteressen und Erkenntnismöglichkeiten: Eine Einführung“, in: Mayntz, Renate (Hrsg.): *Sozialwissenschaftliches Erklären. Probleme der Threoriebildung und Methodologie*, Frankfurt a.M./New York: Campus Verlag, 7–36.
Mazzetti, Mark (2006): „Military Role in U.S. Embassies Creates Strains, Report Says“, *New York Times*, 20.12.
McArdle Kelleher, Catherine (1993): „America's European Agenda: Learning from the Past and Creating for the Future“, in: Haftendorn, Helga/Tuschhoff, Christian (Hrsg.): *America and Europe in an Era of Change*, Boulder, CO u.a.: Westview Press, 147–165.
McCarty, Nolan/Razaghian, Rose (2000): „Hitting the Ground Running: The Politics of Presidential Appointments in Transition“, in: Shapiro, Robert Y./Kumar, Martha Joynt/Jacobs, Lawrence R. (Hrsg.): *Presidential Power. Forging the Presidency for the Twenty-First Century*, New York: Columbia UP, 339–359.
McCormick, James M. (2005): *American Foreign Policy and Process*, 4. Aufl., Belmont, CA: Wadsworth.
McCubbins, Mathew/Schwartz, Thomas (1984): „Congressional Oversight Overlooked: Police Patrols versus Fire Alarms“, *American Journal of Political Science*, 28 (1), 165–179.
McDermott, Rose (2004): *Political Psychology in International Relations*, Ann Arbor, MI: The University of Michigan Press.
McGinnis, John O. (2007): „Executive Power in the War on Terror“, *Policy Review*, Nr. 146, http://www.hoover.org/publications/policy-review/article/6089 (27.01.2011).
McGreal, Chris (2010): „Claim That Barack Obama's India Visit Will Cost $200m a Day Is ‚Wildly Inflated‘“, *Guardian*, 04.11.
McMillan, Samuel Lucas (2008): „Subnational Foreign Policy Actors: How and Why Governors Participate in U.S. Foreign Policy“, *Foreign Policy Analysis*, 4 (3), 227–253.
Mead, Walter Russell (2002): *Special Providence. American Foreign Policy and How It Changed the World*, New York/London: Routledge.
Mearsheimer, John J. (1990): „Back to the Future“, *International Security*, 15 (1), 5–56.
Mearsheimer, John J. (1998): „The Future of America's Continental Commitment“, in: Lundestad, Geir (Hrsg.): *No End to Alliance. The United States and Western Europe: Past, Present and Future*, New York: St. Martin's Press, 221–242.
Mearsheimer, John J. (2001): *The Tragedy of Great Power Politics*, New York/London: W.W. Norton.

Meckler, Laura/Fidler, Stephen (2010): „Obama to Skip Annual EU Summit“, *Wall Street Journal*, 01.02.

Meernik, James/Oldmixon, Elizabeth (2004): „Internationalism in Congress“, *Political Research Quarterly*, 57 (3), 451–465.

Meier-Walser, Reinhard (1997): *Transatlantische Partnerschaft. Perspektiven der amerikanisch-europäischen Beziehungen*, München: Olzog.Meier-Walser, Reinhard/Luther, Susanne (Hrsg.) (2002): *Europa und die USA. Transatlantische Beziehungen im Spannungsfeld von Regionalisierung und Globalisierung*, München: Olzog.

Michelmann, Hans J. (2004): „Federalism and Paradiplomacy“, in: Jäger, Thomas/Kümmel, Gerhard/Lerch, Marika/Noetzel, Thomas (Hrsg.): *Sicherheit und Freiheit. Außenpolitische, innenpolitische und ideengeschichtliche Perspektiven*, Baden-Baden: Nomos, 188–205.

Milbank, Dana (2002): „Cheney Says He Will Fight to Keep Lid on Papers“, *Orlando Sentinel*, 28.01.

Mildner, Stormy (2010): „Expanding Free Trade? Eine Bilanz der Außenhandelspolitik der Bush-Administration“, in: Schreyer, Söhnke/Wilzewski, Jürgen (Hrsg.): *Weltmacht in der Krise. Die USA am Ende der Ära George W. Bush*, Trier: Wissenschaftlicher Verlag Trier, 357–389.

Mintz, Alex/De Rouen, Karl (2010): *Understanding Foreign Policy Decisionmaking*, Cambridge u. a.: Cambridge UP.

Mitchell, David (2005): „Centralizing Advisory Systems: Presidential Influence and the U.S. Foreign Policy Decision-Making Process“, *Foreign Policy Analysis*, 1 (2), 181–206.

Moe, Terry M. (2003): „The Presidency and the Bureaucracy. The Presidential Advantage“, in: Nelson, Michael (Hrsg.): *The Presidency and the Political System*, 7. Aufl., Washington, D.C.: Congressional Quarterly Press, 425–457.

Moe, Terry M./Howell, William G. (1999): „The Presidential Power of Unilateral Action“, *Journal of Law, Economics and Organization*, 15 (1), 132–179.

Moore, James/Slayter, Wayne (2003): *Bush's Brain. How Karl Rove Made George W. Bush Presidential*, Hoboken, NJ: John Wiley & Sons.

Mor, Ben D. (2006): „Public Diplomacy in Grand Strategy“, *Foreign Policy Analysis*, 2 (2), 157–176.

Nakamura, Kennon H./Epstein, Susan B. (2007): *Diplomacy for the 21st Century: Transformational Diplomacy*, CRS Report for Congress RL34141, Washington, D.C.: Congressional Research Service.

National Commission on Terrorist Attacks upon the United States (2005): *The 9/11 Commission Report*, http://www.9-11commission.gov/report/911Report.pdf (27.11.2008).

National Security Archive (2008): *„Prevent the Reemergence of a New Rival". The Making of the Cheney Regional Defense Strategy, 1991–1992*, Washington, D.C.: The George Washington University, http://www.gwu.edu/~nsarchiv/nukevault/ebb245/index.htm#doc3 (13.10.2010).

Nelson, Michael (2008): *CQ Press Guide to the Presidency*, Bd. 1., 4. Aufl., Washington, D.C.: Congressional Quarterly Press.

Neustadt, Richard E. (1990 [1960]): *Presidential Power and the Modern Presidents. The Politics of Leadership from Roosevelt to Reagan*, New York: The Free Press.

Neustadt, Richard E. (2001): „The Weakening White House“, *British Journal of Political Science*, 31 (1), 1–11.

New York Times (1996): „The Clinton Record: Foreign Policy: On World Stage, Many Lessons for Clinton“, 29.07.

New York Times (2010): „One Subject Pushes Talk of Any Other to the Margins“, 20.03.

Niedhardt, Gottfried (2000): „Selektive Wahrnehmung und politisches Handeln: Internationale Beziehungen im Perzeptionsparadigma“, in: Loth, Wilfried/Osterhammel, Jürgen (Hrsg.): *Internationale Geschichte. Themen, Ergebnisse, Aussichten*, München: Oldenbourg, 141–157.

Nye, Joseph S. jr. (2000): „The US and Europe: Continental Drift?“, *International Affairs*, 76 (1), 51–59.

Nye, Joseph S. jr. (2002): *The Paradox of American Power. Why the World's Only Superpower Can't Go It Alone*, Oxford/New York: Oxford UP.

Nye, Joseph S. jr. (2010): „The Future of American Power: Dominance and Decline in Perspective", *Foreign Affairs*, 89 (6), 2–14.
O'Hanlon, Michael (2008): *Unfinished Business. U.S. Overseas Military Presence in the 21st Century*, Washington, D.C.: Center for a New American Security, http://www.brookings.edu/~/media/Files/rc/reports/2008/06_military_ohanlon/06_military_ohanlon.pdf (28.02.2011).
Odeen, Philip (1987): „The President and National Security", in: Thompson, Kenneth W. (Hrsg.): *Discourse on Policy-Making: American Foreign Policy*, Lanham, MD: UP of America, 51–80.
Oppermann, Kai/Viehrig, Henrike (2009): „The Public Salience of Foreign and Security Policy in Britain, Germany and France", *West European Politics*, 32 (5), 925–942.
Ornstein, Norman J./Mann, Thomas E./Malbin, Michael J. (2008): *Vital Statistics on Congress 2008*, Washington, D.C.: The Brookings Institution.
Overholt, William H. (2010): „China in the Global Financial Crisis: Rising Influence, Rising Challenges", *The Washington Quarterly*, 33 (1), 21–34.
Owens, John E. (1998): „Congress and Partisan Change", in: Peele, Gillian/Bailey, Christopher S./Cain, Bruce/Peters, B. Guy (Hrsg.): *Developments in American Politics 3*, Basingstoke: Macmillan, 42–70.
Patterson, Bradley H. jr. (2000): *The White House Staff. Inside the West Wing and Beyond*, Washington, D.C.: Brookings Institution Press.
Pear, Robert (2008): „Earmarks Likely to Continue, but With Details", *New York Times*, 22.01.
Pendleton, John (2008): *Force Structure: Preliminary Observations on the Progress and Challenges Associated with Establishing the U.S. Africa Command*, Report GAO-08-947T, Washington, D.C.: Government Accountability Office.
Pendry, Louise (2007): „Soziale Kognition", in: Jonas, Klaus/Stroebe, Wolfgang/Hewstone, Miles (Hrsg.): *Sozialpschologie. Eine Einführung*, 5. Aufl., Berlin u. a.: Springer, 111–145.
Perle, Richard (2009): „Ambushed on the Potomac", *The National Interest*, Januar/Februar, 35–44.
Peters, Dirk (2007): „Ansätze und Methoden der Außenpolitikanalyse", in: Schmidt, Siegmar/Hellmann, Gunther/Wolf, Reinhard (Hrsg.): *Handbuch zur deutschen Außenpolitik*, Wiesbaden: VS Verlag für Sozialwissenschaften, 815–835.
Peters, Gerhard (2011): *State of the Union Addresses and Messages: Research Notes*, http://www.presidency.ucsb.edu/sou.php (15.02.2011).
Petersen, R. Eric/Reynolds, Parker H./Wilhelm, Amber Hope (2010): *House of Representatives and Senate Staff Levels in Member, Committee, Leadership, and Other Offices, 1977–2010*, CRS Report for Congress R41366, Washington, D.C.: Congressional Research Service.
Peterson, John/Pollack, Mark A. (Hrsg.) (2003): *Europe, America, Bush. Transatlantic Relations in the Twenty-First Century*, London/New York: Routledge.
Pew Research Center for the People and the Press (2009): *Partisan Gap in Obama Job Approval Widest in Modern Era*, http://pewresearch.org/pubs/1178/polarized-partisan-gap-in-obama-approval-historic (18.01.2011).
Pfetsch, Frank R. (1997): *Die Europäische Union. Eine Einführung*, 2. Aufl., München: W. Fink.
Pfiffner, James P. (2003): *President George W. Bush and His War Cabinet*, Paper prepared for presentation at the conference on „The Presidency, Congress, and the War on Terrorism", University of Florida, 07.02., http://www.clas.ufl.edu/users/rconley/conferencepapers/Pfiffner.PDF (26.01.2011).
Pfiffner, James P. (2008): „Constraining Executive Power: George W. Bush and the Constitution", *Presidential Studies Quarterly*, 38 (1), 123–144.
Pierson, Paul/Skocpol, Theda (2002): „Historical Institutionalism in Contemporary Political Science", in: Katznelson, Ira/Milner, Helen V. (Hrsg.): *Political Science. The State of the Discipline*, New York/London: W. W. Norton, 693–721.

Ploch, Lauren (2010): *Africa Command: U.S. Strategic Interests and the Role of the U.S. Military in Africa*, CRS Report for Congress RL 34003, Washington, D.C.: Congressional Research Service.

Polsby, Nelson W. (2004): *How Congress Evolves. Social Bases of Institutional Change*, Oxford/New York: Oxford UP.

Posen, Barry R. (2003): „Command of the Commons: The Military Foundations of U.S. Hegemony", *International Security*, 28 (1), 5–46.

Preston, Thomas (2001): *The President and His Inner Circle. Leadership Style and the Advisory Process in Foreign Affairs*, New York: Columbia UP.

Prestowitz, Clyde (2005): „Europe, America, and the New Globalization", in: Serfaty, Simon (Hrsg.): *Visions of the Atlantic Alliance. The United States, the European Union, and NATO*, Washington, D.C.: Center for Strategic and International Studies, 115–130.

Priest, Dana (2000): „A Four-Star Foreign Policy? U.S. Commanders Wield Rising Clout, Autonomy", *Washington Post*, 28.09.

Priest, Dana (2003): *The Mission. Waging War and Keeping Peace with America's Military*, New York: W. W. Norton.

Ragin, Charles C. (2004): „Turning the Tables: How Case-Oriented Research Challenges Variable-Oriented Research", in: Brady, Henry E./Collier, David (Hrsg): *Rethinking Social Inquiry. Diverse Tools, Shared Standards*, Lanham, MD: Rowman & Littlefield, 123–138.

Read, Melvyn/Marsh, David (2002): „Combining Quantitative and Qualitative Methods", in: Marsh, David/Stoker, Gerry (Hrsg.): *Theory and Methods in Political Science*, 2. Aufl., Basingstoke: Palgrave Macmillan, 231–248.

Regan, Tom (2005): „Pentagon Accused of Spying on Americans", *Christian Science Monitor*, 16.12.

Relyea, Harold C. (2007): *Presidential Directives: Background and Overview*, CRS Report for Congress 98-611 GOV, Washington, D.C.: Congressional Research Service.

Richardson, Louise (2006): *What Terrorists Want. Understanding the Terrorist Threat*, London: John Murray.

Ricks, Thomas E. (2002): „Briefing Depicted Saudis as Enemies. Ultimatum Urged to Pentagon Board", *Washington Post*, 06.08.

Risen, James (2006): *State of War. The Secret History of the CIA and the Bush Administration*, New York: Free Press.

Risen, James/Lichtblau, Eric (2005): „Bush Lets U.S. Spy on Callers Without Courts", *New York Times*, 16.12.

Rosa, Hartmut (2005): *Beschleunigung. Die Veränderung der Zeitstrukturen in der Moderne*, Frankfurt a. M.: Suhrkamp.

Rosati, Jerel A. (1995): „A Cognitive Approach to the Study of Foreign Policy", in: Neack, Laura/Hey, Jeanne A. K./Haney, Patrick J. (Hrsg.): *Foreign Policy Analysis. Continuity and Change in Its Second Generation*, Englewood Cliffs, NJ: Prentice Hall, 49–70.

Rosati, Jerel A. (2001): „The Power of Human Cognition in the Study of World Politics", *International Studies Review*, 2 (3), 45–75.

Rosati, Jerel A./Scott, James M. (2010): *The Politics of United States Foreign Policy*, 5. Aufl., Boston, MA: Wadsworth.

Rosen, Jeffrey (2006): „Power of One. Bush's Leviathan State", *The New Republic*, 24.07, 8–10.

Rosenau, James N. (1966): „Pre-theories and Theories of Foreign Policy", in: Farrell, R. Barry (Hrsg.): *Approaches to Comparative and International Politics*, Evanston, IL: Northwestern UP, 27–92.

Rosenberger, Sieglinde Katharina (2005): „Wie die USA über Europa politisch sprechen", in: Öhner, Vrääth/Pribersky, Andreas/Schmale, Wolfgang/Uhl, Heidemarie (Hrsg.): *Europa-Bilder*, Innsbruck u. a.: Studien-Verlag, 189–204.

Rothkopf, David J. (2004): *Running the World. The Inside Story of the National Security Council and the Architects of American Power*, New York: Public Affairs.
Rothstein, Bo (1996): „Political Institutions: An Overview“, in: Goodin, Robert E./Klingemann, Hans-Dieter (Hrsg.): *A New Handbook of Political Science*, Oxford: Oxford UP, 133–166.
Rozell, Mark J. (2002): „Executive Privilege Revived? Secrecy and Conflict During the Bush Presidency“, *Duke Law Journal*, 52 (2), 403–416.
Rudalevige, Andrew (2009): „The Imperial Presidency vs. the Hill“, in: Thurber, James A. (Hrsg.): *Rivals for Power. Presidential-Congressional Relations*, Lanham, MD: Rowman & Littlefield, 187–208.
Rudolf, Peter/Wilzewski, Jürgen (1994): „Weltpolitik als Weltordnungspolitik? Amerikanische Außenpolitik zwischen Prinzip und Pragmatismus“, in: Dembinski, Matthias/Rudolf, Peter/Wilzewski, Jürgen (Hrsg.): *Amerikanische Weltpolitik nach dem Ost-West-Konflikt*, Baden-Baden: Nomos, 431–442.
Ruf, Werner (1973): *Bilder in der internationalen Politik*, Saarbrücken: Verlag der SSIP-Schriften.
Rühl, Lothar (2010): „Amerikanische Außenpolitik – Strategische Herausforderungen durch Krisen und Konflikte“, *Politische Studien*, 61 (1), 51–57.
Rumsfeld, Donald H. (2002): „Transforming the Military“, *Foreign Affairs*, 81 (3), 20–32.
Sabatier, Paul (1993): „Advocay-Koalitionen, Policy-Wandel und Policy-Lernen: Eine Alternative zur Phasenheuristik“, in: Héritier, Adrienne (Hrsg.): *Policy-Analyse. Kritik und Neuorientierung*, PVS-Sonderheft 24/1993, Opladen: Westdeutscher Verlag, 116–148.
Safire, William (1988): „The European Pillar“, *New York Times*, 07.04.
Salacuse, Jeswald W. (1998): „The Top Ten Ways Culture Affects Negotiating Style. Some Survey Results“, *Negotiation Journal*, 14 (3), 221–240.
Sappenfield, Mark (2006): „At Pentagon, a Delicate Civilian-Military Balance“, *Christian Science Monitor*, 20.04.
Savage, Charlie (2007): *Takeover. The Return of the Imperial Presidency and the Subversion of American Democracy*, New York: Little, Brown & Co.
Schafer, Mark/Crichlow, Scott (2010): *Groupthink Versus High-Quality Decision Making in International Relations*, New York: Columbia UP.
Scharpf, Fritz W. (2000): *Interaktionsformen. Akteurzentrierter Institutionalismus in der Politikforschung*, Opladen: Leske + Budrich.
Schickler, Eric (2002): „Congress“, in: Peele, Gillian/Bailey, Christopher S./Cain, Bruce/Peters, B. Guy (Hrsg.): *Developments in American Politics 4*, Basingstoke: Palgrave Macmillan, 97–114.
Schlesinger, Arthur M. jr. (1973): *The Imperial Presidency*, Boston: Houghton Mifflin.
Schlesinger, Arthur M. jr. (2004): *War and the American Presidency*, New York/London: W. W. Norton.
Schneider, Heinrich (1977): *Leitbilder der Europapolitik. Band 1: Der Weg zur Integration*, Bonn: Europa Union Verlag.
Schreyer, Söhnke (2006): „Imperial Presidency Redux? Die institutionelle Machtbalance zwischen Terrorbekämpfung und Präventivkrieg“, in: Hils, Jochen/Wilzewski, Jürgen (Hrsg.): *Defekte Demokratie – Crusader State? Die Weltpolitik der USA in der Ära Bush*, Trier: Wissenschaftlicher Verlag Trier, 111–139.
Schultz, Tammy S. (2010): „Bipartisanhsip Has a Place. It's Not the Pentagon“, *Washington Post*, 03.10.
Schulzinger, Robert D. (2010): „American Presidents and Their Negotiators, 1776–2009“, in: Solomon, Richard H./Quinney, Nigel (Hrsg.): *American Negotiating Behavior. Wheeler-Dealers, Legal Eagles, Bullies, and Preachers*, Washington, D.C.: United States Institute of Peace, 159–186.
Schwabe, Klaus (2000): „Europabilder der Weltmacht Amerika“, in: Aretin, Karl Ottmar (Hrsg): *Europa und Europabilder*, Heidelberg: Universitätsverlag C. Winter, 59–73.

Schwarz, Jürgen (2000): „Grundzüge und aktuelle Entwicklungen der US-Außenpolitik", *Politische Studien*, Sonderheft 4/2000 (51. Jg., Oktober 2000), 58–72.
Schwarz, Klaus-Dieter (1992): „Die USA im Übergang zur postkonfrontativen Weltordnung", in: Heydrich, Wolfgang/Krause, Joachim/Nerlich, Uwe/Nötzold, Jürgen/Rummel, Reinhardt (Hrsg.): *Sicherheitspolitik Deutschlands: Neue Konstellationen, Risiken, Instrumente*, Baden-Baden: Nomos, 87–107.
Schwarz, Klaus-Dieter (1999): *Weltmacht USA. Zum Verhältnis von Macht und Strategie nach dem Kalten Krieg*, Baden-Baden: Nomos.
Schweller, Randall L. (1999): „Realism and the Present Great Power System: Growth and Positional Conflict Over Scarce Resources", in: Kapstein, Ethan B./Mastanduno, Michael (Hrsg.): *Unipolar Politics. Realism and State Strategies After the Cold War*, New York: Columbia UP, 28–68.
Scott Tyson, Ann (2008): „Gates Warns of Militarized Policy", *Washington Post*, 16.07.
Scott Tyson, Ann/Priest, Dana (2005): „Pentagon Seeking Leeway Overseas", *Washington Post*, 24.02.
Serfaty, Simon (1997): *Stay the Course. European Unity and Atlantic Solidarity*, Westport, CT/London: Praeger.
Serfaty, Simon (2004): „Anti-Europeanism in America and Anti-Americanism in Europe", in: Balis, Christina V./Serfaty, Simon (Hrsg.): *Visions of America and Europe. September 11, Iraq, and Transatlantic Relations*, Washington, D.C.: CSIS Press, 3–20.
Serfaty, Simon (2005a): *The Vital Partnership. Power and Order*, Lanham, MD: Rowman & Littlefield.
Serfaty, Simon (Hrsg.) (2005b): *Visions of the Atlantic Alliance. The United States, the European Union, and NATO*, Washington, D.C.: Center for Strategic and International Studies.
Shane, Scott (2005): „Since 2001, Sharp Increase in the Number of Documents Classified by the Government", *New York Times*, 03.07.
Shane, Scott/Mazzetti, Mark/Worth, Robert F. (2010): „Secret Assault on Terrorism Widens on Two Continents", *New York Times*, 14.08.
Shanker, Thom (2007): „Gates Halts Cut in Army Force in Europe", *New York Times*, 21.11.
Shanker, Thom/Drew, Christopher (2010): „Pentagon Faces Growing Pressures to Trim Budget", *New York Times*, 22.07.
Shapiro, Jeremy/Witney, Nick (2009): *Towards a Post-American Europe: A Power Audit of EU-US Relations*, London: European Council on Foreign Relations, http://ecfr.3cdn.net/05b80f1a80154dfc64_xlm6bgxc2.pdf (12.01.2011).
Shapiro, Robert Y./Kumar, Martha Joynt/Jacobs, Lawrence R. (Hrsg.) (2000): *Presidential Power. Forging the Presidency for the Twenty-First Century*, New York: Columbia UP.
Shell, Kurt L. (2004): „Kongress und Präsident", in: Lösche, Peter/von Loeffelholz, Hans Dietrich (Hrsg.): *Länderbericht USA*, 4. Aufl., Bonn: Bundeszentrale für politische Bildung, 202–245.
Shull, Steven A. (1991) (Hrsg.): *The Two Presidencies. A Quarter-Century Assessment*, Cicago, IL: Nelson-Hall.
Silverstein, Gordon (1997): *Imbalance of Powers. Constitutional Interpretation and the Making of American Foreign Policy*, New York/Oxford: Oxford UP.
Simendinger, Alexis (2004): „Power Plays", *National Journal*, 36 (16), 1166–1172.
Simon, Herbert A. (1956): „Rational Choice and the Structure of the Environment", *Psychological Review*, 63 (2), 129–138.
Simon, Herbert A. (1973): „Applying Information Technology to Organizational Design", *Public Administration Review*, 33 (3), 268–278.
Simon, Herbert A. (1985): „Human Nature in Politics: The Dialogue of Psychology with Political Science", *American Political Science Review*, 79 (2), 293–304.
Singer, David (1961): „The Level-of-Analysis Problem in International Relations", *World Politics*, 14 (1), 77–92.

Smith, Michael (2009): „Perceptions, Misperceptions, and Transatlantic Relations. Past, Present, and Future(s)“, in: Fernández Sola, Natividad/Smith, Michael (Hrsg.): *Perceptions and Policy in Transatlantic Relations. Prospective Visions from the US and Europe*, London/New York: Routledge, 59–76.

Smith, Steven S. (2010): *Partisanship and Procedural Battles in the U.S. Senate, 1960–2010*, St. Louis, WA: Weidenbaum Center on the Economy, Government, and Public Policy, http://wc.wustl.edu/files/wc/Partisanship_and_Procedural_Battles-media_version-2.pdf (18.01.2011).

Snow, Donald M./Brown, Eugene (2000): *Beyond the Water's Edge. An Introduction to U.S. Foreign Policy*, 2. Aufl., Belmont, CA: Wadsworth.

Snyder, Glenn (1997): *Alliance Politics*, Ithaca, NY/London: Cornell UP.

Snyder, Richard C./Bruck, H. W./Sapin, Burton (2002 [1954]): „Decision-Making as an Approach to the Study of International Politics“, in: dies. (Hrsg.): *Foreign Policy Decision-Making (Revisited)*, New York: Free Press, 14–185.

Solomon, Richard H./Quinney, Nigel (2010): „A Potrait of the American Negotiator“, in: dies. (Hrsg.): *American Negotiating Behavior. Wheeler-Dealers, Legal Eagles, Bullies, and Preachers*, Washington, D.C.: United States Institute of Peace, 19–157.

Sperling, James (2009): „Report on American Perceptions of the EU“, in: Forum per i problemi della pace e della guerra/GARNET (Hrsg.): *Research Project The External Image of the European Union (Phase Two)*, http://www.garnet-eu.org/fileadmin/documents/working_papers/6209.pdf (15.07.2010).

Sperling, James (2010): „American Perceptions of the EU“, in: Lucarelli, Sonia/Fioramonti, Lorenzo (Hrsg.): *External Perceptions of the European Union as a Global Actor*, London/New York: Routledge, 13–31.

Sprout, Harold/Sprout, Margret (1956): *Man-Milieu Relationship Hypotheses in the Context of International Politics*, Princeton, NJ: Center of International Studies.

Sprout, Harold/Sprout, Margret (1965): *The Ecological Perspective on Human Affairs. With Special Reference to International Politics*, Princeton, NJ: Princeton UP.

Stanley, Harold W./Niemi, Richard G. (2003): *Vital Statistics on American Politics 2003–2004*, Washington, D.C.: CQ Press.

Steel, Ronald (1982): „Ending the American Protectorate in Europe“, *Harper's*, Nr. 1586, 10–14.

Steffani, Winfried (1979): *Parlamentarische und präsidentielle Demokratie. Strukturelle Aspekte westlicher Demokratien*, Opladen: Westdeutscher Verlag.

Stein, Janice Gross (2008): „Foreign Policy Decision-Making: Rational, Psychological, and Neurological Models“, in: Smith, Steve/Hadfield, Amelia/Dunne, Tim (Hrsg.): *Foreign Policy. Theories, Actors, Cases*, Oxford: Oxford UP, 101–116.

Stockton, Paul N. (1995): „Beyond Micromanagement: Congressional Budgeting for a Post-Cold War Military“, *Political Science Quarterly*, 110 (2), 233–259.

Stout, David/Pear, Robert (2008): „Bush Seeks Budget of $3.1 Trillion“, *New York Times*, 04.02.

Straubhaar, Thomas (1989): „Amerikas ‚Neue Grenze‘. Entfernen sich die USA wirtschaftlich von Europa?“, *Schweizer Monatshefte*, 69 (2), 135–142.

Stuart, Douglas T. (2008): „Foreign-Policy Decision-Making“, in: Reus-Smit, Christian/Snidal, Duncan (Hrsg.): *The Oxford Handbook of International Relations*, Oxford: Oxford UP, 576–593.

Sullivan, John L./Shaw, L. Earl/McAvoy, Gregory E./Barnum, David G. (1993): „The Dimensions of Cue-Taking in the House of Representatives: Variation by Issue Area“, *The Journal of Politics*, 55 (4), 975–997.

Sundquist, James L. (1981): *The Decline and Resurgence of Congress*, Washington, D.C.: Brookings Institution Press.

T'Hart, Paul (1990): *Groupthink in Government: A Study of Small Groups and Policy Failure*, Baltimore, MD: Johns Hopkins UP.

Talbott, Strobe (2004): „Globalization and Diplomacy: The View From Foggy Bottom", in: Wittkopf, Eugene R./McCormick, James M. (Hrsg.): *The Domestic Sources of American Foreign Policy. Insights and Evidence*, Lanham, MD: Rowman & Littlefield, 197–206.

Taylor, Shelley E. (1981): „The Interface of Cognitive and Social Psychology", in: Harvey, John H. (Hrsg.): *Cognition, Social Behavior, and the Environment*, Hillsdale, NJ: Erlbaum, 189–211.

Taylor, Shelley E./Fiske, Susan (1978): „Salience, Attention, and Attribution: Top-of-the-Head Phenomena", in: Berkowitz, Leonard (Hrsg.): *Advances in Experimental Social Psychology: Vol. 11*, New York: Academic Press, 249–288.

Tenpas, Kathryn Dunn (2006): *The Veto-Free Presidency: George W. Bush (2001-Present)*, Issues in Governance Studies No. 4, Washington, D.C.: Brookings Institution.

Tetlock, Philip E. (1998): „Social Psychology and World Politics", in: Gilbert, Daniel T./Fiske, Susan T./ Lindzey, Gardner (Hrsg.): *The Handbook of Social Psychology*, 4. Aufl., Boston, MA: McGraw-Hill, 868–912.

Thrall, A. Trevor/Cramer, Jane K. (2009): *American Foreign Policy and the Politics of Fear. Threat Inflation since 9/11*, London/New York: Routledge.

Thunert, Martin (2008): „Was war mit Amerika los? Die politische Landschaft der USA in der Ära George W. Bush", *Amerikastudien/American Studies*, 53 (3), 325–353.

Thurber, James A. (Hrsg.) (2009): *Rivals for Power. Presidential-Congressional Relations*, Lanham, MD u. a.: Rowman & Littlefield.

Trubowitz, Peter (1998): *Defining the National Interest. Conflict and Change in American Foreign Policy*, Chicago, IL/London: The University of Chicago Press.

Trubowitz, Peter (2008): „Regional Shifts and US Foreign Policy", in: Cox, Michael/Stokes, Doug (Hrsg.): *US Foreign Policy*, Oxford/New York: Oxford UP, 145–162.

Trubowitz, Peter/Mellow, Nicole (2005): „‚Going Bipartisan': Politics by Other Means", *Political Science Quarterly*, 120 (3), 433–453.

Van Evera, Stephen (1990): „Why Europe Matters, Why the Third World Doesn't: American Grand Strategy After the Cold War", *Journal of Strategic Studies*, 13 (2), 1–51.

Van Evera, Stephen (2008): „A Farewell to Geopolitics", in: Leffler, Melvin P./Legro, Jeffrey W. (Hrsg.): *To Lead the World. American Strategy After the Bush Doctrine*, Oxford: Oxford UP, 11–35.

Vertzberger, Yaacov Y. I. (1990): *The World in Their Minds. Information Processing, Cognition, and Perception in Foreign Policy Decisionmaking*, Stanford, CA: Stanford UP.

Voss, James F./Dorsey, Ellen (1992): „Perception and International Relations: An Overview", in: Singer, Eric/Hudson, Valerie (Hrsg.): *Political Psychology and Foreign Policy*, Boulder, CO u. a.: Westview Press, 3–30.

Walker, Stephen G. (1979): „National Role Conceptions and Systemic Outcomes", in: Falkowski, Lawrence S. (Hrsg): *Psychological Models in International Politics*, Boulder, CO: Westview Press, 169–210.

Walker, Stephen G. (1987) (Hrsg.): *Role Theory and Foreign Policy Analysis*, Durham, NC: Duke UP.

Walker, Stephen G. (2003): „Operational Code Analysis as a Scientific Research Program", in: Elman, Colin/Elman, Miriam Fendus (Hrsg.): *Progress in International Relations Theory. Appraising the Field*, Cambridge, MA/London: MIT Press, 245–276.

Wall Street Journal (2002): „Unmighty Europe", 05. 02.

Wallace, William (2001): „Europe, the Necessary Partner", *Foreign Affairs*, 80 (3), 22–23.

Walt, Stephen M. (1989): „Alliances in Theory and Practice: What Lies Ahead?", *Journal of International Affairs*, 43 (1), 1–18.

Walt, Stephen M. (1990): *The Origins of Alliances*, Ithaca, NY: Cornell UP.

Walt, Stephen M. (1998): „The Ties that Fray: Why Europe and America are Drifting Apart“, *The National Interest*, Winter 1998/99, 3–11.

Walt, Stephen M. (2002): „Keeping the World ‚Off-Balance‘: Self-Restraint and U.S. Foreign Policy“, in: Ikenberry, G. John (Hrsg.): *America Unrivaled. The Future of the Balance of Power*, Ithaca, NY/London: Cornell UP, 121–154.

Waltz, Kenneth N. (1979): *Theory of International Politics*, Boston, MA u. a.: McGraw Hill.

Waltz, Kenneth N. (1993): „The Emerging Structure of International Politics“, *International Security*, 18 (2), 44–79.

Waltz, Kenneth N. (2001 [1954]): *Man, the State, and War. A Theoretical Analysis*, New York: Columbia UP.

Waterman, Richard W. (2009): „The Administrative Presidency, Unilateral Power, and the Unitary Executive Theory“, *Presidential Studies Quarterly*, 39 (1), 5–10.

Weiner, Tim (2008): *Legacy of Ashes. The History of the CIA*, New York: Anchor Books.

Weisbrode, Kenneth (2009): *The Atlantic Century. Four Generations of Extraordinary Diplomats Who Forged America's Vital Alliance with Europe*, Cambridge, MA: Da Capo Press.

Weisman, Jonathan (2007): „Unrelated Items Part of Iraq Bills Since War Began“, *Washington Post*, 04.04.

Welz, Wolfgang (2007): „Die bundesstaatliche Struktur“, in: Jäger, Wolfgang/Haas, Christoph M./Welz, Wolfgang (Hrsg): *Regierungssystem der USA. Lehr- und Handbuch*, 3. Aufl., München/Wien: Oldenbourg, 69–98.

Wessels, Wolfgang (1995): „Die Europäische Union als Ordnungsfaktor“, in: Kaiser, Karl/Schwarz, Hans-Peter (Hrsg.): *Die neue Weltpolitik,* Bonn: Bundeszentrale für Politische Bildung, 486–496.

Wessels, Wolfgang (2008): *Das politische System der Europäischen Union*, Wiesbaden: VS Verlag für Sozialwissenschaften.

Westcott, Kathryn (2003): „The Perfect Holiday for a President“, *BBC News Online*, 08.08.

Whittaker, Alan G./Smith, Frederick C./McKune, Elizabeth (2010): *The National Security Process: The National Security Council and Interagency System*, Washington, D.C.: National Defense University, http://www.ndu.edu/icaf/outreach/publications/nspp/docs/icaf-nsc-policy-process-report-10-2010.pdf (17.01.2011).

Wildavsky, Aron (1969): „The Two Presidencies“, in: Wildavsky, Aron (Hrsg.): *The Presidency*, Boston, MA: Little, Brown & Co., 230–243.

Williams, Phil (1995): „Foreign Policy“, in: Peele, Gillian/Bailey, Christopher J./Cain, Bruce/Peters, B. Guy (Hrsg.): *Developments in American Politics 2*, Chatham, NJ: Chatham House Publishers, 289–310.

Wilzewski, Jürgen (1994): „Passivität, Mitsprache oder Dominanz? Der Kongreß und die imperiale Präsidentschaft nach 1945“, in: Dembinski, Matthias/Rudolf, Peter/Wilzewski, Jürgen (Hrsg.): *Amerikanische Weltpolitik nach dem Ost-West-Konflikt*, Baden-Baden: Nomos, 69–96.

Wilzewski, Jürgen (2000): „Demokratie und Außenpolitik: Friktionen zwischen Präsident und Kongress“, in: Rudolf, Peter/Wilzewski, Jürgen (Hrsg.): *Weltmacht ohne Gegner. Amerikanische Außenpolitik zu Beginn des 21. Jahrhunderts*, Baden-Baden: Nomos, 38–61.

Wilzewski, Jürgen (2010): „Testing the Constitutional System? Die Bush-Doktrin und die Rückkehr der imperialen Präsidentschaft“, in: Schreyer, Söhnke/Wilzewski, Jürgen (Hrsg.): *Weltmacht in der Krise. Die USA am Ende der Ära George W. Bush*, Trier: Wissenschaftlicher Verlag Trier, 49–74.

Wittkopf, Eugene R./Kegley, Charles W./Scott, James M. (2003): *American Foreign Policy. Pattern and Process*, 6. Aufl., Belmont, CA: Wadsworth.

Wlezien, Christopher (2005): „On the Salience of Political Issues: The Problem With ‚Most Important Problem‘“, *Electoral Studies*, 24 (4), 555–579.

Wohlforth, William (1999): „The Stability of a Unipolar World“, *International Security*, 24 (1), 5–41.

Wohlstetter, Roberta (1962): *Pearl Harbor. Warning and Decision*, Stanford, CA: Stanford UP.
Wolf, Klaus Dieter (2000): *Die Neue Staatsräson – Zwischenstaatliche Kooperation als Demokratieproblem in der Weltgesellschaft*, Baden-Baden: Nomos.
Wolfers, Arnold (1962): *Discord and Collaboration. Essays on International Politics*, Baltimore, MD: Johns Hopkins UP.
Woodward, Bob (2002): *Bush at War*, New York u. a.: Simon & Schuster.
Woodward, Bob (2004): *Plan of Attack*, New York u. a.: Simon & Schuster.
Woodward, Bob (2006): *State of Denial. Bush at War, Part III*, New York u. a.: Simon & Schuster.
Young, Michael D./Schafer, Mark (1998): „Is There Method in Our Madness? Ways of Assessing Cognition in International Relations“, *Mershon International Studies Review*, 42 (1), 63–96.
Zegart, Amy B. (1999): *Flawed by Design. The Evolution of the CIA, JCS, and the NSC*, Stanford, CA: Stanford UP.
Zelikow, Philip/Rice, Condoleezza (1997): *Germany Unified and Europe Transformed. A Study in Statecraft*, Cambridge, MA/London: Harvard UP.
Zelizer, Juilan E. (2010): „Five Myths About George W. Bush“, *Washington Post*, 07.11.

Quellenverzeichnis

Albright, Madeleine (1997a): *Prepared Statement Before the Senate Foreign Relations Committee (Confirmation Hearing)*, 08. 01., http://1997-2001.state.gov/www/statements/970108a.html (02. 02. 2011).

Albright, Madeleine (1997b): *Press Conference at the Department of State*, 24. 01., http://1997-2001.state.gov/www/statements/970124.html (02. 02. 2011).

Albright, Madeleine (1997c): *Press Briefing en route from Andrews Air Force Base, Maryland to Rome, Italy*, 15. 02., http://1997-2001.state.gov/www/statements/970215.html (02. 02. 2011).

Albright, Madeleine (1997d): *Prepared Statement Before the North Atlantic Council, NATO Headquarters, Brussels*, 18. 02., http://1997-2001.state.gov/www/statements/970218.html (02. 02. 2011).

Albright, Madeleine (1998): „The Right Balance Will Secure NATO's Future", *Financial Times*, 07. 12.

Albright, Madeleine (2000a): *Testimony Before the House Appropriations Committee, Subcommittee on Foreign Operations, Export Financing and Related Programs*, 15. 03., http://secretary.state.gov/www/statements/2000/000315.html (13. 03. 2011).

Albright, Madeleine (2000b): *Press Briefing*, 20. 12., http://secretary.state.gov/www/statements/2000/001220.html (03. 02. 2011).

Albright, Madeleine (2000c): *Intervention at North Atlantic Council Ministerial, Brussels*, 14. 12., http://1997-2001.state.gov/www/statements/2000/001214.html (28. 01. 2011).

Albright, Madeleine (2000d): *Remarks at Aspen European Dialogue, Venice*, 18. 03., http://secretary.state.gov/www/statements/2000/000318.html (02. 02. 2011).

Albright, Madeleine (2003): *Madame Secretary. Die Autobiographie*, München: C. Bertelsmann.

American Forces Information Service (2004): *Defense Details Global Posture Realignment Process*, 23. 06., http://osd.dtic.mil/news/Jun2004/n06232004_2004962302.html (Zugriff 14. 01. 2011).

Aspin, Les (1993): *Address Delivered at the Dedication of the George C. Marshall Center for Security Studies, Garmisch*, 05. 06., abgedruckt in: Barry, Charles L. (Hrsg.): The Search for Peace in Europe. Perspectives from NATO and Eastern Europe, Fort Lesley J. McNair: National Defense UP, 325–330.

Baker, James (1989): *A New Europe, a New Atlanticism: Architecture for a New Era*, Rede in Berlin, 12. 12., abgedruckt in: New York Times, „Upheaval in the East", 13. 12.

Baker, James (1990a): *Prepared Address at Charles University, Prague*, 07. 02., abgedruckt in: U.S. Department of State Dispatch, 1 (1), 03. 09., http://dosfan.lib.uic.edu/ERC/briefing/dispatch/1990/html/Dispatchv1no01.html (22. 02. 2011).

Baker, James (1990b): *Prepared Statement Before the Senate Foreign Relations Committee*, 01. 02., abgedruckt in: U.S. Department of State Dispatch, 1 (1), 03. 09., http://dosfan.lib.uic.edu/ERC/briefing/1990/html/Dispatchv1no01.html (22. 02. 2011).

Baker, James (1991): *The Euro-Atlantic Architecture: From West to East*, Rede in Berlin, 18. 06., abgedruckt in: Foreign Policy Bulletin, 2 (1), 61–65.

Biden, Joseph (2009): *Rede auf der 45. Münchner Sicherheitskonferenz*, 07. 02., http://www.securityconference.de/archive/konferenzen/rede.php?menu_2009=&menu_konferenzen=&sprache=de&id=238& (21. 02. 2011).

Biden, Joseph (2010): *Remarks by Vice President Biden to the European Parliament*, 06. 05., http://www.whitehouse.gov/the-press-office/remarks-vice-president-biden-european-parliament (21. 02. 2011).

Brzezinski, Ian (2002): *Statement, House Committee on International Relations, Subcommittee on Europe*, 19.06., http://www.globalsecurity.org/military/library/congress/2002_hr/brze0619.htm (Zugriff 10.02.2011).

Brzezinski, Ian (2003): *Statement, House Committee on International Relations, Subcommittee on Europe*, 29.04., http://www.globalsecurity.org/military/library/congress/2003_hr/brze0429.htm (Zugriff 10.02.2011).

Burns, R. Nicholas (2007a): *Challenges and Opportunities Facing the Transatlantic Community. Center for European Policy Studies, Brussels*, http://2001-2009.state.gov/p/us/rm/2007/81231.htm (24.09.2011).

Burns, R. Nicholas (2007b): *U.S.-European Alliance. Remarks to the Atlantic Council*, 21.02., http://2001-2009.state.gov/p/us/rm/2007/81231.htm (24.09.2011).

Burns, R. Nicholas (2008): *Interview With Stefan Kornelius, Süddeutsche Zeitung, Washington, D.C.*, 30.01., http://2001-2009.state.gov/p/us/rm/2008/100672.htm (24.09.2010).

Bush, George H.W. (1989): *A Europe Whole and Free. Remarks to the Citizens of Mainz*, 31.05., http://usa.usembassy.de/etexts/ga6-890531.htm (09.11.2010).

Bush, George H.W. (1990a): *Address Before a Joint Session of Congress on the State of the Union*, 31.01., http://bushlibrary.tamu.edu/research/public_papers.php?id=1492&year=1990&month=1 (21.02.2011).

Bush, George H.W. (1990b): *Remarks at the Oklahoma State University Commencement Ceremony in Stillwater*, 04.05., http://bushlibrary.tamu.edu/research/public_papers.php?id=1853&year=&month= (21.02.2011).

Bush, George H.W. (1990c): *Remarks to the Federal Assembly in Prague*, 17.11., http://bushlibrary.tamu.edu/research/public_papers.php?id=2461&year=1990&month=11 (17.02.2011).

Bush, George H.W. (1990d): *Remarks to the Conference on Security and Cooperation in Europe, Paris*, 19.11., http://bushlibrary.tamu.edu/research/public_papers.php?id=2471&year=1990&month=all (17.02.2011).

Bush, George H.W. (1990e): *Remarks Following Discussions With Charles Haughey, Prime Minister of Ireland and President of the European Council*, 27.02., http://bushlibrary.tamu.edu/research/public_papers.php?id=1592&year=1990&month=all (17.02.2011).

Bush, George H.W. (1990f): *Remarks in Prague, Czechoslovakia, at a Ceremony Commemorating the End of Communist Rule*, 17.11., http://bushlibrary.tamu.edu/research/public_papers.php?id=2463&year=1990&month=11 (17.02.2011).

Bush, George H.W. (1990g): *Remarks and a Question-and-Answer Session With Reporters in Paris*, 21.11., http://bushlibrary.tamu.edu/research/public_papers.php?id=2476&year=1990&month=all (17.02.2011).

Bush, George H.W. (1991a): *Address Before a Joint Session of Congress on the State of the Union*, 29.01., http://bushlibrary.tamu.edu/research/public_papers.php?id=2656&year=1991&month=01 (21.02.2011).

Bush, George H.W. (1991b): *Statement on the European Community Summit*, http://bushlibrary.tamu.edu/research/public_papers.php?id=3733&year=&month= (21.02.2011).

Bush, George H.W./Scowcroft, Brent (1998): *A World Transformed*, New York: Alfred A. Knopf.

Bush, George W. (2001a): *Remarks by the President at Opening of NATO Meeting*, 13.06., http://georgewbush-whitehouse.archives.gov/news/releases/2001/06/20010613.html (21.02.2011).

Bush, George W. (2001b): *Remarks by the President in Address to Faculty and Students of Warsaw University*, 15.06., http://georgewbush-whitehouse.archives.gov/news/releases/2001/06/20010615-1.html (21.02.2011).

Bush, George W. (2002a): *Remarks by the President to a Special Session of the German Bundestag*, 23.05., http://georgewbush-whitehouse.archives.gov/news/releases/2002/05/20020523-2.html (21.02.2011).
Bush, George W. (2002b): *President Bush Previews Historic NATO Summit in Prague Speech. Remarks by the President to Prague Atlantic Student Summit*, 20.11., http://georgewbush-whitehouse.archives.gov/news/releases/2002/11/20021120-4.html (21.02.2011).
Bush, George W. (2002c): *Alliance of Freedom Being Tested by „New and Terrible Dangers". Remarks by the President to the Citizens of Vilnius*, 23.11., http://georgewbush-whitehouse.archives.gov/news/releases/2002/11/20021123-5.html (21.02.2011).
Bush, George W. (2005a): *President and German Chancellor Schröder Exchange Toasts, Mainz*, 23.05., http://georgewbush-whitehouse.archives.gov/news/releases/2005/02/20050223-7.html (21.02.2011).
Bush, George W. (2005b): *President Discusses American and European Alliance in Belgium*, 21.02., http://georgewbush-whitehouse.archives.gov/news/releases/2005/02/20050221.html (21.02.2011).
Bush, George W. (2005c): *President's Radio Address*, 19.02., http://georgewbush-whitehouse.archives.gov/news/releases/2005/02/20050219.html (21.02.2011).
Bush, George W. (2005d): *President Meets with EU Leaders*, 22.02., http://georgewbush-whitehouse.archives.gov/news/releases/2005/02/20050222-8.html (21.02.2011).
Bush, George W. (2006): *President Delivers Commencement Address at the United States Military Academy in West Point*, 27.05., http://georgewbush-whitehouse.archives.gov/news/releases/2006/05/20060527-1.html (21.02.2011).
Bush, George W. (2007): *President Bush Participates in Joint Statement with President Klaus and Prime Minister Topolanek of the Czech Republic, Prague*, 05.06., http://georgewbush-whitehouse.archives.gov/news/releases/2007/06/print/20070605-3.html (17.02.2011).
Bush, George W. (2009): *A Charge Kept. The Record of the Bush Presidency 2001–2009*, http://georgewbush-whitehouse.archives.gov/infocus/bushrecord/documents/charge-kept.pdf (21.02.2011).
Bush, George W. (2010): *Decision Points*, o.O.: Virgin Books.
Center for Transatlantic Relations (2010): *About CTR*, http://transatlantic.sais-jhu.edu/about/ctr.htm (02.03.2010).
Cheney, Richard (2002): *Remarks by the Vice President to the Council on Foreign Relations*, Washington, D.C., 15.02., http://georgewbush-whitehouse.archives.gov/vicepresident/news-speeches/speeches/vp20020215.html (21.02.2011):
Cheney, Richard (2006): *Vice President's Remarks at the 2006 Vilnius Conference*, 04.05., http://georgewbush-whitehouse.archives.gov/news/releases/2006/05/print/20060504-1.html (21.02.2011).
Christopher, Warren (1993a): *Statement at Senate Confirmation Hearing*, 13.01., abgedruckt in: Christopher 1998, 22–34.
Christopher, Warren (1993b): *Statement Before the Subcommittee on Commerce, Justice, State, and the Judiciary, House Appropriations Committee*, 10.03., http://dosfan.lib.uic.edu/ERC/briefing/dossec/1993/9303/930310dossec.html (21.01.2011).
Christopher, Warren (1993c): *America's Pacific Future. Address at the University of Washington, Seattle*, 17.11., abgedruckt in: Christopher 1998, 120–127.
Christopher, Warren (1993d): *Strengthening the Atlantic Alliance Through a Partnership for Peace. Remarks at the North Atlantic Council Ministerial Meeting*, 20.12., abgedruckt in: Christopher 1998, 133–138.
Christopher, Warren (1995a): *Charting a Transatlantic Agenda for the 21st Century. Address at Casa de America, Madrid*, 02.06., abgedruckt in: Christopher 1998, 275–285.
Christopher, Warren (1995b): *Press Availability on European Issues*, 08.12., http://dosfan.lib.uic.edu/ERC/briefing/dossec/1995/9512/951208dossec.html (02.02.2011).

Christopher, Warren (1996a): *A Democratic and Undivided Europe in Our Time. Address at Cernin Oalace, Prague*, 20.03., abgedruckt in: Christopher 1998, 403–411.

Christopher, Warren (1996b): *A New Atlantic Community for the 21st Century. Address at the State Theater, Stuttgart*, 06.09., abgedruckt in: Christopher 1998, 456–466.

Christopher, Warren (1996c): *Year-End Press Conference, Washington, D.C.*, 19.12., http://dosfan.lib.uic.edu/ERC/briefing/dossec/1996/9612/961219dossec.html (02.02.2011).

Christopher, Warren (1998): *In the Stream of History. Shaping Foreign Policy for a New Era*, Stanford, CA: Stanford UP.

Clinton, Bill (1994a): *Remarks by the President in Photo Opportunity with Netherlands Prime Minister Ruud Lubbers*, 04.01., http://clinton6.nara.gov/1994/01/1994-01-04-photo-op-with-netherlands-prime-minister-ruud-lubbers.html (21.02.2011).

Clinton, Bill (1994b): *Remarks by the President to Multinational Audience of Future Leaders of Europe, Brussels*, 09.01., http://clinton6.nara.gov/1994/01/1994-01-09-presidents-speech-to-future-european-leaders.html (21.02.2011).

Clinton, Bill (1994c): *Address Before a Joint Session of Congress on the State of the Union*, 25.01., http://frwebgate.access.gpo.gov/cgi-bin/getdoc.cgi?dbname=1994_public_papers_vol1_text&docid=pap_text-64.pdf (21.02.2011).

Clinton, Bill (1994d): *Radio Address by the President to the Nation*, 15.01., http://clinton6.nara.gov/1994/01/1994-01-15-presidents-radio-address-to-the-nation.html (21.02.2011).

Clinton, Bill (1996): *Remarks by the President to the People of Detroit*, http://clinton6.nara.gov/1996/10/1996-10-22-president-speech-on-foreign-policy-in-detroit-mi.html (21.02.2011).

Clinton, Bill (1997a): *Remarks by President Clinton at NATO/Russia Founding Act Ceremony, Paris*, 27.05., http://clinton6.nara.gov/1997/05/1997-05-27-clinton-and-others-at-nato-russia-founding-act.html (21.02.2011).

Clinton, Bill (1997b): *Remarks by the President at the United States Military Academy Commencement, West Point/NY*, 31.05., http://clinton6.nara.gov/1997/05/1997-05-31-president-at-west-point-graduation.html (21.02.2011).

Clinton, Bill (1998): *Remarks by the President to the People of Germany, Schauspielhaus, Berlin*, 13.05., http://clinton6.nara.gov/1998/05/1998-05-13-remarks-by-the-president-to-the-people-of-germany.html (21.02.2011).

Clinton, Bill (1999a): *Remarks by President Clinton and Secretary General Solana at NATO Commemorative Ceremony*, 23.04., http://clinton6.nara.gov/1999/04/1999-04-23-remarks-by-president-at-nato-commemorative-ceremony.html (21.02.2011).

Clinton, Bill (1999b): *Remarks by the President at Quandt Lecture, Georgetown University*, 08.11., http://clinton6.nara.gov/1999/11/1999-11-08-remarks-of-the-president-at-quandt-lecture.html (21.02.2011).

Clinton, Bill (2000): *Remarks by the President upon Being Granted the Charlemagne Prize 2000, Aachen*, 02.06., http://clinton6.nara.gov/2000/06/2000-06-02-remarks-by-president-on-international-charlemagne-prize.html (21.02.2011).

Clinton, Bill (2001): *Eight Years of Peace, Progress and Prosperity*, http://clinton5.nara.gov/media/pdf/eightyears.pdf (21.02.2011).

Clinton, Bill (2005): *Mein Leben*, aktualisierte und erweiterte Aufl., Hamburg: Ullstein.

Clinton, Hillary Rodham (2009a): *Nomination Hearing to be Secretary of State*, 13.01., http://www.state.gov/secretary/rm/2009a/01/115196.htm (20.01.2011).

Clinton, Hillary Rodham (2009b): *Foreign Policy Priorities in the President's FY2010 International Affairs Budget. Testimony Before the Senate Foreign Relations Committee*, 20.05., http://www.state.gov/secretary/rm/2009a/05/123692.htm (20.01.2011).

Clinton, Hillary Rodham (2010a): *Remarks on the Obama Administration's National Security Strategy, Washington, D.C.*, 27.05., http://www.state.gov/secretary/rm/2010/05/142312.htm (20.01.2011).

Clinton, Hillary Rodham (2010b): *Remarks on the Future of European Security, L'Ecole Militaire, Paris*, 29.01., http://www.state.gov/secretary/rm/2010/01/136273.htm (20.01.2011).

Clinton, Hillary Rodham (2010c): *Remarks on United States Foreign Policy, Washington, D.C.*, 08.09., http://www.state.gov/secretary/rm/2010/09/146917.htm (20.01.2011).

Cohen, William S. (1998): *U.S. Must Remain Active in Post-Cold War Foreign Affairs. Edited Remarks, The Foreign Policy Association, New York City*, 02.04., http://www.defense.gov/speeches/speech.aspx?speechid=685 (22.01.2011).

Cohen, William S. (1999a): *Transatlantic Partnership on the Threshold of the Next Millenium. Remarks to Wehrkunde Conference, Munich*, 06.02., http://www.defense.gov/speeches/speech.aspx?speechid=340 (22.01.2011).

Cohen, William S. (1999b): *Bundeswehr Commanders' Conference. Remarks as Delivered, Hamburg*, 01.12., http://www.defense.gov/speeches/speech.aspx?speechid=560 (22.01.2011).

Cohen, William S. (2000a): *36th Munich Conference on Security Policy. Remarks as Delivered*, 05.02., http://www.defense.gov/speeches/speech.aspx?speechid=523 (22.01.2011).

Cohen, William S. (2000b): *Western European Union's Transatlantic Forum. Remarks as Delivered, Washington, D.C.*, 28.06., http://www.defense.gov/speeches/speech.aspx?speechid=665 (22.01.2011).

Cohen, William S. (2000c): *Informal NATO Defense Ministerial Meeting. Remarks as Prepared for Delivery*, 10.10., http://www.defense.gov/speeches/speech.aspx?speechid=740 (22.01.2011).

Cohen, William S. (2001): *Preserving History's Greatest Alliance. As Printed in The Washington Post*, 08.01., http://www.defense.gov/speeches/speech.aspx?speechid=247 (22.01.2011).

Commission on Review of Overseas Military Facility Structure (2005): *Report, May 2005*, http://www.fas.org/irp/agency/dod/obc.pdf (28.02.2011).

Congressional Budget Office (1987): *Alliance Burdensharing: A Review of the Data*, http://www.cbo.gov/doc.cfm?index=6242&type=0 (08.01.2011).

European Parliament (2001): *Transatlantic Legislators' Dialogue*, http://www.europarl.europa.eu/intcoop/tld/default_en.htm (20.01.2011).

Fata, Dan (2006): *Statement Before the House International Relations Committee, Subcommittee on Europe and Emerging Threats*, 03.05.

Feith, Douglas (2002): *Statement Before Senate Committee on Foreign Relations*, 01.05.

Ford, Jess T. (2002): *Overseas Presence: Observations on a Rightsizing Framework*, Report GAO-02-659T, Washington, D.C.: U.S. Government Accountability Office, http://www.gao.gov/new.items/d02659t.pdf (24.02.2011).

Fried, Daniel (2006): *The U.S.-European Relationship: Opportunities and Challenges. Testimony Before the House International Relations Committee Subcommittee on Europe and Emerging Threats*, 08.03., http://2001-2009.state.gov/p/eur/rls/rm/62740.htm (24.09.2010).

Gates, Robert (2007a): *Munich Conference on Security Policy. As Delivered*, 11.02., http://www.defense.gov/speeches/speech.aspx?speechid=1123 (22.01.2011).

Gates, Robert (2007b): *Conference of European Armies, Heidelberg. As Delivered*, 25.10., http://www.defense.gov/speeches/speech.aspx?speechid=1188 (22.01.2011).

Gates, Robert (2008): *Munich Conference on Security Policy. As Delivered*, 10.02., http://www.defense.gov/speeches/speech.aspx?speechid=1214 (22.01.2011).

Gates, Robert (2010): *NATO Strategic Concept Seminar. Remarks as Delivered, National Defense University, Washington, D.C.*, 23.02., http://www.defense.gov/speeches/speech.aspx?speechid=1423 (22.01.2011).

Gordon, Philip H. (2009): *Strengthening the Transatlantic Alliance: An Overview of the Obama Administration's Policies in Europe*, 16.06., http://www.state.gov/p/eur/rls/rm/2009/124870.htm (13.02.2011).

Gordon, Philip H. (2010a): *The United States and Europe: An Agenda for Engagement. Remarks at the Center for Transatlantic Relations, Washington, D.C.*, 18.10., http://www.state.gov/p/eur/rls/rm/2010/149608.htm (13.02.2011).

Gordon, Philip H. (2010b): *Secretary Clinton's Paris Speech on European Security. Foreign Press Center Briefing*, 01.02., http://fpc.state.gov/136344.htm (13.02.2011).

Gore, Al (1994): *Remarks by the Vice President in Foreign Policy Speech, Milwaukee/WI*, 06.01., http://clinton6.nara.gov/1994/01/1994-01-06-vice-presidents-foreign-policy-speech-in-wisconsin.html (21.02.2011).

Grossman, Marc (1998): *The United States and the European Union: State of Relations as Austria Assumes the EU Presidency, Washington, D.C.*, 01.05., http://www.state.gov/www/policy_remarks/1998/980501_grossman_eu.html (23.10.2010).

Grossman, Marc (1999): *U.S.-European Security Beyond Kosovo. Address at Washington Semester Program, American University, Washington, D.C.*, 15.10., http://www.state.gov/www/policy_remarks/1999/991015_grossman_osce.html (23.10.2010).

Grossman, Marc (2000): *Statement on Congressional Budget Justification for Foreign Operations, Fiscal Year 2001*, 15.03., http://www.state.gov/www/budget/fy2001/fn150/forops_full/150fy01_fo_europe.html (13.03.2011).

Hamilton, Daniel (1994): „USA und Europa: Die neue strategische Gemeinschaft", *Aus Politik und Zeitgeschichte*, 9/94 (März), 13–21.

Holbrooke, Richard (1995): „America, A European Power", in: *Foreign Affairs*, 74 (2), 38–51.

Jaffe, Lorna S. (1993): *The Development of the Base Force, 1989–1992*, Washington, D.C.: Office of the Chairman of the Joint Chiefs of Staff, http://www.dtic.mil/doctrine/doctrine/history/baseforc.pdf (17.02.2011).

Joint Chiefs of Staff (1995): *National Military Strategy, 1995*, http://www.bits.de/NRANEU/others/strategy/nms(95).pdf (28.02.2011).

Joint Chiefs of Staff (1997): *National Military Strategy, 1997*, http://www.au.af.mil/au/awc/awcgate/nms/ (28.02.2011).

Jones, A. Elizabeth (2002): *U.S.-European Relations. Statement to House International Relations Committee, Subcommittee on Europe,* 13.03., http://2001-2009.state.gov/p/eur/rls/rm/2002/8782.htm (23.10.2010).

Jones, A. Elizabeth (2003): *U.S. Priorities in Europe. Statement Before the House International Relations Committee, Subcommittee on Europe*, 13.03., http://2001-2009.state.gov/p/eur/rls/rm/2003/18722.htm (23.10.2010).

Jones, A. Elizabeth (2004): *The Administration's Priorities in Europe. Testimony Before the House International Relations Committee Subcommittee on Europe*, 03.03., http://2001-2009.state.gov/p/eur/rls/rm/30090.htm (23.10.2010).

Kornblum, John C. (1996): *A Tour Through the New Atlantic Community. Address to the Atlantic Council, Washington, D.C.*, 08.10., http://www.state.gov/www/regions/eur/10-8korn.html (24.09.2010).

Kramer, Franklin (2000): *Testimony Before the Senate Foreign Relations Committee, Subcommittee on European Affairs*, 09.03.

Los Angeles Times (2008): *Gates Says NATO Force Unable to Fight Guerrillas*, 16.01.

Nato/EU (2002): *EU-Nato Declaration on ESDP*, 16.12., http://www.nato.int/docu/pr/2002/p02-142e.htm (09.03.2011).

New York Times (1992): *Excerpts From Pentagon's Plan: ‚Prevent the Re-Emergence of a New Rival'*, 08.03.

Obama, Barack (2009a): *Remarks at Suntory Hall, Tokyo, Japan*, 14.11., http://www.whitehouse.gov/the-press-office/remarks-president-barack-obama-suntory-hall (11.05.2010).
Obama, Barack (2009b): *Remarks by President Obama at Strasbourg Town Hall*, 03.04., http://www.whitehouse.gov/the-press-office/remarks-president-obama-strasbourg-town-hall (21.02.2011).
Obama, Barack (2009c): *Remarks by the President at the New Economic School Graduation*, Moskau, 07.07., http://www.whitehouse.gov/the_press_office/REMARKS-BY-THE-PRESIDENT-AT-THE-NEW-ECONOMIC-SCHOOL-GRADUATION/ (21.02.2011).
Obama, Barack (2010): *Message from the President on the State of the Union*, Congressional Record, January 27, http://frwebgate.access.gpo.gov/cgi-bin/getdoc.cgi?dbname=2010_record&docid=cr27ja10-109.pdf (07.10.2010).
Office of Management and Budget (2011): *Percentage Distribution of Budget Authority by Agency: 1976–2015*, http://www.whitehouse.gov/sites/default/files/omb/budget/fy2011/assets/hist05z3.xls (27.01.2011).
Office of the Federal Register (2008): *The United States Government Manual 2008/2009*, http://www.gpoaccess.gov/gmanual/browse-gm-08.html (27.01.2011).
Office of the Under Secretary of Defense for Policy (2011): *Policy Organization*, http://policy.defense.gov/common/Policy_Leadership_Slate.pdf (01.02.2011).
Overseas Presence Advisory Panel (1999): *America's Overseas Presence in the 21st Century*, November, http://www.state.gov/www/publications/9911_opap/rpt-9911_opap.pdf (24.02.2011).
Perry, William J. (1995): *The Enduring, Dynamic Relationship That Is NATO. Remarks at Wehrkunde Conference*, 05.02., http://www.defense.gov/speeches/speech.aspx?speechid=831 (22.01.2011)
Perry, William J. (1996a): *Six Postulates for a Future NATO. Prepared Remarks to the Supreme Allied Commander, Atlantic, Seminar, Norfolk, VA*, 27.06., http://www.defense.gov/speeches/speech.aspx?speechid=995 (22.01.2011).
Perry, William J. (1996b): *Second Chance to Build a Whole Europe. Prepared Remarks, Western European Union Transatlantic Forum, Washington, D.C.*, 25.06., http://www.defense.gov/speeches/speech.aspx?speechid=1001 (22.01.2011).
Perry, William J. (1996c): *NATO and a „Super" Partners in Europe. Prepared Remarks, Seminar on the Future of Defense Cooperation Around the Baltic Sea, Copenhagen*, 24.09., http://www.defense.gov/speeches/speech.aspx?speechid=927 (22.01.2011).
Pickering, Thomas R. (1998): *A Transatlantic Partnership for the 21st Century. Address at Columbia University, New York*, 08.12., http://www.state.gov/www/policy_remarks/1998/981208_pickering_transat.html (13.03.2011).
Pickering, Thomas R. (1999): *Forging A Bipartisan Consensus for American Leadership*, 23.10., http://www.state.gov/www/policy_remarks/1999/991023_pickering.html (13.03.2011).
Pickering, Thomas R. (2000a): *A Transatlantic Community for the 21st Century. Address to the Slovak Foreign Policy Association, Bratislava*, 04.02., http://www.state.gov/www/policy_remarks/2000/000204_pickering_slovakia.html (10.01.2011).
Pickering, Thomas R. (2000b): *America's Stake in Europe's Future, Washington, D.C.*, 03.11., http://www.state.gov/www/policy_remarks/2000/001103_pickering_transatl.html (10.01.2011).
Powell, Colin (2001a): *Confirmation Hearing*, 17.01., http://2001-2009.state.gov/secretary/former/powell/remarks/2001/443.htm (02.02.2011).
Powell, Colin (2001b): *Testimony at Budget Hearing Before House International Relations Committee*, 07.03., http://2001-2009.state.gov/secretary/former/powell/remarks/2001/1148.htm (03.02.2011).
Powell, Colin (2001c): *Testimony on U.S. Relations With Europe, Senate Foreign Relations Committee*, 20.06., http://2001-2009.state.gov/secretary/former/powell/remarks/2001/3673.htm (28.01.2011).

Powell, Colin (2003): *An Enlarged NATO: Mending Fences and Moving Forward on Iraq. Testimony Before the Senate Foreign Relations Committee*, 29. 04., http://2001-2009.state.gov/secretary/former/powell/remarks/2003/20045.htm (28. 01. 2011).

Powell, Colin (2004a): „A Strategy of Partnerships", *Foreign Affairs*, 83 (1), 29–30.

Powell, Colin (2004b): *Remarks at the German Marshall Fund's Transatlantic Center, Brussels*, 08. 12., http://2001-2009.state.gov/secretary/former/powell/remarks/39588.htm (28. 01. 2011).

Rice, Condoleezza (2000): „Promoting the National Interest", *Foreign Affairs*, 79 (1), 45–62.

Rice, Condoleezza (2005a): *Opening Remarks by Secretary of State-Designate Dr. Condoleezza Rice*, 18. 01., http://2001-2009.state.gov/secretary/rm/2005/40991.htm (28. 01. 2011).

Rice, Condoleezza (2005b): *Remarks at the Institut d'Etudes Politiques de Paris – Sciences Po*, 08. 02., http://2001-2009.state.gov/secretary/rm/2005/41973.htm (28. 01. 2011).

Rice, Condoleezza (2005c): *Prepared Remarks Before the Senate Foreign Relations Committee*, 16. 02., http://2001-2009.state.gov/secretary/rm/2005/42343.htm (28. 01. 2011).

Rice, Condoleezza (2007): *Resources for Transformational Diplomacy. Statement Before the Senate Appropriations Subcommittee on Foreign Operations*, 10. 05., http://2001-2009.state.gov/secretary/rm/2007/may/84645.htm (20. 01. 2011).

Rice, Condoleezza (2008a): *Secretary's Remarks: Interview With The Washington Times Editorial Board*, 28. 03., http://2001-2009.state.gov/secretary/rm/2008/03/102757.htm (28. 01. 2011).

Rice, Condoleezza (2008b): „Rethinking the National Interest", *Foreign Affairs*, 87 (4), 2–26.

Rice, Condoleezza (2008c): *Interview with the Financial Times*, 19. 12., http://2001-2009.state.gov/secretary/rm/2008/12/113414.htm (20. 01. 2011).

Rodman, Peter W. (2003): „U.S. Leadership and the Reform of Western Security Institutions: NATO Enlargement and ESDP", in: May, Bernhard/Hönicke Moore, Michaela (Hrsg.): *The Uncertain Superpower. Domestic Dimensions of U.S. Foreign Policy After the Cold War*, Opladen: Leske + Budrich, 69–81.

Rumsfeld, Donald (2001a): *Munich Conference on European Security Policy. Remarks as Delivered*, 03. 02., http://www.defense.gov/speeches/speech.aspx?speechid=325 (22. 01. 2011).

Rumsfeld, Donald (2001b): *NATO North Atlantic Council. Remarks*, 07. 06., http://www.defense.gov/speeches/speech.aspx?speechid=368 (22. 01. 2011).

Rumsfeld, Donald (2003a): *Memorandum. Subject: Initiation of Joint Capabilities Development Process, October 31, 2003*, abgedruckt in: U.S. Department of Defense: Joint Defense Capabilities Study, Final Report, January 2004, A2–A3.

Rumsfeld, Donald (2003b): *Briefing at the Foreign Press Center*, 22. 01., http://www.defenselink.mil/transcripts/transcript.aspx?transcriptid=1330 (27. 03. 2009).

Rumsfeld, Donald (2003c): *Munich Conference on European Security Policy. As Delivered*, 08. 02., http://www.defense.gov/speeches/speech.aspx?speechid=1109 (22. 01. 2011).

Rumsfeld, Donald (2004a): *Global Posture. Testimony as Prepared for Delivery, Senate Armed Service Committee*, 23. 09., http://www.defense.gov/speeches/speech.aspx?speechid=156 (11. 01. 2011).

Rumsfeld, Donald (2004b): *Munich Conference on European Security Policy. Remarks*, 07. 02., http://www.defense.gov/speeches/speech.aspx?speechid=96 (22. 01. 2011).

Rumsfeld, Donald (2005): *41st Munich Conference on European Security Policy. Remarks as Delivered*, 12. 02., http://www.defense.gov/speeches/speech.aspx?speechid=55 (22. 01. 2011).

Rumsfeld, Donald (2006): *42nd Munich Conference on Security Policy. As Delivered*, 04. 02., http://www.defense.gov/speeches/speech.aspx?speechid=30 (22. 01. 2011).

Rumsfeld, Donald (2011): *Known and Unknown. A Memoir*, New York: Sentinel.

Slocombe, Walter (1995): *Partnership for Peace and NATO-Russian Relations. Remarks, The Center for Strategic and International Studies, Washington, D.C.*, 02. 03., http://www.defense.gov/speeches/speech.aspx?speechid=845 (22. 01. 2011).

Slocombe, Walter (1996): *U.S. Hopes for NATO's European Security Role. Prepared Remarks, Atlantic Council on European Security, Washington, D.C.*, 14.06., http://www.defense.gov/speeches/speech.aspx?speechid=1020 (22.01.2011).

Steinberg, James (1996): *Advancing NATO's Adaptation. Address to the Atlantic Council, Washington, D.C.*, 13.06., abgedruckt in: U.S. Department of State Dispatch, 7 (29), 365–367.

Talbott, Strobe (1998): *European Union Enlargement. An American Perspective. Address to the Conference „A Wider Europe: EU Enlargement and U.S. Interests", Washington, D.C.*, 12.03., http://www.state.gov/www/policy_remarks/1998/980312_talbott_euconf.html (23.10.2010).

Talbott, Strobe (1999a): *America's Stake in Strong Europe. Remarks at a Conference on the Future of NATO, The Royal Institute of International Affairs, London*, 07.10., http://www.state.gov/www/policy_remarks/1999/991007_talbott_london.html (23.10.2010).

Talbott, Strobe (1999b): *The State of the Alliance: An American Perspective. Address at the North Atlantic Council, Brussels*, 15.12., http://www.state.gov/www/policy_remarks/1999/991215_talbott_nac.html (23.10.2010).

USAID (U.S. Agency for International Development) (2010): *USAID Europe and Asia. An Overview*, http://www.usaid.gov/locations/europe_eurasia/pdfs/usaid_in_europe_and_eurasia-an_overview.pdf (13.03.2010).

U.S. Census Bureau (2004): *Iterim Projections: Percent Change in Population by Region in the United States, 2000 to 2030*, http://www.census.gov/population/www/projections/files/PressGraph1.xls (18.01.2011).

U.S. Commission on National Security/21st Century (2001): *Road Map for National Security: Imperative for Change. The Phase III Report of the U.S. Commission on National Security/21st*, http://govinfo.library.unt.edu/nssg/PhaseIIIFR.pdf (21.01.2011).

U.S. Committee on House Administration (2007): *Reports to Be Made to Congress. Communication from the Clerk, U.S. House of Representatives, Transmitting a List of Reports Pursuant to Clause 2, Rule II of the Rules of the House of Representatives*, House Document No. 110-4, Washington, D.C.: Government Printing Office.

U.S. Committee on House Administration (2011): *Congressional Member Organizations*, http://cha.house.gov/index.php?option=com_content&view=article&id=329&Itemid=360 (12.02.2011).

U.S. Congress (1990): *National Defense Authorization Act for Fiscal Year 1991* (Public Law 101-510).

U.S. Congress (1991): *National Defense Authorization Act for Fiscal Years 1992 and 1993* (Public Law 102-190).

U.S. Congress (1992): *National Defense Authorization Act for Fiscal Year 1993* (Public Law 102-484).

U.S. Congress, Joint Committee on Printing (1989): *Congressional Directory. 101st Congress*, Washington, D.C.: U.S. Government Printing Office.

U.S. Congress, Joint Committee on Printing (1991): *Congressional Directory. 102nd Congress*, Washington, D.C.: U.S. Government Printing Office.

U.S. Congress, Joint Committee on Printing (1993): *Congressional Directory. 103rd Congress*, Washington, D.C.: U.S. Government Printing Office.

U.S. Congress, Joint Committee on Printing (1995): *Congressional Directory. 104th Congress*, Washington, D.C.: U.S. Government Printing Office.

U.S. Congress, Joint Committee on Printing (1997): *Congressional Directory. 105th Congress*, Washington, D.C.: U.S. Government Printing Office.

U.S. Congress, Joint Committee on Printing (1998): *Congressional Directory. 105th Congress. October 1998 Online Revision*, Washington, D.C.: U.S. Government Printing Office, http://www.gpoaccess.gov/cdirectory/browse-cd.html (05.03.2010).

U.S. Congress, Joint Committee on Printing (1999): *Congressional Directory. 106th Congress*, Washington, D.C.: U.S. Government Printing Office.

U.S. Congress, Joint Committee on Printing (2000): *Congressional Directory. 106th Congress. October 2000 Online Revision*, Washington, D.C.: U.S. Government Printing Office, http://www.gpoaccess.gov/cdirectory/browse-cd-oct00.html (05.03.2010).

U.S. Congress, Joint Committee on Printing (2002): *Congressional Directory. 107th Congress*, Washington, D.C.: U.S. Government Printing Office.

U.S. Congress, Joint Committee on Printing (2003): *Congressional Directory. 108th Congress*, Washington, D.C.: U.S. Government Printing Office.

U.S. Congress, Joint Committee on Printing (2004): *Congressional Directory. 108th Congress. August 2004 Online Revision*, Washington, D.C.: U.S. Government Printing Office, http://www.gpoaccess.gov/cdirectory/browse-cd-aug04.html (05.03.2010).

U.S. Congress, Joint Committee on Printing (2005): *Congressional Directory. 109th Congress*, Washington, D.C.: U.S. Government Printing Office.

U.S. Congress, Joint Committee on Printing (2006): *Congressional Directory. 109th Congress. September 2006 Online Revision,*, Washington, D.C.: U.S. Government Printing Office, http://www.gpoaccess.gov/cdirectory/browse-cd-sep06.html (05.03.2010).

U.S. Congress, Joint Committee on Printing (2007): *Congressional Directory. 110th Congress*, Washington, D.C.: U.S. Government Printing Office.

U.S. Congress, Joint Committee on Printing (2008): *Congressional Directory. 110th Congress. August 2008 Online Revision*, Washington, D.C.: U.S. Government Printing Office, http://www.gpoaccess.gov/cdirectory/browse-cd-aug08.html (05.03.2010).

U.S. Department of Defense (1992a): „Draft of the Defense Planning Guidance for the Fiscal Years 1994–1999", abgedruckt in: *New York Times*, 08.03.1992.

U.S. Department of Defense (1992b): *Issues in the Policy and Strategy Section*, vom Verteidigungsministerium freigegebenes Dokument mit Kommentaren zum Entwurf der „Defense Planning Guidance", 14.04., http://www.gwu.edu/~nsarchiv/nukevault/ebb245/doc10.pdf (13.10.2010).

U.S. Department of Defense (1993a): *Report on the Bottom-Up Review, October 1993*, http://www.acq.osd.mil/ncbdp/nm/nmbook/references/Presidential%20Administrations/6.13%20Report%20on%20the%20Bottom-Up%20Review%20Oct%201993.pdf (13.10.2010).

U.S. Department of Defense (1993b): *Defense Strategy for the 1990s: The Regional Defense Strategy, January 1993*, http://www.gwu.edu/~nsarchiv/nukevault/ebb245/doc15.pdf (13.10.2010).

U.S. Department of Defense (1995a): *United States Security Strategy for Europe and NATO, June 1995*, http://www.dod.mil/pubs/security/security.pdf (19.10.2010).

U.S. Department of Defense (1995b): *Annual Report to the President and the Congress, February 1995*, http://www.dod.mil/execsec/adr95/index.html (04.03.2011).

U.S. Department of Defense (1996): *Annual Report to the President and the Congress, March 1996*, http://www.dod.mil/execsec/adr96/index.html (04.03.2011).

U.S. Department of Defense (1997a): *Report of the Quadrennial Defense Review, May 1997*, http://www.dod.mil/pubs/qdr/ (19.10.2010).

U.S. Department of Defense (1997b): *Annual Report to the President and the Congress, April 1997*, http://www.dod.mil/execsec/adr97/index.html (04.03.2011).

U.S. Department of Defense (1998): *Annual Report to the President and the Congress, 1998*, http://www.dod.mil/execsec/adr98/index.html (04.03.2011).

U.S. Department of Defense (1999): *Annual Report to the President and the Congress, 1999*, http://www.dod.mil/execsec/adr1999/index.html (04.03.2011).

U.S. Department of Defense (2000a): *Annual Report to the President and the Congress, 2000*, http://www.dod.mil/execsec/adr2000/index.html (04.03.2011).

U.S. Department of Defense (2000b): *Strengthening Transatlantic Security. A U.S. Strategy for the 21st Century, December 2000*, http://www.dtic.mil/cgi-bin/GetTRDoc?AD=ADA435931&Location=U2&doc=GetTRDoc.pdf (19. 10. 2010).

U.S. Department of Defense (2001a): *Quadrennial Defense Review Report, September 30, 2001*, http://www.defense.gov/pubs/pdfs/qdr2001.pdf (19. 10. 2010).

U.S. Department of Defense (2001b): *Annual Report to the President and the Congress, 2001*, http://www.dod.mil/execsec/adr2001/index.html (04. 03. 2011).

U.S. Department of Defense (2002): *Annual Report to the President and the Congress, 2002*, http://www.dod.mil/execsec/adr2002/index.htm (04. 03. 2011).

U.S. Department of Defense (2003): *Annual Report to the President and the Congress, 2003*, http://www.dod.mil/execsec/adr2003/index.html (04. 03. 2011).

U.S. Department of Defense (2004a): *Strengthening U.S. Global Defense Posture, September 2004, Report to Congress*, http://www.airforce-magazine.com/SiteCollectionDocuments/TheDocumentFile/Defense%20Reviews/GlobalDefPost04.pdf (28. 02. 2011).

U.S. Department of Defense (2004b): *Annual Report to the President and the Congress, 2004*, http://www.dod.mil/execsec/adr2004/index.html (04. 03. 2011).

U.S. Department of Defense (2005a): *Annual Report to the President and the Congress, 2005*, http://www.dod.mil/execsec/adr2005.pdf (04. 03. 2011).

U.S. Department of Defense (2005b): *The National Defense Strategy of the United States of America, March 2005*, http://www.jaeger.uni-koeln.de/fileadmin/templates/publikationen/Linksammlungen/USA/d20050408strategy.pdf (19. 10. 2010).

U.S. Department of Defense (2006): *Quadrennial Defense Review Report, February 6, 2006*, http://www.defense.gov/qdr/report/Report20060203.pdf (19. 10. 2010).

U.S. Department of Defense (2008a): *Directive Number 3000.07: Irregular Warfare*, http://www.dtic.mil/whs/directives/corres/pdf/300007p.pdf (27. 01. 2011).

U.S. Department of Defense (2008b): *National Defense Strategy, June 2008*, http://www.jaeger.uni-koeln.de/fileadmin/templates/publikationen/Linksammlungen/USA/NationalDefenseStrategy2008.pdf (19. 10. 2010).

U.S. Department of Defense (2010a): *Directive Number 5100.01: Functions of the Department of Defense and its Major Components*, http://www.dtic.mil/whs/directives/corres/pdf/510001p.pdf (27. 01. 2011).

U.S. Department of Defense (2010b): *Base Structure Report, FY 2010 Baseline*, http://www.acq.osd.mil/ie/download/bsr/BSR2010Baseline.pdf (02. 02. 2011).

U.S. Department of Defense (2010c): *Quadrennial Defense Review Report, February 2010*, http://www.defense.gov/qdr/images/QDR_as_of_12Feb10_1000.pdf (24. 02. 2011).

U.S. Department of Defense (2011a): *Military Personnel Statistics*, http://siadapp.dmdc.osd.mil/personnel/MILITARY/miltop.htm (26. 02. 2011).

U.S. Department of Defense (2011b): *Secretaries of Defense: Richard B. Cheney*, http://osdhistory.defense.gov/SODs/cheney.html (22. 01. 2011).

U.S. Department of State (1998): *Accountability Report for Fiscal Year 1997, November 1998*, http://www.state.gov/www/dept/fmp/97accountability_part1.pdf (02. 02. 2011).

U.S. Department of State (1999a): *America's Overseas Presence in the 21st Century. Report of the Overseas Presence Advisory Panel*, http://www.state.gov/www/publications/9911_opap/rpt-9911_opap.pdf (21. 02. 2011).

U.S. Department of State (1999b): *FY 1999–2000 Performance Plan*, http://www.state.gov/www/global/general_foreign_policy/perfplan_index.html (21. 02. 2011).

U.S. Department of State (1999c): *United States Strategic Plan for International Affairs, First Revision, February 1999*, http://dec.usaid.gov/partners/r4prep/annexes/iasp.pdf (11. 02. 2011).

U.S. Department of State (1999d): *Accountability Report for Fiscal Year 1998, October 1999*, http://www.state.gov/www/dept/fmp/98accountability_overview.pdf (02. 02. 2011).

U.S. Department of State (1999e): *Budget in Brief, Fiscal Year 2000*, http://www.state.gov/www/budget/2000/00summary.html (02. 02. 2011).

U.S. Department of State (2000a): *Congressional Budget Justification for Foreign Operations, Fiscal Year 2001*, http://www.state.gov/www/budget/fy2001/fn150/forops_full/index.html (09. 03. 2010).

U.S. Department of State (2000b): *Strategic Plan*, http://www.state.gov/www/global/general_foreign_policy/2000_dos_stratplan_index.html (28. 07. 2010).

U.S. Department of State (2000c): *Performance Report for Fiscal Year 1999, April 2000*, http://www.state.gov/www/budget/perf_reports/fy1999/fy99_perf_rpt_intro.pdf (02. 02. 2011).

U.S. Department of State (2000d): *Accountability Report for Fiscal Year 1999, August 2000*, http://www.state.gov/www/dept/fmp/99accountability/overview.pdf (02. 02. 2011).

U.S. Department of State (2001a): *Foreign Travels of Dean G. Acheson*, http://www.state.gov/www/about_state/history/sectravels/acheson.html (21. 02. 2011).

U.S. Department of State (2001b): *Fiscal Year 2002 Congressional Budget Justification for Foreign Operations. All Fund Sources „Spigot" Report, FY 2000,* http://www.state.gov/documents/organization/4019.pdf (09. 03. 2010).

U.S. Department of State (2001c): *FY 2000 Program Performance Report, Released April 3, 2001*, http://www.state.gov/s/d/rm/rls/perfrpt/2000/index.htm (04. 02. 1011).

U.S. Department of State (2002a): *Fiscal Year 2003 Congressional Budget Justification for Foreign Operations. Country Account/Summaries („Spigots"), FY 2001,* http://www.state.gov/documents/organization/9478.pdf (09. 03. 2010).

U.S. Department of State (2002b): *U.S. Envoy Calls for U.S., EU to Change World Together*, 03. 12., http://www.america.gov/st/washfile-english/2002/December/20021203174544lfenner@pd.state.gov0.8355219.html (24. 02. 2011).

U.S. Department of State (2002c): *Accountability Report for Fiscal Year 2001,* http://www.state.gov/documents/organization/9373.pdf (06. 02. 2011).

U.S. Department of State (2002d): *Program Performance Report, Fiscal Year 2001*, http://www.state.gov/documents/organization/9814.pdf (18. 02. 2011).

U.S. Department of State (2003a): *Fiscal Year 2004 Congressional Budget Justification for Foreign Operations. Country Account/Summaries („Spigots"), FY 2002,* http://www.state.gov/documents/organization/17793.pdf (09. 03. 2010).

U.S. Department of State (2003b): *Strategic Plan, Fiscal Years 2004–2009*, http://www.state.gov/documents/organization/24299.pdf (23. 07. 2010).

U.S. Department of State (2003c): *Performance and Accountability Report, Fiscal Year 2002*, http://www.state.gov/documents/organization/19028.pdf (08. 02. 2011).

U.S. Department of State (2004a): *Fiscal Year 2005 Congressional Budget Justification for Foreign Operations. Country Account/Summaries („Spigots"), FY 2003,* http://www.state.gov/documents/organization/28982.pdf (09. 03. 2010).

U.S. Department of State (2004b): *Performance and Accountability Report, Fiscal Year 2003*, http://www.state.gov/documents/organization/29749.pdf (02. 02. 2011).

U.S. Department of State (2005a): *Fiscal Year 2006 Congressional Budget Justification for Foreign Operations. Country Account/Summaries („Spigots"), FY 2004,* http://www.state.gov/documents/organization/42257.pdf (09. 03. 2010).

U.S. Department of State (2005b): *Performance and Accountability Report, Fiscal Year 2004*, http://www.state.gov/documents/organization/39869.pdf (04. 02. 2011).

U.S. Department of State (2006a): *Fiscal Year 2007 Congressional Budget Justification for Foreign Operations. Country Account/Summaries („Spigots"), FY 2005,* http://www.state.gov/documents/organization/60658.pdf (09.03.2010).

U.S. Department of State (2006b): *Performance and Accountability Report, Fiscal Year 2005*, http://www.state.gov/documents/organization/58408.pdf (04.02.2011).

U.S. Department of State (2007a): *Financial Report Fiscal Year 2007: Transforming the World through Diplomacy*, Washington, D.C.

U.S. Department of State (2007b): *Congressional Budget Justification, Foreign Operations, Fiscal Year 2008. Country Account/Summaries, FY 2006 Actual,* http://www.state.gov/documents/organization/84462.pdf (09.03.2010).

U.S. Department of State (2007c): *Strategic Plan, Fiscal Years 2007–2012*, http://www.state.gov/documents/organization/86291.pdf (25.07.2010).

U.S. Department of State (2007d): *Performance and Accountability Report, Fiscal Year 2006*, http://www.state.gov/documents/organization/75840.pdf (04.02.2011).

U.S. Department of State (2008a): *Congressional Budget Justification, Foreign Operations, Fiscal Year 2009. Country Account/Summaries, FY 2007 Actual,* http://www.state.gov/documents/organization/101447.pdf (09.03.2010).

U.S. Department of State (2008b): *Fiscal Year 2007 Annual Performance Report*, http://www.state.gov/documents/organization/107556.pdf (30.01.2011).

U.S. Department of State (2009a): *East European Democracy Initiative Marks 20th Anniversary*, 22.07., http://www.america.gov/st/business-english/2009/July/20090721172248zjsredna1.762027e-02.html (23.02.2011).

U.S. Department of State (2009b): *Congressional Budget Justification, Foreign Operations, Fiscal Year 2010. Country Account/Summary, FY 2008 Actual,* http://www.state.gov/documents/organization/124295.pdf (09.03.2010).

U.S. Department of State (2009c): *Annual Performance Report, Fiscal Year 2008*, http://www.state.gov/documents/organization/114172.pdf (30.01.2011).

U.S. Department of State (2010a): *Policy Planning Staff,* http://www.state.gov/s/p/ (15.12.2010).

U.S. Department of State (2010b): *Congressional Budget Justification, Volume 1: Department of State Operations, Fiscal Year 2011,* http://www.state.gov/documents/organization/136355.pdf (06.10.2010).

U.S. Department of State (2010c): *Congressional Budget Justification, Volume 2: Foreign Operations, Fiscal Year 2011,* http://www.state.gov/documents/organization/137936.pdf (06.10.2010).

U.S. Department of State (2010d): *Leading Through Civilian Power. The First Quadrennial Diplomacy and Development Review*, http://www.state.gov/s/dmr/qddr/ (13.01.2011).

U.S. Department of State (2011a): *Travels of the President*, http://history.state.gov/departmenthistory/travels/president (04.02.2011).

U.S. Department of State (2011b): *Visits by Foreign Heads of State*, http://history.state.gov/departmenthistory/visits (04.02.2011).

U.S. Department of State (2011c): *Travels of the Secretary*, http://history.state.gov/departmenthistory/travels/president (07.02.2011).

U.S. Department of State Management Task Force (1992): *State 2000. A New Model for Managing Foreign Affairs*, Washington, D.C.

U.S. Department of State Office of Inspector General (2008): *Report of Inspection: Interim Review of the Global Repositioning Program,* Report ISP-I-09-09, http://oig.state.gov/documents/organization/115613.pdf (24.02.2011).

U.S. Department of State/USAID (2010): *Joint Summary of Performance and Financial Information, Fiscal Year 2009*, http://www.state.gov/documents/organization/138975.pdf (24.02.2011).

U.S. General Accounting Office (1994a): *Overseas Staffing Process Not Linked to Policy Priorities*, Report GAO/NSIAD-94-228, http://archive.gao.gov/t2pbat2/152770.pdf (21. 02. 2011).
U.S. General Accounting Office (1994b): *Overseas Presence: Staffing at U.S. Diplomatic Posts*, Report GAO/NSIAD-95-50FS, http://archive.gao.gov/t2pbat2/153262.pdf (21. 02. 2011).
U.S. Government Accountability Office (2006): *DOD's Overseas Infrastructure Master Plans Continue to Evolve*, Report GAO-06-913R, http://www.gao.gov/search?search_type=Solr&o=0&facets=&q=06-913R (28. 02. 2011).
U.S. Government Printing Office (2009): *The United States Government Manual 2009/2010*, http://www.gpoaccess.gov/gmanual/browse-gm-09.html (14. 01. 2011).
U.S. Government Printing Office (2010): *State of the Union Adresses*, http://www.gpoaccess.gov/sou/index.html (15. 02. 2010).
U.S. Government Printing Office (2011): *Résumé of Congressional Activity*, http://www.senate.gov/pagelayout/reference/two_column_table/Resumes.htm (28. 02. 2011).
U.S. House of Representatives (1990): *Europe 1992: Administration Views*. Hearing Before the Subcommittees on Europe and the Middle East and on International Economic Policy and Trade of the Committee on Foreign Affairs, 101st Congress, 2nd Session, February 20, 1990.
U.S. House of Representatives (1992): *Europe 1992 and Its Impact on American Exports*. Hearing Before the Subcommittees on Europe and the Middle East and on International Economic Policy and Trade of the Committee on Foreign Affairs, 102nd Congress, 2nd Session, June 9, 1992.
U.S. House of Representatives (1994): *U.S. Policy Toward Europe*. Hearing Before the Subcommittee on Europe and the Middle East of the Committee on Foreign Affairs, 103rd Congress, 2nd Session, September 20, 1994.
U.S. House of Representatives (1997): *The Transatlantic Initiative: Opportunities and Perspectives*. Hearing Before the Subcommittees on Europe and the Middle East and on International Economic Policy and Trade of the Committee on International Relations, 105th Congress, 1st Session, September 10, 1997.
U.S. House of Representatives (1998): *Issues in U.S.-European Union Trade*. Hearing Before the Committee on International Relations, 105th Congress, 2nd Session, May 7, 1998.
U.S. House of Representatives (1999a): *Transatlantic Trade Agenda: Conflict or Cooperation?* Hearing Before the Subcommittee on International Economic Policy and Trade of the Committee on International Relations, 106th Congress, 1st Session, September 29, 1999 (Serial No. 106-78).
U.S. House of Representatives (1999b): *The Future of Our Economic Partnership with Europe*. Hearing Before the Committee on International Relations, 106th Congres, 1st Session, June 15, 1999 (Serial No. 106-71).
U.S. House of Representatives (2000): *Developments in Western Europe*. Hearing Before the Committee on International Relations, 106th Congress, 2nd Session, October 18, 2000 (Serial No. 106-195).
U.S. House of Representatives (2002a): *U.S. and Europe: The Bush Administration and Transatlantic Relations*. Hearing Before the Subcommittee on Europe of the Committee on International Relations, 107th Congress, 2nd Session, March 13, 2002 (Serial No. 107-74).
U.S. House of Representatives (2002b): *NATO and Enlargement: A United States and NATO Perspective*. Hearing Before the Subcommittee on Europe of the Committee on International Relations, 107th Congress, 2nd Session, June 19, 2002 (Serial No. 107-89).
U.S. House of Representatives (2003a): *United States Priorities in Europe*. Hearing Before the Subcommittee on Europe of the Committee on International Relations, 108th Congress, 1st Session, March 13, 2003 (Serial No. 108-7).
U.S. House of Representatives (2003b): *Renewing the Transatlantic Partnership: A View form the United States*. Hearing Before the Subcommittee on Europe of the Committee on International Relations, 108th Congress, 1st Session, June 11, 2003 (Serial No. 108-27).

U.S. House of Representatives (2003c): *Recognizing the Continued Importance of the Transatlantic Relationship and Promoting Stronger Relations with Europe by Reaffirming the Need for a Continued and Meaningful Dialogue between the United States and Europe*, 108th Congress, 1st Session (H. Res. 390).

U.S. House of Representatives (2003d): *The Future of Transatlantic Relations: A View from Europe.* Hearing Before the Subcommittee on Europe of the Committee on International Relations, 108th Congress, 1st Session, June 17, 2003 (Serial No. 108-34).

U.S. House of Representatives (2003e): *The United States and the European Union: Understanding the Partnership.* Hearing Before the Subcommittee on Europe of the Committee on International Relations, 108th Congress, 1st Session, July 22, 2003 (Serial No. 108-39).

U.S. House of Representatives (2005a): *An Overview of Transatlantic Relations Prior to President Bush's Visit to Europe.* Hearing Before the Subcommittee on Europe and Emerging Threats of the Committee on International Relations, 109th Congress, 1st Session, February 16, 2005 (Serial No. 109-9).

U.S. House of Representatives (2005b): *The EU Constitution and U.S.-EU Relations: The Recent Referenda in France and the Netherlands and the U.S.-EU Summit.* Hearing Before the Subcommittee on Europe and Emerging Threats of the Committee on International Relations, 109th Congress, 1st Session, June 22, 2005 (Serial No. 109-68).

U.S. House of Representatives (2007): *Deal or No Deal: The State of the Trans-Atlantic Relationship.* Hearing Before the Committee on Foreign Affairs, 110th Congress, 1st Session, June 14, 2007 (Seriall No. 110-77).

U.S. House of Representatives (2007a): *How Our Laws Are Made. Revised and Updated by John V. Sullivan, Parliamentarian*, House Document No. 110-49, Washington, D.C.: Government Printing Office, http://frwebgate.access.gpo.gov/cgi-bin/getdoc.cgi?dbname=110_cong_documents&docid=f:hd049.110.pdf (08.01.2010).

U.S. House of Representatives (2009a): *Strengthening the Transatlantic Alliance: An Overview of the Obama Administration's Policies in Europe.* Hearing Before the Subcommittee on Europe of the Committee on Foreign Affairs, 111th Congress, 1st Session, June 16, 2009 (Serial No. 111-20).

U.S. House of Representatives (2009b): *The Lisbon Treaty: Implications for Future Relations between the European Union and the United States.* Hearing Before the Subcommittee on Europe of the Committee on Foreign Affairs, 111th Congress, 1st Session, December 15, 2009 (Serial No. 111-20).

U.S. House of Representatives Committee on Government Reform (1996): *United States Government Policy and Supporting Positions, 1996 Edition*, http://www.gpoaccess.gov/plumbook/1996/index.html (01.02.2011).

U.S. House of Representatives Committee on Government Reform (2004): *United States Government Policy and Supporting Positions, 2004 Edition*, http://www.gpoaccess.gov/plumbook/2004/2004_plum_book.pdf (01.02.2011).

U.S. House of Representatives Committee on the Judiciary (2009): *Reining in the Imperial Presidency. Lessons and Recommendations Relating to the Presidency of George W. Bush, Majority Staff Report*, http://judiciary.house.gov/hearings/printers/110th/IPres090113.pdf (21.01.2011).

U.S. Information Agency (1998): *Overview Brochure*, http://dosfan.lib.uic.edu/usia/usiahome/overview.pdf (14.02.2007).

U.S. Mission to the European Union (2005): *U.S. Lawmakers Introduce Congressional European Union Caucus*, 04.05., http://www.useu.be/TransAtlantic/May0405CongressEUCaucus.html (13.03.2009).

U.S. Mission to the European Union (2010): *U.S.-EU Summits and Ministerials*, http://useu.usmission.gov/clinton-presidency.html (22.10.2010).

U.S. Senate (1994): *The Future of NATO.* Jointly Before the Subcommittee on European Affairs of the Committee on Foreign Relations and the Subcommittee on Coalition Defense and Reinforcing Forces of the Committee on Armed Services, February 1 and 23, 1994 (S.HRG. 103-564).

U.S. Senate (1995): *NATO's Future: Problems, Threats, and U.S. Interests.* Hearings Before the Subcommittee on European Affairs of the Committee on Foreign Relations, 104th Congress, 1st Session, April 27 and May 3, 1995 (S. HRG. 104-104).

U.S. Senate (1997): *The Debate on NATO Enlargement.* Hearings Before the Committee on Foreign Relations, 105th Congress, 1st Session (S. HRG. 105285).

U.S. Senate (1998): *Administration Views on the Protocols to the North Atlantic Treaty on Accession of Poland, Hungary and the Czech Republic.* Hearing Before the Committee on Foreign Relations, 105th Congress, 2nd Session, February 24, 1998 (S. HRG 105-421).

U.S. Senate (1999): *The European Union: Internal Reform, Enlargement, and the Common Foreign and Security Policy.* Hearing Before the Subcommittee on European Affairs of the Committee on Foreign Relations, 106th Congress, 1st Session, March 24, 1999 (S. HRG. 106-48).

U.S. Senate (2000): *NATO and the EU's European Security and Defense Policy.* Hearing Before the Subcommittee on European Affairs of the Commmittee on Foreign Relations, 106th Congress, 2nd Session, March 9, 2000 (S. HRG. 106-572).

U.S. Senate (2001a): *The State of the NATO Alliance.* Hearing Before the Subcommittee on European Affairs of the Committee on Foreign Relations, 107th Congress, 1st Session, February 27, 2001 (S. HRG. 107-16).

U.S. Senate (2001b): *U.S. Security Interests in Europe.* Hearing Before the Committee on Foreign Relations, 107th Congress, 1st Session, June 20, 2001 (S. HRG. 107-91).

U.S. Senate (2002): *The Future of NATO.* Hearing Before the Committee on Foreign Relations. 107th Congres, 2nd Session, May 1, 2002 (S. HRG. 107-678).

U.S. Senate (2006): *NATO: From Common Defense to Common Security.* Hearing Before the Committee on Foreign Relations, 109th Congress, 1st Session, February 7, 2006 (S. HRG. 109-485).

U.S. Senate (2008): *NATO: Enlargement and Effectiveness.* Hearing Before the Committee on Foreign Relations, 110th Congress, 2nd Session, March 11, 2008 (S. HRG. 110-506).

U.S. Senate (2010): *Senate Legislative Process*, http://www.senate.gov/legislative/common/briefing/Senate_legislative_process.htm (18.01.2011).

U.S. Senate Committee on Armed Services (2010): *Inquiry into the Role and Oversight of Private Security Contractors in Afghanistan*, http://armed-services.senate.gov/Publications/SASC%20PSC%20Report%2010-07-10.pdf (08.10.2010).

U.S. Senate Committee on Governmental Affairs (2000): *United States Government Policy and Supporting Positions, 2000 Edition*, http://www.gpoaccess.gov/plumbook/2000/index.html (01.02.2011).

U.S. Senate Committee on Homeland Security and Governmental Affairs (2008): *United States Government Policy and Supporting Positions, 2008 Edition*, http://www.gpoaccess.gov/plumbook/2008/2008_plum_book.pdf (01.02.2011).

U.S. Senate Select Committee on Intelligence (2004): *Report on the U.S. Intelligence Community's Prewar Intelligence Assessments on Iraq*, Senate Report 108-301, http://www.gpoaccess.gov/serialset/creports/iraq.html (19.01.2011).

Volker, Kurt (2008): *New Faces, Old Problems, Familiar Solutions? The World Affairs Council of Northern California Conference, Monterrey, CA*, 02.05., http://2001-2009.state.gov/p/eur/rls/rm/104375.htm (23.09.2010).

White House (1989a): *National Security Directive 23: United States Relations with the Soviet Union*, 22.09., http://bushlibrary.tamu.edu/research/pdfs/nsd/nsd23.pdf (17.02.2011).

White House (1989b): *National Security Review 12: Review of National Defense Strategy*, http://bushlibrary.tamu.edu/research/pdfs/nsr/nsr12.pdf (17. 02. 2011).

White House (1990): *National Security Strategy of the United States, March 1990*, http://bushlibrary.tamu.edu/research/pdfs/national_security_strategy_90.pdf (17. 02. 2011).

White House (1991): *National Security Strategy of the United States, August 1991*, http://www.jaeger.uni-koeln.de/fileadmin/templates/publikationen/Linksammlungen/USA/nssofusa1991.pdf (19. 10. 2010).

White House (1995): *A National Security Strategy of Engagement and Enlargement, February 1995*, http://www.jaeger.uni-koeln.de/fileadmin/templates/publikationen/Linksammlungen/USA/nss-9502.pdf (19. 10. 2010).

White House (1997): *A National Security Strategy for a New Century, May 1997*, http://www.jaeger.uni-koeln.de/fileadmin/templates/publikationen/Linksammlungen/USA/ANationalSecurityStrategy97.pdf (19. 10. 2010).

White House (1999): *A National Security Strategy for a New Century, December 1999*, http://www.jaeger.uni-koeln.de/fileadmin/templates/publikationen/Linksammlungen/USA/nssr-1299.pdf 19. 10. 2010).

White House (2002): *The National Security Strategy of the United States of America, September 2002*, http://www.jaeger.uni-koeln.de/fileadmin/templates/publikationen/Linksammlungen/USA/nss2002.pdf (19. 10. 2010).

White House (2004): *Fact Sheet: Making America More Secure by Transforming Our Military*, http://georgewbush-whitehouse.archives.gov/news/releases/2004/08/20040816-5.html (28. 02. 2011).

White House (2006): *The National Security Strategy of the United States of America, March 2006*, http://www.jaeger.uni-koeln.de/fileadmin/templates/publikationen/Linksammlungen/USA/nss2006.pdf (19. 10. 2010).

White House (2010): *National Security Strategy, May 2010*, http://www.jaeger.uni-koeln.de/fileadmin/templates/publikationen/Linksammlungen/USA/nss2010.pdf (19. 10. 2010).

Wolfowitz, Paul (2002a): *Munich Conference on European Security Policy. As Delivered*, 02. 02., http://www.defense.gov/speeches/speech.aspx?speechid=185 (22. 01. 2011).

Wolfowitz, Paul (2002b): *International Institute for Strategic Studies. Remarks*, 02. 12., http://www.defense.gov/speeches/speech.aspx?speechid=309 (22. 01. 2011).

Verzeichnis der Datenbanken und Textarchive

Adler, E. Scott/Wilkerson, John D. (2010): *Congressional Bills Project*, http://www.congressionalbills.org/download.html (04. 10. 2010).

Baumgartner, Frank/Jones, Bryan (2010a): *Policy Agendas Project: Executive Orders*, http://wwwtest.utexas.edu/cola/_webservices/policyagendas/files/Executive_Orders.xls (04. 10. 2010).

Baumgartner, Frank/Jones, Bryan (2010b): *Policy Agendas Project: State of the Union Speeches*, http://wwwtest.utexas.edu/cola/_webservices/policyagendas/files/State_of_the_Union_Speeches.xls (04. 10. 2010).

Baumgartner, Frank/Jones, Bryan (2010c): *Policy Agendas Project: Congressional Hearings*, http://wwwtest.utexas.edu/cola/_webservices/policyagendas/files/Congressional_Hearings.xls (04. 10. 2010).

Congressional Quarterly Press (2010): *Congress Collection: Policy Analysis by Topic: International Affairs*, http://library.cqpress.com.proxy2.library.jhu.edu/congress/toc.php?parent_id=C2B2936D-36D1-4AEF-88A6-BCABDC3536CA (02. 03. 2010).

Lexis Nexis Congressional (2010): *Congressional Publications*, http://web.lexisnexis.com.proxy2.library.jhu.edu/congcomp (06. 03. 2010).

Library of Congress (2011a): *THOMAS: Bills and Resolutions*, http://thomas.loc.gov/home/bills_res.html (02. 03. 2011).

Library of Congress (2011b): *THOMAS: Committee Reports*, http://thomas.loc.gov/cp110/cp110query.html (12. 08. 2009).

U.S. National Archives and Records Administration (2011): *Executive Orders Disposition Tables*, http://www.archives.gov/federal-register/executive-orders/disposition.html (15. 02. 2011).

Wooley, John/Peters, Gerhard (2011): *American Presidency Project: Public Papers of the Presidents*, http://www.presidency.ucsb.edu/ws/ (15. 02. 2011).

Verzeichnis der Interviewpartner

Name des Interviewpartners	Funktionen in der US-Regierung im Untersuchungszeitraum (1990–2010)	Datum des Interviews	Funktion zum Zeitpunkt des Interviews
Hans Binnendijk	Stellvertetender Leiter des Planungsstabes im Außenministerium (1993–1994), Abteilungsleiter für Verteidigungspolitik und Rüstungskontrolle im NSC-Stab (1999–2001).	10. 3. 2010	Leiter des *Center for Technology and National Security Policy, National Defense University,* Washington, D.C.
Ian Brzezinski	Mitarbeiter im Stab des Auswärtigen Ausschusses des Senats (1994–2001), Referatsleiter *(Deputy Assistant Secretary)* für Europa und NATO in der Politischen Abteilung des Verteidigungsministeriums (2001–05).	17. 3. 2010	Leitender Mitarbeiter des Beratungsunternehmens *Booz Allen Hamilton,* McLean, Virginia.
Eliot Cohen	Mitglied des *National Security Advisory Panel* (Beratungsgremium der US-Nachrichtendienste) (1995–2001), Mitglied des *Defense Policy Board* (Beratungsgremium des Verteidigungsministers) (2001–2007), Berater der Außenministerin im Range eines Staatssekretärs (2007–08).	22. 3. 2010	Professor für Strategische Studien an der Johns Hopkins University, Washington, D.C.
James Dobbins	Leiter der Europaabteilung im Außenministerium (1990–91), US-Botschafter bei der Europäischen Gemeinschaft (1991–93), Sonderbeauftragter des Außenministeriums für Haiti (1994–96), Leiter der Lateinamerikaabteilung im NSC-Stab (1996–99), Sonderbeauftragter des Präsidenten für Kosovo und die Implementierung des Dayton-Abkommens (1999–2000), Leiter *(Assistant Secretary)* der Europaabteilung im Außenministerium (2000–01).	12. 3. 2010	Leiter des *International Security and Defense Policy Center* der *RAND Corporation,* Washington, D.C. Office.
Stephen Flanagan	Mitglied des Planungsstabes im Außenministerium (1989–95), Mitarbeiter des *National Intelligence Council* (Gremium der US-Nachrichtendienste) (1995–99), Leiter der Osteuropaabteilung im NSC-Stab (1997–99).	1. 4. 2010	Stellvertretender Leiter des *Center for Strategic and International Studies,* Washington, D.C.
Daniel Fried	Berater im Büro des US-Botschafters in Polen (1990–93), Leiter der Osteuropaabteilung im NSC-Stab (1993–97), US-Botschafter in Polen (1997–2000), Stellvertretender Leiter der Abteilung für die Staaten der ehemaligen Sowjetunion (2000–01), Leiter der Europaabteilung im NSC-Stab (2001–05), Leiter *(Assistant Secretary)* der Europaabteilung im Außenministerium (2005–09).	9. 3. 2010	Sonderbeauftragter im US-Außenministerium für die Schließung des Gefangenenlagers in Guantánamo.

Name des Interviewpartners	**Funktionen in der US-Regierung im Untersuchungszeitraum (1990–2010)**	**Datum des Interviews**	**Funktion zum Zeitpunkt des Interviews**
Marc Grossman	Stellvertretender US-Botschafter in der Türkei (1989–92), Stellvertretender Leiter *(Deputy Assistant Secretary)* der Abteilung für politisch-militärische Angelegenheiten im Außenministerium (1992–93), US-Botschafter in der Türkei (1994–97), Leiter *(Assistant Secretary)* der Europaabteilung im Außenministerium (1997–2001), Staatssekretär *(Under Secretary)* für Politische Angelegenheiten im Außenministerium (2001–05).	18.3.2010	Stellvertretender Vorsitzender des Beratungsunternehmens *Cohen Group* und Gastwissenschaftler am *Woodrow Wilson International Center for Scholars,* Washington, D.C.
Morton Halperin	Berater des Verteidigungsministers für Entwicklung und Peacekeeping (1993–94), Abteilungsleiter für Demokratieförderung im NSC-Stab (1994–96), Leiter des Planungsstabes im Außenministerium (1998–2001).	23.3.2010	Direktor des *Open Society Institute,* Washington, D.C.
Michael Haltzel	Leiter der Europaabteilung des Wissenschaftlichen Dienstes des Kongresses (1992–94), Außenpolitischer Chefberater von Senator Joseph Biden (D-DE) und Leiter des Stabes des Unterausschusses für Europa des Auswärtigen Auschusses im Senat (1994–2005).	19.3.2010	Senior Fellow am *Center for Transatlantic Relations,* Johns Hopkins University, Washington, D.C.
Daniel Hamilton	Außenpolitischer Berater des US-Botschafters in Deutschland (1994), Mitarbeiter in der Europaabteilung des Außenministeriums (1994–95), Mitglied des Planungsstabes im Außenministerium (1995–99), Stellvertretender Leiter *(Deputy Assistant Secretary)* der Europaabteilung im Außenministerium (1999–2001).	23.3.2010	Direktor des *Center for Transatlantic Relations,* Johns Hopkins University, Washington, D.C.
Jonathan Katz	Mitarbeiter des Kongressabgeordneten Robert Wexler (D-FL) (1997–2010), Mitarbeiter im Stab des Unterausschusses für Europa des Auswärtigen Auschusses im Repräsentantenhaus (2003–07), Leiter des Stabes des Unterausschusses für Europa des Auswärtigen Auschusses im Repräsentantenhaus (2007–10).	26.3.2010	Berater in der Politischen Abteilung des US-Außenministeriums.*
Kay King	Stabschefin des Abgeordneten Dick Swett (D-NH) (1991–1995), Beraterin des Abgeordneten Tom Lantos (D-CA) (1995–2001), Beraterin des Auswärtigen Ausschusses im Repräsentantenhaus (2001–07), Leiterin der Abteilung für Außenbeziehungen des Repräsentantenhauses (2007–10).	31.3.2010	Leiterin der Abteilung für Außenbeziehungen des Repräsentantenhauses.
Franklin Kramer	Leiter der Abteilung für Internationale Sicherheitsfragen *(Assistant Secretary for International Security Affairs)* im Verteidigungsministerium (1996–2001).	1.4.2010	Politikberater in Washington, D.C.

Name des Interviewpartners	Funktionen in der US-Regierung im Untersuchungszeitraum (1990–2010)	Datum des Interviews	Funktion zum Zeitpunkt des Interviews
William Lucas	Berater im Büro des US-Botschafters auf den Philippinen (2002–2004), Leiter des Referats für soziale und humanitäre Angelegenheiten in der Abteilung für Internationale Organisationen des Außenministeriums (2004–05), Referatsleiter in der Afrikaabteilung im NSC-Stab (2006–07), Stellvertretender Leiter des OSZE-Referats in der Europaabteilung des Außenministeriums (2007), Leiter des EU-Referats *(Director, Office of European Union Affairs)* in der Europaabteilung des Außenministeriums (seit 2007).	11. 3. 2010	Leiter des EU-Referats in der Europaabteilung des US-Außenministeriums.
Vincent Morelli	Mitarbeiter im Stab des Banken- und Finanzausschusses im Repräsentantenhaus (1990–95), Mitarbeiter des Abgeordneten Elton Gallegly (R-CA) (1995–98), Leiter des Stabes des Unterausschusses für Europa des Auswärtigen Auschusses im Repräsentantenhaus (1998–2005).	1. 4. 2010	Leiter der Abteilung für Europa und Amerika des *Congressional Research Service.*
James O'Brien	Rechtsberater im Außenministerium (1989–1994), Berater der Botschafterin bei den Vereinten Nationen Madeleine Albright (1994–97), Berater der Außenministerin Madeleine Albright und stellvertretender Leiter des Planungsstabes im Außenministerium (1997–2000), Sondergesandter des Außenministeriums für den Balkan (2000–01).	16. 3. 2010	Leitender Mitarbeiter des Beratungsunternehmens *Albright Group,* Washington, D.C.
James Townsend	Leiter des Nordeuropareferats im Büro des Verteidigungsministers (1990–94), Stellvertretender Leiter des Europareferats im Büro des Verteidigungsministers (1990–98), Abteilungsleiter für Verteidigungsplanung in der US-Vertretung bei der NATO (1998–2002), Referatsleiter für NATO-Politik *(Director of NATO Policy)* im Verteidigungsministerium (2002–03), Referatsleiter für Europa & NATO *(Principal Director of European and NATO Policy)* im Verteidigungsministerium (2003–06).	19. 3. 2010	Referatsleiter *(Deputy Assistant Secretary)* für Europa & NATO in der Politischen Abteilung des US-Verteidigungsministeriums.
Michael Van Dusen	Außenpolitischer Berater des Kongressabgeordneten Lee Hamilton (1990–99), Leiter des Stabes des Unterausschusses für Europa des Auswärtigen Auschusses im Repräsentantenhaus (1990–92), Leiter des Stabes des Auswärtigen Auschusses im Repräsentantenhaus (1993–95), Leiter des Demokratischen Stabes des Auswärtigen Auschusses im Repräsentantenhaus (1995–99).	26. 3. 2010	Stellvertretender Leiter des *Woodrow Wilson International Center for Scholars,* Washington, D.C.

Name des Interviewpartners	Funktionen in der US-Regierung im Untersuchungszeitraum (1990–2010)	Datum des Interviews	Funktion zum Zeitpunkt des Interviews
Kurt Volker	Leiter des Referats für regionale und politisch-militärische Angelegenheiten in der Europaabteilung des Außenministeriums (1989–92), Assistent des Rechtsberaters des Außenministers (1992–93), Berater des US-Sondergesandten für Bosnien (1993), Berater im Büro des US-Botschafters in Ungarn (1994–97), Mitarbeiter im Senat (1997–98), Erster Sekretär bei der US-Vertretung bei der NATO (1998–99), Stellvertretender Leiter des Büros des NATO-Generalsekretärs (1999–2001), Leiter des Referats für NATO und Westeuropa im NSC-Stab (2001–05), Stellvertretender Leiter *(Principal Deputy Assistant Secretary)* der Europaabteilung im Außenministerium (2005–08), US-Botschafter bei der NATO (2008–09).	15.3.2010	Stellvertretender Leiter des *Center for Transatlantic Relations,* Johns Hopkins University, Washington, D.C.
Hillel Weinberg	Berater in der Menschenrechtsabteilung des Außenministeriums (1991–93), Mitarbeiter im Stab des Auswärtigen Ausschusses des Repräsentantenhauses (1994–2007), Geschäftsführer der US-Delegation des *Transatlantic Legislators' Dialogue* (1996–2006), Leiter des Stabes des Auswärtigen Ausschusses des Repräsentantenhauses (2006–2007).	29.3.2010	Mitarbeiter beim *Special Inspector General for Iraq Reconstruction,* Washington, D.C.

Alle Interviews wurden während eines Forschungsaufenthaltes des Autors am *Center for Transatlantic Relations, Paul H. Nitze School of Advanced International Studies, Johns Hopkins University* in Washington, D.C. durchgeführt.

* Der Interviewpartner Jonathan Katz legt Wert auf die Feststellung, dass seine Aussagen nicht die Meinung des US-Außenministeriums widerspiegeln, sondern nur seine persönlichen Meinungen und Erinnerungen an seine Zeit als Mitarbeiter im US-Kongress.

FSC
www.fsc.org
MIX
Papier | Fördert
gute Waldnutzung
FSC® C083411

Kolibri 360 GmbH
Ferdinand-Jühlke-Straße 7
99095 Erfurt, Deutschland
produktsicherheit@kolibri360.de